经贸饭七

班级聚会

贺教务邱

老师及同班目

全军金胜

李昭林
丙戌七有八

教育部哲学社会科学研究重大课题攻关项目
"十三五"国家重点出版物出版规划项目

保障我国海上通道安全研究

RESEARCH ON SECURITY OF CHINA'S
SEA LINES OF COMMUNICATION

吕 靖 等著

中国财经出版传媒集团
经济科学出版社
Economic Science Press

图书在版编目（CIP）数据

保障我国海上通道安全研究/吕靖等著. —北京：
经济科学出版社，2017.11
教育部哲学社会科学研究重大课题攻关项目"十三五"
国家重点出版物出版规划项目
ISBN 978 – 7 – 5141 – 8720 – 5

Ⅰ. ①保… Ⅱ. ①吕… Ⅲ. ①海上运输 – 交通运输安全 – 研究 – 中国 Ⅳ. ①F552.1

中国版本图书馆 CIP 数据核字（2017）第 291588 号

责任编辑：张庆杰
责任校对：隗立娜
责任印制：邱 天

保障我国海上通道安全研究
吕 靖 等著
经济科学出版社出版、发行 新华书店经销
社址：北京市海淀区阜成路甲 28 号 邮编：100142
总编部电话：010 – 88191217 发行部电话：010 – 88191522
网址：www.esp.com.cn
电子邮件：esp@esp.com.cn
天猫网店：经济科学出版社旗舰店
网址：http://jjkxcbs.tmall.com
北京季蜂印刷有限公司印装
787 × 1092 16 开 37.5 印张 730000 字
2018 年 1 月第 1 版 2018 年 1 月第 1 次印刷
ISBN 978 – 7 – 5141 – 8720 – 5 定价：93.00 元
（图书出现印装问题，本社负责调换。电话：010 – 88191510）
（版权所有 侵权必究 举报电话：010 – 88191586
电子邮箱：dbts@esp.com.cn）

课题组主要成员

首 席 专 家 吕 靖

主 要 成 员 王 杰　李 晶　郭 萍　朱玉柱
　　　　　　　常 征　宫晓婷　蒋永雷　朱乐群
　　　　　　　戚超英　梁 晶

编审委员会成员

主　任　周法兴

委　员　郭兆旭　吕　萍　唐俊南　刘明晖
　　　　　陈迈利　樊曙华　孙丽丽　刘　茜

总　序

哲学社会科学是人们认识世界、改造世界的重要工具，是推动历史发展和社会进步的重要力量，其发展水平反映了一个民族的思维能力、精神品格、文明素质，体现了一个国家的综合国力和国际竞争力。一个国家的发展水平，既取决于自然科学发展水平，也取决于哲学社会科学发展水平。

党和国家高度重视哲学社会科学。党的十八大提出要建设哲学社会科学创新体系，推进马克思主义中国化、时代化、大众化，坚持不懈用中国特色社会主义理论体系武装全党、教育人民。2016年5月17日，习近平总书记亲自主持召开哲学社会科学工作座谈会并发表重要讲话。讲话从坚持和发展中国特色社会主义事业全局的高度，深刻阐释了哲学社会科学的战略地位，全面分析了哲学社会科学面临的新形势，明确了加快构建中国特色哲学社会科学的新目标，对哲学社会科学工作者提出了新期待，体现了我们党对哲学社会科学发展规律的认识达到了一个新高度，是一篇新形势下繁荣发展我国哲学社会科学事业的纲领性文献，为哲学社会科学事业提供了强大精神动力，指明了前进方向。

高校是我国哲学社会科学事业的主力军。贯彻落实习近平总书记哲学社会科学座谈会重要讲话精神，加快构建中国特色哲学社会科学，高校应需发挥重要作用：要坚持和巩固马克思主义的指导地位，用中国化的马克思主义指导哲学社会科学；要实施以育人育才为中心的哲学社会科学整体发展战略，构筑学生、学术、学科一体的综合发展体系；要以人为本，从人抓起，积极实施人才工程，构建种类齐全、梯队衔接的高校哲学社会科学人才体系；要深化科研管理体制改革，发挥高校人才、智力和学科优势，提升学术原创能力，激发创新创造活力，建设中国特色新型高校智库；要加强组织领导、做好统筹规划、营造良好学术生态，形成统筹推进高校哲学社会科学发展新格局。

哲学社会科学研究重大课题攻关项目计划是教育部贯彻落实党中央决策部署的一项重大举措，是实施"高校哲学社会科学繁荣计划"的重要内容。重大攻关项目采取招投标的组织方式，按照"公平竞争，择优立项，严格管理，铸造精品"的要求进行，每年评审立项约40个项目。项目研究实行首席专家负责制，鼓励跨学科、跨学校、跨地区的联合研究，协同创新。重大攻关项目以解决国家现代化建设过程中重大理论和实际问题为主攻方向，以提升为党和政府咨询决策服务能力和推动哲学社会科学发展为战略目标，集合优秀研究团队和顶尖人才联合攻关。自2003年以来，项目开展取得了丰硕成果，形成了特色品牌。一大批标志性成果纷纷涌现，一大批科研名家脱颖而出，高校哲学社会科学整体实力和社会影响力快速提升。国务院副总理刘延东同志做出重要批示，指出重大攻关项目有效调动各方面的积极性，产生了一批重要成果，影响广泛，成效显著；要总结经验，再接再厉，紧密服务国家需求，更好地优化资源，突出重点，多出精品，多出人才，为经济社会发展做出新的贡献。

作为教育部社科研究项目中的拳头产品，我们始终秉持以管理创新服务学术创新的理念，坚持科学管理、民主管理、依法管理，切实增强服务意识，不断创新管理模式，健全管理制度，加强对重大攻关项目的选题遴选、评审立项、组织开题、中期检查到最终成果鉴定的全过程管理，逐渐探索并形成一套成熟有效、符合学术研究规律的管理办法，努力将重大攻关项目打造成学术精品工程。我们将项目最终成果汇编成"教育部哲学社会科学研究重大课题攻关项目成果文库"统一组织出版。经济科学出版社倾全社之力，精心组织编辑力量，努力铸造出版精品。国学大师季羡林先生为本文库题词："经时济世　继往开来——贺教育部重大攻关项目成果出版"；欧阳中石先生题写了"教育部哲学社会科学研究重大课题攻关项目"的书名，充分体现了他们对繁荣发展高校哲学社会科学的深切勉励和由衷期望。

伟大的时代呼唤伟大的理论，伟大的理论推动伟大的实践。高校哲学社会科学将不忘初心，继续前进。深入贯彻落实习近平总书记系列重要讲话精神，坚持道路自信、理论自信、制度自信、文化自信，立足中国、借鉴国外、挖掘历史、把握当代、关怀人类、面向未来，立时代之潮头、发思想之先声，为加快构建中国特色哲学社会科学，实现中华民族伟大复兴的中国梦做出新的更大贡献！

教育部社会科学司

前　言

英国政治家雷利爵士曾经说过，谁控制了海洋，谁就控制了贸易；谁控制了世界贸易，谁就控制了世界财富，最后也就控制了世界本身，海上贸易通道的重要性由此可见一斑。古往今来，为了争夺海上通道的控制权，西方列强曾展开过多次争斗。15世纪中期到16世纪中期，葡萄牙利用其占领的好望角、马六甲海峡、亚丁湾等海上通道，实现了对亚洲和非洲地区的扩张，攫取海外殖民地，成为称雄一时的世界强国。随后的西班牙、荷兰与英国之间的霸权更替，更直接体现为海上通道控制权的转移。为了争夺海上霸主地位，1652~1674年英国与荷兰爆发了三次海上贸易通道争夺战，最后英国控制了海上航道，取代荷兰掌握了全球海上贸易和殖民地霸权，建立了海权—贸易—殖民地的殖民主义模式，大英帝国的舰队游弋在多佛尔、直布罗陀、好望角、马六甲等海峡通道要冲，以此控制海洋，营造了"日不落帝国"的辉煌。事实上，当今国际社会的"集体制裁"行为，也屡屡采用封锁一国海上通道，以实现贸易禁运的目的。1990年8月联合国安理会决议对伊拉克采取"海上封锁"等11项制裁措施，导致伊拉克中断了和所有国家的贸易往来，经济濒临崩溃边缘。

21世纪，人类文明已经发展到较高程度，但是海上通道的控制与反控制并未消失，反而以新的形式出现，显示出更加鲜明的特征。大国军事、政治、外交、经济手段多管齐下以保障海上通道安全。日本即采取综合手段保障海上通道安全，经济上通过对外经济援助，遥制重要海上节点和水域，并通过控制商船队，保障战略物资运输通道安全；外交上强化与美国合作，联合保障海上通道安全；组织上利用民间力量实现海上通道扩张,"马六甲海峡协会""海上安全协会"等所谓民间机构纷纷与新加坡、马来西亚和印度尼西亚签订备忘录,帮助三国维护海峡航道,其真实目的昭然若揭。

中华人民共和国曾饱受海上通道封锁之痛,1951年联合国大会通过的对华海上禁运案,一度严重影响到我国的对外贸易。改革开放以来,伴随经济全球化的浪潮,我国已成为世界最大的货物贸易国家,海上通道的重要地位越发凸显。国际海运通道作为我国对外经济联系的主渠道,输送我国80%以上的外贸货量,我国石油进口的90%以上需要通过海上通道,海上通道堪称国民经济的大动脉,是维护我国重要战略能源、资源供给和重要商品输出的主要线路,直接影响着我国的经济安全和能源安全。同时,从更高远的角度考察,我国作为崛起的大国,实现海上通道安全保障,既有助于展现和强化国家的综合实力,扩大国际影响,树立国际形象,提升大国地位;又有助于强化我国的控制力,在谋求和保障自身海洋利益的同时,积极倡导并参与国际海洋新秩序构建,重构世界航运秩序、世界贸易秩序、世界安全秩序,为海洋的和平利用贡献中华民族的智慧和力量。有鉴于此,国家十分重视海上通道及其安全保障问题。

2011年教育部公开招标哲学社会科学研究重大课题攻关项目《保障我国海上通道安全研究》(项目批准号:11ZD 049),大连海事大学课题组中标。历经四载寒暑,本书即为该项目研究成果的结集。全书共五篇、二十二章,从海洋战略的视角出发,对我国海上通道安全保障问题进行系统研究,力图构建起海上通道安全保障的理论体系框架,全面评价我国海上通道安全状况,设计我国海上通道安全预警及应急系统和安全保障机制,为我国海上通道安全保障提供智力支持与借鉴。

毛泽东曾经说过,我们中国是世界上最大的国家之一,"有很长的海岸线,给我们以交通海外各民族的方便"。在我们迈向海洋强国,努力实现"中国梦"的今天,海上通道安全保障必将得到社会的更大关注与重视,这也是本研究的目的和宗旨所在。

摘　要

海洋约占地球表面积的71%，与人类的生存息息相关，在国家经济发展格局和对外开放中的作用十分关键，与国家的兴衰紧密相连。海上通道对一个国家的经济走向世界有着至关重要的作用，其意义远远超过其承载的货运数量及价值，因此被称作"生命线"。对海上通道的有效控制和运用，是一国稳定和发展的重要途径之一，也是海洋强国发展的重要先决条件，事关国家的战略地位，事关国家的国际影响力。

本书从海洋战略的视角出发，对海上通道安全保障问题进行系统研究。全书共分为海上通道安全保障理论研究、典型国家海上通道安全保障研究、我国海上通道安全评价研究、我国海上通道安全预警与应急研究、我国海上通道安全保障机制研究五篇、二十二章。本书界定了海上通道的内涵，提出海上通道的分类方法，研究了全球主要海上通道的基本状况，论述了海上通道的安全保障构成要素及特点，以及海上通道的安全保障流程和机制。在研究全球海上通道安全保障历史沿革的基础上，对美国、英国暨欧盟、亚洲国家海上通道安全保障的发展历程、现状以及特征进行比较和评价，提出加强我国海上通道安全保障的若干建议。通过全面收集我国海上通道内部状况和外部环境数据，构建因子分析—双因素法两阶段评价模型，全面评价了我国海上通道的安全状况。确立了海上通道安全预警及应急处理理论框架，结合我国海上通道安全保障现状，对我国海上通道的预警信息收集、预警分级、应急方案设计等问题进行了系统研究。在对比分析国内外海上通道安全保障机制的基础上，提出了我国海上通道安全保障机制的构建方案。

本书运用逻辑研究方法,构建起海上通道安全保障理论体系框架;运用历史研究方法,总结海上通道安全保障的演进规律和经验,构建起适合我国特点的海上通道安全保障体系。采用现场访谈与问卷调查相结合的方法,确定了海上通道安全评价因素种类及其评价指标体系的层次、结构以及各评价指标的权重。通过对历史突发事件案例的统计分析,建立了海上通道安全预警指标体系,运用突变级数理论建立海上通道安全预警模型,并根据历史案例数据计算模型的预警阈值,提高了我国海上通道安全预警工作的科学性和准确性。本书将战略研究与具体方案研究相结合,从国际战略格局角度,分析和研究海上通道安全理论体系建设;将宏观战略视角与技术视角相结合,构建海上通道安全评价指标体系;同时提出我国海上通道安全预警、应急处理及一体化保障机制等具体方案。

在理论方面,初步建立了海上通道安全保障的理论体系,明确了海上通道的含义、海上通道安全影响因素分类方式,解决了海上通道安全保障体系构成和海上通道安全保障机制构建等重要问题。从海上通道安全的角度,全面梳理了典型国家海上通道安全保障情况,归纳出海上通道安全保障工作的特点;从海上通道安全保障历史沿革的角度,提出了海上通道安全保障的演变规律和未来发展趋势。在方法方面,提出了海上通道安全综合评价方法,基于半结构访谈模式建立起评价指标体系,运用关键节点与通道内外部因素相结合的两阶段评价模型,对我国海上通道安全进行综合评价;构建了海上通道安全预警分级模型,运用案例分析与数学模型相结合的方法,构建海上通道安全突变级数预警分级模型,并验证了模型的有效性。

Abstract

Oceans take about 71% of the earth's surface and are closely related to the human being. Oceans also play a crucial role in national economic development and influence the country's future. Sea Lines of Communication are the key to the opening up of national economy. The importance of Sea Lines of Communication overwhelm the cargo volume and value they carry; hence they have been called "lifeline". Taking the control of Sea Lines of Communication is one of the significant strategies to keep stable and developing for a country, it is also the prerequisite for marine power development and a determinant attribute for strategic position and international influence.

This book conducts systematic research on security of Sea Lines of Communication from the viewpoint of maritime strategy. This book constitutes five parts, namely theories for security of Sea Lines of Communication, security of Sea Lines of Communication in typical countries, safety evaluation of China's Sea Lines of Communication, pre-warning and emergency response for Sea Lines of Communication and security mechanism of Sea Lines of Communication. There are twenty-two chapters in this book. The conception and classification of Sea Lines of Communication are identified, current situation of main Sea Lines of Communication in the world are introduced, constitution elements and features of security of Sea Lines of Communication are demonstrated, procedure and mechanism of security of Sea Lines of Communication are designed. Based on the research of historical development of global Sea Lines of Communication, the comparison of development pattern, current situation and features among Sea Lines of Communication of United States, United Kingdom, European Union and Asian countries are conducted, and the suggestions for security of China's Sea Lines of Communication are put forward. The safety of China's Sea Lines of Communication is evaluated with the help of a factor analysis method-two factor theory based evaluation model and internal and external data collection. A theoretical framework for pre-warning and emergency response is formulated. The research on pre-warning information collection, pre-warning subsystem, emergency response is conducted. The security mechanism of China's Sea Lines of Communication is presented on basis of comparison of domestic and overseas status.

This book proposes a theoretical framework for security of Sea Lines of Communication via logic research and summarizes the evolution pattern and experiences via historical research, in which way the system for security of Sea Lines of Communication is constructed for China specifically. Using the methodology of interviews and questionnaires, the classification and structure of safety evaluation index for Sea Lines of Communication are identified and the weights of indicators are calculated. The pre-warning system of security of Sea Lines of Communication is presented in accordance to the analysis of historical accidents, and the pre-warning model is designed on the basis of Catastrophe Progression Method and the threshold is calculated using historical data, the accuracy of China's pre-warning of Sea Lines of Communication is improved. As a result, the theoretical framework for security of Sea Lines of Communication is put forward in an international strategic viewpoint; the safety evaluation system for Sea Lines of Communication is formulated on the combination of macro strategy and technique; the pre-warning and emergency response plan as well as integrated security mechanism are demonstrated.

In theory, this book forms a preliminary theoretical framework for security of Sea Lines of Communication, the conception of Sea Lines of Communication is brought forward, the classification of safety influence factors of Sea Lines of Communication is identified, and the constitution as well as mechanism formulation of Sea Lines of Communication are figured out. Meanwhile, the current status and features of security of Sea Lines of Communication of typical countries are summarized, and the evolution pattern and future trends of security of Sea Lines of Communication are presented. In methodology, firstly, a comprehensive method for safety evaluation of Sea Lines of Communication is designed, the evaluation index system is formulated via semi-structured interview, then a two-stage evaluation model which combines key points and internal and external factors is applied to evaluate safety of China's Sea Lines of Communication. Secondly, an early warning subsystem model in view of Catastrophe Progression Method is proposed on the basis of case study and mathematical models and the effectiveness of the model is testified.

目 录

第一篇
海上通道安全保障理论研究　1

第一章 ▶ 海上通道安全保障理论基础及研究现状　3

　　第一节　海上通道安全保障理论基础　3
　　第二节　海上通道安全保障研究现状　11

第二章 ▶ 海上通道内涵及分类　28

　　第一节　海上通道内涵　28
　　第二节　海上通道分类　40

第三章 ▶ 全球海上通道现状　45

　　第一节　北美洲—欧洲通道现状　45
　　第二节　远东—欧洲通道现状　48
　　第三节　远东—北美洲通道现状　52
　　第四节　远东—南美洲通道现状　54
　　第五节　北极通道现状　56

第四章 ▶ 海上通道安全及影响因素研究　60

　　第一节　战略视角下的海上通道安全问题　60
　　第二节　海上通道安全影响因素分析　66

第五章 ▶ 海洋战略下的海上通道安全保障研究　78

　　第一节　海上通道安全保障要素分析　78
　　第二节　海上通道安全保障的战略特点及重点　82

第三节　海上通道安全保障机制构建　86

第二篇

典型国家海上通道安全保障研究　95

第六章 ▶ 海上通道安全保障发展状况分析　97

第一节　海上通道安全保障发展历程　97
第二节　海上通道安全保障国家分类　102

第七章 ▶ 美国海上通道安全保障研究　109

第一节　美国海上通道安全保障的历史沿革　109
第二节　美国海上通道安全保障发展现状　115
第三节　美国海上通道安全保障特征　131

第八章 ▶ 欧盟暨英国海上通道安全保障研究　135

第一节　欧盟海上通道安全保障研究　135
第二节　英国海上通道安全保障研究　143

第九章 ▶ 亚洲国家海上通道安全保障研究　158

第一节　日本海上通道安全保障研究　158
第二节　印度海上通道安全保障研究　169
第三节　韩国海上通道安全保障研究　178

第十章 ▶ 典型国家海上通道安全保障启示　188

第一节　典型国家海上通道安全保障演变特点　188
第二节　典型国家海上通道安全保障评价　191
第三节　典型国家海上通道安全保障经验启示　197

第三篇

我国海上通道安全评价研究　205

第十一章 ▶ 我国海上通道及安全状况研究　207

第一节　我国海上通道状况　207

第二节　我国海上通道安全状况　223
　　第三节　海上通道安全对我国经济的影响分析　235

第十二章 ▶ 我国海上通道安全评价指标体系　246

　　第一节　我国海上通道安全评价指标体系构建　246
　　第二节　我国海上通道安全评价指标解释　250

第十三章 ▶ 我国海上通道安全评价指标分析　258

　　第一节　我国海上通道关键节点评价指标分析　258
　　第二节　我国海上通道内部评价指标分析　269
　　第三节　我国海上通道外部评价指标分析　281

第十四章 ▶ 我国海上通道安全评价及建议　295

　　第一节　我国海上通道安全评价　295
　　第二节　我国海上通道安全评价结果分析　303
　　第三节　我国脆弱性海上通道及其保障建议　322

第四篇

我国海上通道安全预警与应急研究　329

第十五章 ▶ 海上通道安全预警与应急理论概述　331

　　第一节　预警与应急理论和方法　331
　　第二节　海上通道安全预警与应急理论　338

第十六章 ▶ 我国海上通道安全预警与应急现状　347

　　第一节　我国海上通道安全预警与应急法律及预案现状　347
　　第二节　我国海上通道安全预警与应急组织现状　355
　　第三节　我国海上通道安全预警与应急流程现状　365
　　第四节　我国海上通道安全预警与应急存在的问题分析　369

第十七章 ▶ 我国海上通道安全预警系统设计　376

　　第一节　预警信息监测子系统　376
　　第二节　预警分级子系统　394

第十八章 ▶ 我国海上通道突发事件应急系统设计　406

    第一节　我国海上通道应急信息获取与评价　406

    第二节　我国海上通道应急方案设计　411

    第三节　我国海上通道应急站点布局研究　415

第十九章 ▶ 我国海上通道安全预警与应急组织体系及程序设计　426

    第一节　我国海上通道安全预警与应急组织体系　426

    第二节　我国海上通道安全预警与应急程序　432

    第三节　完善我国海上通道安全预警与应急工作的对策建议　441

第五篇

我国海上通道安全保障机制研究　449

第二十章 ▶ 我国海上通道安全保障机制发展状况　451

    第一节　我国海上通道安全保障机制历史沿革　451

    第二节　我国海上通道安全保障机制现状　460

第二十一章 ▶ 我国海上通道安全保障机制评价　473

    第一节　国外海上通道安全保障机制　473

    第二节　我国与国外海上通道安全保障机制对比分析　478

    第三节　我国海上通道安全保障机制现存问题　489

第二十二章 ▶ 我国海上通道安全保障机制构建　492

    第一节　我国海上通道安全保障机制概述　492

    第二节　我国海上通道安全保障体系与职能设计　495

    第三节　我国海上通道安全保障机制运行机理　503

    第四节　构建与完善我国海上通道安全保障机制的建议　512

附录一　调查问卷　516

附录二　调查对象相关信息　523

附录三　附表　526

附录四　模型介绍　539

附录五　我国海上通道重要节点威胁因素　545

参考文献　549

后记　565

Contents

PART I

   THEORIES OF SECURITY OF SEA LINES OF COMMUNICATION   1

Chapter 1 Theoretical Background and Literature Review of Security of Sea Lines of Communication   3

1.1 Theoretical Background of Security of Sea Lines of Communication   3
1.2 Literature Review of Security of Sea Lines of Communication   11

Chapter 2 Conception and Classification of Sea Lines of Communication   28

2.1 Conception of Sea Lines of Communication   28
2.2 Classification of Sea Lines of Communication   40

Chapter 3 The Status of Global Sea Lines of Communication   45

3.1 North America-Europe Sea Lines of Communication   45
3.2 Far East-Europe Sea Lines of Communication   48
3.3 Far East-North America Sea Lines of Communication   52
3.4 Far East-South America Sea Lines of Communication   54
3.5 The North Pole Sea Lines of Communication   56

Chapter 4　Security of Sea Lines of Communication and Influence Factors　60

4.1　Security of Sea Lines of Communication in Strategic Viewpoint　60
4.2　Influence Factors of Sea Lines of Communication Security　66

Chapter 5　Security of Sea Lines of Communication Under Maritime Strategy　78

5.1　Elements Analysis of Security of Sea Lines of Communication　78
5.2　Strategic Features and Key Points of Security of Sea Lines of Communication　82
5.3　Formulation of Security Mechanism of Sea Lines of Communication　86

PART Ⅱ
SECURITY OF SEA LINES OF COMMUNICATION IN TYPICAL COUNTRIS　95

Chapter 6　Development of Security of Sea Lines of Communication　97

6.1　History of Security of Sea Lines of Communication　97
6.2　Country Classification of security of Sea Lines of Communication　102

Chapter 7　Security of Sea Lines of Communication in United States　109

7.1　History of Security of Sea Lines of Communication in United States　109
7.2　The Status of Security of Sea Lines of Communication in United States　115
7.3　Features of Security of Sea Lines of Communication in United States　131

Chapter 8　Security of Sea Lines of Communication in European Union and United Kingdom　135

8.1　Security of Sea Lines of Communication in European Union　135
8.2　Security of Sea Lines of Communication in United Kingdom　143

Chapter 9   Security of Sea Lines of Communication in Asia   158

    9.1　Security of Sea Lines of Communication in Japan　　158

    9.2　Security of Sea Lines of Communication in India　　169

    9.3　Security of Sea Lines of Communication in Korea　　178

Chapter 10   Enlightenment of Security of Sea Lines of Communication in Typical Countries   188

    10.1　Features of Security of Sea Lines of Communication　　188

    10.2　Evaluation of Security of Sea Lines of Communication　　191

    10.3　Experience Enlightenment of Security of Sea Lines of Communication　　197

PART Ⅲ
SECURITY EVALUATION OF CHINA'S SEA LINES OF COMMUNICATION   205

Chapter 11   The Current Status and Security of China's Sea Lines of Communication   207

    11.1　The Current Status of China's Sea Lines of Communication　　207

    11.2　Security level of China's Sea Lines of Communication　　223

    11.3　Economic impacts of Sea Lines of Communication on China's economy　　235

Chapter 12   Security Evaluation Index System of China's Sea Lines of Communication   246

    12.1　Construction of Security Evaluation Index System　　246

    12.2　Description of Security Evaluation Index　　250

Chapter 13   Analysis of Security Evaluation Index of China's Sea Lines of Communication   258

    13.1　Analysis of Security Evaluation Index of Key Nodes in China's Sea Lines of Communication　　258

    13.2　Analysis of Internal Security Evaluation Index in China's Sea Lines of Communication　　269

13.3 Analysis of External Security Evaluation Index in China's Sea Lines of Communication   281

Chapter 14 Evaluation and Suggestion on Security of China's Sea Lines of Communication   295

14.1 Security Evaluation of China's Sea Lines of Communication   295
14.2 Analysis of the Evaluation Results   303
14.3 The Fragility of China's Sea Lines of Communication and Suggestions   322

PART IV
PRE-WARNING AND EMERGENCY RESPONSE OF CHINA'S SEA LINES OF COMMUNICATION   329

Chapter 15 The Review of Theories on Pre-warning and Emergency Response of Sea Lines of Communication   331

15.1 Theories and Methods on Pre-warning and Emergency Response   331
15.2 Theories on Pre-warning and Emergency Response of Sea Lines of Communication   338

Chapter 16 The Current Status of China's Pre-warning and Emergency Response of Sea Lines of Communication   347

16.1 The Current Status of Laws and Conventions on China's Pre-warning and Emergency Response of Sea Lines of Communication   347
16.2 The Current Status of Organizations on China's Pre-warning and Emergency Response of Sea Lines of Communication   355
16.3 The Current Status of Procedure on China's Pre-warning and Emergency Response of Sea Lines of Communication   365
16.4 Analysis on the Existing Disadvantages of China's Pre-warning and Emergency Response of Sea Lines of Communication   369

Chapter 17 The Design of China's Pre-warning System of Sea Lines of Communication   376

17.1 The Subsystem of Pre-warning Information Monitor   376
17.2 The Subsystem of Pre-warning Classification   394

Chapter 18　The Design of Emergency Response System of China's Sea Lines of Communication　406

18.1　Methods of Obtainment and Assessment on Emergency Information of China's Sea Lines of Communication　406

18.2　The Design of Emergency Plan of China's Sea Lines of Communication　411

18.3　The Study on the Distribution of Emergency Response Sites of China's Sea Lines of Communication　415

Chapter 19　The Design of Process and Organizations on Pre-warning and Emergency Response of Sea Lines of China's Communication　426

19.1　The Organizations on Pre-warning and Emergency Response of China's Sea Lines of Communication　426

19.2　The Procedure on Pre-warning and Emergency Response of China's Sea Lines of Communication　432

19.3　Suggestions for Improving Pre-warning and Emergency Response of China's Sea Lines of Communication　441

PART V
SECURITY MECHANISM OF CHINA'S SEA LINES OF COMMUNICATION　449

Chapter 20　The History and Current Status of Security Mechanism of China's Sea Lines of Communication　451

20.1　The History of Security Mechanism of China's Sea Lines of Communication　451

20.2　The Current Status of Security Mechanism of China's Sea Lines of Communication　460

Chapter 21　Comparison Between Assessment on Security Mechanism of China's Sea Lines of Communication　473

21.1　The Security Mechanism of Foreign Sea Lines of Communication　473

21.2　Security Mechanism Comparison Between China's Sea Lines of Communication with Foreign's　478

21.3　Analysis on the Existing Disadvantages of Security Mechanism of China's Sea Lines of Communication　489

Chapter 22　The Design of Security Mechanism of China's Sea Lines of Communication　492

22.1　Introduction of Security Mechanism of China's Sea Lines of Communication　492

22.2　The System and Function Design of Security Mechanism of China's Sea Lines of Communication　495

22.3　The Running Interactions of Security Mechanism of China's Sea Lines of Communication　503

22.4　The Proposal on Establishing and Improving Security Mechanism of China's Sea Lines of Communication　512

Appendix I　Questionnaire　516

Appendix II　Related Information of Respondents　523

Appendix III　Attached Table　526

Appendix IV　Introduction of Models　539

Appendix V　Threats of Important Nodes for China's Sea Lines of Communication　545

Refercence　549

Postscript　565

第一篇

海上通道安全
保障理论研究

第一部分

第一章

海上通道安全保障理论基础及研究现状

海权理论、软实力理论、国际关系理论以及国家经济安全理论,为海上通道安全保障理论的形成提供了重要的理论基础,而近年来国内外关于海上通道研究、海上通道安全研究以及海上通道安全保障等相关研究,极大地推动了海上通道安全保障理论的发展。

第一节 海上通道安全保障理论基础

海上通道安全保障理论体系的构建离不开相关理论的支撑,其中与海上通道安全保障密切相关的包括海权理论、软实力理论、国际关系理论、国家经济安全理论。其中海权理论、软实力理论是海上通道安全保障理论的内在理论基础,国家经济安全理论是确立海上通道安全保障目标的理论基础,国际关系理论是海上通道安全保障的外在理论基础。

一、海权理论

海权(Sea Power)标志着一个国家利用海洋和控制海洋的总体能力,决定了一个国家和民族能否成为一个伟大民族。海权是指一种海上控制力,即海上权力或者海上力量。海权理论自创立之后，一直是大国实施海洋强国战略的基本理论，也是海上通道安全保障理论的理论渊源。

真正将海权论思想作为一个完整的理论系统提出，并使其成为一个地缘政治理论流派的学者是美国海军军官、历史学家艾尔弗雷德·塞耶·马汉（Alfred Thayer Mahan）。在马汉之后，各国根据自身需要对海权理论提出了新的诠释，例如科贝特"海洋战略论"、戈尔什科夫的"国家海上威力论"、尼古拉斯斯皮克曼的"边缘地带"理论、约翰米尔斯海默的"离岸平衡手"说、莫德尔斯基的"海权世界霸权周期论"等，进一步丰富了海权论的内涵。本节将主要对具有代表性的马汉的"海权论"和科贝特"海洋战略论"、戈尔什科夫的"国家海上威力论"进行介绍。

（一）马汉海权论的主要思想及要素

美国海军军官、历史学家艾尔弗雷德·塞耶·马汉在关于海权论三部著作——《海权对历史的影响（1660—1783）》《海权对法国大革命和法兰西帝国的影响》《海权的影响与1812年战争的关系》中，通过评述西班牙、葡萄牙、英国、荷兰、法国等欧洲海上强国在争夺海洋过程中发生的一系列历史事件，阐述了海洋对历史发展的意义。在《海权对历史的影响（1660—1783）》中，马汉提出了海权的概念，"海权即凭借海洋或者通过海洋能够使一个民族成为伟大民族的一切东西。"[①] 海权理论影响了多个大国的国家战略的制定以及外交政策的实施，进一步提升了海洋的战略地位。马汉认为，利用海权来支配和控制海洋，是影响世界历史发展的重要力量。能否控制海洋，夺取并保持与国家利益紧密相关的海外交通贸易线的制海权，是国家发展兴盛的决定性因素，影响着国家的发展。由于海军是维护海权的重要手段，因此马汉海权论的最直接逻辑就是要求大力发展海军实力。

马汉提出了影响海权的六个要素。一是地理位置。地理位置是影响一个国家建立和发展海权的首要条件。二是自然结构。一国领土的自然形态在很大程度上决定着其追求海权的意向和动力。致力于发展海权的国家，必须拥有漫长的海岸线和能够得到保护的深水港湾及深入内地的大河等条件。三是领土范围。国家发展海上力量必须要有一定面积的领土作为依托，其领土的大小要与国家人口的数量、资源及其分布等状况相称。四是人口数量。一个国家从事与海洋活动有关的人口数量与总人口的比例大小，对于发展海权至关重要。五是民族特点。一个民

---

① ［美］艾尔弗雷德·塞耶·马汉著，萧伟中、梅然译：《海权论》，中国言实出版社1997年版，第3页。

族应当形成经商的观念和敢于通过海洋到海外创业的精神,才能具备发展海权最重要的条件。六是政府性质。马汉指出,在具备了前五项条件后,政府的性质就对国家建立和发展海权起着决定性的作用。

(二) 科贝特海洋战略论的主要思想

1911 年,英国历史学家朱利安·S·科贝特(Julian S. Corbett)出版了著名的《海洋战略的若干原则》一书,分别从国家战略、军事战略、海军战略(军种战略)的高度,对英国的海洋战略进行了系统的论证。科贝特认为,海洋战略的形态应与国家的实力相称,不同历史时期也应有不同的海军战略与之相对应。总体来讲,海洋战略的中心目标是争夺、保卫和使用制海权,"控制海洋仅在战争状态下存在。如果我们说和平时期的控制海洋那只是指一种修辞上的表达,它意味着我们占领了有利地形且拥有足够的海军力量,以便战争一旦爆发能对海洋实施有效控制。控制海洋并不意味着敌人不能做任何事情,而是指我们在达成战争目的即强迫敌人服从于我们的意志的时候,敌人无法进行有效的干涉。"[①] 在此基础上,科贝特根据海洋国家的发展史及其对海上交通线控制程度的不同,将制海权分为三大发展阶段,即争夺制海权阶段、保卫制海权阶段、使用制海权阶段,并相应地规划出海军在不同历史阶段的主要任务。

(三) 戈尔什科夫国家海上威力论的主要思想

在 1977 年出版的《国家的海上威力》中,谢·格·戈尔什科夫(Sergey Georgievich Gorshkov)集中阐述了国家海上威力论的主要内容和观点,从国家海洋力量建设、海军建设和海军的作战使用三个方面来论述国家如何通过建立海上力量来获取和稳固大国地位。戈尔什科夫认为:"国家的海上威力就是:合理地结合起来的、保障对世界大洋进行科学、经济开发和保卫国家利益的各种物质手段的总和。它决定各国为本国利用海洋的军事和经济潜力的能力。有理由把国家海上威力看做一个体系。这个体系的特征不仅仅在于其各个组成部分(海军、运输船队、捕鱼船队、科学考察船队等等)之间有着各种联系,而且它与周围环境(海洋)是一个不可分割的整体。它与海洋相互依存,才能发挥作用和表现其整体性。构成海上威力的各个组成部分的作用,不是固定不变的。是由具体的历史

[①] 杨震、方晓志、杜雁芸:《论朱利安·科贝特的海洋战略观》,载《国际观察》2015 年第 4 期,第 116~129 页。

条件决定的。但是，在存在着相互敌对的社会体系的情况下，海军一向居于首位。"① 戈尔什科夫认为经济潜力和军事能力是建设国家海上威力的主要目标，海上威力是国家经济威力的一个组成部分。

（四）海权理论与海上通道安全保障的内在逻辑

马汉的海权论不仅包括"制海权"，同时还包括了"海军力量"、"海洋国家"、"海上实力"等内涵，是构建国家安全战略、实施强国或霸权策略、提升海上实力的重要依据。海权论在内容上强调了民间商业航海及海军军事活动与国家利益及国际政治之间的紧密联系。海上通道安全是保证国家海洋安全，进而维护国家利益的重要前提，因此，海权论与海上通道安全具有内在的逻辑关联性。

首先，海上通道安全保障是海权理论的重要体现。控制世界上重要的航海通道、海峡和海上要冲，对世界大国地位具有突出的重要性，"凡是获得了制海权或控制了海上要冲的国家，就掌握了历史的主动权。"② 提升海上通道安全保障水平，使得和平时期海外贸易顺利开展，并能够在海外获取原料和商品；在战争时期能够完成物资运输，获取战争的胜利，是一国真正拥有海权的重要体现。

其次，保障海上通道安全是强化国家"海上威力"的重要途径。海洋对国家经济生活具有重要的作用，海上交通线是战略运输线的一种，因此，对海上通道安全的保障将有利于提升国家的"海上威力"，而"海上威力"是国家经济的间接表现，又影响国家经济，包含了经济因素以及军事因素，是国家经济威力的一个组成部分，因此，海上通道的安全与否也直接影响了国家经济威力的发挥。

二、软实力理论

随着全球化的深入发展，国家间相互依存关系进一步加强，国家实力中"无形权力"的重要性日益突出，软实力（Soft Power）理论也随着国际关系的不断变化而丰富，逐渐被各国重视。对于海上通道的掌控即是强化一国"无形权力"的体现，因此，软实力理论为海上通道安全保障理论奠定了重要的理论基础。

---

① ［苏］谢·格·戈尔什科夫编，房方译：《国家的海上威力》，海洋出版社1985年版，第2、4、5、10、231、270、316、317、360页。

② 张玉坤、张慧编著：《成海固边——海上安全环境与海洋权益维护》，海潮出版社2004年1月第1版，第152页。

（一）软实力理论产生的背景

软实力理论既是传统国际关系理论的发展，也是冷战后国际力量对比发生深刻变化的产物。"软实力"由美国新自由主义国际关系学派学者约瑟夫·S·奈（Joseph S. Nye）在20世纪80年代末提出。在这一时期，随着冷战的结束，"世界政治经济版图重新划分，大国关系重新调整，民族、宗教间的冲突不断增多，以及全球金融危机的影响，使冷战后的国际关系和未来走向呈现不确定性。面对这种不确定性，除传统的国际政治外交活动外，国际上试图解决这种不确定性的各种分析、预测和适应当前国际关系与秩序的理论和思潮也应运而生。"① 全球化导致冷战后国际关系的主体和实际内容发生深刻变化，使软实力理论应运而生。在美国学界与政界对"衰落"与"反衰落"的霸权争论中，不少美国人认为美国的衰落是不可避免的，约瑟夫·奈则认为美国的力量并没有衰落，虽然美国的经济地位被日本和德国在一定程度上削弱，但美国的军事实力和科技等硬实力，再加上美国的强大软实力，仍然使美国的综合实力强于其他国家。因此，面临经济的全球化，以及文化、价值观念等软资源的全球化，权力本身的性质也在发生变化，软实力也是国家综合国力的重要组成部分。"以说服、劝导等非强制手段出现的软实力变得更具吸引力，文化、价值观念、制度等无形的软实力资源变得更加有效。"②

在理论层面，软实力理论是在相互依存理论前提下对"权力论"所做的补充和发展。③ 1939年，著名的英国现实主义学者爱德华·哈莱特卡尔（Edward Hallet Carr）将国际权力划分为三种类型：军事权、经济权和话语权（舆论控制权）。其中军事权体现胁迫力，经济权体现收买力，这两者都是硬实力，而话语权则体现一种吸引力。美国现实主义大师汉斯·J·摩根索（Hans J. Morgenthau）认为，民族性格、国民士气、外交质量和政府质量等"无形权力"也决定着国家的实力。冷战结束后，随着全球化的深入发展，国家间相互依存关系进一步加强，国家实力中"无形权力"的重要性日益突出，成为软实力理论的重要思想渊源。约瑟夫·奈把通过吸引和说服获得更优结果的能力概括为"软实力"。并在其1990年撰写的《注定领导世界？——美国权力性质的变迁》一书中，率先提出了软实力概念。

---

① 张晓慧：《软实力论》，载《国际资料信息》2004年第3期，第25页。
② 李琳：《约瑟夫·奈"软实力"理论及其对中国的启示》，大连理工大学硕士学位论文，2014年。
③ 于溪滨：《软实力理论的内涵、产生背景及运用》，载《当代世界》2006年第9期，第33~35页。

（二）软实力的内涵

约瑟夫·奈在其出版的《注定领导世界？——美国权力性质的变迁》一书中指出，在国际政治中，"左右他人意愿的能力和文化、意识形态以及社会制度等这些无形力量资源关系紧密，可以认为是软力量。"随后，在其发表的《软实力》一文中，对软实力做了一个明确的定义，他指出软实力是文化的认同度和让他人愿意追随的能力，这种能力来源于一个国家文化和价值观的吸引力。随着国际形势的变化，约瑟夫·奈对于软实力的内涵的界定也在不断完善。在2004年出版的《软力量——世界政坛成功之道》一书，以及2006年发表的《软实力再思考》中，将软实力的构成要素概括为三个方面：文化（即在其能发挥魅力的领域）；政治价值观（无论在国内外都能付诸实践）及外交政策（当其被视为合法，并具有道德权威时），[1] 在2011年出版的《权力大未来》一书中，他又指出软实力的构成要素还包括与软实力相关的资源，即制度、思想、价值、文化和政策合法性认知等无形要素。同时，他在该书中指出，在军事实力、经济实力和软实力之外，网络权力成为全球最关键的权力形式。

目前，学术界对于软实力的内涵还存在分歧，但比较一致的看法是，软实力可以分为三个层次：一是文化及价值观等意识形态方面的吸引力，主要是宗教、语言、教育、生活方式、电影电视、报纸、网络以及饮食等产生的吸引力。二是社会经济制度以及发展模式等的同化力，如欧盟的经济发展模式以及"华盛顿共识"等。三是一个国家在国际社会的形象，以及在多边外交中对国际规则和政治议题的塑造力。一个国家通过自身的价值观建立和主导国际规范及国际制度，从而能够左右世界政治的议事日程。这是许多西方大国运用其软实力的一个非常关键的环节。

（三）软实力理论下的海上通道安全保障

国际关系的复杂化导致传统的权力手段已经很难解决国际间的问题。形成国际合作、构建有效机制、提升政治外交政策软实力等，已经成为增强国家竞争力，解决国际争端，提升国际地位的重要手段。面对海上通道安全保障的国际性和博弈性，相关国家纷纷寻求多种手段，强化对海上通道安全保障的话语权。其中，提升软实力则是一项重要的策略。在提升军事实力、经济实力的同时，增强其文化方面的吸引力、社会经济制度的同化力以及对国际规则的塑造力，例如采用参与海上通道安全保障规则和惯例的制定与实施、引导国际海洋法和国际社会

---

[1] ［美］约瑟夫·奈著；马娟娟译：《软实力》，中信出版社2013年版，第12、16页。

认同自己的海洋主张等措施,提升本国在海上通道安全保障问题中的掌控力和话语权,有效地维护本国利益。

同时,对软实力的重视,将有助于海上通道安全保障合作机制的构建。约瑟夫·奈认为,当一个国家的硬实力,如军事实力、经济实力快速增长时,会使邻国感到恐惧,但是,如果这个国家的软实力也提升的话,就不大可能使邻国感到恐惧,乃至于结盟反对。因此,软实力不是一个国家获益而其他国家受损害的零和博弈,一国软实力的提升,将有利于将其战略、文化、观念等转化为对他国的影响力,促进合作安全理念的实施,通过形成各国之间的海上多边机制与合作,共同解决海上方向所存在的诸多传统安全和非传统安全威胁,降低各国冲突的可能性,形成正和(互利)关系,共同保障海上通道的安全畅通。

三、国际关系理论

(一)国际关系理论的主要流派和思想

国际关系是一个宽泛的概念,指国际社会中一切成员跨越国界的互动关系。它包括三个领域:第一个是国际关系,指任何成员的任何跨国界关系;第二个是国际政治,主要指权威国际成员间的关系,核心是国家之间的关系;第三个是对外政策,指一个国家对于其他国家或组织指定和施行的政策。

现代国际关系理论的发展过程可以分为四个阶段,分别是国际关系理论初创阶段与理想主义的兴起(1919~1948年);国际关系理论的发展阶段与现实主义理论体系的确立(1948~1979年);国际关系理论繁荣阶段与自由主义的复兴(1979~1992年);国际关系理论的三足鼎立时期与建构主义兴起(1992年至今)。[①]

理想主义认为,"人的本性是善良的,战争之所以爆发是因为战争的有利所图使一些人的良知误入歧途,一旦良知被唤醒,误解被消除,世界便可和平;主权国家之间的根本利益是和谐的,尤其在和平问题上更应如此。"[②] 由于理想主义学派把世界设想得过于理想,与现实脱节,因此,理想主义在国际关系领域仅短暂出现。目前,西方国际关系理论的主要三个学派是现实主义、自由主义和建构主义。现实主义的基本假定是:"权力,特别是军事实力,是国际关系的最根本因素,国家的利益至高无上,普世道德是没有意义的。"[③] 自由主义学派共有五种形态,分别是共和自由主义、相互依存自由主义、认知自由主义、社会自由

---

① 秦亚青:《现代国际关系理论的沿革》,载《教学与研究》2004年第7期,第56~63页。
② 罗文:《对当代西方国际关系理论的理解》,载《才智》2014年第35期,第287页。
③ 秦亚青:《现代国际关系理论的沿革》,载《教学与研究》2004年第7期,第57页。

主义和制度自由主义。① 其中，新自由制度主义的理论化程度最高，新自由制度主义的代表学者罗伯特·O·基欧汉（Robert O. Keohane）认为，国际社会是有一定的组织形式和行为规范的，国家是自私、理性的行为体，其目的是追求绝对收益；国家之间虽然存在利益的冲突，但各国为求得自己的利益而寻求合作，互惠合作是国家之间博弈的结果。② 建构主义强调观念、认同、文化的重要性，认为国际体系的物质性结构只有在观念结构的框架中才能具有意义。③

（二）国际关系理论与海上通道安全保障之间的关系

现有的国际关系理论的四大流派在技术性方法的使用上形成了基本共识，但是在具体的理论观点上还没有达成共识。无论是哪一个流派，对于海上通道安全保障都具有重要的指导意义。由现实主义强调的"大国争霸是国际关系的铁律，争霸是国际关系的必然态势"可以看出，作为实现海上霸权的重要体现，对海上通道的争夺将是国际关系的必然结果；自由主义所论证的"制度合作理念、全球治理理念"，则决定了合作机制将成为各国共同保障全球海上通道安全的重要手段，是实现各国共同利益的基础；建构主义主张观念、认同、文化等非物质性的、意识的东西是国际政治的核心内容，是把国际威望这种"强实力"转化为"软实力"，因此，在保障海上通道安全时，除了需要增强军事实力形态的强实力，还要提升在文化、意识形态、价值观念等软实力形式所表现出来的影响力、吸引力和感召力，引导他国沿着与其国家利益相契合的方向发展。

国际关系理论关注的即是国与国之间如何相处的问题。国际关系的复杂化使得各国对海洋权益的争夺更为激烈，更加凸显出海上通道安全保障的重要作用，同时，也增加了海上通道安全保障的难度，在强调军事、经济等硬实力的基础上，制定合适的文化和意识形态发展战略，增强凝聚力、吸引力和话语权，提升综合国力，在复杂的国际关系下实现对海上通道的安全保障。

四、国家经济安全理论

（一）国家经济安全理论的产生及应用

经济全球化促进了世界经济的发展，给世界各国既带来机会，也带来挑战，

---

① Mark Zacher, Richard Mathew. *Liberal International Theory: Common Threads, Divergent Strands.* in Charles Kegley (ed.). Controversies in International Relations Theory. St. Martin's, 1995, pp. 120~137.
② 门洪华：《关于世界秩序蓝图的思考》，载《世界经济与政治》2004年第7期，第35~36页。
③ 秦亚青：《现代国际关系理论的沿革》，载《教学与研究》2004年第7期，第60页。

国家之间的利益关系也更加复杂，各国对本国利益，特别是最根本的经济利益问题则更显重视。经济是一切的基础，没有经济安全就没有军事实力；经济形态决定一个国家是否强大，是否能保证国家生存和发展、人民生存和发展。在复杂的国家的利益关系中，一国能否实现对国家层面的经济利益实现有效保障，进而保证本国经济的健康运行、稳健增长、持续发展，则可称为国家经济安全问题。

早在20世纪60年代后期，美国就有学者关注国家经济安全问题。到了20世纪90年代，国家经济安全问题引起了越来越多的关注，国家经济安全的理念也逐步融入各国的国家战略之中。美国克林顿政府在1993年即表示要把经济安全作为对外政策的主要目标，且将经济安全定为国家安全战略的三大目标之一。俄罗斯政府推出《俄联邦国家经济安全战略（基本原则）》和《俄联邦国家安全构想》两个重要战略性文件，将保障国家经济安全置于国家安全战略的第一位。日本在其发表的"国家经济安全战略"中强调，经济安全战略是遏制和排除外部的经济或非经济威胁的策略。在我国，国家经济安全问题在20世纪90年代中期被正式提出。1994年，赵英等社科院专家写出了系统研究国家经济安全的第一本专著《中国经济面临的危险——国家经济安全论》。习近平总书记在中央国家安全委员会第一次会议上发表的重要讲话中，首次提出了"总体国家安全观"的概念，并强调要以经济安全作为基础。

（二）国家经济安全理论与海上通道安全保障的关系

我国学者对国家经济安全形成的比较一致的定义是：国家经济安全是指一个国家的整体经济竞争能力；一个国家经济整体抵御外部各种侵袭、干扰、危机，稳定发展的能力；一个国家经济得以存在，并且不断发展的国内、国际环境。海上通道是海上物流的通道和军事斗争的咽喉要地，"在全球化时代，谁能有效地控制海上通道，谁就能让世界资源流向本国，谁就能在国际利益分割中居优势地位"。因此，海上通道安全在国际贸易中占据着突出地位，畅通的海上通道能够保证对外经济、贸易的有效沟通。海上通道的重要战略地位使其成为一国整体经济竞争能力的组成要素，保障海上通道安全是维护国家海外经济利益、保证本国贸易安全和资源供给安全的重要前提。海上通道安全保障是国家经济安全的重要内容。

第二节 海上通道安全保障研究现状

海上通道安全是一个久远的话题。著名的海权论，实质上就是讨论海洋及其海上通道的控制。第二次世界大战（简称：二战）以来，海上通道安全问题日益突出，各国针对海上通道安全问题展开了多方面的研究，并取得研究成果。就国内来看，选取"中国知网全文数据库"中的相关研究文献作为数据来源，分别以主题中含有"海上通道"、"海上通道安全"、"海上通道安全保障"为条件进行检索。从检索结果可以看出，有关海上通道安全保障的研究文献近几年正呈逐年增多的趋势，但是文章的总体数量较少，例如2015年以"海上通道"为主题的文章总数仅为368篇，还有相当大的研究空间。另外，随着检索主题逐渐复杂，文章数量也逐渐减少，例如2011年以"海上通道"为主题的文章为162篇，以"海上通道安全"为主题的文章为23篇，以"海上通道安全保障"为主题的文章仅有15篇。就国际来看，选取"Science Direct"中的相关研究文献作为数据来源，以"thoroughfare""sealane"等为条件进行检索，并进一步筛选出与海上通道相关的文献，结果可以看出，相比国内文献，以"thoroughfare""sealane"为主题的国外文献相对较多，但是整体数量仍然较少。尽管标题或关键字中直接出现"thoroughfare""sealane"的文章很少，但是在一些研究海洋安全，以及以某一地区为对象，例如马六甲地区，进而有针对性地开展研究的文章中，也涉及海上通道安全保障的部分内容。因此采用交叉引用的方式，对相关文献进行分析，并提取出有关海上通道安全保障的文献。

一、海上通道研究现状

（一）国内研究现状

目前以海上通道为对象的文献，多从以下三个方面进行研究：海上通道的特点、海上通道的作用、发达国家的海上通道相关政策。国内以海上通道为对象的研究已取得一定进展，具有代表性的研究文献如下。

冯梁和张春在《中国海上通道安全及其面临的挑战》一文中，介绍了我国海上通道在太平洋海域、印度洋海域、大西洋海域以及我国沿海地区的分布情况。并概括了我国海上通道的主要特点，包括"海上重要物资运输相对集中；海上通道所经敏感海域较多；海上通道所经海域广阔而漫长，维护海上通道安全比较困难；需跨越的海峡要地多被他国所控，通道安全易受制于人。"①

杜婕等在《海上通道安全：基于利益相关性的战略分析与思考》一文中，将与我国国家利益密切相关的21条海上通道分为关系我国核心利益的战略通道、

---

① 冯梁、张春：《中国海上通道安全及其面临的挑战》，载《国际问题论坛》2007年第48期，第92~107页。

关系我国重大利益的战略通道、关系我国一般和长远利益的战略通道三个层次。为了应对海上战略通道安全问题，作者建议加强顶层设计和整体筹划、尽快制定我国海上通道安全战略；加强海上力量建设，提高维护海上通道安全的综合能力；参与海上战略通道国际合作，积极推动建立海洋战略通道新秩序。①

王历荣在《全球化背景下的海上通道与中国经济安全》一文中，研究了全球化背景下的海上通道与中国经济安全问题。作者指出，由于国际海上运输已经成为我国利用海外资源和市场的"生命线"，同时我国对中东和非洲地区的石油及单一的海上运输路线有非常强的依赖性，因此海上通道对我国国际贸易的开展以及我国的经济发展和经济安全至关重要。②

王历荣在《海上战略通道对中国经济安全的影响及对策》一文中指出，海上通道对中国国际贸易安全、能源安全具有重要的影响，并相应提出加强国际与地区海上安全合作、加强中国远洋海军力量的建设、探索新的贸易与能源运输通道等维护中国海上通道安全及经济安全的对策建议。③

郑中义等在《我国海上战略通道数量及分布》一文中研究了我国海上战略通道的数量及分布情况。分别从经济总量、石油、煤炭、铁矿石运输的角度，归纳总结出全球范围内我国海上战略通道的数量及分布。作者同时介绍了我国的主要海上贸易战略通道，分别是以欧盟国家为主的中—欧海上通道、美加为主的中—北美海上通道、日韩及俄罗斯为主的东北亚方向通道、与东盟之间的南海通道。之后作者概括了我国在全球范围内的重要远洋通道，包括中—新澳通道、中—南美通道、中—印通道。④

杜正艾在《切实维护海上通道安全》一文中，介绍了我国海上通道上的 7 条主要航线，之后探讨了我国海上运输通道的主要特点：一是重要战略资源和对外贸易过分依赖几条运输通道和海峡；二是所经地区政局变化大；三是海盗等力量对海上运输的威胁越来越大。⑤

张明生在《阿拉伯世界重要海上通道探析》一文中，对阿拉伯世界中的苏伊士运河、曼德海峡、霍尔木兹海峡三条具有世界级战略意义的重要海上通道进

---

① 杜婕、仇昊、胡海喜：《海上通道安全：基于利益相关性的战略分析与思考》，载《南昌大学学报：人文社会科学版》2014 年第 3 期，第 62～67 页。

② 王历荣：《全球化背景下的海上通道与中国经济安全》，载《广东海洋大学学报》2012 年第 5 期，第 1～7 页。

③ 王历荣：《海上战略通道对中国经济安全的影响及对策》，载《海派经济学》2015 年第 1 期，第 146～155 页。

④ 郑中义、张俊桢、董文峰：《我国海上战略通道数量及分布》，载《中国航海》2012 年第 2 期，第 55～59 页。

⑤ 杜正艾：《切实维护海上通道安全》http：//theory.people.com.cn/GB/136458/8629886.html。

行了介绍,鉴于其重要性,提出我国保障海上通道安全的政治、外交、经济、军事等立体手段。①

黄鹏志在《关于"马六甲困境"的三种成因分析》一文中指出,马六甲海峡是我国海上战略通道中最重要的一条,而"战时海峡封锁说"是真正可能导致"马六甲困境"发生的原因,军事力量是破解"马六甲困境"和维护其他战略通道的最有效手段。②

另外,一些运输和军事地理著述也有助于对海上通道的了解。勒怀鹏的《世界海洋军事地理》一书,比较系统地阐述了世界海洋的军事地理环境。③ 陈建安的《军事地理学》,详细介绍了全球7条海上航路和4个出海口,揭示了海洋地理环境与军事行动的相互关系及发展的规律。④

(二) 国外研究现状

国外针对海上通道作用、特点的研究相对较少。代表性的文献及报告如下。

祖必尔和拜斯朗(Zubir & Basiron)认为美国为了确保航道自由,保护海上通道,特别是马六甲等重要航线,限制海上通道的自由航行。⑤

克拉雷(Cloughley)研究了区域性国际海上运输通道的问题,分析了其中所涉及的利益问题,对于易产生纠纷的南海等通道分别进行研究,指出和平协商、积极合作是各相关利益方最可取的方案,并提出了具体的政策建议。⑥

俄罗斯国防部在1999年时出台的《俄罗斯联邦海军战略》中强调了海上运输通道的重要性,并确定21世纪初俄罗斯海军建设与发展战略,将海军战略力量部署在海上以保证海上运输通道的畅通。⑦

二、海上通道安全研究现状

(一) 国内研究现状

目前以海上通道安全为对象的文献,多从以下几个方面进行研究:海上通道

---

① 张明生:《阿拉伯世界重要海上通道探析》,载《江淮论坛》2014年第1期,第76～81页。
② 黄鹏志:《关于"马六甲困境"的三种成因分析》,载《学理论》2014年第33期,第11～12页。
③ 勒怀鹏、刘政、李卫东:《世界海洋军事地理》,国防大学出版社2001年版。
④ 陈建安:《军事地理学》,解放军出版社1988年版,第408～410页。
⑤ Mokhzani Zubir, Mohd Nizam Basiron. *The Straits of Malacca*:*The Rise of China*, *America's Intentions and the Dilemma of the Littoral States*. Maritime Institute of Malaysia, 2005.
⑥ Brian Cloughley. *No need for war in south China sea*, International Defiance Review, June, 1995, p. 25.
⑦ http://www.cetin.net.cn/cetin2/servlet/cetin/action/HtmlDocumentAction? baseid =1&docno =144675.

安全的重要性、海上通道安全现状、海上能源通道安全问题、影响海上通道安全的因素。具有代表性的文献如下。

中国现代国际关系研究院课题组的《海上通道安全与国际合作》，针对亚太海上通道、东北亚海事安全、能源海上通道等进行了分析。并分别分析了大规模武器扩散、小武器扩散、恐怖活动对海上通道安全的影响。①

张杰在《浅述海峡战略通道的安全》一文中将海峡战略通道安全定义为"海峡战略通道的沿岸国家和其他使用海峡战略通道的国家依据以《联合国海洋法公约》为代表的相关法律、公约和规则的规定，合法地拥有海峡、战略通道的权益而不受到其他行为体威胁的状态。"同时他将影响海峡战略通道安全的因素划分为两类：一类是传统安全威胁，包括历史和现实的因素导致的通道沿岸国家之间围绕着海峡战略通道的主权归属以及经济利益等方面的矛盾和冲突，以及大国介入海峡战略通道引发与沿岸国家之间的矛盾和冲突；另一类是非传统安全威胁，包括海盗和海上恐怖主义。②

王历荣在《论中国海上通道安全》一文中认为，我国重要战略资源和对外贸易主要依赖三条海上通道——马六甲海峡、宫古水道和大隅海峡，由于航线漫长，越来越成为海盗与海上恐怖主义攻击的目标，海上恐怖活动已对我国海上通道安全构成重大威胁。除此之外，海洋大国力图对海洋通道实行垄断性、排他性控制、通道沿岸国的政局恶化都有可能影响我国海上通道安全。③

李尚伟在《我国远洋运输通道安全浅探》一文中研究了我国远洋运输通道安全相关问题。作者认为影响远洋运输通道安全的因素有航线、船舶、环境、管理、替代通道。同时以石油运输为例，作者认为中东石油运输通道风险较大，非洲通道比中东通道的安全性更差一些，与拉丁美洲之间的太平洋航线运输距离较长，但海域广阔，海峡、运河少，自然条件的阻碍相对较小，因此在我国进口原油中发挥的作用将越来越大。④

何剑彤等在《我国海上战略通道安全影响因素的 ISM》一文中，研究了我国海上战略通道安全的影响因素。作者分别从军事因素、法律政治因素、经济因素、航道航行安全因素、文化因素、非传统安全因素等方面，将影响我国海上战略通道安全的因素进一步细分为包括各国军事力量演变等 20 项因素。并采用数学模型分析各项因素之间的关系，结果表明，我国进出口贸易的需求和通道的交

---

① 中国现代国际关系研究院课题组：《海上通道安全与国际合作》，时事出版社 2005 年版。
② 张杰：《浅述海峡战略通道的安全》，载《理论界》2009 年第 2 期，第 205~206 页。
③ 王历荣：《论中国海上通道安全》，载《徐州工程学院院报（社会科学版）》2009 年第 5 期，第 10~13 页。
④ 李尚伟：《我国远洋运输通道安全浅探》，载《中国水运》2011 年第 10 期，第 8~9 页。

通流密度对海上战略通道的安全有着根本性影响；通道沿岸国的国内法律约束，中国在世界经济格局中的地位和经济垄断都会影响我国的贸易需求，进而影响战略通道的安全；作者特别指出，导致通道交通流密度加大，即通道拥挤的原因可能是通道自身的地理状况、突发的自然灾害，或是通道沿岸的局部战争冲突，因此在估计通道通行时间或者对船舶进行技术装备时须考虑以上三点因素。[①]

汪海在《从北部湾到中南半岛和印度洋——构建中国联系东盟和避开"马六甲困局"的战略通道》一文中，建议从北部湾经越南、老挝到泰国、缅甸和新加坡，可以建设包括铁路、公路、管道在内的现代化高等级的交通走廊，使之成为中国联系东盟的强大纽带和避开"马六甲困局"的战略通道。[②]

冯梁在《关于应对美军进驻马六甲海峡的战略思考》一文中，分析了美国进驻马六甲海峡的战略目标，着重剖析了此举对我国海上安全带来的重要影响。[③]

张赫名和孙晓光在《论21世纪初期东亚地缘环境与中国海洋战略应对》一文中指出，进入21世纪之后，东亚地缘环境发生了明显变化，俄罗斯、印度等大国均对其海洋战略进行了调整，对我国的海洋权益和海上通道安全均产生影响。为实现海洋强国，需高度重视东亚地缘环境的变化，并从海洋权益、国家安全、海洋安全、战略资源基地的高度，考虑海洋问题。[④]

张运成在《能源安全与海上通道》一文中指出，除了军事威胁、封锁之外，诸如恐怖活动、海盗集团、跨国犯罪集团等已对我国海上石油通道造成了巨大的威胁，海上通道面临的形势比过去更加复杂，能源安全将受到来自海上通道不安全因素带来的更大挑战。面对诸多不确定因素特别是台海潜在冲突的存在，应尽快建立国家进口石油运输安全保障体系。[⑤]

周云亨和余家豪在《海上能源通道安全与中国海权发展》一文中指出，我国在确保海上能源航道安全方面主要面临两大挑战，一是海盗等非传统安全因素构成的威胁，二是海权强国的战略意图，后者的威胁更为严峻，我国应加强海洋战略规划、加强海军建设、推动海洋政治博弈、继续加强对国际海洋法体系的研

---

① 何剑彤、李振福、李娜、金海勤：《我国海上战略通道安全影响因素的 ISM 分析》，载《上海海事大学学报》2012 年第 4 期，第 64~69 页。

② 汪海：《从北部湾到中南半岛和印度洋——构建中国联系东盟和避开"马六甲困局"的战略通道》，载《世界经济与政治》2007 年第 9 期，第 47~54 页。

③ 冯梁：《关于应对美军进驻马六甲海峡的战略思考》，载《东南亚之窗》2006 年第 1 期，第 1~7 页。

④ 张赫名、孙晓光：《论 21 世纪初期东亚地缘环境与中国海洋战略应对》，载《产业与科技论坛》2014 年第 2 期，第 111~112 页。

⑤ 张运成：《能源安全与海上通道》、见《海上通道安全与国际合作》，时事出版社 2005 年版，第 107 页。

究与建设工作、增强我国的海运能力和造船工业。[1]

殷卫滨在《困局与出路：海盗问题与中国海上战略通道安全》一文中着重研究了海盗问题的升级对我国海上战略通道安全构成的严重威胁，并提出加强防御、扶植当地均衡发展、加强与全球和地区主要大国的合作等措施缓解海盗问题造成的影响。[2]

何奇松在《北约海洋战略及其对中国海洋安全的影响》一文中，研究了2011年1月北约通过的"联盟海洋战略"对我国海洋安全产生的影响，作者指出在利比亚战争、反海盗行动以及目前的叙利亚危机中，北约海洋战略均发挥出了一定的作用，但也暴露了缺乏政治意愿投资海军等问题；同时，北约海洋战略，对中国海洋强国战略存在着包括会遏止中国海军突破第一、第二岛链；可能会介入中国与邻国的海疆纷争；影响中国海军保护能源安全等负面影响，需引起我国高度重视。[3]

董建平在《美国重返亚太对我国海上通道安全的影响》一文中，探讨了美国重返亚太对我国海上通道安全的影响。作者认为，美国高调介入南海争端，刺激了南海周边国家在领土权益上的敏感神经，使海上战略通道陷于法理纠葛之中；美国借岛屿争端和军事同盟实现对航道的实际控制，形成对我国海上战略通道的封锁和夹击态势；美国在中国周边海域频繁联合军演，制造对中国周边及其海上通道的战略高压点；美国借打击海盗和海上恐怖主义谋求地区利益，加重了我国海上通道安全的隐患。[4]

杨晓杰在《对新形势下确保我国海洋安全的几点思考》一文中，分析了新形势下如何确保我国海洋安全的相关问题，作者指出新时期为确保我国海洋安全，需处理好"维稳"和"维权"的关系、陆权与海权的关系、近海与远洋的关系，并提高全体国民的海洋意识、建设与我国地位相称的强大海军。[5]

邵国余在《全球海上安全和海盗状况》一文中分析了海盗行为形成的原因，以及海盗给全球海上安全和贸易等带来的危害，随后作者提出国际社会应该在资金、技术、情报和打击力度这四方面加强合作，以打击海盗行为，保障海上运输

---

[1] 周云亨、余家豪：《海上能源通道安全与中国海权发展》，载《太平洋学报》2014年第3期，第66~76页。

[2] 殷卫滨：《困局与出路：海盗问题与中国海上战略通道安全》，载《南京政治学院学报》2009年第2期，第56~60页。

[3] 何奇松：《北约海洋战略及其对中国海洋安全的影响》，载《国际安全研究》2014年第4期，第80~103页。

[4] 董建平：《美国重返亚太对我国海上通道安全的影响》，载《黑河学刊》2013年第5期，第66~68页。

[5] 杨晓杰：《对新形势下确保我国海洋安全的几点思考》，载《探求》2014年第3期，第89~120页。

通道安全。①

王湘林在《索马里海盗对我国海上安全的影响》一文中研究了索马里海盗对我国海上安全的影响问题，作者论述了索马里海盗的起因、性质以及特点。作者指出，打击索马里海盗不仅是维护世界和平的需要，更是保障国家安全、海洋安全和海上通道畅通的需要。作者从构建强大的海上综合力量的角度，提出了我国对抗索马里海盗问题的具体措施，包括加强国防力量，建设现代化海军；确立中国的海洋战略，维护国家长远发展；制定积极的海上安全战略。②

王倩和张钊园在《浅析非传统威胁对海上通道安全的影响》一文中对涉及亚太海上通道的非传统安全问题进行分析，包括海盗活动、海上恐怖主义、有组织的跨国犯罪、海上事故四个方面。③

刘璐等在《试论中国石油运输安全战略》一文中，解析了马六甲海峡对我国石油运输和战略发展的重要性，分析了"马六甲困局"的成因，并提出建立多元化石油运输网络、大力加强中国海权、积极开展国际多边合作等实现石油运输安全战略的方法。④

杨理智等在《基于贝叶斯网络的我国海上能源通道海盗袭击风险分析与实验评估》一文中，针对海上能源通道海盗袭击事件的不确定性与突发性，基于风险理论和贝叶斯网络，建立了海上能源通道海盗袭击风险的量化评估模型，并模拟了不同情景下马六甲海峡海上能源通道海盗袭击综合风险评估。⑤

李振福和颜章龙在《基于盲数理论的我国海上战略通道安全风险评价》一文中，考虑了海上战略通道的安全风险具有多种不确定性，运用盲数理论建立了我国海上战略通道安全风险等级评价的盲数模型，对我国重要的海上通道——马六甲海峡的安全风险评价结果显示，马六甲海峡的安全级别为较危险级别。⑥

杨理智和张韧在《基于云模型的我国海上能源战略通道安全风险评估》一文中，将人工智能领域的云模型理论引入我国能源通道安全风险评价问题中，并针对南海—印度洋海区复杂自然环境和地缘政治形势，开展了该海区能源通道安

---

① 邵国余：《全球海上安全和海盗状况》，载《中国海事》2009年第2期，第69~71页。
② 王湘林：《索马里海盗对我国海上安全的影响》，载《国际关系学院学报》2009年第5期，第19~27页。
③ 王倩、张钊园：《浅析非传统威胁对海上通道安全的影响》，载《公安海警学院学报》2009年第5期，第19~27页。
④ 刘璐、包不弱、欧吉兵：《解读"马六甲困局"——试论中国石油运输安全战略》，载《经纪人学报》2015年第3期，第50~52页。
⑤ 杨理智、张韧、白成祖、葛珊珊、黎鑫、王爱娟：《基于贝叶斯网络的我国海上能源通道海盗袭击风险分析与实验评估》，载《指挥控制与仿真》2014年第4期，第51~57页。
⑥ 李振福、颜章龙：《基于盲数理论的我国海上战略通道安全风险评价》，载《武汉理工大学学报（交通科学与工程版）》2014年第2期，第16~20页。

全潜在的风险分析,将该区域划分出高风险区域、较高风险区域、中等风险区域、较低风险区域,结果的划分能够为外交、经济、军事等各方面政策的制定提供重要的参考。①

贾大山等在《中国石油海运通道安全评价与对策》一文中,针对中国石油运输安全现状、通道可替代性进行了评价,进一步从装船港安全状况、海运航线、海运船队规模与承运份额、码头接卸能力与战略储备能力以及港口与船舶反恐措施五个方面对我国石油海运通道安全进行分析。②

周炜在《建立国家战略储备石油海上运输绿色安全通道的分析》中,分析了我国海上石油运输中的风险,从海事安全的角度针对建立我国海上战略储备石油运输"绿色安全通道"进行了分析。③

(二) 国外研究现状

国外针对海上通道安全的研究文献,多是针对某一海上节点的安全问题展开研究,其中以马六甲海峡为对象的文献居多。具有代表性的文献如下。

哈姆扎和拜斯朗(Hamza & Basiron)分析了马六甲海峡和亚太地区海上运输通道的现状,并对所涉及的安全因素进行归类,在此基础之上进行分析,指出了保障海上运输通道安全的思路,并附有相关的建议。④

拉曼(Raman)提出亚丁湾地区是中国石油运输的海上命脉,要保证该地区海上通道的安全,打击猖獗的海盗行为,需要印度、中国和日本的联合行动。⑤

宾利(Bingley)指出新加坡、马来西亚与印度尼西亚三国的官方和学术界在探讨保障马六甲海峡安全的措施时,建立不同层次的合作机制已经成为重点,并提出了不同的合作方案。⑥

斯托雷(Storey)详细介绍了马六甲地区的海上安全合作机制,包括《亚洲地区打击海盗和武装劫船合作协定》(The Regional Gooperation Agreement on Com-

---

① 杨智、张韧:《基于云模型的我国海上能源战略通道安全风险评估》,载《军事运筹与系统工程》2014年第3期,第74~80页。

② 贾大山、孙峻岩、罗洪波:《中国石油海运通道安全评价与对策》,载《大连海事大学学报》2006年第2期,第62~66页。

③ 周炜:《建立国家战略储备石油海上运输绿色安全通道的分析》,载《中国水运》,2007年第9期,第12~14页。

④ B. A. Hamza, Mohd. Nizam Basiron. *The Strait of Mallaca: Some Funding Proposals*, MIMA Paper, Maritime Institute of Malaysia, p. 67.

⑤ Raman. *Sea-lane security: India, China&Japan should get together. South Asia Analysis Group*, 2010, 1 (14), p. 3602.

⑥ Barrett Bingley. *Security Interests of the Influencing States: The Complexity of Malacca Straits. The Indonesian Quarterly*, 2004, 32 (4), p. 372.

bating Piracy and Armed Robbery against Ships in Asia，ReCAAP)、马六甲巡逻计划（Malassa Straits Patrol，MSP）和其他细节，并对机制存在的不足做了论述。①

布拉德福（Bradford）介绍了东南亚地区的海上安全问题和地区现有的合作方式；分析了影响进一步合作的障碍，在此基础上提出相应建议，最后探讨了在东南亚进行海上安全合作的前景。②

沙胡嘉（Sakhuja）分析了印度洋地区海上通道所面临的安全威胁如海盗、贩毒、枪支走私、污染等问题，并提出了海事合作的相关建议。③

格里福斯（Griffiths）研究了海盗突发事件对海上通道所产生的消极影响，强调了各国共同合作，以及国际海事组织机构在应对海盗突发事件上的重要作用。④

瓦伦西亚（Valencia）提出采取和平协商、积极合作的手段解决地区性国际海上通道运输的安全问题，并提供了相关的政策建议。⑤

拉赫曼（Rahman）分析了国际海事组织（Internatinal Maritime Organization，IMO）采用的多边机制对于马六甲海峡的海事合作方面的作用。作者介绍了有关航行安全的第三方技术专家组计划（Tripartite Technical Expert Group，TTEG），以及"9·11"事件之后，IMO倡导的多边机制，马六甲海峡的多边机制包括三个原则，广义行为原则，共同互惠原则、不可分割性原则。⑥

吴世存和邹可源（Shicun Wu & Keyuan Zou）编辑的书籍《东亚航行安全保障》以东亚地区的海上交通安全问题为研究对象展开相关研究。书中共分四个部分，第一部分是问题的引出，并提出构建合作机制的思路；第二部分中研究了相关的国际法律框架；第三部分研究了东亚地区相关国家，包括韩国、日本、中国、马来西亚、新加坡对海上航行安全问题的见解；第四部分研究了南海的通道安全问题。⑦

---

① Ian James Storey. *Indonesia's China Policy in New Order and Beyond*：*Problems and Prospect* , *Contemporary Southeast Asia*，2000，22（1）.

② John F Bradford. *The Growing Prospects for Maritime Security Cooperation in Southeast Asia*，Naval War College，Summer 2005，2005，58（3），p. 63.

③ Vijay Sakhuja. *India Ocean and the safety of sealines of communication*. *Strategic Analysis*，2001，25（5），pp. 689~702.

④ David N. Griffiths. *Worldwide piracy*：*Compiling the Facts*. *Maritime Affairs*，1998，p. 16.

⑤ Mark J. Valencia. *Northeast Asia*：*Transnational Navigational Issues and Possible Cooperative Responses*. In IGCC Policy，p. 33.

⑥ Nazira Abdul Rahman. *Multilateralism in the Straits of Malacca and Singapore*. *Marine Policy*，2014，44：pp. 232~238.

⑦ Shicun Wu，Keyuan Zou. *Securing the Safety of Navigation in East Asia*. Woodhead Publishing Limited，2013.

何（Joshua Ho）介绍了《亚洲反海盗及武装抢劫船只区域合作协定》的情况，并指出由于马来西亚和新加坡未参与，导致该协定的有效性被削弱。①

洪农和伍（Nong Hong & Ng）指出海盗行为成为恐怖组织的策略之一，并介绍了打击海盗和海上恐怖主义的四个国际法律工具，分别是《联合国海洋法公约》（United Nations Convention on the Law of the Sea，UNCLOS），《制止危及海上航行安全非法行为公约》（Convention on the Suppression of Unlawful Acts against the Safety of Maritime Navigation，SUA），《美国防扩散安全倡议》（Proliferation Security Initiative，PSI），以及《国际船舶和港口设施保安规则》（International Ship and Port Facility Security（ISPS）Code，ISPS）。②

罗奇（Roach）指出海上通道安全面临着多重威胁因素，包括劫持、走私、海上恐怖主义等，合作机制和船籍国管辖制度是保证海上通道安全的有效措施。③

热蒙德（Germond）研究了地缘政治维度下的海上安全问题，并介绍了2014年出台的三项海上安全地缘战略，分别是英国海上安全战略（the UK National Strategy for Maritime Security，NSMS）、欧盟海上安全战略（the EU Maritime Security Strategy，EU MSS），以及欧盟亚丁湾地区战略（the EU Strategy on the Gulf of Guinea，GoG）。④

帕帕（Papa）对欧盟和美国的海上安全保障相关法规进行了比较。比较结果显示，美国的相关法规的实施能够较快地得到国际认可及参与；欧盟则更倾向于制定国际协议，且在实施相关法规时，需要谨慎考虑负面效应，例如贸易、效率等。作者指出，未来应更注重国际合作以及私人的参与，以最大限度地降低对发展中国家的负面影响，以及官僚制的产生。⑤

亚伍德（Yarwood）研究了几内亚、比绍、塞内加尔在几内亚湾的海上边界争端问题，作者认为相比直接划清界限，海上发展共同协议是解决目前争端的更有效方法。⑥

---

① Joshua Ho. *Combating piracy and armed robbery in Asia：The ReCAAP Information Sharing Centre（ISC）*. Marine Policy，2009，33（2）：432～434.

② Nong Hong，Adolf K. Y. Ng. *The international legal instruments in addressing piracy and maritime terrorism：A critical review*. Research in Transportation Economics，2010，27（1）：51～60.

③ J. Ashley Roach. *Initiatives to enhance maritime security at sea*. Marine Policy，2004，28（1）：41～66.

④ Basil Germond. *The geopolitical dimension of maritime security*. Marine Policy，2015，54：137～142.

⑤ Paola Papa. *US and EU strategies for maritime transport security：A comparative perspective*. Transport Policy，2013，28：75～85.

⑥ Ifesinachi Okafor-Yarwood. *The Guinea-Bissau-Senegal maritime boundary dispute*. Marine Policy，2015，61：284～290.

三、海上通道安全保障研究现状

（一）国内研究现状

现有的以海上通道安全保障为对象的文献，多是从保障海上通道安全的措施角度进行研究，另外有少量的文章研究了海上通道应急反应机制，以及海上通道安全合作机制问题。具有代表性的文献如下。

李远星和刘兴在《海上战略通道安全面临的威胁及对策》一文中指出，我国的综合发展离不开海上通道安全。需要采取多策并举的思路保障我国海上战略通道安全，包括健全海上通道安全危机管理机制、加强海上通道安全防护力量建设、注重海上战略通道地区重点基地建设、提升海上通道安全后勤保障能力。[①]

史春林和史凯册在《马六甲海峡安全问题与中国战略对策》一文中指出了马六甲海峡安全的重要意义，以及影响其安全的主要因素，包括管辖权问题、相关国家介入的影响、海盗问题、海损事故、通行成本等；由于马六甲海峡是我国能源供应的"瓶颈"，更是我国远洋运输安全的"软肋"，因此我国已采取加强与沿岸国家的合作等方式来解决"马六甲困局"。未来我国将进一步采取多样化的有效措施，化解局部冲突、非传统威胁以及自然灾害等各种风险，保证海峡的安全、畅通。[②]

史春林和李秀英在《美国岛链封锁及其对我国海上安全的影响》一文中，分析了美国岛链封锁对我国海防安全、祖国统一与经济发展均产生了十分重要的影响，为突破美国岛链封锁，我国应积极构建的思路包括：把解决台湾问题作为核心关键；把解决南海问题作为重要突破口；把争夺钓鱼岛及其附属岛屿控制权和坚决反对日本利用冲之鸟礁来扩大专属经济区的错误做法作为支撑；加强对岛链和出海通道的科学研究；努力争取获得在印度洋的出海口；加强各种层次和各种领域的国际合作；不断提升中国海军近海防御和远海防卫作战能力。[③]

王历荣在《印度洋与中国海上通道安全战略》一文中，研究了印度洋与中国海上通道安全战略问题。为维护印度洋海上通道安全，第一，需要以互利合作

---

① 李远星、刘兴：《海上战略通道安全面临的威胁及对策》，载《国防》2014 年第 3 期，第 16~17 页。
② 史春林、史凯册：《马六甲海峡安全问题与中国战略对策》，载《新东方》2014 年第 2 期，第 7~11 页。
③ 史春林、李秀英：《美国岛链封锁及其对我国海上安全的影响》，载《世界地理研究》2013 年第 6 期，第 1~10 页。

寻求共同安全;第二,需要改善大国关系,发展睦邻友好与合作关系;第三,需要推动印度洋地区海上通道安全的多边合作,进一步制定或完善有关海上安全的具体规则和操作程序;第四,需要充分利用国际机制,建立有关国家维护海上通道安全的长效机制;第五,需要加强我国远洋海军力量的建设,使其具备保卫能源通道安全的能力。①

史春林和史凯册在《国际海上通道安全保障特点与中国战略对策》一文中指出,目前国际海上通道安全保障呈现出强调全程性、全员性、综合性、系统性、复杂性、相对性、持续性的特征,我国在保障海上通道的安全时,要注意安全生产与国家安全、安全与发展、点与线安全保障、近海通道与远洋通道安全保障、总结历史宝贵经验和吸收外国有益经验、直接手段和间接手段、治标与治本、长效机制与应急机制、近期目标与长远目标相结合。②

杜德斌等在《中国海上通道安全及保障思路研究》一文中指出目前中国海上通道安全面临的挑战与威胁包括世界海上战略通道多被美国控制、美国封堵中国海上通道意图日显、周边大国纷纷制定海洋控制战略、海上通道周边地区局势动荡加剧和多种非传统安全威胁日益凸显;并提出了"以合作化解风险,以威慑保障安全"的海上通道安全保障总体思路。③

刘华和刘帅在《积极运用法律武器维护国家海洋权益》一文中认为法律武器的合理运用是维护一国海洋权益的重要途径。面对我国日益严峻的海洋维权形势,需要积极应用法律武器实现海洋维权,具体措施包括大力加强法律思维培育;尽快制定国家海洋战略;积极推动国内国际立法;灵活应对现实机遇挑战;不断强化专业人才培养;切实运用法律武器将海洋法律权利转化为实际利益。④

史春林和史凯册在《中国加强海上通道安全保障国际合作研究》一文中指出,无论是从时代和国际大背景来看,还是从中国自身情况来看,加强国际合作以保障海上通道安全都十分必要。近年来中国政府积极参加、举办有关国际会议,并参与合作演习,以实现海上通道安全保障的国际合作,下一步工作中,应进一步拓宽合作的渠道,在联合国主导下依托各种国际组织开展合作,要加强地

---

① 王历荣:《印度洋与中国海上通道安全战略》,载《南亚研究》2009年第3期,第46~54页。
② 史春林、史凯册:《国际海上通道安全保障特点与中国战略对策》,载《中国水运》2014年第4期,第15~17页。
③ 杜德斌、马亚华、范斐、恽才兴:《中国海上通道安全及保障思路研究》,载《世界地理研究》2015年第6期,第1~10页。
④ 刘华、刘帅:《积极运用法律武器维护国家海洋权益》,载《军队政工理论研究》2013年第12期,第79~82页。

区性合作，加强与海洋大国合作，努力形成有效的合作机制，维护海上通道安全。①

龚迎春在《日本与多边海上安全机制的构建》一文中指出，中国一方面需要在各个渠道的安全对话中继续倡导共同安全、综合安全、协调安全、合作安全等新安全理念；另一方面，应主动参与机制的形成过程，把握本地区海上秩序的走向，防止亚太地区的海上安全机制朝着准军事同盟的方向发展。②

李丽娜在《海盗治理与南海海上安全保障机制》一文中，对南海海盗问题以及南海海上安全保障机制的构建进行了研究。作者从惩治海盗的国际法律制度、国际组织打击海盗的措施、东南亚各国的合作三个方面阐述了目前南海海上安全保障情况；最后提出我国治理南海海盗问题的对策。③

贾大山等在《中国石油海运通道安全评价与对策》中提出五项保障海上石油运输通道安全的措施和建议，分别为：加强和深化中国—东盟海事磋商机制会议相关工作，在促进海运安全中发挥积极作用；推进大型石化企业和大型海运企业的合作，加快油船船队的建设；加快石油接卸码头基础设施的建设；继续推进船舶保安及港口保安工作；尽快完成对巽他海峡、龙目海峡的勘测，进行必要的日常战略绕行。④

张湘兰和张芷凡在《全球治理维度下的海上能源通道安全合作机制》一文中探讨了全球治理维度下的海上能源通道安全合作机制问题。作者认为海上能源通道安全的国际合作机制在维护海运秩序方面发挥了积极作用，同时也存在着不足：缺乏针对海上能源通道安全的专门性国际条约；在多边合作机制特别是区域合作机制的实践中，国家主权问题凸显；国际海峡的沿岸国与使用国之间权利义务需要进一步协调明确。我国在参与海上能源通道安全合作时，一方面要发挥其大国作用，与航道重要沿岸国进行对话，消除隔阂，积极推动相关国际合作方式多样化；另一方面，还要完善国内调整海运安全的相关法律，使其能为我国参与国际合作，保障海上通道安全，提供有效的法律保障。⑤

赵旭等在《我国海上能源运输通道安全保障机制构建》一文中，研究了我

---

① 史春林、史凯册：《中国加强海上通道安全保障国际合作研究》，载《中国水运》2015 年第 2 期，第 26~28 页。
② 龚迎春：《日本与多边海上安全机制的构建》，载《当代亚太》2006 年第 7 期，第 15~22 页。
③ 李丽娜：《海盗治理与南海海上安全保障机制》，载《河南省政法管理干部学院学报》2009 年第 1 期，第 28~32 页。
④ 贾大山、孙峻岩、罗洪波：《中国石油海运通道安全评价与对策》，载《大连海事大学学报》2006 年第 2 期，第 62~66 页。
⑤ 张湘兰、张芷凡：《全球治理维度下的海上能源通道安全合作机制》，载《江西社会科学》2011 年第 9 期，第 5~12 页。

国海上能源运输通道安全保障机制的构建问题。作者在对海上能源运输通道复杂性和风险分析的基础上，提出风险因素与机制构建之间的对应关系。从能源的供给、需求与储备三个方面进行海上能源运输通道的安全保障机制功能设计，构建了涵盖外交拓展机制、港航管理机制、港航企业配合机制、海事安全机制和能源管理机制在内的能源运输通道的安全保障机制，并提出适合我国海上能源运输通道有效发展的相关政策建议。①

吕建华和曲凤凤在《完善我国海洋环境突发事件应急联动机制的对策建议》一文中指出，我国海洋环境突发事件应急联动机制目前还不完善，体现在组织体系的条块分割，导致部门之间横向联动滞后；领导体制层面的权限交叉、职责不明；技术手段层面的监测设施和综合应急指挥平台建设落后。针对现有问题，作者提出多项解决措施，包括完善组织机构，加强横向部门之间的沟通与合作；明确海洋环境突发事件领导主体，实现职责分明；强化海洋应急信息系统建设，建立信息技术指挥平台。②

蔡鹏鸿在《试析南海地区海上安全合作机制》一文中指出，在南海地区海上安全合作机制建设进程中，充满了相互防范和激烈竞争的气氛。中国在该地区海域面临传统安全机制的结构性排斥和能源安全双重挑战，有必要在重视传统安全威胁的同时，以务实精神促进地区的功能性安全合作。③

何忠龙等在《中国海岸警卫队组建研究》中，进一步针对我国海上安全保障机制中的组织因素架构进行了研究与构想，建议组成我国海上综合执法力量中国海岸警卫队。④

值得注意的是，我国政府有关研究机构也日益关注海上安全保障问题。国家海洋局海洋发展战略研究所定期编著《中国海洋发展报告》，不少内容涉及海上安全保障问题；民盟中央近年来每年召开一次"海洋发展论坛"，其中大量涉及海域安全保障方面的问题；交通部规划研究院在《全国建设小康社会公路水路交通发展目标》研究报告中，充分分析了我国水路交通安全保障系统的现状和不足，并从定性和定量两个方面说明了现阶段的水路安全保障水平是否符合我国经济建设的需要。

同时，在一批涉及我国国家安全的研究成果中，也或多或少涉及我国海上安

---

① 赵旭、高建宾、杜玮：《我国海上能源运输通道安全保障机制构建》，载《中国软科学》2013年第2期，第8~15页。
② 吕建华、曲凤风等：《完善我国海洋环境突发事件应急联动机制的对策建议》，载《行政与法》2010年第9期，第17~19页。
③ 蔡鹏鸿：《试析南海地区海上安全合作机制》，载《现代国际关系》2006年第6期，第7~11页。
④ 何忠龙、任兴平、冯永利、罗宪芬、刘景洪：《中国海岸警卫队组建研究》，海洋出版社2007年版。

全及其保障机制问题,如张文木的《中国新世纪安全战略》①、《世界地缘政治中的中国国家安全利益分析》②《全球视野中的中国国家安全战略》(上卷)③、《论中国海权》④、张炜的《国家海上安全》⑤、史春林和姜秀敏的《国际海上咽喉要道及其安全保障研究》⑥等书,均有相关章节涉及我国海上安全及其保障分析研究,尤其是《国家海上安全》一书,针对国家海上安全观、国家海上安全战略与政策、国家海上安全体系等多个理论领域均有所阐述,为海上安全保障机制的进一步研究提供了有益借鉴。

(二) 国外研究现状

从海上安全保障角度开展的专题学术性研究,直接涉及海上安全保障机制的研究相对缺乏,间接或部分涉及海上安全保障机制的研究也不多,主要集中于有关研究报告的片段与媒体发布的随机性时评,因而显得较为零散。

日本防卫厅研究所于1996年《防卫大纲》中提出海上安全机制——海上维和(ocean-peace keeping, OPK)的战略构想,后来又逐步修正为弱化OPK构想的军事色彩,具体以海上保安厅作为对外合作的主要机关。⑦

高井晋介绍了OPK构想的含义和行动依据,行动的主体、方式和对象以及活动范围,行动的必要性和预期效果,OPK行动与建立区域安全保障机制的关系等。⑧

阿卡汉(Akaha)分析了日本战后海洋政策形成过程中的影响因素,包括对海洋资源的高度依赖性、战后的历史环境、国内政策和国际政策需求的平衡、经济发展与环境问题的适应性、政策制定流程等,并指出日本海洋政策面临的三个关键挑战是经济与环境的协调发展;国内外相关政策的协调制定;通过共享经验发挥其领导作用。⑨

日本保安厅针对职责履行,制定了《21世纪的海上保安厅——海上保安业

---

① 张文木:《中国新世纪安全战略》,山东人民出版社2000年版。
② 张文木:《世界地缘政治中的中国国家安全利益分析》,山东人民出版社2004年版。
③ 张文木:《全球视野中的中国国家安全战略(上卷)》,山东人民出版社2008年版。
④ 张文木:《论中国海权》,海洋出版社2009年版。
⑤ 张炜:《国家海上安全》,海潮出版社2008年版。
⑥ 史春林、姜秀敏:《国际海上咽喉要道及其安全保障研究》,时事出版社2015年版。
⑦ 龚迎春:《日本与多边海上安全机制的构建》,载《当代亚太》2006年第7期,第15~22页。
⑧ 高井晋:《OPK研究の绍介》载《SECURITARIAN》1998年6月号,下载于http://www.bk.df-ma.or.jp/~sec/1998/06/opk.htm.
⑨ Tsuneo Akaha., *Muddling through successfully*: *Japan's post-war ocean policy and future prospects*. Marine Policy, 1995, 19 (3): 171~183.

务遂行方针》,其中涉及巡视船舶和飞机的业务执行体制等海上安全保障机制问题。①

美国在2007年底推出的美国新海上战略《21世纪海上力量合作战略》中,提出要加强海上安全保障国际合作机制,以预防战争,为此还提出了"海上安全"和"人道主义援助"两项拓展能力。②

约翰斯通(Johnstone)编著的书籍《运输安全保障政策和方案》,对美国保障运输安全的政策进行了系统研究,其中介绍了运输安全政策的制定、海上通道安全政策法规的实施、航空安全政策法规的实施等。③

对海上通道安全保障问题的学术研究,是一项十分复杂,也是刚刚起步的研究工程。国内外现有的以海上通道安全保障为对象的研究文献,已取得一定的研究成果,且近年来研究有所增多。综观上述有关我国海上安全保障机制研究,具有如下特点:一是侧重于海峡,特别是马六甲海峡的研究,而对其他海上通道节点的研究较少,因而显得重点性有余而普遍性不足,更遑论从全球范围内探讨和分析我国海上战略通道;二是关注于我国石油通道研究,而对集装箱、粮食、煤炭和矿石等其他货种的海上战略通道少有研究;三是集中于我国大洋通道战略分析,而对我国沿海战略通道少有研究;四是研究多停留在表层的描述,少有将理论与实践相结合的深层次论述;五是对于海上通道安全保障机制的研究方法上偏重于宏观战略的描述(这当然是必要的),缺乏细致的、具有可操作性的分析,且大都定性叙述,缺乏严谨的定量统计、分析与评价,尤其是采用数学方法进行的评价。

综上所述,海上通道的安全保障问题与海上运输、海洋安全、海权维护等问题密切相关,但又不是简单的等同的关系,需要在国家战略的视角下,对具体、实际的海上通道安全保障问题进行整体、系统、全面的研究。

---

① http：//wenku.baidu.com/link？url = CglFww4hwOqIqznsf8IqCxElc-aLeFnPcULiayxYtn33oPVGE3j5 qmF-BJMISCYONmzw9h2XyJaWuoKlWAQfFrUJ7fLCcoOvO_ Y3nnt49xhG.

② 赵伊娜：《21世纪海上力量合作战略》,载《外国海军文集》2008年第6期,第38~40页。

③ R. William Johnstone, *Protecting Transportation-Implementing Security Policies and Programs*. Elsevier Inc. 2015.

第二章

海上通道内涵及分类

海上通道是海上通道安全保障研究的对象,是海上通道安全保障工作的客体,科学界定海上通道内涵并对海上通道种类进行合理划分,是海上通道安全评价及安全保障研究的重要基础。然而当前研究中海上通道的含义却不尽相同,对海上通道的分类也有较大差异。从海上通道的战略特点出发研究海上通道的内涵,进而对其分类进行研究,可以为海上通道安全保障研究奠定良好基础。

第一节 海上通道内涵

海上通道的战略意义十分重大,是影响一国乃至全球经济、社会安全的重要因素。同时,海上通道又是海上货物运输活动的基本载体,因此,对海上通道内涵的研究既要考虑海上通道的战略特点,又要结合海上运输实践。

一、现有海上通道的定义

(一)现有通道的定义

在世界经济地理中,"通道"与"交通线"经常混用。世界各国有关运输通道的概念很多，有江、河（river）、湖泊（lake）、运河（channel）、海洋（ocean）、航线（seaway）、水路或水道（waterway）、公路（highway）、道路（road & way）、铁路（railway & rail）、管道（pipeline）、航空线（airline & air）等，此外还有诸如走廊（corridor）、线路（link）、通道（passageway）、路径（path）、线路或路径（route）、通道（thoroughfare）等。

"通道"虽然有"道路"的作用，但并不等同于"道路"。关于海上通道的界定，国内权威字典中的解释与本研究对象差别较大，存在一定歧义。①《韦氏大词典》将通道定义为"跨越他国领域的狭窄地带，或是连通本国与他国的部分地域，还可以是连接两国间的部分地带。"②目前国内外许多学者，根据自己的研究视角，对通道做出了一般性解释。美国加利福尼亚大学的加雷森教授认为，通道是"交通运输投资集中的延伸地带，不同的运输方式在此地带内互相交叉补充，运输需求大，交通流密集，并且提供各类服务"。美国交通工程专家威廉姆·W·海定义通道为："在湖泊、河流、溪谷、山脉等自然资源分布、社会经济活动模式、政治等因素的影响下而形成的客货流密集地带，通常由多种运输方式提供服务。"《世界经济地理结构》一书中，陆卓明教授认为："世界上存在着一些长距离、走向相同的穿越众多国家的交通运输线，它承担着大部分的国际运输。'通道'用于描述长距离的走向平行的水陆空交通运输线所跨越的地带。"③交通系统工程专家张国伍认为："某两地之间具有已经达到一定规模的双向或单向交通流，为了承担此强大交通流而建设的交通运输线路的集合，称之为交通运输通道。"④蔡庆麟等在《运输布局学》中写道："某一地理区域，为一宽阔的长条地带，它顺着共同方向的交通流向前伸展，把主要交通流发生地连接起来。在某一通道内，可能有若干条可供选择的不同路线。"⑤这就是说，通道是一狭长地带，它不仅包括运输基础设施的用地范围、通道赖以形成的自然条件，也包括客货流赖以发生的经济区。

综上所述，通道是由运输服务活动经历的带状地区，带状地区里的交通基础设施，以及基于交通基础设施的运输工具、管理系统以及保障系统正常运行的软件系统等载体组成的综合体。简言之，通道是客流、货流流经地，运输线路，工具及管理体系的集合。按照对象不同，通道可以分为货运通道和客运通道；按照

---

① 《辞海》中对通道的解释为：（1）传输信息的数据通路。（2）计算机系统中传送信息和数据的装置。主要有主存储器读写通道和输入、输出通道。能接收中央处理器的命令，独立执行通道程序，协助中央处理器控制与管理外部设备。（3）来往的路或供上下的楼梯。
② 梅里亚姆·韦伯斯特公司：《韦氏高阶英语词典》，中国大百科全书出版社2009年版。
③ 陆卓明：《世界经济地理结构》，中国物价出版社1995年版，第90页。
④ 张国伍：《交通运输系统分析》，西南交通大学出版社1991年版，第45~46页。
⑤ 蔡庆麟、张秀芝、刘艳琴：《运输布局学》，人民交通出版社1994年版，第13页。

运输方式不同，则可分为公路通道、铁路通道、海上通道等。

（二）现有海上通道的定义

海上通道属于通道的一种类型。已有文献中对海上通道的界定，可以分为三种方式。第一种，部分学者将通道按照既定已成的概念，对海上通道概念的界定避而不谈，直接进行关于海上通道的相关研究；第二种，部分学者将在海上运输航线中具有重要地位的海峡、运河作为海上战略通道进行分析研究；第三种则根据海上运输航线的空间分布特征与货流分布特征，对海上运输通道进行定义并加以分类。

刀书林提出，海上通道指"船舶由甲地到乙地经过的海洋路线。在海洋术语中，它应是路短、经济和安全的运输线"。[①] 邹立刚认为，海上通道是"大量物流经船舶运输通过的海域，即连接世界主要经济、资源中心的通道"[②]，李杰认为海上通道实际上包含了两个概念：一是正常的海运航线；二是指公共性的海峡通道[③]。

虽然学术界已经开始使用"海上通道"这个概念，但对其释义多种多样，从严格意义上讲，至今尚未形成对"海上通道"的权威界定。而且通过参考已有文献可以看出，目前已有一定数量的海上通道研究，但是大都集中在对其现状和战略的宏观描述，缺少专题性的深入研究。本章在已有的海上通道定义的基础上，以国家海洋战略作为指导，对海上通道进行界定。

二、海上通道的战略特点

从以上分析中可以看出，在部分现有文献中，海上通道被等同于海峡或者海上交通线，还有部分文献认为海上通道的主要功能是为了保证商船的顺利通过。但是这种界定有一定局限性。特别是在如今的发展环境中，海洋安全逐渐成为关注的热点，各国纷纷制定、实施海洋战略，以维护国家海洋利益，进而保证国家安全。海洋地位的愈发凸显也进一步提升了海上通道在国家安全和海洋战略中的重要作用。因此，以往将海上通道视为"商船运输经过的线路"的观点已经和现实产生一定的偏离，海上通道地位和作用较以前已经发生显著的变化。海上通

[①] 刀书林：《亚太地区海上通道地理界定和安全合作初探》，见《海上通道安全与国际合作》，时事出版社2005年版，第51页。

[②] 邹立刚：《保障我国海上通道安全研究》，载《法治研究》2012年第1期，第77~83页。

[③] http://bbs1.people.com.cn/post/7/1/2/128963670.html.

道不仅仅是运输的载体,而是具有重大战略价值,通常处于国际战略利益和国际竞争的交汇地,是国家海洋战略的重要组成部分。随着世界经济一体化的不断推进,各国间的贸易往来越来越频繁,对外贸易物资的种类和数量也越来越多,导致对海上通道的依赖性更加明显,围绕海上通道展开的政治博弈从未停止。

(一) 海上通道是推进一国海洋战略部署的重要载体

在当今经济全球化的背景下,国家利益的地理界限已大大突破,国家利益中的海外利益所占比例越来越大[①]。经济大国都开始强调对本国海外经济利益的保障,加强对贸易安全和能源供给的重视程度。海上运输由于具有成本低和通达性强的优势,成为各国促进海外经济的主要途径。谁能更大程度利用海上通道,谁就能更大程度获得联系世界经济的好处。历史上的荷兰、西班牙、英国与现在的美国、日本的发达,都证明了这一点。海上通道对一国经济、能源、资源的保障作用,使其成为经济外向型国家的生命线,对国家具有显著的战略意义。随着海洋的战略地位越来越显著,各国相继制定相关海洋战略,或对现有海洋战略进行适应性调整,以保证海上通道安全。海洋战略在国家战略中的重要性日益凸显,海上通道对海洋战略实施的推动作用也愈发突出。通过制定全面的战略部署,尤其是海洋战略布局,加强对国际海上通道的影响力,以保证本国与世界经济的紧密结合,保障能源、资源运输的安全性,显著提高平时应对突发事件的能力,整体提升本国在海上乃至在国际上的地位和影响力。

(二) 海上通道对全球贸易布局发挥重要作用

海上通道以其经济性特征服务并影响全球贸易布局。国家经济的发展与世界市场和资源相互依存、成为一体,国家经济竞争力的强弱更多地表现为对世界市场和资源的拥有量及控制力。在经济一体化的今天,海上运输作为国家间最便捷的联系方式,已成为国际贸易的首选运输方式。海上通道是国际贸易的大动脉,其形成与发展同国际贸易间货物流量和流向息息相关。

同时,海上通道对高度依赖海上运输的国际贸易的分布格局发挥重要作用,国家间贸易量极有可能因海上通道的安全性改变而增加或减少,例如,随着我国工业化程度的逐步提高,我国对中东国家的石油需求量高速增长,但倘若承载该部分石油运输的海上通道关键节点——马六甲海峡因故中断,则将导致我国与中东国家石油贸易量急剧下降,甚至终止,进而影响到我国作为世界工厂的制成品的生产能力,最终影响到世界贸易格局。因此,海上通道在服务全球贸易的同

---

① 陈迎春:《论海外利益与中国的地缘经济空间》,载《发展研究》2013 年第 3 期,第 19~24 页。

时，也会对全球贸易布局产生影响。

随着国际贸易量的增多，海上货物运输量不断增长，海上通道的作用愈发明显，对全球经济发展、贸易布局意义十分重大。

（三）海上通道属于核心利益交织和冲突频发的领域

海上通道是各国，特别是海洋强国的利益交织点，关系着国家的海上安全和海洋战略的实施，以及国际地位的维系。因此，海上通道是利益交织和矛盾频发的领域。[①] 尤其在各国都开始注重以海洋战略指挥海上通道安全保障时，海洋战略中对于海洋利益的最大化追求，使得海上通道的利益纠葛更加激烈和复杂，而利益的排他性会导致各个大国在维护本国海上通道安全的同时，想方设法降低对手的影响，遏制对方的发展，因此针对海上通道的矛盾和冲突频频发生。

此外，海上通道具有开放性，体现在其承担着连接世界各国的桥梁作用；同时海上通道又具有闭锁性，体现在通道沿岸国对于通道上的节点的掌控权，在一定程度上可以决定节点的开放或者关闭。因此，相互冲突的特性使得海上通道上存在着大量的模糊地带，会致使大量政治、军事力量的介入与输入，也十分容易引发各种冲突。

一般而言，海上通道的战略地位越重要，战略影响越大，越容易成为海洋强国争夺的焦点。例如黑海与地中海之间的唯一通道——黑海海峡，就由于大国的各取所需，几经开放、关闭。进一步地，海上通道的使用频率越高，也越容易产生各类冲突和矛盾。例如波斯湾由于处于亚、欧、非三大洲的连接处，成为中东地区石油出口的重要海上通道节点，每天运出的石油达到200万吨以上，这种高频率的使用，使得中东通往欧洲、远东、美洲等地区的海上通道充满变数与风险。

由此可见，围绕海上通道的争夺与反争夺、控制与反控制斗争一直都是海上争端和冲突的重要内容，这在一定程度上也验证了海上通道的重要的战略特性。

（四）海上通道的政治博弈具有高端性

海上通道问题往往会牵涉国家命脉、区域和领域主导权，甚至是国家主权的核心利益，从而直接关系到国家安全和发展大局。在和平时期，海上通道是政治、经济、贸易联系的通道；在战时，海上通道是世界军事力量调动的通道，只有扼守住这些要道，才能控制海上通道和海上补给线，强化战争中的优势地位。对海上通道相应节点的掌控，是海上通道沿岸国家的权利；但是随着海上通道战

[①] 梁芳：《海上战略通道论》，时事出版社2011年版，第22页。

略特性的日益突出，使得世界范围内的大国、强国也愈发强调对海上通道的掌控。海上通道问题已经变成一个区域性，乃至全球性的热点问题，属于国家的高端政治内容，是主要国家外交和军事斗争的重大议题。

海上通道博弈问题的高端性使得在很多外交斗争中，包括一些著名的国际条约中，海上通道争端都是重要内容之一。各国对海洋权益的重视将使得围绕海上通道的政治博弈的高端性更加显著。

（五）海上通道受到大量国际和国内法规及惯例的规范

为保证海上通道的畅通，国际相关组织制定了各项法律法规，以促进各国的合作、保证国家利益、规范国家权力等。国际涉海安全公约方面，1982年通过的《联合国海洋法公约》，规定了"12海里领海"和"200海里的专属经济区"等原则，并对"用于国际航行的海峡"做了特别规定，规定了"过境通行"和"无害通过"两种海峡通行制度。[①] 相关的国际法律法规还包括《全球贸易安全与便利标准框架》《便利国际海上运输公约》《制止危及海上航行安全非法行为公约》《国际船舶和港口设施保安规则》《国际海上人命安全公约》《海员身份证件公约》《联合国打击跨国有组织犯罪公约》《联合国禁止非法贩运麻醉药品和精神药物公约》以及"9·11"事件以来联合国通过的多项反恐决议和反恐国际条约。在区域性海上安全合作机制方面，包括APEC反恐声明和APEC反恐怖行动任务小组、亚太区域贸易安全倡议、海事安全工作组、电子海关报告系统、APEC地区船员鉴定机构项目、《亚洲打击海盗及武装抢劫船只的地区合作协定》等。这些都对海上通道有很大的规范和保护作用。

同时，相关国家的国内法律法规也会对海上通道发挥保障作用。例如为保障海上通道安全，英国制定了《2011年预防恐怖主义和调查措施法案》《公正和安全法案》《商船航运和海事安全法》《2003年海上安全法》等法律。日本也制定了《海洋基本法》《海洋建筑物安全水域设置法》，确定海洋的理念和相关方针。在制定、实施各项法律的同时，各国也十分注重国内法律法规实现与国际法律法规的良好衔接，使其能充分发挥作用。

除了制定的大量相关法律法规之外，国家之间，以及行业内部还有一些惯例以保证海上通道的畅通。例如，1999年瓦良格号（改装后称辽宁号）在航行回国过程中，在经过土耳其北部黑海水域，通过土耳其控制的博斯普鲁斯海峡时，土耳其政府以安全为理由对其加以拦阻，命令船舶退回黑海。我国与土耳其开展了多次交涉，强调将完全负担瓦良格号通过海峡的安全保险费用，承担万一造成

---

① 联合国第三次海洋法会议《联合国海洋法公约》，海洋出版社1983年版，第12~13页。

损失的赔偿责任,并从中国派遣几艘大马力拖船来协助拖行瓦良格号,保障通过海峡的航行安全。在各项条件谈妥的前提下,土耳其国家安全委员会在2001年8月做出决议,同意让瓦良格号通过博斯普鲁斯海峡与达达尼尔海峡,使得船舶安全驶离黑海水域并最终抵达国内。此外,在进行军事演习时,由于需要通过一些国际性的水道海峡,因此在军演之前,相关国家需要对所经航行区域进行航线研究,制定航行通报,通知区域内的相关国家。这些都属于与海上通道相关的被广泛接受和遵循的习惯做法,尽管属于一种不成文的规范,但是在保障海上通道畅通无阻方面也同样发挥着重要的作用。

三、海上通道内涵界定

从海上运输实践出发,在对海上通道的一些相关概念梳理的基础上,结合海上通道的战略特点,对海上通道进行具体定义。

(一)海上通道相关的基本概念

1. 海上节点

海上节点是指船舶在海上航行时所经过的、具有特殊地理位置或特殊供给功能的特定海上区域,主要包括船舶停靠的港口,航行过程中经过的海峡、海角、运河、海岬等。

以中欧线上的集装箱运输为例,其大致走向为:从中国沿海港口出发,向南经过马六甲海峡到达印度洋水域,进入红海,经苏伊士运河和地中海,通过直布罗陀海峡进入大西洋,北行到达西北欧。

以标准海运航线中的欧洲三线(AEX3)上的集装箱运输为例,该运输线路上经过的海上节点见表2-1。

表2-1　　　　　　欧洲三线(AEX3)包括的海上节点

海上节点	构成
港口	大连港、天津港、上海港、厦门港、香港港、盐田港、巴生港、南安普顿港、汉堡港、鹿特丹港、泽布吕赫港、勒阿弗尔港、马耳他港
主要海峡	台湾海峡、马六甲海峡、曼德海峡、突尼斯海峡、直布罗陀海峡、英吉利海峡
运河	苏伊士运河

2. 海上航段

海上航段是指船舶在海上航行时所经过的、两个相邻海上节点之间的狭长海上航行区域。也就是说，任意一个海上航段都只包含两个海上节点。

同样以标准海运航线中的欧洲三线（AEX3）上的集装箱运输为例，根据对该航道上海上节点的界定，运输线路上的任意两个相邻海上节点之间的航行区域均构成了一个海上航段。另外，航段的长短是不固定的，例如上海港到厦门港的海上航行距离约为595海里，从苏伊士运河穿过地中海到达突尼斯海峡的海上航行距离约为1 252海里，鹿特丹港到泽布吕赫港的海上航行距离约为75海里。一般而言，海上航段的距离越长，其气象、水文情况就会越复杂，相应的不确定因素也越多，最终产生的风险可能就会增加。因此，由于海上航行线路上的各个航段距离的不同，会导致各个航段上的风险的大小也相应不同。

3. 海上航线

海上航线是指船舶在两个已定的海上节点间航行时所经过的、包括所经过的所有节点和海上航段的狭长海上航行区域，船舶具体的航行航线不是一成不变的，而会根据航行任务和航行地区的地理、水文、气象等情况做出适当改变。

同样以标准海运航线中的欧洲三线（AEX3）上的集装箱运输为例，由其间的大连港等港口、马六甲海峡等海峡、苏伊士运河、各个节点构成的航段等所形成的航行区域即为海上航线。

根据对海上通道中各个基本概念的论述，各概念的相互包含关系见图2－1。

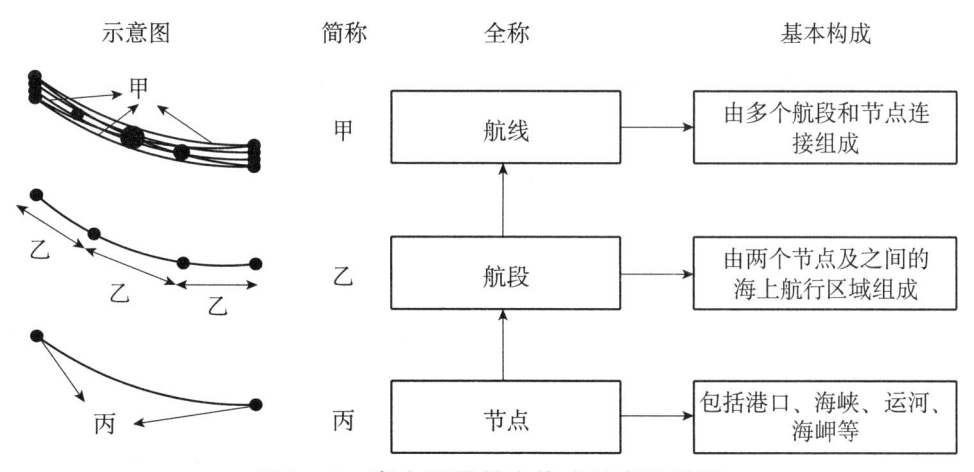

图2－1 海上通道基本构成示意及说明

（二）海上通道的界定

海上通道是"通道"的一种类型，有狭义和广义之分。以下将从狭义和广义两个层面对海上通道进行界定,并通过进一步分析狭义海上通道与广义海上通道之间的相互作用关系,明确本书中的海上通道的界定。

"通道"一词最早来源于"道路",狭义的海上通道同海上运输航线的定义类似,强调的是客观存在的、具有实际形态的"海上道路"。相比而言,广义的海上通道是在狭义海上通道的基础上衍生出来的,它更注重通过一定设施或手段,实现"客货运输的目的"。广义的海上通道是由运输服务活动所经过的海上区域与海运航线、装卸港口和配套岸上存储设施、运输船舶与船队、管理组织与机制等四个基本要素所共同构成的有机系统。具体是指不同种类船舶或船队,借助于装卸港口和配套的岸上存储设施,并在一定的管理组织与机制下,实现客货在海洋区域内空间位移的整个海上运输系统,该系统对调配不同地区间资源配置矛盾、促进国家或区域经济发展具有重要意义。

由上可见,狭义的海上通道强调的是海上航线及海峡等关键节点的实际存在情况,例如受到各种安全因素的影响现状等,其与船舶等海上运输工具的流动情况以及是否载运人员和物资没有关系。广义的海上通道强调利用船舶等运输工具实现一定数量的人员和物资在海洋区域上一定距离的空间位移,因此广义海上通道除了关注海上航线、海峡等关键节点外,更关注各运输工具、配套岸上存储设施等多种因素及其之间的相互作用关系。广义的海上通道是以狭义的海上通道为前提,狭义的海上通道则是以广义的海上通道为目的。两者的构成要素见表2-2。

表2-2　　　　　　广义及狭义海上通道的构成要素

海上通道定义	广义海上通道	狭义海上通道
构成要素	海上区域与海运航线 装卸港口和配套岸上存储设施 运输船舶与船队 管理组织与机制	海上节点 海上航线 海上航段

本书中的"海上通道"是指狭义的海上通道,主要基于以下几个方面的考虑:第一,海洋历来属于台风、暴雨等多种自然灾害频发的领域,再加上近年来海盗、海上恐怖主义等非传统因素越来越多,使得海上安全现状不容乐观,对直接承载海上运输的海上通道进行安全保障研究已是刻不容缓,而且具有重要的实践和现实意义;第二,对海上通道进行安全保障研究需要以客观存在的、稳定性较强的通道作为研究对象。广义的海上通道作为一个由多项相互影响因素构成的有机系统,具有流动性强、涉及面广、稳定性差等特点,相比而言,狭义的海上通道作为由不同海上航段和关键节点构成的组合体,在一定的时间和空间维度内

呈现极强的稳定性，有利于进行不同环境下、受不同安全因素影响的海上通道的安全保障研究。

从宏观战略层面出发，海上通道不仅仅是商船运输的载体，更承担着维护国家海洋安全的重要任务。海上通道是一国国家战略、海洋战略部署的重要载体和内容，对国家发展具有十分重要的意义。以宏观战略高度下的海上通道内涵为平台，从微观的海上运输角度出发，在识别出海上通道的构成，即海上节点，海上航段，海上航线之后，将海上通道进一步界定为"由某一个或几个海洋区域上的长距离、大运量、走向基本相同、对国家或区域经济具有重要影响的多条海上商船运输航线构成的具有一定宽度的海上交通带"。

对海上通道的定义理解如下：

（1）"长距离"要求海上通道中的航线通常为洲际航线；"大运量"要求航线上船舶运输的货物应达到一定数量。

（2）"走向基本相同"要求该通道上的多条航线的航行方向及走势应大致一致，以最终形成交通带。

（3）"对国家或区域经济具有重要影响"要求该海上通道上的航线应具有战略特征，或者是海上通道上的节点，例如港口、海峡、运河等的开通、运行，对于区域经济和贸易有明显的改善促进作用；或是该航线上运输的货物具有一定的特殊性，例如石油、煤炭等资源性货物，该类货物的运输保障了一国的能源供给，因此对该国的安全有决定性作用。

（4）"多条海上商船运输航线"是指海上通道的主要服务对象为运输船舶，渔船、军舰等船舶的航行线路则不考虑在内，同时，通道上航行的船舶可以为单货种船舶，也可以为多货种船舶，即船舶运输货物的种类多少对通道的形成不产生影响。

（5）"一定宽度"是指海上通道强调的是多条航线的重叠所形成的，单一航线无法形成一条通道。

（6）"海上交通带"指海上通道具有"面"的概念，相对于海上节点的点和海上航段、航线的线来说，海上通道是一个点、线、面的组合。

海上通道的定义所包含的关键要素如下：一是显著的经济性。在当今全球化经济快速发展的背景下，国家经济的发展已经与世界资源和世界贸易紧密联系在一起；同时，90%左右的世界贸易运输都是通过海运实现的，海上通道作为海运的载体，其形成将与国家的经济利益密切相关，对国家以及全球的经济发展有全面和深远的影响。因此，海上运输的安全关系着整个世界的经济运行。二是突出的战略性。海上通道对经济和贸易的重要作用使其在世界政治博弈及军事中都占据突出的地位，有着不可替代的战略性作用，是保证海洋安全的手段，是实施海洋战略的目标。三是密集的交通流。海上通道的形成与密集的交通流是分不开的。在海上运输网络中，某些货物运输量较大、且流向相同的航线，其货运流量密集，是发生大量交通流的海上区域，并最终构成了海上通道。

四、海上通道的战略意义

在人类历史发展进程中，海上通道的地位作用随着历史的发展而不断演变。海洋资源的丰富性以及海上运输的便捷性，使得海上通道对于人类的可持续发展具有重要的意义。同时，对国家而言，海上通道可以确保一国生存空间在海上发展延伸，在国家发展利益方面产生重要影响。

（一）海上通道对国家的战略意义

由于独特的地理位置和重要的战略价值，海上通道对一国的根本利益及兴衰成败具有举足轻重的意义，因此，纵观历史，控制海上通道，争夺海洋利益一直是一国实现称霸世界目标的重要手段。

首先，海上通道事关国家的社会稳定。海上通道是国际海上运输的捷径，是国家获取进口物资的主要渠道。以美国为例，美国是个一流工业大国，许多重要工业原料和战略物资都需要进口。在71种重要原料中，有68种全部和部分依赖进口，而这些货物中有98%是靠海上运输。英国和日本都是环海岛国，工业原料、战略物资、粮食等资源匮乏，对海上运输的依赖性更大。英国橡胶和棉花的100%、石油的99%、粮食和铁矿石的52%~58%依赖进口。[①] 海上通道作为海运的"高速公路"，成为维护国家物资供给的重要线路，对国家的社会稳定发挥着巨大的作用。

其次，海上通道是促进国家经济发展的命脉。海上通道是国家经济与社会可持续发展的重要支持力量。目前，海上贸易运输量占世界贸易运输总量的80%以上，特别是石油、煤炭、铁矿石等资源类大宗商品，几乎全部由海上运输。一个濒海国家要发展，必须要有一个持续稳定和畅通的海外资源、能源及海上贸易交通线。因此，海上通道已名副其实地成为国家生存与发展的"生命线"，是国家经济与世界经济接轨的重要纽带，是国民经济迅速发展的重要支柱和必要前提，是拓展海外投资、海外市场、海外资源基地以及海外劳务输出，以及促进国家发展、扩大影响范围以及影响力度的重要途径。

再其次，海上通道是维护国家国际地位的重要支撑力量。海上通道特殊的地理

---

① 张召忠：《走向深蓝》，广东经济出版社2011年版，第22~23页。

位置使其成为最富价值的战略性资源，不仅影响一国内部的发展，同时也可以赋予国家在国际环境中的优势或者劣势。实现了对海上通道的控制，可以直接扩大一国的国际影响力，塑造良好的大国形象。一个国家如果无法掌握对其出海通道的话语权和控制权，就无法成为真正意义上的世界强国。对于严重依赖海上通道的国家，海上通道这一战略意义表现得更为突出。同时，海上通道战略性地位的变化也影响了国际战略力量的格局，以及相关国家的国际地位。例如，好望角的发现和开通改变了地中海作为欧洲通往其他地区、连接东西方的主要通道的战略地位，在一定程度上影响了地中海沿岸国家在国际政治中的重要地位，并提升了大西洋沿岸的葡萄牙和西班牙的国际地位；随后，苏伊士运河的开凿削弱了好望角的战略地位，同时强化了英国、法国等国家在国际政治中的影响力。美国也是通过对开通的巴拿马运河的控制能力，大大改善了其战略地位，为其成为世界强国增加了保障力量。

最后，海上通道直接影响到国家军事部署方向。军事力量及军事战略部署的重点方向通常是对一国最大的安全威胁问题。海上通道的战略性则使其成为国家的军事力量及军事战略部署重点方向。从安全角度出发，濒海国家大多非常重视发展海上军事力量，影响海洋强国进出口的海上通道成为军事部署的重点。特别是能源运输通道，一直都在世界军事部署中占据特殊地位。例如，日本的岛国地理特征使其对外依赖十分严重，海上通道成为其海上生命线。为保护日本列岛东南和西南两条海上通道，日本沿岛自北向南建立了一系列的海空军基地，部署了重兵和先进的武器装备。美国也是在提出的16个海上航道附近都驻有兵力，[①] 并在2002年列出一份新的名单，其中共列出22个重要海上航道。[②] 其中，在马六甲海峡附近的海军兵力部署可以有效控制太平洋和大西洋的咽喉，使其在亚太地区的军事部署更加完善。因此可以看出，进行军事部署时需要充分考虑到海上通道的条件，以及在攻防性、灵活性、时间性等方面的影响和需求，进而可以实现有效的军事部署，维护一国的海上通道安全和国家安全。

（二）海上通道对国际政治经济格局的战略意义

海洋是世界各国联系的桥梁和纽带，海上通道对整个国际政治经济格局发挥着十分重要的作用。

首先，海上通道促进世界经济的发展。海上通道是沟通世界各国贸易往来，促进经济共同发展的重要桥梁。发达国家有着先进的技术和生产能力，发展中国

[①] 即北美航道、佛罗里达海峡、巴拿马运河、阿拉斯加湾、朝鲜海峡、巽他海峡、望加锡海峡、马六甲海峡、曼德海峡、霍尔木兹海峡、直布罗陀海峡、苏伊士运河、斯卡格拉克海峡、卡特加特海峡、格陵兰海峡—冰岛—英伦三岛航线、非洲以南航道。

[②] Sam J. Tangredi, *Globalization and Maritime Power*, National Defense University Press, 2002, p. 146.

家的原料和粮食产量相对更高，海上通道则可以实现双方的互通有无，促进物料、资源的流动，带动世界经济的整体发展。世界上任何一条主要海上通道受到破坏，都会使许多国家受到影响，进而影响世界经济。

其次，海上通道是各国战略博弈的重要内容。海上通道的重要战略价值使其成为世界海洋强国争夺和控制的重点，围绕其展开的战略博弈从未停止，特别是一些具有重要战略意义的海上通道节点，例如印度洋、南海、马六甲海峡、霍尔木兹海峡、苏伊士运河、巴拿马运河等，对这些战略节点的争夺愈发激烈。例如，战后美俄的争霸大多数是围绕海上通道展开的，两国均力图通过控制海上战略节点，或者对方的出海口，实现对海上通道的控制，实现称霸全球的战略目的。同时，出于对能源安全战略的考虑，各国均十分重视运输安全，特别是海上通道的安全问题。和平时期对海上通道的关注主要体现在对国际贸易航线、海上能源运输安全的考虑；在战争时期或者危机状态下，则考虑对能源通道安全的保障，以及海上通道被切断的情况下，如何能够保证能源的持续、有效供应。因此，对于能源安全运输的重视，使得海上通道成为国际能源供需方的战略博弈对象。

最后，海上通道直接影响到世界和平。海上通道是各国博弈的主要对象，围绕海洋权益、海上通道控制的争夺、纷争从未停止，对海上通道控制权的争夺甚至可能成为战争的导火索。例如，为争夺波罗的海和黑海的出海口，俄罗斯曾发动了多次战争；英国为夺取英吉利海峡、直布罗陀海峡的控制权，也展开多次战争，并最后成就了上百年的海上霸权。各国对于海上通道控制权的争夺极易引发各类争端，甚至战争，造成大量财产及生命损失，直接影响世界和平与稳定。因此，海上通道已经成为影响世界和平的重要因素之一。

第二节　海上通道分类

海上通道的系统分类比较复杂，不同角度的海上通道分类，将会派生出不同的研究方向与重点。由于对海上通道内涵界定不同，因此现有的海上通道分类方法和分类结果也有所不同。本节从海上通道新内涵出发，研究海上通道的不同分类方法及其相互关系。

一、海上通道的既有分类

现有文献中，已有部分学者针对海上通道的内涵，对其进行分类。郑中义等综合了我国一般性贸易、石油、铁矿石、煤矿等物资的进出口渠道及所在的水域类型，将战略通道按以下几种方式划分：海峡战略通道包括台湾海峡、新加坡与马六甲海峡、望加锡海峡、巽他海峡、曼德海峡、直布罗陀海峡、琼州海峡、对马海峡、津轻海峡、朝鲜海峡、宗谷海峡、英吉利海峡、白令海峡；大洋战略通道包括马六甲海峡西口到曼德海峡的印度洋通道、马六甲海峡西口到好望角的印度洋通道、中国东海到北美的太平洋通道、中国南海到澳大利亚的太平洋通道、中国东海经日本海和宗谷海峡到白令海峡的太平洋通道、北冰洋东北航路、北冰洋西北航路；海上运河战略通道包括苏伊士运河、巴拿马运河、红海战略通道；沿海战略通道包括我国海上出海口、我国南海战备通道、我国沿海南北战略通道。① 冯梁和张春也是从航行区域的角度，将我国海上通道分别划分为太平洋海域通道、印度洋海域通道、大西洋海域通道、我国沿海通道。② 在实际操作时，还存在着"标准海运航线/基本海运航线"这一分类。"标准海运航线"是按照世界大洋分布、主要货类的海上运输航线走向特征提出的，并将国际海运航线主要分为太平洋航线、大西洋航线、印度洋航线以及世界集装箱海运干线四类。但标准海运航线仅仅是在大量走向大致相同的海上航线中选取出最典型或者最基本的一条航线作为代表，也仅仅停留在单一的航线的概念之上。

二、海上通道分类研究

在现有海上通道分类方式基础上，进行进一步的拓展，根据本书提出的海上通道的定义，提出以下五种海上通道分类方法，见表2-3。

表2-3　　　　　　　　　　海上通道分类

划分依据	海上通道种类
航线属性	①国内沿海通道；②国际海上通道（包括国际近洋通道和国际大洋通道*）
地理空间范围	①区域性海上通道；②全球性海上通道*
货流	①海上次通道；②海上主通道*
货种	①干散货海上通道；②液体散货海上通道；③集装箱海上通道
通道的战略地位	①海上战略通道*；②海上非战略通道

注：*为本书重点研究的通道类型。

---

① 郑中义、张俊桢、董文峰：《我国海上战略通道数量及分布》，载《中国航海》2012年第2期，第55~59页。

② 冯梁、张春：《中国海上通道安全及其面临的挑战》，载《国际问题论坛》2007年第48期，第92~107页。

将通道按照以上五种方式进行划分的依据是：从理论上，五种分类方式考虑的因素更为全面，进一步细化了现有海上通道的分类方法，从海上通道构成的角度出发，综合考虑了海上节点、海上航段、海上航线，对海上通道进行分类。从实际应用方面，可以针对不同情况有效区分海上通道类型。分类中既有宏观的从海上通道的连通范围角度进行的分类，也有微观的从海上通道运输的货物种类进行的分类，另外还有根据海上通道对一国或地区的重要性进行的分类，因此实际操作时，可根据研究问题的侧重点不同，选取不同的角度进行分类。

下面将针对表2-3中的内容进行具体分析。

（一）按照航线属性划分

按照航线属性，海上通道可以分为国内沿海通道和国际海上通道，国际海上通道又可以进一步分为国际近洋通道和国际大洋通道。

（1）国内沿海通道是指本国沿海各港口之间的海上通道，是国家内部资源优化配置的重要渠道，其主要作用是调配国内各地区的资源、缓解国内各地区的资源供需矛盾。

（2）国际近洋通道是指航程距离较近的海上通道，通常是由本国和邻近国家港口之间的海上航线组成。例如我国至日本、朝鲜、东南亚的国际通道等。

（3）国际大洋通道是指航程距离较远、须贯通一个或几个大洋的海上通道，通常是由本国和距离较远国家港口之间的海上航线组成，其主要作用是调配全球范围内各国之间资源、缓解全球的资源供需矛盾。主要包括北美洲—欧洲海上通道、远东—欧洲海上通道、远东—北美洲海上通道、远东—南美洲海上通道等。

（二）按照地理空间范围划分

按照地理空间范围的不同，海上通道可以分为区域性海上通道和全球性海上通道。

（1）区域性海上通道是指在一国或邻近的多个国家的领海范围内、可由该国或邻近多国共同行使行政管辖权的海上通道。

（2）全球性海上通道是指贯穿多国领海以及部分公共海域的海上通道，多是指洲际之间的海上通道，区域性海上通道则是指一洲之内的海上通道。因此，全球性海上通道则是由多个区域性海上通道组成的。

（三）按照货流划分

按照构成内容的复杂性，海上通道可以分为海上次通道和海上主通道。

（1）海上次通道是海上通道的一种最简单形式，它的方向较为单一，承载的货物流量相对较小。

（2）海上主通道是在海上次通道基础上进行的延伸和拓展，它是由多条方向不同、但走势大体一致的海上次通道组合构成，通常它承担的物资运输量更大、运输距离更长，而且连接并跨越世界主要的经济中心和生产基地。

海上主通道与海上次通道的关系见图 2-2。

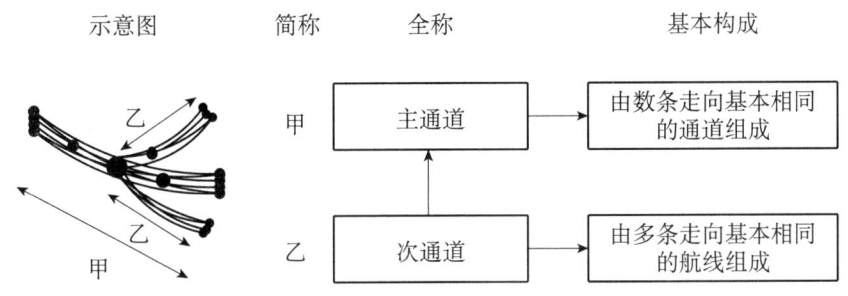

示意图	简称	全称	基本构成
	甲	主通道	由数条走向基本相同的通道组成
	乙	次通道	由多条走向基本相同的航线组成

图 2-2　海上主通道与次通道的关系

次通道具有通道的一部分特征，其对国家或区域经济也具有重要的影响。次通道有两种，一种是独立的、不包含枝节的海上通道，另一种是长距离的海上通道中的一部分。由定义可知，海上次通道与区域性海上通道有部分重合，但是也有一定区别，部分海上次通道属于区域性海上通道。

（四）按照货物种类划分

2012 年全球干散货海运量为 40.8 亿吨，原油海运量为 18.6 亿吨，集装箱海运量为 14.8 亿吨，干散货、原油、集装箱海运量之和占全球海运总量的 78.4%，是全球海运的主要货种。按照通道上运输的主要的货物种类的不同，海上通道可以分为干散货海上通道、液体散货海上通道、集装箱海上通道。

（五）按照通道的战略地位划分

按照通道战略地位的不同，海上通道可以分为海上战略通道和海上非战略通道。

1. 海上战略通道

海上战略通道是海洋流域的战略咽喉要地，它是连接陆地之间或大洋之间的捷径，是国际海洋运输的必经之道，是国际经济往来的主动脉。

海上战略通道是一个相对性的概念，对于不同国家，对海上战略通道的界定是不同的。一般而言，海上战略通道一般需要满足以下特征：海上通道的客、货流量大，对国家或区域的经济影响非常大，可以大幅度促进世界贸易；通过该通道运输的货物特殊性，对区域或国家经济发展起到了决定性作用。以我国为例，由于我国的石油依赖进口，且多通过海上运输，因此海上石油运输通道是我国战略通道的重要组成部分；与国家安危有重大关联，具有很强的政治意义。总的来讲，海上战略通道具有战略性和不可替代性等特征，对国家经济发展和海上军事斗争具有全面、持久和重要的影响。

另外值得注意的是，一般情况下，一国的海上战略通道多是对本国经济发展有直接的、决定性作用，有利于保证国家海洋安全的海上通道，但是在某些情况下，为获取对本国的间接利益，一国对海上战略通道的界定会突破传统的国界或者是贸易因素的限制。特别是对大国、强国，这一特征尤其突出。例如，美国在注重其主要海上通道的同时，为了尽可能维持亚太地区一定程度的实力均衡，将南海也作为其重要海上战略通道之一。

同时，对海上战略通道的界定也呈现出动态变化的特征。首先由于全球经济格局、各国的利益要求在不断变化，会导致海上战略通道的数量及分布产生变化。例如随着亚洲，尤其是远东地区经济的快速发展，带动了远东地区与欧洲、美洲等地区的贸易额，因此位于太平洋和印度洋的十字路口处的马六甲海峡的战略地位则较以前有了更为显著的提高。其次，某些海上战略节点的开通或者关闭也会对其他节点的战略地位产生影响。例如苏伊士运河的开通连接了欧洲与亚洲之间的南北双向水运，而不必绕过非洲南端的好望角，大大节省航程。从欧洲大西洋沿岸各国到印度洋缩短了 5 500 ~ 8 009 公里；从地中海各国到印度洋缩短 8 000 ~ 10 000 公里；对黑海沿岸来说，则缩短了 12 000 公里。[①] 因此在欧洲与亚洲的海上通道上，苏伊士运河的战略地位得到了非常显著的提升。

2. 海上非战略通道

海上非战略通道的定义是相对于海上战略通道而言的。因此，除了上述货流量大，对国家或区域的经济发展产生重要作用、与国家安危有重要关系的海上通道，即为海上非战略通道。

---

① 梁芳：《海上战略通道论》，时事出版社 2011 年版，第 230 页。

第三章

全球海上通道现状

国际海上通道在各大海域交织错杂,形成一张巨形通道网。根据全球各洲之间的进出口贸易额估算出主要海上通道的物资运输比例,最终得到世界海上通道分布。本章重点研究货物运输量较大的北美洲—欧洲通道、远东—欧洲通道、远东—北美洲通道,以及近年来海运量增幅较大的远东—南美洲通道和最近引起广泛讨论的北极通道。

第一节 北美洲—欧洲通道现状

北美洲—欧洲通道通过大西洋,连接着世界最重要的经济中心——欧洲和北美洲。2012年北美洲的GDP达到189 464.3亿美元,仅次于亚洲和欧洲。其中列于全球GDP排名前20名的国家有美国、加拿大和墨西哥等。2012年欧洲的GDP达到201 464.43亿美元,其中欧盟地区的GDP总额为165 840.07亿美元。列于全球GDP排名前20名的国家包括德国、法国、英国、俄罗斯、意大利、西班牙、荷兰和瑞士等。

北美洲的加拿大、美国以及欧洲的大部分国家都是传统发达国家,经济实力强大,对外贸易繁忙,军事实力雄厚,在某种程度上支配着世界经济与政治格局的演变。其中,北美东海岸—西、北欧分支航线是西欧、北美两个全球工业最发达的地区间原材料与成品交换的运输通道,业务量极大。2011年北美洲与欧洲之间的贸易额达到8 620亿美元,占世界贸易总额的4.73%。

一、通道构成

北美洲—欧洲通道主要由北美东—西欧、北欧通道,北美东—南欧通道、北美西—西欧、北欧通道和北美西—南欧通道构成,见表3-1。通道走向见图3-1。

表3-1　　　　　　　　　北美洲—欧洲通道信息

通道	具体通道走向
北美东—西欧、北欧	北美东岸—北大西洋—英吉利海峡—北海—波罗的海诸海峡—波罗的海—西欧、北欧国家
北美东—南欧	北美东岸—北大西洋—直布罗陀海峡—地中海—突尼斯海峡—爱琴海—黑海海峡—黑海—南欧国家
北美西—西欧、北欧	北美西岸—巴拿马运河—加勒比海—向风海峡/莫纳海峡—北大西洋—英吉利海峡—北海—波罗的海诸海峡—波罗的海—西欧、北欧国家
北美西—南欧	北美西岸—巴拿马运河—加勒比海—向风海峡/莫纳海峡—北大西洋—直布罗陀海峡—地中海—突尼斯海峡—爱琴海—黑海海峡—黑海—南欧国家

审图号:GS (2017) 2374号

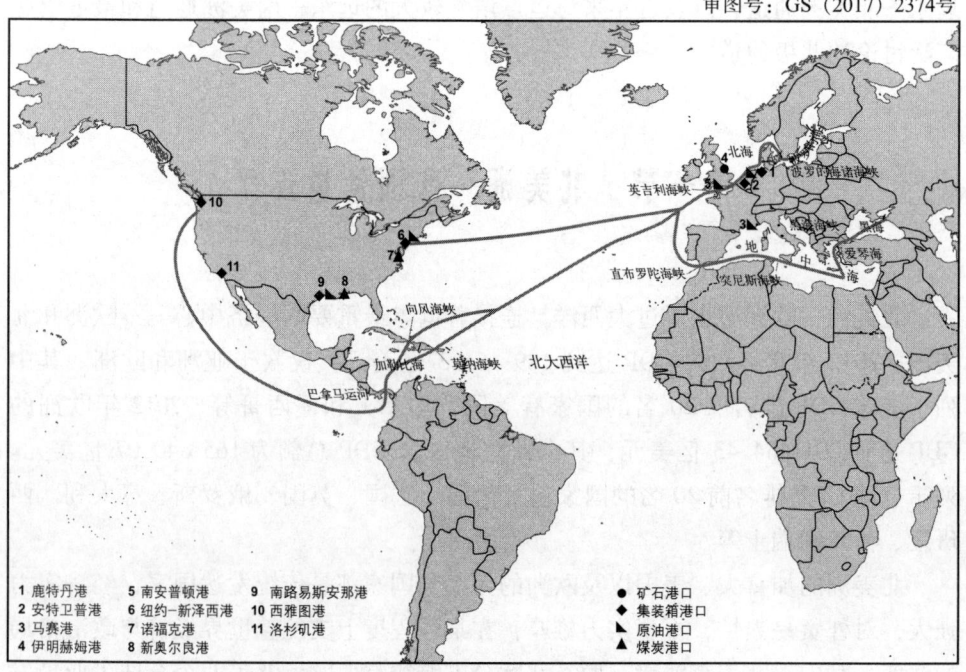

图3-1　北美洲—欧洲通道走向示意

二、通道经过的水域

北美洲—欧洲通道经过的水域有：

（1）黑海。是欧洲东南部和亚洲之间的内陆海，是联系乌克兰、保加利亚、罗马尼亚、格鲁吉亚、俄罗斯西南部与世界市场的航运要道。

（2）爱琴海。位于地中海东北部、希腊和土耳其之间，是地中海东部的一个大海湾。爱琴海是黑海沿岸国家通往地中海以及大西洋、印度洋的必经水域，在航运和战略上具有重要地位。

（3）地中海。位于欧、亚、非三大洲之间，是三大洲的交通枢纽，西经直布罗陀海峡可通大西洋，东北经土耳其海峡接黑海，东南经苏伊士运河出红海达印度洋，是大西洋、印度洋和太平洋之间往来的捷径，在经济、政治和军事上都具有极为重要的地位。

（4）波罗的海。位于欧洲北部斯堪的纳维亚半岛和日德兰半岛以东的大西洋的陆内海，是北欧重要航道，也是俄罗斯与欧洲贸易的重要通道，航运意义很大，是沿岸国家之间以及通往北海和北大西洋的重要水域。俄罗斯与伊朗、印度等国合作酝酿连接印度洋和西欧的"南北走廊"规划，也是以波罗的海为北部终点。

（5）北海。位于大不列颠岛以东，斯堪的那维亚半岛西南和欧洲大陆以北。北海向西南通过多佛尔海峡和英吉利海峡与凯尔特海相通，向东通过斯卡格拉克海峡和卡特加特海峡与波罗的海相连，向北是挪威海。

三、通道经过的海峡

北美洲—欧洲通道经过主要海峡有：

（1）黑海海峡。是博斯普鲁斯海峡、达达尼尔海峡和马尔马拉海峡的总称，也被称为土耳其海峡，是黑海沿岸国家通往地中海，并从地中海进入大西洋、印度洋的唯一通道。

（2）突尼斯海峡。位于非洲突尼斯与欧洲意大利的西西里岛之间。是地中海中部的深水海峡，是东、西地中海间的航运要冲。

（3）波罗的海诸海峡。位于斯堪的纳维亚半岛和日德兰半岛之间，是连接波罗的海和北海的天然水系，包括厄勒海峡、大贝尔特海峡、小贝尔特海峡、卡特加特海峡和斯卡格拉克海峡。是波罗的海沿岸港口与世界其他港口贸易往来的基本通道，具有重要的经济和军事价值。

（4）直布罗陀海峡。海峡位于欧洲伊比利亚半岛南端与非洲西北角之间，是地中海通向大西洋的唯一通道，它是西欧、北欧各国船舶经过地中海、苏伊士运河南下印度洋的咽喉要道。直布罗陀海峡自古以来便是地中海沿岸国家进出大西洋的交通要道，自 19 世纪苏伊士运河通航后，更成为大西洋通往太平洋、印度洋的捷径。

（5）英吉利—多佛尔海峡。地处欧洲大陆与大不列颠岛之间的狭窄航道，是欧洲到美洲、非洲的必经之路，在历史上为促进欧洲国家对外贸易的发展做出过重要贡献，素有"银色航道"之称。

（6）莫纳海峡。位于多米尼加共和国与波多黎各之间，连接加勒比海和大西洋，海上波涛汹涌，十分危险。

（7）向风海峡。是西印度群岛大安的列斯群岛中的海峡。位于古巴岛和海地岛之间，是大西洋、美国东海岸通往加勒比海、巴拿马运河的重要航道之一。

四、通道经过的运河

北美洲—欧洲通道经过的运河为巴拿马运河。该运河地处巴拿马共和国中部，纵贯巴拿马地峡，是沟通太平洋和大西洋的船闸式运河，是重要的国际航运要道，被誉为世界七大工程奇迹之一和"世界桥梁"。目前，美国、日本和中国是巴拿马运河最大的使用国。

五、通道经过的主要港口

北美洲—欧洲通道沿途经过的列于"2012 年全球货物吞吐量前 20 大港口排名"中的港口有荷兰的鹿特丹港和美国的南路易斯安那港。

第二节　远东—欧洲通道现状

远东—欧洲通道是通过印度洋连接远东地区和欧洲。2012 年远东地区 GDP 为 20 366.75 亿美元。列于全球 GDP 排名前 20 名的国家有中国、日本、韩国、印度尼西亚等。该海上通道是远东发展中国家获取高新技术产品、输出原材料和初级产品的重要货物运输通道。另外，由于世界各国对石油等稀缺资源需求强烈，而中东地区拥有丰富储存量，因此该通道也是欧洲、远东国家获取中东原油等战略资源的唯一有效通道。2011 年亚洲与欧洲之间的贸易额达到 15 610 亿美元，占世界贸易总额的 8.57%。

远东—欧洲海上通道是我国重要的战略通道之一，欧洲是我国主要的贸易合作方。2012 年欧洲与我国的贸易总额达到 6 831 亿美元，占我国对外贸易总额的

17.7%，仅低于我国与亚洲地区的贸易总额。其中德国、英国是我国主要贸易合作国家。从进出口商品分类看，机器、机械器具、电气设备及其零件等是我国与欧洲之间的主要贸易商品，此外，我国还向欧洲地区出口纺织原料及纺织制品，进口车辆航空器、船舶及有关运输设备等。

一、通道构成

远东—欧洲海上通道主要由远东—欧洲通道，远东—地中海次通道，远东—中东次通道构成，见表3-2。通道走向见图3-2。

表3-2　　　　　　　　　远东—欧洲通道信息

通道	具体通道走向
远东—欧洲	远东国家—台湾海峡/巴士海峡—东南亚国家—南海—马六甲海峡—安达曼海—阿拉伯海—亚丁湾—曼德海峡—红海—苏伊士运河—地中海—突尼斯海峡—直布罗陀海峡—北大西洋—英吉利海峡—北海—波罗的海诸海峡—波罗的海—西欧、北欧国家
远东—地中海	远东国家—台湾海峡/巴士海峡—东南亚国家—马六甲海峡—安达曼海—阿拉伯海—亚丁湾—曼德海峡—红海—苏伊士运河—地中海—爱琴海—黑海海峡—黑海—地中海和黑海地区国家
远东—中东	远东国家—台湾海峡—南海—马六甲海峡—安达曼海—孟加拉湾—阿拉伯海—阿曼湾—霍尔木兹海峡—波斯湾—中东地区

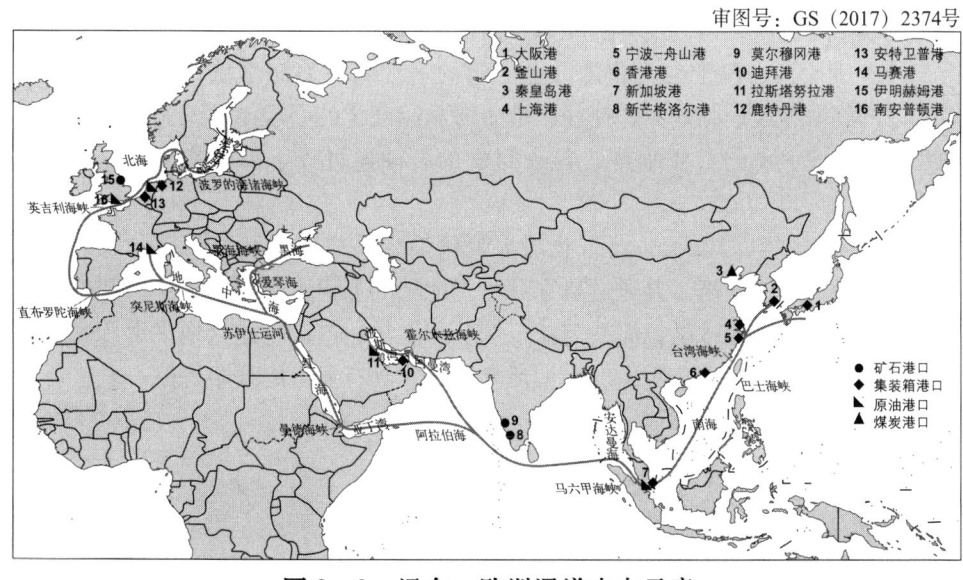

图3-2　远东—欧洲通道走向示意

在三条次通道中,远东—中东次通道是我国重要能源战略性通道。2012 年我国从中东地区进口原油为 1.44 亿吨,占我国进口原油总量的 40.77%。中东地区已经成为我国进口原油的主要来源地,对我国的战略意义十分重大。

二、通道经过的水域

远东—欧洲通道经过的水域有:

(1) 南海。亦称南中国海,连接亚洲和大洋洲,自古就是东西方交流的主要通道,扼守世界重要的战略通道——马六甲海峡、巽他海峡等。中缅、中印等国家间的政治关系使南海通道风险复杂多变,同时,该海区复杂的海底地质环境极不稳定,易发生海底地质灾害。

(2) 安达曼海。是印度洋东北部的一部分,在亚洲的中南半岛、安达曼群岛、尼科巴群岛和苏门答腊岛之间。东南以苏门答腊岛西北端与普吉岛南端连线和马六甲海峡相连,西以普雷帕里斯海峡、十度海峡和尼科巴海峡通孟加拉湾和印度洋。是印度和中国之间经马六甲海峡的海上航线的一部分。

(3) 阿拉伯海。位于印度洋西北部,亚洲阿拉伯半岛和印度半岛之间,东靠印度,北界巴基斯坦和伊朗,西沿阿拉伯半岛和非洲之角,南面即印度洋。向北由阿曼湾经过霍尔木兹海峡连接波斯湾,向西由亚丁湾通过曼德海峡进入红海。

(4) 阿曼湾。阿拉伯海西北海湾,位于阿拉伯半岛与伊朗之间。是波斯湾沿岸石油产区的运输航道,是由阿拉伯海和印度洋进入波斯湾的唯一入口。

(5) 波斯湾。位于阿拉伯半岛与伊朗高原之间,西北起阿拉伯河河口,东南至霍尔木兹海峡,是印度洋西北部半封闭的海湾。

(6) 亚丁湾。位于也门和索马里之间的一片阿拉伯海水域,通过曼德海峡与北方的红海相连,是船只快捷往来地中海和印度洋的必经站,又是波斯湾石油输往欧洲和北美洲的重要水路。全球 11% 的石油通过亚丁湾和苏伊士运河到达当地的炼油厂。

(7) 红海。红海位于非洲东北部与阿拉伯半岛之间,红海北端分叉成两个小海湾,西为苏伊士湾,并通过贯穿苏伊士地峡的苏伊士运河与地中海相连;东为亚喀巴湾。南部通过曼德海峡与亚丁湾、印度洋相连。是连接地中海和阿拉伯海的重要通道,也是一条重要的石油运输通道,具有显著的战略价值。

三、通道经过的海峡

远东—欧洲通道主要经过海峡有:

（1）台湾海峡。位于中国台湾岛与福建海岸之间。是中国台湾地区与福建省的航运纽带，是东海及其北部邻海与南海、印度洋之间交通要道，也是东北亚地区南下通往南亚、大洋洲、中东、非洲及欧洲等地区的重要国际海上通道，战略地位十分重要。

（2）巴士海峡。位于中国台湾岛与菲律宾巴坦群岛之间，其间被巴坦群岛和巴布延群岛分隔成巴士海峡、巴林塘海峡和巴布延海峡 3 条水道，通常把这 3 条海峡统称为巴士海峡，是连接南海与太平洋的重要通道。

（3）马六甲海峡。位于苏门答腊岛和马来半岛之间，连接了安达曼海与南海，是连接亚、欧、非、澳四大洲的交通要塞，也是美、俄及东北亚等国海上机动兵力运输战略物资的重要通道。它与南部的巽他海峡、望加锡海峡共同沟通了太平洋与印度洋，被誉为"东方的直布罗陀"和两洋的"战略走廊"。马六甲海峡作为典型石油海峡，是中国、日本、韩国等许多亚洲国家的"海上生命线"，该海峡每天大约通过 160 多艘船舶。

（4）霍尔木兹海峡。位于阿拉伯半岛和伊朗南部之间，形似人字形，连接波斯湾和阿曼湾，是波斯湾通往印度洋的唯一通道。它是海上石油运输的"咽喉"，被誉为油库的"阀门"，对世界石油的生产、运输意义重大。

（5）曼德海峡。地处阿拉伯半岛西南端与非洲大陆之间，是沟通印度洋和红海的交通运输要道。自 1869 年苏伊士运河通航后，曼德海峡成为太平洋、大西洋和印度洋的主要石油通道。曼德海峡与西欧国家经济、军事利益攸关，控制了它就如同控制了这些国家的生命线，因此，它被称为"世界战略心脏"。

四、通道经过的运河

远东—欧洲通道经过的运河是苏伊士运河。该运河地处埃及东北部，贯通苏伊士地峡，为亚洲和非洲的地域分界线，是沟通地中海与红海的重要国际通道，被称为"东方伟大的航道"。苏伊士运河的开通，大大缩减了欧洲与非洲、亚洲等国家之间的海运距离，降低了运输成本。世界上一半以上的油轮和绝大部分的货轮都可通过苏伊士运河，对维持世界资源平衡起到了重要的作用。

五、通道经过的主要港口

远东—欧洲通道沿途经过的列于"2012 年全球货物吞吐量前 20 大港口排名"中的港口包括：宁波—舟山港、上海港、新加坡港、天津港、鹿特丹港、广州港、青岛港、大连港、唐山港、釜山港、营口港、日照港、香港港、秦皇岛港、光阳港、深圳港、烟台港等。

第三节 远东—北美洲通道现状

远东—北美洲通道主要经过太平洋海域。冷战结束后，太平洋海域的海上通道在世界经济格局中的地位不断上升，其货物海运量也已逐渐超过大西洋海域。太平洋沿岸环绕着37个国家，既有美国、加拿大、日本等发达国家，也有中国、韩国以及中国台湾、中国香港等快速发展的国家和地区。2011年亚洲与北美洲之间的贸易额达到13 820亿美元，占世界贸易总额的7.59%。

北美洲是我国除亚洲、欧洲之外的第三大贸易合作方。2012年我国与北美洲之间贸易额达到5 363亿美元，占我国对外贸易总额的13.9%，其中与美国之间的贸易额达到4 847亿美元，主要出口商品为机器、机械器具、电气设备及其零件，纺织原料及纺织制品，生活用品等；进口商品主要为车辆、化学工业品等。

2012年我国与拉丁美洲之间的贸易额达到2 613亿美元，占我国对外贸易总额的6.8%。主要贸易国家为巴西、墨西哥、智利、阿根廷等。

一、通道构成

远东—北美洲海上通道主要由北线、南线，美东线和拉美线构成，见表3-3。通道走向见图3-3。

表3-3　　　　　　　　远东—北美洲通道信息

通道	具体通道走向
北线	中国—朝鲜海峡（对马海峡）—日本海—津轻海峡—北太平洋—阿留申群岛—北美西岸
南线	中国—大隅海峡—北太平洋—夏威夷群岛—北美西岸
美东线	中国—大隅海峡—北太平洋—夏威夷群岛—巴拿马运河—加勒比海—向风海峡—大安的列斯群岛—北美东岸
南美线	中国—大隅海峡—北太平洋—夏威夷群岛—拉美西岸

审图号：GS（2017）2374号

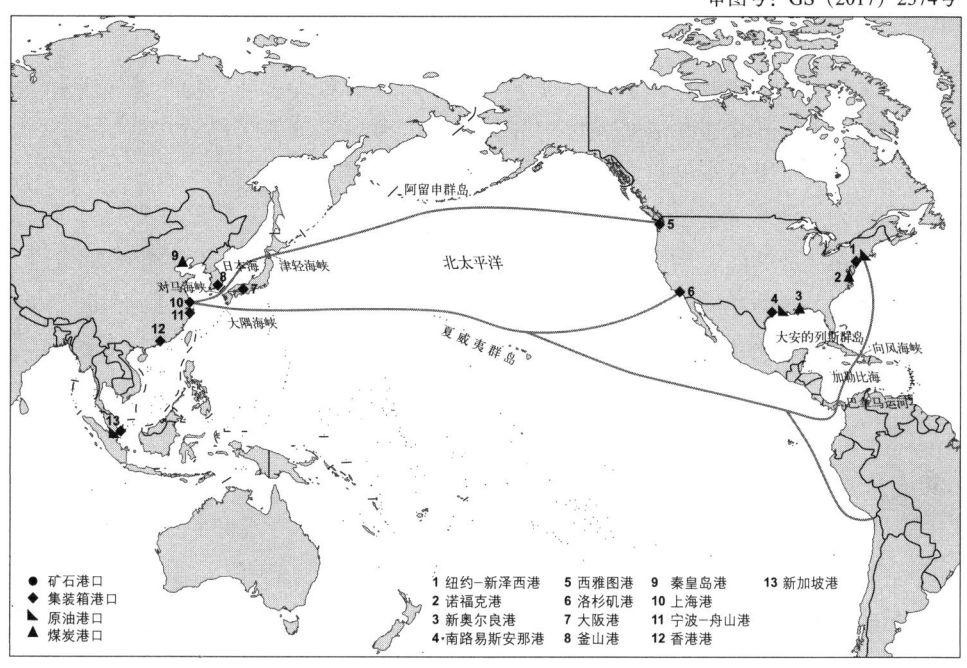

图 3-3 远东—北美洲通道走向示意

二、通道经过的水域

远东—北美洲通道经过的水域有：

（1）日本海。是西北太平洋最大的边缘海，其东部的边界由北起为库页岛、日本列岛的北海道、本州和九州；西边的边界是欧亚大陆的俄罗斯；南部的边界是朝鲜半岛。

（2）加勒比海。位于南美大陆、大安的列斯群岛、中美地峡之间的陆间海。是大西洋的附属海。南接委内瑞拉、哥伦比亚和巴拿马海岸；西接哥斯达黎加、尼加拉瓜、洪都拉斯、危地马拉、伯利兹和尤卡坦半岛；北接大安的列斯群岛，东接小安的列斯群岛。

三、通道经过的海峡

远东—北美洲通道经过的主要海峡有：

（1）对马海峡。位于北太平洋西缘，日本群岛西南端，是大韩海峡（或朝鲜海峡）的一部分，是日本海通往中国东海、黄海和进出太平洋的要冲，交通战略位置重要。

（2）津轻海峡。位于太平洋西北部，日本本州与北海道岛之间。西通日本海，东接太平洋，由海峡北上，直通鄂霍次克海及阿留申群岛，南下则为夏威夷群岛和太平洋，其交通和战略地位十分重要。该海峡是日本东部沿海航行到西部的必经之地，对于日本的近海航运具有十分重要的意义。

（3）大隅海峡。位于日本九州岛南端与大隅半岛之间，是琉球群岛中最北的一条水道，是黄海、渤海、东海、朝鲜半岛沿岸各港通往太平洋的重要通道，也是中国出入太平洋的必经之路。大隅海峡虽然完全处于日本的专属经济区内，但为美军行动方便，将其做了领海宽度为 3 海里的特殊规定，故该海峡属于非领海海峡。

四、通道经过的主要港口

远东—北美洲通道沿途经过的列于"2012 年全球货物吞吐量前 20 大港口排名"中的港口包括宁波—舟山港、上海港、新加坡港、天津港、广州港、青岛港、大连港、唐山港、釜山港、营口港、日照港、香港港、秦皇岛港、南路易斯安那港、光阳港、深圳港、烟台港等。

第四节 远东—南美洲通道现状

远东—南美洲通道经过的大洋为太平洋。2012 年南美洲地区的 GDP 总值为 43 229.65 亿美元，其中列于全球 GDP 排名前 20 名的国家为巴西。与南美洲主要国家贸易最为密切的地区是美国、远东（中、日、韩）及欧盟。

南美国家经济属于传统的资源型经济。其外贸进口和出口中，矿产品占有很大的比重。另外，农产品在全球经济中占有很强的优势。即使在出口适箱货源中也以林产品（纸浆、纸制品、家具、建筑装饰材料等）、海产品（鱼类、海带、海藻）、水果为主，因此冷箱比重较高，是全球最大的冷箱货源地之一。从远东地区进口的货物则以纺织品、鞋类、电子产品等日用及机电产品为主。2011 年亚洲与南美洲之间的贸易额达到 3 580 亿美元。占世界贸易总额的 1.97%。

一、通道构成

远东—南美洲海上通道主要由远东—南美东岸通道和远东—南美西岸通道构成，见表3-4。通道走向见图3-4。

表3-4　　　　　　　　　远东—南美洲通道信息

通道	具体通道走向
远东—南美东岸	中国—台湾海峡—巴士海峡—东南亚国家—南海—马六甲海峡—安达曼海—阿拉伯海—好望角—大西洋—南美东岸
远东—南美西岸	中国—大隅海峡—南太平洋—夏威夷群岛—南美西岸

审图号：GS（2017）2374号

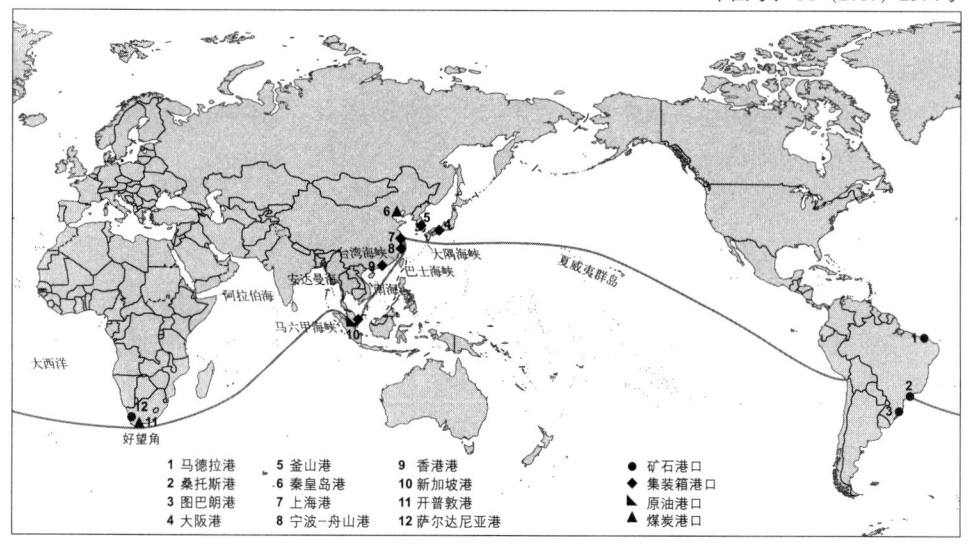

图3-4　远东—南美洲通道走向示意

二、通道经过的水域及节点

远东—南美洲通道经过的水域为南海、安达曼海、阿拉伯海；经过的海峡有台湾海峡、巴士海峡、马六甲海峡、大隅海峡；经过的海角为好望角，位于大西洋和印度洋的汇合处，即非洲南非共和国的西南端，在苏伊士运河未开通以前，好望角是欧洲通往东方的海路必经之地，至今特大油轮若无法进入苏伊士运河，仍需绕行好望角；经过的列于"2012年全球货物吞吐量前20大港口排名"中的港口包括宁波—舟山港、上海港、新加坡港、天津港、广州港、青岛港、大连港、唐山港、釜山港、营口港、日照港、香港港、秦皇岛港、光阳港、深圳港、烟台港等。

第五节 北极通道现状

北极通道是指穿过北冰洋，连接大西洋和太平洋的海上航道。它是连通北欧和亚太地区的最短航线。北极通道的贯通将直接改变整个世界海洋运输格局。在环球海上航行中，只能通过巴拿马运河或苏伊士运河来连接太平洋和大西洋，甚至需绕道非洲南部好望角，与这些航线相比，北极通道一旦开通，将大大缩短航程，还可减轻马六甲海峡、苏伊士运河日益严重的拥堵，避开日益猖獗的索马里海盗的威胁，必将成为沟通亚洲、欧洲、北美洲一条新的海洋交通大动脉。但北极通道的自然环境较为恶劣，浮冰和冰山使得船舶只能以低速航行甚至绕道，而且该通道的某些地段水位过低，制约了大型商船的通行。因此北极通道目前还处于探索阶段，短期内还不具备商业上的可行性。

一、通道构成

按照覆盖地理区域的不同，北极通道可以分为东北通道和西北通道，见表3-5。通道走向见图3-5。

表3-5　　　　　　　　　北极通道信息

通道	具体通道走向
东北通道	远东国家—鄂霍次克海—白令海峡—楚科奇海—东西伯利亚海—拉普捷夫海—维利基茨基海峡—喀拉海—巴伦支海—挪威海—西北欧国家
西北通道1	戴维斯海峡—兰开斯特海峡—巴罗海峡—梅尔维尔子爵海峡—麦克卢尔海峡—波弗特海—白令海峡
西北通道2	戴维斯海峡—兰开斯特海峡—巴罗海峡—皮尔海峡—富兰克林海峡—拉森海峡—维多利亚海峡—毛德皇后湾—德阿瑟海峡—科罗内申湾—多芬联合海峡—阿蒙森湾—波弗特海—白令海峡

审图号：GS（2017）2374号

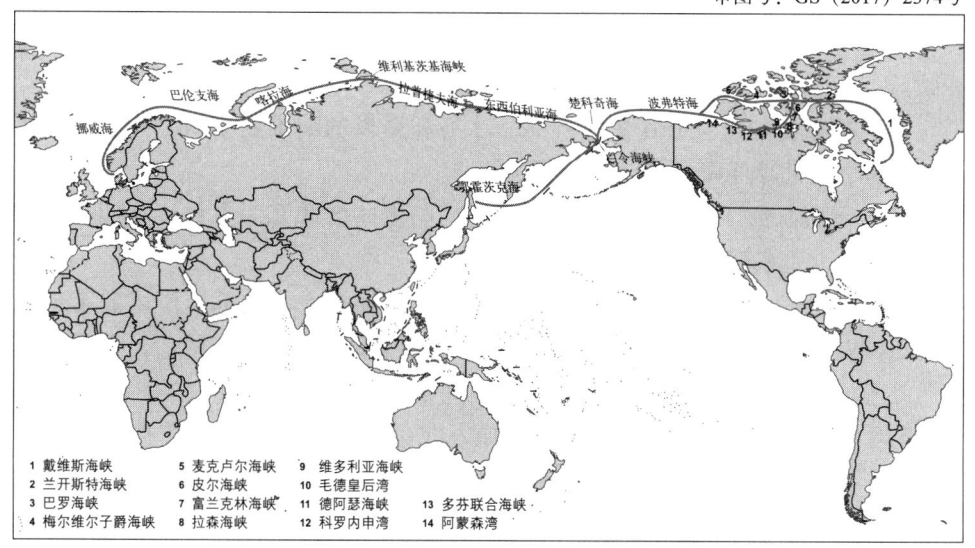

图 3-5　北极通道走向示意

二、通道经过的水域

北极通道经过的水域有：

（1）鄂霍次克海。位于千岛群岛和亚洲大陆之间。是太平洋西北部的边缘海。鄂霍次克海东为堪察加半岛，东南为千岛群岛，南为北海道岛，西、北为西伯利亚，西南为库页岛。经宗谷海峡通日本海，经千岛群岛各海峡连接太平洋。鄂霍次克海上有定期航线沟通俄罗斯远东各港口。

（2）楚科奇海。位于亚洲大陆东北部楚科奇半岛和北美大陆西北部阿拉斯加之间，是北冰洋的边缘海，其西面是弗兰格尔岛，东面是波弗特海，南经白令海峡与太平洋相通，北连北冰洋。

（3）东西伯利亚海。位于北面的北极角和南面的西伯利亚之间，是北冰洋内的一个边缘海。

（4）拉普捷夫海。位于西伯利亚沿岸的泰穆尔半岛、北地群岛、新西伯利亚岛及科捷利内岛之间。经由海峡西连喀拉海，东连东西伯利亚海。

（5）喀拉海。位于俄罗斯西伯利亚以北，是北冰洋的一部分，西为新地岛，西北为法兰士约瑟夫地，东为北地群岛，经海峡西连巴伦支海，东连拉普捷夫海。

（6）巴伦支海。位于挪威与俄罗斯北方，是北冰洋的陆缘海之一，地理位置靠近欧洲大陆的一个海域。其在斯堪的那维亚半岛东北，南接俄罗斯，北界斯匹茨卑尔根群岛，东北为法兰士约瑟夫地群岛，东至新地岛，西迄熊岛一线。

（7）挪威海。位于斯瓦尔巴群岛、冰岛和斯堪的纳维亚半岛之间。冬季一般不封冻，是北冰洋中唯一能全年通航的海。

（8）阿蒙森湾。位于加拿大西北地区的马更些区和富兰克林区之间，将加拿大大陆与北部的班克斯岛分隔开。

（9）波弗特海。位于美国阿拉斯加州北部和加拿大西北部沿岸以北至班克斯岛之间，北极群岛以西，楚科奇海以东。海域北部开阔，岛屿稀少，有"无岛海"之称。

（10）毛德皇后湾。位于北冰洋海域，北临维多利亚海峡，东接辛普森海峡，西毗剑桥湾。

三、通道经过的海峡

北极主通道经过的主要海峡有：

（1）白令海峡。地处亚洲大陆东北端与北美大陆西北端之间，北连楚科奇海，南接白令海，是连接北冰洋与太平洋的唯一通道，也是北美洲与亚洲国家间的最短海上通道及洲界线。

（2）维利基茨基海峡。位于泰梅尔半岛和布尔什维克岛之间，连接喀拉海和拉普捷夫海，是北海航线上最艰险区段。

（3）戴维斯海峡。是巴芬岛和格陵兰岛之间的海峡，南接拉布拉多海，北连巴芬湾。

（4）兰开斯特海峡。位于加拿大纽纳武特地区巴芬区中北部巴芬湾西面，南边是巴芬岛和索美塞得岛，所有从大西洋经过加拿大北极群岛通往太平洋的航线，都要穿过这个海峡。

（5）梅尔维尔子爵海峡。位于加拿大北部西北地区的基蒂克美奥特和巴芬行政区，南部的班克斯岛、维多利亚岛、威尔斯王子岛和北部的梅尔维尔岛和巴瑟斯特岛之间。

（6）麦克卢尔海峡。位于梅尔维尔岛和埃格林顿岛与班克斯岛（南侧）之间，从加拿大西北地区的富兰克林区西部延伸到梅尔维尔子爵海峡以西。

（7）皮尔海峡。位于北冰洋海域，将西面的威尔士亲王岛和东面的索默塞特岛相隔。

（8）富兰克林海峡。位于威尔士亲王岛和布西亚半岛之间的北极群岛地区。

（9）维多利亚海峡。位于加拿大西北地区的富兰克林区，在维多利亚岛（西部）和威廉岛（东部）之间。

第四章

海上通道安全及影响因素研究

海上通道安全问题是关系到国家安全的战略性问题，海上通道安全问题关系到国家海洋安全乃至一国海洋战略的实施，同时海上通道安全又是国家海洋安全和海洋战略的重要目标。梳理海上通道安全与海洋安全及海洋战略关系，分析海上通道安全的影响因素，有助于深入了解海上通道安全的内涵。

第一节 战略视角下的海上通道安全问题

国家海洋安全、海洋战略、海上通道安全不是孤立的三个问题，三者之间互相依托，互相支撑，存在着紧密的关系。

一、海洋安全、海洋战略与海上通道安全

（一）国家海洋安全的内涵

国家海洋安全是国家安全的一部分，是濒海国家海上方向的安全。从客观上看，国家海洋安全是一种状态，表现为国家海上方向的活动、权力和利益不受到外部威胁；从主观上看，国家海洋安全是一种感受，表现为国家主体（主要是政

府和人民）不存在外部威胁的紧张感受。国家海洋安全的最高境界，表现为国家不受到来自海上方向的生存威胁，并能够在和平、安宁的状态下，确保国家发展利益的实现。因此，国家海洋安全也可以诠释为海上方向国家利益的安全。

（二）海洋战略的内涵

战略原本是军事领域用语，是指对战争全局或是军事斗争全局的筹划和指导。如今其含义已经远远超出了这个范围。战略不再是单纯的军事，泛指对于事物发展变化的规律性认识，对于应对措施的全面计划、部署和指导，属于认识论和方法论的范畴。非军事领域广泛借用战略概念来研究重大问题，形成超出军事战略之外的战略概念体系。一般以国家战略为最高层次，二级层次为政治战略、经济战略、国防战略、科技战略等，随后还可以有更下一级的战略。战略概念在海洋领域的应用、战略理念与海洋事务相结合，便形成了海洋战略。海洋战略是位于第一层次的国家战略中的有机组成部分。

一般认为，海洋战略是国家为实现维护和巩固海洋权益，促进海洋经济和社会的可持续发展等目标，所确立的对国家的海洋活动具有重大指导意义的方针、政策及战略安排的综合。印度在 2007 年颁布的《海洋的自由使用——印度海洋军事战略》（Freedom to use the seas：India's Maritime Military Strategy）的序言指出："海洋战略包括经济、贸易、政治、军事和科学技术等各个层面的内容，并在国家大战略的总体构架中有所反映。一个国家的海洋战略可以被定义为一国以其周边海域为基础，在海洋发展的总体规划指导下，通过协调处理各种海事活动，实现国际利益最大化。"[①]

由于各个濒海国家的国家战略不同，相应地海洋战略也会有一定的差异。同时，对于每个国家而言，海洋战略的制定不是一成不变的，会随着环境的变化而不断的修正、改进。总的来说，全球海洋战略整体上经历了"加强舰队建设、建立近代海军，控制海上通道、赢得制海权，聚焦战略要道，经略海洋、注重协作"四个阶段。

（三）三者之间关系

国家海洋安全、海洋战略、海上通道安全存在着紧密的关系。海洋战略是维护国家海洋安全的手段，是实现海上通道安全的基础；国家海洋安全和海上通道安全是实施海洋战略的关键目标之一；海上通道安全是国家海洋安全的重要前提。从问题的层面而言，海洋战略相对更宏观，包括的问题更多，海上通道安全

---

① Sureesh Mehta, *Freedom to use the seas：India's Maritime Military Strategy*. 2007, P. 60.

问题属于海洋战略和国家海洋安全问题的子问题，如图4-1所示。

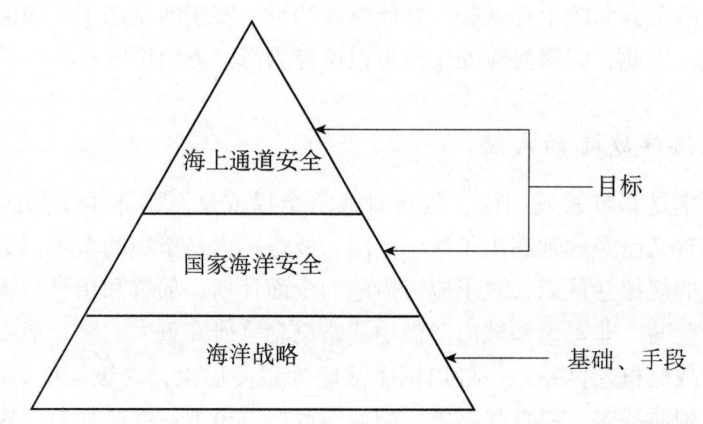

图4-1 国家海洋安全、海洋战略、海上通道安全之间的关系

　　首先，海上通道安全畅通是国家海洋安全的前提。国家海洋安全是现代国家生存与发展的重要条件，而海洋国家能否实现海洋安全，通常受到多种因素影响。陆海分布的不规则性，使得海上贸易的航线和战略通道的客观分布千差万别，各个濒海国家所处的地理位置也不同。但是世界战略资源分布和经济发展的不平衡，导致战略物资必须按照一定方向和路线进行互补性流动，这无疑提高了海上贸易航线和战略通道的战略地位。可以说，在影响国家海洋安全的多项要素中，海上通道的影响尤为突出，无法保证海上通道安全畅通的国家，也就无法实现其海洋安全。英国历史上少有被其他民族征服的经历，其中一个重要原因就是它与欧洲大陆之间隔着英吉利海峡，具有天然的地理优势，英吉利海峡成为保卫英国的最佳战壕。[①] 马汉也指出，"如果一个国家的地理位置……大自然已使它坐落在便于进入公海的通道上，同时还使它控制了一条世界主要贸易通道，显而易见它的地理位置就具有重要的战略作用。"[②] 相应地，该国的国家海洋安全的有利因素就会大大增加。比较而言，我国海外运输线由于大多经过海上冲突、危机频发地区，安全形势十分严峻，因此对我国海洋安全则产生了威胁。

　　其次，海洋安全是海洋战略实施的重要目标。国家海洋安全是一个政治范畴的概念，与国家的利益空间密切相关。同时，国家海洋安全是国家陆上安全的拓展，更多的是由国家发展需求导致的，是发展层面的安全，而非生存层面的安全，因此国家海洋安全的意义十分突出。尽管各国经济、政治、军事实力和价值观念存在一定的不同，但是从全局上对海洋安全事务做出总体筹划，进行海洋安

[①] 梁芳：《海上战略通道论》，时事出版社2011年版，第23页。
[②] [美] 艾·塞·马汉著，安常荣、成忠勤译：《海权对历史的影响（1660～1783）》，解放军出版社1998年版，第32页。

全部署，保护海洋利益不受到损害，维护海上通道的安全，是各国制定海洋战略的基本出发点之一；是否实现国家海洋安全成为衡量海洋战略实施效果的重要目标。我国在制定海洋强国战略时就明确指出，要"提高海洋资源开发能力，坚决维护国家海洋权益，建设海洋强国"。

最后，海洋战略是维护海上通道安全的关键手段。海上通道安全保障是一个复杂问题，参与主体众多，包括制定法律规则的政府部门和组织机构，以及直接参与运输的船公司和货主公司等，且各主体之间关系复杂；同时该问题涉及领域十分广泛，包括政治、经济、科技、军事、文化、外交等多个方面，因此需要综合利用各种手段，进行统筹运作。海洋战略实现手段的多样性以及综合性特征，可以为保障海上通道安全提供强有力的支持，借助其国家战略地位，协调应用各种手段、策略及技术，全方位地保障海上通道安全，维护国家开展海上生产、海上贸易、海上交通运输的自由权。根据我国海洋强国战略的内涵，安全性即是海洋强国战略的主要特征之一，主要体现在我国在实施海洋强国的进程中，将会采取有力措施确保国际海域的通道安全，包括派遣海军参与实施海盗打击行为，以确保国际社会使用海域的安全和海洋利益，尤其是航行安全。

从以上分析可以看出，海洋战略对国家的海洋活动，保障海洋安全、海上通道畅通具有重大的指导意义。根据各国的诉求以及侧重点的不同，海洋战略可以有多种表现形式，其中海洋强国战略是指为提升一国在开发海洋、利用海洋、保护海洋、管控海洋方面的综合实力，而采取的各项政策及战略安排的综合，是一种带有明确指向性以及目的性的手段，其更注重对海上综合实力的培养与强化，是对一般意义上的海洋战略的一种发展和拓展，是目标更为具体化的海洋战略。

二、我国海洋强国战略下的海上通道安全问题

（一）我国海洋安全问题

我国位于亚欧大陆东部，太平洋西岸，西靠大陆东朝大洋，位居世界最大的大陆与最大的海洋的边缘，陆海复合是我国地缘政治现实最大的特点。在海上地理环境方面，具有单面向海、岛链阻隔、邻国临近、岛屿近岸、水文气象条件复杂的特征。我国海上方向是一个岛链环绕的半闭海，周边海上呈现一个"新月形"，在阿留申群岛、千岛群岛等岛屿组成的岛链环抱下与太平洋分隔，呈半封闭状态；与日本、菲律宾等9个国家在海上相邻相向，邻国众多，既具有与海上邻国发展区域性经济、政治合作优势，同时也面临困难的岛屿主权和海洋划界争议；海域南北跨44个纬度，气候差异较大，海上航行条件较为复杂。从总体上

看，我国居于亚太地区中心，既是东北亚与东南亚之间的主要海上通道，也是连接太平洋与印度洋的纽带，海区内有许多重要的咽喉要道。独特的地理形势成为我国发展海洋事业的有利条件，但是半闭海等因素的弱势也较为突出，特殊的地缘特征使得我国从近代以来一直面临严重的海上安全挑战。

（二）我国海洋强国战略的内涵

可以看出，随着国际政治外交形势的风云变化，我国海洋安全面临错综复杂的形势，许多矛盾日益凸显，围绕资源争夺、岛礁主权、海域划界和通道安全的争端态势进一步加剧。维护国家海洋安全的形势出现了许多新的变化，海洋安全成为国家安全的主要战略方向，不仅关系到国家的主权与安全，更关系到国家的未来发展，走向海洋是我国成为世界强国的必由之路。

在这样的宏观环境背景下，在党的十八大报告中提出了海洋强国战略，并明确指出，要"提高海洋资源开发能力，坚决维护国家海洋权益，建设海洋强国"。海洋强国战略是我国在新的历史时期里确定的，符合当今世界海洋发展潮流。我国必须实施海洋强国战略，明确海洋方向的战略目标及其在国家大战略中的定位，才能有效地维护国家安全和海洋权益。

从党的十八大报告对中国建设海洋强国的内容可以看出，国家推进海洋强国建设的具体路径为发展海洋经济；手段和措施是不断提高海洋资源开发能力，这是发展海洋经济的保障；前提是急需解决我国面临的重大海洋问题（例如，南海问题、东海问题），保障实施海洋及其资源开发的安全环境，坚决维护国家主权和领土完整及海洋权益，从而实现保护海洋生态环境及建设海洋强国的分阶段目标。

因此，我国海洋强国战略的概念可以界定为，我国将以国际社会规范的原则和要求，通过和平的方法来发展海洋经济，发展海洋科技装备，提升海洋资源开发和利用能力，加强对海洋资源和利益的综合管理，适度发展海上军事力量，在不损害国家核心利益的基础上，力争运用和平方法解决海洋问题争议，争取海洋利益相对最大化，以实现保护海洋环境，维护国家海洋权益，确保国家海洋安全，把我国建设成为与国情与现实发展需求相适应的海洋国家，实现具有中国特色的海洋强国之梦。

（三）海洋强国战略下的海上通道安全问题

首先，海洋强国战略下的海上通道安全是维护我国国家海洋安全和海洋权益的重要保障。当前及今后一个时期，我国在陆地方向的安全局势基本稳定，安全威胁主要来自海洋方向。海洋安全形势复杂，面临多种威胁。在周边海洋的权益争端中,海上邻国的种种挑衅随时可能引发政治、外交和军事冲突,我国面临着被迫卷入局部武力冲突和海上突发、意外事件的威胁。我国必须实施海洋强国战略,明确海洋方向的战略目标及其在国家大战略中的定位,维护海上通道安全,有效地保障国家海洋安全及海洋权益。

其次,海洋强国战略是保障我国海上通道安全的重要基础。海上通道安全是海洋安全的重要构成要素,因此,我国的海洋强国战略对于维护海上通道的畅通,具有十分重要的意义。我国对海上运输具有高度的依赖性和关注度,进出口贸易和重要战略能源、资源的运输主要依赖海运。海上运输通道成为我国对外经济联系的主渠道,承担了我国对外贸易80%以上的运输量,90%以上的进口石油通过海上运输至国内。在海上运输通道发挥出日益重要的作用的同时,海上通道安全问题也日益凸显。我国海外运输线大多经过海上冲突、危机频发地区,安全形势十分严峻。我国60%的进口能源需经过海盗频发地区,如东南亚、红海和亚丁湾等重要海域。尽管通过护航方式在一定程度上保证了经过该通道的船舶的安全,但是由于护航海域面积过大、国际协调不足等原因,海盗问题始终困扰着海上通道安全。同时,我国对维护海上通道安全的政策准备、能力建设仍处于初级阶段,与美日等发达国家相比存在较大差距。从外交现状来看,我国与重要通道沿岸国家的合作、协调机制建设还有一定不足,特别是在保障经南海,印度洋前往中东、北非、欧洲地区航线安全问题上,缺少同沿岸国家长期、稳固的合作机制。这些都成为影响海上通道安全,进而影响海洋安全的制约因素。

我国在《中华人民共和国国民经济和社会发展第十二个五年规划纲要》中对海上运输通道做出了如下描述:"加强双边多边海洋事务磋商,积极参与国际海洋事务,保障海上运输通道安全,维护我国海洋权益。"这说明,我国政府已经认识到海上运输通道安全对于我国经济长远发展的重要性。根据海洋强国战略的内涵,安全性是我国海洋强国战略的主要特征之一,主要体现在我国在实施海洋强国的进程中,将会采取有力措施确保国际海域的通道安全,包括派遣海军参与实施海盗打击行为,以确保国际社会使用海域的安全和海洋利益,尤其是航行安全。

由此可以看出,海上通道安全问题是我国制定海洋强国战略的出发点之一,同时也是实施海洋强国战略的重要目标之一。海洋强国战略的制定与实施可以为我国海洋安全的有效载体——海上通道的安全保障提供重要契机和政治支持。通过综合应用经济手段、政治手段、外交手段、军事手段、文化手段,可以全方位、有效地维护我国海上通道安全,保障海洋安全,促进海洋经济发展,拓展国家战略利益。

第二节 海上通道安全影响因素分析

海上通道是一个涉及众多自然因素与人文政治环境因素的综合复杂系统，影响海上通道安全的因素众多。通过对已发生的海上通道突发事件的总结分析，可以全面有效地识别海上通道主要安全影响因素。本节将首先分析海上通道安全影响因素的划分依据；之后将主要的海上通道安全影响因素按照不同的分类标准进行分类；最后选取一种主要的方式，从海上通道内部和外部两个方面对安全影响因素进行具体分析，以便为海上通道安全评价以及安全保障机制的制定和实施提供参考依据。

一、海上通道安全影响因素划分依据

现有文献中，部分学者对海上通道安全进行了界定。傅梦孜认为海上安全主要是个人或国家在海上的活动、权利与利益不受到外部政府或非政府力量的侵害或遭遇风险。其实质是要确保一国尽可能取得对世界海洋充分而有效的利用。海上通道安全则是"属于海上安全范畴，最直接的理解是国际海上运输通道的通畅，是一国维持生存与发展及化解外来入侵、干扰、破坏的能力在海上的延伸；是确保一国经济、贸易活动在海上的延伸空间及拥有的运输便利，也是化解海上安全威胁后所确立的海上和平空间"。[①] 冯梁指出："国家海上安全环境是指国家在一定时期内所处海上空间各要素之间彼此影响和相互作用而导致的客观状况，通常包括海洋战略区内自然地理状况和国家间政治、军事、经济相互作用情况。"[②] 贾大山等提出，"石油海运通道安全是指货物自出口地通过海运船舶沿特定海上航线可靠、稳定、经济地至进口地的岸上储存设施的一种状态"，另外还提出，"石油海上运输航线安全是指自石油进口来源地至目的地所涉及的关键海峡、运河等节点的安全问题，其中任何一个节点出现阻断或者不安全因素都将直接影响整个海上通道的安全"。[③]

"安全"在日常生活中常被作为"危险"的相对语而使用，它既可以描

[①] 傅梦孜：《海上安全与国家安全》，时事出版社2005年版。
[②] 冯梁等：《中国的和平发展与海上安全环境》，世界知识出版社2010年版。
[③] 贾大山、孙峻岩、罗洪波：《中国石油海运通道安全评价与对策》，载《大连海事大学学报》2006年第2期，第62~66页。

述一种远离危险的客观状态，又可以表达一种不受各种危险因素威胁侵害的主观感受。海上通道安全是指海上通道的使用者能够抵御内、外部威胁而保持正常运作，即使受到冲击也能不受重大损害的状态以及维护这种状态的能力。进一步地，海上通道安全是海上运输道路畅通无阻的一种状态，在这种状态下，货物可以由出发地通过海运船舶沿海上通道经济、可靠、稳定地运送至目的地。

海上运输航行距离长、活动范围广，不仅受到巨浪、狂风、海啸、雷电、暴雨、浮冰等自然灾害的袭击，还会受到海盗袭击、海上恐怖主义等人为破坏事件的影响，除此之外，海上通道所经海峡和运河沿岸国家的政治局势等同样也会影响海上通道的正常通航，因此，海上运输风险远远大于其他运输方式。

值得注意的是，企业和国家对于海上通道安全影响因素的识别以及重视程度是有一定差异的。企业更加注重从实务角度出发，以商船安全通过作为出发点及目标，界定出影响船舶通行、船员及货物安全的海上通道安全影响因素。根据《联合国海洋法公约》（简称：《公约》）的规定："所有国家，无论是沿海国或内陆国，其船舶均享有无害通过领海的权利"。领海海峡一般是允许商船无害通过的，"只要不损害沿海国的和平、良好秩序或安全，就是无害的"。《公约》对于有关领海海峡的无害通过制度的规定，为商船在海上通道上的顺利航行给予了便利条件，只要外国船舶尊重沿海国家的领海主权，遵守无害通过的各项规定，即可行使该权利。因此，企业更关注通道自身的物理特性、自然环境、通航能力及水平等，对于海上通道的外部环境则关注较少。

相比而言，国家则更注重从国家战略、海洋安全层面出发，不仅仅将海上通道视为船舶的运输载体，更为其赋予了保障国家安全的重要战略载体地位。因此在分析海上通道安全影响因素时，在基本的影响船舶及货物安全的因素的基础上，还会进一步考虑海上通道的外部环境，例如通道沿岸国的政治情况、相关国家之间的关系、战争冲突、领海领土的争端等等。尽管商船受《公约》的保护，可以在战时以及突发危机情况下仍可无害通过相应的海上通道节点，也就是说海上通道的外部环境对于商船的航行影响相对较小，但是从国家的宏观角度而言，这些因素将会对一国的海洋安全产生明显作用，严重影响国家的海上权益，阻碍海洋战略的顺利实施。同时，随着海上安全和海洋权益问题得到越来越多的重视，各国纷纷开展对海洋战略的制定、实施工作，力求争夺、控制海上通道，不可避免地会出现各国海洋战略目标冲突的情况。因此，影响海上通道安全的因素较以前更为复杂，各项外部环境因素成为国家重点考量的海上通道安全影响因素。

二、海上通道安全影响因素分类

由于本书研究的海上通道属于物理性的通道,是否能够处于安全畅通的状态,不仅仅与通道自身的构成(包括其自身的物理特性与所处的自然环境)相关,也与通道所涉及的相关国家的政治、经济、军事等方面戚戚相关。针对海上通道安全影响因素的分类方式多种多样,不同的分类方法可以体现海上通道安全影响因素的不同属性。

在对影响海上通道安全的因素进行区分时,首先采用三种目前公认的、比较权威的海上通道安全影响因素分类方法,分别是传统因素、非传统因素;完全可控因素、部分可控因素、完全不可控因素;一般共同因素、特殊因素、战争与争端因素。其次,结合企业和国家对影响因素的区分的角度的不同,提出内部因素与外部因素的划分方法。对 14 种主要海上通道安全影响因素进行分类,见表 4-1。

表 4-1　　　　　　　　海上通道安全影响因素分类

影响因素	分类一	分类二	分类三	本书分类
海上通道的物理形态	传统	完全不可控	一般共同	内部
海上通道的气象水文海况	传统	完全不可控	一般共同	内部
海上通道的运输距离	传统	完全不可控	一般共同	内部
海上通道的通过能力	传统	完全可控(主权内) 完全不可控(主权外)	一般共同	内部
海上通道面临的自然灾害	非传统	完全不可控	一般共同	内部
法律及机制	传统	部分可控	一般共同	外部
海盗袭击	非传统	完全不可控	一般共同	外部
海上恐怖主义	非传统	完全不可控	一般共同	外部
海上犯罪	非传统	完全可控(主权内) 完全不可控(主权外)	一般共同	外部
区域国家冷战	传统	部分可控	特殊	外部
区域领土领海争端	传统	部分可控	特殊	外部
战争武力冲突	传统	部分可控	战争与争端	外部
海洋环境污染及生态破坏	非传统	部分可控	一般共同	外部

(一) 传统因素与非传统因素

海上通道传统因素是指与通道的自然物理条件以及通道所涉及的军事、政治有关的安全影响因素。海上通道非传统因素是相对于传统安全因素而言的，其涉及的内容主要包括"非军事领域"，多以海盗活动和恐怖袭击等暴力事件为主，它的发生和产生的后果具有不可控性。国际社会难以对此做出准确预警和及时回应，因此造成的损失和产生的负面影响难以估量。

(二) 完全可控因素、部分可控因素、完全不可控因素

完全可控因素是指物资进口国通过采用政治、经济、外交和军事等措施，完全可以有能力保证海上通道畅通的安全因素，这些因素受外界或第三方的影响较小，一般属国家主权范围内即可解决的问题。

部分可控因素是指物资进口国通过采取政治、经济、军事等手段，只能部分减少，但不能完全消除其对海上运输通道影响的因素，这些安全因素通常在本国主权管辖范围之外，进口国需通过国际沟通与合作等途径才能化解该类因素的负面影响。物资进口国局势、海上运输风险以及防污染安全等都属于影响海上通道的部分可控安全因素，可以通过国际合作，稳定与出口国的经贸往来，加强船舶的海上运输风险管理等方式减少部分可控因素造成的负面影响。同时，部分可控因素也包括了在遇到国际政治事务时，一国可以通过政治角力或外交沟通来部分参与或者介入，以减小影响的因素。

完全不可控因素是指由不可抗力引起的，物资进口国采取任何措施仍不能消除其负面影响的安全因素，这类因素的发生具有突发性、不可抵抗性、不确定性，很难预测，也很难采取防范措施。这类因素一旦发生必然阻碍船舶的正常航行，对海上通道的影响最为致命。完全不可控安全因素主要分为两部分：一是由自然原因引起的，如旱灾、火灾、风灾、地震、山崩、大雪等；二是由社会原因引起的，如军事（战争）行为、恐怖袭击、海盗袭击、政府行为、禁运、罢工、市场行情等。

(三) 一般共同因素、特殊因素、战争与争端因素

一般共同因素，是指全球海上通道面临的一般共同常态化风险的影响因素。由于一般共同风险对于从事海上运输的国家而言具有普遍性、常态性，因此在应对这类风险的时候，国家与国家之间存在着共同的利益，能够通过协作或者相应的手段来共同解决这一问题。

特殊因素，是指非常态化的因为某一特定时期或时刻导致的海上通道可控性的突然减弱，影响海上通道安全的因素。特殊风险一方面不具有常态性，另一方面，这一风险只是区域性的、特殊性的，并不是对全球范围内的海上运输国具有普适性，而且特殊风险发生的不确定性与随机性也涉及了不同的利益方，不同利益方针对特殊因素，也会有不同的反应。

战争与争端因素，是指涉及海上运输国本身的国际争端问题、战事等因素。一旦涉及国家之间的政治争端、战争风险，势必争端方会将扼制对方海上运输通道作为一种重要的战略手段，此时，海上运输通道的风险便会因争端方势力与势力作用范围的不同而有很大的变化，应对此类风险具有一国自身的特殊性，不适用于其他国家，因此解决方案也大不相同。

（四）内部因素与外部因素

由涉及通道本身物理特性及其组成元素带来的安全影响均统称为内部安全影响因素，而由于物理通道外部国家及地区法律法规、政治、战争等因素造成的安全影响则统称为外部安全影响因素。

以上是对四种分类方法的简单介绍，下面将从内部因素和外部因素的角度，对各个影响因素进行进一步的介绍。

三、海上通道内部安全影响因素

（一）海上通道的物理形态

海上通道的物理形态是指海上通道的宽度、深度、岛屿分布等因素。这些自然的因素会对通道的通过能力产生限制，一旦海上通道的通过能力有限，就会增加通道拥挤的可能性，进而会增加发生事故的概率，影响海上通道的安全。

例如马六甲海峡南部出口，一条在新加坡附近的水道，虽然有805公里长，但最窄处只有37公里宽，为海上交通造成了不便。

（二）海上通道的气象水文海况

海上通道的气象水文海况包括洋流、水文、风向、浓雾、海洋地形、气温、风浪、冰冻、台风、寒潮、雾和暗礁等多种自然因素。气象水文海况会直接影响到在通道上航行的船舶的安全，进而影响整个通道的安全状况。因为一旦船舶的安全受到影响而无法安全行驶，那么虽然海上通道"路"的属性依然正常，但是船舶无法保证正常的"运",因此海上运输通道依然属于被变相切断的状况。因此海上运输通道的气象水文海况是影响海上通道安全的重要因素。

归纳起来,气象海况的影响主要是恶劣天气所造成的影响。能见度不良是气象海况中对船舶航行威胁最大的因素,能造成能见度不良的天气主要有雾、雨、雪和冰雹,其中雾的影响最大。除此之外,大风也是影响船舶航行安全的重要自然因素之一。例如在 2010 年 5 月 27 日,由于埃及部分地区遭遇了大范围大风沙尘天气,导致苏伊士运河和红海一些港口短暂关闭。其中苏伊士运河停航了 6 个小时,致使 38 艘过往船只被延误。因此,需要船舶熟悉海洋地形并确保海图完备,在遇到突发事件时能及时改变航程或者做出相关的紧急决策。

(三) 海上通道的运输距离

海上运输的距离直接影响着海上通道的安全。海上通道的距离越长,可能涉及不安全的影响因素就越多,所要经历的气象海况可能也就越复杂,不确定的因素也就越多,这样就会提高海上通道的风险。一般来讲,海上通道的安全性与海上通道的距离一定程度上是反比例关系,即海上通道的距离越长,海上通道的安全性就越差。

以我国为例,我国的主要战略物资海上通道所经海域广阔而漫长,涵盖了太平洋、大西洋、印度洋以及地中海、红海等广阔水域,而且运输航线漫长。据统计,通往亚洲各地的海运距离平均在 3 000 海里,通往非洲各地的海运距离平均在 6 000 海里,通往南美各地的海运距离平均在 10 000 海里。因此,在我国重要的海上通道上,船舶在整个航行过程中面临的不确定性因素极多,易发生海上交通事故、海盗与海上恐怖主义等危险,威胁海上通道的安全。

(四) 海上通道的通过能力

通过能力对海上通道的安全有着一定的影响。如果一条通道的通过能力状况不理想,那么便会造成航路的拥堵,由于航路拥堵时船舶增多,会使不确定因素增多,发生事故的概率增大,从而带来航行安全的问题。尤其是当船舶经过海峡等关键节点时,一旦通过能力受到限制,会使航行风险极高,影响海上通道的安全。

海上通道的通行能力状况主要的限制在于海上通道中重要节点的通过能力,如装卸的港口、途经的海峡、岛屿、运河等节点的通过能力。这是因为一条海上通道的通过能力是受这些节点的通过能力所约束的。即便航段或者航线内的通过能力很充足,但是所要经过的节点的通过能力不足,依然会造成整个通道的通过能力不足,对海上通道的安全产生影响。

以巴拿马运河为例，由于受船闸限制，目前巴拿马运河只能接受最大吨位在76 000公吨左右的船舶，或者相当于运力约在5 000标箱的集装箱轮船。而随着船舶大型化发展的趋势，特别是万箱集装箱轮船在东西向航线上的密集航行，必将使得巴拿马运河的现状难以满足未来海上运输的需求，也对以巴拿马运河为重要节点的海上通道的安全造成了隐患，因此，巴拿马运河的扩建工程对增强通道安全性具有十分重要的意义。

（五）海上通道面临的自然灾害

海上自然灾害包括海底地震、海啸、台风、风暴潮、赤潮等。一旦海上发生严重自然灾害，船舶无法正常航行，海上运输通道不可避免地会被阻断，安全性受到极大影响。同时又由于许多自然灾害发生的不确定性，使得自然灾害的危险性更高。一旦无法做到有效的预警，可能会对海上通道造成突然的致命打击。

众多海上自然灾害中，破坏性最大的无疑是海啸。海啸是水下地震、火山爆发，或水下塌陷和滑坡等激起的巨浪，在涌向海湾内和海港时所形成的极具破坏性的大浪。作为一种自然灾害，海啸具有相当的"传统"性，但由于它不合规律，且危害巨大，成为受害国乃至全人类关注的焦点，并登上了海上非传统安全威胁的黑名单。例如在2010年发生的智利地震引发的强烈海啸，对太平洋沿岸国家均产生了一定的影响，对分布在相关水域的海上通道产生了较大的安全威胁。

四、海上通道外部安全影响因素

（一）国际国内法律及商业制度

法律及机制因素主要是指国际法律法规、组织机制等对海上通道安全产生的影响。以《联合国海洋法公约》为例，该公约是当代国际社会关系海洋权益和海洋秩序的基本文件，被誉为"海洋宪章"[1]，基本反映了当时国际社会在海洋问题上所能达成的共识，但仍有不少条款是不完善的，例如对于历史性权力的界定、对海盗行为定义过于狭窄、海岸相向或相邻国家间海域的划界问题较为笼统含糊等，这些问题成为引发未来纠纷和冲突的隐患，容易在一定程度上引起对海上通道安全畅通的影响。

---

[1] 杨泽伟：《〈联合国海洋法公约〉的主要缺陷及其完善》，载《法学评论》2012年第5期，第57～64页。

此外，通道沿岸国的以本国利益为导向的海洋战略、国内法律约束、合作机制的构建等也是从法律法规层面影响海上通道安全的因素。例如作为东亚地区能源运输通道中的重要节点，马六甲海峡一直存在着航路拥挤，事故频发的问题，且海盗与海上恐怖主义活动猖獗。但是由于海峡的安全维护机制存在缺陷，安全维护与国家主权的矛盾未能实现有效解决，各国之间不能实现有效协调，导致现有机制发挥的作用十分有限，对经过该海峡的运输通道安全造成了严重的影响。

除了相关的国际法律及公约之外，商业制度也是影响海上通道安全的因素。例如，为规避由于战争、类似战争行为和敌对行为、武装冲突或海盗行为所致的损失，要求高危海上通道的使用者投保战争险。再例如，雇用私人武装保安人员（PCSAP）也是规避敏感区域威胁的重要手段，在雇用 PCSAP 时，应尽早考虑在船上使用 PCSAP 的决定，同船旗国进行协商，做好安全评估，以保证满足任何法定要求。

（二）海盗袭击

海盗是海上跨国犯罪最重要的表现形式。作为一种古老的历史现象，海盗伴随着人类征服海洋的过程逐步产生，自海上贸易诞生之始，就出现了以此为生的海盗。中世纪时，欧洲对海盗比较贴切的称谓是"海上盗贼"，将海盗行为定义为"非法的凶残的在海上进行的甚至连平民等非战斗人士都杀害的行为"。海盗活动是指私人船舶的船员，为私人的目的，在公海或在其他国家管辖范围以外的地方，对另一船舶或者船舶上的人或财物，所从事的任何非法暴力、扣留行为或其他任何掠夺性行为。海盗问题不仅威胁海上通道使用国的人员和财产安全，还以延误运输时间、增加保险费用和船舶被盗风险的形式直接对全球经济产生影响，打击海盗已成为海上通道相关国家共同关心的问题。

海盗事件主要集中发生在西非、索马里海域、孟加拉湾、亚丁湾及东南亚海域等区域。其中马六甲地区是世界上发生海盗事件最多的地区之一。该地区处于马来西亚、印度尼西亚、新加坡三国交界。由于马六甲海峡是繁忙水道，且海峡有很多宽度狭小处。19 世纪时，马六甲海峡就是一个海盗猖獗的海峡，海盗频繁盗劫来往的商船。进入 21 世纪，经过马六甲地区的货船增多，而三国海军的实力有限，合作机制不完善，导致海盗问题日益猖獗。根据国际海事局统计的数据，马六甲地区的海盗活动在 2003 年和 2004 年达到高峰，2005 年后海盗活动有所减少。虽然马六甲地区的海盗活动在前几年持续下降，但近几年又呈上升趋势，见表 4-2。因此未来一段时间内，海盗行为仍然是影响该地区海上通道安全的重要因素之一，对远东—欧洲、远东—南美洲海上通道的安全产生明显影响。

表4-2　　　　　　　　马六甲地区海盗活动统计

年份 地区	2002	2003	2004	2005	2006	2007	2008	2009	2010	2011
马六甲海峡	16	28	38	12	11	7	2	2	2	1
新加坡海峡	5	2	8	7	5	3	6	9	3	11
印度尼西亚	103	121	94	79	50	43	28	15	40	46
马来西亚	14	5	9	3	10	9	10	16	18	16
总计	138	156	139	101	76	62	46	42	63	74

另外值得注意的是，海盗行为的猖獗促使海运保险商开始调整经营策略。为避免雇佣全副武装的警卫保护商船，在经过海盗频繁出没的海域时，船主需要为自己的船组人员投保，以保障其人身安全。随着船只被海盗劫持的危险上升，保险费也相应增加，海运保险商不仅向船主收取价格不菲的保险费，还要收取一定比例的附加费。一般情况下保险公司向一艘船收取的附加费最低为船总价值的0.125%，最高可达0.2%。因此，海盗行为已经成为影响海上通道畅通性的重要因素之一。

(三) 海上恐怖主义

迄今为止，一些重大的海上恐怖活动类型主要有三种：劫持海上交通工具（货船、游轮、油轮等）、袭击海上运输的辅助设施（渡口、码头等）、自杀性的海上攻击。海上恐怖主义现象越来越严重的原因有以下几个方面。

首先，海上防恐与反恐存在不足。目前缺乏相关公海反恐的国际公约，且易受袭击的主要海上通道涉及相关国家的领海问题，而这些国家由于各自的利益问题，不愿或不足以应对打击各类恐怖活动。此外，海上恐怖主义活动日益增多，船只上有效的反恐技术设备没有及时更新，没有建立一支高素质高装备的反恐队伍。

其次，恐怖组织出于自身生存发展的需要向海上发展。随着各国对恐怖主义危害认识的不断深入，加之国际社会在切断恐怖活动资金来源上的努力，使得恐怖组织的活动空间在不断减少，且获得与筹集资金的能力越来越小。在此情况下，恐怖组织不得不向海上发展，直接从事海盗、毒品走私等有组织犯罪活动，为其活动筹集资金，并获取相应从事恐怖活动所需要的物资材料。

最后，海上恐怖活动能产生与陆上、空中恐怖活动同等效力的危害和影响。恐怖分子针对海上及其辅助设施目标的袭击，同样能造成伤害，并将这种伤害以引起社会与公众恐慌的形式进行扩散,以产生与陆上、空中恐怖活动相等的震慑效果,油轮被劫、渡口被炸、游轮遇袭等海上恐怖事件都能说明这一点。

从 2001 年 "9·11" 事件以来,国际间曾出现多起海上恐怖攻击事件。例如 2002 年 10 月 6 日,法国油轮林堡号在也门遭受恐怖攻击,造成大量原油泄漏,导致邻近海域受到严重污染。为防范海上恐怖主义的发生,美国制定 "集装箱安全倡议"① 和 "防扩散安全倡议"② 等措施,其中集装箱安全倡议要求出口国的海关须在集装箱运往美国之前,对于高风险集装箱进行查验,以防止恐怖分子利用集装箱运载大规模毁灭性武器进入美国本土。

(四) 海上犯罪

海上犯罪行为会对海上通道上的船只造成威胁,一旦船舶发生事故,可能会影响海上通道的通过能力,从而影响通道的安全性。由于全球经济发展不平衡,进入 21 世纪以来,犯罪行为已经从陆地向海上进行转移,发生了各种各样的海上犯罪案件,例如在欠发达的海上节点附近,比较容易产生货物丢失的风险等,并且案件发生数有连年上升的趋势。这是随着时代的变化在新时期所形成的新产物。

(五) 区域国家冷战

在当今世界,虽然二元对立的政治格局一去不返,多极化才是今后政治发展的方向,但是由于国家利益的不同,政治冲突是世界范围内政治进程中的一个非常常态的现象。除去发生直接的武装冲突之外,各种各样冷战式的政治僵局以及以各种禁运为惩治措施的手段成为了国家之间博弈的一种手段。20 世纪美国与苏联的冷战既体现在军事实力的竞争上,同时也体现在对中东及非洲各国的控制上。能源作为一个国家发展的命脉,在冷战时期也有着自己特殊的表现,军事对峙的状况随时威胁对方的能源运输安全。海上能源运输通道的脆弱性决定了它很容易变成政治冷战的牺牲品,一旦两国陷入冷战,那么阻断对方的海上通道将严

---

① 集装箱安全倡议 (Container Security Initiative, CSI) 是美国全球反恐战略部署的重要组成部分,目的在于防止恐怖分子利用海运集装箱藏匿大规模杀伤武器袭击美国。2002 年 1 月 17 日,美国海关署长伯纳 (BONNER) 在美国战略和国际研究中心发表演讲时首次提出这一倡议。

② 2003 年 5 月,美国总统布什在访问波兰时宣布发起 "防扩散安全倡议" (Proliferation Security Initiative)。2004 年 7 月美国国务院的网站上才从性质、手段、目标等方面对防扩散安全倡议进行比较全面的概括,确定它是 "旨在世界范围内阻止运输大规模杀伤性武器及其运载系统和相关材料的全球倡议","是利用可支配的情报、外交、执法及其他手段阻止向受关切的国家和实体运输与大规模杀伤性武器相关的物项的全面反扩散努力的一部分",其 "目标是创造一个更有活力的、有创意的、积极的办法以防止扩散进出与扩散有关联的国家和非国家行为体"。

重制约对方。例如，由于以色列与阿拉伯国家的关系紧张，凡是挂靠过以色列港口的船舶，若想继续挂靠阿拉伯国家港口，可能就会受到各种各样的刁难。

（六）区域领土领海争端

领土意味着一国主权，领土与领海的争端是对对方领土与领海范围的不认同。这种不确定性处理不好会造成国家间关系恶化，影响相应的海上货物运输。以英国和西班牙之间的直布罗陀地区争端为例，1713 年，西班牙与英国签订条约，将直布罗陀割让给英国，目前该地区的外交和国防由英国政府管辖，包括税收在内的其他事务均由地方当局管理。该地区位于欧洲大陆伊比利亚半岛南端，扼守连通地中海和大西洋的咽喉要道，距离非洲大陆北端仅有 20 公里，具有重要的战略地理位置，因此西班牙一直希望能够恢复行使对该地区的主权。两国之间针对该地区的争端一直不断，一旦发生更大规模的争端，则有可能对经过直布罗陀海峡的海上通道安全产生明显的威胁。

目前，我国与俄罗斯之间的领土争端已得到解决，这为我国与俄罗斯之间实现更深入的能源合作奠定了基础，但同时，我国与菲律宾、越南、日本等国之间的争端却还没有解决。这其中有很大一部分争议的领土和领海都毗邻或者本身就是我国重要海上通道的一部分。一旦这些地区发生突发事件、如小规模冲突、局部封锁或者小规模战争等，都会对我国海上通道的安全产生严重影响。

（七）战争武力冲突

和平是时代发展的主流，但是国家利益在不同时期具有不同的体现，因此国家利益之间的冲突也是正常的，一种极端化的表现便是战争。一个国家无论是战争的参与方还是战争的旁观者，其海上运输必将因为战争受到影响。例如，在 1967 年的中东战争中，以色列侵略埃及并占领埃及西奈半岛，苏伊士运河被迫停航 8 年之久，直到 1975 年 6 月 5 日才重新开放。因此，必须时刻明确地知晓战争局势对海上通道以及进口源地区安全的影响，同时还必须要考虑战争其他参与国对敌对国的反制措施可能对海上通道产生的影响。

（八）海洋环境污染及生态破坏

一旦发生海洋环境污染事件，如漏油或危险化学品泄漏等事件，海上通道的正常通航便会受到严重影响。而且这些事件的善后处理工作往往要花费很长时间，因此会严重威胁海上通道的安全性，船舶将可能不得不绕航行驶。例如 2010 年美国墨西哥湾发生的漏油事件，对美国贸易的进出口和相关水域、港口的船舶航行挂靠，都产生了明显的影响；另外，海洋生态的破坏可能会导致一些灾害，如赤潮等现象的发生，可能会对船舶的正常行驶带来不便，影响海上通道的顺畅。

第五章

海洋战略下的海上通道安全保障研究

海上通道安全保障是指国际或国家相关组织部门通过制定相应的政策措施、运用一定的手段工具,有效地避开、消除海上安全威胁因素,以保障海上通道安全状态的长期、有效运行,是国家保护本国海上活动和行为得以安全的主动举措。对海上通道安全进行有效保障,是实现海洋战略的主要前提和重要目标,海洋战略则可以反之为海上通道安全保障提供政策支持和支撑力量,因此属于其外部条件。

第一节 海上通道安全保障要素分析

海上通道安全保障是一个有机的系统,同其他系统构成一样,海上通道安全保障系统也是由主体、客体、主体目的、客观现状、措施手段以及实施效果这六个基本要素构成,各类要素相互联系、相互作用,达到保障海上安全的目的。

一、海上通道安全保障构成要素

海上通道安全保障系统要素具体构成如图 5-1 所示,各要素之间相互影响、相互联系,是整个保障系统内部正常运作必不可少的组成部分。

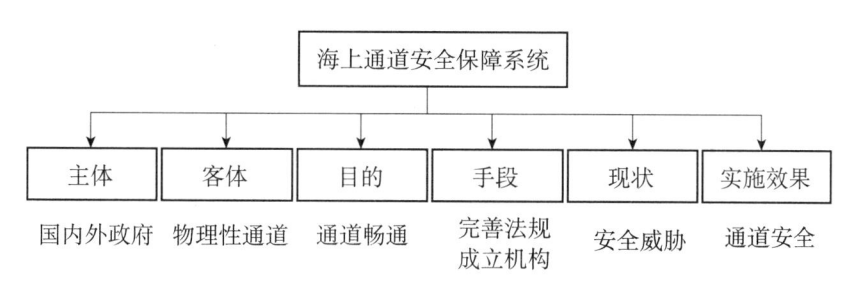

```
                          海上通道安全保障系统
        ┌──────┬──────┬──────┼──────┬──────┬──────┐
       主体    客体    目的    手段    现状   实施效果
     国内外政府 物理性通道 通道畅通  完善法规  安全威胁  通道安全
                                成立机构
```

图 5-1　海上通道安全保障系统要素构成

（一）海上通道安全保障行为主体

海上通道安全保障行为主体是负责制定海上通道安全决策，并具体承担海上安全的相关组织与机构组成的综合体，而非某一单独的组织机构。主要包括相关国际组织、国内政府部门以及其他相关机构。

海上通道安全保障行为主体具有组合性的特征，主要体现在以下几个方面：首先，在一定条件下，海上通道安全关乎整个国家的兴衰成败、生死存亡，因此海上通道安全应从整个国家角度出发，包括政治、经济、军事、外交、文化、科技等多个领域的统筹运作，而只靠单一的组织部门，无力完成对一国海上通道安全事务的整体筹划和指导；其次，绝大部分海上通道属于开放性的、公共性的国际领域，仅靠国内政府职能部门的力量无法维护国家所有海上通道的安全。在这种情况下，决定了海上通道安全保障的行为主体必须是由国内外相关政府部门和机构组成的综合体。

（二）海上通道安全保障行为客体

海上通道安全保障行为客体是海上通道安全保障措施的直接实施对象，即狭义的物理性海上通道，主要包括港口、海峡、运河等节点以及航段等海上航行区域。

在海上安全保障系统中，行为主体、客体是必不可少的要素，而且也是整个安全保障系统构建的前提和基础，对整个系统起着绝对的支配作用。没有保障客体，安全保障措施的履行就无所指，就会虚空，保障系统的构建也就没有任何实际意义；没有保障主体，安全保障措施的实施就不存在任何强制约束力，往往会因客体内部的利益矛盾，导致保障机制成为一纸空文。

（三）海上通道安全保障目的

海上通道安全保障目的是在一定时期内，行为主体在维护海上通道安全方面所要达到的预期和结果，具体而言，就是实现物理性海上通道的安全畅通。

保证海上通道的安全畅通是海上通道安全保障措施的第一要素和核心要素，是一切国家海上安全活动的行为指向，也是正确制定安保措施的关键。保障系统在制定和实施过程中的任何一个步骤、任何一个环节都必须以通道的安全保障目的为依据，并且贯穿整个保障机制的始终。海上通道安全保障的目的是具体而非抽象的，会根据各国的利益要求、威胁来源和性质的不同而不同。

（四）海上通道安全保障手段

海上通道安全保障手段是为了达成海上通道安全保障目的而对国内外海上力量运用的方式方法。

传统的海上通道安全概念基本等同于军事安全，安全手段主要诉诸军事手段，随着海上通道安全涉及的内容和范围逐渐向政治安全、经济安全、文化安全、环境安全、科技安全等各个领域扩展，安全手段的多样性也与日俱增，例如充分利用现有《鹿特丹规则》《海商法》等相关法律法规、完善海洋法等法律体系、成立专门的组织机构、调整稀有资源流向等，这都为海上通道安全保障目的的实现提供了强有力的保证。另外，海上力量的大小、强弱对保障通道安全起着至关重要的作用，但也不是绝对的，通过巧妙地采取适当的手段，能够起到事半功倍的效果。

（五）海上通道安全保障的客观现状

海上通道安全保障的客观现状是目前客观存在的、对海上通道具有现实或潜在威胁的安全影响因素情况。

安全影响因素来自自然、政治、经济、军事等各个方面。具体而言，海上通道安全主要威胁包括相关法规制度、沿岸国家争夺权力发生军事冲突、海盗活动、海上恐怖主义等人为因素威胁，也包括恶劣气候、飓风、海啸等自然因素威胁。全方面地了解海上通道安全影响因素情况，是制定和实施通道安全保障措施的现实基础。

（六）海上通道安全保障的实施效果

海上通道安全保障的实施效果是指在保障机制实施后的一段时间内，通过一定的手段和工具评估该机制对海上通道安全畅通性的影响程度。这是对整个保障机制运行效果的衡量，也是对机制进行完善和改进的参考依据。

二、海上通道安全要素关系

海上通道安全保障要素之间存在着紧密的关系，通过有机协调及合作，共同构成了海上通道安全保障系统。概括地讲，各要素之间的关系见图5-2。

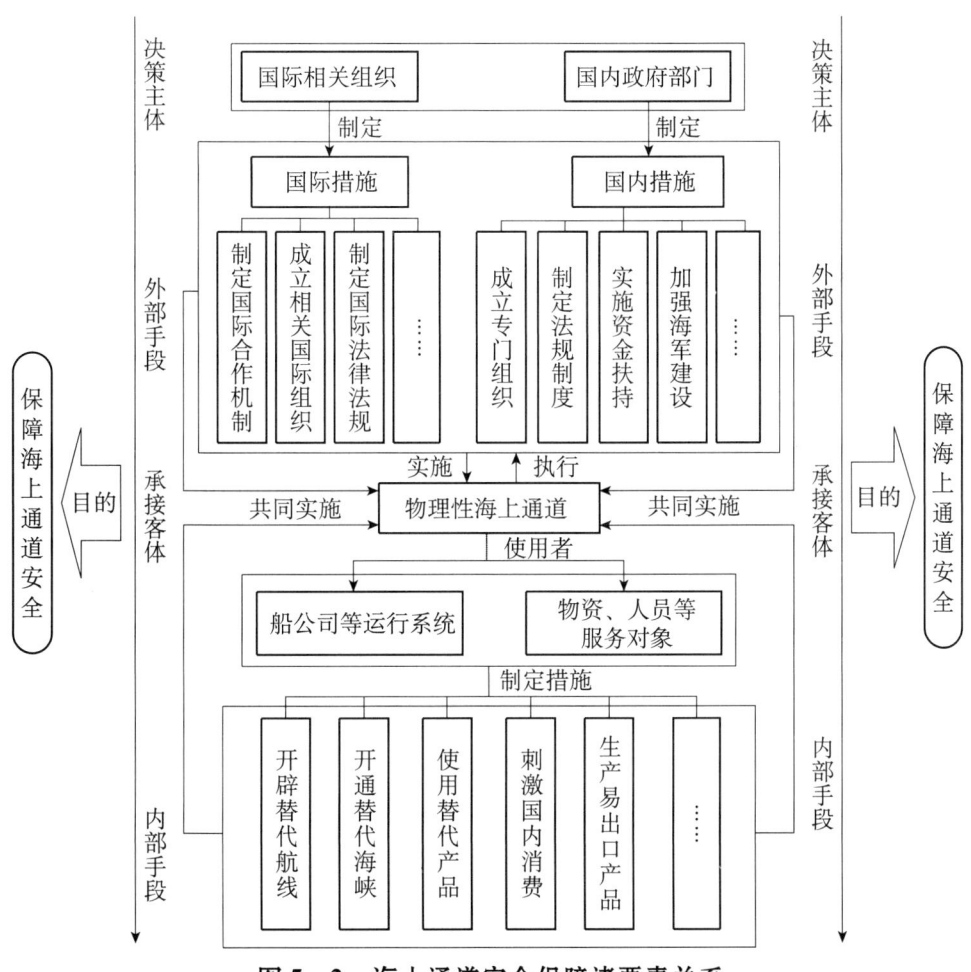

图 5-2　海上通道安全保障诸要素关系

具体而言，国际相关组织和国内政府部门作为保障系统决策主体，分别从国际和国内两个层面出发，针对海上通道安全中涉及的多种安全影响因素现状，采取制定国际合作机制、成立相关国际组织、实施国内资金扶持等外部调节措施，并将各项措施落实到海上安全保障承接客体——物理性海上通道上的有序和常态过程；与此同时，物理性海上通道的主要使用者——船公司等运行系统以及物资、人员等服务对象根据通道运行现状，制定相应的内部调节措施，例如开辟替代航线、开通替代海峡等，最终外部措施与内部措施遥相呼应、共同作用，实现保障海上通道安全的目的。

第二节　海上通道安全保障的战略特点及重点

海上通道安全保障系统是由多种相关要素构成的综合体，是维护海上通道安全、保障国家海洋安全、促进海洋战略实施的重要前提和有力工具。在此根据海上通道安全保障涉及的相关要素，归纳出海上通道安全保障的战略特点。

一、海上通道安全保障的战略特点

（一）海上通道安全保障具有宏观性

海上通道是由海上节点，海上航线，海上航段构成的综合体，影响海上通道安全的因素复杂，涉及政治、军事、经济等诸多方面，实现海上通道安全保障的要素众多，包括主体、客体等，由此导致海上通道安全保障也是一个复杂的集成问题，同时也是一个宏观性的战略问题，需要从国家层面以保护海洋利益和海洋安全、促进海洋战略的实施为出发点，制定各项方针、政策及战略安排，统筹各方力量，有效保障海上通道安全。

（二）海上通道安全保障具有综合性

海上通道安全保障的综合性主要体现在参与主体的多样化，以及保障手段的多元化。首先，海上通道安全保障参与体众多、种类多样，既包含国内外相关政府部门和组织机构，又包含直接参与运输行为的船公司、货主公司等。各种参与体之间关系错综复杂，因此需要在理清其关系的基础上，制定整体的安全保障措施；其次，海上通道安全保障内容丰富、涉及领域广泛，包括政治、经济、科技、军事、文化、外交等多个方面，单一手段无法实现海上通道的安全畅通，因此在制定通道安全保障措施时，需要充分运用各领域手段，进行综合运作。

（三）海上通道安全保障具有连续性

海上通道安全保障的连续性体现在时间和空间两个维度上。在时间维度上，海上通道安全保障是一个由不同的连续环节构成的有效运行系统，例如从政府部门对保障措施的制定，到通道的日常安全保障机制的施行，以及威胁到来时的应急反应机制的实施等，每个环节都必须环环相扣，任何一个环节出现问题，都可能导致整个保障系统的瘫痪；在空间维度上，由于海上通道是由许多方向基本一致的航段构成的连续海上区域，为提高其安全性则需要将保障机制落实到通道的每一连续航段和节点上。

（四）海上通道安全保障具有国际性

海上通道安全保障是一个国际性行为。首先，海上通道遍布全球，经过世界绝大部分沿海国家的领海区域，涉及多国地缘政治利益，因此受到国际上多数国家的关注，且与各国的海洋战略的制定与实施密切相关；其次，海上通道作为世界对外贸易的主要方式，直接关系多数国家的经济贸易平衡，然而目前海上通道安全现状不容乐观，致使许多国家将保障海上通道安全作为重中之重；最后，近年来，海上恐怖主义、海盗袭击等非传统海上通道安全影响因素愈发严重，而只靠一国力量，难以消除这些因素的威胁，因此在通道安全保障系统的构建中，需要多国合作，同样也需要相关的国际组织机构参与其中，综合利用各国海洋战略，共同维护海上通道的安全畅通。

（五）海上通道安全保障具有博弈性

海上通道安全保障的根本目的是国家利益的实现，国家利益通常具有排他性，相应地，各项海洋战略也会有显著的差异，甚至冲突，因而海上通道安全保障本质上存在博弈性。国家的安全生存空间，是任何时候都不能与其他国家分享的国家核心利益；拓展生存空间，意味着向国家领土以外的空间拓展，自国家形成以来，从未停止过。现代社会已经将对空间的拓展延伸到海上，与此同时，也将相应的争夺战引入了海上空间。虽然海上领域的争夺没有传统陆地争夺那样尖锐，但同样存在国家利益冲突，需要各国根据实际情况，进行博弈，以达到提高海上通道的安全性的目的。

（六）海上通道安全保障具有复杂性

海上通道安全保障作为一项复杂的新兴研究，与多门学科相关联。首先，与国际关系学研究相关联。由于海洋的开放性和国际性，海上通道安全保障研究已超越国家界限，包括整个通道相关地域的社会关系、国际关系的特点和变化规律研究，以及影响国际关系变化的主要因素、保持国际关系的条件等。其次，与国际法学相关联。海上通道的空间范围是全球性的,因此国际通道安全是以国际规约为条件,也就是说,在进行海上通道安全保障研究时,对国际海洋法律制度,例如《联合国海洋法公约》《鹿特丹规则》《国际海上人命安全公约(SOLAS)》《防止船舶造成污染国际公约(MARPOL)》等的研究必须渗透其中。最后,与海洋军事学研究相关联。众所周知,海上通道的安全保障离不开海军的支持,而海洋军事活动则受到海洋自然属性的制约,需要海洋军事学方面的研究支撑。

二、海上通道安全保障重点

海上通道安全保障重点可以分为静态空间角度下的海上节点和海域安全的保障,以及动态运行角度下的海上通道安全现状分析、海上通道安全预警、海上通道应急处理等一系列保障行为。动态运行角度下的所有海上通道安全保障工作都是以静态空间角度下的保障重点为对象而展开的。

(一)静态的空间角度的保障重点

静态空间角度下的保障要素是指具有稳定性的相关要素,例如主要通道附近的岛屿、港口、海峡、运河、海域等。从海上通道的内涵出发,静态空间角度下的海上通道安全保障主要包括对构成海上通道的关键节点及海域的保障。通过保障海上节点及海域的安全,进一步促进对海上航段和海上航线的安全维护,并实现保障海上通道安全的最终目的。

1. 对海峡、运河安全的保障

海峡和运河是海上通道的重要组成部分。特别是位于经济发达地区的洲际海峡和运河、沟通大洋的海峡和运河,以及位于主要航线上的海峡和运河,其战略意义十分突出;同时,海上航线在海域是开放式分布的,到达特定的空间,即海峡和运河时,会产生大量航线的汇合,例如马六甲海峡汇集了大量的远东至中东和远东至欧洲的航线,巴拿马运河汇聚了众多的欧洲至北美西海岸以及远东至北美东海岸的航线,因此海峡和运河的开放性也十分突出。实现海上通道安全离不开对关键海峡和运河安全的保障。对海峡和运河安全的保障主要是指对具有航运价值的战略海峡和运河安全的维系。全世界有上千个大小海峡,可以航行的约有130个,其中经常用于国际航行的主要海峡有40多个。[1] 由于这些海峡的位置十分重要,使用率很高,是海上通道的咽喉,因此也成为保障的主要对象。

---

[1] 殷卫滨:《困局与出路:海盗问题与中国海上战略通道安全》,载《南京政治学院学报》2009年第2期,第56~60页。

2. 对边缘海海域安全的保障

根据对海上通道内涵的界定，海上通道既有点和线的含义，同时也有面的概念。海域毗邻陆地，同样是保障海上通道安全的重要内容。例如地中海、红海、波斯湾、南海等海域，均是能源航线密集、大国展开博弈的重要海域。同时这些海域的使用频率非常高，也使其充满变数与风险；由于是海洋强国争夺的焦点，因此容易发生封锁与破坏等问题，对海上通道的安全也造成了威胁。对这些海上通道上的重要海域，需要给予高度的关注。

（二）动态的运行角度的保障重点

从动态运行角度出发，海上通道安全保障是由海上通道安全现状分析、海上通道安全预警、海上通道应急处理等一系列活动构成的。通过组织架构的设计、信息的传递，可将各个活动紧密结合，形成一个有机的整体，进而协同发挥保障海上通道安全的作用。

1. 海上通道安全现状分析

海上通道安全是一个涉及资源、经济、政治、技术、市场和军事等多方面的复杂系统，影响因素众多，需要构建一个反映海上安全状况的综合指标体系，并选择合理、客观的方法对海上通道的安全状况进行评价。因此，海上通道的安全评价是海上通道安全保障的第一项重要内容。

根据海上通道的分类方法，选取适当方法对重要的战略性海上通道安全状况进行评价，是保障海上通道安全的基础工作。通过评价不同货种、不同走向的海上通道的安全情况，可以识别出影响不同海上通道安全性的主要威胁因素，为参与海上通道安全保障的各个主体的具体工作及任务的组织、执行提供参考；同时可以直观地得出海上通道的安全等级，确定脆弱性海上通道的分布，进而可以有侧重地、有针对性地开展海上通道安全保障工作。海上通道安全评估的结果可以为后续的海上通道预警及应急处理工作提供依据。

2. 海上通道安全预警

海上通道危险事件往往具有突发性、危险性的特点，一旦发生这类事件，会对海上通道安全产生即时、大范围的影响，且难以处理，需要对可能影响海上通道安全的突发性事件做好预先估计和预防。因此，海上通道安全预警是保障海上通道安全的第二项重要内容。

海上通道安全预警是海上通道安全保障过程中的事前监控与管理，是在对海上通道风险源实时检测的基础上，通过科学的分析方法，对影响海上通道安全的内部威胁因素和外部威胁因素进行预先估计，推测出影响因素的危险程度以及发展趋势，同时发送出预警信号，使得相关主体可以提前制定、采取措施，避免或最大限度地降低威胁因素可能带来的损失。实现有效的海上通道安全预警，需要即时、充分地了解海上通道的状态，实现对大量风险信息的科学分析与判断。保证海上通道安全预警工作及时、有效地开展，则可以提高海上通道安全应急处理中相关单位与主体的主动性，提升应急处理的效率。

3. 海上通道安全应急处理

海上通道危险事件的突发性和难预见性使得很难从源头上对这类事件实现完全避免和遏制，因此，为有效保障海上通道安全，还需要借助完善的应急预案，采取适当的应急措施，使海上通道在最短时间内恢复至突发事件发生前的正常状态。

海上通道安全应急处理是海上通道突发事件发生之后的应急处置过程，相关主体根据有关法律及法规的规定，确定职责分工，调拨应急队伍，整合各方应急资源，迅速采取最佳应急措施，降低突发事件的影响范围和损害程度，以实现在最短时间内、最大限度地减少突发性事件造成的损失，恢复海上通道的畅通。实现有效的海上通道安全应急处理，需要对组织体系、相应机构的职责进行合理的设计与界定，构建完善、顺畅的应急处理流程，进而可以为海上通道安全保障提供支持。

第三节 海上通道安全保障机制构建

海上通道安全保障问题是一项复杂的系统工程，涉及面广泛、包含内容复杂，建立安全保障机制是实现海上通道安全的主要手段之一。完善海上通道安全保障机制可以实现对安全威胁因素以及合作效果的客观评估，并以此为基础，确立国际海上通道安全威胁发生后的应急合作主体、应急合作层次以及合作内容。

一、海洋战略视角下的海上通道安全保障机制构成

海上通道安全保障机制是指通过一系列规则体系和运行方式，促使海上通道运输系统的各方参与者在面对海上威胁时，迅速做出反应、发挥协调作用以避免或降低危害，最终实现海上通道运输安全的目的。因此，海上通道安全保障机制的构建是保障海上通道安全的重要手段。

海上通道安全保障机制的要素包括保障体系、保障制度、保障资源。保障体系和保障资源是海上通道安全保障机制的硬件条件，而保障制度则是软件条件，在完善的法律法规等制度下，设立合理、权责分明的保障体系，并整合各项保障资源，协调各个参与者之间的分工合作，实现各个环节的顺畅连接，最终有效发

挥其自适应的功能,即在日常状态下各主体能够按照保障机制的设计履行其职责,在海上运输条件发生不确定变化时,保障机制能自动地迅速做出反应,调整原定的策略和措施,尽可能避免或降低损失,并使海上通道在最短时间内恢复畅通状态,维护一国海洋安全,促进国家海洋战略的实施。

(一) 保障体系

海上通道安全保障体系是指海上通道安全保障工作开展的组织机构,由领导各项日常与应急保障工作的保障领导机构、实施各项日常与应急保障工作的保障实施机构,以及在各项保障工作中发挥协调作用的保障协调机构共同组成。海上通道安全保障体系中主体的多样性以及主体间关系的复杂性,需要在海洋战略的引导下,充分发挥海上通道安全保障机制的协调功能,保证海上通道保障的每一个环节,从决策机构对保障机制流程的设计,到海上通道使用者及维护者对保障行为的实施,都必须实现有效衔接。

海上通道安全保障体系既包括对主导者在面临海上威胁时的职能划分、分工合作,又包括对承接者各项权利、义务的明确规定,还包括指导机制参与者活动的方针、政策和规定。在构建海上通道安全保障机制时,需要首先明确决策者,即领导者,同时还需要确定各个利益主体之间的关系,以及参与者的角色定位。尤其是在应急环节中,需要根据预警以及海上通道安全威胁的实际情况,快速、准确地明确参与主体以及各自的职责。也就是说,需要对海上通道安全保障的部门职能进行系统、完善的设计,以实现各个环节的有效衔接,充分发挥机制对海上通道安全的保障作用。

具体而言,在日常管理活动中,按照各方活动性质及其利益取向,主要可以分为三大类:一是船公司、船舶代理、货主等航运企业;二是海岸警卫队、海事管理局等国内相关组织机构;三是途经国的相关组织机构以及国际海事组织等,见图5-3。各参与者之间的关系错综复杂,既有服务与被服务的关系,也有监管与被监管之间的关系。

1. 国外相关组织部门

国外相关组织部门在全球海上通道安全保障过程中发挥重要的作用。首先,在法律法规制定方面,国际相关组织机构将扮演利益保障者的角色。以国际海事组织为例,其是联合国负责海上航行安全和防止船舶造成海洋污染的专门机构,并制定和修改了多项有关海上安全、防止海洋受船舶污染、便利海上运输、提高航行效率及与之有关的海事责任方面的公约,对全球海上通道安全发挥了重要的保障作用。其次,海上通道的途经国还有可能成为海上通道安全保障过程中的利益竞争者。作为众多国家的"经济生命线",海上通道安全事关各国的生存和发展,各国均力图通过多种手段,谋求全球海上通道安全的主导权。美国以其强大的海上力量和对主要海上通道的控制权,已成为全球海上霸权国家,也是海上通道安全保障主导国。因此,在保障国家海上通道安全时,与主导国之间的利益冲突,将引发双方相关组织机构之间的竞争。

2. 国内相关组织机构

国内相关组织机构则是为之制定安全措施、提供技术支持的主导者。在海上通道安全应急处理过程中,需要国内相关组织机构在国际相关组织的协调和配合下,积极发挥应急决策、应急执行等工作。因此,在整个海上通道安全保障机制中,需要多个部门的紧密合作。

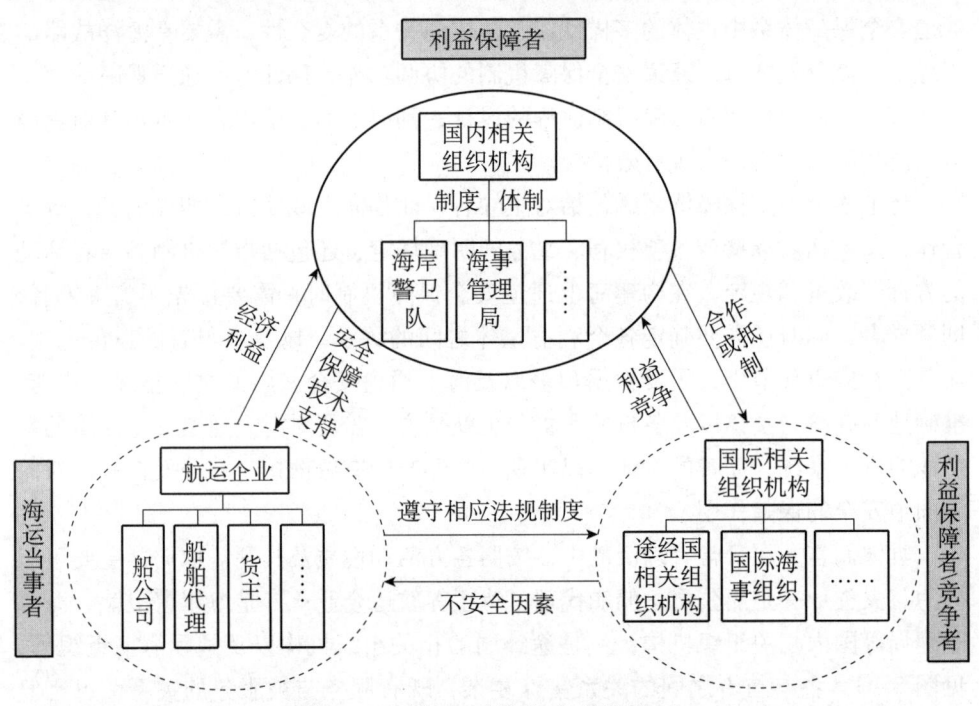

图 5-3 海上通道安全保障体系

3. 航运企业

各航运企业是海上运输交易中最基本的当事者,同时也是海上通道安全保障过程中各项政策措施的承接者。

(二)保障制度

1. 保障全球海上通道安全的国际法律

国际法是规范各国参与国际活动的行为准则。全球海上通道安全的保障,是以与海上通道安全相关的国际法及基本原则作为其法律基础的。

（1）《联合国宪章》。《联合国宪章》是联合国的基本大法，它既确立了联合国的宗旨、原则和组织机构设置，又规定了成员国的责任、权利和义务，以及处理国际关系、维护世界和平与安全的基本原则和方法。《联合国宪章》规定的一些基本原则，已经成为国际社会普遍承认、普遍遵守的国际关系基本准则和国际行为准则，其中强调了和平原则、主权平等原则、履行国际义务原则、和平解决国际争端原则、不干涉内政原则，自卫原则，在保障全球海上通道的过程中必须遵守。

（2）海洋法律制度。《联合国海洋法公约》是当代国际海洋事务的"基本大法"，是最权威的海上国际法。其为国际社会规定了八项基本海域制度，包括领海制度、内水制度、毗连区制度、专属经济区制度、大陆架制度、群岛水域制度、公海制度、国际海底区域制度等，明确了各类海域的法律地位，是当代国际海洋法的基础和核心，是各国进行各种海洋开发和利用活动、包括进行海上军事活动所必须遵循的基本海洋法律制度。

（3）海上日常保障的国际法与公约。除了《联合国海洋法公约》外，适用于海上通道日常保障的国际法与公约包括《全球贸易安全与便利标准框架》《便利国际海上运输公约》《公海公约》《国际船舶和港口设施保安规则》《制止危及海上航行安全非法行为公约》等。

《全球贸易安全与便利标准框架》在保证国际贸易供应链安全的前提下简化海关手续、便利贸易和加强税收，为国际商业界获得更多的贸易便利提供了条件。《便利国际海上运输公约》简化了从事国际航行船舶抵达、停留和离开港口的手续，减少了相关的文件要求和程序。《公海公约》规定了公海"四大自由"，即航行自由、捕鱼自由、铺设海底电缆和管道的自由、飞越自由。《国际船舶和港口设施保安规则》基本上确保了船舶和港口设施的安全。《制止危及海上航行安全非法行为公约》对危及海上航行安全的非法行为进行了界定，要求在防止危及海上航行安全非法行为方面，需要所有国家严格遵守一般国际法的规则和原则。

（4）海上应急处置的国际法与公约。适用于国际海域海上通道突发事件应急的国际法与公约包括《国际海上人命安全公约》《联合国打击跨国有组织犯罪公约》《国际海上搜寻救助公约》《国际航空和海上搜寻救助手册》与《国际救助公约》。

《国际海上人命安全公约》是对船舶及设备、船员操作、公司和船旗国等实施有效管理和控制，从而保障海上人命安全的国际公约，也是海上人命安全方面最重要的公约。《联合国打击跨国有组织犯罪公约》的目的是通过打击非法制造和贩运枪支等小武器的活动,加强国际社会在预防和打击跨国有组织犯罪方面的合作。《国际海上搜寻救助公约》和《国际救助公约》是为开展国际合作搜寻营救海上遇险人员及财产而制定的公约。《国际航空和海上搜寻救助手册》是由国际海事组织和国际民航组织联合推出的,为各有关国家建立和改进搜寻救助体系,提供快速、高效的搜寻救助服务。

2. 国家海上通道安全保障制度框架

制定和完善国家海上通道安全保障制度,是贯彻执行一国海洋战略的重要途径。通过运用法律手段,可以对各种海上行为进行控制、调整,规范海上秩序,保障海上通道安全。同时,国家海上通道安全保障制度的建立可以向国内外昭示对海上通道秩序的规范要求,主动地控制和解决国家间的分歧,消除可能发生的矛盾或冲突。

国家的海上通道安全保障制度是由国家、中央政府和地方政府颁布的各领域、各层级、各部门有关海上通道安全的法律法规,是海上通道安全保障各执行部门在进行海上通道安全保障工作时所依据的各项法律、法规等制度性文件,是各执行部门合法、合规开展工作的重要基础。

国家海上通道安全保障制度的总体框架是:首先,要统一在国家宪法之下;其次,应有一部综合性的海洋基本法,规定国家海上领土、主权范围和管辖海域,海洋基本法是其他海洋法律法规的基本依据,对于保证海洋法体系的整体统一,调整不同法律法规之间的关系具有重要的意义;再其次,在综合性的海洋基本法之下,针对海上通道安全保障问题,制定下一层次的法律法规,例如规范海上运输活动的《航运法》《船员法》等,明确海上运输活动主体之间的权利及义务的划分,以及针对海上通道安全应急处理和预警处理的相关法律法规,用于应对海上通道各类威胁因素,规范参与各项海上通道安全保障活动的主体的行为,此外,还应该就海洋军事利用问题进行专门立法,例如外国军用舰和平时期进入他国领土的法律等;最后,制定各种具体法规,包括全国性的行政法规或部门规章,沿海各级立法机关、政府及其有关部门依据立法权限制定的地方性法规等。

需要注意的是,海上通道安全保障制度需同时具有国家性和国际性,也就是说,要具有普遍公认性。海上通道安全保障制度不能完全或充分地建立在本国主张的基础上,一些基本的制度必须与国际海洋法公约、国际惯例和其他国际法相协调、衔接,否则不能得到国际社会的认同,政策法规体系对外职能和效力也就难以达到。同时,为使本国的海上通道安全保障制度得到国际社会的认可,需要根据本国特殊的历史情况和实际国力,据理力争,引导国际海洋法和国际社会认同自己的海洋主张,从而更有利于保障海上通道安全,实施海洋战略。

（三）保障资源

海上通道安全保障资源是指在进行海上通道安全保障时，由各保障实施机构统一调配参与保障的保障队伍，以及需要使用的保障装备。保障资源是实现海上通道安全战略目标的物质基础。

1. 保障队伍

海上通道安全保障队伍的规模、构成以及在国家力量中的地位和作用，是各国的海上利益、海洋地理环境、经济和科技发展水平的综合反映。海上通道安全保障队伍的建设，必须考虑各个分支力量的发展方向、规模和职能分工，使其互为补充，互相支撑。海上通道安全保障队伍通常包括：

（1）军事力量。军事力量是重要的海上通道安全保障力量。就海上通道安全保障机制具体方式来说，尽管具有政治、经济、外交、军事等综合性质，但军事力量的作用仍占突出地位。尤其是海军，借助现代国际法给予军舰的特殊法律地位，军队在处理当代国家海上通道安全问题中的优势依旧，无论是诉诸武力或武力威胁，还是进行国际安全合作，无论是实施战争作用，还是进行非战争运用，都可以在远离国土的海上或海外直接发挥作用，成为国家海上通道安全保障机制最有利的工具。因此，需要提高海军、空军等军事力量全面履行使命任务的军事能力，强调从军事上控制海上战略通道，即掌握制海权，为维护海洋利益、海上通道安全提供有力的支撑。

（2）海上执法力量。海上执法力量是国家海洋行政及其有关管理部门建立的海上专门监察力量，执行对管辖海域实时监控任务、监督监察海洋法律、法规在海洋资源、空间、环境开发和保护活动中的遵守情况，是一国平时维护海上利益、保障海上通道安全的重要力量。

（3）民用船队。民用船队包括运输船队、捕鱼船队和科学考察船队等，既是一国海洋开发的主力，也是维护海上通道安全的不可缺少的重要辅助力量。和平时期民用船队是国家发展海洋经济的主力，战时则成为确保兵员和物资运输的核心力量。为了使民用船队的力量能在海上通道发生威胁时迅速投入使用，需建立完善的动员体制和动员法规。

2. 保障装备

保障装备是指各保障队伍配备的运输设备、通信、安全防护、搜救设备等，例如海军配备的驱逐舰、护卫舰、潜艇、远洋综合补给船、海洋拖船；海上执法力量配备的海警船、救助船、打捞船、海巡船；民用船队配备的商船、渔船等。由于海上通道安全保障工作主要针对海洋，因此各种舰船飞机等运输装备的配备是确保开展保障工作实施的重点。

二、海上通道安全保障机制的功能

海上通道安全保障机制的功能包括日常保障功能、应急保障功能、合作功能。通过综合发挥各项功能，协同实现保障海上通道安全的目标。

（一）日常保障功能

1. 安全监控管理功能

为发挥海上通道安全保障机制的安全监控管理功能，需要国际相关组织、国内相关组织机构、通道沿岸国、航运公司等主体的合作。其中国际相关组织需制定相关的合作机制，倡导各国的协调合作，同时要成立专门的保障（协调）机构以及制定相关的法律法规，以规范各国的行为。国内相关组织机构则需要在海军建设、资金扶持、专门机构的成立、相关海洋战略以及法律法规完善等方面发挥作用，与通道沿岸国在军事、外交方面加强联系，并为航运企业提供扶持与支持；通道沿岸国除了在专门机构、信息、战略法规方面的工作以外，还需要提供海上救助力量以维持海上通道安全；航运企业则需要遵循本国及通道沿岸国的法律法规，并通过采取开辟替代航线、开通替代海峡等措施，为海上通道安全保障提供支撑。同时，三方主体均需要遵守国际相关组织制定的法律法规，国家层面还应积极参与国际合作机制。

另外，国内相关组织、通道沿岸国、航运企业的共同职责是对通道实行信息监测，即收集通道的各方面信息，其作用有两方面：首先，用于专家咨询机构对海上通道安全的日常评估，以确定风险源及脆弱性通道，进而可以加强对相应节点和通道的重点监控及管理；其次，一旦有不确定因素对海上通道安全产生威胁，则可以立即将该风险源的信息及时传达给预警工作中的主体——预警管理机构，以便及时、有效地开展海上通道安全预警工作。

2. 预警功能

为发挥海上通道安全保障机制的预警功能，预警管理机构需准确评估各方提供的信息，根据对可能产生的风险的评估，确定预警等级，并对应急处理工作中的相应主体发出预警信号，描述突发事件的信息，例如事件种类、预警信号等级、实况和发展趋势等，使得参与应急工作的主体能够了解实施情况，并根据实际有针对性地调用各方资源，开展应急工作。

（二）应急处理功能

在应急处理工作中，各个主体接收到预警管理机构发布的预警信号之后，进入应急响应阶段。协调相关部门组建应急队伍，并获取船只等应急资源，灵活组合、采用各种不同层面的解决手段，开展应急处置工作。在完成应急处理响应工作之后，对突发事件进行善后处理，并完成应急处置的调查评估，海上通道恢复畅通状态。对该次应急处置的总结则可以用于完善日常保障功能。

（三）合作功能

海上通道安全保障机制的合作功能是通过形成多层次的有效的协调机制，保证在平时各项保障工作的顺利开展，以及在紧急状态下各国家以及相关组织、部门的有力合作，实现海上通道的安全与畅通，维护国家海洋安全。海上通道安全不仅仅是某个国家的需要，也是他国的需要，甚至是地区和世界的需要，同时也是从事海上活动的人身安全的需要。世界各国只有加强相互信任与合作，才能有效应对一些突发事件，应对各种传统及非传统安全威胁的挑战。海上通道安全保障的合作是未来世界各国战略利益的拓展，尤其在经济相互依赖程度不断提高，共同威胁日趋严峻的情况下，海上国际合作将成为重要的手段。

在实践中，可采取多个不同层面的合作，实现海上通道安全保障机制的合作功能，例如构建海上军事安全磋商及预防冲突机制、海上争端解决机制、非传统安全领域合作机制等。同时，针对全球与地区不同范围内的安全事务，可分别采用全球性及区域性的合作手段，促使各相关国家通力合作，共同保障海上通道的安全。

三、海上通道安全保障机制功能的运行机理

为有效实现海上通道安全保障机制的各项功能，可构建相应机制以调动各项人力物力，并促进各个机制的顺畅衔接，最终形成具有自适应特征的海上通道安全保障机制。

具体而言，可通过安全监控管理机制及预警机制实现海上通道安全保障机制的日常保障功能。安全监控管理机制可以用于完善海上通道安全保障的力量、提供海上通道安全的信息，评估海上通道安全；预警机制则用于根据对预警信息的评估结果，向各个相关主体发出预警信号，以便开展应急工作。应急保障机制用于实现应急处理功能，可以处理突发事件，使损失尽可能地减少，并使海上通道在最短时间内恢复畅通状态。合作功能可由各项不同层面的合作机制进行体现，合作机制将贯穿海上通道安全保障的整个流程，用于促进各参与主体的协调协作，以实现资源及能力的整合，提升效率，实现海上通道安全保障机制的自适应

特征。结合前面对海上通道安全保障机制功能的详细阐述,得出海上通道安全保障机制的运行机理,见图5-4。

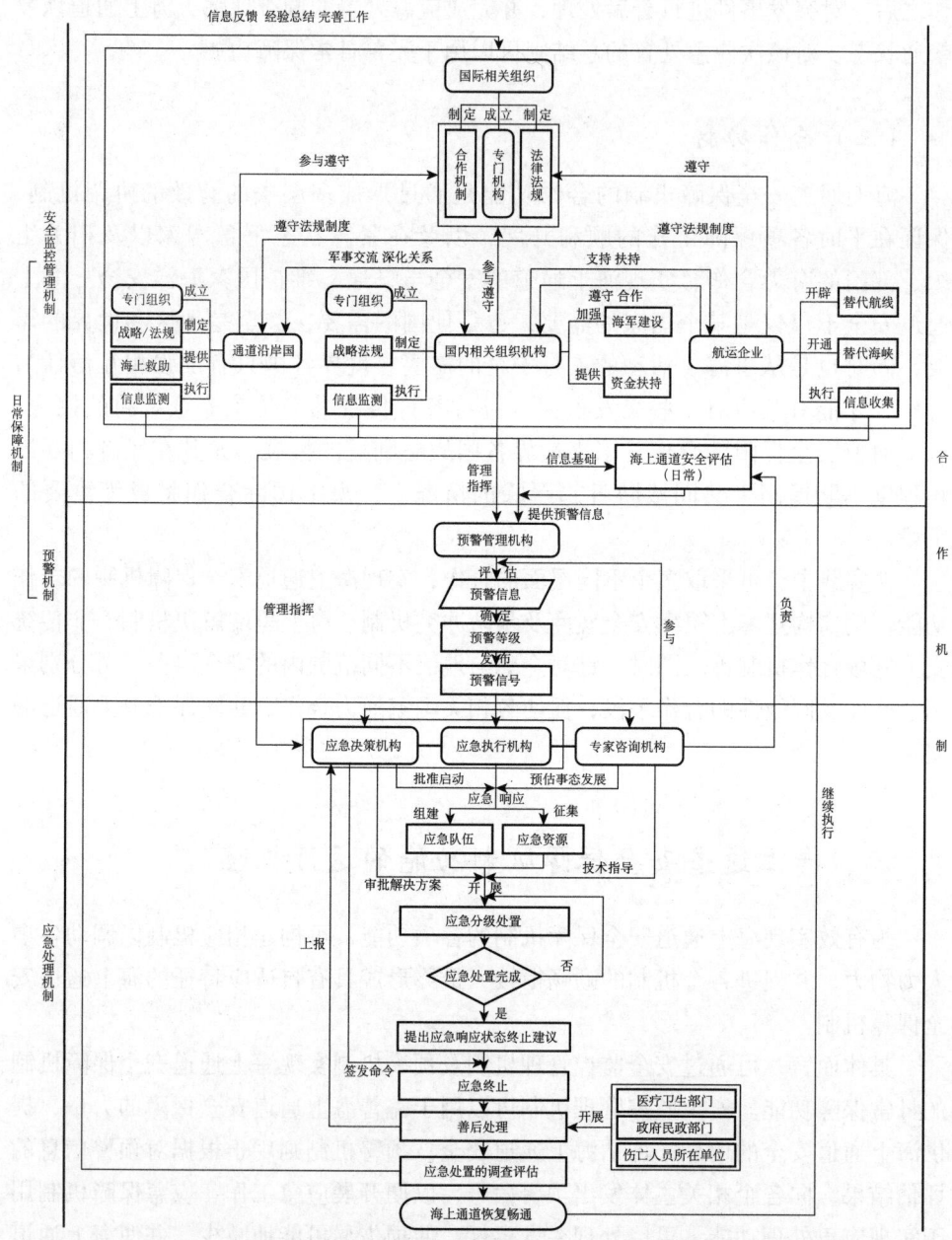

图5-4 海上通道安全保障机制功能的运行机理

第二篇

典型国家海上通道
安全保障研究

第六章

海上通道安全保障发展状况分析

经济贸易的发展促进了海上通道的形成，经济安全与国家安全要求海上通道的安全。鉴于此，各国根据国情形成了各自的海上通道安全战略以及海洋战略。

第一节 海上通道安全保障发展历程

海上通道安全保障一直是各国海洋战略和国家安全战略的重要组成部分，根据国内外发展环境的变化，各国不断拓展、深化海上通道安全保障的内涵、重点和手段。历史发展至今，海上通道安全保障历经拓展海上通道、争夺海上通道控制权、争夺海上战略要道、协作保障海上通道安全四个阶段。冷战后，全球经济一体化加快，海盗、海上恐怖主义等非传统威胁日益突出，各国开始采用国际协作等多元化的非军事手段保障海上通道安全。

一、拓展海上通道（18世纪60年代以前）

随着经济贸易的发展，人们逐渐意识到海上通道对经济的重要性，开始拓展海上通道。"15 世纪末以后,出现了以'地理大发现'为标志的'大航海时代'。"① 西方文艺复兴的同时,一些国家踏上海上探险之路,开辟海上航线,以强大的海上力量向海外扩张,建立海外殖民地,以获取大量的原料。随着新大陆的发现以及欧洲至亚洲航线的开辟,欧洲国家海洋扩张不只局限于地中海海域,而是向更大范围的大西洋发展。进入工业革命时代,西方国家陆续进入大规模工业化阶段,经济的快速发展使其在全球政治中日益居于优势地位,尤其是地中海和欧洲区域,迅速成为世界的经济中心。控制越多世界贸易和资源的国家,其财富增长就越快。"海上战略通道是海上物流必经的要地",② 是一国将其国家力量投送到世界各地,并且将世界各地的财富运回该国家的最直接、快速的通道。可以说,控制了海上运输通道就控制了世界的财富。在经济的推动下,海上通道成为连接地中海和欧洲区域的重要纽带,通过这个通道,使得这两个区域互通有无,加强交流,从而推动经济快速发展。

该时期是海上通道的雏形时期,形成了区域性的海上通道,即地中海—欧洲次通道。从世界范围来看,该时期是地中海和欧洲区域经济繁荣时期,海上货物运输需求以地中海、欧洲为主,形成了地中海—欧洲次通道。由于面临的是传统的海上威胁,海上通道安全保障主要采取军事手段。一些西方国家通过加强舰队建设、建立近代海军、鼓励商人与航海家进行海上探险等方式开拓海洋,控制海上通道,拓展海外殖民地。

首先,将新技术引入舰船建造中。随着东西方文明的交流,以及蒸汽机的发明,海上舰船动力大幅提高;指南针的发展也为海上航行提供了便利;火炮的发明给舰船提供了强大的火力。1588 年英国就利用火炮帆船打败了西班牙"无敌舰队",英国海军开始兴起,随后英法经历了多次大规模战争,最终英国取得了完整的制海权,控制了直布罗陀海峡、巴拿马运河等众多海上战略节点,成为世界海洋霸主。

其次,欧洲主要国家建立近代海军,初步形成海上通道安全保障的武装力量。随着欧洲国家海上扩张的发展,海上通道争夺日趋激烈。很多国家意识到,建立一支强大的海上军事力量,不仅可以确保海上通道安全,而且可以实现海上通道扩张的目的。如"1789 年 4 月 30 日,美国正式成立海军部"。③

最后,拓展海上通道,向大西洋迈进。欧洲西部的伊比利亚半岛的国家,鼓励商人和航海家进行海上探险,海军为其护航,以利于开拓海上通道,获得海外

---

① 梁芳:《海上战略通道论》,时事出版社 2011 年版,第 34 页。
② 李兵:《论海上战略通道的地位与作用》,载《当代世界与社会主义》2010 年第 2 期,第 90~94 页。
③ 梁芳:《海上战略通道论》,时事出版社 2011 年版,第 88 页。

殖民地。该时期是地理大发现、拓展海上航线时期,开启了世界殖民时代。

二、争夺海上通道控制权 (18世纪60年代~1945年)

战时海上通道给军事活动带来了很大便利,使得军事力量进行远距离投送有了一个最便捷的通道。因此两次世界大战期间,虽然主战场在陆地,但是海上战场对战争的胜负起到决定性作用。该时期主要通过海上通道运输石油等战略资源,为战争提供补给。多国意识到控制海上通道、赢得制海权,可以决定战争进程和胜负,尤其是对一些严重依赖海外物资补给的国家,海上通道的控制意味着赢得了时间、获得了生机,由此展开了海上通道的争夺。

该时期由于战争的影响,阻碍了经济发展,导致海上通道发展缓慢。此时海上通道的作用仅局限于战略物资的运送。随着美国经济的发展,出现了国家经济,形成了欧洲—美洲通道,海上威胁主要是传统威胁,通过武力保障海上通道的安全,为战争提供物资。

第一次世界大战(简称:一战)期间,英国重视海上通道的控制。英国通过保护海上通道,"运用'封锁+决战'的思想,"[①] 切断德国海上通道,击沉其海外船舶,保持自身的制海权,且注重确保通向海外各殖民地的海上通道和本岛沿岸的安全,护送开赴欧洲大陆战场的英国远征军和战略物资。一战后英国获得胜利,扩大殖民范围,但海上武装力量受到重创,此时美国则成为世界海上武装力量强大的国家。

第二次世界大战(简称:二战)期间,各国争夺大西洋、太平洋上的海上战略通道。在大西洋海上通道的争夺中,一方面充分利用海上战略通道进行战略防御,如英国利用英吉利海峡为屏障,以海空军队为主要力量,始终掌控海权和制空权,从而成功防御德国的海上入侵;另一方面保卫己方和破坏对方海上通道,英国资源匮乏,很多战略物资、原料和粮食需要进口,而德国调集大量水面舰艇,破坏英国海上通道,英国则组建舰队支队保卫海上通道,并动用一切资源加大护航力度。

在太平洋海上通道的争夺中,日本通过控制太平洋,赢得战争初期的主动权;侵占马来半岛,又夺得马六甲海峡的控制权;夺取爪哇地区的制海权。而美国通过对日岛屿作战,获得海上重要战略支撑,先后控制了新几内亚岛、所罗门岛、吉尔伯特群岛、马绍尔群岛、俾斯麦群岛、菲律宾、硫磺岛、冲绳岛等重要海上节点,从而控制了太平洋海上战略通道。此外,美国封锁日本主要的海峡、

---

① 梁芳:《海上战略通道论》,时事出版社2011年版,第48页。

海湾，如下关海峡、大隅海峡等，切断日本生命线，使日本经济濒临崩溃。二战后，美国控制较多海上战略节点（如海峡等），成为世界海上霸权国家。

三、争夺海上战略要道（1946～1991年）

二战以后，英、法等国在战争中受到重创，日本工业体系被摧毁，出现了两大阵营对峙，美苏两个超级大国争霸全球的世界战略格局。美苏对海洋的争夺逐渐升级，都将焦点聚集在海上战略通道上。该时期，随着各国重视经济发展，海上运输得到快速发展，形成全球经济，出现了集装箱运输，海上通道也快速发展，形成了远东到北美、欧洲通道，货运量大幅提升。东西方两大阵营的海上战略仍是以军事战略为主，采取加强海军力量的建设、订立同盟协议、建立海外军事基地等方式，以期控制关键海上通道战略节点。

首先，以美国为首的西方阵营，面对苏联的威胁，加强海军建设，对抗苏联海军，切断苏联对海上战略通道的威胁。美国"到七十年代中期，海军已成为一只拥有70万官兵（包括海军陆战队）、配备了战略核潜艇、航空母舰、攻击潜艇、核导弹巡洋舰和驱逐舰等综合装备的、并有巡逻护卫舰、水翼艇和登陆突击舰支援的强大武装力量"。[1]"冷战时期，美国与40多个国家签订结盟和条约关系，在近30个国家或地区设有军事基地或设施400多处。"[2] 美国根据与同盟国协议，可以使用遍布全球各大洋的军事基地和设施，逐步建成以本土军事基地为依托、以海外军事基地为前沿阵地的全球军事基地网，扼守海上咽喉要道。

其次，以苏联为首的东方阵营，为打破美国海上霸权，大力发展海上武装力量。"到70年代已发展成了一支能在世界各大洋向美国海军挑战的远洋进攻性的蓝水海军，其舰船频频出现在世界各大洋，扩大了苏联在世界的影响。"[3] 苏联不断向海洋扩张，集中于大西洋的波罗的海海峡、黑海海峡、宗谷海峡、津轻海峡，并在苏伊士运河、霍尔木兹海峡、印度洋、地中海等战略通道与美国进行争夺。同时，苏联先后在一些国家和地区取得了部分军事基地和港口的使用权，控制了亚丁湾、红海、金兰湾，并在这些通道附近建立战略据点，以控制这些海上通道。"到80年代后，苏联在世界上16个国家取得了近70个空军基地、30多个海军基地的使用权。"[4]

---

[1] ［美］杰拉尔德·J·曼贡著，张继先译：《美国的海洋政策》，海洋出版社1982年版，第90页。
[2] 梁芳：《海上战略通道论》，时事出版社2011年版，第61页。
[3] 梁芳：《海上战略通道论》，时事出版社2011年版，第39页。
[4] 梁芳：《海上战略通道论》，时事出版社2011年版，第63页。

四、协作保障海上通道安全（1992年以后）

世界经济一体化进程的加快，使得海洋的纽带作用更为突出。海上货运量增长迅速，集装箱运输得到普及，成为各国海上运输的重要货种。随着各国经济的发展，尤为重视对外交流，这对各国利用海洋、保障海上通道安全提出了更高要求。同时，和平发展成为世界主题，这也对各国海洋战略、海上通道安全保障提出了新的要求。

该时期，随着全球海上通道的形成，以及海盗、海上恐怖主义活动频繁，各国海上通道安全保障内涵不断丰富，由最初的通过军事手段保障海上通道安全，转变为采用非军事手段，如外交、法律等手段保障海上安全，且越来越重视海上资源的控制。对外贸易的快速发展，使得各国对海上通道依赖性增强，海上通道成为各国经济生命线，保障海上通道安全不仅与国家经济发展相关，且与地区稳定与繁荣息息相关。因此，各国开始注重海上通道安全保障的协作。尽管美国海军实力强大，也需要其他国家协助以达到控制全球所有的海上战略通道的目的。鉴于此，国际合作成为当今海上通道保障的主要手段。

首先，在联合国层面，不仅制定维护海上战略通道安全的国际合作规则，如《消除国际恐怖主义措施宣言》《补充1994年宣言的宣言》《制止向恐怖主义提供资助的国际公约》《联合国海洋法公约》等，还建立维护海上战略通道安全的国际合作机制。

其次，在国际合作方面，由强调正式联盟框架下的合作转向在正式联盟和非正式组织双重框架下的合作，寻求与更多的国家合作。之前，各国强调的是盟国之间的海上合作，海上通道安全主要是盟国间的合作保障。进入21世纪后，为应对海上恐怖主义、大规模杀伤性武器扩散、海盗、环境破坏等非传统海上安全威胁，各海洋国家开始倡导在非正式组织框架下的国际合作，如美国提出"地区海上安全倡议""千舰海军"计划等，旨在扩大全球范围合作力度，联手应对突发的海上危机或冲突。此时，海上通道安全保障已经演变为全球国家参与的联合保障。

最后，在区域层面，一些国家不仅建立区域组织共同保障海上通道安全，如东南亚国家联盟、亚太合作安全理事会、北大西洋公约组织、东盟地区论坛等地区性组织，而且在关键海域、节点开展协作保障，如2004年7月，马来西亚、印度尼西亚、新加坡三国海军开始全年全天候对海峡进行巡逻；2005年9月，印尼、新、马、泰四国开始在马六甲海域展开名为"空中之眼"的联合空中巡逻。

另外，在联合本国力量方面，由强调不同军种之间的合作转向军事力量与国家其他形式力量之间的合作。战时是不同军事力量的联合,海军、陆军、空军间的合作进一步加强,联合作战,保障海上通道安全和海上安全。在强调军种之间合作的同时,注重加强海上力量与国家其他形式力量之间的合作,采取适当措施把海上力量与其他形式的国家力量整合起来,共同应对海上威胁,保障海上通道安全和海洋安全。

第二节 海上通道安全保障国家分类

由上节可知,海上通道保障直接关系国家经济安全、社会稳定等重大战略问题,不同国家由于地缘环境、国力情况、经济发展水平等方面存在差异性,在海上通道安全保障方面的战略、手段等也不相同,但存在很多共性。因而,有必要对海上通道安全保障国家进行分类,以便更好把握不同类型国家海上通道安全保障的规律性。

一、基于保障能力角度的分类

按照保障能力角度,海上通道安全保障国家可划分为海上通道安全主导国、重要保障国、区域性主导国、参与国、依附国五种类型,具体如表6-1所示。

表6-1　　　　　　　基于保障能力角度的分类

类型	目标	利益	保障范围	保障重点	保障能力	典型国家
主导国	全球霸权	全球利益	全球海上通道	全球战略通道	同时具有硬实力和软实力,能够保障	美国
重要保障国	维持大国地位	国家利益	全球与国家利益相关的海上通道	保障关键节点	具有单一实力,能够保障	英国、俄罗斯
区域性主导国	保持区域强国	国家利益	区域海上通道	关键区域	在某一区域内实力较强,局部保障	印度
参与国	国家安全	国家利益	近洋海上通道	战略资源与能源通道	实力不强,主动保障	韩国
依附国	国家安全	国家利益	近洋海上通道	战略资源与能源通道	实力较弱,被动保障	菲律宾

（一）海上通道安全保障主导国

主导国是指具有全球利益，拥有强大的硬实力和软实力，在全球海上通道安全保障事务中具有重要影响能力的国家，这类国家的主要特点为：

一是拥有较强的硬实力，即海上保障力量。由于全球海洋面积十分广阔，主导国要保障全球海上通道，在如此大的范围内实施海上机动和控制，就需要建立远洋舰队，拥有较强的海上保障力量。以美国为例，其拥有绝对优势的海上力量，并"以此为推行美国国家政策、控制世界海上通道的重要工具""发挥着进攻和保障、威慑和实战的重要作用"。[①] 美国拥有12个航母战斗群，平均分配在大西洋和太平洋海区，以实现对全球海上通道的远距离控制。此外，美国还有6大舰队，分布在全球不同海域，控制着世界大洋上的主要通道。

二是注重软实力的建设，即拥有话语权。主导国注重建立符合其利益和未来发展的全球海上通道安全保障秩序，掌握海上通道安全保障方面的领导权和规则制定权，实质上相当于拥有了海上利益的支配权，能使主导国在任何时候都能按照本国的意愿和利益去获取更多更好的海上利益，而当有任何力量可能会影响到这种主导权时，则会被视为海上通道安全保障的重大威胁而加以防范和遏制。如当今美国作为全球海上霸权国家，其通过提出"海上安全倡议"努力构筑美国为主导的世界海上安全秩序。

三是注重控制全球海上战略通道，维护全球利益。不论国力多强大，一国想要控制全球范围内的所有海上通道，其海上力量要在全球范围内行动，这很难做到。因而，通过控制全球海上战略要道，在这些要塞上布局海上保障力量，在全球范围内建立起完善的战略支点和完善的基地网，实现海上保障力量的机动性，保障全球范围内海上通道的安全，这是主导国海上通道安全保障的主要特征之一。如美国一直基于全球视角，将控制全球海上通道作为其保障的范围。早在1986年，美国就正式宣布要控制全球16个海峡要道，包括巴拿马运河、苏伊士运河、马六甲海峡、霍尔木兹海峡、曼德海峡、直布罗陀海峡、望加锡海峡、巽他海峡等，这些运河和海峡基本都是全球各国进行海上运输与贸易的必经之地。"美国在太平洋战区建立的三线基地网，几乎遍布于整个太平洋区域，形成了以西太平洋地球为主要战场的大纵深、宽正面的战略部署，从而为兵力的机动和快速部署提供了十分便利的条件"。[②]

---

① 梁芳：《海上战略通道论》，时事出版社2011年版，第95页。
② 张炜、冯梁：《国家海上安全》，海潮出版社2008年版，第133页。

（二）海上通道安全重要保障国

保障国是指拥有较强的硬实力或软实力，在全球重要海域内保障与国家利益相关的海上通道安全的国家。基于保障目标和能力视角，保障国的主要特点有：

一是拥有较强的硬实力或软实力。与海上通道安全保障主导国相比，重要保障国综合国力相对弱些，其能力不足以保障全球范围的海上通道安全，仅能确保全球重要海域内通道的安全。由于其保障能力仅次于主导国，因而，这些国家也可认为是海上大国。为了维护大国形象，这类国家通常凭借其某方面实力的优势，如海上力量实力、软实力等，来保障与其利益相关的海上通道的安全。以英国为例，两次世界大战后，英国国力和海上保障力量持续下降，失去海上通道保障主导国地位，当今英国仅能作为海上通道安全的重要保障国，其主要凭借软实力，通过参与制定全球海上通道安全保障相关法规，以维持其大国地位。另外，作为海上大国的俄罗斯，则是强调海上保障力量在海上通道安全保障中的重要作用，早在2000年，为了恢复海洋强国地位，俄罗斯通过制定一系列加强海军远洋活动能力的计划和部署，加强其在世界各大洋的存在。

二是通过较多海外领地控制海上战略节点。作为濒海国家，其仅能濒临一个或两个大洋，要想控制全球重要海域内的海上通道，建立海外殖民地，通过殖民地控制海上通道，是重要保障国保障海上通道安全的重要手段。以英国为例，英国现今还是拥有海外殖民地较多的国家，包括福克兰群岛（马尔维纳斯群岛）、直布罗陀、圣赫伦那岛等殖民地，有利于控制麦哲伦海峡、直布罗陀海峡、好望角等全球重要海域上的关键节点。

（三）海上通道安全保障区域性主导国

区域主导国是指在某一区域内，拥有较强的硬实力或软实力，在该区域内海上通道安全保障事务中具有重要影响能力的国家，这类国家的主要特点：

一是力图通过控制大洋通道提升国际地位。由于保障能力有限，区域性主导国主要注重保障其所濒临的大洋范围内的海上通道安全，力图通过控制大洋上的通道来维护国家利益。尤其是随着经济一体化进程的加快，区域性主导国在本国经济发展需要的基础上，通过控制区域海上通道，以连通全球海上运输通道，寻求进一步的利益空间，从而提升其综合国力和国际地位。以印度为例，印度著名历史学家、战略学家 K. M. 潘尼迦提出"谁控制印度洋，谁就掌握了印度。"[1]

---

[1] K. M. 潘尼迦：《印度和印度洋——略论海权对印度历史的影响》，世界知识出版社1965年版，第81页。

控制印度洋上的海上通道一直被视为印度的重要海洋战略。早在20世纪70年代，印度就提出通过"区域控制"战略控制五大战略通道，分别为通过保克海峡、霍尔木兹海峡、曼德海峡、莫桑比克海峡、马六甲海峡这五大海峡进入印度洋的通道，从而确保印度能源通道的安全。

二是不断加强保障力量维护区域大国形象。加强海上力量建设，提升保障能力，是区域主导国确保大洋上通道安全和不受制于世界强国的重要途径。一方面，大洋广阔，通道较多，保障大洋范围通道的安全需要较强的海上保障力量；另一方面，在超级大国试图构建由其主导的单级世界的情形下，为避免受制于人，加强海上力量建设，在大洋上体现军事存在，树立起大国形象，意义重大。如印度，一直注重海军建设，进行武器装备现代化改装，在2005年时，就提出要在10年内购置包括2艘航母、18艘潜艇和40余艘大型水面作战舰艇在内的160多艘舰艇，以形成具有远程投送能力的海上保障力量。

（四）海上通道安全保障参与国

参与国是指能够主动保障与国家利益相关的海上通道的国家，其保障的范围大都是近洋海上通道，其主要特点：

一是通过合作机制维护海上通道安全。海上通道安全保障参与国是中小沿海国家，这些国家国力较弱，主要通过制定合作机制，来共同参与维护与国家利益相关的海上通道的安全。如马来西亚，其通过与英国、澳大利亚、新西兰、新加坡签订《五国防御条约》，与东盟国家签订《南海各方行为宣言》，与新加坡、印度尼西亚建立有关马六甲海峡和新加坡海峡的合作机制，从而实现共同保障马来西亚海上通道安全。同样，作为参与国的韩国，也注重与他国合作，共同保障海上通道安全，例如通过参与研讨会等形式加强与东盟国家的合作，保障远东—欧洲通道途经的关键节点和海域的安全。

二是注重非传统海上安全威胁。进入21世纪之后，海上通道在全球经济贸易中的作用越来越突出，海上恐怖主义等非传统安全威胁，成为海上通道面临的重要威胁之一，严重影响全球海上安全和国家利益。以海盗袭击为例，2007年以来，上千艘船舶遭遇海盗劫持，给世界经济带来较大损失。因而，非传统海上安全威胁成为各国海上通道安全保障关注的重点，尤其是对东南亚沿海国家来说，表现尤为突出。例如，针对马六甲海峡的海盗和海上恐怖主义威胁，马来西亚、新加坡、泰国组成海上和航空联合特遣队，对海峡进行常年海上和空中的联合巡逻。与此同时，东盟国家也积极组织针对非传统安全威胁的海上军事演习，以通过合作方式应对海上通道的非传统安全威胁。

（五）海上通道安全保障依附国

依附国是指依赖世界大国或区域大国的能力，保障与国家利益相关的海上通道安全的国家，这类国家主要特征：

一是通过与大国签订合作协议，依靠大国保障近洋海上通道的安全。基于国家综合实力以及政治、经济安全的发展需要，依附国会选择依靠某个大国来保障海上通道安全。如菲律宾，是典型的依附国，自1946年独立以来，一直依赖美国保障其海上通道的安全。菲律宾与美国先后签署《美菲共同防御条约》《访问部队协议》《共同后勤支援协议》，使得美国获得苏比克湾海军等基地，以帮助菲律宾保障其近洋海上通道的安全。此外，菲律宾与美国在南海频频举行联合军事演习，演习区域靠近与中国有争议海域。

二是利用区域外大国的介入维持其占有海上通道节点的现状。依附国的国力较弱，在海上通道安全保障中，其不仅依赖主导国的保障，还注重借助其他大国的力量，寻求结盟以维持其占有海上通道节点的现状。如菲律宾，当其占有南海黄岩岛，与中国发生争端时，就积极寻求美国、日本、印度等区域外大国介入和支持南海争端，以增强其在争端中的力量。菲律宾多次宣称黄岩岛适用于《美菲共同防御条约》。与此同时，日本向菲律宾提供了12艘巡逻艇，以增强其海上力量。

二、基于地缘政治角度的分类

根据地缘政治理论，"海权论"与"陆权论"是主要的两大理论。"海权论"是由美国著名海军战略家艾尔弗雷德·雷耶·马汉于1890年在《海权对历史的影响》一书中提出的，其核心思想是，制海权是国家强盛和繁荣的重要标志与基本因素，谁能控制海洋，谁就能成为世界强国，而控制海洋的关键在于对世界重要海上通道和海峡的控制。"陆权论"是由英国政治地理学家哈尔福德·麦金德在三本著作中提出的，分别是：1904年发表的《历史的地理枢纽》、1919年发表的《民主的理想及现实》以及1943年发表的《全世界与赢得和平》，其核心思想是：谁统治了东欧谁便控制了"心脏地带"，谁统治了"心脏地带"谁便控制了"世界岛"，谁统治了"世界岛"谁便控制了世界。鉴于此，按照地缘政治角度，将海上通道安全保障国家主要分为海权国家、陆权国家两种类型。

（一）海权国家

从地理上看，视海洋为国土，利益主要来自海洋，由于长期的历史和文化传统，把海上保障力量作为国家保障力量的核心，将海洋战略作为国家战略的核心，该类型国家在此时期内则可称为海权国家。主要特征有：

一是属于海岛型经济，依赖海上通道。海洋国家属于海岛型经济，对外依存度较高。连接海洋国家与他国的纽带主要是海上通道，因而，保障海上通道安全是确保海洋国家经济发展的基础。如日本和美国是典型的海权国家，美国50%的石油资源和18种战略矿产资源的90%以上从海上进口；日本对外依存度高，其经济发展所需要的资源和能源几乎全部依赖进口，同时国内制造的产品大部分向海外国家出口。

二是拥有较为强大的海上力量。根据世界海权国家兴衰的历史表明，"资本扩张能力是海权产生和发展的根本动力，也是决定海权能否长久存续和发展的支撑性要素。"[1] 因而，强大的经济基础是保障海上通道安全，获得制海权的要素之一。同时，建立强大的海上力量也是海权国家保障海上通道、发展壮大的重要手段。例如，英国在18~19世纪称霸海洋时，正值工业革命时期，国家财富增长较快，同时，其也加强海军建设，建成一支强大的海上力量，以保障英国海上通道安全、维护国家海上利益。同样的，19世纪末，美国经济发展迅速，1914年国民收入已达137亿美元，是同期英国的1.25倍。[2] 而后，凭借强大的海上力量和较强的经济实力，美国成为世界性海上强国，控制着全球的海上通道。此外，历史上当海权国家间发生冲突时，大都通过建立强大的海上保障力量方式，确保本国的利益，如美日太平洋战争。

三是注重与通道提供国间保持控制和战略合作。海权国家素来注重制海权，在海上通道安全保障中，关注控制海上通道战略节点，而对于海上通道的战略要塞，海权国家则会通过各种手段实现对通道提供国的控制和战略合作，力图在该通道上体现其力量存在和一定的话语权。以美国为例，海权强国美国历来与新加坡保持紧密的军事合作，这是基于美国全球海上利益决定的。新加坡地处全球战略枢纽位置，扼守连接太平洋与印度洋的马六甲海峡，是多条海空航线的中继站，是中东石油运往东亚航程最短的通道，也是美国要控制的16条海上战略要道之一。美国通过签订备忘录方式，获批使用新加坡军事基地，通过多次进行联合军事训练和演习进一步加深美新关系，从而使其可以更好地控制马六甲海峡。

（二）陆权国家

从地理上看，传统上利益主要来自于大陆，国家战略的重点在陆上，同时也

---

[1] 刘中民：《海权发展的历史动力及其对大国兴衰的影响》，载《太平洋学报》2008年5月，第69~78页。

[2] 张跃发、刘养洁：《民族国家与世界经济：1500~1900》，时事出版社1999年版，第369页。

关注海上通道安全保障的国家，称之为陆权国家，主要特征：

一是以陆地为中心不断控制出海口。陆权是建立在领土扩张的基础上，由强有力的单个核心地区的领土增长而确立的。领土对于陆权国家而言是权力的基础。因而，作为陆权国家，要想保障海上通道安全，就需要控制海上通道，因为陆权国家的发展需要通过海洋走向世界，所以发展陆权夺得土地的目的是夺取水域，控制出海口，使其最终变为连通全球、控制世界的国家。以俄罗斯为例，17世纪末，为摆脱土耳其和鞑靼（即北方游牧民族）侵犯的威胁，以及扼住东西方商业和交通咽喉，进一步还可控制巴尔干，进入地中海，从南翼控制西欧，其建立顿河舰队，控制黑海出海口。为控制出海口，俄罗斯不断加强海上力量建设与资源投入，尤其是造船，仅在1701～1704年间共造686条船。到18世纪末，俄国控制了波罗的海出海口、黑海出海口等。

二是控制陆海交接的边缘地带。边缘地带是美国政治地理学家史派克曼提出的，是指连接挪威、瑞典、西欧大陆、意大利、南斯拉夫、巴尔干、土耳其、中东、印度、中国大陆、朝鲜半岛之线，为包围大陆心脏地带之"内新月形地带"，亦称为"边缘地带"，他认为边缘地带是夹在大陆和海洋的中间地区，恰好成为陆权国家与海权国家间的一个缓冲地带。陆权国家在海上通道安全保障中控制边缘地带，主要是由于陆权国家的地理位置所致，当其被海洋国家或大国包围时，边缘地带作为中间区域，它在海上势力和陆上势力的冲突中起到缓冲地带作用，因而如不积极控制边缘地带，扩张发展，确保海上运输通道的安全，不仅国家无法发展，且很有可能被吞并。历史上德国是最明显的例子，德国先进攻西欧大陆、挪威等这些边缘地带，以期能对英国形成战略包围，从而有利于实现其称霸世界的目的。第一次世界大战时，德国为了控制边缘海，保障其海上通道的安全，在日德兰半岛以西的斯卡格拉克海峡附近海域与英国进行了一场大规模海战。

三是向海洋扩张，走向蓝海。由于陆权国家意识到，海洋对国家兴衰具有重要的历史作用，通过向海洋扩张，走向蓝海，从而走向世界，因此，控制海洋有利于称霸世界。以俄罗斯为例，历史上其在控制出海口的基础上，不断向海洋扩张。向西，控制涅瓦河河口，进入波罗的海，从而向大西洋扩张；向南，控制顿河河口，进入黑海，进而向地中海和印度洋扩张；向东，控制阿穆尔河河口，进入鄂霍次克海，有利于向太平洋扩张。同样，历史上典型的陆权国家德国也是由陆向海的扩张发展路径。其发展战略是先建立一个囊括中欧的"大德意志"，包括奥地利、捷克斯洛伐克的苏台德区、波兰的但泽走廊等；然后是控制欧洲大陆，获得欧洲大陆的霸权，最后向海洋扩张，称雄世界。

第七章

美国海上通道安全保障研究

作为全球海上霸权国家，美国海上通道安全保障目标明确、保障重点十分突出、保障体系比较完善、保障手段呈现多样化特征。

第一节 美国海上通道安全保障的历史沿革

美国海上通道安全保障工作一直是结合各时期国家政治、经济、技术等状况，针对海上通道及海上运输面临的安全问题，通过一系列相关政策、法规加以实施的。

一、美国海上通道概况

美国本土位于北美洲中部，还包括北美洲西北部的阿拉斯加和太平洋中部的夏威夷群岛，北与加拿大接壤，南靠墨西哥湾，西临太平洋，东濒大西洋，海岸线22 680公里。阿拉斯加州位于北美大陆西北方，东部为加拿大，西面和俄罗斯隔着白令海峡；而夏威夷州则是太平洋中部的群岛。此外，美国在加勒比海和太平洋还拥有多处领土和岛屿地区。

美国的海上通道主要包括：①北美东—西欧/北欧通道，其走向主要包括北美东海岸—英吉利海峡—波罗的海诸海峡—西欧、北欧国家；②北美东—南欧通道，其走向包括北美东海岸—直布罗陀海峡—突尼斯海峡—黑海海峡—南欧国家；③北美西—西欧/北欧通道，其走向主要包括北美西海岸—巴拿马运河—向风海峡/莫纳海峡—英吉利海峡—波罗的海诸海峡—西欧、北欧国家；④北美西—南欧通道，其走向主要包括北美西海岸—巴拿马运河—向风海峡/莫纳海峡—直布罗陀海峡—突尼斯海峡—黑海海峡—南欧国家；⑤北美西—中国通道（北线），其走向主要包括中国—朝鲜海峡（对马海峡）—津轻海峡—阿留申群岛—北美西岸；⑥北美西—中国通道（南线），其走向主要包括中国—大隅海峡—北太平洋—夏威夷群岛—北美西岸；⑦美东通道，其走向主要包括中国—大隅海峡—夏威夷群岛—巴拿马运河—向风海峡—大安的列斯群岛—北美东岸；⑧南美通道，其走向主要包括中国—大隅海峡—夏威夷群岛—拉美西岸。

二、美国海上通道安全保障历史沿革

（一）由重陆轻海向海陆并重转变（1914年以前）

18世纪，英国对北美殖民地的统治与剥削，严重阻碍了美国资本主义的发展，为了对抗英国的经济政策，引发了1775年的美国独立战争。战争初期，英国凭借海军优势，封锁美国近海通道，袭击美国海岸和出海口，使美国处于被动局面；1815年美国赢得第二次英美战争的胜利，政局逐渐稳定，国内经济和对外贸易快速发展，商船队迅速扩张。南北战争结束后，美国经济恢复，19世纪60年代，美国海运贸易总额达6 187亿美元，"到了19世纪90年代，美国的工业总产值接近英法德的总和，其工业品产量占世界总产量的1/3，整个国家的经济实力跃居世界各国首位。"① 经过长期的战争，特别是受到英国从海上的进攻，美国越来越认识到海洋的重要性，认识到控制海洋的对国家政治安全、经济发展的重要意义，因而，"美国逐步从'重陆轻海'向'海陆并重'转变。"② 该时期，美国针对不同阶段海上威胁不同，采用不同的方式保障海洋安全。

首先，对于英国对其近海通道的封锁，美国采取了直接运用武力和间接立法的方式保护海上通道和海运业。直接运用武力方面，美国组织小规模舰队间歇性袭扰和破坏英国殖民地的北美海上航线，试图阻止英国舰船的正常航行，以主动进攻态势保障美国运输通道的相对安全。间接立法方面，国会制定了《1789年7

---

① 梁芳：《海上战略通道论》，时事出版社2011年版，第46页。
② 梁芳：《海上战略通道论》，时事出版社2011年版，第88页。

月4日法》和《1790年关于政府管理海员法》，对使用美国建造的船舶从事海上货物运输，提供减免税收的优惠，从而刺激美国运输业的发展。

其次，随着海上贸易的缓慢复苏，美国海上通道安全保障政策逐渐转变为以"保贸易控通道，海陆双线扩张"为核心的"近海防御型"策略。不断加强沿海港口安全监管，维护沿海和近洋国际海上通道节点安全，确保进出港航道畅通和本土海岸安全。

综之，该时期美国海上通道安全保障由重陆轻海向海陆并重转变，以保证海上贸易安全为目标。随着陆上疆域的稳定及海上贸易的不断发展，美国海上保障力量逐渐以控制近海核心通道为首要任务，以保障贸易安全为重点，为其下一步海外扩张奠定必要基础。

（二）由海陆并重向海陆边缘地带转变（1914～1945年）

工业革命推动了美国经济与贸易的发展，海上运输日益繁荣，确保海上运输通道的安全与畅通是美国经济贸易快速发展的基础与保障。然而，欧洲列强拥有着关键海域通道的控制权，一定程度上影响美国海上运输的安全与畅通，遏制了美国经贸活动的顺利开展。

在此期间，美国逐渐意识到控制海权和发展海上运输的重要性，海洋战略以军事战略为主，指导思想为马汉的"海权论"① 和斯皮格曼的"边缘地带"② 理论。海权论是指发展海权必须以强大的海军控制海洋，掌握制海权，而边缘地带是指海陆边缘地带，主要指欧亚大陆的边缘地带，位于大陆心脏地区和海洋之间，是世界地缘争夺的核心地带，谁控制了海陆边缘地带，谁就控制了欧亚大陆，也就掌握了世界的命运。鉴于此，美国明确海洋安全和边缘地带的重要性，加强保障海上运输通道的安全，这为美国在两次世界大战期间海上通道安全保障战略，及商船队发展战略的制定奠定基础。

在海上通道安全保障方面，美国政府采取"前线力量转型"建设为主、法律手段为辅保障海上通道安全。"前线力量转型"建设方面，以"争夺通道海权"为主要目标，通过建立"大西洋通道护航体系"，保证美国连接英法战略通道（即北美—欧洲通道）的安全畅通，海军建设从"近海防御"向"远洋控制"转

---

① 1890年，美国战略理论家马汉发表了《海权对历史的影响（1660～1783）》，从而正式提出了"海权论"思想。

② 美国学者斯皮格曼于1942年提出了"边缘地带"理论，他认为欧亚大陆的边缘地带，位于大陆心脏地区和海洋之间，是世界地缘争夺的核心地带，谁控制了"边缘地带"，谁就控制了欧亚大陆，也就掌握了世界的命运。"他所提出的'边缘地带'思想指导了美国二战后的外交政策和军事力量的使用，其核心思想就是要保持对欧亚大陆'边缘地带'的控制。"转自：[美]尼古拉斯·斯皮克曼著，刘愈之译：《和平地理学》，商务印书馆1965年版，第5页。

变,且规模不断扩大。二战结束伊始,美国海军拥有 7 个航母战斗群,400 多艘驱逐舰,总计约 690 艘各类舰船,成为当时世界最强大的海军;法律保障方面,以"扶持商船队建设,加快航运业发展"为目标,及时调整海运政策,出台了《1916 年航运法》《1920 年航运法》和《1936 年商船法》,保障海上通道及运输的安全性。

综上,该时期美国海上通道安全保障由"海陆并重"向"海陆边缘地带"转变,重心由"保卫本土海外运输"向"支持和辅助海外利益拓展和军事活动"转变。经过工业革命的经济积累,凭借战争全面提升海军实力,大力扶持商船队建设,实现了战后对大西洋和太平洋海上通道的绝对控制,继而为冷战时期美国的全球争霸计划提供了先决条件。

(三) 由海陆边缘地带向海上通道陆上事务转变(1946 年~20 世纪末)

两次世界大战使美国综合国力迅速增强,国内工业生产以 18% 的速度增长,国民生产总值在 20 世纪 70 年代初已达到 10 634 亿美元。美国为进一步拓展海外利益,主导成立了北大西洋公约组织,以遏制社会主义阵营。由于苏联在全球海上通道的战略部署严重威胁了美国海上贸易活动的开展,冷战伊始,美苏围绕公海及相关通道控制权展开全面争夺。

冷战时期,美国海洋战略针对苏联仍以军事战略为主,对海上通道进行直接军事控制,对港口节点加强法律监管。直接军事控制方面,美国海军部于 20 世纪 80 年代出台了"海上战略"① 计划,宣布控制世界上 16 条海上咽喉要道,如图 7-1 所示,确保海上通道的安全与畅通;防止与苏联在海上通道争夺中引发

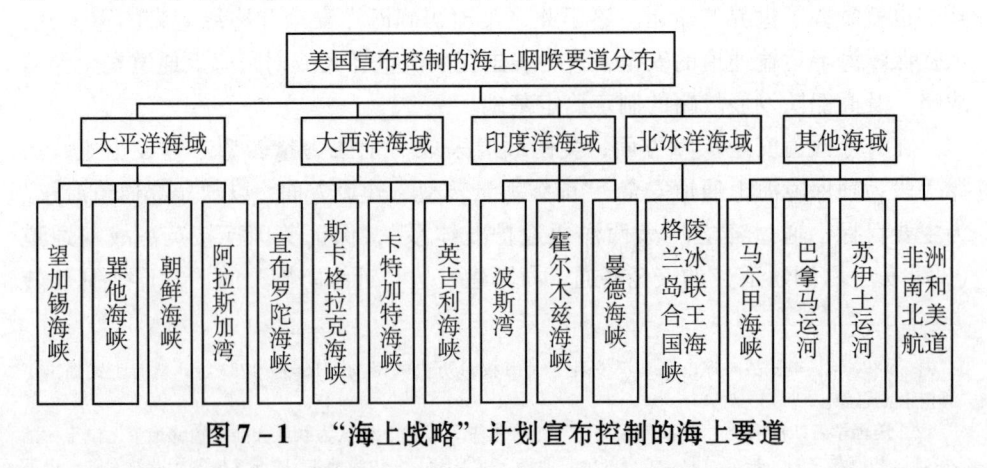

图 7-1 "海上战略"计划宣布控制的海上要道

---

① James D. Watkins. *The Maritime Strategy*. U. S. Naval Institute,1986.

安全事故，美国与其签署了《关于防止公海水面和上空意外事件的协定》。法律监管方面，美国政府先后出台《1986年国际海上和港口安全法》《1994年港口和航道安全法》和《1996年海上安全法》，赋予海岸警卫队管理权，保障近海通道节点及海上运输的安全营运。

冷战结束后，国际海上形势稳定，美国海洋战略内涵不断丰富，由单纯的海军战略发展为包含军事、外交、法律等的综合战略，总体来说其海洋战略呈现"由海向陆"转变。"自1992年，美国海军连续颁布了'由海向陆'系列性战略文件，"提出"将重心聚焦到了世界沿海地区，通过控制沿海地区，将力量和影响投送到陆地，从海上控制和影响陆上事务，维持美国称霸世界的终极目标。"① 通过海上军事战略重点的转移和安全保障力量建设，实现影响陆上事务，逐步形成"由海向陆"的全方位"辅助型"通道安全保障措施。其核心内容包含，一是实现海上军事战略重点的转移，美国海军不再以控制海上节点为其作战目标，而是强调"由海向陆"，从起初的海上干涉转移到陆上事务的发展，通过通道节点地区的陆上事务来实现新形势下的保障功能，不以实施远洋作战的公海通道为主要目标，而是以沿海通道为主要控制目标，即更加注重贴近大陆的基础通道的安全保障和控制；二是提出了美国海上力量的能力要求，海军从起初对海上通道的武力控制，发展到对通道节点地区陆上安全事务的干预，重点控制沿海通道，适应新形势下的通道安全保障。

美国海军1992年开始实施的"由海向陆"战略，把全球海上重要航道由北至南划分为相互连接、相互支援的8个区域性海峡群，如表7-1所示，并宣布在特殊时期进行战略控制，作为海上通道安全防卫支点。

简言之，该时期美国先是全面秉承马汉的"海权论"思想，逐渐形成了前沿保障力量建设、控制通道与力量部署相结合、平时与战时并重、强调海上优势的通道安全保障政策。随后，美国安全保障政策实现转型，保障目标和重点转移到海上通道陆上事务的参与和渗透。

表7-1　　美国"由海向陆"战略宣布控制的8大海峡群

海峡群	包含节点
北冰洋地区海峡群	丹麦海峡、戴维斯海峡、白令海峡
北海—波罗的海地区海峡群	厄勒海峡、卡特加特海峡、大贝尔特海峡、小贝尔特海峡、斯卡格拉克海峡

---

① 季晓丹、王维：《美国海洋安全战略：历史演变及发展特点》，载《世界经济与政治论坛》2011年第2期，第69~84页。

续表

海峡群	包含节点
地中海—黑海地区海峡群	博斯普鲁斯海峡、达达尼尔海峡、奥特朗托海峡、墨西拿海峡、直布罗陀海峡、苏伊士运河
墨西哥湾—加勒比海地区海峡群	佛罗里达海峡、尤卡坦海峡、向风海峡、莫纳海峡、巴拿马运河
东北亚地区海峡群	宗谷海峡、轻津海峡、朝鲜海峡、对马海峡、台湾海峡
东南亚地区海峡群	巴士海峡、望加锡海峡、巽他海峡、马六甲海峡
西南太平洋地区海峡群	托雷斯海峡、库克海峡、巴斯海峡
西印度洋地区海峡群	霍尔木兹海峡、曼德海峡、莫桑比克海峡

综上所述，美国海上通道安全保障政策的发展历经了四个阶段：建国初期，依赖武装力量进行近海通道防御的"消极保守"政策；两次世界大战阶段，"海权论"影响下，大力发展海军，完善相关法律建设的"外向扩张"政策；冷战时期，通过与苏联的全面对抗，形成系统化的港口安全监管机制和全球化的通道保障力量部署；21世纪，以国际合作为工作重点，美国与各国一道共同应对海上通道面临的突发情况。

综上所述，美国从建国初期到冷战及后期，制定了多项关于海上通道安全保障的政策与措施，并取得了较好的保障效果，具体见表7-2。

表7-2　　美国海上通道安全保障政策与措施的发展历程

发展时期	相关政策与措施	海上通道安全保障效果
建国初期	组建海岸警卫队，用于沿海通道安全保障	解除英国对其海上通道的封锁
	海军分兵近海驻屯	有效的阻击海盗袭击
	出台《1789年7月4日法》《1790年关于政府管理海员法》	商船队建设迅速，海上贸易复苏
世界大战期间	马汉提出"海权论"	加强了海上通道与节点的控制意识
	出台《1916年航运法》《1920年航运法》《1936年商船法》	扶持商船队建设加快航运业发展
	海军规模扩大，建设方向转变	通道稳定性加强
	战时建立"大西洋通道护航体系"	实现了对大西洋核心海上通道的控制

续表

发展时期	相关政策与措施	海上通道安全保障效果
冷战及其后期	《关于防止公海水面和上空意外事件的协定》、"海上战略"计划实施	海上运输通道的安全与畅通得到保障
	出台《1996年海上安全法》《1986年国际海上和港口安全法》《1994年港口和航道安全法》	完善美国港口安全评估与监管机制
	颁布"由海向陆"政策文件	海军战略重点完成由海到陆的转移

第二节 美国海上通道安全保障发展现状

美国作为超级大国，始终将维护、拓展海洋霸权作为海洋战略的重要内容。进入21世纪，随着经济全球化进程的不断加快，世界各国密切相连，美国经济与其他国家紧密联系在一起，和平的全球体系符合美国的国家利益。从2000年至今，美先后出台《海洋法案》《21世纪海洋蓝图》《美国海洋行动规划》《国家海洋安全战略》《21世纪海上武装力量合作战略》等政策文件，不断完善涉海立法、政策、体制与机制，建立统筹协调国家海洋事务的国家海洋政策委员会。美国还提出要打造兼具太平洋、印度洋重大战略利益的两洋强国，抛出"全球海上伙伴关系""千舰海军"计划[1]，加紧整合各国海上力量。

美国延续了一贯的海洋霸权主义，继续推行主导控制世界海洋的军事战略，并出台非军事层面的《美国海洋行动计划》，两者共同构成了美国海洋战略体系。美国海洋战略体系表现出鲜明的"先军"特色，国家海上安全战略是核心内容，涉及外交、运输、商业等方方面面，实际上是以国家安全统筹海洋事业。美国于2005年第一次在国家战略层面上提出《国家海上安全战略》，明确指出"美国的安全和经济保障有赖于世界海洋的安全使用"。[2] 此后，美国进一步加强

---

[1] "千舰海军"计划最早是在2005年一个国际海军研讨会上由美国海军上校马伦提出，即"在自愿基础上建立一个由海军部队、海岸警卫队、航运业及执法部门联合组成的跨国网络，打击恐怖主义，维护海上安全"。

[2] http://www.dhs.gov/xlibriary/assets/HSPD13_MaritimeSecurityStrstegy.pdf. The National Strategy for Maritime Security of the United States：ii.

海上通道的安全保障，以发展国家经济、维持全球霸主地位，确保国家政治、经济安全，以及国家战略的实施。

一、保障目标：控制全球战略通道确保国家安全

进入新世纪，美国在《国家海上安全战略》中指出，海盗活动及海上恐怖主义袭击日益增多、海上资源争夺、自然灾害、海洋环境的破坏等成为引发冲突的潜在源头，且地区性大国的崛起对美国霸主地位构成新的挑战。因此，美国海上通道安全保障的目标是控制全球海上战略通道，确保国家政治、经济安全，这也是其全球战略的重要部分。

一方面，美国对外贸易几乎涉及全球，海上通道安全是国家经济发展的基础保障。在世界各国中，美国国家经济对外依存度高居榜首，通过跨洋经济来保持强大的经济活力，50%的石油资源和18种战略矿产资源的90%以上从海上进口。因此，为保证海外利益，美国必须采取多种方式，确保海上通道与贸易安全。同时，除了确保海上贸易安全，美国强化海上战略通道安全，也是为了确保能控制世界重要的战略资源产地，为美国发展提供源源不断的战略资源保证。

另一方面，随着海盗、海上恐怖主义等一些非传统海上威胁日益增加，美国在港口、船队、海上通道等方面都强化了安全保障。"9·11"事件后，为保卫国家，打击一切外来袭击和侵略，美国进一步强化海上通道安全保障，在港口、船队等增强安保措施，并加强护航和巡逻，以保护国家安全。

因此，面临复杂多变的通道安全环境，美国以绝对的军事等优势进行全球部署，争夺国际市场、控制原材料供应、保护贸易和战略能源，以控制全球海上战略通道为保障目标。具体来看，美国提出通过控制通道关键节点来维系通道安全保障，巩固海上霸权。因而，政府以控制更多的海上战略通道，掌握制海权为目标，在关键通道和节点设置军事保障基地，重视对通道的实际控制与日常管理。此外，美国国防部和海军把全球海上重要航道由北至南划分为相互连接、相互支援的多个区域性海峡群，并宣布在特殊时期进行战略控制，以作为海上通道安全保障的支点。

二、保障重点：重视主要战略节点

复杂多变的通道安全环境，以及日渐下降的国际影响力，致使新时期的美国在维持海上霸权方面步履维艰。在控制全球海上通道的保障目标下，美国在"海上战略"计划基础上，结合当前国际环境，通过研究分析，提出新形势下重点保

障的区域、海上通道以及通道上的战略节点，即由"面"到"链"再到"点"的保障重点。

首先，在"面"上，美国主要是通过控制欧洲、东亚及东亚滨海区、中东、西南亚四个关键地区，实现控制全球海上通道，从而确保战略资源的运输，以及维系全球霸主地位。美国对石油和天然气的对外依存度较高，一向十分重视石油资源的控制。因而，控制石油工业地的海上通道，如中东地区、加拿大、墨西哥、委内瑞拉、里海、俄罗斯以及非洲，可以保障美国战略资源的需求。

其次，在"链"上，美国提出三条"岛链"① 的海上保障重点。第一岛链是北起日本群岛、琉球群岛，中接台湾岛，南至菲律宾群岛、大巽他群岛的链形岛屿带。在第一岛链的"封锁链条"中，最为关键的是台湾岛，它位于第一岛链的中间，具有极特殊的战略地位，掌握了台湾岛就能有效地扼制东海与南海的咽喉战略通道；第二岛链是指北起日本群岛，经小笠原诸岛、火山列岛、马里亚纳群岛、雅浦群岛、帕劳群岛，延至哈马黑拉群岛；第三岛链主要由夏威夷群岛基地群组成，对于美国而言，它既是支援亚太美军的战略后方，又是美国本土的防御前哨。在第一岛链的基础上，美国部署太平洋锁链，这是其在亚洲战略部署的重点，而它所要围困的主要目标是中国，这条锁链是以太平洋上的第一岛链为基础，东起靠近北极的阿留申群岛，日本群岛，韩国是这条锁链的中心，而台湾岛和关岛则是中轴，其一直延伸至东南亚中南半岛的新加坡、菲律宾群岛以及印度尼西亚等。

最后，在"点"上，美国企图控制世界上16个海上战略通道，并在2002年提出控制全球重要战略节点，如图7-2所示，以确保其全球海上运输贸易。在海峡与运河方面，美国控制了全球重要的海峡、运河等海上要道，如苏伊士运河、巴拿马运河等，从而控制了全球主要的海上通道。在战略岛屿方面，美国已经控制了分布在太平洋、印度洋等重要地理位置的战略岛屿。在太平洋的阿留申群岛、印度尼西亚群岛，美国已获得较为稳固的军事基地，并控制其海上通道，且夏威夷群岛和关岛也成为美国的重要军事要塞和军事基地。此外，中途岛、威克岛、塞班岛也被美国控制，并建立军事基地。在印度洋战略区，美国控制了迪戈加西亚岛，并建立了军事基地。

美国逐步建立以本土军事基地为依托、以海外军事基地为前沿阵地的全球军

---

① "岛链"一词最初源于以美国为首的西方国家在二战之后为了扼杀、封锁当时的苏联和中国等社会主义国家，利用西北太平洋海域中一些特殊岛群的战略地理位置而提出来的。1951年1月4日，美国国务院顾问约翰·福斯特·杜勒斯说："美国在太平洋地区防务范围应是日本、琉球群岛、台湾、菲律宾、澳大利亚这条近海岛屿链。"参见：迎南：《中国面临"岛屿锁链"威胁》，载《世界航空航天博览》2005年第7期B版，第56~58页。

审图号：GS（2017）2374号

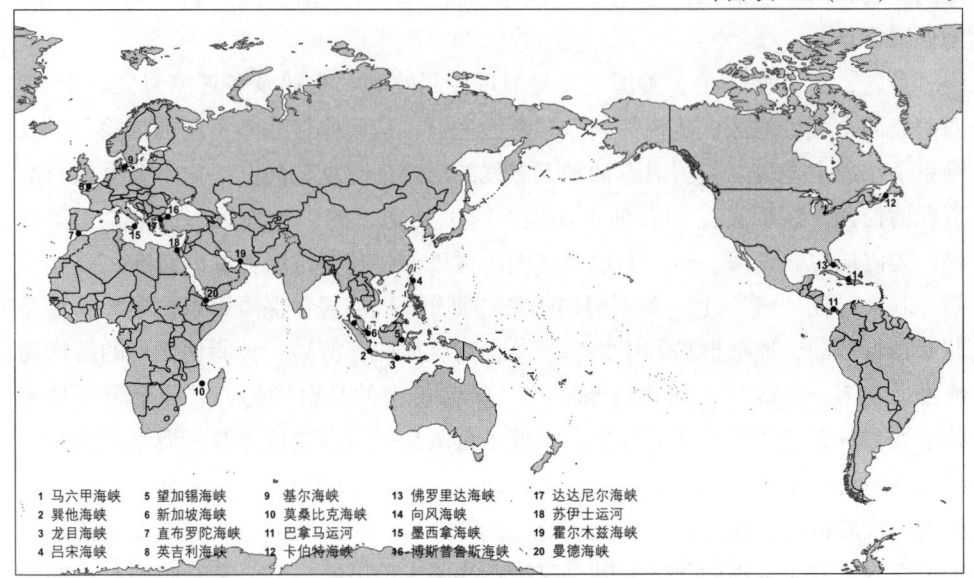

图 7-2　新形势下美国宣布控制的世界海上节点

事"基地网"，扼守海上咽喉要道，以"面""链""点"为保障重点，以此维系美国通道安全保障体系，巩固海上霸权。

三、保障体系：设立多个保障机构

目前，美国海上通道安全保障体系主要有美国海军、美国海岸警卫队、运输安全管理局、国家运输安全委员会、联邦海事委员会。美国海军战时主要负责海上作战，平时负责海上护航以及不定时进行军事演习；美国海岸警卫队平时主要负责海上救助与日常巡逻及防卫，战时归海军指挥。在 2007 年美国海军和美国海岸警卫队联合发布的《21 世纪海上力量合作战略》的报告中明确指出："美国武装力量无与匹敌的实力，在任何时候可以向世界上任何地方投送兵力的能力，维护着世界上最为重要战略要地的和平。"[①] 运输安全管理局主要负责海上事故预防与调查等；海运总署负责发展海上运输业；联邦海事委员会负责监管海上运输从业人员，如图 7-3 所示。

[①] US Navy and US Coast Guard. *A Cooperative Strategy for the 21st Century Sea power*, October 2007. [URL：http：//www.Navy.mil/maritime/maritime strategy.pdf. accessed on January 2, 2013].

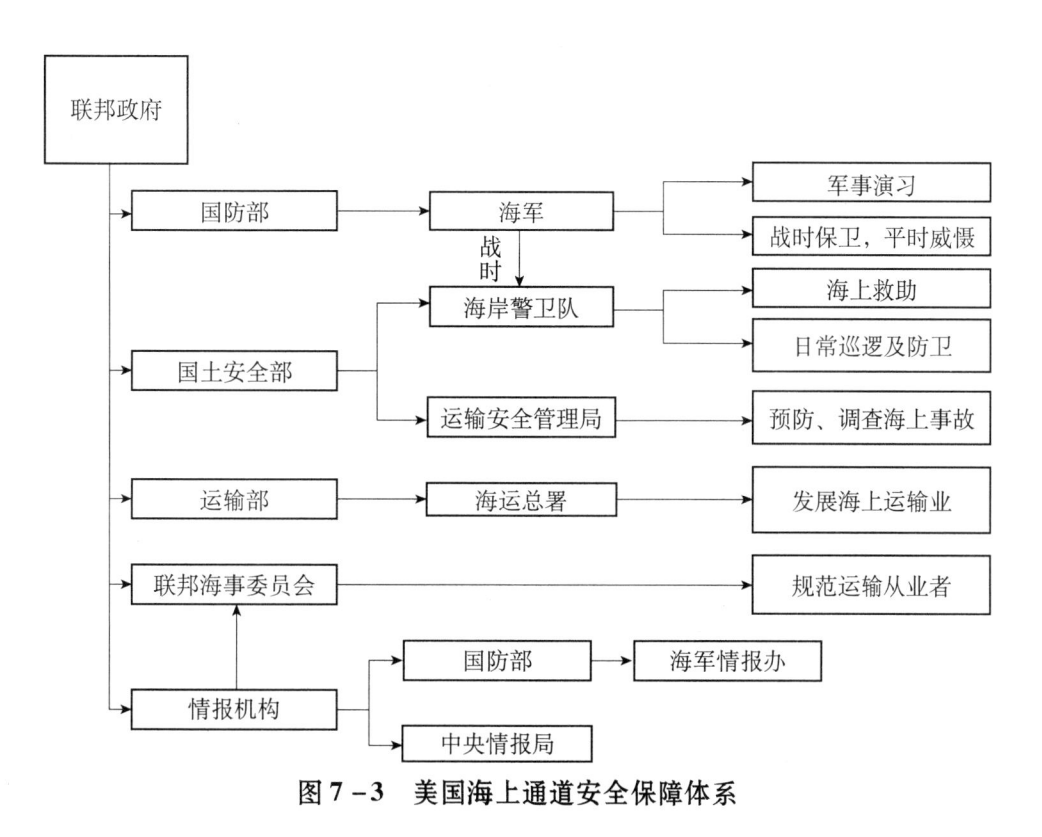

```
                    ┌──────────┐      ┌────────┐     ┌──────────────┐
                ┌──→│  国防部   │─────→│  海军  │────→│   军事演习    │
                │   └──────────┘      └────┬───┘  ╲  └──────────────┘
                │                          │       ╲ ┌──────────────┐
                │                        战│        →│战时保卫，平时威慑│
                │                        时│         └──────────────┘
┌────────┐      │                          ↓         ┌──────────────┐
│联邦政府 │──┤   ┌──────────┐      ┌──────────┐────→│   海上救助    │
└────────┘      │   │          │─────→│海岸警卫队│   ╲  └──────────────┘
                ├──→│国土安全部 │      └──────────┘    ╲┌──────────────┐
                │   │          │      ┌──────────┐    →│ 日常巡逻及防卫 │
                │   └──────────┘─────→│运输安全管理局│→│预防、调查海上事故│
                │                      └──────────┘    └──────────────┘
                │   ┌──────────┐      ┌──────────┐    ┌──────────────┐
                ├──→│  运输部   │─────→│ 海运总署 │───→│ 发展海上运输业 │
                │   └──────────┘      └──────────┘    └──────────────┘
                │   ┌──────────────┐                  ┌──────────────┐
                ├──→│ 联邦海事委员会 │─────────────────→│ 规范运输从业者 │
                │   └──────────────┘                  └──────────────┘
                │                      ┌──────────┐    ┌──────────────┐
                │   ┌──────────┐  ┌──→│  国防部   │───→│  海军情报办   │
                └──→│ 情报机构  │──┤   └──────────┘    └──────────────┘
                    └──────────┘  │   ┌──────────┐
                                  └──→│ 中央情报局│
                                      └──────────┘
```

图 7-3 美国海上通道安全保障体系

（一）美国海军

美国海军归属于国防部，由海军和海军陆战队组成，是保护美国海上安全的中坚力量，也是反恐怖主义战争的组成部分，主要职责是从事海外作战行动、前沿基地部署，以及海上演习和出访。

美国海军是全球实力最强的海军，共有九大部门，七支舰队。日常按兵种（或舰种）编成固定编组；执行任务时，根据任务由兵种司令部选择兵种，组成相对稳定的或临时性的特混编组。

美国自二战至今一直实行海军护航政策。2006 年，出于对伊朗海军封锁霍尔木兹海峡的担心，美国海军为波斯湾内的超级油轮护航；2009 年，美国海军派驱逐舰为在我国南海进行监测活动的"无瑕"号护航；美国海军第 151 联合多任务特遣部队一直在亚丁湾执行护航任务，管辖包括红海南部海域、亚丁湾、索马里海域、阿拉伯海域及印度洋在内的辽阔海域。

（二）海岸警卫队

海岸警卫队在 1967～2003 年期间隶属于交通部，2003 年以后，转而隶属于国土安全部，其肩负着海上安全、海上畅通、国家防卫、自然资源保护等多项任务。海岸警卫队是海上安全综合执法机构，为航运和海上通道安全提供保障作用。海岸警卫队在战时归于海军指挥，是维护美国海上利益和全球战略的重要力量，也是维护美国海上通道安全的重要保证。

美国海岸警卫队基本职责为海事安全、海事保安及管理海务事宜，细分为传统任务和国土安全任务两大类共11个任务。传统任务包括海事安全、搜索及救援、协助导航、海洋生态资源（渔政执法）、海洋环境保护及海冰事务；而国土安全任务包括港口、水路及海岸保安，毒品及移民查禁、防卫预备和其他执法行动。

美国海岸警卫队编有两个地区司令部（大西洋地区司令部和太平洋地区司令部）和九个海岸警卫区司令部，分别为第一区波士顿、第五区朴次茅斯、第七区迈阿密、第八区新奥尔良、第九区克利夫兰、第十一区阿力米达、第十三区西雅图、第十四区火奴鲁鲁、第十七区朱诺。其拥有庞大的舰队，包括破冰船、巡逻艇、航标敷设船、货船、内河船和各种拖船，还有掌管飞机和直升机的飞行部门。海岸警卫队的"执法船艇都装备有非常先进的通信系统和各种类型的武器装备。拥有大中型舰船（长度在65英尺以上）244艘，小型舰艇1850艘，各类飞机204架。"[①] 美国在其太平洋、大西洋、阿拉斯加、夏威夷等所有管辖海域的海洋权益维护和海上执法，全由该部队负责。

（三）联邦海运总署

隶属于美国运输部的海运总署是美国航运和海洋发展的主管部门。海运总署根据《1981年海事法》设立，职责是建立并维持一支充足的、平衡的商船队，能够足以承运国内的水路货物和相当部分单独对外运输的水路货物，在战争时期或者国家非常时期能够服务于海军。另外，还负责造修船行业、港口航道管理和水路多式联运系统安全维护和建设等。

海运总署的主要执法目标，一是减少运输拥堵；二是确保海上通道畅通，稳定海运能力，维护国家重大安全利益。后者主要体现在紧急状态下为国家提供商船队和国有船队，以满足国防海上运输的战略需要，并且稳定海上通道的安全形势。

---

① 陈鹏：《美国海岸警卫队对中国海警发展的借鉴意义》，载《公安海警学院学报》2013年第12期，第60~62页。

(四) 国家运输安全委员会

国家运输安全委员会（National Transportation Safety Board，NTSB）是美国联邦政府的一个独立机构，1967年成立伊始还与运输部保持密切的关系，经费来源和行政管理都依赖运输部，1974年国会制定独立安全委员会法（Independent Safety Board Act of 1974），将其完全独立出来。

国家运输安全委员会的责任是负责"调查事故，确定事故发生时的条件和环境。确定可能的事故原因。提出预防同类事故的建议，为美国各州的事故调查提供帮助。"[1] 在海运方面，其负责重大海损事故、涉及公共船只与非公共船只之间的水上事故或与海岸警卫队的职能发生关联的事故的调查。

国家运输安全委员会还可以向联邦、州和地方政府机构以及民间组织提出运输安全方面的建议，以减少运输事故或防止再发生类似事故。职责还包括提出和开展安全运输方面的研究，对事故调查技术与方法、联邦政府其他机构运输安全意识和事故预防的有效性以及危险物品运输的保障措施和操作规程等进行评估。

(五) 联邦海事委员会

联邦海事委员会（FMC）建立于1961年，专门执行各项海运法律，直接向联邦议会报告工作。与运输部不同，联邦海事委员的职能主要是根据航运法律中的管制性条款对海上运输从业者的行为进行规范。权力来自于《1984年美国海洋运输法》《1988年外国航运惯例法》以及《1920年商船法》等法律的规定，包括：保护从事对外商业活动的美国托运人和承运人的利益，避免受限制性的、不公平的外国法律、法规和商业惯例的损害；监督海上运输业相关从业者的费收；制定规章条例保护本国船籍船舶的利益。

FMC除通过正式和非正式的调查行使自己的管理职能之外，还举行听证会、审查证据、做出决定、发出命令和实施管理规定。此外，FMC还对与海上运输有关的纠纷做出裁决。

(六) 其他机构

在整个联邦行政政府体系中有许多部门的行动能影响到海上通道安全。内阁和美国总统行政办公室可以直接影响美国海上通道安全保障战略，这在《美国国家安全战略报告》中有所体现。与此同时，海上通道安全相关的法律法规是由国

---

[1] 张威、王小瑜：《美国交通运输安全委员会》，载《现代职业安全》2004年第5期，第56~58页。

会制定和颁布的，而海上通道的测量、海图的绘制以及海上气象的发布等是由国家海洋和大气局负责的。此外，美国海军属于国防部，而国防部其他部门都与美国海军的行动息息相关，如国防后勤局为军队维持战斗力的基础，国家侦察局、国防情报局等多个部门为军事行动提供了信息支持。

而联结这些海上通道安全保障这些机构的纽带则是美国情报机构。美国情报体系由16个情报机构组成，如图7-4所示，这些情报机构进行各类情报活动，为制定外交政策和维护国家安全奠定基础。"9·11"事件后，美国政府颁布"《情报改革与恐怖主义防止法》《国家情报战略》《国家反情报战略》等一系列旨在促进情报部门联合，实现一体化的政策和法案相继出台和实施，极大地推动了美国情报部门的改革进程。"[1]

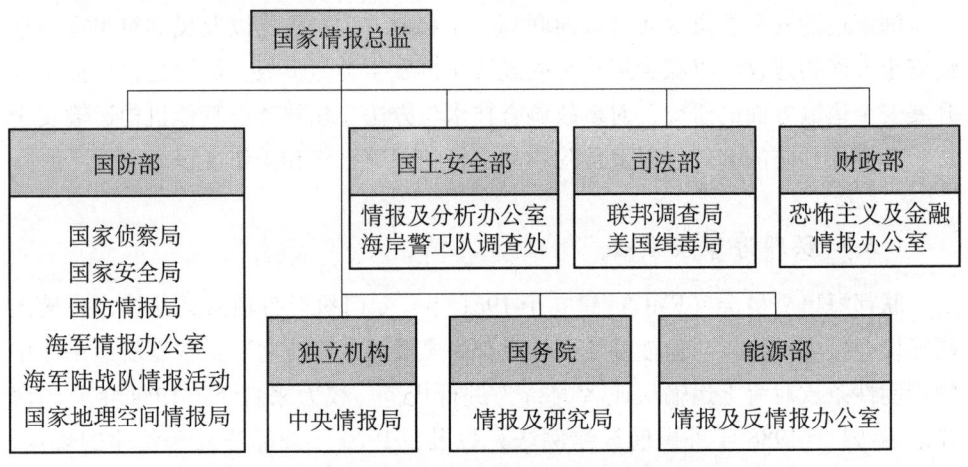

图7-4 美国情报机构在美国国家体系中的分布

四、保障手段：军事、外交、经济手段并重

鉴于海上通道安全保障的复杂性，美国海上通道安全保障主要采取包括军事、外交、法律、技术等多种手段，以维护海上通道畅通与安全，从而保障国家经济发展，保持全球霸主地位。

（一）军事手段

军事手段仍是美国海上通道安全保障的重要手段。进入21世纪，美国在力

---

[1] 高俊奎、付永宏、吴素彬：《美国情报体制发展趋势研究》，载《情报杂志》2010年第2期，第27~29页。

量网络的支持下，通过海上打击、海上盾牌和海上基地，在全球范围内扩展海军防御，增强联合部队的独立作战能力和支援能力，从而有效保障海上通道安全。力量网络是指将海洋到太空的传感器、网络、武器、辅助决策系统和海军连接一起，通过命令的交叉传递增加决策运用的速度和精确性。"海上打击"是指从海上"投送精确和持续的进攻力量"的能力。"海上盾牌"是指从海上"投送全球防御力量"的能力。"海上基地"是指"投送联合作战独立性"的能力。[①] 美国海军提出"全球作战概念"，即分散配置、反应迅速、能同时展开行动的海上独立打击群，并组成航母打击群、远征打击群、水面行动群和核动力导弹潜艇及特种作战部队等力量，以保障全球海上通道的安全。美国海上通道安全保障的军事手段主要包括建立航母战斗群、海上军事基地、军事演习三个方面。

第一，在航母方面，1982 年底，美国海军部长莱曼提出"建设一支包括 15 个航母战斗群的 600 艘舰艇的海军"，[②] 该计划在 1987 年基本实现。"美国认为航母可担负威慑和持续攻击作战的使命，长期以来坚持走发展航母和航母战斗群之路，现拥有 12 艘航母 [3 艘'小鹰'级常规动力航母、1 艘'企业'号核动力航母、8 艘'尼米兹'级核动力航母和 12 个航母战斗群（战斗群内航母 1、巡洋舰 2、驱逐舰 1、核潜艇 2、护卫舰 1、补给舰 1）]。"[③] 美国的航母战斗群平均分配在大西洋和太平洋海区，有 11 艘部署在美国东西海岸的 5 个航母基地，另外 1 艘部署在日本的横滨。通过这些航母战斗群，美国实现对全球主要海上通道的长距离控制。美国还有六大舰队，分布在大西洋、太平洋、波斯湾—红海—阿拉伯海、欧洲、印度洋等海域，以控制欧洲—北美通道、远东到—中东通道、远东—北美通道。

第二，在海上军事基地方面，美国在全球设立较多海上军事基地，以控制全球海上通道的关键节点，从而保障海上通道安全与畅通。美国在意大利那不勒斯、马达莱纳、锡戈内拉以及希腊的苏扎湾设置军事基地来控制地中海地区；在沙特阿拉伯朱拜勒和巴林麦纳麦设置军事基地主要是控制波斯湾；在埃及的巴纳斯角设立海军基地以控制苏伊士运河；在西班牙罗塔设立军事基地以控制直布罗陀海峡，该地距直布罗陀海峡西北部仅 100 余公里；在英国的米尔登霍尔设立军事基地以控制英吉利海峡；在日本冲绳建立海军基地以控制台湾海峡；在韩国镇海的海军基地以控制朝鲜海峡。美国海军军事基地分布情况详见表 7-3。

---

① 季晓丹、王维：《美国海洋安全战略：历史演变及发展特点》，载《世界经济与政治论坛》2011 年第 2 期，第 69~84 页。
② 莱曼：《制海权：建设 600 艘舰艇的海军》，海军军事学术研究所 1991 年版，第 152 页。
③ 潘镜芙：《国外航空母舰的发展和展望》，载《自然杂志》2007 年第 6 期，第 315~321 页。

表7-3 美国海外主要海军军事基地

区域	军事基地	备注
欧洲、中东和北非地区	意大利那不勒斯	美驻欧洲海军司令部驻地
	加埃塔	美第6舰队司令部驻地
	马达莱纳	核潜艇支援基地
	锡戈内拉	反潜作战及后勤支援基地
	希腊的苏扎湾	
	沙特阿拉伯朱拜勒	
	巴林麦纳麦	美驻中东海军司令部驻地、美第5舰队驻地
	埃及的巴纳斯角	
	肯尼亚蒙巴萨	
	西班牙罗塔	美海军第6舰队主要基地
	冰岛凯夫拉维克	海、空军合用
	英国米尔登霍尔	美空军第3航空队司令部驻地
	拉肯希斯	
	阿尔康伯里	
	西班牙的莫隆	
	亚速尔群岛的拉日什基地	海、空军共同使用
亚洲、太平洋和印度洋地区	日本横须贺	美海军第7舰队司令部驻地，第5舰队潜艇部队驻扎地
	佐世保	美海军第11两栖舰艇中队和6艘舰船的母港
	厚木海军航空基地	
	韩国镇海海军基地	
	岩国基地	
	冲绳基地群	
	巴特勒陆战队兵营	
	新加坡樟宜建	
	查戈斯群岛迪戈加西亚岛	
	关岛基地	
	澳新地区基地	
	夏威夷群岛基地群	
	珍珠港海军基地	
	史密斯海军陆战队兵营	

第三，在军事演习方面，近年来，美国在关键节点（如马六甲海峡）和敏感水域（如南海）附近进行多次海上军事演习。2010 年 7 月与韩国在日本海进行联合军演，一方面便于以中国为假想敌；另一方面便于其控制朝鲜海峡。2010 年 8 月，美军和东盟多国在南海举行东南亚反恐 2010 联合军演，以便控制南海通道。2011 年 6 月，美国与菲律宾、新加坡、马来西亚、泰国、印度尼西亚以及文莱海军在马六甲海峡等海域举行联合军事演习，不仅有利于打击马六甲海峡附近的海上恐怖活动，而且有利于美国控制马六甲海峡。2012 年，美国与欧盟、俄罗斯、印度、菲律宾、新加坡等 22 个国家，针对海上恐怖主义、水雷等，在环太平洋进行军事演习，以确保整个太平洋海上通道的安全与畅通。2013 年 5 月，美国在波斯湾举行大规模海军演习，目的不仅是海上扫雷和保护船只，还在于加强对波斯湾海上通道的控制。

（二）外交手段

在外交手段方面，美国不仅通过积极加入国际海事安全相关组织，参与制定海上安全事务相关国际规则，还针对地区海上恐怖活动，提出相关安全倡议，试图建立以其为主导的全球通道联合安全保障制度。

首先，美国通过加入较多国际海事相关组织，扩大其在全球海上事务的影响，积极参与国际海事相关规则的制定，以获得在国际海上通道安全保障中的话语权和主动权。如美国加入国际海事组织（IMO），成为 A 类理事国，参与《国际安全管理规则》《国际船舶安全管理规则》等规则的制定；美国还参与世界经济合作与发展组织海上运输委员会（Maritime Transport Committee of Organization for Economic Co-operation and Development，MTCOFOECD），参与解决国家间的航运政策的矛盾。

其次，针对严重影响通道安全的区域海上恐怖主义，美国提出多个海上安全倡议，极力推动海上安全交流，意在增强美国在海上通道安全事务上的影响力，构筑以美国为主导的世界海上安全秩序。2002 年，美国与英、法、意等国一起，发起《防扩散安全倡议》，通过海上合作，对可疑船只实施海上拦截，以保障地中海区域的安全，为此，美国与北约成员国在地中海进行多次海上拦截演习；2003 年，美国提出了在亚太地区实施《地区海上安全倡议》，号召亚太国家加强海上通道安全保障，并提出利用先进技术，增强亚太地区国家对海上环境的监控和情报共享，使该区域航行船舶能够及时掌握相关信息，还要建立海上监视与拦截能力，建立海上威胁应急反应制度，制定标准的行动程序与控制机制；2004 年，美国将上述两大倡议联系起来，提出采取驻军联防的措施，来应对马六甲地区海盗和海上恐怖主义袭击,加强对该区域安全问题的监管和控制,但因遭到海峡沿岸国家的反对而受阻;2005年,美国提出"千舰海军"计划,倡议参与国将海军、商船队、港口及相关机构联合起来,拟建立全球范围内的通道安全保障网络体系,统一在美国的主导下应对海上通道面临的安全问题。

(三) 经济手段

经济援助是美国海上通道安全保障的重要手段,通过经济援助,便于控制全球海上战略通道。美国对外援助的对象涵盖亚洲、非洲、拉美和欧洲,包括了全球150多个国家,其中有很多国家为海上通道沿岸国家,对美国控制全球重要海上通道起到十分重要的作用。

在亚洲区域,美国一直大力援助以色列、巴基斯坦、马来西亚、菲律宾、新加坡、印度尼西亚等国,以更好控制远东—欧洲通道,尤其是通道沿途的波斯湾、南海、马六甲海峡等关键水域和节点。根据以色列国土报统计,自1948年以色列建国至今,美国对以色列各类援助总额已经超过2 337亿美元[①],其中,2012年,美国援助7 000万美元供以色列增加在"铁穹"火箭弹拦截系统上的投资,通过援助以色列,便于美国更好地控制远东—欧洲通道;巴基斯坦是仅次于以色列的受援国,受援总额逾30亿美元,美国通过援助巴基斯坦,以有利于控制霍尔木兹海峡;美国对马来西亚提供其反恐所需要的后勤、人员培训、基础设施和信息技术等方面的资金援助,并购买其13亿美元国债,以此有利于控制南海;美国对菲律宾、印度尼西亚等东南亚国家进行大量援助,以企图控制南海。

在非洲区域,美国给埃及、肯尼亚、索马里等国家大量援助,以更好地控制苏伊士运河和曼德海峡。从20世纪70年代以来,美国一直对埃及提供大量援助,大部分为军事援助,目前美国每年给埃及提供的15亿美元中有13亿美元为军事援助,美国通过援助埃及以控制苏伊士运河;自2011年以来,美国为索马里、肯尼亚、埃塞俄比亚和吉布提等国提供了13亿美元紧急救援,以控制曼德海峡;美国还对苏丹进行上亿美元的援助,以帮助美国更好地控制红海区域,从而控制远东—欧洲通道。

在拉美地区,美国对哥伦比亚等国家进行援助,以保障巴拿马运河的安全与畅通,每年都给哥伦比亚6亿多美元的军事援助,借此,以更好地控制巴拿马运河。

---

① 来源:中华人民共和国商务部信息,http://www.mofcom.gov.cn/article/i/jyjl/k/201303/20130300065048.shtml.

(四) 法律手段

在海上通道安全保障方面，美国制定了较多相关法律法规，以保障海上通道节点的安全，并明确界定海上通道安全保障机构的职能。

在保障节点方面，2001年，美国出台《2001年港口和海上安全法》，以加强海上通道中的重要节点——港口的安全保障；2002年，美国出台《2002年海上运输安全法》，以进一步加强港口、航道等的安全保障，并出台了多项海运安全保障的制度措施；同年，美国出台《海上运输反恐法案》这是美国第一部专门规定防范海上恐怖主义威胁的法律，主要保障美国管辖水域内海上运输通道、船舶、港口安全。

在明确保障机构职能方面，美国也制定相关法案来明确海上通道安全保障的重要职能机构。根据2002年《国土安全法案》，美国将海上安全保障相关机构（如海关与边境保护署、移民与海关执法署、联邦紧急事态管理局、交通安全管理局等）统一划归到国土安全部管辖之下，改变了以往各安保部门各自为政、分散执法、协调不足的局面，国土安全部承担起海上通道安全保障的统筹管理职能。

(五) 技术手段

高新技术是对社会、经济等发展具有重大影响的前沿科学技术。美国作为科技强国，同样也注重把高新技术应用于海上应急救援、海洋信息搜集之中，从而更好地保障海上通道安全。

首先，美国将高新技术应用到海上应急救援，以快速处理海上通道事故，恢复海上通道畅通。美国将空中检测卫星和巨型飞艇用于海上通道上空检测，在通道内，利用深水机器人协助救援，提供海上通道上空与水下的全方位技术保障。2010年，墨西哥湾溢油，美国就综合利用空中检测卫星、巨型飞艇、深水机器人等技术进行应急救援，从而快速恢复墨西哥湾—好望角—远东海上通道的畅通。

其次，美国将一些高新技术应用到海洋信息搜集中，以掌握海上战略通道的相关物理信息，从而更好地保障海上通道的安全。美国正在发展的"综合海洋观测系统（IOOS）"，"是由海洋水色卫星、海洋浮标、海洋调查船、潜水器和水声技术等先进手段和设备构成的。"① 同时，美国通过无人水下潜航器、水下ISR

---

① 倪国江、文艳：《美国海洋科技发展的推进因素及对我国的启示》，载《海洋开发与管理》2009年第6期，第29~34页。

系统、新型海洋测量船（如"无瑕"号）、水下侦察整合系统等，搜集海上通道途经海域的气象水文海况，如洋流、风浪、大雾、台风/飓风、浮冰等，以及海上通道的通航环境，如暗礁分布情况等。

（六）其他手段

美国海上通道安全保障的其他手段，还包括干涉重要海上通道沿岸国家事务、利用民间保障力量等。

在干涉他国事务方面，美国通过干涉通道沿岸国家事务，以更好地控制海上关键水域和重要节点。美国直接介入南海事务，加紧在南海地区附近部署战略，频繁举行军事演习，并运用各种手段对南海地区进行侦测，以达到控制南海的目的；其又干涉钓鱼岛事务，宣称钓鱼岛适用于《美日安保条约》，以有利于美国控制台湾海峡；美国企图介入马六甲地区，欲向马六甲海峡派遣新型的高速船，配备特种部队或者海军陆战队，实施有效的海上拦截；美国又积极推进亚太"地区海上安全倡议"，从而打造美国主导的亚太海上安全秩序和安全框架。

在民间保障方面，美国提出单靠政府的力量进行海上通道安全保障是不够的，还必须依托民间力量共同行动。美国政府充分协调和调动地方机构、民间部门的安全力量，使之成为包含联邦、州、地方和民间部门在内的安全保障力量，共同保障海上通道安全。以海运安全船队为例，根据《商船法》和安全船队计划，[①] 美国提出商船队伍建设要保证在战时乃至和平时期为海军提供配合和服务。基于此，美国目前建立了由60条船组成的"国家海运安全船队"，加入此船队的船舶运营商需要按照"海事安全计划"规定，保证在战争或国家紧急状态时期能将全部运力交由美国国防部支配，以满足军事海运需求。作为回报，联邦政府为其提供每年约18亿美元的补贴，以抵销船舶在美国注册所增加的经营成本。根据海运安全船队方案规定，美国政府每年向纳入海运安全船队的每条船舶提供一定的补贴，为期10年。由于美元贬值以及计划实施中美国政府不断追加投资，安全船队每财年的补贴金额大体上呈增长态势。各财年的补贴金额如表7-4所示。

---

① 1996年"海运安全计划（MSP）"授权美国海事局与美国海运企业签订协议，组建由47艘美籍商船组成的美国海运安全船队，入选的船舶将获得资助以补贴美籍商船的高额运营成本，该计划运行十年；新的"海运安全计划"于2005年10月1日起实施，补助船舶数从47艘增加到60艘，载运能力更强的船舶替换了28艘老旧船，提升了船队运输能力；2010年奥巴马总统签署了10年MSP扩展计划。

表7-4　　　　　　　　美国海运安全船队补贴金额

财政年度（FY）	补贴金额（万美元/船）
1996	230
1997~2005	210
2006~2008	260
2009~2011	298
2012~2015	310

五、保障制度：应急和预警制度完善

作为世界海洋霸主国家，美国海上通道安全保障制度较为完善，建立了应急、预警等制度，能够很好地保障海上通道的安全性。

（一）应急制度

海上通道安全保障中，海上突发事故是通道安全的重要威胁因素。基于此，美国建立了海上突发事故应急处理制度，并且加强应急演习与演练，以更好地处理海上通道突发事故，尽快恢复由于突发事件受阻的海上重要通道的安全与畅通。

首先，在应急处理制度方面，从美国墨西哥湾漏油事件的应急处理中可以看出，美国针对海上通道突发事件构建了全国应急反应小组、地区应急反应小组和现场协调员三层应急机构。在联邦层面，全国应急反应小组由16个联邦机构组成，是联邦政府的全国应急通信中心，环保局和海岸警卫队分别担任正、副主席，由美国海岸警卫队的官员和海洋科学技术人员值班，主要工作包括发布消息、为应对事故做规划、为应对突发事故做培训；在地区层面，地区应急反应小组由13支地区反应队构成，地区应急反应小组由来自各州和组成全国应急反应小组的联邦机构的地方办事处的代表构成，主要责任包括反应、规划、培训和协调，而在沿海地区的应急反应小组中，应对海上通道突发事件的主力就是海岸警卫队；在现场协调层面，海岸警卫队有现场协调员，遍布全国各大港口和沿海地区，当现场协调员提出请求的时候，地区应急反应小组会提供协助，并且可以在事故现场做出反应。总之，美国通过构建以海岸警卫队为核心、从上至下全程参与的海上应急救援机制，从而能够快速反应，进行事故处理与紧急救援。

其次，在应急演习和演练方面，美国根据安全质量管理体系和海上应急救助预案的要求，模拟航次中可能碰到的恶劣情况，有效地组织商船队和海上警卫队进行必要的相关演习，如消防、救生、危机处理等。通过演习与演练，可以提高海上突发事故的应急处置能力，并且可以测试相关应急预案和处理系统的状态。

(二) 预警制度

进入 21 世纪，海上恐怖主义成为影响海上通道安全的重要因素，因此，为更好地保障海上通道安全，美国建立起海上恐怖主义预警系统。该预警系统运作流程主要有三步：一是情报搜集，当突发事件出现时，情报机构通过无人水下潜航器、"海底侦察兵"（水下 ISR 系统）、"水下侦察整合系统"、新型海洋测量船（如"无瑕"号）等方式搜集和监察海上相关情报。二是阈值对比，根据第一步搜集到的情报，对未来状况做出新的预测和判断，并根据预判结果与预警系统中的阈值进行比较。三是发出警报，根据对比结果，以决定是否发出警报，以及发出何种警报。警报内容包括海上恐怖警戒级别、对海上潜在威胁的扼要概括、相关部门的应对措施以及防范建议等。

综上可知，尤其是进入 21 世纪以来，美国在海上通道安全保障中，制定了很多的政策与措施，取得了良好的保障效果，如表 7-5 所示。

表 7-5   美国海上通道安全保障政策和措施的发展现状

相关政策与措施	海上通道安全保障效果
出台《国家海上安全战略》《21 世纪海上力量合作战略》	将海上安全、海上通道安全上升到国家战略
美国海军提出"全球作战概念"	强化海上保障力量建设，以确保全球海上通道的安全
在全球设立较多海上军事基地，如在意大利那不勒斯、马达莱纳、锡戈内拉以及希腊的苏扎湾设置军事基地，在埃及的巴纳斯角设立海军基地等	加强对全球海上通道的关键节点和关键海域的控制
在关键节点（如马六甲海峡）和敏感水域（如南海）附近进行多次海上军事演习	打击海盗、海上扫雷和保护船只的安全，加强关键海域海上通道的控制
对外援助的对象涵盖亚洲、非洲、拉美和欧洲，包括了全球 150 多个国家，其中，有很多国家为海上通道沿岸国家	对美国控制全球重要海上通道起到十分重要的作用
发起"防扩散安全倡议""地区海上安全倡议""千舰海军"计划	减少了世界范围内海盗的侵袭，建立海上通道安全保障国际合作体系，建立全球海上通道安全保障网络体系

续表

相关政策与措施	海上通道安全保障效果
颁布《港口和海上安全法》《海上运输反恐法》和《港口恐怖主义防范法案》	港口通道安全保障规划实现法律化
颁布《国土安全法案》	国土安全部统一承担起海上通道安全保障的统筹管理职能
制订"海事安全计划",建立安全船队	让民间力量参与到海上运输通道安全的维护当中
建立海上应急救援制度加强海上应急演习与演练	尽快恢复由于突发事件受阻的海上重要通道的安全与畅通,提高海上突发事故的应急处置能力,可以测试相关应急预案和处理系统的状态
建立海上恐怖主义预警系统	更好地保障海上通道安全

第三节 美国海上通道安全保障特征

通观美国通道安全保障政策的历史沿革与发展现状,结合美国当时的政治与经济发展背景,可以发现其保障政策具有如下特征。

一、保障政策制定与时俱进

美国海上通道安全保障政策的制定具有鲜明的时代性特征。在建国初期,美国军事力量薄弱,将有限的资源用于加强通道的岸上防御建设,采取以要塞防御为主,海上抗衡为辅的策略,为瓦解英国海上武力的封锁,采取以"防御和干扰为主"的安全保障政策,保障近海通道安全;两次世界大战期间,奉行马汉的"海权论",形成以控制海洋为核心,以海上力量建设为重心的保障政策,确立了美国海上强国的地位;在冷战时期,出台的"海上战略"计划,以解除苏联对其海上通道安全构成的威胁为直接目标;冷战后美国的海上力量达到巅峰状态,海上通道安全的保障政策重点转变为"由海向陆",弱化海上干预和控制,强调陆上事务的参与和主导,从而实现新形势下的通道安全保障目标。

进入21世纪,随着经济全球化的发展,以及海上恐怖主义、海盗等非传统海上安全问题日益严重，美国在保障政策制定上越来越侧重国际合作，试图凭借强有力的话语权主导着国际海上安全合作。截至2009年底，已有95个国家和地区参与美国主导的"防扩散安全倡议"，成功地抑制了部分杀伤性武器及相关设备通过各种运输方式扩散；但美国在推进"地区海上安全倡议"的过程中，由于遭到了马六甲海峡沿岸国反对而搁置。纵然如此，美国仍设法将类似地区合作纳入到以其为主导的海上安全保障体系中，并试图在更大范围内开展海上安全保障合作。

二、控制战略要道赢得制海权

作为国家战略的重要组成部分，美国海洋战略服务于国家利益，为其经济增长和世界霸权维护提供战略支撑。因此，美国海洋战略的指导思想在于保持全球海洋利益，包括经济、资源和环境以及所谓的全球安全利益，根本目标是控制全球海洋，并通过多种方式巩固第一海洋强国地位。由此可见，在实施国家海洋战略的过程中，控制全球海上战略通道，保障海上通道安全，赢得制海权，以保障美国全球霸权地位，是美国海洋战略的重要内容，也是突出特征。

美国海上通道安全保障的首要特征是控制战略要道，获得制海权。随着海上军事实力和综合国力的提升，美国确立了十分明确的海上保障理念，即控制战略要道，拓展国际视野，进行全球布局，保障海上通道的安全与畅通，从而实现称霸海洋的海洋战略和国际霸权的国家战略。在战略要道的控制上，美国通过制定"面"—"链"—"点"的保障重点，以实现全球海上通道网络布局，从而更好地保障美国海上通道运输的安全，以巩固其世界海洋强国的绝对优势。其中，欧洲、东亚及东亚滨海区、中东、西南亚为重点保障区域，即"面"；三条岛链和太平洋锁链为重点保障链条，即"链"；众多战略岛、海峡、运河、军事基地等为保障战略节点（如苏伊士运河等），即"点"。

三、保障主体职责分明协调有力

作为海洋战略实施的主体，美国海上通道安全保障是通过海军、海岸警卫队、情报机构等政府部门的协作，强化对海洋的控制，鼓励民间保障力量参与，使之成为政府保障的有力补充。

一方面，美国海上通道安全保障政府机构职责分明，能够在战时、平时和紧急情况下，各司其职，共同保障海上通道安全。战时以海军为核心武装力量，海岸警卫队归海军指挥，国家情报局、海洋局、联邦海运总署等机构为海军提供服务。平时沿海地区海上安全保障以海岸警卫队为核心力量，进行安全防卫，海军主要起到威慑作用；其他区域以海军为主要力量，海岸警卫队为辅助力量，其他相关机构（如海洋局等）主要是提供相关的支持与服务。紧急状态下，情报局提供海上安全事故情报，海岸警卫队进行事故应急处理与救援，其他部门起到辅助作用。由此可见，美国海上通道安全保障主要是以海军和海岸警卫队为主要力量，其他部门起到配合和协调作用。

另一方面，美国民间海上通道安全保障力量是政府保障的辅助力量，通过军民结合共同保障海上通道安全。根据《商船法》和安全船队计划，海军可以征用商船队，使其可以在战时成为国家海军的辅助船队，为军用资源提供补给运输。基于此，美国目前建立了由60条船组成的"国家海运安全船队"，实际上是让民间力量也参与到海上运输通道安全保障当中。美国通过安全船队建设，使得民用商船队可以在战时成为国家海军的辅助船队，为军用资源提供补给运输。"在补给船队中，政府所有或者政府长期租借的5艘油轮就可以提供全球美军90%的燃料；美军大约80%的散货由定期商业航线运输，20%由军事海运司令部租借的两艘货船运输。"①

此外，私人安保公司在美国发展越来越快，其本土共有规模不等的安保公司4万多家，美国私人安保已发展成为海上通道安全保障的重要辅助力量。黑水公司作为美国著名的安保公司，不仅为海上航行船舶提供安保人员，而且向亚丁湾海域派遣了全副武装的巡逻艇，为经过索马里附近海域的商船提供安全保护。

四、保障手段齐备制度完善

美国海上战略的实施是凭借绝对的海上军事优势，以强化对全球海洋的控制。目前，美国作战空间由公海、远洋转移到危及地区安全和美国利益相关国家的近海和沿海陆岸地区；作战样式由远洋决战转变为由海向陆的兵力投送、对岸打击和对陆攻击。为掌握大量海洋环境信息，美军测量船时常出没于世界各大洋，以海洋调查研究等为由，窥探所关注国家的军事情报，获取敏感战场信息。

国家海洋战略实施手段对海上通道安全保障手段影响较大，美国为应对21世纪复杂的海上安全环境，首先通过依赖强大的军事力量，设立众多海上军事基地，进行全球海上保障力量部署，控制全球海上战略节点；其次通过外交手段，加入较多国际海事、海运组织，扩大其国际影响力，参与国际海运安全规则、公

---

① 许林、丰勇军：《美国海上安全体系的保障平台构建及对我国的启示》，载《港口经济》2010年第3期，第28~31页。

约的制定，并提出多项地区安全倡议，取得国际海运安全中的话语权的同时，试图建立以其为主导的国际海上安全秩序；最后依靠经济援助手段，援助海上通道沿岸国家，如埃及、菲律宾、哥伦比亚等国，从而控制海上重要战略节点。

此外，美国已经针对不同类别海上通道安全事故，建立起应急、预警等保障制度，从而可以较好地保障海上通道安全。在应急方面，美国主要构建全国应急反应小组、地区应急反应小组和现场协调员的三层应急体系，以应对海上突发事故，如飓风、溢油等；同时美国十分重视应急演习与演练，不断提升应急能力。在预警方面，针对21世纪海上通道面临的威胁，设立两级预警制度，建立预警警报系统。

第八章

欧盟暨英国海上通道安全保障研究

欧盟是由欧洲共同体发展而来的,总部设在比利时首都布鲁塞尔,目前有28个成员国,其中英国、德国、法国、丹麦、瑞典等都是海运大国。近年来,欧盟一直努力构建统一的海上通道安全保障框架,推行共同保障方针。本章首先以欧盟为整体分析其海上通道的安全保障情况,进而对传统海上强国英国的安全保障问题进行具体阐述。

第一节 欧盟海上通道安全保障研究

欧盟海上战略侧重于各成员国间的高度统一。因而,作为海洋战略的一部分,在海上通道安全保障中,欧盟为维护成员国利益,通过军事合作、立法、制定公约等方式,采取统一行动,加强海上通道安全保障。

一、欧盟海上通道概况

欧盟有较多港口,如荷兰的鹿特丹、英国的弗利克斯托和南安普顿、德国的不来梅和汉堡、法国的勒阿佛尔、比利时的安特卫普等;也有多个重要的海峡,如英吉利海峡、直布罗陀海峡和土耳其海峡。欧盟海上通道主要有:①西北欧—

北美东通道,其走向主要包括西北欧国家—波罗的海诸海峡—英吉利海峡—北美东海岸;②西北欧—北美西通道,其走向主要包括西北欧国家—波罗的海诸海峡—英吉利海峡—巴拿马运河—北美西海岸国;③南欧—北美东通道,其走向主要包括南欧国家—黑海海峡—直布罗陀海峡—北美东海岸;④南欧—北美西通道,其走向主要包括南欧国家—黑海海峡—突尼斯海峡—直布罗陀海峡—巴拿马运河—北美西海岸;⑤西北欧—远东通道,其走向主要包括西北欧国家—波罗的海诸海峡—英吉利海峡—直布罗陀海峡—苏伊士运河—曼德海峡—马六甲海峡—东南亚国家—台湾海峡—远东国家。

二、欧盟海上通道安全保障历史沿革

作为欧洲联盟,欧盟海洋战略的历史主要是通过立法,以及统一行动的方式实现的。为追求对外经济贸易的发展,欧盟十分重视海洋安全,重视海上通道的安全保障,尤其是发生多起海难事故后,欧盟催生海上安全法规及政策。1978年3月,油轮卡迪兹(Amoco Cadiz)号在法国布列塔尼海岸触礁沉没,对英吉利海峡的安全造成一定影响,为确保海上运输安全,同年6月,欧盟制定了欧共体关于控制和减少碳氢化合物海上排放造成污染的行动计划,发布了关于北海及英吉利海峡深水引航员引航船舶的欧洲指令79/115/EEC,强制规定在敏感海域必须经过深水引航员引航;1989年3月,油轮埃克森·瓦尔迪兹(Exon Valdez)号搁浅事故,导致大量原油泄漏,严重污染英吉利海峡附近的海洋环境,阻碍该区域海上运输通道的畅通,因此于1990年,欧洲理事会通过关于防止海上通道附近突发事故造成海洋污染的决议;1999年12月,油轮埃利卡(Erika)号在英吉利海峡附近的法国庞马尔克(Penmarch)角南约30海里处沉船,其所载油类大量泄漏到海中,对海上通道的安全产生一定影响,为保障欧盟区域内海上关键节点和水域的安全,欧盟规定20年以上的单壳油轮不允许进入欧盟水域,并且远期目标是单壳油轮不许进入欧盟水域。

为保障欧盟水域通道的安全,欧盟在1993~2000年共通过了十余项重要指令,主要是为了保障海上通道安全节点——港口的安全,以及船舶的安全。主要包括:

(1)《欧盟水域航行、停靠船舶港口国监督指令(1995/21/EC)》,规定了对到达欧盟港口的船舶实施港口国监督检查的义务和检查原则,并制定了检查和滞留协调程序,检查员任职条件等。通过该指令使在国际法中属于港口国自愿行为的港口国监督检查在欧盟成员国成为法律义务,并规定了对到港船舶25%的检查率。

(2)《关于船舶检查检验组织共同规则和标准及主管机关相关事宜的指令（1994/57/EC）》制定了详细的认可组织（船级社）的最低标准。主管机关对其监控的规定和程序，每三年必须重新认定，主管机关与船级社应签订有关协议，船舶免除证书必须由主管机关签发，同时制定了船舶转级的规定。

(3)《进出欧盟港口船舶载运危险和污染物质最低要求的指令（1993/75/EC）》规定了船舶报告的要求，同时规定托运人和船舶经营人报告货物详细信息（包括应急）的义务。

综上，欧盟针对存在的具体问题，制定不同的法规及政策，以实施海洋战略，保障其海上通道的安全与畅通，具体见表8-1。

表8-1　欧盟海上通道安全保障主要政策和措施的发展历程

发展时期	相关政策与措施	海上通道安全保障效果
1978年	制定了欧共体关于控制和减少碳氢化合物海上排放造成污染的行动计划，发布了关于北海及英吉利海峡深水引航员引航船舶的欧洲指令79/115/EEC	强制规定在敏感海域必须经过深水引航员引航，降低船舶事故对英吉利海峡安全造成的影响
1990年	通过关于防止海上通道附近突发事故造成海洋污染的决议	降低由于船舶事故导致的海洋污染
1993~2000年	规定20年以上的单壳油轮不允许进入欧盟水域 制定《欧盟水域航行、停靠船舶港口国监督指令（1995/21/EC）》 制定《关于船舶检查检验组织共同规则和标准及主管机关相关事宜的指令（1994/57/EC）》 《进出欧盟港口船舶载运危险和污染物质最低要求的指令（1993/75/EC）》	保障欧盟区域内海上关键节点和水域的安全 检查达到欧盟港口的船舶 制定船舶转籍等规定 对船舶和货物进行报告 加强船舶安全监督与检查

三、欧盟海上通道安全保障现状

欧盟作为一个联盟体，通过制定《欧盟综合海洋政策绿皮书》《欧盟海洋综合政策蓝皮书》《欧盟海洋综合政策实施指南》《欧盟海洋战略框架指令》等明确其整体海洋战略,提出用战略方法制定国家海洋政策,建立国家公立机构决策管理框架,鼓励利益相关者参与海洋综合政策的决策以及提高区域合作效率。

(一) 保障目的:整体利益最大化

欧盟作为一个政治共同体,海上通道安全保障的根本目的则是实现欧盟整体利益的最大化。

首先,欧盟沿海国家较多,海上通道安全保障十分重要。欧盟陆地边界2/3以上是海岸,90%的贸易与商业活动依赖海洋。欧盟地理范围扩展到北至北海、波罗的海,西至大西洋,东南至地中海,并包含了部分黑海海域。欧盟成员国有28个,其中有22个沿海国家,约占79%,因此,海上通道安全保障对于欧盟成员国的利益来说至关重要,对于整个欧盟的利益来说也是十分重要的。

其次,欧洲沿海国家联盟合作,形成合力,有利于控制欧洲区域重要的海域和战略节点,共同保障海上通道安全,实现整体利益最大化。欧盟成员国西班牙、法国、希腊、意大利、塞浦路斯,有利于欧盟控制远东—欧洲通道的地中海区域,成员国英国有利于欧盟控制直布罗陀海峡和英吉利海峡,成员国丹麦、瑞典、德国、波兰、立陶宛等有利于欧盟控制波罗的海和诸海峡。

(二) 保障重点:统一海上保障

由于欧盟是欧洲联盟体,对其而言,统一保障海上通道安全,是实现整体利益最大化的重点。

一方面,统一海上保障有利于实现欧盟整体利益最大。欧盟成员国中有22个沿海国家,当欧盟的海上通道安全相关政策与各成员国的利益不一致时,各成员国将首先考虑自身的利益,这不利于欧盟海上通道安全保障的发展。因而,以欧盟为整体,建立一套综合、统一的海上通道安全保障体制,才能实现最大化利益目标。鉴于此,欧盟在多个海上通道安全保障相关战略中,都强调要制定综合性海上通道保障政策,加强成员国间的协调,提高工作效率,如《欧盟综合海洋政策绿皮书》《欧盟海洋战略框架指令》等。

另一方面,欧盟设置统一沿海运输权和统一管理海域,以统一保障海上通道安全。欧盟条例规定,所有欧盟成员国相互开放本国沿海运输,同时欧洲一些海洋区域已经成为欧盟统一管理区域,如波罗的海海域、北海海域以及东北大西洋海域。

(三) 保障体系:组织机构纵横交错

欧盟海上通道安全保障体系包括三个层面,即超国家层面、政府间协商层面以及政府间一体化层面。超国家层面主要有欧盟委员会等，在没有成员国政府参与的情况下控制与掌握海上通道安全保障的日常管理与决策权；政府间协商层面，通过定期召开政府间首脑会议与部长会议等形式，促使政府间协商并达成共识，制定具有政策指导性的共同海上通道安全保障政策；政府间一体化层面，是指设在布鲁塞尔的常设机构，既不是超国家机构，也不完全代表成员国政府，而是由各成员国的专业人员组成，以促进欧盟形成共同政策和联合的对外行动。海上通道安全保障的机构为欧洲海事安全局，主要负责海事安全提案、监督，以及起到促进协作等作用，如图 8-1 所示。

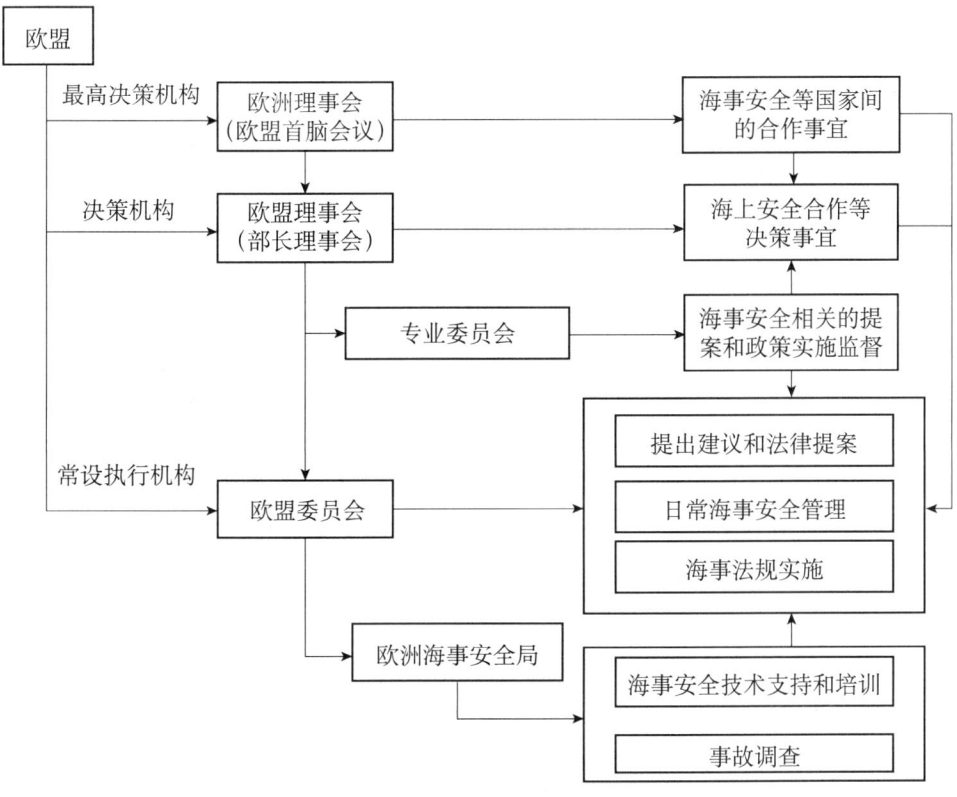

图 8-1　欧盟行政机构

1. 欧洲理事会

欧洲理事会（The European Council），又称欧盟首脑会议或欧盟峰会，是欧盟最高决策机构。欧洲理事会由欧盟成员国国家元首或政府首脑及欧洲理事会主席、欧盟委员会主席组成。欧洲理事会决定欧盟的大政方针，尤其是外交方面的决策。在海上通道安全保障方面，其主要是进行重大海事安全决策，并负责国家间的相关合作事宜。

2. 欧盟理事会

欧洲联盟理事会（Council of European Union）是由欧盟各成员国部长组成的，所以又称"部长理事会"，一般简称"理事会"（the Council），是欧盟的重要决策机构。部长理事会根据欧委会的建议就欧盟各项政策进行决策，负责共同外交和安全政策、司法、内政等方面的政府间合作事宜，任命欧盟主要机构的负责人并对其进行监督。欧盟理事会与欧洲议会分享立法权和预算批准权，并负责批准由欧委会预先谈判并签订的国际条约。理事会分为总务理事会（General Affairs and External Relations Council，GAERC）和专门理事会，专门理事会中有负责交通、通讯和能源的理事会。其中，欧盟理事会中有专业委员会，由专业人士组成，主要负责海事安全相关的提案以及对政策建议实施的监督。

3. 欧盟委员会

欧盟委员会（The European Commission），简称"委员会"，根据《罗马条约》设立。是欧盟的常设执行机构，负责实施欧盟有关条约、法规和欧盟理事会做出的决定；向欧盟理事会和欧洲议会提出政策实施报告和立法动议；处理欧盟日常事务，代表欧盟进行对外联系和贸易等方面的谈判；在欧盟共同外交和安全政策方面，委员会只有建议权和参与权。委员会是欧盟唯一有立法动议权的机构，其受欧洲议会的监督。

欧洲海事安全局（European Maritime Safety Agency，EMSA）是欧盟委员会的内设机构，是欧盟在油轮埃利卡号油污事件之后专门设立的机构，主要职责是向成员国提供技术支持、培训、事故调查的共同办法等。此外，EMSA 也有油污准备、发现和反应方面的操作任务。EMSA 是欧洲海事安全网的中心，也是欧洲委员会维系主要行业利益者和公众的重要机构。

（四）保障手段：外交与法律等手段并重

根据欧盟海上通道安全保障的目的与重点，其采取外交、法律等手段，以确保各联盟国家行动一致，维系欧洲在全球海上通道安全保障中的地位。

1. 外交手段

外交手段是欧盟海上通道安全保障最重要的手段，欧盟通过扩大成员国数量、提供援助等方式，控制更多海上战略节点和海域。

第一，欧盟不断调整周边外交重点，通过接纳周边沿海国家加入欧盟，不断扩大欧盟成员国数量，从而控制更多海上通道的重要海域和节点。2004 年，欧盟批准很多沿海国家加入，如欧盟通过接纳塞浦路斯、马耳他，可以更好地控制地中海区域；接纳爱沙尼亚、立陶宛、波兰、拉脱维亚，可以更好地控制波罗的海，保障北美—欧洲和远东—欧洲通道安全；接纳罗马尼亚，有利于欧盟控制黑海和黑海海峡。

第二，欧盟通过援助的方式（包括紧急援助、粮食援助、技术援助以及经济援助等），以控制海上通道中的重要海域或者节点。欧盟与世界上145个国家进行发展合作，在大约120多个国家设有代表团，包括较多海上通道沿岸国家，从而有利于其控制海上通道，如在2007~2013年，对印度援助4.7亿欧元，以有利于控制孟加拉湾；而2012年，欧盟批准向埃及提供50亿欧元财政援助，以有利于欧盟控制苏伊士运河。

第三，欧盟改善与美国的关系，加强卫星合作，为海上通道安全保障提供技术支持。2007年，欧盟和美国在伽利略系统与全球卫星导航定位系统达成合作协议，其在相同的无线电频谱上发送资讯，可接收双方系统讯号，该协议有利于欧盟利用卫星监控海上通道的情况，从而为海上通道安全保障提供支持。

此外，从2008年开始，欧盟运用多种外交方式逐步提升其在北极事务中的地位，从而有利于控制北极通道。

2. 法律手段

法律手段是欧盟海上通道安全保障的重要手段，其制定一系列的海上通道安全保障相关法律，尤其是关于海上通道附近事故预防与应急的法律。2005年11月，欧盟执行委员会通过第三套海上安全措施建议，建立同时考虑事故预防与应急的海上通道安全法律，试图解决海上通道安全涉及的相关问题，如船舶通航管制、海上事故调查等；2009年，欧盟议会通过了第三套海上安全措施建议中所包含的指令和条例，从而有效监控海上通道重要节点——港口，以及靠港船舶，更加严格的监督欧盟海域的航行、统一海上事故调查方法，并且建立了可靠的海上信息数据库，为欧盟有效预防海上通道突发事故，提高海上通道安全奠定基础。

3. 军事手段

在军事方面，针对海盗威胁，欧盟主要通过组建海上联合特混部队在敏感水域进行巡逻护航，保障海上通道安全。2008年，英国、法国、德国、希腊、西班牙、瑞典、荷兰等欧盟多国海军组建由多艘战舰和海上巡逻机组成的海上联合特混部队，在亚丁湾等地区进行为期一年的反海盗巡逻护航，以保障亚丁湾海域的安全。

4. 其他手段

欧盟通过发展卫星系统，为海上通道安全保障提供导航服务。欧盟大力支持欧洲的全球卫星导航系统（伽利略计划（Galileo）和欧洲同步卫星导航覆盖服务（The European Geostationary Navigation Overlay Service，EGNOS）），逐步建立欧盟沿海水域和公海综合性船舶跟踪与电子导航系统网络，以为海上通道安全保障提供技术支持。

综上所述，欧盟在海上通道安全保障中，制定了多项措施，见表8-2，以维系其在全球海上通道安全保障中的重要地位。

表8-2　　　　欧盟海上通道安全保障主要政策和措施现状

相关政策与措施	海上通道安全保障效果
接纳塞浦路斯、马耳他 接纳爱沙尼亚、立陶宛、波兰、拉脱维亚 接纳罗马尼亚	可以使其更好地控制地中海区域 可以使其更好地控制波罗的海 有利于欧盟控制黑海和黑海海峡
实施援助（包括紧急援助、粮食援助、技术援助以及经济援助等）	有利于控制海上通道中的重要海域或者节点
改善与美国的关系，加强卫星合作	为海上通道安全保障提供技术支持
执行委员会通过第三套海上安全措施建议	有利于解决海上通道安全涉及的相关方面，如船舶通航管制、海上事故调查等
组建海上联合特混部队在敏感水域进行巡逻护航	保障海上通道安全
发展卫星系统，如全球卫星导航系统（伽利略计划（Galileo）和欧洲同步卫星导航覆盖服务（EGNOS））	为海上通道安全保障提供导航服务

四、欧盟海上通道安全保障特征

作为联营体，欧盟海上通道安全保障主要特征是注重建立统一行动机制，构建约束有度的规则。

（一）统一行动注重协商

欧盟作为一个政治共同体，贸易与商业活动主要依赖海洋，海洋战略中明确指出要在保护海洋环境的同时，使欧盟的海洋经济持续发展，并且在海洋经济发展中，要加强对涉海工作的协调，加强成员国间的协调，以提高工作效率。因而，欧盟注重各成员国间的协商与协调，进行统一行动，也注重与非欧盟国成员间的协商，以共同保障全球海上通道安全。首先，在欧盟成员国内部，通过欧盟首脑会议进行政府间的协调，当遇到欧盟海上通道安全保障政策与一些成员国冲突时，其引入"特定多数表决"机制，以协调各成员国。例如，2012年欧盟拟成立永久性援助基金，以援助欧元区国家，包括濒海国家，如希腊等，通过欧盟首脑会协调表决，25个成员国支持，则通过该提议。其次，对外欧盟为维护自身利益，保障其通道安全，通过欧盟委员会与其他国家进行外交与协商，例如，为控制北极通道，欧盟加强与加拿大、俄罗斯等建立合作。

（二）制定规则约束有度

作为联盟体，欧盟海上战略主要是以制定法律、法规的方式来约束各成员国，以共同实现整体的海洋战略。欧盟在制定相关海上通道安全保障的法律、法规时，对成员国的约束有度。例如，在2005年，欧盟通过了第三套海上安全措施建议，采用了"建议"的方式，"建议"对成员国而言并不具有法律约束力；其他可选择的法律手段，例如法规，则对所有成员国具有法律约束力；还可以采取"指令"的手段，"指令"所设立的目标对所有成员国具有法律约束力，但是采取何种方法达成目标则是各成员国主权范围内的事项，如《欧盟海洋战略框架指令》，运用"指令"的方式体现了欧盟宪政原则的补充性和比例性，也表明了欧盟针对各区域成员国的不同情况，采取灵活的政策。

（三）体系交错协商有力

作为海洋战略的实施主体，欧盟各机构纵横交错，能够起到良好的协调作用，从而可以较好地促进其海洋战略的实施，以及海上通道安全的保障。由于欧盟是一个联盟体，其组织架构设置十分注重协调性。欧盟海上通道安全保障体系主要分三个层面，即最高决策机构、重要决策机构、常设机构。在成员构成方面，欧洲理事会是欧盟各国首脑和欧洲理事会主席、欧盟委员会主席的构成，而欧盟理事会是由欧盟各成员国部长组成，其下设置专业机构，欧盟委员会由各成员国代表构成。在职能方面，欧洲理事会负责决策重大海上安全事务，而欧盟理事会负责决策一般海上安全事务，其中专业机构负责提案，而欧盟委员会负责执行决策、日常安全保障、日常决策等，其中内设机构欧洲海上安全局主要负责海事安全培训与事故调查。

第二节 英国海上通道安全保障研究

英国由不列颠岛（包括英格兰、苏格兰、威尔士）、爱尔兰岛东北部的北爱尔兰和周围的小岛（海外领地）组成。英国本土位于欧洲大陆西北面的不列颠岛，被北海、英吉利海峡、凯尔特海、爱尔兰海和大西洋包围。作为传统海洋强国，其安全保障重点虽然随着国内外形势的发展历经变化，但英国一直十分注重海上通道安全保障工作。

一、英国海上通道概况

英国海上通道主要包括：①英国—美国东通道；②英国—北美西通道，其走向主要包括英国—巴拿马运河—美国西海岸；③英国—巴西通道；④英国—澳洲通道，其走向主要包括英国—好望角—澳大利亚；⑤英国—中东通道，其走向主要包括英国—直布罗陀海峡—苏伊士运河—中东国家；⑥英国—远东通道，其走向主要包括英国—直布罗陀海峡—苏伊士运河—马六甲海峡—远东国家。

二、英国海上通道安全保障历史沿革

英国是较早实施海洋战略，且把海洋战略与海上通道安全有效结合起来的国家。英国针对不同时期的海上通道安全威胁，采取了一系列保障措施，从而使其称霸海洋长达一个世纪。

（一）海外殖民地扩张（17 世纪初~18 世纪末）

17 世纪，荷兰海外贸易发展迅速，凭借强大的海上力量垄断了世界海上贸易，成为"海上马车夫"，于 17 世纪 40 年代趁英国内战控制了英吉利海峡，妨碍了英国经济与贸易发展，这使得英国意识到保障海上运输通道安全与畅通的重要性。该时期，英国经济与贸易的发展主要秉承重商主义和殖民主义思想，通过进行海外殖民扩张，拓展其贸易，注重保障海上通道安全。

在此背景下，英国的海洋战略是从海上进行海外扩张，建立海外殖民地，其主要以军事战略为主，辅以其他非军事战略，并针对不同的海上威胁，采取不同的海上安保方式确保海上通道的安全与畅通。

首先，为遏制荷兰在海运贸易中的垄断地位，维护英国资产阶级利益，发展本国航运，英国制定了《航海条例》。"航海条例是重商主义原则下的产物，是英国为了打击海上贸易对手，发展自己的航海力量而多次颁布的贸易限制法案。"[①] 英国通过垄断殖民地的生产和通航，使他国无法插足英殖民地贸易。

[①] 岳恒：《试析英国历史上的"航海条例"》，载《黑龙江教育学院学报》2012 年第 9 期，第 192~194 页。

其次，为进一步拓展海外殖民地，英国采取设立"特许公司"① 的方式。国王赋予某些企业贸易特权，武装商船进行远洋探险和殖民开辟，获取工业原料。该政策为英国夺得霍尔木兹海峡，并战胜东印度等各种敌对势力。

最后，为更好地保护本国商船，英国提出"自愿护航"政策，而后转变为"强制护航"的保障政策，较好地保障了本国商船航行安全。

综上，该时期英国的海洋战略是以扩张海外殖民地为主要目标，以军事手段为主，其他手段为辅。随着欧洲各国争霸斗争的发展，英国的海洋战略、在海上通道安全保障政策上产生较大变化，以确保其海洋强国的地位。

（二）"大陆均势"与"光荣孤立"（19世纪）

19世纪上半叶，沙俄向欧洲扩张，成为欧洲大陆的强国，其以圣地保护为借口，欲获得君士坦丁堡和黑海两海峡的控制权，成为英国在欧洲的主要威胁；19世纪后半期，欧洲各国间争霸斗争愈演愈烈，为确保强势地位，英国在其中起到斡旋协调作用，维系各国力量均衡，为此，英国主要推出"大陆均势"和"光荣孤立"② 两大国家战略。

该时期，英国在海洋战略上也体现出"大陆均势"和"光荣孤立"两大国家战略思想。针对海上面临的威胁，英国制定了基于"大陆均势"和"光荣孤立"的海上通道安全保障战略。第一，在均势政策下，针对沙皇俄国的威胁，英国联合法国，扶植没落的奥斯曼帝国，在克里米亚战争中大败俄国，进一步维系欧洲各国力量均衡，确保自身霸主地位。该战略加强了英国对欧洲海上通道的控制，有利于其向近东、印度和远东地区的扩张。第二，英国不断加强和扩大海上利益和殖民霸权。该时期，其占领了亚丁，作为印度洋上的一个重要的海军基地，从而利于控制印度洋。夺取香港作为远东商业军事基地，可以更好地控制南海海域。兼并了新西兰，在澳大利亚迅速进行移民和开拓。

综之，该时期英国主要是通过斡旋协调方式达到维系欧洲均势的目标。虽然，英国在1887年同奥匈和意大利订立了《地中海协定》，以在近东对付俄国，在地中海对付法国，但是该协定并没有发展成为附带固定军事义务的结盟状态。就这样英国在19世纪后半期独立于任何同盟之外，以"光荣孤立"自豪，操纵

---

① 1560年末，伊丽莎白女王向英国商人颁发了特许状，允许他们在15年内垄断好望角到麦哲伦海峡的贸易，英属东印度公司宣告成立，其在英国的远东地区的海外贸易和殖民地扩张中发挥了重要作用。参见：张炜：《国家海上安全》，海潮出版社2008年11月版，第205页。

② 大陆均势的目的是英国为反对大国谋求欧洲大陆霸权，巩固欧洲大陆沿岸阵地，保持自己海上霸权。光荣孤立政策是指不同其他国家订立长期盟约，以便随时按本身需要，调整对外关系，弹性的调整和维持均势，使得英国能够利用其优势在经济上巧取豪夺，保持霸权。

欧陆的平衡，维系英国主导优势。

（三）战略核威慑保交（20世纪）

二战结束后，美国和苏联成为世界头号大国。英国在二战时虽取得了胜利，但由于综合国力的衰退，海上力量受到很大削弱，失去海上霸主地位。作为美国坚定的盟友，英国一向把苏联看作自己的主要威胁。冷战期间，英国作为北大西洋公约组织成员国，主要利益在西欧，在海外还有较多殖民利益。

因此，该时期，英国实行的是"战略核威慑[①]与保护海上交通线安全"的海上战略，以苏联为主要作战对象，以欧洲和大西洋为主要战场，兼顾北约以外地区，依靠美国的核威慑力量和本国有限的核武器，与北约成员国一起推行前沿部署和灵活反应战略，以确保北约海上通道安全、维护英国国家利益。

一方面，针对苏联舰队可能对黑海、波罗的海、地中海所造成的威胁，英国制定了战略核威慑保交策略，并建立战时积极应对手段。该策略以苏联为假想敌，以地中海和大西洋及附近海域为主要战场，依托美国为首的北约军事力量，力图通过核武器维持自身在国际事务中的影响力。1969年，英国建成四艘战略核潜艇"北极星"号，搭载自行研制的核弹头和美国提供的导弹，开始进行海上巡航与核威慑。基于该政策，其部队常年保持备战状态，在地中海、中东、波斯湾都有驻军，常年保持至少1艘潜艇游弋在中东至英国的石油海上通道上，并经常派遣船只前往该通道途经水域进行侦查、巡逻和扫雷等活动，以显示其威慑力量的存在和保卫海上通道安全的决心。

另一方面，为保护海外领土与利益，英国与阿根廷展开马岛战争，并最终取得胜利。该战争使英国重新控制南美洲的重要通道节点，麦哲伦海峡，并有利于英国海军在两栖作战方面的发展。

综上，英国是古老的海洋国家，其十分注重海上通道的安全保障，早从17世纪开始就积极制定相应的政策与措施，并确定很好的保障效果，具体如表8-3所示。

[①] 在慑止苏联进攻的首要目标支配下，基于自身衰弱和战略脆弱性认识形成的英国核威慑战略具有明显的防御性质，对英国来说，核武器不仅是潜在的"制胜武器"，而且是避免全面设防的工具。参见：谌焕义、陈向阳：《论战后初期英国独立核威慑政策的形成》，载《广西师范大学学报：哲学社会科学版》2008年第2期，第104~109页。

表8-3 英国海上通道安全保障主要政策和措施的发展历程

时间	内容	效果
17世纪初~18世纪	英国采取设立"特许公司"的方式	拓展海外殖民地为英国夺得霍尔木兹海峡、并战胜东印度等各种敌对势力奠定基础
	颁布《航海条例》	遏制荷兰在英国海运贸易中的垄断地位
	提出"自愿护航"政策和"强制护航"的保障政策	确保本国商船航行安全
19世纪	英国提出"大陆均势"和"光荣孤立"政策	加强了英国对欧洲海上通道的控制,有利于其向近东、印度和远东地区的扩张
	占领亚丁	有利于控制印度洋
	夺取香港作为远东商业军事基地	有利于控制南海海域
	采取"先同意,再夺取"的政策,取得运河控制权	虽未能阻止运河开通,但最终控制了苏伊士运河,并获取大量利益
20世纪	与美国进行大西洋海上联合护航	确保海上航行安全
	依托美国支持,实行核威慑保交战略,维护石油航线安全	确保黑海、波罗的海、地中海的安全
	在地中海、中东、波斯湾驻军	保障海上石油通道的安全
	维持最低限度核打击战略	能够在其航线上对别国形成一定威慑,但作用有限
	与阿根廷展开马岛战争	控制麦哲伦海峡

三、英国海上通道安全保障现状

进入21世纪,英国海上安全环境有所改善。随着欧洲、美国继续保持着强劲的东扩势头,在相当长时间内,全球不会发生大规模的海上武装战争。因此,为了维持英国对世界事务有一定发言权的地位,海洋战略也倾向于由海向陆上事务发展,更加注重海上通道安全陆上事务的保障。

（一）保障目标：确保既得利益维护国家安全

英国一向以国家利益至上，作为岛国，对外依存度也比较高，进出口货物基本都是通过海上通道运输，因而，保障海上通道安全对于英国国家利益和政治、经济安全至关重要。而随着英国海上利益的不断衰弱，海上通道安全保障的目标是尽量确保既得利益。

二战后，英国失去大部分海外殖民地，从而失去了以殖民地对全球海上重要战略节点的控制，如索马里和肯尼亚殖民地有利于控制曼德海峡，而新加坡殖民地能够控制新加坡海峡，而南非殖民地能够控制好望角等，因而，在海上通道控制方面，英国的利益不断衰弱。尽管如此，英国还是尽量维持其对部分海上战略节点和关键海域的控制，如控制直布罗陀海峡等。同时，由于自身保障能力有限，而美国控制了全球较多海上战略节点，因而英国成为美国的盟友，以依赖美国保障海上通道安全，从而最大限度地确保和维持英国现有利益，保持海洋强国地位。

（二）保障重点：注重软实力

英国海上通道安全保障的重点是注重软实力，主要体现在英国加入并控制一些国际海事相关组织，从而主导制定国际海上通道安全保障相关规则与公约，其还不断加强海上安全相关信息搜集与管理，出版较多海上航行必备的海图、书籍等。

首先，在海事组织方面，英国几乎加入了所有具有国际影响力的海事相关组织，并且这些组织中的大部分总部设在伦敦，如国际海事组织（IMO）、国际海事卫星组织（International Maritime Satellite Organization，INMARSAT）等。一直以来，英国主导或参与这些组织制定海上通道安全保障相关规则、公约，如《国际海上人命安全公约（International Convention for Safety of Life at Sea，SOLAS）》《国际海上避碰规则》《国际船舶安全管理规则》《国际海事劳工公约》《国际海事卫星组织公约》等，保持其在国际海事相关组织中的话语权，主导全球海上通道安全保障等海事事务相关规则的制定。

其次，在海上信息方面，英国通过对海道进行测量、全球海上信号收集等，建立全球最全的航海信息数据系统，从应用角度，分类建立多种相关的数据库。主要包括气象与气候数据库、海洋数据库、海洋生物数据库和海底数据库。其中，海底数据库分为水文数据库和海底地形特征数据库两类。前者主要是为"商船和军用舰船（包括潜水艇）等的航行安全和铺设海底通信电缆而建立。"后者主要是"为海上石油业、滨海砂矿业、海底电缆以及有关的海底装置所收集的海底地质数据,后来又增补了为海岸工程和港口工程所收集的测量数据。"① 基于海洋信息数据库,英国每年出版较多国际权威的航海安全相关出版物,其中很多成为国际海事组织(IMO)要求船舶必备的航海出版物,如《世界大洋航路》《航海通告》《航路指南》《潮汐表》《灯标和雾号表》《无线电信号书》等,涵盖海上安全的众多方面。

(三)保障体系:组织架构集中

英国海上通道安全保障体系主要涉及两大部门,国防部和环境运输区域部,四个机构,英国海军、海事及海岸警卫署、海事调查委员会以及海道测量局。英国海军战时负责武装作战,而平时负责巡逻、防卫、缉毒缉私,并协助海事及海岸警卫署进行海难救助等;海事及海岸警卫署主要负责海上搜救、水域环境保护、制定海事法律法规和应急响应等;海事调查委员会主要负责船舶事故调查;海道测量局主要负责海道测量、海图制作出版等,如图8-2所示。

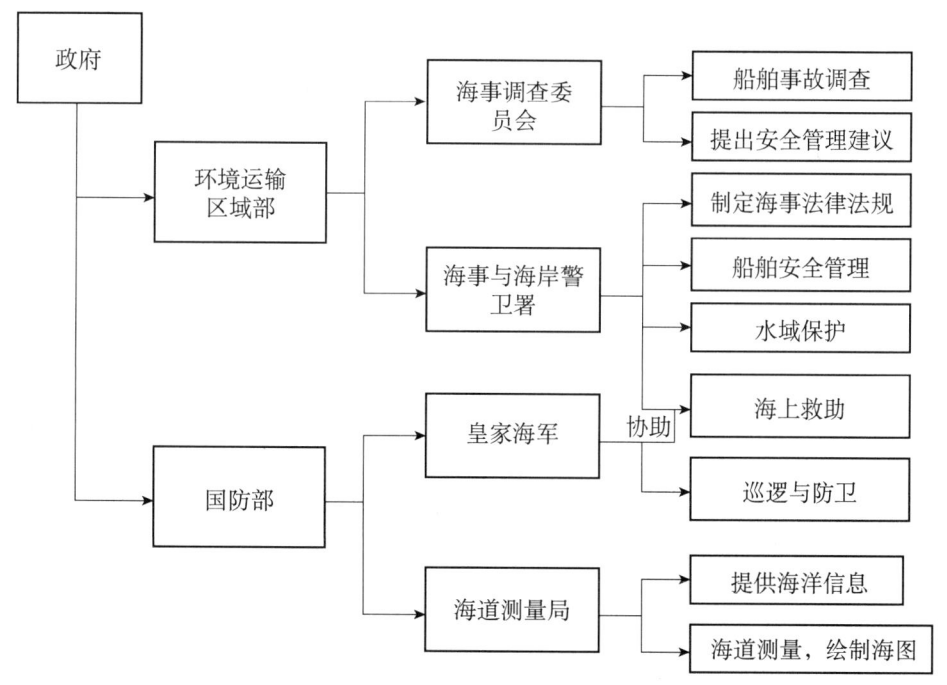

图8-2 英国海上通道安全保障体系

---

① 吴克勤:《英国海洋信息系统的开发》,载《海洋信息》2001年第2期,第1~3页。

1. 环境运输区域部

环境运输区域部下与海上通道安全相关的部门主要有海事与海岸警卫署和英国海事调查委员会。

（1）海事与海岸警卫署。

英国海事与海岸警卫署（Maritime and Coastguard Agency，MCA）前身为水上预防警卫队（Preventative Water Guard，PWG），成立于1809年，是世界上最古老的海上安保和救助机构之一。MCA隶属英国环境运输区域部，是海上行政机构，也是英国通道安全保障的重要部门，主要职能是海上搜救、水域环境保护、英国籍和到港外国籍船舶管理、船舶注册、制定海事法律法规和应急响应等。

其中，主要从事海上救助工作的英国海岸警卫队，其隶属MCA管理，只拥有少量船只、固定翼飞机和直升机。英国沿岸有数百搜救站，360多个搜救队，3 500名志愿搜救人员，提供24小时搜救服务。

另外，为应对海上石油污染问题，MCA特设海上救助处置和防污染干预国务大臣代表（Secretary of States Representative for Maritime Salvage and Intervention，SOSREP），有权对英国海域内的船舶或石油平台进行监控和干预，并有权在发生严重污染时，以国家利益为目的，直接下达指令，无须请示。

（2）英国海事调查委员会。

1989年，英国设立了独立的海上事故调查专业机构——海事调查委员会（Marine Accident Investigation Branch，MAIB），隶属于英国环境运输区域部，与海事和海岸警卫局共同负责海上事故调查，但二者调查侧重点有所不同，前者负责调查船舶安全事故，后者负责调查其他海上事故，如海洋污染等，二者可能会同时对同一案件进行调查，但调查的内容和方向不同，在调查时互不干涉。

英国船舶事故调查委员会负责调查船舶事故原因，以避免事故再次发生，其海事调查分为三个等级：一般性询问、初步调查和全面调查。事故发生后，英国船舶事故调查委员会会立即展开对事故的严谨的调查和询问，出具调查报告，并提出安全管理建议。

2. 国防部

国防部下与海上通道安全相关的部门主要有英国皇家海军与海道测量局。

（1）英国皇家海军。

英国皇家海军是英国海上通道安全保障的核心力量，创立于1546年，其任务在战时负责武装作战，而平时负责巡逻、训练以及防卫外，也包括缉毒缉私、协助海岸警卫队进行海难救助、检查和保护渔业等。英国海军通过海外巡逻和驻扎的方式维持英国在关键利益地区的力量存在，尤其是大西洋、地中海和中东地区。英国皇家海军由水面舰艇部队、潜艇部队、海军航空兵、海军陆战队、两栖作战部队、海上补给支援部队组成。

英国海军建造的"机敏"级核潜艇是英国历史上最大、最先进、投资最高的潜艇,融合了大量最新科技,是英国先进军事技术的体现,可以携带"战斧"导弹,对2 500公里之遥的陆地纵深地区进行精确打击,实现"战略核威慑"政策。已经服役的最新45型导弹驱逐舰、即将服役的"伊丽莎白女王二世"和"威尔士亲王"号航空母舰,都是英国海军最高科技的集成。

(2)英国水文局(海道测量局)。

英国水文局(The United Kingdom Hydrographic Office,UKHO),也叫英国海道测量局,成立于1795年,隶属英国国防部。该局承担航海图书目录、潮汐表、潮流表、数字海图、航海资料等产品的出版,航海安全信息与航海通告的发布、海道测量的管理、测量设备的研发等任务,还要提供大地测量、地球物理和海洋科学调查等数据。不仅为英国政府提供海道测量服务、为英国武装力量在全球范围内的军事行动提供海道测量方面的支持,而且为其他国家(特别是英联邦成员国)提供技术援助做出了很大贡献。

海道测量局每年有5 000多份《航海通告》通过书面或互联网在线发布,从而确保海军能够获得最新的重要的海上安全信息。通过自身的海军部电子航海图(Electronic Navigational Chart,ENC)和光栅海图(Admiralty Raster Chart Service,ARCS)服务,现已成为全球航海海图及出版物的首席供应商和电子海图开发的重要伙伴。

3. 其他机构

英国海上通道安全保障还包括英国溢油控制协会、贸易工业部等。英国溢油控制协会成立于1981年,由若干关心海洋油污染问题的公司组成,代表政府为海洋、陆地溢油污染事故提供必要应急处理设备和服务。该协会不仅为国际海事组织提供专业咨询服务,还经常协助英国与欧洲联盟的海事局及环保署进行溢油污染事故的处理。

贸易工业部负责英国石油及天然气等资源的勘探管理与开发许可,其中涵盖发展、生产、监督、运送、油污染预防及沿岸地区环境保护等,配合海洋与海岸防卫队提供有关海洋污染处理作业方式的建议。

(四)保障手段:以外交手段为主

进入21世纪,世界格局发生变化,英国海上通道安全保障的手段也发生了变化,其主要注重通过外交、法律、科技等手段,来确保海上通道的安全与畅通,从而保持国际航运强国的地位。

1. 外交手段

根据自身利益寻找恰当定位，从而积极利用国际形势变化中的积极因素为英国海上通道安全保障战略服务，是英国海上通道安全保障的主要特点。在自身利益不断衰弱的情形下，依赖盟友保障海上通道安全，是英国海上通道安全保障的重要内容。

一方面，英国依赖美国保障海上通道的安全。在英国海上霸权向美国转移的历史进程中，英国顺应形势，承认美国的海上优势，进而积极寻求与美国海军合作来保障英国海上通道安全，以实现国家战略目标，如2003年，在美国对伊拉克发动战争时，英国积极支持美国，目的是帮助美国确保波斯湾区域安全，以更好地保障远东—欧洲通道安全；2007年，美国空袭伊朗的计划得到英国的支持，目的是帮助美国控制霍尔木兹海峡；目前英国支持美国对叙利亚进行军事干预和经济援助，目的是帮助美国保障地中海区域的安全；同样，在英国与阿根廷进行马岛（马尔维纳斯群岛，英称福克兰群岛）争夺时，美国大力支持英国，主要是针对麦哲伦海峡的控制。

另一方面，英国也通过进一步加强与欧洲国家的合作来保障海上通道安全。英国主要是加强英法合作，借助法国和欧盟力量保障英国海上安全和国家利益，同时也可借助法国和欧盟力量平衡美国的影响力，凸显其外交独立性和在美欧关系中的特殊作用。2010年11月，英国与法国宣布将建立更为密切的防务合作关系，"两国将共同创建5 000人的联合快速反应部队，在2015年之前实现核试验设备共享，2020年起共用航母。"① 此外，英国通过与法国共享更多的海上情报，以利于其海上通道安全预警与应急。

2. 法律手段

众所周知，海洋战略是国家海洋发展的顶层设计，是一个系统的战略体系，包含海洋经济、政治、管理、法律、安全等子战略。其中海洋战略下的法律制度是从国家层面以法律的形式规范其海洋发展，并为其指明方向。在法律方面，基于国家海洋战略，英国建立了比较完善的海洋法律制度。目前，针对海上恐怖主义、海盗、海上搜救等方面，英国均制定了相应的法律，以保障海上通道的安全。

在海上通道安全国内立法方面，英国制定《2000年恐怖主义法》《2011年预防恐怖主义和调查措施法案》《公正和安全法案》《商船航运和海事安全法》《2003年海上安全法》《海洋指导须知420》等，通过这些法律以保

---

① /France-UK summit - Joint press conference given by Nicolas Sarkozy, President of the Republic, and David Cameron, Prime Minister of the United Kingdom of Great Britain and Northern Ireland0, London, November 2, 2010, http://www.ambafrance-uk.org/France-UK-summit-Declaration-on.html.

障海上通道中港口节点、航行船舶等的安全。在与国际海运安全相关公约的衔接方面，英国参与制定很多海上安全相关的国际公约，主要包括《联合国海洋法公约》《海上人命安全公约》等，公约中关于海上搜救程序等相关海上通道安全的内容，英国都相应的转化为国内的相关法律，如《商船与海洋安全法》等。通过与国际公约的较好衔接，英国不断完善其海上通道安全保障的法律体系。

3. **科技手段**

英国除将高新技术应用到海军建设中外，更加注重将高新技术运用于海洋信息搜集中，以获得海上通道相关物理信息，建立海上通道相关数据库，从而有利于保障海上通道的安全。

在海洋信息搜集方面，英国将声呐、回声测深仪、磁探仪、海洋调查仪器、传感技术、数据传输、导航定位、电子测量等较多高科技应用到海道测量船中，如"海客拉"级海道测量船、"先驱"号水文测量船，主要用于水文测量和海洋调查，以测量海区、航道的水深，测定海底地貌、暗礁分布，搜集洋流、风浪、潮汐、台风/飓风、大雾等海上通道物理信息。英国根据搜集到的海上通道相关信息，建立全球最全的海洋信息数据库，从而为更好地保障海上通道安全提供较多数据支持。

4. **军事手段**

英国海上通道安全保障的军事手段主要是利用海外殖民地，对一些海上通道战略节点和区域进行控制，并注重军事演习，以提升海军保障能力。

首先，在海外殖民地方面，英国仍是拥有海外殖民地较多的国家，利用这些殖民地，有利于保障一些重要海上节点。开曼群岛殖民地位于加勒比海，有利于英国帮助美国保障巴拿马运河；马尔维纳斯群岛（福克兰群岛）则主要是有利于控制麦哲伦海峡；直布罗陀殖民地使得英国可以控制直布罗陀海峡；圣赫伦那岛殖民地主要是有利于控制好望角，这是远东—南美洲通道途经的重要区域；英国在迪戈加西亚岛上设有军事基地，有利于其控制远东—欧洲通道。

其次，在海上军事演习方面，近年来，英国在一些关键海域或者敏感海域参加海上军事演习。2000年，英国和波兰开始在波兰北方格丁尼亚—奥克希维耶军港举行联合海上军事演习，主要是针对波罗的海的海上安全；同年，英国皇家海军与科威特海岸警卫队举行联合军事演习，主要是针对波斯湾海上安全；2013年5月，英国皇家海军参与41国在波斯湾进行的国际扫雷训练，这是海湾地区应对水雷威胁最大规模的军事演习，通过演习保护海上基础设施、护航商船，并有利于控制霍尔木兹海峡。

5. 其他手段

英国也采用私人安保公司进行海上护航,从而保障海上通道安全,如刚组建的"堤丰"公司,其护航队包括一艘母舰和一艘巡逻快艇,在印度洋海域对抗索马里海盗,护送油轮、散货船或者游艇通过非洲东海岸。

(五) 保障制度: 应急制度完善

随着全球海运贸易的增加,海上通道航行船舶十分密集,一旦突发事故出现,不仅会造成重大的人员、财产等损失,还会对海洋环境、海上通道的安全性造成较大影响,鉴于此,建立海上通道安全评估预警应急制度至关重要。作为历史悠久的海洋国家,英国建立了完善的海上安全评估预警应急制度。

一是在海上安全评价方面,英国进行了大量研究工作,总结出来一整套的系统性安全评估方法与理论,而且在20世纪90年代,英国学者以安全系统工程为理论基础,提出了海上通道综合安全评估方法(Formal Safety Assessment, FSA),并指出海上安全评估的五个步骤,即"危险识别""风险评估""风险控制""费用与效益评估"和"提供决策建议"。[1] 2001年,国际海事组织海上安全委员会会议正式通过《FSA指南》,FSA成为全球海上通道安全评价的重要方法,为国际海运安全评价提供了科学工具。

二是在预警制度方面,英国根据美国国土安全部的预警系统,制定新的海上通道恐怖预警系统,将海上通道及附近的恐怖危险划为低、中、高、严重、危急五个等级,其中,"危急"表示有充分的情报显示恐怖袭击即将来临。

三是在应急制度方面,英国根据海上通道附近污染事故的性质和严重程度,采取分级应急处置模式,中央政府负责重大海上事故的危机决策,而地方政府负责一般海上突发事故,并及时向中央政府汇报。从应急流程上看,先确定发生突发事件的海上通道范围,并对危险进行预测,再建立海上应变处理作业程序,接着给出全部相关海上作业区域地图、应变处理能力表等,然后选择损害最小的应急处理计划,进行处理。

由上可知,英国为维护既得利益和国家安全,积极制定海上通道安全保障政策与措施,取得了较好的保障效果,具体如表8-4所示。

---

[1] 秦庭荣、陈伟炯、郝育国等:《综合安全评价(FSA)方法》,载《中国安全科学学报》2005年第4期,第88~92页。

表8-4　　　　　英国海上通道安全保障主要政策与措施现状

内容	效果
实施"由海向陆"战略	开始建造能够进行海陆联合作战的新型海军
与法国共建联合快速反应部队	有利于更好地控制麦哲伦海峡
颁布《2000年恐怖主义法》、《2011年预防恐怖主义和调查措施法案》《公正和安全法案》《商船航运和海事安全法》《2003年海上安全法》《海洋指导须知》	保障海上通道中港口节点的安全 保障航行船舶的安全
利用殖民地保障通道安全,如开曼群岛、福克兰群岛、直布罗陀、圣赫伦那岛等	通过这些殖民地控制海上通道上的重要节点,如麦哲伦海峡、直布罗陀海峡、好望角等
在一些关键海域或者敏感海域参加海上军事演习	有助于控制关键海域 应对水雷威胁 加强控制霍尔木兹海峡
采取分级应急处置模式	有利于海上通道安全应急事件处理
制定新的海上通道恐怖预警系统	有利于海上通道恐怖预警
提出了海上通道综合安全评估方法FSA（Formal Safety Assessment）	国际海事组织海上安全委员会会议正式通过《FSA指南》,成为全球海上通道安全评价的重要方法,为国际海运安全评价提供了科学工具

四、英国海上通道安全保障特征

英国海上通道安全保障是通过军事优势、保持话语权维持国家利益,并注重完善海上通道安全保障制度。

（一）保持海军优势维护国家利益

作为曾经的海上霸权国家,在历史上英国海军所起的作用、发挥的影响比较大。英国称霸海洋期间的海洋战略就是海军战略,即是通过保持海军优势维护国家利益,且英国将海军优势作为既定的国策。在英国的海军战略中,一直十分重视海上战略通道，主要是因为利用海上通道，可以为国家输入所必需的原料和输出成品，更重要的是，利用海上通道的联结作用，一方面可以控制海上通道战略要道，扩大其海上范围，如马岛战争，英国通过海军优势获得马岛的控制权，这不仅有利于其控制麦哲伦海峡，而且有利于英国海洋战略的实施；另一方面可以扩大英国的实力范围，施加政治影响，捍卫殖民利益。因而，英国通过保持海军优势在海外拥有大量殖民地，鼎盛时期英国殖民地面积比本土面积大150倍，其面积和人口均占同期世界的四分之一。

（二）发展软实力保持话语权

作为世界历史悠久的沿海国家，虽然近年来英国海洋实力不断衰弱，为维持国家利益和海洋权益，其海上通道安全保障逐渐以软实力为主，软硬兼备。一方面，英国通过加入或主导成立一些国际涉海组织，如国际海事组织、国际海事卫星组织等，在这些国际组织中拥有话语权，从而主导制定一些海上通道安全相关国际规则、公约等，如《国际海上人命安全公约》《国际船舶安全管理规则》等。另一方面，英国注重科技的应用，以不断提升海上通道安全保障硬件设备的性能，如将声呐、磁探仪、传感技术等应用到海道测量船，以测量海上通道相关物理信息，建立全球最完善的航海信息数据库，并利用这些数据库出版很多船舶必备的海图、书籍等，从而为更好地保障海上通道安全提供较多数据支持。

（三）法律制度完善保障制度有效

海洋战略是国家海洋发展的顶层设计，是一个系统的战略体系，应包含海洋经济、政治、管理、法律、安全等子战略。其中，海洋战略下的法律制度是从国家层面以法律的形式规范一国海洋发展，为其指明方向。在法律方面，英国建立了比较完善的海洋法律制度。在海上通道安全保障方面，英国针对不同的海上安全威胁，如海上恐怖主义、海上污染、海盗等，制定了《英国海洋法》《恐怖主义法》《海上安全法》《交通运输法案》《国际船舶和港口设施安全条例》等，以立法的方式将海上通道安全保障上升到国家层面，并通过法律来保障海上通道节点与货物运输的安全。同时，根据国际公约中关于海上通道安全保障的部分内容，英国都相应的转化为其国内的相关法律，如《商船与海洋安全法》等。

在管理制度方面，英国建立了有效的海上事故应急处理制度、海上通道预警制度以及安全评价制度，从而较好地从事故发生前、发生中、发生后各阶段保障海上运输通道的畅通。首先，在应急处理方面，针对不同的海上事故，英国建立中央政府和地方政府两级应急处理制度，从而将事故损失降低到最低程度；其次，在预警方面，英国提出五级预警系统，并制定一些威胁防范体系，以更好地保障海上通道的安全与畅通；最后，在海上安全评价方面，英国最早提出综合安全评估方法，并最终成为国际海事组织认定的海上安全评价方法，为全球海上运输安全评价提供了科学有效的方法。

第九章

亚洲国家海上通道安全保障研究

日本、韩国、印度是我国多条海上通道必经的沿岸国家，是重要的海上通道参与国和亚洲内部区域性的海上通道主导国，其海上通道安全保障政策和法规对我国海上通道安全具有不可忽视的重要影响。

第一节 日本海上通道安全保障研究

日本是一个资源极度匮乏的四面环海的岛屿国家，由北海道、本州岛、四国岛、九州岛四个大岛和数百个小岛组成。日本独特的地理位置和外向型经济决定了其必须时刻关注海上运输航线的安全，重视海上通道安全保障战略。

一、日本海上通道概况

日本海上通道主要包括：①日本—北美西通道；②日本—北美东通道，其走向主要包括日本—巴拿马运河—北美东海岸；③日本—澳洲通道；④日本—南美通道，其走向主要包括日本—马六甲海峡—好望角—巴西；⑤日本—中东通道，其走向主要包括日本—马六甲海峡—波斯湾—中东国家；⑥日本—欧洲通道，其走向主要包括日本—马六甲海峡—苏伊士运河—欧洲国家。

二、日本海上通道安全保障历史沿革

（一）推行富国强兵政策实施海洋扩张（1945年以前）

1853年美国从海上入侵日本，强迫其缔结日美《神奈川条约》；1854年美、英、法、荷四国组成联合舰队发动下关战争，出动17艘军舰，摧毁日本岸上炮台，日本被迫讲和，支付赔款300万美元。西方列强的侵略，使日本意识到海洋对国家利益的重要性，以及加强海军建设的必要性。

因此，日本推出"富国强兵"的国策，以实施海洋扩张战略，主要以军事手段确保海上通道的安全。基于"富国强兵"国策，首先，日本组建海军，提出"拓万里波涛，布国威于四方"的政策，并确立了"海军建设为第一急务"的方针，希望通过打败中国北洋海军，控制西太平洋，从而可以控制日本—欧洲通道，以实现维护其海上战略通道安全的目的。其次，日本通过"南进"战略，企图夺取从印度洋到中西太平洋的辽阔海域，构建"大东亚共荣圈"。最后，日本与英国联盟，签订《英日同盟条约》，依靠同盟军进行海洋扩张，维系在整个远东地区乃至印度的海上优势，从而控制日本—欧洲通道。

综上，在该时期日本主要通过建设海军、组建同盟等方式，以实现海洋扩张的目的。随着二战的爆发，国际形势发生较大变化，日本对海上通道安全战略进行巨大调整，以应对局势变化。

（二）依赖美国保障海洋（1945~1991年）

二战后，欧美日在东亚的殖民体系相继瓦解，日本失去对所占领土的控制权，而美国获得西太平洋的海权优势，苏联成为美国西太平洋霸权的有力挑战者。因此，日本提出依赖美国维护海洋安全、保障海上通道的战略思路，与美国签订《日美安保条约》。同时，日本确定了其海洋战略的基本空间，设定海上航线1 000海里的海域为其防御的地理范围。

这一时期内，一方面，日本加强海上通道安全保障研究。根据《海洋国家的防卫》，日本需要在军事、通商、航海等诸多方面提高海洋保障能力，并具备保护战时海上运输的能力，重点加强反潜兵力的建设，并强调自主防卫与日美安保合作相结合。另一方面，日本在1983年出版的《防务白皮书》中第一次明确提出"日本周围数百海里、海上航线1 000海里左右的海域为日本防御的地理范围"。[①] 日本将保护在其防御海域内执行任务的美国作战潜艇和向日本运送物资

[①] 刘善继等：《当代外国军事思想》，解放军出版社1993年版，第144页。

的外国船舶的安全,且战时日本将在该海域实施护航作战,对企图通过日本主要海峡(如宗谷海峡、对马海峡、津轻海峡)的敌潜艇和水面潜艇进行攻击,必要时布设水雷阻止其通行。

(三)强化军事防卫应对非传统威胁(1992年~20世纪末)

由于经济实力的迅速增长,日本争当政治和军事大国的欲望日益膨胀,在美国的支持下,日本海上军事实力不断膨胀。随着苏联的解体、冷战的结束,世界形势发生了深刻的变化,日本国家战略、国家海洋战略也随之进行了调整。日本认为其面临的主要威胁已不是苏俄,而是破坏海上通道安全、海上恐怖行为等危险因素。

因此,该时期日本的海洋战略以防御为主,重视海上通道安全保障,主要任务是不断加强军事建设与海上防卫,打击海盗袭击。在加强军事建设与海上防卫方面,首先,日本加紧建设弹道导弹防御系统,以防止他国弹道导弹对其袭击,加强海上通道安全保障力量的建设;其次,建设海空自卫队,加快装备更新步伐,实现海空军事大国目标;最后,扩大海上防卫战略视野,其海上自卫队航迹已超越西太平洋达到印度洋和波斯湾等海区。

在应对海盗威胁、保障海上通道安全方面,首先,日本强化船舶自卫系统,在船上设置雷达、监视电视、自主警备器等,并增加警戒人员;其次,改进船上装备,设置消防高压水枪、警报汽笛、配备警犬等;再其次,重视船员训练,加强对海盗袭击的警戒、反击等训练;最后,日本先后与东南亚各国合作,在关键海域进行巡航,共同遏制海盗,同时扩大海上通道的防卫范围。

综上,日本在不同时期,针对国家发展实情,制定了相应的政策与措施,详见表9-1。

表9-1 日本海上通道安全保障主要政策和措施的发展历程

发展时期	相关政策与措施	海上通道安全保障效果
1945年以前	推出"富国强兵"的国策	组建海军
	提出"拓万里波涛,布国威于四方"的政策	确立了"海军建设为第一急务"的方针有利于控制西太平洋
	提出"南进"战略	有利于夺取从印度洋到中西太平洋地区
	签订《英日同盟条约》	依靠同盟军进行海洋扩张 有利于控制日本—欧洲通道

续表

发展时期	相关政策与措施	海上通道安全保障效果
1945~1991年	与美国签订《日美安保条约》	依赖美国维护海洋安全、保障海上通道
	制定《海洋国家的防卫》	在军事、通商、航海等诸多方面提高海洋保障能力 强调自主防卫与日美安保合作相结合
	制定《防务白皮书》	确定海上航线1 000海里左右的海域为日本防御的地理范围
1992年~ 20世纪末	建设弹道导弹防御系统	加强在海上通道安全保障力量的建设
	扩大海上防卫战略视野	海上自卫队航迹已超越西太平洋达到印度洋和波斯湾
	在船上设置雷达、监视电视、自主警备器等，并增加警戒人员	强化船舶自卫系统
	先后与东南亚各国合作 在关键海域进行巡航 共同遏制海盗	减少海盗袭击 扩大海上通道的防卫范围

三、日本海上通道安全保障现状

进入21世纪，日本通过出台实施《海洋基本法》和《海洋基本计划》来明确海洋战略是以国家海洋利益和安全为目标，推进海洋资源和专属经济区内资源的开发与利用，保护海洋环境，确保海上运输竞争力和海洋安全，推进海洋调查，研发海洋科技，振兴海洋产业与强化国际竞争力，实施沿海岸综合管理，加强国际联系与促进国际合作，增强国民对海洋的理解与促进人才培养。海上通道安全、海洋安全成为日本海洋战略的重要组成部分，是维护日本海洋利益的重要内容。

（一）保障目标：扩张海上通道确保国家权益和安全

作为岛国，海上通道安全保障对日本至关重要，并且随着日本经济、政治等的发展，为拓展国家权益，日本不断扩展其海上通道。

第一，日本对外依存度高，需要保障海上通道安全。日本经济发展所需要的资源和能源几乎全部依赖进口，同时国内制造的产品大部分向海外国家出口，对外贸易依存度非常高。日本四面环海，海洋是日本对外贸易的主要通道，其资源进口和工业品出口都是依赖海上通道进行，海上通道对日本生存与发展有着至关重要的意义，因而，为确保国家权益，日本十分重视海上通道安全保障。

第二，为获得更多利益，日本不断扩展海上通道保障范围。鉴于海上通道的重要作用，日本为进一步加强对其具有战略意义的远东—欧洲通道的保障，不断扩展海上通道安全保障范围，从本土扩展至菲律宾、印度洋与波斯湾海域，海上自卫队活动范围也延伸至印度洋海域。

第三，虽然在美日同盟体制下，日本依赖美国保障海上通道安全，但是日本欲通过提升自身实力，使得美日同盟发展成为一种更加平等的协商型同盟，以实现日本与美国共同控制太平洋海上通道的目的。

（二）保障重点：确保能源和资源运输安全

日本能源和资源匮乏，对外依存度高，确保这些物资海上运输的安全，是其海上通道安全保障重点。

一方面，日本战略资源主要依赖海外。日本是当今世界第二经济大国，拥有强大的经济和科技实力。但是日本国土面积狭小，资源贫乏，经济对外依存度较高，战略资源和产品市场均过度依赖海外，"粮食自给率只有70%，石油、煤、铁矿石、铝矾土、橡胶、棉花等对外依赖程度达90%以上，有的甚至高达100%。""据统计，日本每年进出口物资达八亿多吨，进出口的海运量占世界海运总量的20%左右。"①

另一方面，日本战略物资主要通过远东—欧洲通道运输。具体航线是"从波斯湾出发，经马六甲海峡或巽他海峡、龙目海峡，进入南海、东海，最后抵达日本"，这条航线货运量"占海上运输量的80%"，"因而这条运输线也被称作日本海上运输的'生命线'"。② 因此，日本海上通道安全保障的重点是确保这条通道的安全，其海上通道保障范围的扩展也是沿着这条海上通道展开的。

（三）保障体系：组织架构层次分明

日本构建了层次分明的海上通道安全保障组织架构，主要由海上自卫队和海上保安厅负责海上通道安全保障，海上自卫队主要是负责保障日本海上通道的安全，而海上保安厅主要负责海上巡逻、海上搜索与救援、海上交通管制等。根据日本《海洋基本法》，又设立了综合海洋政策本部，以全面负责制定海洋政策、

---

①② 李兵：《日本海上战略通道思想与政策探析》，载《日本学刊》2006年第1期，第94~104页。

海运安全以及解决与周边国家专属经济区争议等，如图 9-1 所示。

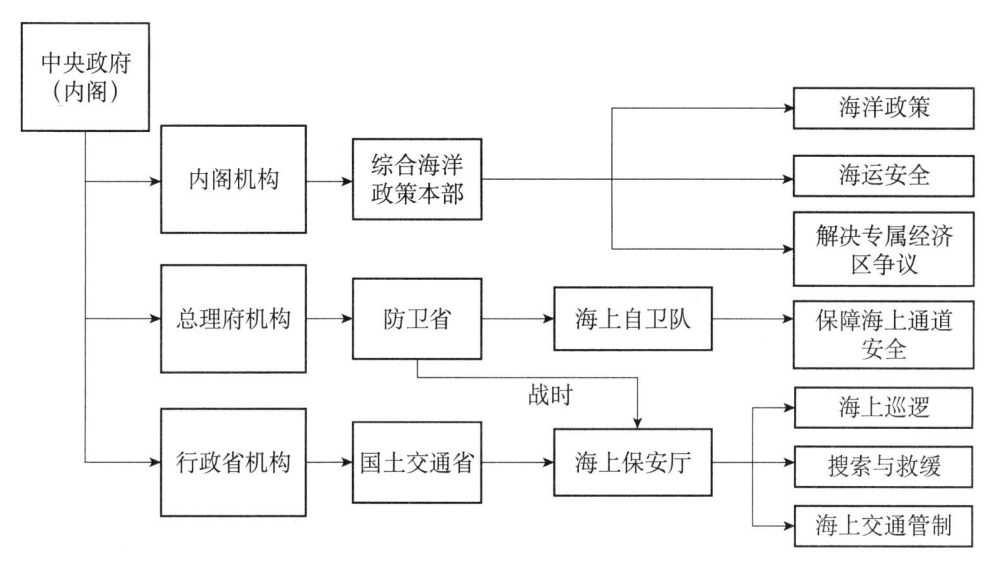

图 9-1　日本海上通道安全保障体系

1. 综合海洋政策本部

2007 年，日本《海洋基本法》中规定设立综合海洋政策本部。综合海洋政策本部设置在内阁中，下设有由十名专家组成的"参与会议"，以及由来自 8 个省府 37 名成员组成的"事务局"。其中，本部长由内阁总理大臣担任，两名副本部长协助本部长，制定和实施综合海洋政策，分别由内阁官房长官和海洋政策担当大臣担任，成员由内阁大臣担当。海洋政策担当大臣除负责制定日本的海洋基本计划，实施渔业及其他海洋资源的开发、保护和安全运输外，还负责妥善解决与周边邻国关于专属经济区的争议。

2. 日本海上保安厅

日本海上保安厅（Japan Coast Guard，JCG）是日本海上警察机构，隶属于日本国土交通省，建立于 1948 年 5 月 1 日，初创时主要是为了管理日本海上的交通安全，且排除战时在日本近海布下的大量水雷，以旧日本海军军人和舰艇为主体建立。海上保安厅共包括总务部、装备技术部、警备救难部、海洋情报部、灯标部 5 个职能部，11 个管区，以及海上保安大学和海上保安学校等。海上保安厅的职责是维护海上治安与安全，具体包括海上巡逻、搜索与救援、水道学与海洋学调查、海上交通管制等。

3. 日本海上自卫队

日本海上自卫队（Japan Maritime Self Defense Force，JMSDF）是日本自卫队的海上部分，成立于 1954 年 7 月 1 日。海上自卫队是防卫省的下属特别军事机关，相当于其他国家的海军，是日本现在的海上作战部队。由于日本采取专守防卫的立场，原则上不配备具远洋扩张性舰种（如航空母舰、巡洋舰和核潜艇等）及兵种（如海军航空兵和海军陆战队）。

日本海上自卫队的基本任务是保卫国土安全和保卫向外辐射 1 000 英里范围内的近海交通线。由于需要通过海上航线获得能源，因此日本对保卫邻近海域交通线和维护海上交通非常重视。日本为维护海上运输通道安全，海上自卫队已形成了一套较为完整的作战思想，即担负反潜护航、海峡封锁、海上防空、水面打击、扫布雷及登陆和抗登陆等作战任务，并以反潜护航为主要作战任务。

4. 日本海上保安厅与自卫队协同保障

日本的海上通道安全主要由海上保安厅和海上自卫队共同负责，海上自卫队对海上通道安全的保护体现在威慑和宏观方面，具体海上安全合作和海上通道保卫则由海上保安厅来完成。日本《海上保安厅法》特别强调海上保安厅及其职员不按军队模式进行组织和训练，不执行军队职能。日本自卫队不能在盟国受到攻击时与其共同对敌，因此海上通道保卫具体操作中，作为海上警察机构的海上保安厅能够更为灵活有力，在海上自卫队为宪法所限不能参加某些带有集体自卫性质的行动时，可由海上保安厅代替。

日本海上保安厅实际上是一支海上准军事力量，平时隶属于国土交通省，战时由防卫省直接指挥。海上保安厅日常情报、指挥、通信及控制系统均与海上自卫队相通，海上保安厅的管区与海上自卫队的警备区相互交叉重叠。一般情况下，海上保安厅出面处理海上事端，自卫队舰艇予以保障配合。在有争议海域，海上保安厅还根据具体事态，协调自卫队舰艇参与应急行动。双方每年频繁举行联合巡逻和联合训练。由于海上保安厅名义上隶属于国土交通省，因此在处理与周边国家领土及海域之争时又不方便派遣海上自卫队的时候，动用海上保安厅应对有关事态，既可以将事态性质控制在民事范畴内，避免日本宪法的约束，还可以避免有关事态升级为军事冲突。

（四）保障手段：综合保障

日本战略资源运输的主要通道是远东—欧洲通道，石油进口的 90% 和各类货物运输的 40% 都是通过该通道，因此，日本采取综合手段来实现保障海上通道安全的目的。

1. 经济手段

长期以来，对外经济援助是日本国家发展的重要战略，在海上通道安全保障方面，日本同样采用对外经济援助，通过援助海上通道沿岸国家，不断加强远东—欧洲通道上的控制力和影响力。

在亚洲区域，从 20 世纪 70 年代开始，日本就已经取代美国成为东盟最大的援助国，其政府经济援助的 60% 都投放到了东盟。2011 年，日本对印度尼西亚提供 7.7 亿美元的经济援助，以便于其控制马六甲海峡；2012 年对菲律宾提供 6.3 亿美元的经济援助、对越南提供 27 亿美元的贷款援助，以便于其控制远东—欧洲通道途经的敏感海域——南海。这些援助同时也有利于日本恢复其在亚洲区域的海上霸主地位。

在中东区域，随着第一次石油危机的爆发，日本开始对远东—欧洲通道上的中东国家进行经济援助。在 1999~2003 年，日本通过向伊朗提供官方开发援助资金，如政府日元贷款、无偿资金合作、技术合作等，共向伊朗提供无偿贷款 34.23 亿日元。而在 2014 年，日本宣布拟向中东提供总计 5 000 万美元的难民援助。

在美洲区域，日本主要对远东—南美通道沿岸国家进行援助，这些国家大都集中于中南美洲地区，援助金额在日本对外援助中占到 8%~10%，主要受援国包括巴西、秘鲁、哥伦比亚、巴拉圭和厄瓜多尔，援助方式原先以日元贷款为主，后将技术合作和无偿援助的比重提高。

2. 外交手段

在外交方面，日本不仅加强与美国联合保障，而且加强与马六甲海峡沿岸国家的合作，并与周边国家开展海上通道战略点的争夺，拓展海上通道安全保障范围。

首先，日本不断加强与美国的海上安全联合保障。二战以来，日本一直依赖美国保障海上通道安全，将日美同盟联合保障海上通道安全作为日本海上通道安全保障政策的主轴。日本海上通道安全保障对美国的"依赖"逐步加深。一是由最初依赖美国保障日本本国海上通道安全，发展到帮助保障日本全球范围内的海上通道安全。最初《日美安全保障联合宣言》的签订，"确立了新时期日本在地区及全球安全战略中同美国的新型'全球伙伴关系'"。[①] 在这一政策指导下，日本依赖美国保障海上通道的安全，同意美国在冲绳建立永久海上基地，以帮助日本保障东海海域的安全，并有利于控制台湾海峡。1997 年日美达成了"新的防卫合作指针"，将保障日本本国海上通道的安全扩张到保障亚洲区域、太平洋海域的安全。到 2006 年，确定日美同盟合作的保障范围是包括亚洲、太平洋地区等在内的全球范围。二是由依赖美国军事力量保障海上通道安全，发展到在多个领域合作，共同保障海上通道安全。在美国重返亚太战略和日本需要提升自身

---

① 修斌：《透视日本海洋战略：历史考察与现实应对》，载《南开日本研究》2013 年第 2 期，第 108~127 页。

国际影响力的背景下，日美同盟需扩大合作范围巩固双边关系，在海域防卫范围的增加、海上通道上的海洋气候灾害等问题的解决上深化合作。同时，日本还与美国在情报方面不断加强合作，分享实时情报，为日本海上通道安全保障提供信息支持。

其次，日本加强与马六甲海峡沿岸国家的合作，如菲律宾、马来西亚、印度尼西亚、新加坡等，以有利于其控制马六甲海峡。2011年，日本与菲律宾建立战略合作，日本通过海上保安厅支援菲律宾沿岸警备队以促进双方防卫合作，并进行情报交换，扩大联合军演。

最后，日本与周边国家开展海上通道战略点的争夺，以扩展其海上通道安全保障范围。2012年，日本与中国在钓鱼岛出现争端，企图控制钓鱼岛，主要针对冲绳水道；同时，日本与韩国在独岛出现争端，企图控制独岛，主要针对朝鲜海峡，以更好地保障远东—欧洲通道。

3. 军事手段

在军事保障方面，日本通过海上保安厅在近海设立防线，保障其近海安全，并在敏感海域进行军事演习，以扩大海上通道安全保障范围。

一方面，日本海上自卫队在近海重要节点和区域设立三道海上防线。第一道防线主要是设置在津轻海峡（可以更好地保障远东—北美通道）和宗谷海峡（可以更好地保障北极通道）；第二道防线主要是设置在千岛群岛、琉球群岛链一带，以有利于日本更好地控制远东—美洲通道和北极通道；第三道防线设置在第二道防线以外的海域，可以使日本更好地保障其近海安全。

另一方面，日本加强在敏感区域进行军事演习。近年来，由于马六甲海域、南海及印度尼西亚沿海地区海盗频发，日本借机在这些区域进行联合演习，借此扩大其海上通道的防卫范围。例如，2007年，日本海上保安厅在马六甲海峡同马来西亚海事警察等举行了联合反海盗演习，以有利于其控制马六甲海峡；2011年，日本与美国等国家在南海开展海上通讯演习，以便于其控制南海。

4. 技术手段

技术保障方面，日本一方面利用高新技术进行海洋信息监控与搜集，另一方面，在商船上安装海盗预警系统。

在海洋信息监控方面，日本在宗谷海峡附近的利尻岛、津轻海峡附近的岛屿、对马海峡附近的五岛列岛和冲绳西南的石垣岛设置水下监控系统，以监控海上通道水下信息，并搜集相关声纹资料，为保障海上通道提供相关信息，如暗礁分布等。

在加强商船海盗预警方面，由于日本商船多次受到海盗的袭击，日本有些商船安装了能在海盗侵入时发出警报的"桃太郎""虎之门"等紧急通报系统，强化自主警备。而有些商船则在两弦设置消防高压水枪，设置警报汽笛，船上监视人员携带无线电发报机，配备警犬，在甲板上涂抹润滑油，设置防止侵入网等，以加强对海盗、海上恐怖主义的预警与防范。

5. 其他手段

日本还利用民间保障手段，来达到其海上通道扩张的目的。

首先，日本成立了"马六甲海峡协会""海上安全协会"等民间机构，通过这些机构与新加坡、马来西亚、印度尼西亚分别签订合作谅解备忘录，以帮助三国加强海峡航道维护能力与基础设施建设，从而有利于日本控制马六甲海峡。

其次，日本通过大力发展商船队，控制海上通道上的载运工具，以保障国家能源安全。在干散货船队方面，日本拥有全球最大的干散货船公司——日本邮船。截至2013年底，该公司拥有干散货船舶规模约为2 233万载重吨。在油轮船队方面，日本拥有较大规模的油轮船队，全球排名前十的油轮运输企业中，就有两家是日本企业，即商船三井（排名第2）和日本邮船（排名第4），这两家油轮船队规模接近3 000万载重吨，能满足日本进口石油80%以上的运输需求。同时，日本实行运输贸易一体化，即要求原油进口采用FOB条款（Free On Board，也称"离岸价"，是指买方负责派船运输货物，卖方应在合同规定的装运港和规定的期限内将货物装上买方指定的船只，并及时通知买方），而出口则采用CIF条款（Cost Insurance and Freight，也称"到岸价"，是指卖方负责派船运输货物，并负责办理货运保险，卖方应根据合同支付相应的费用），以确保国家石油战略能源安全。

（五）保障制度：建立危机管理制度

虽然日本没有专门针对海上通道安全的保障制度，但其建立了海上通道重大危机管理制度。当海上通道发生阻断时，首先，海上保安厅立即派遣巡逻船艇、飞机赶赴现场，并由国土交通省在第一时间将危机的情报向内阁情报中心报告，内阁根据情报研究对策；其次，日本通过由通信卫星、海岸电台、船舶和飞机电台构成的海上搜救信息预警系统，搜集海上通道突发事件的相关信息，并通过这些信息对海上突发事故进行分析，在最短的时间内确定搜寻区域、搜寻救助方案；最后，由官邸对策室通报方案，并综合协调相关部门。海难救助现场的救助行动由日本海上保安厅统一协调指挥，在事故现场附近航行的船舶等均要听从海上保安厅的统一协调指挥参加救助行动。

综上所述，作为岛屿国家，日本在海上通道安全保障方面制定了较多政策与措施，详见表9－2所述。

表9-2　　　　日本海上通道安全保障主要政策和措施现状

相关政策与措施	海上通道安全保障效果
对海上通道附近国家进行经济援助	有利于控制远东—欧洲通道上的重要节点,不断扩张其海上通道安全保障范围
大力发展商船队	通过控制海上通道上的载运工具保障国家能源安全
加强与美国的海上安全联合保障	利用美国在冲绳的海军基地帮助日本保障东海域安全
加强与马六甲海峡沿岸国家的合作	有利于其控制马六甲海峡
在近海重要节点和区域设立海上防线	加强对津轻海峡和宗谷海峡的控制,有利于日本更好地控制远东—美洲通道和北极通道,更好地保障近海安全
在敏感区域进行军事演习,如马六甲海域等	扩大其海上通道的防卫范围,有利于控制马六甲海峡

四、日本海上通道安全保障特征

纵观日本的海上通道安全保障的发展历程,可以看出,日本的保障政策采取远交近攻措施,注重海洋综合安保和能源通道上的立体化保障。

(一)远交近攻扩张海洋防卫范围

作为岛国,日本注重海洋发展,不断扩张海洋防卫范围,海洋战略中的安全保障主要特征是通过美国保障其海洋安全,同时与邻国存在主权及其相关海洋权益之争,即实施远交近攻战略。一方面,日本继续加强与美国的合作,通过《日美安全保障联合宣言》、新的《日美防卫合作指针》《反恐怖特别措施法案》等,拓展与美国在安全领域合作的深度和广度。同时,日本加强与菲律宾、印度等国家合作,并对菲律宾、泰国、缅甸、越南等国家进行经济援助,以提升其在亚洲海上通道的影响力。另一方面,日本与周边国家开展海上战略点的争夺,以保障其近海通道安全,如与中国争夺钓鱼岛,与韩国争夺独岛。

(二)加强海洋综合安保注重人才培养

日本海洋战略是一个系统的战略体系,内涵十分广泛,战略实施通常采取多种手段。作为海洋战略的子系统,海上安全保障也需要采取多种手段,如经济、外交等。进入21世纪,日本主张用经济、外交、军事等综合手段维护国家安全,并且注重安全人才的培养以保障海上通道。首先,在综合安全方面,日本采取外交、经济手段援助东南亚国家,并加强与美国、菲律宾等的合作,以利于其控制南海。其次,在人才培养方面,日本在海上保安厅下设置海上保安大学和海上保安学校,并由海上保安厅长官负责。日本海上保安厅的训练舰多次访问东南亚国家,如菲律宾、越南等,借此不仅可以培养安保人才,还可以加强与东南国家的合作,以保障远东—欧洲通道。

(三) 能源通道上的立体化保障

日本能源进口大都依赖海上船舶运输,海上通道安全是船队安全的前提,而船队安全是通道安全、国家能源安全的目的。作为世界主要的能源消费国,日本通过控制能源通道上的载运工具,来实现其对海上通道安全的立体化保障。日本拥有规模较大的商船队,其一直实行政府指导、民间参与的国货国运,采用运输贸易一体化政策,尤其是油轮船队。日本拥有3 000万载重吨的油轮船队,可以完成国家80%以上的油轮运输,实现日本石油战略能源储备。目前,日本石油能源储备天数位居世界首位,已超过150天。

第二节 印度海上通道安全保障研究

印度是一个三面濒海的南亚大国,海岸线长达6 083公里,是连接亚洲、大洋洲、非洲和欧洲的主要海上交通枢纽,战略地位非常重要。近年来印度经济持续增长,对外部能源供给依存度加大,促使印度日益重视自身的能源安全和海洋安全。

一、印度海上通道概况

印度海上通道主要包括:①印度—中东通道,其走向主要包括印度—波斯湾—中东;②印度—亚洲通道,其走向主要包括印度—马六甲海峡—中/日/韩;③印度—南非通道。

二、印度海上通道安全保障历史沿革

(一) 由轻海重陆到印度之洋 (20世纪80年代末以前)

印度独立后,经济实力不断提高,开始实行在南亚次大陆建立"支配地位"的国家战略。20世纪80年代,世界形势趋于缓和,南亚区域合作联盟宣告成立,在实现大国理想的推动下,印度海洋保障意识进一步增强。印度战略家潘尼迦提出"印度的前途不决定于陆地边境,而决定于从三面围绕印度的广阔海洋。"[①] 印度认为,周边国家中,巴基斯坦海军对安达曼和尼科巴岛,乃至马六甲海峡自然通航均构成潜在威胁。

因此,随着东南亚国家海军力量的不断发展,以及海上安全潜在威胁的存在,印度由轻海重陆,开始不断加强海军建设,提出"印度之洋"战略,以通过军事力量在东南亚诸国取得优势地位,从而确保对孟加拉湾的绝对控制,保障印度洋海上通道安全。

首先,印度大力发展海军。印度海军取得了与陆军、空军同等的地位,逐年增加海军军费,并确定优先发展海军、持续提高空军、大力改编陆军的方针。在此基础上,印度扩建大型战舰,20世纪80年代,印度从英国购买了一艘"竞技神"号航母,从苏联租借了一艘不带核武器的C级核动力潜艇,为新型核潜艇研制提供蓝本。同时,印度常规潜艇、大型水面舰艇、海军航空兵都有很大发展。印度通过发展军事力量保障海上通道的安全。

其次,印度提出制海威慑的安全保障手段。保卫印度本土安全,控制印度洋,以控制远东—欧洲、北美—欧洲和远东北美通道。印度不仅要实现对印度洋控制,充当印度洋地区的海上国际警察,控制海上通道,监视军舰和商船活动,还要针对大国在印度洋的争霸,从其自身实力出发,通过海上威慑,使其不敢轻易在该地区采取军事行动或贸然支援本地区某些敌对国家。

综上,该阶段印度把控制印度洋作为海上安全的主要战略目标,在此目标下,加大海军建设投入,大规模发展海军,提升海军作战能力和海上通道安全保障的作用。

[①] K. M. 潘尼迦:《印度和印度洋——略论海权对印度力量的影响》,世界知识出版社1965年版,第81页。转引自:梁芳:《海上战略通道论》,时事出版社2011年9月版,第113页。

(二) 由立足于印度洋到海上东进 (20世纪90年代)

冷战结束后,国际形势发生了变化,苏联解体后,俄罗斯撤出了印度洋,美国关注的重点开始由欧洲向亚太地区转移。为适应冷战后亚太战略格局的重大变化,印度也调整了过去长期奉行的亲苏政策,推行全方位务实外交,发展与美国及其他西方国家的关系,淡化印度与东盟之间对抗因素,双方关系得以缓和。

在此背景下,印度政府正式提出了面向东方的海洋战略,发展同东南亚、远东国家间的投资贸易关系、政治对话和文化联系,以保障远东—欧洲通道安全。该时期,随着印度加入东盟地区论坛,印度与东盟在经济、安全、政治领域的合作持续升温,尤其是随着海上安全形势的不断变化,印度海上东进取得了实质性的突破。该战略目标是让印度具备向太平洋西岸,特别是东亚地区投放海军的能力。

该时期,印度与东南亚各国开展合作,开始谋求东方海洋战略,为下一阶段东进战略奠定基础。

综上,随着印度国家战略的转变,印度制定了相应的海洋战略,以保障国家海上运输通道的安全,详见表9-3。

表9-3 印度海上通道安全保障主要政策和措施的发展历程

发展时期	相关政策与措施	海上通道安全保障效果
20世纪80年代末以前	提出"印度之洋"战略	通过军事力量在东南亚诸国取得优势地位 确保其对孟加拉湾的绝对控制 保障印度洋海上通道安全
	提出"制海威慑"的安全保障手段	保卫印度本土安全 控制印度洋
20世纪90年代	提出了"面向东方"的海洋战略	发展同东南亚、远东国家间的投资贸易关系、政治对话和文化联系 保障远东—欧洲通道安全

三、印度海上通道安全保障现状

印度海洋战略是保卫印度的海洋安全和海洋利益,控制邻近海域,有针对性地形成海上优势,加强海上能力建设,力图控制印度洋上的战略要点和关键通道。因此,《自由使用海洋:印度海洋军事战略》明确提出对海上主要利益区域和次要利益区域进行区分，以重点保障主要利益区域的权益和海上安全。

（一）保障目标：控制印度洋海上通道确保国家海洋安全

印度位于印度洋中心地带，印度半岛控制着印度洋战略通道，确保印度洋海上通道的安全与畅通是保障印度国家安全、海洋安全的关键。

首先，地缘性决定其控制印度洋。印度在马六甲海峡和霍尔木兹海峡之间，大部分国土伸入印度洋，鉴于这种地缘特性，保障印度洋海上安全是保障国家领土安全和不受侵犯的前提，因而，这就决定了印度海上通道安全保障的目标是全面控制印度洋海上通道。

其次，国家经济安全决定印度控制印度洋。印度外贸总量的95%和外贸总额的70%是通过海上运输实现，其中超过97%都需经由印度洋。同时，印度洋是世界战略资源密集区，多条海上通道都经过印度洋，美国、西欧和远东所需的大部分石油，都必须从波斯湾进口，全球有超过80%的石油海运贸易需要经过印度洋。因而，控制印度洋海上通道，不仅有利于保障印度国家经济安全，而且有利于其实现"大国梦"。

（二）保障重点：保障印度洋战略节点

印度洋海域十分宽阔，印度作为发展中国家，海上通道安全保障实力有限，因此需要集中有限资源实行海上区域控制政策，以确保印度洋通道安全。根据《印度海洋军事战略》，印度确定海上通道安全保障重要节点（见图9-2），主要包括：①在阿拉伯海和孟加拉湾的专属经济区、岛屿和岛屿延伸；②进出印度洋的战略要点，包括马六甲海峡、霍尔木兹海峡、曼德海峡和好望角；③印度洋上的岛屿国家，如斯里兰卡、马尔代夫等；④波斯湾等。

依据保障的重要战略点，印度以印度次大陆为中心，依据不同的威胁类型而向外延伸出三个同心半圆形战略区，并沿孟买—亭可马里—科科岛轴心分为东部、西部两个部分，具体为：依据保障的重要战略点，印度在印度洋划分为三个保障区域，"完全控制区——海岸向外延伸500公里内的海域；""中等控制区——500~1000公里范围内的海域；""软控制区——包括印度洋剩余的所有部分。"①

---

① Singh S J. India's Maritime Strategy for the 90s. USI Journal, July-September, 1990：352~354；Tellis A J. Securing the Barrack：The Logic, Structure and Objectives of India's Naval Expansion. Naval CollegeReview, Summer 1990：348~353. 转自：宋德星、白俊：《新时期印度海洋安全战略探析》，载《世界经济与政治论坛》2011年第4期，第38~51页。

"完全控制区"是印度的第一个控制区,也是最关注的地区。在该区域,最重要的是领海及200海里的专属经济区,为了确保这个海域的安全,印度对这一地区实施完全的控制,即拥有可以控制空中和水下空间的能力。

"中等控制区"是印度的第二个战略区,出于保护印度核心经济设施的目的,要求在中等控制区内,不让侵入该地区的敌对势力看到获得好处的机会,为此航母战斗群的防卫设置在这一区域。

"软控制区"是印度的第三个控制区,任何地区外大国大规模地向该地区的渗透,都被视为是印度的安全隐患。为此,印度不仅需要在外围海域监视区外大国海军的活动,还应具有一定的威慑能力。随着印度核潜艇"歼敌者"的海试,未来其在软控制区域将配置起威慑作用的核潜艇。

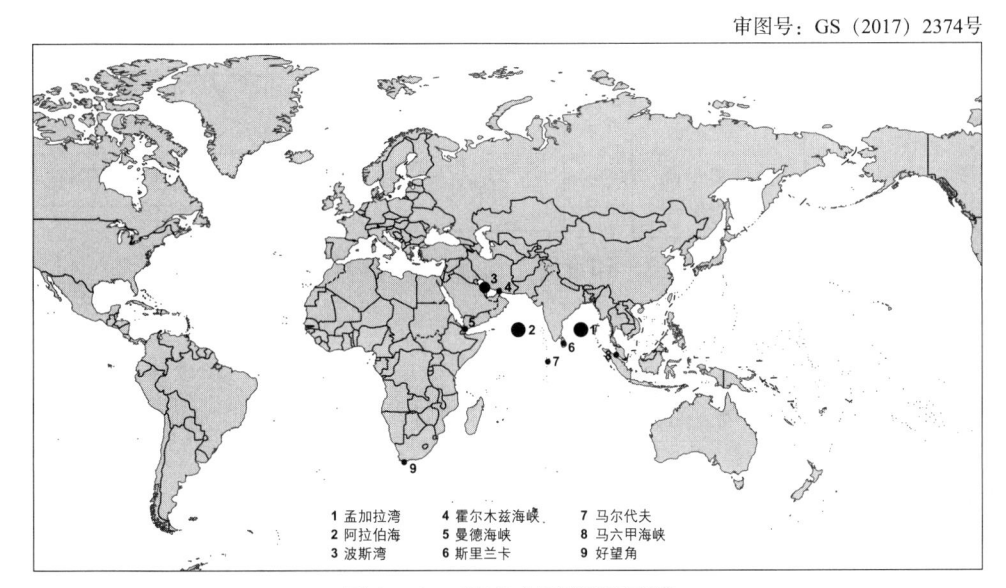

审图号:GS(2017)2374号

图 9-2 印度主要保障区域

1 孟加拉湾　4 霍尔木兹海峡　7 马尔代夫
2 阿拉伯海　5 曼德海峡　　　8 马六甲海峡
3 波斯湾　　6 斯里兰卡　　　9 好望角

(三)保障体系:多部门共同保障

印度海上通道安全保障机构主要有海军、海岸警卫队、海运局、国家海洋技术研究所等。海军与海岸警卫队归属于国防部,印度海军负责公海区域的保护,海岸警卫队则负责距海岸10至30海里的区域以及与海岸警察部队共同负责离海岸5海里以内的区域。海运局归属于海运、公路运输和高速公路部,主要负责港口和海运安全管理与协调。国家海洋技术研究所归属于地球科学部,主要负责海洋数据的搜集与研究,如图9-3所示。

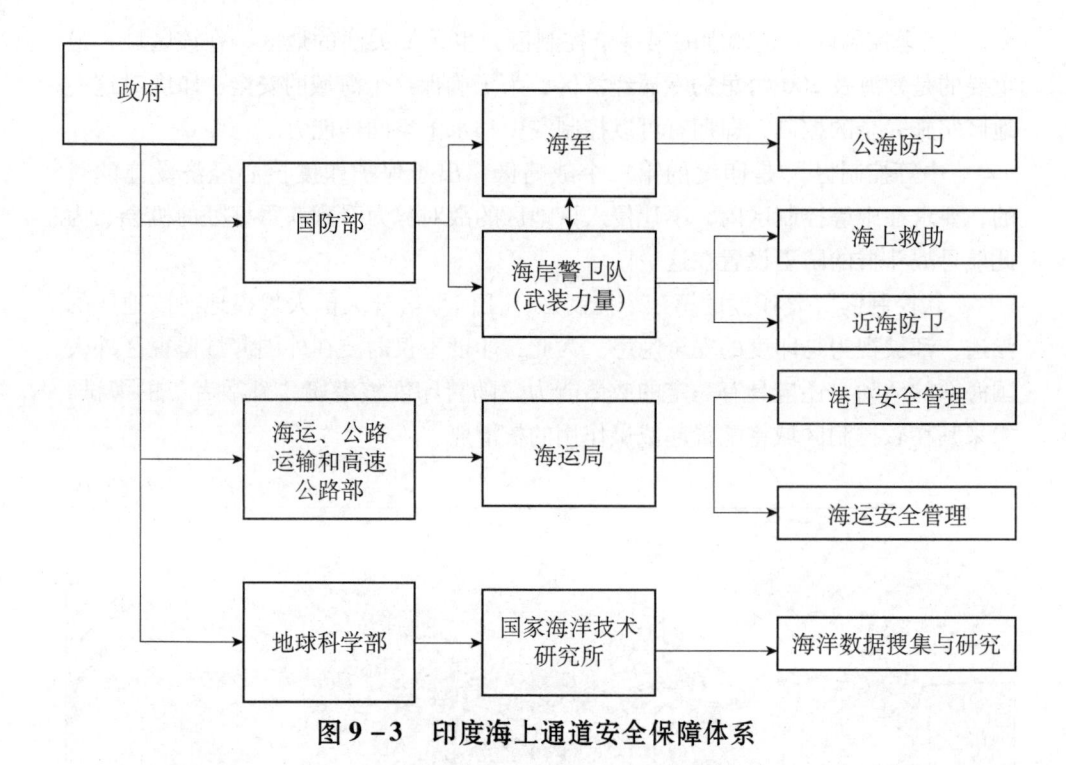

```
┌──────┐
│ 政府 │
└──┬───┘
   │         ┌────────┐      ┌──────┐
   ├────────→│ 国防部 │─────→│ 海军 │────→ ┌──────────┐
   │         └────────┘  │   └──┬───┘      │ 公海防卫 │
   │                     │      ↕          └──────────┘
   │                     │  ┌──────────────┐  ┌──────────┐
   │                     └─→│ 海岸警卫队   │─→│ 海上救助 │
   │                        │ (武装力量)   │  └──────────┘
   │                        └──────┬───────┘  ┌──────────┐
   │                               └─────────→│ 近海防卫 │
   │                                          └──────────┘
   │         ┌──────────┐    ┌────────┐      ┌──────────────┐
   │         │海运、公路│    │        │─────→│ 港口安全管理 │
   ├────────→│运输和高速│───→│ 海运局 │      └──────────────┘
   │         │ 公路部   │    │        │      ┌──────────────┐
   │         └──────────┘    └────────┘─────→│ 海运安全管理 │
   │                                          └──────────────┘
   │         ┌──────────┐    ┌──────────────┐  ┌────────────────────┐
   └────────→│地球科学部│───→│国家海洋技术  │─→│ 海洋数据搜集与研究 │
             └──────────┘    │ 研究所       │  └────────────────────┘
                             └──────────────┘
```

图 9-3　印度海上通道安全保障体系

1. 印度海军

印度海军的前身为英国"皇家印度海军"。为了实现"控制印度洋，走海上强国之路"的战略目标，印度海军于1990年制订了一项到2015年、为期25年的跨世纪现代化发展计划，确定了海军建设的总体方向是朝大型化、导弹化和远洋化发展，形成以航空母舰为核心，以导弹巡洋舰、驱逐舰、常规动力和核动力潜艇为主力的东、西、南三支舰队，致力于建设一支包括水面作战舰艇、潜艇和海军航空兵三位一体、均衡发展的现代化海军。

印度海军现有总兵力5.3万人（含海军航空兵、海军陆战队），编有东部、西部、南部和远东3个地区司令部，东、西2支舰队，另编有潜艇司令部和海军航空兵司令部，装备各种舰艇140余艘，其中有3艘航空母舰，19艘潜艇，19艘护卫舰，5艘驱逐舰以及战斗支援舰20艘，以及导弹艇、巡逻艇、扫雷艇、登陆艇等其他作战舰只。

印度海军的职责分为平时任务和战时任务。平时任务就是对区域内国家进行常规和战略威慑，在阿拉伯海和孟加拉湾以及在进出印度洋的战略要点进行海上控制，为印度洋海上通道的商船队提供安全保护；而其战时任务则包括在敌人的领土、领水或领空进行战斗，保卫印度国家利益。

2. 海岸警卫队

海岸警卫队隶属于印度国防部，是1978年通过《海岸警卫法》成立的，是继陆海空军后第四支武装力量。这支队伍主要任务是在国防部的有效控制下对印度220万平方公里的专署经济区进行保护，其舰船和飞机协助地方政府开展缉私行动并在高危领域有效地保护了国家利益。与此同时，海岸警卫队还担负了侦察监视，反污染以及其他海上区域的任务。

海岸警卫队的具体职责包括有效落实海上区域的制度；协助地方政府和其他部门开展海上缉私行动；保持和保护海上环境和控制海洋污染；保护海上人员和财产的安全，包括在海难中协助海员开展救援行动；维护人工岛、近岸码头以及其他海上设施的安全。

3. 印度海运局

印度海运局隶属于海运、公路和高速公路部，主要任务是提高主要港口的吞吐量和运营效率以满足国际贸易的增加，促进和加强印度的航运和造船行业，确保海上运输与港口的安全，加强海事管理培训和教育，降低污染水平使其符合国际标准。

海运局的主要职能有商船导航、教育和培训；组织和维护岛屿的航运服务；内陆水道有关航运和导航的立法；港口、航运和内陆水道的基础设施建设；造船和船舶修理；规划内河运输等。

4. 国家海洋技术研究所

国家海洋技术研究所（National Institute of Ocean Technology，NIOT）隶属于印度地球科学部，成立于1993年11月，总部设在钦奈。NIOT的主要任务是开发海洋、海岸和研究海洋生物科学、环境和生物资源，该研究所负责沿海和海洋研究船队的经营，以及海洋数据的收集。

（四）保障手段：军事与外交为主

印度不仅仅致力于海军力量和能力建设，还强调非军事实力，通过发展外交关系、加强防务合作、倡导地区性海洋安全合作机制等多种软方式，来保卫印度的海洋安全，同时谋求印度洋事务的主导权。

1. 军事手段

军事保障是一国海上通道安全保障的基础和重要手段之一，作为发展中大国，印度十分注重通过军事手段保障海上通道安全。一方面印度在其东海岸建立了一个大型海军基地，主要在该基地部署航母和核动力攻击潜艇，以便能迅速封锁从马六甲海峡进入印度洋的通道；在安达曼群岛的布莱尔港修建无人机基地，以延伸印度海军的战略纵深，为印度海军控制并通过马六甲海峡进入南海提供重要的平台。另一方面印度加强与东南亚国家的合作,在敏感水域进行联合演习。2000 年印度同越南、日本在南海,举行了以反恐和打击海盗为名的海军联合军事演习,以有利于其控制南海;2001 年印度与美国联合巡逻马六甲海峡,以更好地控制马六甲海峡;同年与日本、韩国、新加坡等国,在南海联合举行海上军事演习,以试图控制南海;2002 年印度和印度尼西亚在孟加拉湾安达曼岛外进行联合海上巡逻,以有利于控制马六甲海峡;2004 年印度与新加坡、泰国、菲律宾等国在印度洋周边地区进行巡逻,以保障印度洋的安全。

2. 外交手段

为了提升在印度洋地区的战略地位,确保在印度洋地区保障目标的实现,印度加强与西方大国、印度洋沿岸国家等的合作。

首先,加强与美国的合作。印度在卫星、雷达与监视系统等方面与美国加强合作,为保障印度洋提供技术支持。2004 年,印度与美国在国家极轨运行环境卫星系统(The National Polar-orbiting Operational Environmental Satellite System, NPOESS)中进行合作,为海上通道安全保障提供如洋流、风浪等信息;2011 年,印度与美国在雷达、监视系统进行合作,以供军方和民间使用,为印度保障印度洋海上通道提供技术支持。

其次,加强与印度洋沿岸国家的合作。印度加强与印度尼西亚、马来西亚、南非、斯里兰卡、马尔代夫等印度洋沿岸国家的合作,以便更好地控制马六甲海峡和印度洋。2004 年印度向印度尼西亚提供反恐援助,2007 年双方签署 150 亿美元的投资贸易协议,2011 年印度与马来西亚签订四年贸易达到 150 亿美元的协议,印度与印度尼西亚、马来西亚等合作,试图进一步控制马六甲海峡;2009 年印度对南非投资 7 000 多万美元,并投资 2 亿美元建立南非海底光缆,通过与南非加强联系,以有利于印度控制好望角;2013 年,印度与斯里兰卡、马尔代夫签订《印度洋安全条约》,以在打击海盗、海上恐怖主义等方面加强海上安全合作,从而更好地保障印度洋安全。

3. 法律手段

在法律方面,印度在海上通道安全保护方面的立法相对较薄弱,只有一些有关海上运输的法律中涉及海上通道安全保障。印度的《海上货物运输法》对有关海上货物运输进行了规定,其中包括有关自然灾害、事故等阻碍海上通道顺畅的规定;印度 2002 年《商船法》则在船舶的有关方面进行了规定,以减少船舶事故在海上通道的发生。

由上文可知,印度通过军事、外交、法律等手段保障海上通道安全,具体政策与措施如表 9-4 所述。

表9-4　　印度海上通道安全保障主要政策和措施的发展现状

相关政策与措施	海上通道安全保障效果
在卫星、雷达与监视系统等方面加强与美国的合作	为保障印度洋提供技术支持
加强与印度洋沿岸国家的合作	以更好地控制马六甲海峡和印度洋
与斯里兰卡、马尔代夫签订《印度洋安全条约》	在打击海盗、海上恐怖主义等方面加强海上安全合作 更好地保障印度洋安全
在东海岸建立了一个大型海军基地	以便能迅速封锁从马六甲海峡进入印度洋的通道
在安达曼群岛的布莱尔港修建无人机基地	为印度海军控制并通过马六甲海峡进入南海提供重要的平台
加强与东南亚国家的合作，在敏感水域进行联合演习	提高海上反恐能力和打击海盗能力
制定《商船法》	以减少船舶事故在海上通道的发生

四、印度海上通道安全保障特征

纵观印度海上通道安全保障的发展，可以看出，印度的保障政策是立足于印度洋，保障手段以军事和外交为主。

（一）立足印度洋重点突出

印度海洋战略特征鲜明，主要是立足于印度洋，提出"印度之洋"的战略，鉴于此，印度海上通道安全保障即是全面控制印度洋海上通道。然而，由于印度洋海域广阔，而自身实力的局限，印度采取重点突出、循序渐进、分阶段实现其战略目标的策略。首先，印度根据国家利益，进行分区保障，优先保障重点利益区，如阿拉伯海和孟加拉湾、马六甲海峡、霍尔木兹海峡等。其次，印度采取分阶段保障，第一阶段是确立对印度洋沿岸国家的海上优势；第二阶段是谋求控制进出印度洋各个咽喉要地，要具有控制从苏伊士运河到霍尔木兹海峡再到马六甲海峡等印度洋水域咽喉要道的能力；第三阶段是阻止大国染指印度洋。

（二）安全保障手段以军事和外交为主

作为亚洲大国，为实现印度之洋的海洋战略，印度主要是通过加强军事力量,并辅以外交等方式实施其海洋战略。印度十分重视军事手段,海军经费已增加到印度国防经费的20%,以更好地保障印度洋海上通道。印度还计划在2017年增加一艘航空母舰,以确保南海至波斯湾的海上通道有两艘航母存在。同时,印度加紧建设在卡瓦尔的海军基地。在发展军事手段的同时,印度还注重外交手段谋求合作保障,加强和印度洋沿岸国家的合作,如在马达加斯加建立监听站、与新加坡、泰国、印度尼西亚、波斯湾国家等进行海军联合演习等,并积极参与地区性多边海洋安全机制建设,如筹组南亚地区港口安全合作组织等。

第三节 韩国海上通道安全保障研究

韩国北与朝鲜相临,东、南、西三面环海,海岸线长8460余公里。韩国所扼守的朝鲜海峡,沟通了黄海、东海与日本海,不仅是东北亚的海上门户、日本海的"南大门",而且是世界海洋强国的必争之地,美国海军宣布要控制的全球主要海上战略节点中就包括朝鲜海峡。韩国独特的地理位置和外向型经济决定了它时刻关注海上运输航线的安全,非常重视海军的发展,尤其重视对有关海峡、水道和岛屿的争夺。

一、韩国海上通道概况

韩国主要海上通道包括:①韩国—俄罗斯通道;②韩国—印度尼西亚通道;③韩国—澳洲通道;④韩国—中东通道,其走向主要包括韩国—马六甲海峡—波斯湾—中东国家;⑤韩国—南美通道,其走向主要包括韩国—好望角—南非国家—巴西;⑥韩国—北美西通道;⑦韩国—北美东通道,其走向主要包括韩国—巴拿马运河—北美东海岸。

二、韩国海上通道安全保障历史沿革

(一)联合防御海上袭击(20世纪60年代末以前)

1948年成立的大韩民国,面临的主要威胁是来自于朝鲜方面的军事威胁,以及苏联太平洋舰队的军事压力;1950年朝鲜战争爆发,韩国积极采取措施保障其国家安全。由于国家成立时间不长,综合国力较弱,海上力量实力较

弱,因此,面对潜在的海上袭击等威胁,韩国海洋战略是依附美国联合防御,同时加强海军力量的建设,确保海上安全和海上通道安全,从而保障国家经济的发展。

首先,韩国与美国建立同盟,1953 年,美、韩签署《美韩共同防御条约》,依靠美国保障其领土和海上通道的安全,尤其是远东—欧洲通道的安全与畅通,该条约使韩国正式纳入美国东亚战略体系,成为美国对苏联遏制的桥头堡。

其次,韩国大力建设海军,主要保障其近洋海上通道安全。韩国将海岸警备队更名为韩国海军,明确其海军任务,即在平时担任侦察、巡逻和海上戒备等任务,防止朝鲜的海上入侵和特工渗透,维护沿海海域的安全;战时配合驻韩美军作战,抵御来自朝鲜方向可能的一切规模的两栖作战。在韩国海军建设初期,美国转赠其 20 多艘小型舰艇,韩朝战争结束后,在美国的帮助下,到 1955 年,韩国海军各类舰艇达 73 艘。

最后,为更好地保障其近洋海上通道安全,并积极防御朝鲜在近洋的海上袭击,韩国于 1953 年成立海洋警察队。[①]

该时期,韩国海上通道安全保障主要是依赖美国,以防御朝鲜海上袭击。同时,韩国在美国的支持下,建设海上通道保障力量,以确保其通道的安全。

(二)自主防卫加强区域沟通(20 世纪 70 年代初~90 年代初)

尼克松上台后,美国调整全球战略,使韩国意识到单纯依靠美国,并不能确保其海上安全。韩国的海洋战略由依附美国联合防御,转变为自主国防建设,加强与亚太地区如日本、澳大利亚等国家的沟通。作为韩国海上战略的组成部分,在海上通道安全保障方面,韩国通过大力发展海军力量,制定相关法规等方式保障其海上通道安全。

一方面,在海军建设方面,韩国赋予海军更广泛的使命和任务,使其自主承担韩国近洋海上防御、作战、护渔护航、近海巡逻等使命和任务;调整海军体制,设立海军司令部,以提升其海上作战能力;逐步自主独立地开发、研制、生产海军装备,如 KDX 系列驱逐舰、"U-209" 级潜艇等,以建设现代化海军力量;积极参加美国在敏感水域组织进行的军事联合演习,以提升海军作战能力及与美军较好协作的能力,以确保海上通道的安全性。

[①] 邢建芬、吕海良、周玲:《韩国海上执法力量浅析》,载《海洋开发与管理》2012 年第 3 期,第 56~58 页。

另一方面，1977年，韩国发布《大韩民国领海法》，规定领海宽度、领海、内水、与相邻国家的边界、外国船舶的通过、禁止外国船舶的航行、罚则和外国军舰和非商业性船舶的另行处理等事项，从而保障海上通道的安全。

总之，该时期，随着国际形势的变化，韩国加强自身海军力量建设，海上通道安全保障开始进入自主防卫时期，为其外向型经济发展提供了有力的保障。

（三）大洋化海洋发展（20世纪90年代）

冷战后，国际形势以及韩国国情均发生了显著变化，美韩两国在撤军问题上的纠纷，使得韩国意识到在国防、经济上自主发展的重要性。该时期，韩国积极发展国家经济，实行自主化、大洋化、全方位化的海洋安全战略。在海上通道安全保障方面，韩国确定其保障目标、思路等，即进一步加强其近海和远洋海上通道安全。

首先，明确海洋维权力量的目标任务。韩国是资源缺乏型国家，经济发展需要稳定的能源和原材料，因此，其明确海洋维权力量的任务，主要通过海关、海事警察署等力量来保护内水、毗邻区和专属经济区及相应海上通道的安全，以保障海上贸易的顺利进行和韩国商船的安全通行。

其次，确定海上通道安全保障思路。在国家安全政策和海洋战略的指导下，韩国提出新的海上通道安全保障理念——在向自主独立过渡的同时逐步走向大洋化。防御范围上，强调从沿海防御向远洋作战过渡；在保障手段上，更加注重进行全方位、多层次的通道安全合作；在保障任务上，韩国海军战时的主要任务是保护海上通道安全，确保海上活动安全，并控制海上通道，防止海上的敌对行动，对敌人的侧翼和后方地区实施两栖作战，而在平时，则主要是保障实施战备、担任侦察、巡逻和海上戒备等任务，维护沿海海域和海上通道的安全。

最后，韩国进一步完善海洋安全保障相关法规。1995年，韩国把13个中央政府部门的涉海部门合并成立为海洋水产部，负责管理海洋警察厅，建立起集中统一的海上通道安全执法体系；1996年，韩国制定《专属经济水域法》，主张200海里专属经济区。此后，韩国政府扩大海域权益的步伐不断加快，进一步致力于大陆架划界。

总之，该时期，韩国针对形势变化，提出海上安全保障新理念，即自主化、大洋化、全方位化，有效保障了其国家经济的快速发展。

综上，韩国早在20世纪50年代开始注重海上通道的安全，通过制定相应的保障措施与政策，保障其海上通道的安全与畅通，具体如表9-5所示。

表9-5　　韩国海上通道安全保障主要政策和措施的发展历程

发展时期	相关政策与措施	海上通道安全保障效果
20世纪60年代末以前	美、韩签署《美韩共同防御条约》	依靠美国保障其领土和海上通道的安全 依靠美国保障远东—欧洲通道的安全与畅通
	大力建设海军	保障近洋海上通道安全
	成立了"海洋警察队"	担负维护海上治安、护渔、缉私、救难以及配合韩海军舰艇执行近海巡逻警戒等保障海上通道安全的任务
20世纪70年代初~90年代初	调整海军体制 设立海军司令部	提升其海上作战能力
	积极参加美国组织的在敏感水域进行的军事联合演习	提升与美军较好协作的能力 确保海上通道的安全性
	发布《大韩民国领海法》	规定领海宽度、领海、内水、与相邻国家的边界、外国船舶的通过、禁止外国船舶的航行、罚则和外国军舰和非商业性船舶的另行处理等事项
20世纪90年代	通过海关、海事警察署等力量来保护内水、毗邻区和专属经济区及相应海上通道的安全	以保障海上贸易的顺利进行和韩国商船的安全通行
	推出新的海上通道安全保障理念——在向"自主独立"过渡的同时逐步走向"大洋化"	注重进行全方位、多层次的通道安全合作 防止海上的敌对行动 维护沿海海域和海上通道的安全
	把13个中央政府部门的涉海部门合并成立为海洋水产部	建立起集中统一的海上通道安全执法体系
	制定《排他的经济水域法》	主张200海里专属经济区

三、韩国海上通道安全保障现状

随着自身实力的不断增强和国际贸易地位的不断上升,在全球经济化的大背景下，韩国不断拓展自身的海洋权益，逐渐强硬其维护海上利益的态度，逐步完善海洋战略和海上通道安全的保障体系。在韩国海洋战略——《海洋韩国21》中，明确提出韩国海洋发展战略是以实施"蓝色革命"为基础，实现海洋强国为发展目标，将发达国家主张的"蓝色革命"作为现实政策加以执行，体现出实现海洋强国的意志。由于韩国经贸主要通过海上运输实现，对外依存度较大，因而，保障国家海上运输通道安全是谋求国家经济利益、维护国家安全、实现韩国海洋战略的重要内容。

（一）保障目标：谋求国家经济利益维护国家安全

韩国海上通道安全保障的本质目的是谋求国家经济利益。由于韩国一向推行外向型经济，加之其自身资源匮乏，韩国的发展越来越依赖其他国家，越来越依赖对外贸易。韩国三面环海的地理位置，又导致其必须重视并依赖海上贸易。据统计，韩国99%的战略物资依赖海上运输，因而，保障海上通道安全是确保韩国国家经济利益的基础，而谋求国家经济利益是韩国海上通道安全保障的动力。

（二）保障重点：确保近洋通道安全

进入21世纪，为实现谋求国家经济利益的目的，韩国海上通道安全保障的重点是保障近洋通道安全。

一方面，近洋存在安全威胁，让韩国意识到近洋海上通道安全保障十分重要。随着韩国经济的快速发展，韩国试图通过建设大洋海军，保障远洋海上通道的安全。然而，近洋通道仍存在一些安全威胁。例如，1996年的"江陵潜艇渗透事件"和2010年的"天安舰事件"，使得其将海上通道安全保障的重点重新放在近洋通道上。

另一方面，为确保近洋通道安全，韩国加强对近海岛屿的控制，尤其是独岛，以实现保障近海通道安全。韩国在独岛上修建了永久性建筑，"2011年4月，韩国政府计划投资430亿韩元，开始在独岛建立'独岛综合海洋科学基地'"[①]，并安装无人自动化观测系统，观测独岛附近通道上的海洋、气象等，为保障该区域海上通道提供相关信息，加强对独岛的控制，有利于其控制朝鲜海峡。

[①] 束必铨：《韩国海洋战略实施及其对我国海洋权益的影响》，载《太平洋学报》2012年第6期，第89~98页。

（三）保障体系：综合管理

韩国海上通道安全保障机构主要包括海洋警察厅、海军、海洋调查院、海洋人才开发院四个机构。其中，海洋调查院和海洋人才开发院共同归属于国土交通部，其是在2013年由原国土海洋部改名而成，但不包括海洋政策和海洋警察业务，海洋调查院主要负责海上事故调查，而海洋人才开发院主要是为韩国培育海洋人才。海洋警察厅主要是负责海上救助、污染应急处理等，海军主要是执行海上作战任务，平时主要协助海洋警察，如图9-4所示。

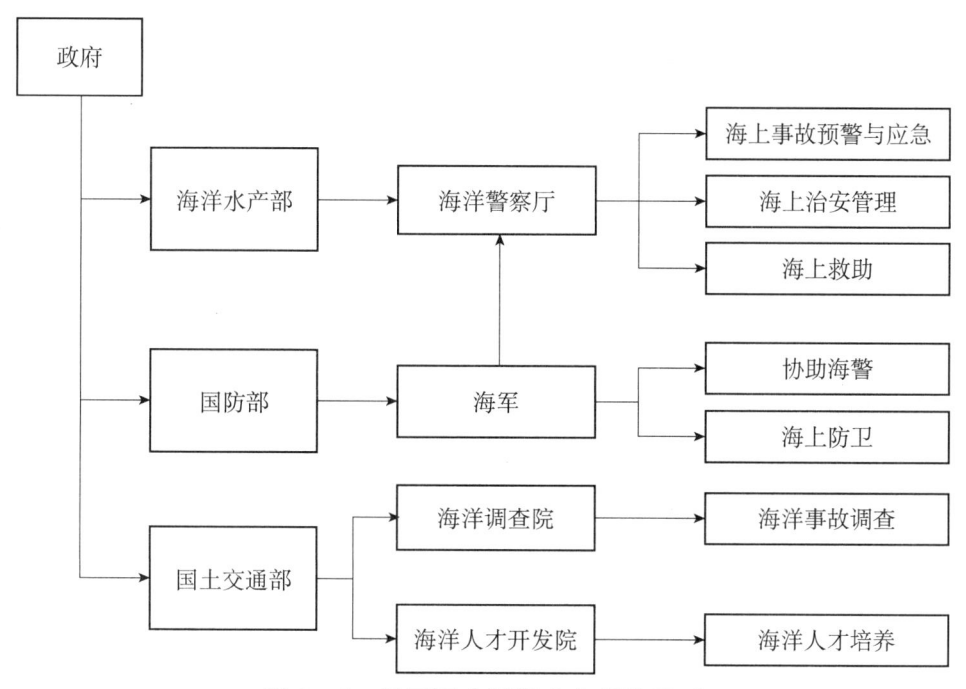

图 9-4　韩国海上通道安全保障体系

1. 韩国海洋警察厅

韩国海洋警察厅现隶属于海洋水产部，是韩国海上通道日常安全的综合保障机构，也是维护韩国海上通道安全的重要保证。其主要职能包括：一是海上警备救难，保卫国家领海主权，海上搜救、海上反恐、海上通道附近突发事故的预防；二是海上交通安全管理，船舶进出港、航行等的安全管理，海上通道节点——港口的安全管理；三是海上治安管理；四是海洋环境保护与污染应急，针对海上通道附近污染事件的发生，进行应急管理等。

2. 韩国海军

韩国海军是韩国海上武装部队，由国防部指挥。由海军本部、作战司令部、陆战队司令部、军需司令部、教育司令部、填海基地司令部、三个舰队组成。韩国海军作战司令部下辖的三个舰队的作战区域分别是东海（日本海）、西海（黄海）和朝鲜海峡。

韩国海军的主要任务是执行海上作战及两栖作战。在战争时期，海军行使控制海上局势的职能，并确保韩国海上活动的安全，阻止敌人的海上军事行动，并组织在敌人侧翼和后方实施登陆作战；在和平时期，海军对外主要是形成一种威慑力量，支持韩国政府的外交政策，提高韩国的国际影响力。

3. 国土交通部

2013年，韩国国土海洋部更名为国土交通部，海洋产业相关职能并入重新设立的海洋水产部。国土交通部主要负责海运业的发展，以及将科学技术应用到海上通道安全保障中。其中，国土交通部的附属机构中，国立海洋调查院和国土海洋人才开发院分别负责海上通道突发事故的调查和海上通道安全保障等的人才培养。

（四）保障手段：技术与外交手段为主

韩国保障其海上通道安全所采取的主要手段，是外交与技术相结合、军事辅助保障。

1. 技术手段

韩国主要将一些技术手段应用于海上通道的监控和海上环境的检测，为海上通道安全保障提供技术支持。在海上通道的监控方面，由于海上通道附近的船舶事故、原油泄漏等事件的发生，影响海上通道的安全，因此为保障海上通道的正常运行，韩国利用海岸监控系统、舰载雷达等技术对海上通道进行监控，从而能够及时发现并处理这些突发事件。在海上环境的检测方面，韩国利用无线网络、数据传输、视频、声波等技术研发出水下无线通信系统，不仅可以用于监测海道、礁石等情况，还可以预测海啸等，为海上通道安全保障提供基础数据。

2. 外交手段

在外交手段方面，韩国加强与东盟国家的合作，以保障其近海通道安全与畅通。首先，韩国通过与东盟国家合作，以有利于其保障远东—欧洲通道途经的关键节点和海域。2009年，韩国向印度尼西亚提供战斗机研发和制造技术，以有利于保障马六甲海峡；2011年，韩国向菲律宾捐赠轻型护卫舰，以有利于其保障南海海域。其次，韩国通过参与东盟国家海事安全相关论坛及研讨会，以有利于其提高在东盟地区海上通道安全保障方面的话语权。2010年韩国参加东盟地区论坛，商讨海上安全等问题；2011年韩国参加亚太安全合作理事会以商讨航行安全、加强海军力量等问题；此外，韩国还与东盟国家共同参与了各种双边和多边的专门会议，如反海盗会议、反恐怖主义会议等，共同商讨海上通道安全问题。再其次，韩国积极参与国际海事安全相关组织，以有利于提升其在海事安全方面的国际话语权，如韩国积极参与 IMO，成为 A 类理事国，以参与制定相关海上通道安全保障规则。

3. 军事手段

近年来，韩国在一些敏感海域频繁举行演习，以加强其对近海通道的控制。2008 年，韩国在独岛举行海军演习，不仅是加强对独岛的控制，更是有利于其控制朝鲜海峡；2010 年，韩国在泰安郡西岸海域（在韩朝双方有争议的黄海边界的南部）进行军事演习，以保障其近洋安全；2010 年和 2013 年，韩国与美国均在日本海进行联合演习，针对朝鲜海峡，以更好地保障远东—欧洲通道。

综上所述，韩国在海上通道安全保障中采取多项措施，并取得较好的保障效果，具体如表 9-6 所示。

表 9-6　　　　韩国海上通道安全保障主要政策和措施现状

相关政策与措施	海上通道安全保障效果
利用海岸监控系统、舰载雷达等技术对海上通道进行监控	能够及时发现并处理这些突发事件 以保证海上通道的畅通
利用无线网络、数据传输、视频、声波等技术研发出水下无线通信系统	监测海道、礁石等情况，还可以预测海啸等，为海上通道安全保障提供基础数据
加强与东盟国家的合作，如印度尼西亚、菲律宾等	有利于其保障远东—欧洲通道途经的关键节点和海域
参与东盟国家海事安全相关论坛及研讨会	提高在东盟地区海上通道安全保障方面的话语权
积极参与国际海事安全相关组织，如 IMO 等	提升其在海事安全方面的国际话语权
在一些敏感海域频繁举行演习	加强其对近海通道的控制

四、韩国海上通道安全保障特征

结合韩国海上通道安全保障政策、措施及时代、经济背景，可以看出，韩国的保障政策是以近洋通道为主，依赖美国保障海上通道安全。

(一) 注重近洋保障关注远洋安全

韩国海洋战略的目标是实现海洋强国,而发展海洋强国的关键之一是海洋经济的发展,由于韩国的外向经济导向,以及自身资源的极度匮乏,国家经济的发展越来越依赖于外部世界,其经济和生活所必需战略物资的99%依赖海上运输,保障海上通道安全事关韩国的国家生存和发展。鉴于此,韩国一直强调保障远洋通道安全,为防止战时敌对国家对韩国海上通道的破坏,以及平时部分海域的海盗威胁,其采取外交、军事等多种方式保障安全。然而,由于"天安舰事件"的影响,韩国开始加强沿岸地区的防御,实行近海防御与远洋保障相结合的海上通道安全措施。

(二) 依赖美国保障海洋安全并相互支持

海洋安全是韩国海洋战略的重要部分。韩国海洋安全保障主要是依赖美国,与日本不同,韩国与美国的联盟是相互支持关系。在美韩共同防御条约的框架下,美国在韩国建立了很多的军事基地,以更好地保障朝鲜海峡,而通过美国的援助,韩国经济快速发展,且建立了具有一定防御能力的海上力量。随着国家经济、政治的发展,韩国不断提高自主防御能力,大力推进自主国防、自主保障海上通道安全。随着美韩联盟不断加强海上通道安全保障的战略合作,韩国在海洋安全战略的制订上对美国有所策应和支持,以期实现保障国家综合安全、达到美韩联盟的"双向支持",以成为美国的全球战略伙伴。

(三) 开展全方位海洋外交及加强南北合作

"韩国21世纪海洋发展战略是以实施'蓝色革命'为基础,实现海洋强国为发展目标,将发达国家主张的'蓝色革命'作为现实政策加以执行,体现出实现海洋强国的意志。"[①] 作为海洋发展战略的重要组成部分,海上通道安全保障也是其一直十分重视的内容。为实现其海洋战略,保障海上通道安全,韩国设立海洋内阁会议及扩大国家间海洋合作,以期提升国际话语权,从而有利于保障海上通道安全。积极加入国际组织和参与制定公约,并加强活动,建立应对世界贸易组织(The World Trade Organization,WTO)贸易自由化的对应体系;创设东北亚海洋合作机构,主动展开亚洲太平洋经济合作组织(Asia-Pacific Economic

---

① 刘洪滨:《韩国21世纪的海洋发展战略》,载《太平洋学报》2007年第3期,第80~86页。

Cooperation，APEC）海洋环境培训与教育等全球海洋外交；有步骤地扩大南北韩海运、港口交流，搞活南北韩水产交流与合作，奠定南北韩海洋科学共同研究基础，制订海洋和水产领域统一应对计划，推进南北韩海洋合作。

第十章

典型国家海上通道安全保障启示

海洋战略是海上通道安全保障战略的上层战略,典型国家海洋战略变化对海上通道安全保障的影响较大,海洋战略的变化会影响世界各国海上通道安全保障趋势。

第一节 典型国家海上通道安全保障演变特点

海上通道主要安全威胁不断变化,从海上军事对峙发展为海盗、海上恐怖主义、海上走私、海上毒品与军火交易;为适应国内外安全威胁的变化,各国海洋战略以及国家安全战略也在不断调整,在新的海洋战略和国家安全战略指导下,典型国家海上通道安全保障也在发生变化,呈现出以下一系列特点。

一、国家海洋战略要求保障海上通道安全

海洋是沿海国家可持续发展的重要空间和资源支撑,其不但可以提供丰富的资源,也是捍卫领土的天然屏障,因而经略海洋成为临海国家的当务之急,重视海洋安全,实施海洋安全战略是当今世界发展的必然趋势。以日本为例,由于资源匮乏,对外依存度较高,保障海上通道安全是确保国家经济安全的基础,同

时，日本通过不断扩大海上通道安全的范围，以确保国家海洋利益和安全，从而实现亚洲称霸；而且，海上通道安全保障服从于国家海洋安全战略，是国家海洋安全战略的体现，例如美国海洋安全战略是为维护全球利益，而确立的海上安全目标及实现这些目标的计划和方案，因而其海上通道安全保障的目标是控制全球战略通道。

近年来，典型国家海洋战略内涵越来越丰富，由战时的简单海军战略发展到和平时期的复杂安保战略和危机时期的应急战略，由应对传统威胁发展到非传统安全威胁，通过前沿存在、海上巡逻、海上演习、海上武器试验、护航护渔等非战争军事手段，以及外交、经济等非军事手段保障海上通道安全、海洋资源安全、海洋主权安全等，从而慑止敌国可能的入侵，维护国家的海上利益。另外，国家海洋战略不仅仅是要控制海上交通线，而且还越来越重视控制海洋资源本身。鉴于此，各国海上通道安全保障的目标和重点是通过控制战略节点，以获得对大量海洋资源的控制，如美国积极介入世界主要海洋石油富集区，除继续在波斯湾等传统富油区争夺战略资源外，还密切关注北极的油气资源。再如日本与周边国家在多岛屿的争夺，如钓鱼岛，不仅是要控制海上通道，更重要的是控制海上战略资源。

二、国际合作共同保障海上通道安全

在全球经济一体化推动下，全球海上通道由最初的欧洲—北美通道，发展成为欧洲—北美、远东—北美、远东—南美、远东—欧洲和北极五大全球性通道；原有的单个通道规模不断扩大，影响也越来越大。为了应对全球性共同的海上威胁，在海上通道安全保障中，加强在联合国主导下的国际组织、区域性组织以及各国之间的交流与合作成为保障海上战略通道安全的必由之路和未来发展趋势。国际合作保障海上通道安全主要包括签订国际合作协议、进行联合军事演习、开展共同巡航等。在合作协议方面，以联合国为代表的国际和区域组织已经推动签订了一些相关合作协议，如《消除国际恐怖主义措施宣言》等，以共同应对海上恐怖主义；以国际海事组织为代表的国际组织推动制定《国际船舶和港口设施保安规则》，以保障海上通道的重要节点。在联合军演方面，有些国家在敏感水域参加海上反恐联合军演，如美国、英国、法国、意大利等国，在地中海区域进行反恐联合军演，以保障北美—欧洲通道的安全；在联合巡逻方面，一些国家已参与相关的联合巡逻，如印度尼西亚、新加坡、马来西亚、泰国等在马六甲海峡进行联合巡逻，保障该区域通道安全。

三、高新技术支持海上通道安全保障

技术是第一生产力,高新技术的发展为海上通道安全保障提供了有力的支撑。首先,海洋科技的开发为海上通道安全保障提供重要支持,例如,美国要求海军构筑"浮岛"基地,使其成为移动式海外基地,以实现美国保障全球海上战略通道的目标;其次,将水声技术、潜艇、传感器等技术应用于海道观测、海上事故应急等方面,为海上通道安全保障提供技术支持,例如,日本将一些高新技术应用到海上应急救援中,实行 24 小时电子监控,并拥有反应高效的专业海上救助队,保障其 1 000 海里海域的安全;最后,在海上力量建设上,利用信息网络升级和对现役装备嵌入芯片改造,提升海上力量整体保障能力和反应速度,从而更好地进行海上通道安全保障。

四、法制建设长效保障海上通道安全

由于法律具有强制力、稳定性和长效性,因而各国都注重通过立法的方式保障海上通道安全。世界各国海上通道安全保障的法律法规主要集中于明确界定海上通道安全保障机构及职能、应对海上恐怖主义、保障海上通道节点等方面。在海上保障职能机构方面,美国出台《国土安全法案》,明确国土安全部海上通道安全保障的职能,日本出台《海洋基本法》,明确综合海洋政策本部在海上通道安全保障中的职能;在应对海上恐怖主义方面,美国出台《海上运输反恐法案》(2002),英国出台《恐怖主义法》(2000)和《预防恐怖主义和调查措施法案》(2011),通过立法防范海上恐怖主义威胁,以保障海上运输通道及海上运输的安全;在保障海上通道节点安全方面,尤其是港口安全,美国出台《港口和海上安全法》(2001)和《海上运输安全法》(2002),英国出台《商船航运和海事安全法》和《海上安全法》,印度出台《商船法》,通过这些立法各国加强对港口节点以及船舶运输的保障。

五、预警应急制度有力保障海上通道安全

预警应急制度是海上通道安全保障制度的重要组成部分,因而,完善的预警应急制度是海上通道安全的有力保障。首先,在预警制度方面,完善的预警制度能够在海上通道威胁发生前,有效防范海上通道安全。如 2008 年 2 月,美国通

过海上预警系统发生警报,警告船舶在一定时间段内离开太平洋上的危险区域,可有效防范海上通道安全事故;其次,在应急制度方面,完善的应急制度可实现快速处理海上通道附近的突发事件,能够尽快恢复海上通道的安全与畅通。如墨西哥湾溢油事件,对美国港口的船舶正常航行与挂靠都产生影响,而由于美国建立了完善的应急制度,从而能够快速处理海上通道附近的溢油污染事故。

第二节 典型国家海上通道安全保障评价

从国家海洋战略的角度,根据系统论思想,将海上通道安全保障看作一个系统,该系统包括海上通道安全保障目标、保障重点、保障手段、保障体系、保障制度。从这五个方面对典型国家海上通道安全保障状况进行评价,为我国海上通道安全保障研究奠定基础。

一、保障目标与重点评价

保障重点服从于保障目标,根据保障目标制定保障重点。虽然同为沿海国家,但是保障目标不同,从而保障的侧重点也有所不同。作为世界海洋强国,随着美国综合国力和国家经济的发展,国际贸易遍布全球,这些贸易的90%都是通过海运完成的,因此,美国海上通道安全保障的目标是确保全球海上通道的安全,重点是控制全球海上重要海峡、运河、战略岛屿等海上战略节点;而英国作为一个历史悠久的海洋国家,随着国家综合实力的不断衰弱,海上通道安全保障的目标则为保障其既有利益,注重主导国际海事相关组织制定海上安全规则、海上安全数据信息发布等软实力的发展;欧盟作为一个联盟体,主要任务是保障成员国的利益,而其成员国大都是沿海国家,因而,其保障目标是为追逐整体利益最大化,重点进行一体化海上通道安全保障;日本作为一个岛国,能源和资源匮乏,海上通道安全保障的目的是不断扩大海上通道、拓展国际权益,重点是确保能源与资源运输安全;印度作为一个新兴的海洋国家,并占据印度洋的地缘优势,考虑综合国力,海上通道安全保障的目标是完全掌控印度洋,重点保障核心利益区;韩国作为一个半岛国家,海上通道安全保障的目标是在确保近洋海上通道的安全前提下,保障远洋海上通道安全,重点保障远洋通道。

综上,可以看出,不管是西方发达海洋国家还是东方发展中海洋国家,其海上通道安全保障的目标与国家权益以及综合国力息息相关。一是要制定控制全球海上通道的战略目标，必须要有强大的综合国力，如美国；二是要确保海洋强国的地位，必须要有相对较强的综合实力，如英国、欧盟；三是在确保近海安全的情况下，要拓展海上通道，必须要有一定国力，如日本、韩国；四是要完全保障近洋海上通道的安全，要不断提升国际综合实力，如印度。相应的，一国的崛起与其所控制和保障的海上通道息息相关，海上通道畅通与否，对海洋国家的安全与发展，对国家的经济运行会产生直接的、关键性的影响，控制了海上通道就控制了海洋，从而就控制了海上贸易。世界大国无一不是通过控制海上重要通道（如美国、英国等），尤其是战略能源通道，称霸海洋，获得海外利益，从而实现国家发展战略。因此，海上通道安全保障战略目标也是国家整体发展战略目标的体现。

二、保障体系评价

各国国家体系不同，海上通道安全保障体系也有所不同。美国海上通道安全保障相关机构较多，主要有海军、海岸警卫队、联邦海运总署、联邦海事委员会、国家运输安全委员会以及相关情报机构；英国海上通道安全保障主要机构有海事与海岸警卫署、英国海事调查委员会、英国皇家海军、英国水文局（海道测量局），涉及两个部门——环境运输区域部和国防部；欧盟海上通道安全保障主要机构有欧洲海事安全局、欧洲联盟理事会、欧盟委员会；日本海上通道安全保障机构主要有日本海上保安厅和日本海上自卫队；印度海上通道安全保障机构主要有印度海军、印度海运部、地球科学部、国家海洋技术研究所；韩国海上通道安全保障的机构主要有韩国海洋警察厅、海军。

综上，美国海上通道安全保障机构繁多，但是各机构职责基本都通过法律的形式给予明确的界定，使各部门能够各司其职，职责分明，同时，各部门之间的协作通过情报部门联系在一起。英国海上通道安全保障组织构架比较集中，有利于协调与快速反应，同时，将海事与海岸警卫署、英国海事调查委员会归化到环境运输区域部，这样不仅有利于二者的协调，更有利于在非传统威胁环境下的海上通道日常安全保障。欧盟海上通道安全保障机构主要特征是有利于各成员国的内部协调。日本海上通道安全保障机构十分精简，层次分明，各机构职责综合性强，其中，海上保安厅还包括海上保安大学和海上保安学校等人才培养部门。相比之下，印度和韩国海上通道安全保障体系特征并不突出。沿海国家根据自身国情，制定合理的保障体系十分重要。

三、保障制度评价

随着各国不断加强海上通道安全保障，美国、英国、日本建立了安全评价、应急预警制度，目的均是更好地保障海上通道安全。美国建立了十分完善的应急预警制度，从联邦层面、地方政府层面、现场处理层面，从上至下全程参与、快速反应；英国作为最早进行海上安全综合评价的国家，综合安全评价方法已被IMO接受，为全球海洋安全评价提供有力工具，同时，在美国的影响下，建立了多级预警系统；日本建立反应快速的海上搜救应急制度，以及警报系统。综上，从保障制度的完善程度及保障力度来看，美国保障制度最为完善，其次为英国，再次为日本，印度和韩国再次之。

四、保障手段评价

虽然各国海上通道安全保障目标、保障重点、保障体系均不相同，但是，进入21世纪，面临非传统威胁，各国均采用综合手段保障海上通道安全。美国采取积极参与国际组织、建立全球海上基地、进行经济援助、制定海上通道安全保障法律、采用高新技术保障安全等外交、军事、经济、法律、技术等手段保障其海上通道安全；英国采用结盟、联合军演、制定法律法规、注重海洋科技、利用民用保障等外交、军事法律、技术等多元化保障手段；欧盟采用联合保障、特混部队、立法等手段保障海上通道安全；日本通过国际合作、日美联合保障、经济援助、立法、船用安全技术等外交、军事、经济、法律、技术等综合手段保障海上通道安全；印度采取加强与邻国合作、建设海军、立法、国际交流等外交、军事、立法、技术手段保障海上通道安全；韩国运用地区合作、海军护航、关注国际法律、发展监控技术等外交、军事、法律、技术等手段保障海上通道安全。

综上可知，如图10-1所示，一方面，各国均积极采取外交、军事、立法、技术等手段保障海上通道安全。进入21世纪，和平成为世界发展主题，因此各国十分重视外交手段，均将外交作为海上通道安全保障的首要手段，以期通过该手段实现全球海上通道安全保障；而军事手段是外交手段的支撑和后盾；依法治国是众多国家发展之本，各国纷纷在不同时期、不同的国际环境下，颁布一些与海上运输安全相关的法律法规，通过立法明确海上通道安全保障的战略目标等，且各国还通过参与国际上关于海上运输及海上运输安全公约的制定，如《联合国海洋公约》等，补充本国立法的不足，提高立法标准，保障各自的海上权益和海上通道的安全；技术是第一生产力，技术手段是海上通道安全保障的重要支撑。

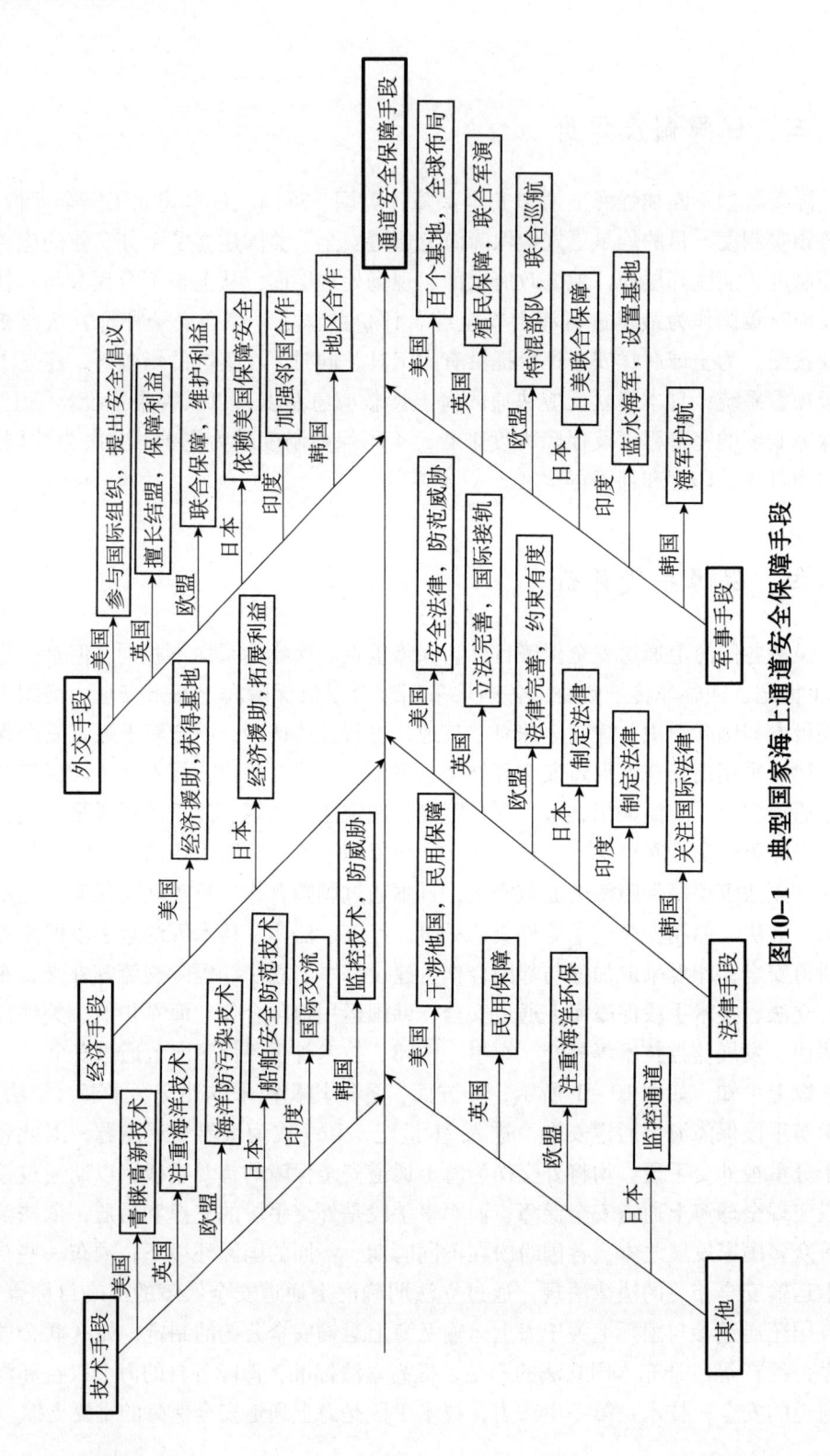

图10-1 典型国家海上通道安全保障手段

另一方面，虽然各国采取的手段基本相同，但是保障能力不同。在外交方面，美国、英国、欧盟具有较强的外交保障能力，在全球海上通道安全保障中具有较强的国际影响力和话语权，参与或主导制定国际海上通道安全保障规则；相比而言，日本、印度、韩国的外交保障能力有待于进一步提升。在军事方面，美国拥有全球最强大的海军力量，并建立了众多海上军事基地，通过全球布局对海上通道安全进行有效保障；而英国、日本、韩国均与美国联盟，依赖其保障海上通道安全；印度则主要注重海军的建设，以期通过军事威慑，保障海上通道安全。在立法方面，美国将立法作为其保障海上通道安全的间接、辅助手段；立法是欧盟保障其成员国海上通道安全的主要方式；英国在保障其海上通道安全上已经形成了比较完善的法律制度；而相对来说，日本、韩国和印度关于海上通道安全保障的法律制度有待于进一步完善。在技术方面，各国都倾向将高新技术应用到海上通道安全保障中，但是侧重点不同，美国是全球战略的高视角，英国是服务于海上运输与经济发展，日本是发展高端科技。

此外，美国和日本还运用经济援助的手段，通过援助对自己国家有利益关联的国家，不断扩大国家权益，以实现各自海上通道安全保障的目标。而民用保障方式也是受美国和英国青睐的保障方式，建立民用商船军用制，采用私人安全公司保障海上通道安全，使民间力量成为政府海上通道安全保障的重要辅助力量。

五、综合评价

如图 10-2 所示，综合分析美国、英国、欧盟、日本、印度以及韩国海上通道安全保障状况，美国海上通道安全保障的能力最高，主要表现在综合能力上，海上通道安全保障的软实力、硬实力均较强；其次为欧盟和英国，其主要表现在软实力上；虽然日本和韩国均是依赖美国保障其海上通道安全，但是日本保障能力相对强些，主要体现在其控制大量油轮和干散货商船队，从而保障其国家能源与资源安全；虽然印度保障能力最差，但是作为新兴海洋国家，印度能够意识到控制印度洋对其国家经济发展的重要性，并且近年来，印度不断提升其海上通道安全保障能力，从而逐步实现海上通道安全保障目标。

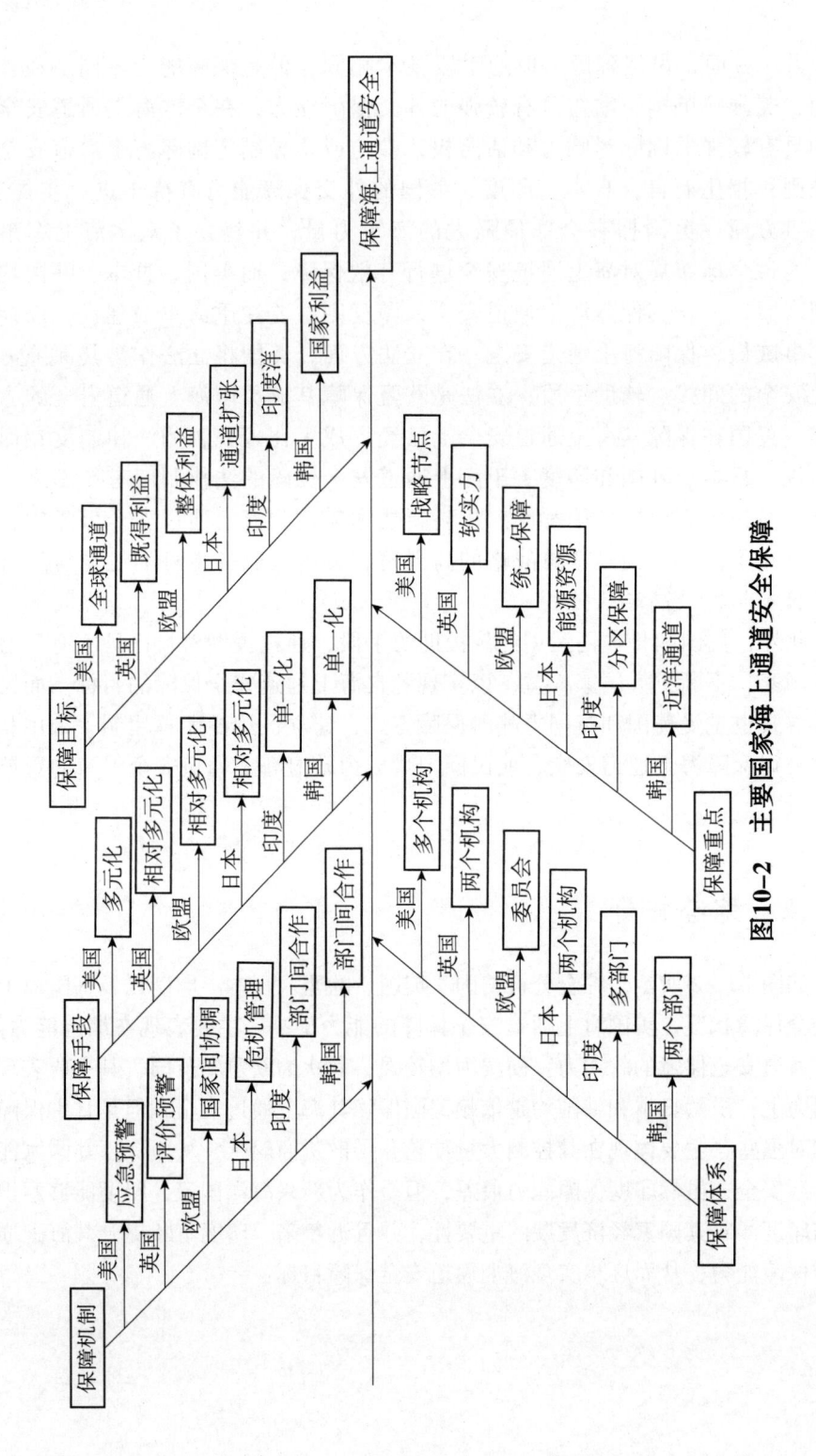

图10-2 主要国家海上通道安全保障

第三节　典型国家海上通道安全保障经验启示

美国、英国、日本等沿海国家，十分重视海洋，纷纷制定海洋战略，在海洋战略的指导下，均加强海上安全保障，确保海上通道的安全。我国作为海洋大国，近年来也开展关注海洋、经略海洋等活动，并提出海洋强国战略，以实现维护国家海洋权益，确保国家海洋安全的目标，把我国建设成为与中国国情及现实发展需求相适应的沿海国家，实现具有中国特色的海洋强国之梦。因此，借鉴各国海上通道安全保障政策与措施，结合我国海洋战略发展现实，可以得到诸多启示。

一、明确海上通道安全保障目标和重点

海洋面积约占地球表面的70%，海上通道遍及全球，任何国家均难有能力保障所有海上通道的安全与畅通，因此从国家战略和国家实力出发，确定海上通道安全保障的目标和重点十分必要。当国力有限时，以保障本国沿海和邻近海域通道安全为目标，随着国力的不断增强，防卫范围可逐步增大，如美国，在第二次世界大战以前，以保障近海通道为主，而战后实力增强，则以保障全球海上通道为目标。日本明确划分1 000海里为其保障范围，而由于印度目前国力有限，而印度洋范围较大，其海上通道安全保障则是优先确保距离本国较近的核心利益区。

比较而言，目前我国经济发展势头迅猛，但对海洋权益的认知度较低，海上通道安全保障相对滞后，没有确定明确的海上通道安全保障范围和重点，因此，我国应该根据本国国情、发展战略、国际形势等，制定具有针对性、时代性的海上通道安全保障范围，即"由近至远"逐次保障我国海上通道安全。首先在沿海方面，由于我国沿海通道船舶密度较大，安全保障十分复杂，因而建议加强各主要港口节点和沿海海域的实时监控和安全保障，强化沿海海上通道安全保障。其次在近洋通道方面，我国应进一步加强对东海、南海通道的安全保障，通过外交、经济、军事等手段，争取获得对近洋通道的绝对控制权；最后在远洋通道方面，结合我国海洋战略及发展目标，明确划定海上通道安全保障范围。同时，由于我国远洋通道安全保障能力有限，建议充分利用现有资源，与国际海洋国家建立战略合作关系，共同保障远洋海上通道安全。

二、建立海上通道安全高层协调与管理机构

海上通道安全保障事务属于国家海洋战略和海洋安全问题，需要国家高层的统一协调决策和综合管理。建立国家高层次协调和综合管理机构，不仅能够协调各海上通道安全保障机构的职责，避免职责的重复与交叉，而且能够实现海上通道安全保障政策与国家海洋战略、海上安全战略的统筹协调。

（一）建立保障海上通道安全的高层次协调机构

海上通道安全保障涉及机构众多，需要设立高层次协调机构，以确保海上通道安全保障事务的高效运行。基于此，美国建立了高层次协调机构——国家海洋委员会，监督国家海洋政策的实施，并负责联邦政府各涉海机构的海洋政策和计划以及其职责的协调。同样，日本也建立了高层次协调机构——综合海洋政策本部。

目前，我国面临许多严峻的海上通道安全问题，如海上通道附近岛屿主权争端问题等，因而更需要建立高层决策协调机构。虽然在2013年时，国务院机构改革和职能转变方案中提出要设立高层次议事协调机构国家海洋委员会，负责研究制定国家海洋发展战略，统筹协调海洋重大事项，国家海洋委员会的具体工作由国家海洋局承担，但我国在海上通道安全保障方面还没有建立高层的统一协调机制。因此，借鉴美国和日本的经验，我国应在中央或国务院设立由中央领导亲自领导的海上通道安全保障高层协调机构，全面负责我国海上通道安全保障事务的统筹协调。另外，在该机构之下设立一个由海洋、安全、法学、国防等相关领域的资深专家组成的咨询委员会，由其向高层协调机构提供海上通道安全保障事务相关的咨询和建议。

（二）建立海上通道安全的综合管理机构

众所周知，海上通道安全保障事务涉及众多领域，具有很强的复杂性，因此需对其进行综合管理。因而，美国提出要进行包括海上通道安全在内的海洋事务的综合管理，海洋政策委员会提出三步综合管理战略，"首先加强现有联邦涉海机构的职责；其次合并现有各联邦机构的同类海洋计划，减少重复；第三步待时机成熟后再考虑组建统一的海洋管理部门。"[①]

---

① 张玉兰：《美国新海洋政策对中国的借鉴意义》，载《学理论》2012年第5期，第17~18页。

现今，我国在海上通道安全保障事务方面涉及海事局、海警局等机构，并且这两个部门归属于不同部门（海警局归属于国土资源部，海事局归属于交通运输部），难以有机协调、形成合力。因此，借鉴美国经验，建议首先进一步明确各机构的职责，尽量避免职责的重复，实现各部门之间的协调合作。其次在时机成熟时重新界定各部门的职责，在未来将海事局与海警局合并为一个部门，从而可以形成统一的海上执法力量，更好地保障我国海上通道的安全与畅通，最终形成一个在高层协调机构指导协调下，各保障机构能够各尽其职、相互协作的高效、统一的海上通道安全保障体系。

三、建立完备的海上通道安全保障法律体系

国家海洋战略是涉及法律、军事等多领域的综合战略，其实施离不开相关海洋法律法规的保障，而这些海洋法律法规又是实施国家海洋战略的重要途径。依法行政是一国治国之本，也是保障海上通道安全的重要措施。

（一）制定海洋基本法

海洋基本法是一国拥有较高法律效力的海洋领域法律，是统领海洋法律的重要法律，是沿海国家制定和实施海洋战略、发展海洋的根本依据，因此，各主要海洋国家纷纷制定本国海洋基本法以及配套法律。如日本颁布了《海洋基本法》，并据此制定了一系列的相应配套法律法规。

对我国而言，海洋强国战略目标的实现离不开完善的法律制度。至今为止，我国已经制定颁布了许多涉海法律，但还不够健全、不够完善。一是我国宪法中还没有关于海洋问题的明确规定，以致一些海洋立法缺乏宪法依据。二是我国还没有一部海洋基本法，世界上发达的海洋国家基本都有海洋基本法。鉴于此，首先建议海洋"入宪"，在国家宪法中规定海洋的战略地位。其次建议制定"海洋基本法"，以立法形式确定建设海洋强国战略，明确海洋基本政策和海上通道安全保障政策，以适应海洋强国建设的目标需要。

（二）制定针对海上通道安全保障的配套法律法规

海上通道安全保障需要与之基本配套的法律法规，配套法是确保海上通道安全的指南。如美国出台《2001年港口和海上安全法》，以加强海上通道中的重要节点——港口的安全保障；制定美国历史上第一部专门规定防范海上恐怖主义威胁的法律——《海上运输反恐法案》，以保障美国管辖水域内海上运输通道、船

舶和港口安全。

我国有关海上通道安全保障的配套法律法规还不完善，比如海洋执法、海上通道安全保障等方面的法律制度。因而，建议我国加强海上通道安全保障方面相关法律与法规的建设，出台相应的保障海上通道安全的指导性法律及法规，构建完善的法律法规体系，从而指导、规范我国海上通道安全保障事务的发展。

（三）制定与国际法相衔接的国内法

众所周知，海上通道通常涉及多个国家，具有强烈的国际性。同样，海上通道安全保障法律法规的制定要考虑国际性，注重与国际法的接轨。国际法与国内法接轨方面，英国参与较多的关于海运安全的国际公约主要包括：《联合国海洋法公约》《海上人命安全公约》等，公约中关于海上搜救程序等相关海上通道安全的内容，英国都相应地转化为国内的相关法律，如《商船与海洋安全法》等。通过与国际公约的较好衔接，英国不断完善其海上通道安全保障方面的法律体系。

按照《联合国海洋法公约》的规定，我国还有多个领域，如专属经济区，有待于建立正式的法律制度，我国法律制度的不完善是许多国家不断侵犯我国海洋权益的重要原因之一。基于此，我国需要在国家相关政策的指导下，加紧制定相关法律，深入研究《联合国海洋法公约》，制定与之相配套的法律，使之更好地服务于我国海洋的发展，维护我国的海洋权益。

四、注重海上通道安全保障资源建设

海上保障资源是一国海上通道安全保障的重要组成部分，是维护海洋权益、保障海上通道安全的重要资源，也是实现国家海洋战略的关键。因而，加大海上通道安全保障资源的投入，有利于维护国家海洋权益，有利于保障国家海上通道安全，有利于海洋强国的建设和国家海洋战略的实施。

（一）海军资源

从历史与现实角度看，海军力量是国家海洋实力的重要组成部分，世界海洋强国的崛起均离不开强大的海军后盾。如英国曾凭借海上军事优势，扩展海外殖民地，成为称霸一个世纪之久的海洋强国；美国建立了强大的海军，其中包括部署于大西洋和太平洋海区的12个航母战斗群和分布在大西洋、太平洋、波斯湾—红海—阿拉伯海、欧洲、印度洋等海域的六大舰队，拥有全球最强大的海军舰队，同时，美国在全球建立众多海军基地，成为全球霸权国家。近年来，韩国、印度等国家也开始加强海军力量建设，以保护国家海洋权益、实施海洋战略。

我国是濒海国家，无论从经济、还是政治上来说，都需要一支强大的海军力量作为支撑。在经济方面，我国外向型经济发展尤为迅速，已成为世界第一大贸易国，经济发展所必需的能源越来越多地依赖进口。在政治方面，我国海洋权益正受到严重的侵犯。因此，要实现保障海上通道安全、维护海洋权益、发展海洋强国的目标，必须有强有力的海上军事力量做后盾。鉴于此，在海军方面，我国目前的海军力量与中国作为一个海洋大国的地位及维护国家主权和海洋权益、发展海洋战略所必备的能力是不相称的，因而，针对目前我国海上安全威胁，一方面，通过军事演习等方式提升海军作战能力，包括对近海及主权海域岛礁的两栖作战能力、从海上战略反击及为争夺制海权实施战术打击的作战能力、有效阻止外敌对我国近海海域介入的作战能力、远洋护航作战能力、在信息化条件下和复杂电磁环境中的可靠作战能力等，从而建立起一支能可靠实施近海近岸防御作战并具有一定远洋作战能力和区域控制能力的人民海军。另一方面，提高我国海军军舰穿越进入大洋重要海峡、水道的频率，以掌握这些重要战略节点的信息，为打破美国岛链策略对我国海上的封锁，能够自由进入大洋奠定基础，从而保障我国海上通道安全，维护海洋利益。

（二）海上执法资源

海上执法力量作为海上警察，主要负责一国所有海岸线上的警戒、巡逻、执法等任务，是一支军事化的综合执法队伍，是维护海上通道安全和维护海洋权益的重要海上执法力量。因而，各国都不断加强海上执法力量的资源投入。如美国海岸警卫队实力强大，编有大西洋地区司令部与太平洋地区司令部以及九个海岸警卫区司令部，有庞大的舰队，包括破冰船、巡逻艇、航标敷设船、货船、内河船和各种拖船，此外还有掌管飞机和直升机的飞行部门。其中，"执法船艇都装备有非常先进的通道系统和各种类型的武器装备。拥有大中型舰船（长度在65英尺以上）244艘，小型舰艇1 850艘，各类飞机204架。"[①]

由于我国海军正在向"蓝水海军"发展，未来中国海警必须担负起国家本土的安全防御任务，因而我国应加大海警资源的投入，使我国海警在与海军的合

---

① 陈鹏：《美国海岸警卫队对中国海警发展的借鉴意义》，载《公安海警学院学报》2013年第12期，第60～62页。

作中，可以像美国海军与海岸警卫队一样，共建国家舰队。平时，在沿海地区，我国海警负责日常海上安全保障，海军主要起到威慑作用；在远洋区域，以海军为主要力量，通过建立海军基地，保障远洋海上通道安全。战时，以海军为核心武装力量，海警归海军指挥，共同保障海上通道和国家的安全。

（三）民间保障资源

从全球沿海国家的发展经验来看，加大民间保障资源投入，注重军民结合是保障国家海上通道安全的重要方式。例如，美国十分注重民用保障资源的投入，通过安全船队建设，以成为战时海军的辅助船队，并在商船上加装相应的通信、补给系统等，以增强作战性和生存性。此外，私人安保公司在美国发展越来越快，其本土共有规模不等的安保公司4万多家，如黑水公司等，美国私人安保已发展成为海上通道安全保障的重要辅助力量。同样，日本通过大力发展油轮商船队和散货船队，采用运输贸易一体化政策，通过控制运输工具以保障国家能源和资源运输安全。

在民间保障方面，一方面，我国作为海运需求大国，拥有较多的运力，但是并未形成运输贸易一体化，并且原材料、能源运输方面依赖国外船队（如石油海上运输中三分之二依靠国际船队）。另一方面，国内大部分船舶运力属于央企，有利于我国构建民用保障制度。因此，我国应充分利用商船资源，建立海上通道安全保障民用平台。

五、主导或参与海上通道安全国际合作

海上通道安全保障是一个综合性事务，涉及多方面因素（如政治、经济等），仅依靠一国力量远远不够，因此必须充分利用海上通道具有的国际共享性特征，与其他国家进行国际协作，以充分发挥综合效应。

（一）建立海上通道安全合作机制

合作是世界发展的主题之一，海上通道安全保障亦是如此。建立海上通道安全保障合作机制有助于多国间的协调和合作，有利于制定出一套各国认同并遵循的原则、章程、制度。如美国一直积极推动海上通道安全保障的多边合作机制。北约是以美国为主导和核心的多边安全合作联盟，而在美国亚太海洋战略中，其也积极在东亚推进安全合作，将安全合作作为美国亚太海上战略的基础。再如日本也一直将其与东盟在内的亚太国家的双边和多边安全合作，作为构筑"综合机

动防卫力量"的组成部分。

我国作为世界海运进口大国，2013年铁矿石进口量达8.2亿吨，石油进口量达2.82亿吨，因而建立合作机制、提升国际话语权至关重要。因此，我国不仅应加强区域海上安全合作，积极主导远东、泛亚太地区在关键海峡、运河等的国际协商与合作，还应注重加强与海上通道沿岸国家开展海上安全合作，构建能够与我国海洋战略有效配合的海上安全合作机制，就相关海上通道的安全保障达成合作协议，包括基本的海事合作（如联合搜救的界定和行动、反海盗巡逻和行动、召开有关海洋生态研究会等）、高级海事合作（如成立联合保护海上通道的部队、联合多边救灾活动、开展环境保护和监测活动等）、广义海事合作（如联合开发海洋技术、制定保护港口、码头安全的统一战略、确立地区海洋科学项目等）。我国还应利用安全合作机制，积极与海上通道沿岸国家进行沟通协调，以实现海上战略通道的共同安全，达到互利共赢的目的。

（二）参与国际海事组织

软实力是一国国家实力的重要体现，很多沿海国家都在不断提升国家软实力，以增强对海上通道的控制和影响。如英国，作为历史悠久的海洋国家，成立或加入了较多国际海事安全相关组织，如国际海事组织等，主导制定国际规则与公约。近年来，日本、韩国、印度也开始注重海上保障软实力，并利用技术升级海上通道安全保障硬件设施。

而在提升软实力方面，我国在海洋发展的过程中，也不可避免地受到国际海洋规则的约束，被动适应的做法不应该是以海洋强国建设为目标的国家的选择。因而，我国应积极参与国际海事安全相关组织，积极参与国际海上安全法律法规的制定，提升海上通道安全保障软实力，提升在世界海上运输中的地位和话语权。

六、完善海上通道安全保障预警应急制度

海上通道安全保障事务是一个庞大的系统，其中建立预警应急制度是海上通道安全保障工作的重要内容。预警应急等海上通道安全保障制度的完善，有利于国家更好地保障海上通道的安全与畅通。

目前，美国已经建立了十分完善的海上通道预警应急制度，能够针对不同的威胁，从不同层面进行事前、事中、事后的预警应急处理，并且美国还不断加强预警应急的演习与演练，以提高海上通道安全预警与应急能力。然而，我国并没有建立完善的海上通道预警应急制度，仅制定了相关的应急预警预案，如《国家

突发公共事件总体应急预案》《国家海上搜救应急预案》《水路交通突发事件应急预案》等,并且这些预案适用范围较小。因而,建议我国建立一套系统并切实可行的海上应急预警制度,能够从不同层面进行事前、事中、事后的预警应急处理,从而更好地保障我国海上通道的安全。

第三篇

我国海上通道
安全评价研究

第十一章

我国海上通道及安全状况研究

我国海上通道安全评价和保障的对象即我国海上通道，因此对我国海上通道进行合理界定是海上通道安全评价的基础。基于海上通道安全保障理论中关于海上通道的定义和分类，首先对我国各类海上通道进行具体界定，进而分析我国海上通道面临的主要安全威胁情况，接着分析我国海上通道安全的经济影响，可以全面把握我国海上通道的状况。

第一节　我国海上通道状况

根据海上通道的分类，将我国海上通道分为空间走向海上通道、基于航线属性分类的海上通道和分货种海上通道三类，这样既有助于了解我国海上通道综合安全状况，也可以了解我国重要战略物资海上通道安全状况。

一、基于空间走向分类的海上通道状况

空间走向的通道分类主要是以海上运输航线的实际走向为参考，将一些地位比较重要，贸易运输量较大，航线走向整体上一致的航线进行整合归纳。因为这些航线沿途经过的国家、节点（海峡、运河、港口）以及海域基本相同，航线

所面临的内外情况相似,所以将其视为由同一海上运输通道构成。此外,由于海上通道是大运量的交通带,本书参考我国与航线相关地区的贸易量(以我国2011年与各国的海关贸易总额为参考)①,对海上通道的构成进一步筛选,形成最终具有代表性的海上通道。因此,按照我国主要海上贸易航线的标准航线走向,我国的海上通道可以分为美西通道、美东通道、欧洲通道、澳洲通道以及美非通道共5条海上通道。

(一) 美西通道

目前我国至日本、韩国以及北美洲西海岸三个国家(地区)实际运营9条标准海运航线,具体航线情况见附表1,这9条航线途经海域和关键节点大体相同,因此将其归为"美西通道",如图11-1所示,该条海上通道由中国经日本、韩国至北美洲西海岸。根据2011年我国海关统计,该通道上美国、韩国、日本和加拿大与中国贸易额排名分列第1、第2、第4和第20位,是我国一条重要的海上通道。

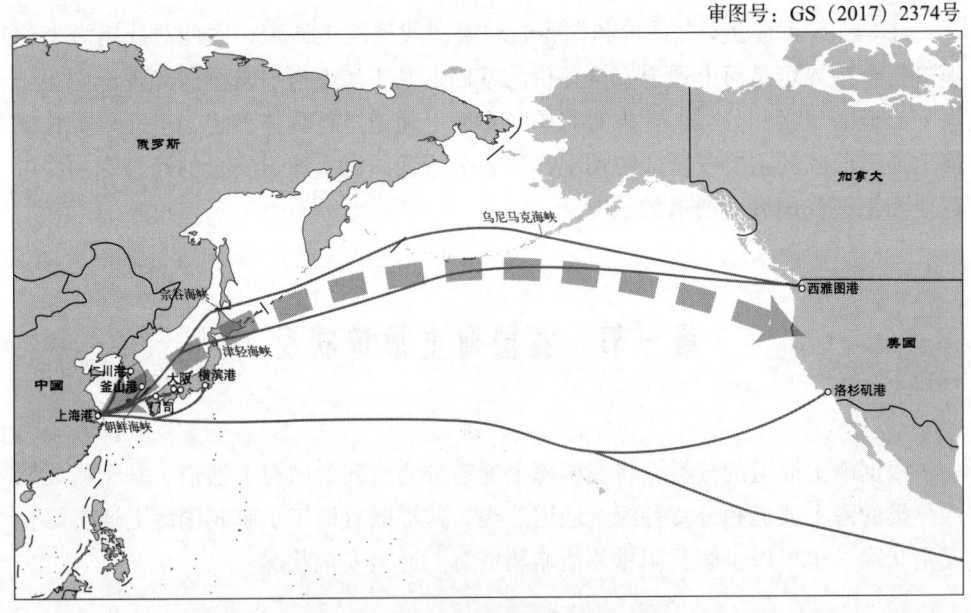

审图号:GS (2017) 2374号

图11-1 美西通道走向示意

---

① 徐一帆:《中国贸易外经统计年鉴》(2012),中国统计出版社2012年版。

(二) 美东通道

目前我国至北美洲东海岸以及南美洲西海岸两个地区实际运营 6 条标准海运航线，具体航线情况见附表 2，我国至这两个地区虽然目的港不同，但海上航线途经海域大体一致。据此将这些航线归为美东通道。如图 11-2 所示，该条海上通道主要由中国港口出发至南美西海岸及北美东海岸和加勒比海诸国港口。这是我国沟通美国和加拿大东部地区港口的又一条重要海上通道，除上述两国外，根据 2011 年我国海关统计①，南美西海岸的智利与秘鲁在我国进出口贸易国家排名中分列第 27 和第 48 位。

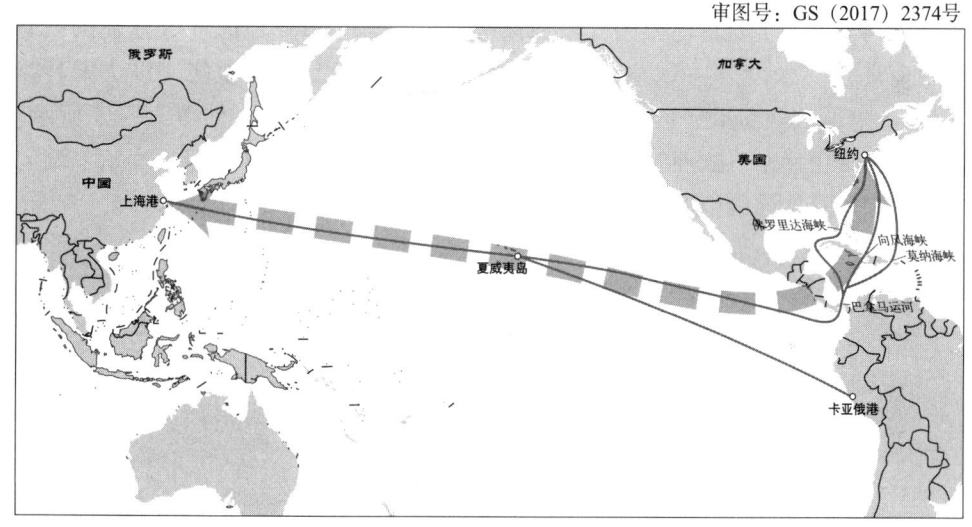

图 11-2 美东通道走向示意

(三) 欧洲通道

目前我国至东南亚地区共有 2 条标准海运航线，至中东地区共有 4 条标准航线，至地中海地区共有 3 条标准海运航线，至黑海地区有 2 条标准海运航线，至西北欧地区存在 12 条标准海运航线。将中国至东南亚，地中海以及西北欧三个地区的航线归类定义成"欧洲主通道"，而中国至中东地区航线归类定义成"欧洲次通道"。

该通道归类主要考虑中国至东南亚、地中海以及西北欧三区的标准航线空间走向基本一致，而中国至中东地区属于欧洲通道的一个重要分支（在阿拉伯海地

---

① 徐一帆：《中国贸易外经统计年鉴》(2012)，中国统计出版社 2012 年版。

区出现分支),因此归类为欧洲次通道,而中国至黑海地区的相关航线则与整个通道空间走向分支较大,不宜归纳进欧洲通道的空间范畴当中。另外,根据2011年我国同各国(地区)海关进出口总额统计,在全球230多个国家/地区中,东南亚地区的马来西亚、泰国与菲律宾,中东地区的阿联酋与沙特阿拉伯,地中海地区的法国与意大利,西北欧地区中的德国、荷兰与比利时,均属于中国进出口贸易大国(中国海关进出口贸易国家前40位),与中国存在着大量稳定的贸易海运量。而黑海沿岸国家由于经济结构与经济发展水平的原因,整体与我国经济贸易联系较少,总体贸易量较少。鉴于这一点,将中国至黑海地区的标准航线从欧洲通道中剔除。

1. 欧洲主通道

该海上通道主要是由中国(上海港为例)途经东南亚地区(以林查班、马尼拉南港)、中东地区(以迪拜和拉斯塔努拉为例)、地中海地区(以法国马赛为例),至欧洲西海岸(以荷兰的鹿特丹与德国汉堡为例),如图11-3所示。该海上通道由远东—欧洲航线,远东—地中海航线以及东南亚航线三类基本海运航线构成,具体航线情况见附表3。

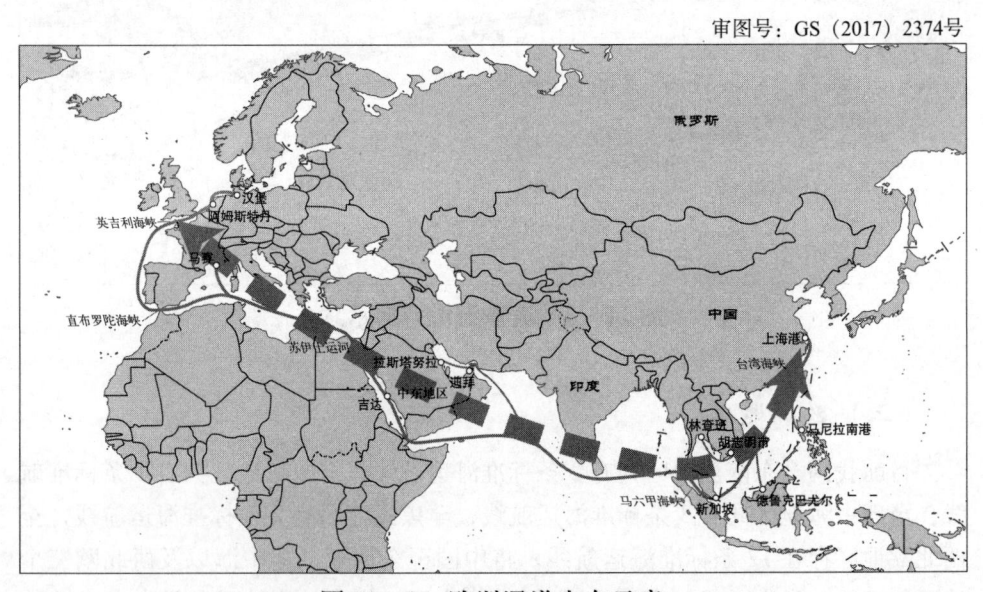

审图号:GS(2017)2374号

图11-3 欧洲通道走向示意

2. 欧洲次通道(中东线)

欧洲通道也存在一条较为重要的次要通道,该次通道与欧洲通道从始发地至马六甲海峡一段的空间走向完全一致,但之后沿西北向横穿印度洋至中东地区,最终形成了中东次通道。该次通道包括中国至中东地区2条基本航线、中国至红海地区标准航线以及中国至波斯湾标准航线共计4条标准航线，具体航线构成见附表4。中东线与波斯湾线主要由中国诸港出发，沿欧洲线大致走向至印度洋西岸，北上过霍尔木兹海峡进入波斯湾地区，挂靠中东地区主要港口。红海线走向则与欧洲线、地中海线及黑海线大致重合，其由中国沿海港口出发经亚丁湾入红海，挂靠红海内各国港口。

（四）美非通道

目前我国至非洲和南美东海岸共有9条标准海运航线，具体航线情况见附表5，根据2011年我国海关统计①，非洲的南非、安哥拉、尼日利亚等国与中国之间存在大量的原油贸易，而南美东海岸的巴西也是中国主要的金属矿石进口地，这两类航线也是我国重要的对外贸易航线。而这两类航线在空间走向上大体一致，因此将其归为"美非通道"。如图11-4所示，该海上通道由中国经南非地区至西非、北非地区沿海港口以及南美东海岸港口。

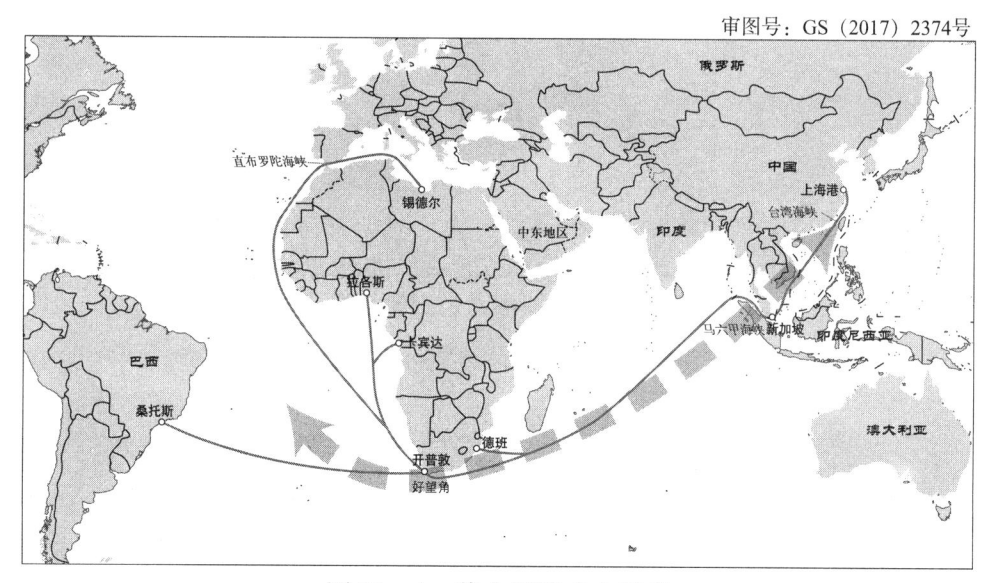

图 11-4　美非通道走向示意

（五）澳洲通道

目前我国至澳洲主要存在澳洲东海岸及澳洲西海岸两个方向的3条海运航线，具体航线情况见附表6。鉴于这3条航线均为沟通中国与澳洲之间的海运贸

---

① 徐一帆：《中国贸易外经统计年鉴》（2008～2012），中国统计出版社2008～2012年版。

易,因此将其归为"澳洲通道"。澳大利亚是中国第七大贸易进出口国家,澳大利亚相关港口与中国之间存在着巨大的海运量。

如图 11-5 所示,该条海上通道主要是由中国出发,经太平洋上诸多海峡至大洋洲港口。

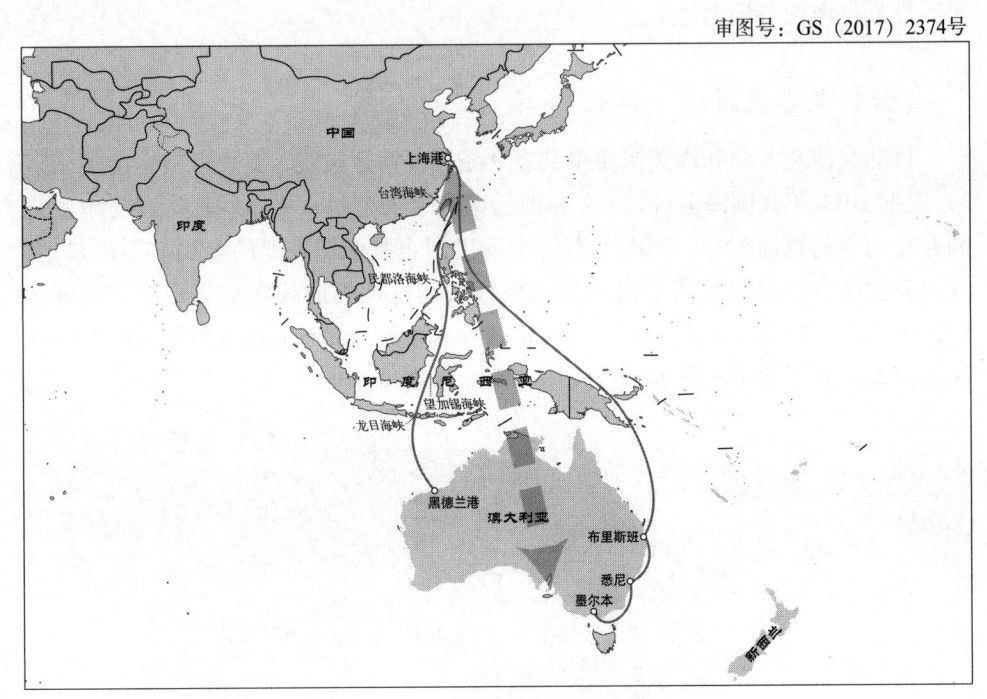

审图号:GS(2017)2374号

图 11-5　澳洲通道走向示意

二、基于航线属性分类的海上通道状况

按照空间走向,我国海上通道可以分为 5 条通道,然而结合实际通道构成可知,除了这些长距离、货量大、走向一致的通道之外,还存在一些与通道走向大体一致,货量也十分显著,但通道距离有限,因而不能构成严格意义上通道的一些航线集合,按照海上通道的定义,将这一类航线构成的通道归为次通道。通过分析通道、次通道的空间走向特征,结合我国对海区的分类,又可以将我国主要海上运输航线分为沿海通道、近洋通道以及远洋通道。

(一)沿海通道

根据交通部 2004 年颁布的《中华人民共和国海船船员适任考试、评估和发证规则》，沿海航海区是指"包括中国的近岸航区、黄海、东海、南海和中国各沿海港口的水域"。同时根据我国沿海海域的行政管理区划，以温州为分界点，我国沿海海区被分为北方航区（以上海与大连为沿海航线中心）与南方航区（以广州和上海为沿海航线中心），从而形成了北方沿海航线与南方沿海航线，以及沟通南北两个航区的南北航线，如图11-6所示。

审图号：GS（2017）2374号

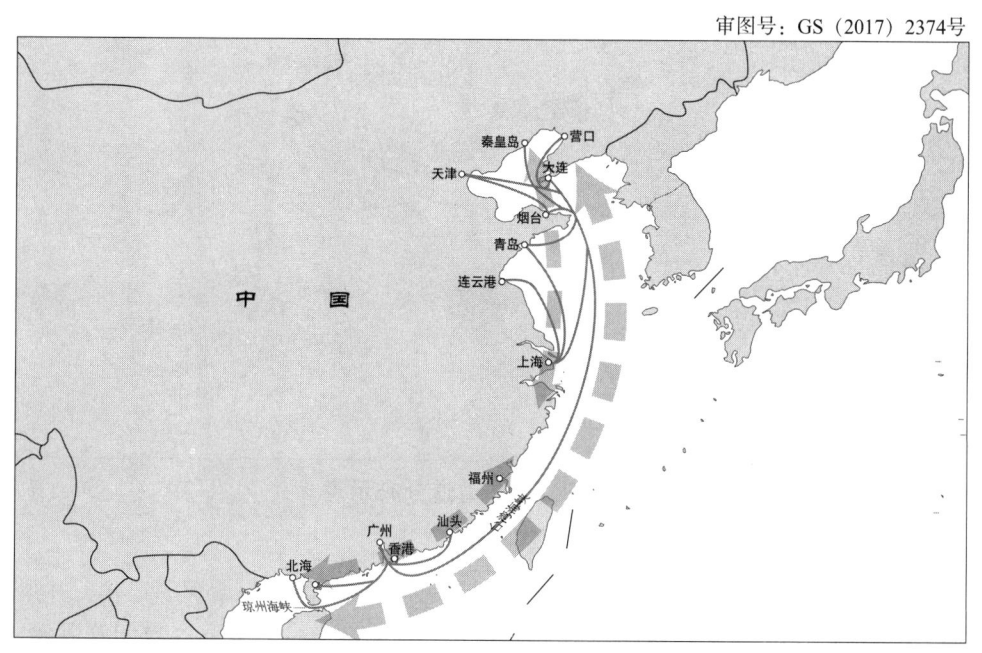

图11-6 沿海通道走向示意

（二）近洋通道

交通部2004年颁布的《中华人民共和国海船船员适任考试、评估和发证规则》也规定了"近洋航区"系指北纬55度至北回归线之间与东经142度以西的太平洋水域以及北回归线至赤道之间与东经99度以东、东经130度以西所包括的太平洋水域，即由中国沿海，俄罗斯远东，澳大利亚以及马六甲海峡共同组成的水域。结合我国主要航运公司的实际航线分类情况可知，由于中国到马六甲海峡并不存在成型的航线，并且存在着介于近洋航线与远洋航线之间的航线（中国沿海至南亚及波斯湾），因此，我国主要航运公司也将这类航线归到近洋航线之中。据此，可以得到我国近洋航线共14条，具体通道及航线信息见附表7，根据其走向可以分为三条次通道，如图11-7所示。

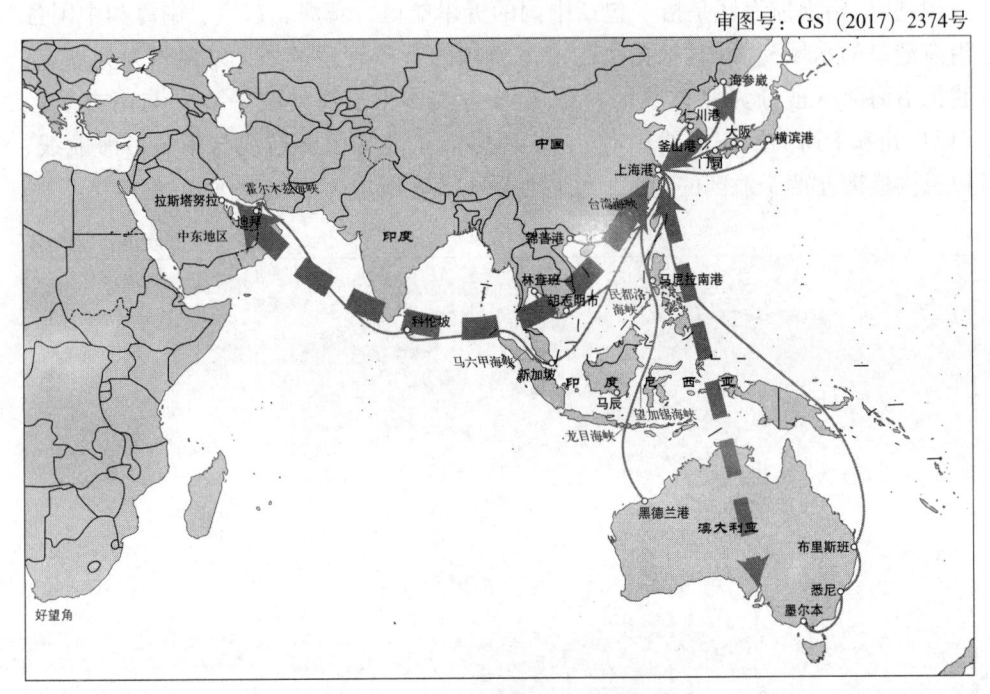

图 11-7　近洋通道分布示意

1. 远东近洋通道

该次通道主要是沟通中国与日韩以及俄罗斯远东三国的海上贸易运输,并形成了至三国主要的航线。该次通道由中国沿海各港口出发,需要穿越朝鲜海峡、关门海峡及大隅海峡等关键海峡而挂靠部分主要港口。

2. 中东近洋通道

该次通道主要是沟通中国沿海与波斯湾以西的南亚与东南亚地区的相关国家的主要港口之间的海上贸易需求,共包括9条典型的近洋运输航线。该通道需经过南海地区、印度尼西亚群岛地区,穿马六甲海峡到达中东主要港口,通道安全受狭水道与天气影响较多。

3. 澳洲近洋通道

该次通道主要是沟通中国沿海各港口与澳洲及其途经菲律宾的主要港口之间的联系,包括中国至菲律宾以及中国至澳新两国的航线。该条通道的部分航线需要穿越东南亚海域的众多狭水道与民都洛海峡、龙目海峡等众多关键海峡,以及澳洲珊瑚海及大堡礁等暗礁较为密集的海域,从而达到澳西与澳东及新西兰主要港口。

(三) 远洋通道

《中华人民共和国海船船员适任考试、评估和发证规则》中虽然并无关于"远洋航区"的直接定义,但是结合海上运输业的共识可知,该规则中的"无限航区"与远洋航区的实际范围是相一致的。"无限航区"是指海上任何通航水域,其中包括世界各国的开放港口和国际通航运河及河流。同时结合海上运输业的相关航线情况,可知我国远洋航线主要有9条,具体通道及航线信息见附表8。根据其走向可以分为四条次通道,如图11-8所示。

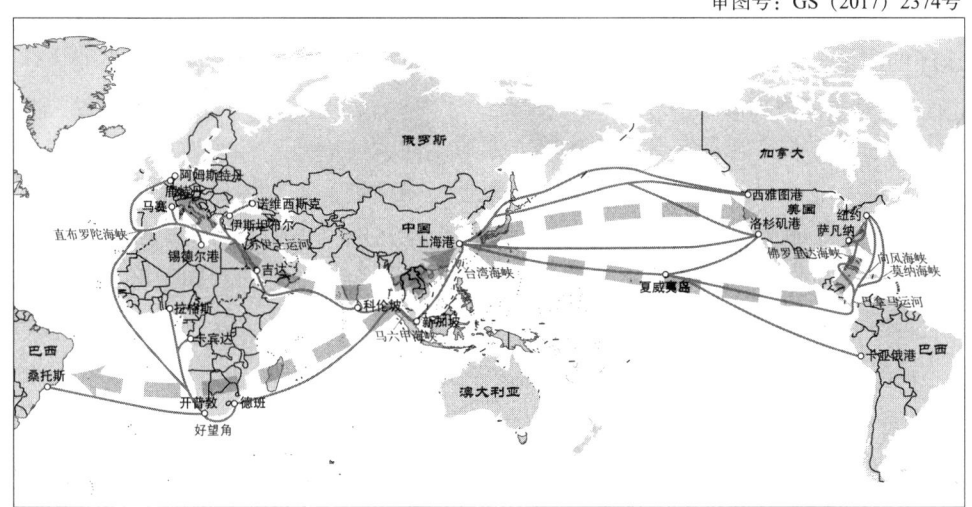

审图号:GS(2017)2374号

图11-8 远洋通道分布示意

1. 美西远洋通道

该条次通道与按照空间走向分类中的美西通道(除中国与日韩地区的支线)的构成大体一致,主要是满足中国与北美及南美诸国西海岸主要港口之间海上贸易运输需求。该次通道由中国沿海各港口出发,经大隅海峡或津轻海峡等关键海峡后横穿太平洋,沿阿留申群岛西行或经由大隅海峡后横穿太平洋至北美西海岸各港口;南向线则经由大隅海峡进入太平洋后,沿夏威夷群岛西行后横穿太平洋至北美西南海岸及南美西海岸各国主要港口。

2. 美东远洋通道

该条次通道与按照空间走向分类中的美东通道(除中国与南美西海岸航线)走向大体一致,主要是沟通中国沿海与加勒比海、北美东岸的相关国家的主要港口之间的海上运输通道。该次通道由中国沿海各港口出发,经由大隅海峡进入太平洋后,沿夏威夷群岛西行后横穿太平洋至中美洲,后经巴拿马运河入加勒比海地区，穿莫纳海峡/向风海峡/佛罗里达海峡到达北美东海岸之后挂靠沿海各主要港口。

3. 欧洲远洋通道

该条次通道主要由中国至西欧/北欧主要港口以及途经的红海、地中海的支线构成，与按空间走向分类中的欧洲通道（除东南亚、南亚及中东支线）走向大体一致，是沟通中国沿海各港口与波斯湾以东的红海地区、地中海地区以及欧洲西北部地区主要港口之间的海上运输通道。该条通道由中国沿海各主要港口出发，经由台湾海峡进入南海后，穿印度尼西亚群岛地区的马六甲海峡/龙目海峡/巽他海峡，横穿印度洋至亚丁湾地区，北上穿红海，经过苏伊士运河进入地中海地区，经过直布罗陀海峡及英吉利海峡则到达西北欧沿海主要港口。该远洋通道途经的国家、敏感水域、关键海峡、运河较多，安全影响因素最为复杂多变。

4. 美非远洋通道

该通道与按空间走向分类中的美非通道走向大体一致，是沟通中国沿海各港口与西非、北非以及南美洲东岸地区的海上运输通道。该次通道主要由中国沿海地区出发，经过台湾海峡进入南海，穿东南亚地区的马六甲海峡/巽他海峡/龙目海峡进入印度洋后，西行南下至非洲好望角，北上至西非，再经由直布罗陀海峡进入地中海到达北非地区，或继续西行至南美洲东海岸各国主要港口。

三、基于货种分类的海上通道状况

全球各地区资源及产品分布的不均衡与差异促使了国际贸易的产生。海上运输由于其运量大，价格便宜的优势，成为全球国际贸易中大宗商品及物资的主要运输方式。基于各类物资巨大的运输需求与规模经济效应，海上贸易运输业逐渐发展并形成了特定的运输船舶类型（如油轮、集装箱船、散货船等），并按照各类商品物资的运输线路，形成了特定的货类运输航线与通道。① 根据我国各种主要货物的全球分布特征及其海上运输航线分布情况，结合我国沿海现有的海上运输航线，以空间走向的分类结果为基础，又可以将我国海上运输通道按照主要运输货种分成原油海上通道、金属矿石海上通道、粮食海上通道与集装箱海上通道共四类。

（一）原油及天然气海上通道

自改革开放以来，我国社会经济持续快速发展，社会基础设施建设不断完善，人民消费水平不断提高，至2007年我国已经成为全球第二大能源消耗国。

---

① 尤盛东：《世界经济贸易地理》，北京师范大学出版社2010年版，第174~178页。

而原油作为社会经济发展的重要能源物资，其需求量连年剧增。自 1993 年以来，我国已经成为原油净进口国，到 2012 年我国原油进口量已经高达到 2.71 亿吨，原油对外依存度达到了 56.4%，这意味着近半数的原油需要从国外进口。根据近年来我国原油进口来源国分布统计结果，我国进口原油约 50% 来自中东，24% 来自非洲，13% 来自欧洲/原苏联，10% 来自西半球，3% 来自亚太，结合我国原油海上运输的分布情况，得到我国的原油海上运输通道如图 11-9 所示。通道的具体构成信息见附表 9。

审图号：GS（2017）2374号

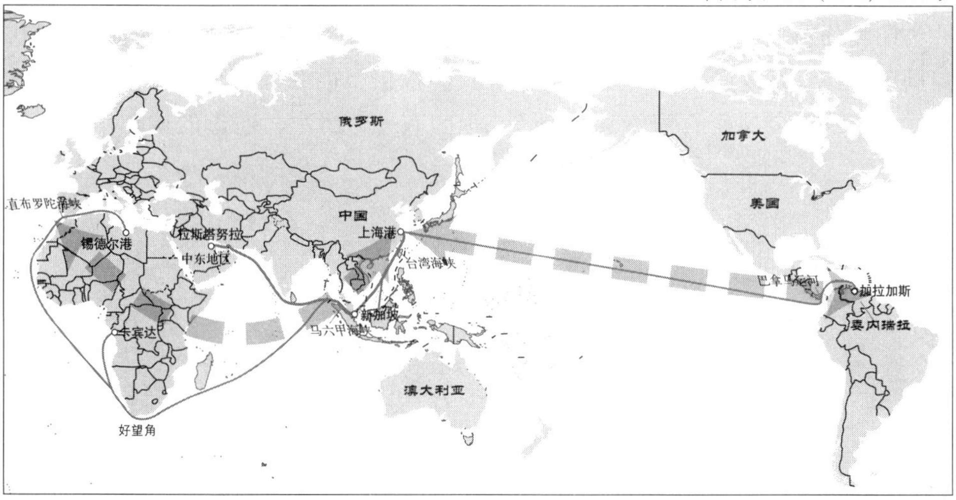

图 11-9　原油及天然气海上通道分布示意

1. 西向海上通道

该条次通道是由空间走向分类中的美非通道中非洲线与欧洲通道中的中东航线构成，主要承担中国从波斯湾地区与西非、北非地区进口原油的海上运输。该条通道承担了中国进口原油近三成的比例，属于我国原油进口最关键的海上运输通道。该次通道由中国沿海各港口出发，经台湾海峡进入南海地区，再由马六甲海峡/巽他海峡/龙目海峡入印度洋后，一线经霍尔木兹海峡入波斯湾地区；另一线西行南下至非洲好望角后，北上至西非地区的安哥拉，或继续北上西穿直布罗陀海峡后入地中海，再至北非地区的利比亚与埃及等国港口。

2. 东向海上通道

该条次通道是由空间走向分类中的美东通道中南美线构成，主要承担中国从南美洲地区的委内瑞拉、厄瓜多尔及巴西等国家进口石油海上运输。该次通道由中国沿海各港口出发，东行横穿太平洋，过夏威夷群岛至中美洲，过巴拿马运河，进入加勒比海地区，挂靠委内瑞拉、厄瓜多尔及巴西等国港口。

（二）金属矿石海上通道

钢铁主要源自于金属矿石的冶炼，是基础设施建设的重要物资来源之一。随着我国社会经济的持续快速发展，对于钢铁材料的巨大需求也就直接推动了对金属矿石需求量的剧烈增加。世界金属矿石资源主要集中在澳大利亚、巴西、印度、南非及乌克兰等少数几个国家，我国金属矿石进口源地也集中于这几个国家及地区。2012年中国进口澳大利亚、巴西、南非和印度的金属矿石量合计5.3亿吨，占到总进口量的80%。其中，澳大利亚金属矿石占47%，巴西占21%，南非与印度分别占6%与5%。由于金属矿石属于大宗能源战略物资，除了内陆出口国家之外，海运成为最主要的运输方式。根据目前我国金属矿石进口分布情况，得出我国金属矿石海上通道分布如图11-10所示，通道的构成信息见附表10。

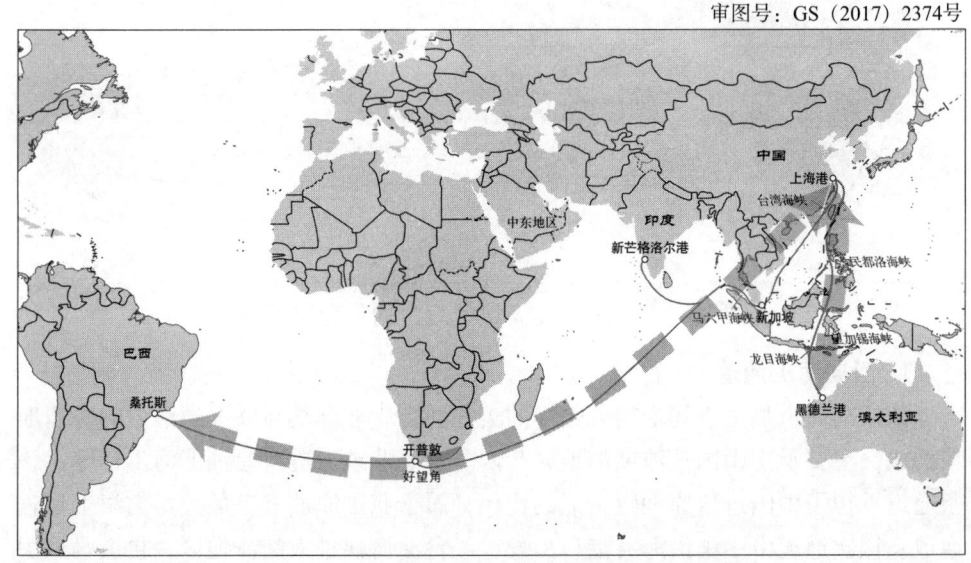

图 11-10　金属矿石海上通道分布示意

1. 西向海上通道

该条次通道是由空间走向分类中的美非通道中南美东岸线及非洲线构成，主要承担中国从南美洲的巴西及非洲的南非金属矿石进口海上运输。该条通道承担了中国进口金属矿石近三成的比例，是我国主要的金属矿石海上通道之一。该次通道由中国沿海各港口出发，经台湾海峡进入南海地区，再由马六甲海峡入印度洋后，西行南下至南非，后经好望角西行穿大西洋至南美洲巴西的东海岸。

2. 东向海上通道

该条次通道是由空间走向分类中的澳洲通道中的中国至澳西航线构成，该条航线是中国进口金属矿石的主要海上通道，海运量达到总量的近一半。该次通道由中国沿海各港口出发，经过台湾海峡进入南海，南下依次经过民都洛海峡、望加锡海峡以及龙目海峡，到达澳大利亚西海岸金属矿石主要出口港。

（三）粮食海上通道

虽然中国是世界主要产粮大国，但是中国同时又是全球第一人口大国，此外中国耕地面积有限，近年来自产粮食越来越不能满足自身需求。尽管我国自 1996 年制定了粮食自给率须保持在 95% 以上的政策以来，长期仅进口国外少量优质粮食，但是自 2011 年以来，中国的粮食进口数量明显增加。2012 年我国进口粮食达到 8 025 万吨，主要进口国为美国、加拿大、澳大利亚、巴西、阿根廷等海外国家，与此同时海上运输则成为我国散粮进口的主要运输方式。结合我国粮食海上运输的航线分布及货量流向情况，得出我国粮食海上通道的空间分布如图 11-11 所示，通道的构成信息见附表 11。

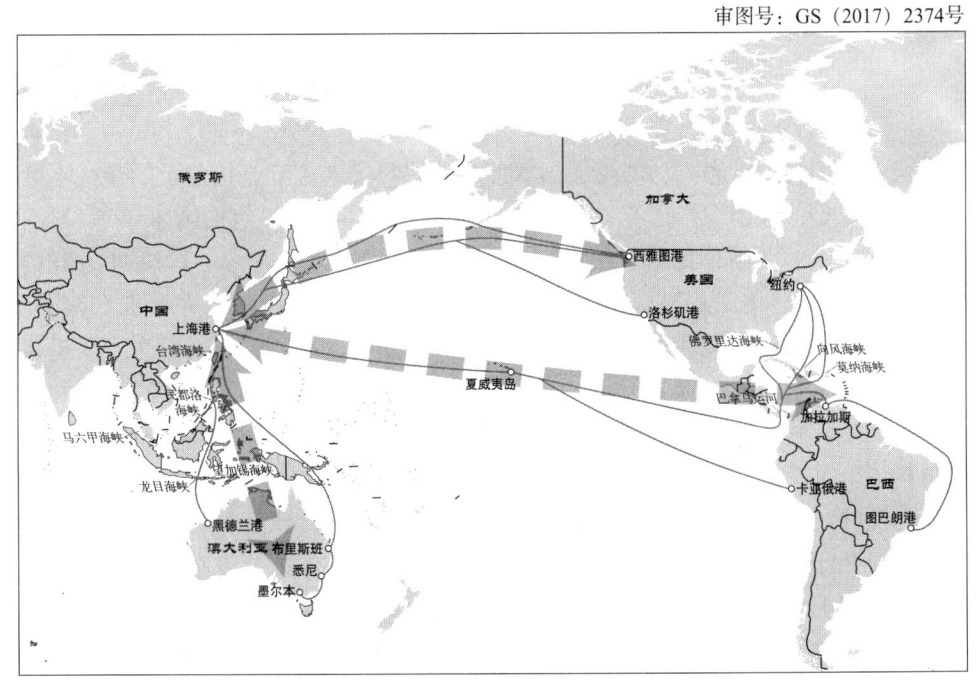

审图号：GS（2017）2374号

图 11-11 粮食海上通道分布示意

1. 东向海上通道

该条次通道与空间走向分类中的美西通道走向大体一致，主要承担中国从北美两国进口粮食的海上运输。该次通道由中国沿海各港口出发，偏南经大隅海峡出东海，偏北经朝鲜海峡穿日本海后，穿过鄂霍次克海进入北太平洋，到达美国西海岸的长滩、旧金山、洛杉矶等港口，以及加拿大西海岸的温哥华等港口。

2. 东南海上通道

该条次通道与空间走向分类中的美东通道走向大体一致，主要承担中国从北美东海岸、美湾及南美洲东海岸粮食进口海上运输。该次通道从中国沿海各港口出发，经夏威夷群岛，绕过巴拿马运河到达美国东海岸的新泽西、新奥尔良等港口，以及美湾地区休斯敦港。其中，美湾地区是世界上最大的粮食出口地区，在相当长的一段时间里，美湾地区仍将是我国散粮进口的主要源地。

3. 南向海上通道

该条次通道与空间走向分类中的澳洲通道大体一致，是中国从澳大利亚进口粮食的主要海上运输路线。该次通道由中国沿海各港口出发，需经琉球久米岛，加罗林群岛的雅浦岛进入所罗门海、珊瑚湖海到达澳大利亚西海岸；或经台湾海峡进入南海，再依次经过民都洛海峡，望加锡海峡以及龙目海峡，最后达到澳大利亚东海岸各港。

（四）煤炭海上通道

虽然我国属于世界上的产煤大国，但是随着我国进入工业化建设的步伐不断加快，以及目前我国煤炭现有的产能及运力的限制，我国煤炭的需求不断增长，加上自然条件的限制，我国于短期内即将成为煤炭净进口国家。2012年，我国煤炭进口2.89亿吨，主要来源于印度尼西亚、越南、朝鲜、澳大利亚、南非、加拿大、美国等国家，其中又以东南亚地区、澳洲地区以及远东地区为主要进口来源地区，占我国进口量的近80%。结合我国现今煤炭进口海上运输航线的空间分布及实际货流流向，得到中国煤炭海上通道的分布如图11-12所示，具体通道构成信息见附表12。

与实际产煤量相比，我国煤炭进口量较小，且相对比较集中。我国煤炭海上通道主要为印度尼西亚、澳大利亚、朝鲜、俄罗斯远东地区及越南至中国沿海地区，该条海上通道与空间走向分类中的澳洲通道中澳西次通道大体走向一致，同时该条通道主要分布在我国近洋航区内，承担我国进口煤炭近80%的海运量。

（五）集装箱海上通道

虽然集装箱海上运输出现的相对较晚，但是凭借其自身运输、装卸的优越性，

审图号：GS（2017）2374号

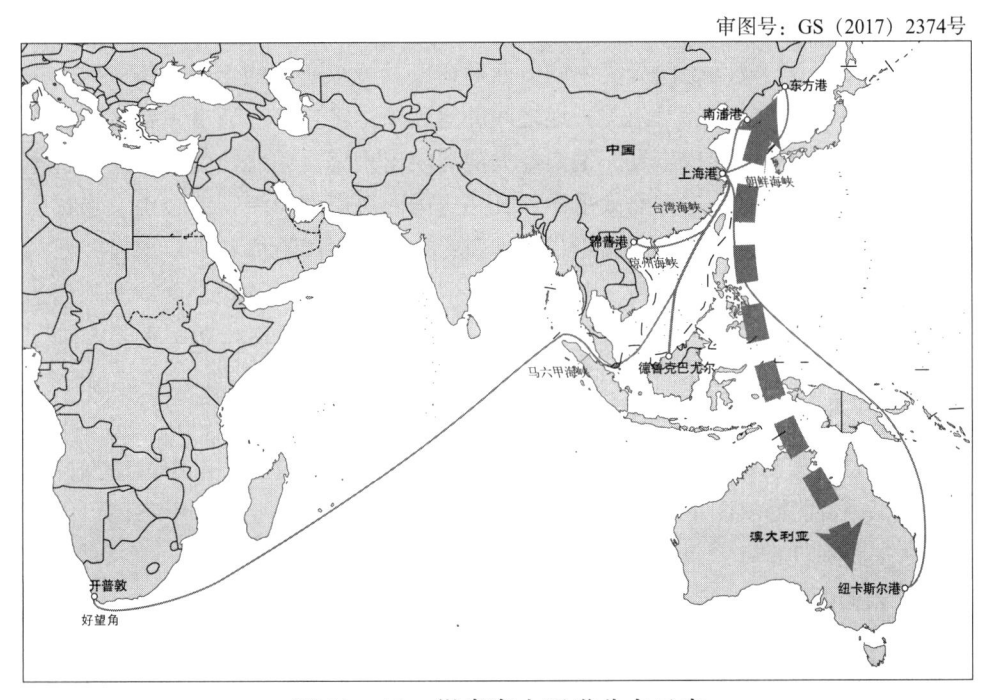

图 11-12　煤炭海上通道分布示意

集装箱运输业发展迅速。经过三十多年的快速发展，集装箱运输已经成为我国国际贸易以及海上货物运输的重要方式。至 2012 年，我国港口集装箱吞吐量连续 8 年全球第一。根据世界集装箱海运干线的分类，结合我国集装箱海运航线分布，得出我国集装箱海上通道的空间分布如图 11-13 所示，具体通道构成信息见附表 13。

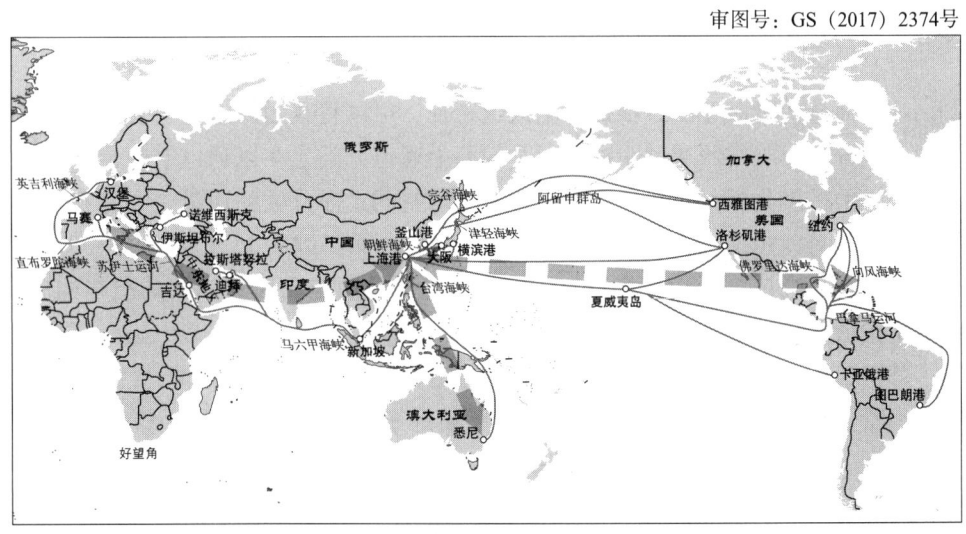

审图号：GS（2017）2374号

图 11-13　集装箱海上通道分布示意

1. 东向海上通道

该条次通道与空间走向分类中的美西通道以及美东通道的走向大体一致,主要承担中国与北美、日韩及南美三地之间的集装箱运输。该次通道主要有两种走向:一由中国沿海各港口出发,偏南经大隅海峡出东海,偏北经朝鲜海峡穿日本海后,穿过鄂霍次克海进入北太平洋,到达美国西海岸的长滩、旧金山、洛杉矶等港口,以及加拿大西海岸的温哥华等港口;二是由中国沿海各港口出发,西行沿夏威夷群岛到达巴拿马运河,北上经过佛罗里达海峡/向风海峡/莫纳海峡到达美湾地区以及北美东海岸各港口,或南下到达卡拉丁美洲东海岸各国主要港口。

2. 南向海上通道

该条次通道与空间走向分类中澳洲通道的西向航线走向大体一致,主要承担中国至澳大利亚、新西兰等国之间的集装箱运输。该次通道主要由中国沿海各港口出发,穿台湾海峡南下,经所罗门海、珊瑚海到达澳大利亚西海岸各港口以及新西兰主要港口。

3. 西向海上通道

该条次通道与空间走向分类中的欧洲通道大体上完全一致,主要承担中国与该通道沿线的东南亚地区、波斯湾地区、中东地区、地中海以及西北欧地区相关国家之间的集装箱运输。该次通道主要由中国沿海各港口出发,穿台湾海峡南下进南海。经马六甲海峡入印度洋后,一是沿霍尔木兹海峡入波斯湾地区,二是西行北上经亚丁湾入红海,经苏伊士运河入地中海后挂地中海及黑海诸国港口,或继续西行穿直布罗陀海峡、英吉利海峡挂靠西北欧国家沿海主要港口。

四、通道分类关联性分析

从前面分析可以看出,根据海上通道特征,可以将我国海上通道从不同的角度进行划分。由于按照通道距离与货类的海上通道分类是在以通道空间走向分类的基础上的扩展分析,因而这两种通道分类与空间走向分类的通道之间存在着一定的相关,具体相关性如表11-1所示。以第一行第二列的15%为例,空间走向分类中"美西通道"是由中国沿海与北美西海岸之间走向大体一致的航线构成,包括中国沿海至日本、韩国、俄罗斯远东以及北美地区的航线,而中国沿海至日本、韩国、俄罗斯远东航线则属于美西次通道,即近洋通道的一部分,按照航线距离来看,中国沿海至日本、韩国及俄罗斯远东航线占美西通道距离的15%。与此同时,以粮食通道为例,我国粮食主要进口国主要集中在北美洲与澳洲地区,因此粮食海上通道中的中国至北美洲的两条粮食次通道(中国—北美西海岸以及中国—北美东海岸)走向完全与空间走向中的美西通道与美东通道相重合,因此两者的相关性为100%，而中国至澳洲的粮食次通道（中国—澳大利亚东海岸及西海岸）则完全在空间走向内的澳洲通道范围内，相关联程度也为100%。因此，只要合理分析与空间走向分类通道的相关性，则可以以此通道分类数据为基础，进行三种海上通道安全的评价。

表11-1 三种海上通道分类关联度分析 单位：%

通道分类		距离分类			货种分类				
		沿海通道	近洋通道	远洋通道	原油通道	金属矿石通道	粮食通道	煤炭通道	集装箱通道
空间走向分类	美西通道	—	15	100	—	—	100	—	100
	美东通道	—	—	100	80	—	100	—	100
	欧洲通道	—	50	100	50	40	—	30	100
	澳洲通道	—	100	—	—	100	100	100	100
	美非通道	—	—	100	100	100	—	70	—

第二节 我国海上通道安全状况

我国海上通道分布广泛，面临的安全威胁形势日益严峻，直接影响到我国的对外贸易及经济安全，海上通道安全评价是了解我国海上通道安全状况的重要手段。而海上通道安全评价首先需要明确我国海上通道安全面临的主要威胁因素及其现状，进而才能够形成科学合理的评价指标体系并展开评价。

一、我国海上通道安全威胁分析

由于通道自身内部属性与所处的外部环境差异，导致我国海上通道安全存在不同的现状以及发展趋势。了解我国海上通道安全的现状与未来趋势，有利于进行海上通道安全水平的评价。

(一) 自然灾害随机频发

海上自然灾害包括海底地震、海啸、台风、风暴潮、赤潮等。一旦海上发生了严重自然灾害,国际海上通道不可避免地会被阻断,船舶将无法正常航行通过国际海上通道,安全性受到极大影响。与此同时,自然灾害发生的不确定性导致其危险性很高。一旦无法做到有效的预警,这些自然灾害可能会对国际海上通道造成突然的致命打击。相关学者[1]对世界海难事故的统计数据分析表明,1978~2008年,全球677条海难事故中,近16%的事故是由恶劣的极端天气所造成。

目前影响我国海上通道安全的海上自然灾害主要是热带风暴对海上通道经由的边缘海区带来极端天气而造成海上通道阻断,进而造成的海上船舶事故。特别地,我国所处的西北太平洋沿海,是热带风暴和冬季季风造成的极端天气的频发区,由此对我国边缘海域内的海上通道的畅通造成极大的危害,并由此引发船舶碰撞、爆炸等一系列其他海上事故。相关研究表明,我国海难事故主要由于热带风暴带来的台风、大雾和海雾等造成。

(二) 海上船舶事故频发,引发通道阻断

根据相关研究统计,全球海上船舶事故易发地点主要集中在港区、海区以及航道与海峡区,与这些地点内船舶流量密集、水域狭窄以及恶劣天气等原因密切相关。海上船舶一旦在这些地点发生碰撞、机械故障、触礁、破舱进水、搁浅与火灾爆炸等事故,船舶本身的事故以及相关的救援活动会占用相当的水域,从而造成相关水域的封锁,影响整条通道的畅通。根据1978~2008年全球海上船舶事故统计可知,海上船舶事故随着全球经济贸易发展与船舶数量的增加而呈现逐年攀升的趋势。[2]

目前我国海上通道遍布全球各地,海上船舶事故易发地点主要分为沿海通道进出口水域与全球其他关键狭水道地区。沿海通道进出口水域主要集中在沿海的环渤海地区、东海海域以及琼州海峡、台湾海峡等边缘海内离海岸120海里以内的区域,这些地区是我国海上通道的进出的瓶颈地区,交通流量十分密集,一旦发生海上船舶事故,将会造成关键水域的阻断,从而影响所有出海海上通道的畅

---

[1] 鲍君忠、李建民、刘正江:《海上事故人为因素量化分析模型》,载《大连海事大学学报》2010年第2期,第51~54页。

[2] Joint War Committee, *Hull War, Strikes, Terrorism and Related Perils*, 2010.

通状态。而马六甲海峡、苏伊士运河、巴拿马运河、直布罗陀海峡、南海等全球著名的水域条件复杂,船舶流量大的狭水道地区也是船舶事故易发的地区,一旦发生船舶事故,将会影响到全球关键通道的畅通。

(三) 海洋环境污染复杂,影响通道通畅

船舶海上污染的主要表现为海上运输中发生的船舶操作污染、海上事故污染、船舶倾倒污染。这些污染特别是发生在沿海海域的海上污染,不仅会破坏沿海海域的生态环境,还会影响该海域的通航状况,影响海上通道的安全。

目前影响我国海上通道安全的海洋环境污染问题主要是我国石油运输通道沿线所面临的原油溢油事故威胁,以及我国沿海原油码头的卸油威胁。据我国部海事局统计,1973~2006 年,我国沿海共发生大小船舶溢油事故 2 635 起,其中溢油 50 吨以上的重大船舶溢油事故共 69 起,总溢油量 37 077 吨,平均每年发生 2 起,平均每起污染事故溢油量 537 吨。海上溢油事故主要集中在我国渤海海域与南海海域,这些溢油事故不仅仅对两个海域的生态环境带来严重的破坏,同时由于需要对溢油事故的处理与治理,造成原本海运繁忙、船舶流量密集的海域进一步通畅困难,不利于相关海上通道的进出的畅通。

与此同时,我国沿海原油码头发生了包括大连港、青岛港在内的几起输油管道爆炸的重大事故,不仅仅造成了巨大的经济损失,也影响了相关港口原油进出口运输的安全。

(四) 领海主权争端引发海区关系复杂

我国东部临海,海上通道主要是由东部的渤海,东海,黄海以及南海四个边缘海作为出海区域,进而实现海上连通全球其他地区。但除了渤海与黄海之外,我国东海与南海属于多国边缘海,并牵涉到领海主权的争议。这两个领海的局势会影响到我国海上通道安全状况。

1. 中日东海划界争端

东海是被中日韩三国所围绕的一个边缘海,其海域东西宽约 150~360 海里,南北长约 630 海里,是我国海上通道重要的进出海域之一。然而由于钓鱼岛主权与东海海底油气资源开发等问题而加剧的中日东海划界问题,则对我国海上通道安全存在重要影响。

根据《联合国海洋法公约》规定:沿海国都有权确定不超过 200 海里的专属经济区以及作为沿海国陆地领土全部自然延伸并且扩展到大陆边外缘的海底区域海床和底土的大陆架,大陆架不应超过从测算领海宽度的基线起 350 海里的距离。

中日两国作为东海上东西相向国家，东海最宽处仅为 360 海里，按照《公约》规定，两国主张海域出现了较大范围的重叠，两国在制定各自关于专属经济区和大陆架的划界存在了争端。特别是 1968 年联合国亚洲及远东经济委员会（ECAFE）经过海底资源调查后发现，东海钓鱼岛及其附属海域储藏着巨大的海底油田，关于东海专属经济区的划界争端就日益激化，日本在美国同盟的支持下，一直从政治、外交与军事上进行各种造势与动作，使得东海始终处于一个不安全的状态。首先，缺乏与中国协商解决问题的诚意，以顽固的立场向中国进行责难，令东海问题陷入窘境；其次，日本以"升级对升级"，借东海油气之争挑起领土争端；接着，日本大肆宣扬中国威胁论，大力扩充海军实力，频频与相关国家举办军事演习，以应对中国的军力发展；最后，日本威胁中国在东海问题上让步，逼迫中国接受日本拟定的"中间线"。①

2. 南海主权争端白热化

南海海域是一个半封闭海，北接中国大陆和台湾，东临菲律宾，西濒越南和马来半岛，南边以连接西南婆罗洲到苏门答腊的一线为界，域内包括海上通道、岛屿、海峡水域，岛屿大多狭小，所辖的东沙、西沙、中沙、南沙等群岛，统称为南海诸岛。南海具有重要的战略地位，是沟通中国和世界的重要通道，贯通太平洋和印度洋两大洋。从军事角度而言，占领了南海海域相当于直接或者间接控制了从马六甲海峡到日本，从新加坡到中国香港，从中国广东到马尼拉，甚至从东亚到西亚、欧洲和非洲的多数海上通道，因此关乎我国海上运输通道的安全畅通乃至我国建设海洋强国战略的成败。② 目前南海主权争端问题主要涉及当事国和声索国（主要是东盟的越南、菲律宾、马来西亚与文莱等）主权争端问题，更牵涉到利用南海事务为自身谋利的域外大国（主要是美国、日本、澳大利亚和印度）。

南海少数声索国忌惮中国经济实力，在南海问题上，这些国家为了避免损失，一方面迅速发展自己的海军能力，另一方面则精明地维持与中国良好的外交渠道。然而南海水域内频发的对峙事件甚至军事演习活动，对我国海上通道安全畅通不可避免地带来影响。

以美国为首的域外大国，以"中国威胁论"来看待中国的和平发展，通过"重返亚太"策略，通过支持与介入南海问题，实现制衡中国的目的。美国通过与菲律宾签署军事协议、进行军事联合演习，放松对越南的武器禁运，来帮助菲律宾和越南增强海上防卫力量和应对中国南海政策。日本利用各种会议场合，提

---

① 孙佳斌：《中日东海问题实质及海域划界问题研究》，载《世界地理研究》，2010 年第 3 期，第 29~35 页。

② 迟晨：《我国周边海域海洋争端分析》，中国海洋大学硕士论文，2012 年，第 3 页。

出"构建多边框架解决南海主权争议问题",支持菲律宾军队建设,达到搅乱南海局势问题,从而维护其海上利益。印度为了实现大国目标,提出"东进政策",以海军力量介入南海地区。此外,澳大利亚作为美国的盟国,选择与美日合作,也给我国的海上通道安全带来一定压力。

鉴于南海海域通行的商船以中国船只为主,南海海域是我国海上通道重要的组成部分,一旦南海局势恶化进而爆发局部军事冲突,中国的海上运输通道安全将会面临较为严重的影响。

(五) 大国博弈带来海上通道安全风险

中国在世界经济表现出其强大的影响力,以美国为首的西方发达国家意识到自身经济影响力的下降,并唯恐中国挑战与扰乱现有的世界政坛格局而威胁自身的利益。因此,中国与主要大国关系的变化带来了与这些国家之间关系紧张,并逐渐影响了关乎国家经济利益的通道安全。

1. 中美大国关系处理直接影响海上通道安全

2008 年金融危机后,美国经济实力受到影响,导致其运用经济力量影响东北亚地区的效用被大幅度削弱,而中国的经济影响力在全球范围内让人瞩目。美国日益重视与中国之间的关系变化,高调提出了"重返亚太"战略,强化其亚太同盟体系。奥巴马政府 2010 年 5 月发表的《国家安全战略报告》称,美国与日本、韩国、澳大利亚、菲律宾和泰国的同盟是"亚洲安全的基石和亚太地区繁荣的一个基础",美国将"继续深化和更新这些同盟以反映本地区变化的动力和 21 世纪的战略趋势"。

在此背景下,美国大力巩固与扩大现有的亚太同盟体系。在中日东海问题上,几次重申《美日安保条约》适用于钓鱼岛,催化中日关系的紧张化。在南海问题上,中菲"黄岩岛对峙事件"后,美国与菲律宾在靠近中国南海的海域多次举行军事演习,做出保卫菲律宾的海上安全姿态,并提升菲律宾和泰国打击暴力极端主义的能力。此外,美国海军陆战队首次进驻澳大利亚北部的达尔文基地。可以看出,美国以保障亚太地区安全名义,全面提升中国南海地区周边国家的军事防范力量,力图强化对中国海上运输通道出口区域的军事监控与制衡。

2. 中日关系因领海主权影响中国通道出口的通畅

中日两国由于历史和地缘等因素,相互间的不信任居多。日本为维护其海上通道安全加大了海上力量的投入,这对中国海上通道安全的维护构成威胁。第一,中日两国在海上矛盾不断。东海划界问题一直未能解决,钓鱼岛问题又不断挑起事端,石原慎太郎提出的"购岛"和野田政府的钓鱼岛"国有化",都极大地激起了中国的反日情绪,激化了两国在岛屿归属上的争端。第二,积极寻求同伴遏制中国。一方面，强化日美同盟，不断进行美日联合军事演习，日渐增加军事部署，加强对中国海上力量的监控和防卫，对我国海上通道安全构成隐患；另一方面，日本还投身南海，加强与中国有岛屿争端国家的联系，在南海扩张其影响力，寻求共同遏制中国。第三，日本海上军事力量不断增强，在强大的经济实力支持下不断武装先进的武器装备，构建一支兵种齐全、装备先进、具有较强反潜护航作战和远洋机动作战能力的海军，日本对我国海上通道安全的威胁正逐步从隐患转为现实威胁。

3. 印度政策的不稳定性影响中国西向海上通道的安全稳定

随着新的国际关系格局日渐形成，中印关系更为重要，印度对崛起的中国态度更为复杂。鉴于印度洋是中国石油等资源进口的重要海上通道，印度对于印度洋的控制，在很大程度上会对中国的海上通道安全带来不可预知的负面影响。

进入 21 世纪以后，印度制定了"东方海洋战略"，希望向东扩张印度海军的活动范围，将印度的影响力渗透到南海以及太平洋等地区。2001 年 7 月，印度组建东方海军司令部，并且在安达曼—尼科巴群岛设置军事基地，该基地位于马六甲海峡的西部入口处，战略位置重要，以该群岛为基地，印军处于进退有据的主动位置，也使印度海军防卫向前大大推进。印度加强同南海周边国家的往来，印度同越南联合开发南海油气资源等，同时印度海军在印度洋和太平洋的军演日益频繁，这都为中国海上通道安全蒙上了阴影，不利于中国解决南海问题，维护我国的海上通道安全。①

（六）战略海峡局势复杂

海峡、运河作为海上通道的关键节点，是海上通道不安全事件高发区域。我国海区呈半封闭状态，同时受两条岛链的包围，通往邻近海区的海峡、水道的数量有限，能够直接被中国所控制的水道更是少之又少。我国海上通道虽然遍布四向，但又过度集中与依赖某些关键海峡。由于这些战略海峡不仅仅关系到我国的海上通道是否安全畅通，也是影响全球主要海上通道顺畅的战略要道，不可避免地受到全球主要海上大国的重视与介入。

我国海上通道涉及众多海峡、运河，这些关键海峡和运河一旦因为战争、国际争端以及船舶事故等问题而关闭，将会影响我国海上通道的安全畅通，给我国国民经济造成重大影响。其中又以马六甲海峡为关乎我国海上通道安全最为重要，局势最为复杂的代表性海峡。

目前中国是马六甲海峡的第一大使用国，每天经该海峡的船只中有 60% 来

---

① 毛顺成：《中国海上通道安全问题研究》，中国海洋大学硕士论文，2013 年，第 22～23 页。

往中国，中国进口石油量的 80% 以及进出口物资的 50% 都要进过海峡。因此，马六甲海峡已经成为中国经济生命线，并且以马六甲海峡为代表全球关键海峡节点的安全问题不仅仅影响中国海上通道的安全，更加关乎中国经济的安全。然而，马六甲海峡因其重要的地理位置与政局，近年来面临许多安全困境。

首先，马六甲海峡是由马来西亚、印度尼西亚和新加坡共同管理。在这种情况下，三个国家的政局稳定与否，三个国家之间关系是否良好，对于海峡的管理与保障是否完善，能否有效合作，都是影响马六甲海峡通畅的重要影响因素。新加坡自从马来西亚独立以来，双边关系一直比较紧张，而印度尼西亚还有自身政局不稳的因素。围绕海峡问题这三国摩擦不断，都想掌握海峡的控制权和主导权。另外，马来西亚和印度尼西亚对海峡的领海及领土划分始终未能彻底解决，新加坡与印度尼西亚和马来西亚也存在着种族矛盾和领土争端。上述问题可以造成国家之间不信任，并可能导致地区动荡，从而威胁到海峡安全。

其次，域外国家介入带来马六甲海峡政局的混乱。鉴于马六甲海峡如此重要的作用，近年来，世界大国以保护海峡安全为名介入海峡管理维稳事务之中，使得中国在利用马六甲海峡方面存在受制于人的局面。美国早在 1986 年就把其列为必须控制的世界 16 大咽喉水道之一，在新加坡布置军事基地以期在非常态时期快速控制海峡。随后，美国以保障关键海峡安全，打击海上恐怖主义为名，一直试图直接在海峡驻军。随着美国推行"重返亚太"策略来制衡中国的快速发展，马六甲海峡作为中国经济命脉，必将成为美国重点利用的制衡手段。对于日本而言，由于马六甲海峡关乎其经济安全，日本一直是政府方面协助周边国家打击海盗，与周边国家联合军演，民间通过经济资助来了解马六甲海峡安全保障信息，提升其安全保障装备。通过两方面渗透马六甲海峡沿岸国家的管理事务。

最后，由于印度尼西亚和马来西亚国家经济发展不平稳，马六甲海峡狭水道的地理位置特性，近年来，马六甲海峡成为海盗频繁发生的地区之一。海盗事件频发不仅仅影响海上运输的安全，更会提高海上运输成本，并为域外国家介入海峡安全事务提供借口，从而进一步扰乱马六甲海峡区域的安稳。

特别地，马六甲海峡作为我国西行通道经南海后的第二个必经节点，其一旦被其管理国家战略控制，再与南海声索国及域外大国进行战略合作，则会联动封锁我国西向海上通道以及重要的战略物资通道，并且监控我国的出海口，从而不利于我国海上运输活动与对外经济贸易的展开。

（七）海盗与海上恐怖主义日益猖獗

海盗与海上恐怖主义已经成为影响全球海上通道安全的非常态因素中日趋严重与国际化的问题。

1. 海盗活动日益频繁

由于亚丁湾地区海盗的猖獗，各大国均派出各国海军力量给予商船护航，而更多海上运输船舶被迫选择其他替代航线以降低更大的经济损失与人身安全威胁。

近年来我国海上运输业受到海盗事件的影响也越来越频繁。1998 年中远集团广州远洋公司下属香港惠博轮船有限公司的"长胜"轮在台湾海峡南口被海盗劫持，23 名中国船员被杀害。2006 年，"福远渔 225 号"在斯里兰卡东北水域遭到全副武装的 8 条海盗船攻击，包括 15 名我国船员在内的 17 名船员被害或失踪，船只也被击沉。2008 年之后，亚丁湾海盗事件频繁发生，中国船舶在此多次受到海盗袭击。2008 年 11 月 14 日，中国渔船"天裕 8 号"在肯尼亚沿海被索马里海盗劫持。2009 年 10 月 19 日索马里海盗绕过多国海军把守的亚丁湾海域，又到距离本土海岸 700 海里外远离传统护航区的印度洋上突然劫持了中国货轮"德新海"号。据外交部统计①，仅 2008 年 1～11 月，中国共有 1 265 艘次商船通过索马里海域，其中 20% 受到过海盗袭击，涉及中方的劫持案件有 7 起。根据国际海事组织（IMO）发布的 2011 年全球海盗攻击事件统计来看②，全球近 50% 的海盗事件主要集中在亚丁湾及索马里地区海域，其次为东南亚马六甲海峡，西非及南美北岸地区。

海盗事件对经由相关海域的通道上的船舶进行劫持，对船舶财产与船员人命造成威胁，并进一步影响海上贸易运输的顺利进行，从而导致整条海上通道处于不安全、不畅通的状态。各国为了维持对外经济贸易的发展，需要提高船舶安保措施、提高船舶保险额度、开辟绕行航线，最主要的是依附国家与国际合作力量来共同打击海盗。这一切行为举措也进一步增长了相关海上通道安全与畅通的成本与难度，对通道的运行而言是十分不利的。

2. 海上恐怖主义威胁不断滋生

与海盗事件相比，虽然海上恐怖主义相对较少，但因其性质恶劣，危害程度与社会影响较大。从前几年"彩虹"号货轮的神秘失踪，到"战神"号货轮被武装劫持，海洋上的恐怖活动越来越猖獗。一些重大的海上恐怖活动类型主要有三种：劫持海上交通工具（货船、游轮、油轮等）、袭击海上运输的辅助设施（渡口、码头等）、自杀性的海上攻击。

2003 年我国福建一艘渔船在斯里兰卡东北海域遭到了"猛虎组织"恐怖主义人员炮火攻击，造成了船舶的沉没及 17 名船员死亡或失踪。海上恐怖主义的

---

① URC：http：//news.enorth.com.cn/system/2008/12/18/003833041.shtml.
② Reports On Acts of Piracy And Armed Robbery Against Ships.《International Maritime Organization (IMO)》. 2011.

日益猖獗与中国海上运输业的不断扩大，使得我国不得不对海上恐怖主义带来的威胁给予足够的重视①。

根据跟踪海上恐怖主义实时发展网站报告②，海上恐怖主义主要集中在东南亚地区、西非的尼日利亚、几内亚等国家以及南亚的斯里兰卡的临海区域内。这其中又以斯里兰卡恐怖主义最为严重。斯里兰卡恐怖主义主要由该国的反政府武装泰米尔伊拉姆猛虎解放组织（猛虎组织）频频制造的海上暴力袭击事件。

二、我国海上通道安全状况发展趋势

随着我国社会经济的不断发展，我国全球海外贸易与投资规模持续扩大，这意味着我国对海上通道需求将越来越大，海上通道安全重要性日益突出。然而，随着全球国家对海洋利益的日益重视，海上政局争端的日益频繁，我国海上通道安全面临的威胁越来越大。与此同时，随着中国国力的不断提高，我国对海上通道的保障能力也越来越高，保障手段也逐渐完善。因此，我国海上通道安全呈现三方面的趋势。

（一）海上通道安全日益重要

我国对全球经济贸易合作的不断重视，使得我国未来经济发展将更多的依赖海外市场，因此对海上通道的依赖程度不断提高，海上通道安全也将会日益重要。

1. "21 世纪海上丝绸之路"的需求

"21 世纪海上丝绸之路"，是全球政治、贸易格局不断变化形势下，中国连接世界的新型贸易之路，其核心价值是通道价值和战略安全。它是以点带线，以线带面，增进该条路周边国家和地区的交往，串起连通东盟、南亚、西亚、北非、欧洲等各大经济板块的市场链，发展面向南海、太平洋和印度洋的战略合作经济带，以亚欧非经济贸易一体化为发展的长期目标。

因此，未来"21 世纪海上丝绸之路"的建设，将会以中国这一全球第二大经济体牵头，沿线的国家地区进行包括原材料、战略资源、投资、文化等全方位的合作与共建。然而，这条丝绸之路涵盖了中国重要的战略能源物资的海上运输通道，囊括了海上通道内各国领海争端、战略海峡困局、地区政局不稳定、海盗

---

① 张湘兰、郑雷：《论海上恐怖主义对国际法的挑战与应对》载《武汉大学学报（哲学社会科学版）》，2009 年第 2 期，第 152~157 页。

② URC：http://www.maritimeterrorism.com（海上恐怖主义专题网站）。

高发海区等众多不安全因素，并且随着这条海上丝绸之路的经济贸易发展，海上运输需求的快速增长，将刺激并进一步加剧相关海上通道的安全威胁问题。

2. 中国对外经济贸易发展需求

中国经济的快速发展使得中国已经不满足自身国内市场的发展，以及与西方发达国家之间的贸易顺差。中国开始逐渐谋求通过向其他发展中国家与地区进行海外投资与产能转移，从而获得持续的经济增长。

一方面，随着中国市场经济的持续发展，对原材料与能源物资的需求未来将进一步扩大，这就要求中国需要不断扩大这些原材料与战略物资的海上进口运输规模，并积极开拓海外原材料与物资市场。这就导致中国将会对以原油、铁矿石以及粮食等重要的物资海上运输通道的依赖性越强。而这些通道由于牵涉到中国社会经济发展的重要程度不断凸显而安全威胁程度提高的态势。

另一方面，虽然中国目前国内市场仍然存在不断增加与扩大的需求，但中国高能耗、高排放的传统制造业已经表现出明显的产能过剩的问题。这就需要中国加强与发展中国家地区的合作，通过海外投资与国际产业转移等方式，在顺利促进我国产业结构调整与升级的同时，保障我国社会经济的快速发展。在此未发展趋势下，中国与发展中国家将会形成基于产业转移的新的海上运输需求，从而引发对海上通道运输的新的需求趋势，并要求给予海上通道安全水平的新要求。

（二）海上通道安全威胁日益严重

海上通道安全影响因素众多，复杂多变，随着全球国家对海洋利益的重视不断加深，海上通道面临的安全威胁也日益严重。

1. 大国关系复杂化引发不安全因素

在世界多极化发展的格局下，中国的快速崛起，面临着两种大国关系发展态势：首先，各国为了自身安全和发展，永远无法确信强大的国家不会利用其权力优势来侵犯本国安全，因此各国自然会将同一地区内（全球内）权力最大的国家视为威胁并试图加以制衡。其次，随着中国实力的增强，将会引起国际体系中的"权力转移"而导致已有大国影响力的下降，使得已有大国对中国关系紧张化。而中国与各大国关系的两方面发展态势，将会体现在相应各国的外交政策与国家相关行动上，最终影响到我国海上通道安全状况。

随着中国大国地位的不断提升，中国在东海与南海主权问题上应对动作与手段不断完善，不仅仅引起周边国家的警惕与关系紧张，更加会引发域外大国以"中国威胁论"来介入。因此，中国海上通道安全未来将会面临一旦与周边国家因相关领海主权而爆发矛盾时的双重安全困境。

一方面日本、菲律宾、越南等国在未来可能发展冲突时，将会对东海与南海我国海上通道的关键出海水域进行军事控制与封锁，并联合印度尼西亚、马来西亚与新加坡三国封闭马六甲海峡，以联动军事封锁的手段来掐断中国西向的海上通道出口，从而对中国对外贸易造成严重打击。另一方面，美国、印度与澳大利亚等域外国家，也将会借此机会，以维护地区和平为由，介入地区冲突，支持声索国，通过军事合作，共同封锁中国至北美、澳洲以及经印度洋的其他海上通道。

2. 关键海区海盗活动的新趋势

虽然现状全球海盗活动主要集中在亚丁湾索马里地区，以劫持海上过往商船货物与船舶索要赎金，随着非洲、欧洲地区与全球经济贸易的持续扩大，全球相关国家于近年来也增派海军舰艇护航编队来打击亚丁湾索马里海盗从而保障海上通道安全。然而，全球贸易的日益繁荣，对海上通道的严重依赖，仍然成为海盗活动滋生与猖獗的温床，并呈现了新的威胁趋势。

首先，亚丁湾地区为全球原油海上通道以及去往欧洲与非洲海上通道的必经之处，各国为了保障通道的畅通安全，安排海军进行巡航护卫，为了规避各国海军护航区域，索马里海盗开始呈现由亚丁湾区域向索马里以南的印度洋远海以及索马里以西的西非海域转移。因此，未来印度洋远海地区以及西非将成为海盗活动频繁的新海区。

其次，索马里海盗猖獗多年，不断更新自身的武器装备，为了能够规避各国海军护卫，逐渐采取船速更快、杀伤力更强的船舶与武器作为武装劫持的手段，并且为了提高攻击的成功率，海盗劫持活动开始逐渐由白天转向夜间实施。

最后，伴随着海盗规模的不断扩大，仅仅依靠劫持高价值的货物与商船来换取赎金，已经不能满足海盗的胃口，海盗逐渐将劫持船员，以船员人身安全来要挟赎金。海盗活动已经呈现不断恶劣的发展趋势。

（三）我国海上通道安全保障能力不断提高

改革开放后三十多年的持续稳定发展，中国已经由之前的欠发达国家逐渐成为发展中国家，中国已经成为次于美国的全球第二大经济体。中国国力的强盛，使其在国际政局中的地位不断上升，不断拥有更高的国际影响力与话语权。因此，中国保障海上通道安全的能力不断提高。

1. 保障态度积极应对化趋势

在东海与南海等关乎中国国家领海主权与海上通道进出水域方面，中国逐渐转变以外交协商为主的手段，积极应对周边国家的挑衅与破坏局部和平态势的举动，并积极维护我国远洋海上通道安全。

针对存在领海主权争端的东海与南海水域，中国不再单依靠政治协商的手段,而转为依靠强大的海上军事力量威慑的同时,加强海上通道重要节点保障基础设施布设来加强我国在这些海区的存在感与宣示主权。未来我国在两个海域上将会积极地组织各种海上打捞搜救的军事演习,并且加紧在东海与南海关键水域与岛屿的基础设施建设,在对沿海相关国家采用绝对强大的军事力量威慑的同时,加快通道安全保障节点的布设的积极谋划手段。

而针对我国远洋海上通道的关键节点的安全,我国将逐渐注重转变为以维护地区和平,打击海盗与海上恐怖主义为名义,联合相关国家进行军事交流,联合演习等一系列积极的军事威慑活动,从而强有力地进行海上通道远洋节点的保障。

2. "软实力"外交策略推动海上安全保障

软实力的实质在于将一个国家的战略、文化、观念等转化为对他国的影响力。作为世界上崛起的大国,中国根据周边地区安全环境逐渐形成以"软实力"外交为主的通道保障策略。未来中国运用软实力对周边国家的影响,不仅体现在文化交流、经济援助、投资、构建多边合作机制等方面,而且还将体现在"新安全观"指导下推动建立和平、稳定的中国周边环境。①

首先,针对东南亚国家经济依赖中国,安全依靠美国的境况,中国谋求积极推动双边关系网络的建立,希望达到保障周边与海上战略物资运输的安全目标。因此,针对缅甸、柬埔寨、老挝、泰国和越南等"大陆东南亚"国家,中国未来将会积极通过战略贸易等经济手段来将这些国家将内陆地区与全球经济联系起来,并将东南亚马六甲海峡的替代方案作为未来发展的重点之一。而对于文莱、印度尼西亚、马来西亚、菲律宾和新加坡等"海上东南亚"国家,中国在今后将通过经济贸易的手段来进一步推进通过马六甲海峡等战略海上通道的航海自由。②

其次,为了应对"中国威胁论"与"领海争端问题"等思想对中国东盟关系、中国周边海上通道安全的影响,中国未来将会重点同周边国家积极展开包括经济、政治与安全等多方面的合作,以实际行动来消除"中国威胁论"对中国海上通道安全的影响。而且,在习近平总书记提出的构建"中国—东盟命运共同体"的外交理念与主张的推动下,未来中国与东盟之间将会以国家经济与人民安全发展为重点,努力推进中国与周边国家的共同发展与生存,从而保障海上通道的安全。

3. 陆海统筹下陆海通道共建趋势

我国海上通道过度集中与依赖关键水域与战略海峡,使得海上通道安全始终

---

① 仇华飞、方雅静:《中国周边外交中的软实力战略》,载《国际观察》2015年第3期,第55～69页。

② C. Fred Bergsten, Nicholas Lardy, Bates Gillm and Derek Mitcheel, *China: The Balance Sheet-What the World Needs to know Now about the Emerging Superpower*, New York: Public Affairs, 2006.

因地区政局而受制于他国。为了保障海上通道安全畅通，尤其是战略物资通道安全运输，有效分散海上通道安全风险，我国积极推进战略物资海上通道的陆上替代通道的建设与推进。针对欧洲通道与原油及天然气通道现状安全不佳的态势，中国积极谋求战略海峡节点的替代海峡以及陆上替代通道方案，以分担降低目前通道较低的安全水平。

针对原油及天然气通道，中国未来将会积极推进国际原油通道方案成形，例如，中缅海陆输油通道、巴基斯坦瓜达尔港—中国喀什通道、中俄陆上原油输送通道，通过结合海陆运输方式避开马六甲海峡与南海带来的原油通道不安全状况。

针对欧洲以及美非通道因多方面因素而面临诸多安全影响因素的问题，中国未来将会持续重点推进陆上通道的构建，来有效分散海上通道的安全风险。除了长久推进与实施的欧亚大陆桥运输方式之外，中国提出的"一带一路"倡议与"泛亚铁路网"等建设方案，除了加强沿线国家地区与中国的经济往来之外，更希望通过改善相关地区交通基础设施建设来加速陆上通道的形成，从而减少过度依赖海上通道的现状，从而分散我国海上通道安全风险。

第三节　海上通道安全对我国经济的影响分析

一、海上通道对我国经济的影响机理

国家是一个由众多相互关联部门构成的复杂动态经济系统，其正常运作需要物资的不断投入和产出来维持。其中，投入物资一部分通过进口贸易实现，另一部分是由国内生产制造；产出物资一部分被系统内部直接消耗，另一部分则被出口。如图11-14所示。作为世界经贸体系的重要一员，我国对外贸易总额已超过国内生产总值的50%，且对外贸易中约90%是通过海上通道实现的，海上运输已成为我国利用海外资源和市场的"生命线"。可见，海上通道安全与否，不仅关系到我国国际贸易的顺利开展，同时影响我国经济的发展和安全。

海上通道安全对我国经济的影响机理，可以从进口贸易、出口贸易两方面进行考虑。从进口贸易角度来讲，进口商品分为两部分，一部分是作为中间消费品的原材料和半成品，例如石油、天然气、钢材等，这些商品进口后被投入到不同产业部门进行进一步的加工处理，进而增加产业部门的最终消费价值；另一部分

是作为最终消费品的成品，例如食物、衣服等，这些商品进口后被各行业直接消费，形成最终消费价值。当某条海上通道安全受到威胁被阻断时，本该经由该通道进口到中国的商品就无法产生最终消费价值，其中中间投入价值所产生的最终消费价值是同比增减的，也就是说，中间消费品的减少会引起最终消费价值同比例的减少。另外，最终消费品的减少则直接造成最终消费价值的减少。

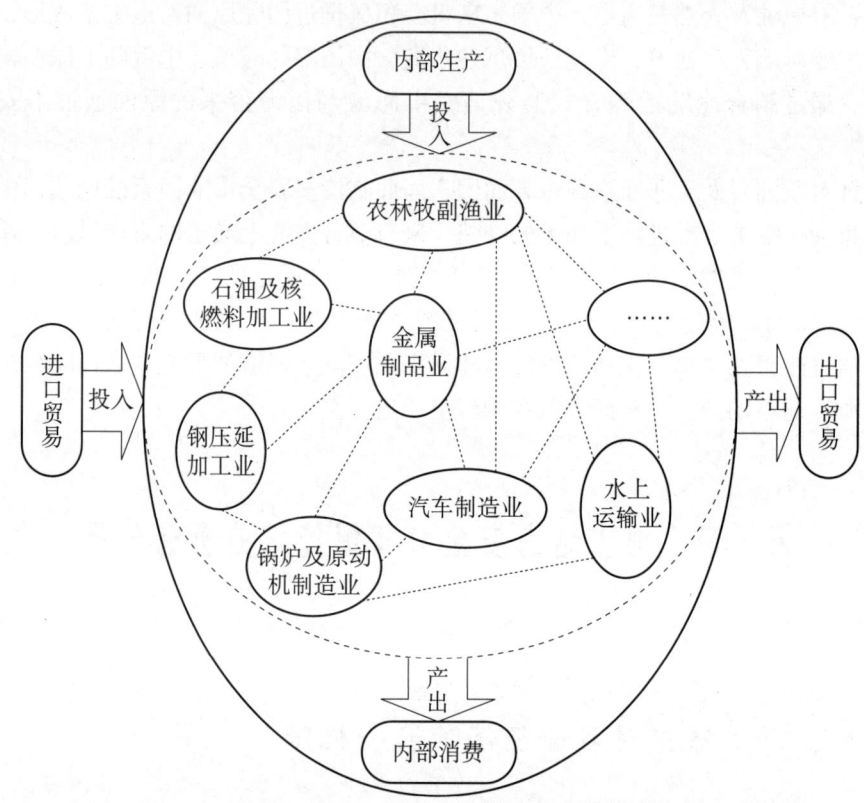

图 11-14　基于进出口贸易的经济运作模式

从出口贸易角度来讲，出口到其他国家或地区的商品价值都属于最终消费价值，因此当某条海上通道受到威胁被阻断时，减少的出口商品价值就是损失的最终消费价值。另外，由于各部门间的相互依赖、相互关联性，最终消费量的减少会引起相关部门生产量的减少，进而加剧国内经济损失值。

我国海上主通道由远东—欧洲通道、远东—北美洲通道、远东—南美洲通道等多条构成，每条主通道又包括数条次通道，而每条次通道又由若干航段和海峡等节点构成。海上通道的任何部分受到威胁时，都会通过进出口贸易量的减少而对我国经济产生巨大影响，且这种影响会因产业部门间的相互关联性而进一步蔓延加剧。因此，量化海上通道断行对我国经济的影响，有利于更加准确、直观地了解海上通道对我国的经济重要性，同时为决策者制定预防和应急措施提供科学的参考依据。

二、海上通道对我国贸易的直接影响分析

（一）对外贸易与我国经济的关系

自1978年以来，我国凭借对外开放政策以及优越的生产区位条件，迅速地打开国门，对外经济贸易得到迅速发展，也强有力地促进了我国经济的发展。我国对外经济贸易额由1978年的200多亿美元持续增长到2012年的3.8亿多美元年均增长率高达16.6%，如图11-15所示。与此同时，我国对外贸易依存度由1978年的8.98%快速增长至2012年的46.8%，这意味着我国国民经济已经由改革开放初期的自给自足，逐渐转变为近半成的经济增长主要依靠于对外经济贸易额。因此，我国与国际市场的经济贸易往来能否顺利将会影响我国近50%的经济发展。

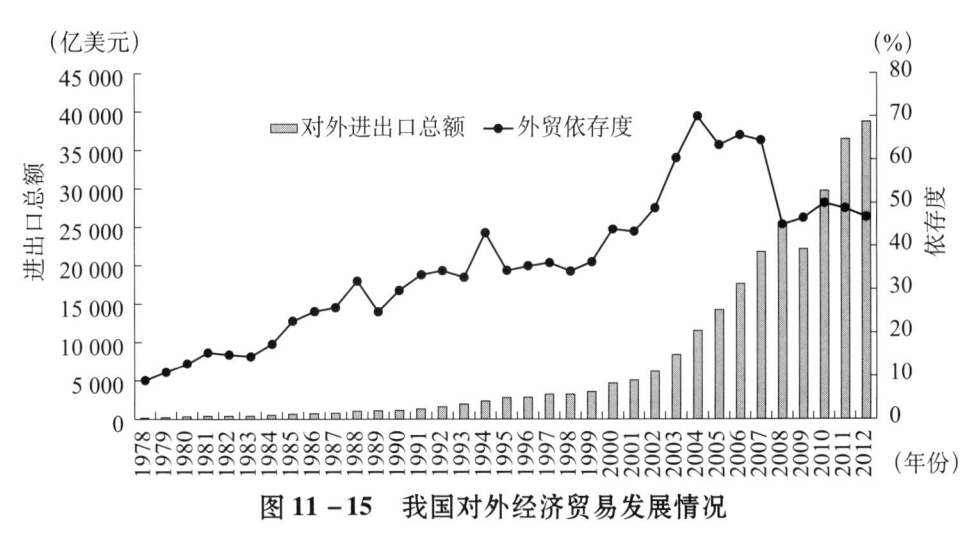

图11-15 我国对外经济贸易发展情况

与国际市场的巨大的经济贸易同时也产生了大量的对外贸易运输需求，而根据我国对外贸易国别及货类分析可知，我国近90%的对外贸易运输量是由海上运输方式承担，并且海上进出口贸易运输商品货值占全国进出口贸易运输总额的65%。因此承担着主要对外贸易运输的海上通道的安全与畅通，成为保障我国对外进出口贸易运输及对外经济贸易顺利推进，促进我国社会经济的平稳发展的重要决定因素。

海上通道安全直接影响我国对外进出口贸易运输，进而影响我国社会经济的

发展。因此，要分析海上通道安全对我国经济的影响，需要分析我国的主要空间走向的海上通道所承担对外进出口贸易额，并分析此类海上货物贸易一旦因通道安全问题而对我国经济的影响。

（二）海上通道安全对我国对外贸易的直接影响

分析空间走向海上通道对我国经济的影响，需要明确我国空间分类的海上通道在我国与海上通道所连接的相关国家及地区的对外进出口贸易情况。为了明确我国海上通道所承担的我国主要对外贸易运输，首先，根据《中国贸易外经统计年鉴》的统计数据①，以我国12个主要的贸易伙伴国家（地区）为主要研究对象，统计出2012年我国与这些国家（地区）的对外进出口贸易额（不包括中国香港与中国台湾）。

结合我国与这12个国家（地区）的对外经济贸易流向以及我国海上通道空间走向特征，从而确定各条海上通道安全对我国对外经济贸易的相关影响，具体如表11-2所示。

表11-2　　　　空间走向海上通道与我国对外贸易的关系

序号	通道	相关贸易国家地区	进出口贸易额（亿美元）	占比（%）
1	美西通道	韩国、日本、加拿大、美国	11 218.3	29.0
2	美东通道	日本、韩国、加拿大、美国、巴西	12 507.5	32.3
3	欧洲通道	东盟、印度、欧洲	10 126.0	26.2
4	澳洲通道	东盟、澳大利亚、新西兰	5 320.6	13.8
5	美非通道	南非、巴西	1 456.7	3.8

从表11-2中可以看出，我国5条空间走向的海上通道承担了绝大部分主要贸易国家（地区）的进出口贸易运输。其中，美东通道与美西通道对于我国对外进出口贸易的影响最大，这两条通道承担了我国以日韩、美国、加拿大及巴西等国家为主的进出口贸易，最高可以影响到我国12 507.3亿美元的进出口贸易（占2012年我国进出口贸易总额的32.3%）能否顺利完成；其次，以与欧洲及其沿线国家进出口贸易商品为主要运输对象的欧洲通道，其安全畅通与否关乎10 126.0亿美元的对外贸易额，占我国2012年对外经济贸易额的26.2%；而与

---

① 徐一帆：《中国贸易外经统计年鉴》（2012），中国统计出版社2012年版。

我国对外进出口贸易影响最小的为美非通道，其主要承担我国至巴西、南非为主的对外进口贸易的运输，2012 年该通道的安全畅通关乎 1 456.7 亿美元的进出贸易额的完成，占我国总贸易额的 3.8%。

三、马六甲海峡中断的经济影响分析

海上通道安全会直接影响到我国对外进出口贸易运输，同时也会影响到我国相关原材料、中间产品与产成品等物资的进出口，间接影响我国相关产业/部门的生产经营活动。为了分析海上通道安全对我国经济的间接影响，同时考虑到我国海上通道数量较多、运货量较大的现状，选取承载我国约 60% 货运量的马六甲海峡作为研究对象，选择由传统投入产出分析演变出来，并且可以深入、全面、系统地反应进出口贸易同国内经济关系的故障投入产出分析，作为研究工具，量化马六甲海峡截断导致我国欧洲通道、美非通道的阻断，而对我国经济产生的间接影响。

（一）基本假设

现假设马六甲海峡发生某突发事件，并导致海峡关闭一个月。在这种情况下，构建故障投入产出模型来衡量该事件对我国产业部门所产生的经济影响（模型构建过程见附录四）。其中，基本数据选用由中华人民共和国国家统计局发布的 2010 年 42 个部门投入产出表①，各部门名称与代码如表 11 - 3 所示。

表 11 - 3　　　　投入产出表中的 42 个部门名称及代码

部门代码	部门名称	部门代码	部门名称
1	农林牧渔业	22	废品废料
2	煤炭开采和洗选业	23	电力、热力的生产和供应业
3	石油和天然气开采业	24	燃气生产和供应业
4	金属矿采选业	25	水的生产和供应业
5	非金属矿及其他矿采选业	26	建筑业
6	食品制造及烟草加工业	27	交通运输及仓储业
7	纺织业	28	邮政业

① URC：http://www.iochina.org.cn/Download/xgxz.html（中国投入产出学会网站）。

续表

部门代码	部门名称	部门代码	部门名称
8	纺织服装鞋帽皮革羽绒及其制品业	29	信息传输、计算机服务和软件业
9	木材加工及家具制造业	30	批发和零售业
10	造纸印刷及文教体育用品制造业	31	住宿和餐饮业
11	石油加工、炼焦及核燃料加工业	32	金融业
12	化学工业	33	房地产业
13	非金属矿物制品业	34	租赁和商务服务业
14	金属冶炼及压延加工业	35	研究与试验发展业
15	金属制品业	36	综合技术服务业
16	通用、专用设备制造业	37	水利、环境和公共设施管理业
17	交通运输设备制造业	38	居民服务和其他服务业
18	电气机械及器材制造业	39	教育
19	通信设备、计算机及其他电子设备制造业	40	卫生、社会保障和社会福利业
20	仪器仪表及文化办公用机械制造业	41	文化、体育和娱乐业
21	工艺品及其他制造业	42	公共管理和社会组织

为了简化计算过程,进行如下假设:

(1)突发事件导致海峡停运约一个月,在这段时间内,所有需通过马六甲海峡运输的货物都被搁置,直到在一个月后完全修复并正常运行后才开始通行。

(2)在正常情况下,马六甲海峡全年 365 天运作,且每天货流相对稳定,不会因淡季旺季而产生较大波动。

(3)鉴于海峡的特殊地理位置,假设马六甲海峡的停运只影响我国与非洲、欧洲、中东地区以及亚洲西南部的印度等国家之间的贸易往来,而与其他地区国家间的海上贸易货物可以绕行其他海上通道进行运输,从而使贸易量不受影响。

(4)在海峡停运期间,所有计划通过马六甲海峡运输的货物都被暂时搁置,不考虑通过其他替代通道或经由其他运输方式进行运输的情况。

(5)在海峡停运期间,原计划进口到中国的货物不会因国内缺货而用其他国家或国内自行生产的替代产品所补充。

（二）数据收集

计算所需数据主要有两个来源，一是由中华人民共和国国家统计局发布的 2010 年 42 个部门投入产出表；二是由中华人民共和国海关总署公布的我国对外贸易货物的详细清单，将使用进出口货物的价值，即以元为单位。根据模型的要求，对所需数据进行如下处理。

首先，2012 年我国与欧洲、非洲以及亚洲西南部分国家之间对外贸易的所有货物价值；然后，根据《我国投入产出表编制方法》将所有货物划分到投入产出表对应的 42 个部门中（例如，出口的棉花属于国内农林牧渔业（部门1）的最终消费产品；进口的矿物燃料、矿物油等则属于石油加工、炼焦及核燃料加工业（部门11）的中间投入品），并将划分后的数据经过同类合并、整理，以得到 2012 年我国进出口贸易中经马六甲海峡运输的 42 个部门货物价值；最后，由于文中假设马六甲海峡每天都正常运行，且每天货流量相对稳定，因此，将上文获得的全年进出口货物价值平均分配到 12 个月，得到经马六甲海峡运输的每月货物价值，如表 11-4 所示。

表 11-4　　产业部门造成的最终消费和中间投入损失评估值　　单位：元

部门代码	出口最终消费损失值	进口中间投入损失值	部门代码	出口最终消费损失值	进口中间投入损失值
1	13 904 763 452	6 665 613 291	17	25 425 378 497	5 934 889
2	98 786 240	70 494 505	18	113 756 149 943	24 932 170 147
3	0	1 326 871 226	19	10 590 757 019	234 151 233
4	65 378 552	49 272 145 018	20	14 751 569 454	100 771 327
5	801 040 416	2 265 269 415	21	4 736 380 170	6 967 915
6	6 580 082 236	13 969 962 773	22	0	0
7	47 292 849 567	907 114 465	23	0	0
8	54 436 613 632	2 136 059 616	24	0	0
9	22 611 754 840	3 628 703 716	25	0	0
10	15 402 862 819	6 709 071 038	26	0	0
11	19 885 930 346	219 405 410 170	27	0	0
12	57 710 481 300	25 672 869 148	28	0	0
13	11 448 969 970	250 627 029	29	0	0
14	11 930 475 170	49 935 165 782	30	0	0
15	57 371 873 623	4 031 843 496	31	0	0
16	104 730 413 272	47 759 763 263	32	0	0

续表

部门代码	出口最终消费损失值（元）	进口中间投入损失值（元）	部门代码	出口最终消费损失值（元）	进口中间投入损失值（元）
33	0	0	38	0	0
24	0	0	39	0	0
35	0	0	40	0	0
36	0	0	41	0	0
37	0	0	42	0	0

从表11-4中可以看出，我国经马六甲海峡运输的进出口货物有以下几个特点：第一，绝大部分货物都集中在投入产出表的前21个部门，因此其他部门的直接经济损失值都为0；第二，在表格中各部门的进口中间投入损失部分，石油加工、炼焦及核燃料加工业（部门11）遭受的损失最为严重，主要是因为非洲、中东等地为我国主要的原油进口源地，且每年进口量较大，一旦马六甲海峡停运，就会直接导致以原油为中间投入的部门11遭受巨大直接经济损失。

（三）具体运算与结果分析

1. 各部门需求损失率及分析

在表11-4的数据基础上，可以计算出马六甲海峡停运一个月对我国各部门所造成的直接需求损失率，如图11-16所示。

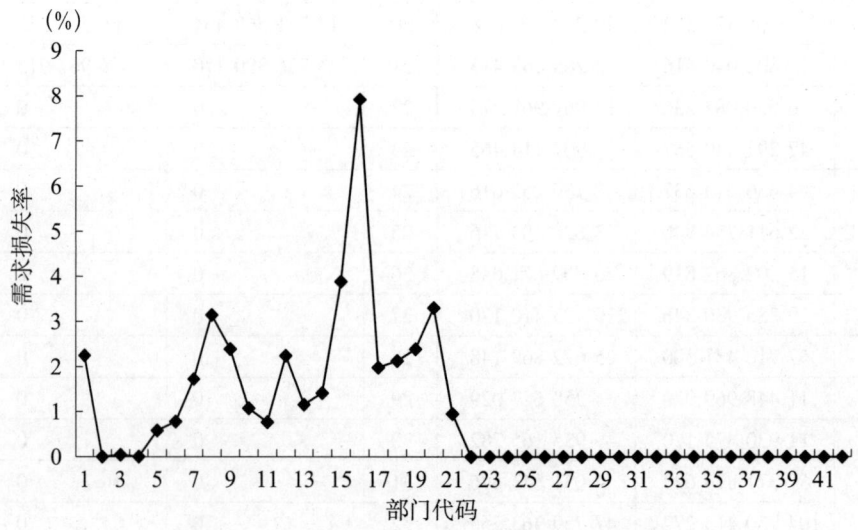

图11-16 我国各产业部门的需求损失率

可以看出，通用、专用设备制造业（部门16）、金属制造业（部门15）、金属矿采选业（20）、通信设备、计算机及其他电子设备制造业（部门19）以及纺织服装鞋帽皮革羽绒及其制品业（部门8）遭受的直接需求损失率最为严重，也就是说，我国经马六甲海峡出口到其他国家的产品以通用设备、专用设备、金属矿及其制品等为主。

2. 各部门生产损失率及分析

马六甲海峡停运对国内42个产业部门造成的生产故障率如图11-17所示，所造成的生产故障率中，一部分是由中间投入量的减少造成，一部分是由最终消费的减少造成。

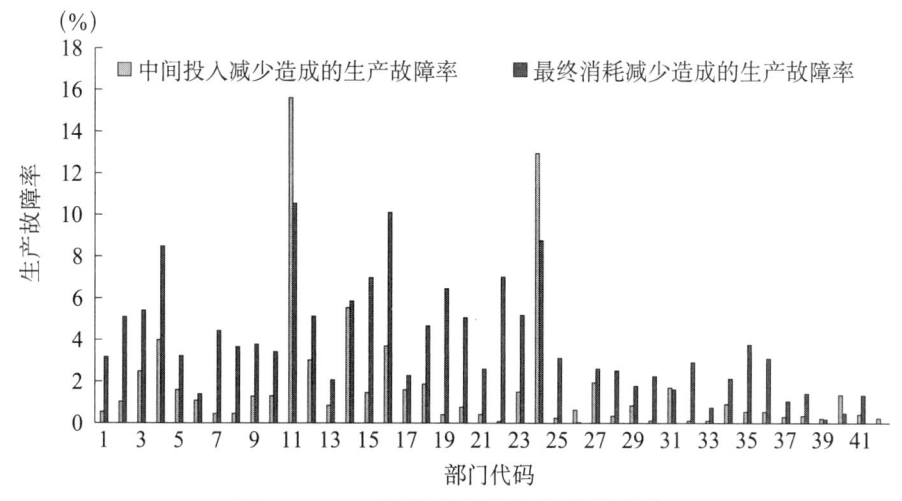

图11-17 我国产业部门生产故障率

可以看出，对于绝大部分产业部门而言，其由最终消费的减少造成生产故障率明显比由中间投入的减少造成的生产故障率要高得多。这主要是由以下两种原因造成的，一是我国经马六甲海峡出口的货物价值高于进口的货物价值；二是在我国经马六甲海峡进口的货物中，作为最终消耗品的货物也占据了较大比例，从而又降低了其中作为中间投入品的货物价值。然而，图中的石油加工、炼焦及核燃料加工业（部门11）以及通信设备、计算机及其他电子设备制造业（部门24）因中间投入的减少造成的生产故障率分别达15.6%和13%，远远高于由最终消耗的减少造成的生产故障率，主要是由于这两个产业部门对进口原油的高度依赖性造成的。

马六甲海峡停运1个月对我国各产业部门造成的总的生产故障率如图11-18所示，可以看出，石油加工、炼焦及核燃料加工业（部门11），通用、专用设备制造业（部门16），通信设备、计算机及其他电子设备制造业（部门24），金属冶炼及压延加工业（部门 14）以及金属矿采选业（部门 4）是遭受生产故障率最为严重的 5 个部门，其中，石油加工、炼焦及核燃料加工业的生产故障率达 26%。

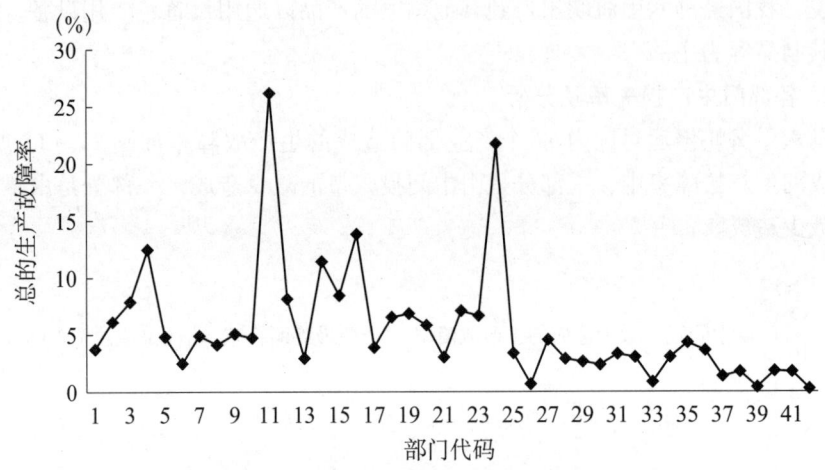

图 11-18　我国产业部门的总的生产故障率

3. 各部门经济损失值及分析

衡量突发事件对各产业部门危害程度最重要的一个指标就是经济损失值，而间接的部门产出损失值主要是由于部门间的相互依赖性而逐渐传播产生的，因此，并未发生直接的货物损失的后 21 个产业部门也会产生一定的间接经济损失。

如图 11-19 所示，金属冶炼及压延加工业（部门 14），化学工业（部门 12），石油加工、炼焦及核燃料加工业（部门 11），交通运输设备制造业（部门

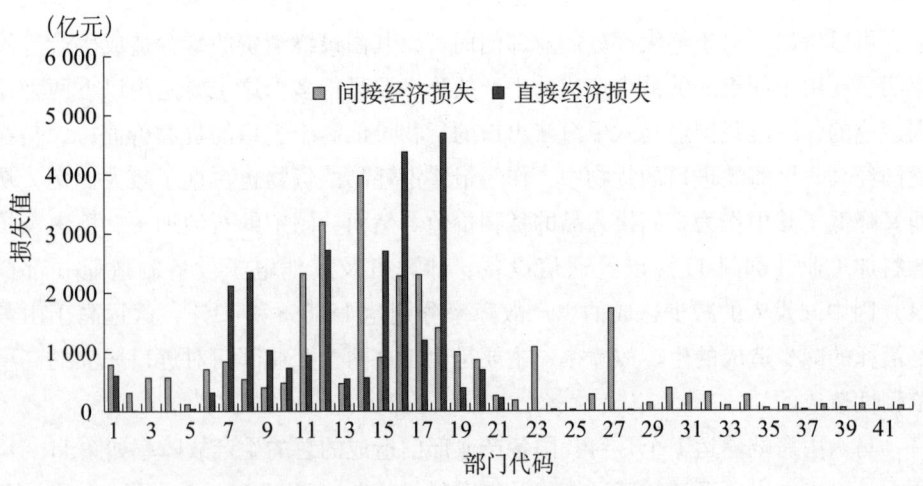

图 11-19　我国产业部门总的经济损失值

17）以及通用、专用设备制造业（部门16）产生的间接产出经济损失值最为严重，主要是由于这五个部门对我国经马六甲海峡直接进出口的货物依赖性较强。其中，金属冶炼及压延加工业产生的间接经济损失值最高可达4 000亿元，主要由两个原因造成的，一是我国每年需经马六甲海峡进口大量的钢铁原材料，海峡停运会导致较多的中间投入损失；二是该产业在生产运作过程中需要大量的原油燃料，而海峡的停运会直接导致国内原油供应不足，继而会加重该产业的经济损失。

另外，虽然有些产业部门产生了较高的生产故障率，但是最终遭受的经济损值并不是很严重，例如通信设备、计算机及电子产品制造业，这主要是因为这些产业的年最终产值相对较低。

经计算，马六甲海峡停运1个月所产生的26 173亿元直接最终消费损失导致了约55 775.2亿元的间接最终产出损失，分别占2012年我国国民生产总值的5.04%和10.74%。由此可见，因部门间依赖性所产生的间接经济损失是绝对不容忽略的。

第十二章

我国海上通道安全评价指标体系

海上通道是一个国家的海上生命线，一旦国际海上通道发生阻塞、封闭等紧急事件，国内经济发展和人民生活将会受到直接影响。因此，维护我国海上通道的安全是保障我国国家利益的重要环节。各种各样的因素会影响国际海上通道安全，基于影响国际海上通道安全的因素，构建海上通道安全评价指标体系是对海上通道安全进行科学评价的基础。

第一节 我国海上通道安全评价指标体系构建

一、评价指标体系构建原则

（一）系统性原则

海上运输通道是一个复杂的运输系统，它由港口、海峡、运河等节点与航段构成一个内部子系统，同时由涉及国家与地区经济、政治、军事等因素构成一个外部子系统，内部与外部系统都应包括一系列相关指标。同时，系统性原则要求在设置指标时要充分考虑定性指标和定量指标相结合，静态指标与动态指标相结合，既考虑现实情况，关注发展性指标，并且设置这些指标又要注意其内在联系，使它们成为有机的整体。

（二）导向性原则

由于海上通道自身自然状况、所处的外部环境、运输货物类别等方面存在差异，不同海上通道的安全水平必然存在区别。海上通道安全评价指标体系应发挥引导功能，即引导我国海上运输行业的相关行政主管部门以及业界，基于具体不同的海上通道提出有针对性的安全保障措施与政策，以期对保障我国海上运输通道的安全发挥导向性作用。

（三）可操作性原则

可操作性原则有以下要求。第一，要全面体现海上通道安全的内涵，有的放矢，揭示海上通道安全评价发展现状，以便有针对性地提出保障海上通道安全的意见。第二，指标不宜过多，要删繁就简，简明易懂，有关数据易于获得，便于分析、评价和监测。同时，尽可能地减少各指标之间的相关程度，避免重复和交叉。第三，各项指标数字化，定量指标数据应保证其真实、可靠和有效，而定性指标应尽量通过专家间接赋值或测算予以转化为定量数据（如等级）。

（四）可比性原则

可比性原则包括两层涵义：一是在指标体系中，选择参数的统计口径和范围要前后保持一致；二是指标应便于有关人员了解各海上通道各方面的特征、现状情况以及未来发展趋势等信息，从而全面、客观地评价过去、预测未来。此外，可比性原则要求评价指标体系还应便于与其他交通运输安全评价体系的比较。

二、评价指标体系构建方法

如何科学合理完善地选择评价指标，形成符合实际情况的评价指标体系，对于评价通道安全是十分重要的。海上通道安全评价指标体系是一个关于海上交通系统的综合评价指标体系，属于以交通运输学科知识为主，涉及地缘政治、统计、国际贸易、工程等其他学科知识的交叉科学。在已有研究和相关学者建立的海上通道安全评价指标体系基础上，采用半结构式访谈进行海上通道安全评价指标的筛选与确立，最终建立海上通道安全评价指标体系。

半结构式访谈（Semi-Structured Interview）是介于结构式访谈与非结构式访谈之间的一种访谈方法。① 这种访谈方法具有访谈提纲，以及结构式访谈的严谨和标准化题目，同时也留给访谈者较大空间以表达自己的想法与意见，并且访谈者在进行访谈时，具有调控访谈程序和用语的自由度。半结构式访谈兼具了结构式访谈与非结构式访谈的优点。

该方法主要分为两个阶段：

第一阶段，访谈者根据需要访谈的内容，事先准备好提纲式的访谈问卷，被访问者根据提供问卷回答，同时可以提出问卷之外自己的看法和意见。访谈结束之后，访谈者根据访谈的结果进行整理，在第一阶段的提纲式访谈问卷基础上，形成完善的标准化的题目。

第二阶段，访谈者召集第一阶段的被访谈者以及其他被访谈者，发放新的访谈问卷，完成最终的访谈调查。根据第二阶段的访谈问卷结果，进行整体统计分析，形成最终的访谈结果。

根据半结构式访谈的步骤，在已有的相关研究基础上，通过设计半结构式调查问卷，构建我国海上通道安全评价指标体系。

三、基于半结构式访谈的评价指标体系构建

（一）第一阶段：初步评价指标确定

根据我国海上通道安全状况分析，目前我国海上通道安全面临的威胁一方面与海上通道本身构成的节点、航段或两者所在的海域有关，换而言之即与通道本身因素相关。另一部分安全威胁是由于国际经济形式而产生的外部威胁，这些威胁并非由通道本身引起，但由于通道是相关势力与相关国家因经济、政治与军事利益而引发冲突及威胁的载体，因此这些来自外部的安全威胁也会对通道安全产生重要影响。综上，将我国海上通道安全威胁归为来自内部影响因素的威胁和来自海上通道外部影响因素的安全威胁。

进而按照已经确立的通道内部影响因素以及外部影响因素的分类，从八个方面对海上通道安全影响因素进行进一步细化，设计第一阶段的访谈提纲，围绕指标分类科学性和指标代表性进行专家访谈。访谈结束后，根据访谈专家的访谈结

---

① 范柏乃：《我国地方政府信用缺失成因的实证调查》，载《理论观察》，2004年第6期，第38~41页。

果及相关意见整理得出我国海上通道安全评价一级至三级指标体系如表 12-1 所示，共 2 项一级指标，8 项二级指标，26 项三级指标。

表 12-1　　　　　　　海上通道安全初步评价指标体系

一级指标	二级指标	三级指标
通道内部状况	基本状况	通道距离
		港口数量
		战略地位
	气象水文海况	洋流
		风浪
		大雾
		台风/飓风
		浮冰
	通航环境	暗礁分布情况
		港口通航状况
		海峡、运河隶属国家数量
		海峡、运河自然情况（宽/深）
		海峡、运河船舶流量
		海峡、运河可替代性
通道外部环境	政治环境	途经国家数量
		途经国家政治稳定程度
	军事环境	地区军事冲突
		途经军事基地状况
	法律与政策环境	港口国法律政策环境
		海峡、运河所在国法律政策环境
		途经国法律政策环境
	其他安全环境	海盗情况
		海上恐怖主义情况
	通道安全保障能力	外交协商能力
		通道节点安全保障能力
		不安全海域保障能力

（二）第二阶段：评价指标体系进一步修正

针对已经形成的三级评价指标体系，为了确定指标的合理性，进行第二阶段访谈，对海上通道安全评价指标进一步筛选与完善。第二阶段的访谈针对第一阶段的评价指标体系主要有两个方面的修改。

第一，根据专家意见，将内部影响因素中"大雾"、"台风/飓风"和"浮冰"3 项三级指标合并调整为"极端恶劣天气易发地区 & 海区"这一项三级指标。

第二，根据专家意见，结合现有的相关研究，战略海峡和运河属于海上运输通道中极为重要的特殊节点，应该给予重点综合考虑。因此，将第一阶段三级指标中关于海峡、运河的 5 项三级指标："海峡、运河隶属国家数量"、"海峡、运河自然情况（宽/深）"、"海峡、运河船舶流量"、"海峡、运河可替代性"以及"海峡、运河所在国法律政策环境"单独抽出，进一步扩充并对上述四级评价指标采用降维技术，融入至若干三级指标体系中。

第二节　我国海上通道安全评价指标解释

运用半结构式访谈方法，最后构建起我国海上通道安全评价指标体系，该评价指标体系旨在从通道内、外两个方面对我国海上通道安全进行综合评价。

一、我国海上通道安全评价指标体系构成

经过两阶段半结构式访谈，最终形成我国海上通道安全上下两层评价指标体系，上层为我国海上通道安全评价指标体系，如表 12-2 所示，共分为通道内部状况和通道外部环境两项一级指标，通道基本状况等 8 项二级指标，以及通道距离等 21 个具体三级指标。下层为海峡、运河综合状况评价体系，如表 12-3，共含有 9 项具体评价指标；其中下层评价结果作为"海峡、运河内部公因子"以及"海峡、运河外部公因子"融入到上层评价指标体系中。

表 12 -2　　　　我国海上通道安全评价上层指标体系

上层评价指标体系			指标说明
一级指标	二级指标	三级指标	
通道内部自然状况	基本状况	通道距离	通道平均航程
		港口数量	通道中包含的港口数量
		战略地位	通道对于我国的重要程度
	气象水文海况	洋流	通道洋流情况
		风浪	通道风浪、涌浪情况
		极端恶劣天气易发地区 & 海区	台风，大雾，冰冻等恶劣天气容易发生地带
	通航环境	岛礁分布情况	通道水域内岛屿、暗礁分布情况
		港口状况	港口的进出口限制及其通过能力
		海峡、运河内部公因子	海峡、运河评价公因子
通道外部环境	政治环境	途经国家数量	途经沿海国家的数量
		途经国家政治稳定程度	途经国家政局状况，政局是否稳定
	军事环境	地区军事冲突	航线所经区域军事冲突情况，包括沿岸国家争夺权力发生军事冲突以及大国介入通道产生与沿岸国家的军事摩擦
		途经军事基地状况	途经不同军事基地的数量、途经主要军事基地的综合实力、辐射范围、机动性能力等
	法律政策环境	港口国法律政策环境	港口国法律政策对通道安全的影响（现有安保措施）
		海峡、运河外部环境公因子	海峡、运河外部环境评价公因子
		途经国法律政策环境	途经国家法律政策对通道安全的影响
	其他安全环境	海盗情况	途经海盗活动区域数量、航线与海盗活动中心区域距离
		海上恐怖主义情况	是否存在针对途经节点的恐怖主义、是否存在针对船舶的恐怖主义

续表

上层评价指标体系			指标说明
一级指标	二级指标	三级指标	
通道外部环境	海上通道安全保障能力	外交协商能力	我国加入的多边安全合作机制 反恐与反海盗合作机制 我国与港口/运河所在国的外交级别
		通道节点安全保障能力	节点距我最近军事力量距离 我国与其他国家针对海上恐怖主义等通道安全威胁因素而建立的军事合作能力，包括联合军演和技术合作
		不安全海域保障能力	不安全海域护航能力 我国与其他国家针对海盗等通道安全威胁因素而建立的军事合作能力，包括联合护航等

表12-3　　　　　海峡、运河下层评价指标体系

下层评价体系	具体指标（四级指标）	指标说明
海峡、运河综合状况	隶属国家数量	海峡、运河隶属的国家数量
	海峡、运河宽度	海峡、运河的最小宽度
	海峡、运河深度	海峡、运河的最小水深
	海峡、运河船舶流量	海峡、运河的船舶通过次数
	海峡、运河可替代性	海峡、运河是否有可替代的其他海峡、运河
	海峡、运河保障规范性	海峡、运河所在国是否存在的海峡、运河保障的系统
	海峡、运河相关法律政策	海峡、运河的相关国内立法与政策
	海峡、运河相关组织机构	海峡、运河是否存在国家相关负责机构
	海峡、运河涉及国家数量	海峡、运河涉及的国家数量

二、海峡、运河综合状况指标解释

（一）隶属国家数量

由于海峡一般扼守海上交通要道，哪个国家控制了关键的海峡，就相当于控

制了相关海上通道及其利益相关者的经济与贸易命脉。海峡的地位如此重要，一旦隶属多个国家，势必会因为对海峡的控制与保障而产生诸多的合作与纷争，进而对海峡、运河的安全畅通与保障产生影响。

（二）海峡、运河的宽度与深度

这两个四级指标是关于海峡、运河的物理特性，决定了海峡、运河的通行难易程度，并且限制通道的载体——船舶的类型与载货量。

（三）海峡、运河船舶流量

由于海峡、运河的自然条件不同，及其在全球海上贸易运输中所处地位的不同，同时船舶在通过海峡和运河会受到的通航影响的程度不同，导致海峡与运河的船舶流量存在差异，而船舶流量的多少与海峡、运河内船舶事故率密切相关，因此，船舶流量将会影响整个海上通道的通畅和安全水平。

（四）海峡、运河可替代性

海峡、运河对于整个通道的畅通发挥十分重要的作用，因此无论是学术界还是海上运输业都时刻考虑某些重要海峡、运河是否存在可替代的相关海峡、运河，甚至是可替代的其他运输通道。尤其随着现代科学技术的不断发展，人们尝试着采用先进的新技术（重新开凿运河，开辟不可行的航线）来寻找关键海峡、运河的可替代方式与手段。海峡、运河的可替代性越高，则意味着相关的海上通道的安全性与稳定性也就越高。

（五）海峡、运河保障规范性

由于海峡、运河自然条件上的特殊重要性，海峡、运河成为通道安全的重要影响点之一，为了保障整个通道的畅通，促进全球经济贸易顺利进行和地区经济的发展，一些战略海峡、运河所属国家会设立专门的管理机构来对整个海峡、运河的安全畅通进行管理。

（六）海峡、运河相关法律政策

海峡、运河的重要地位不仅仅影响所属国重要的经济利益，也关乎着全球相关地区的经济贸易，而相关国际与国内立法则能够有效保障海峡、运河的安全畅通。

（七）海峡、运河相关组织机构

海峡、运河由于涉及多国与地区的经济贸易的发展，而且安全影响因素复杂，因此需要相关国家成立新的相关机构，来对海峡、运河的相关事务进行协调解决，从而维护海峡、运河的畅通。

（八）海峡、运河涉及国家数量

海峡、运河不仅仅与其所属或者邻近国家密切相关，而且与海峡、运河相关利益国家密切相关，这些国家为了保障自身经济利益，会积极参与海峡、运河的保障工作。

三、通道内部评价指标解释

（一）通道基本状况

通道基本状况是指狭义海上通道的物理属性特征，主要包括通道距离、港口数量以及通道战略地位三个具体指标。

1. 通道距离

海上通道的距离直接影响着国际海上通道的安全。海上通道的安全性与国际海上通道的距离一定程度上呈反比例关系，即通常海上通道的距离越长，可能涉及的不安全的影响因素越多，因此海上通道的安全性就越差。

2. 港口数量

港口数量的多少在一定程度上决定了海上通道的通行能力及安全状况。港口数量越多，海上通道的"短板效应"在实践中会体现的越频繁和重要。海上通道中港口数量越多，港口通航稳定性以及通行能力则成为威胁海上通道通畅的主要影响因素。

3. 战略地位

通道战略地位是指该条通道的是否畅通对于某一地区的政局稳定、经济社会发展的重要性，战略地位越高，对于该地区和国家而言则越重要，对其安全性重视水平也就较高。

（二）通航环境指标

通航环境是指船舶在海上通道航行、停泊、作业所需的条件，如果一条通道的通航环境不理想，那么船舶的海上航行就会受到影响，不确定因素增多，发生事故的概率增大，给整个国际海上通道的安全带来影响。

1. 岛礁分布情况

海上通道上岛屿和暗礁的分布情况，在很大程度上会影响海上运输船舶类型、航线的选择，并且会影响船舶在国际海上通道上的安全。

2. 港口状况

主要包括港口的进出限制以及港口的拥挤程度。港口进出限制是指由于港口航道的天然水深以及技术的限制，船舶进出港口所必须满足的要求。港口拥挤程度指进出港口作业的船舶数量，由于港口的航道及泊位资源是有限的，进出港口作业的船舶越多，对海上运输安全性的影响也就越大。

3. 气象水文海况指标

海上通道的气象水文海况主要是指一条海上通道上的洋流、水文、风向、浓雾、海洋地形、气温、风浪、冰冻、台风、寒潮和雾等多种自然因素。这些因素直接影响到在通道上航行的船舶的安全，进而影响整个通道的安全状况。此时，虽然海上通道"路"的属性依然正常，但是船舶无法保证正常的"运"，海上通道依然处于被变向切断的状况。

其中，来自气象海况的影响最为频繁，并且主要是恶劣天气所造成的。能见度不良是气象海况中对船舶航行威胁最大的因素，而造成能见度不良的天气主要有雾、雨、雪和冰雹，其中雾的影响最大。此外，大风也是影响船舶航行安全的重要因素之一。

四、通道外部评价指标解释

（一）政治环境指标

政治环境指海上通道经过的国家/地区，及这些国家/地区的政治局面对整个海上通道安全状况的影响，包括2项具体指标。

1. 途经国家数量

海上通道由涉及相关国家/地区的节点和航段形成，因此这些节点和航段是否能够有效形成一条通路，则需要相关国家共同协调运作。由于国家之间体制不同，国家利益矛盾等状况将会在不同程度上影响海上通道安全状况。理论上而言，海上通道所经过的国家/地区的数量越少，通道涉及的利益方就越少，其面临的安全威胁也就相对较少。

2. 途经国家政治稳定程度

海上通道途经国家的政治稳定状况则成为政治环境另一重要因素。国家政治局面的不稳定，将导致国家的相关法律法规、政策制度的经常变动，最终会影响到海上通道相关节点和航段的运行环境的变化，使之存在相应的威胁。

（二）军事环境

为了保障领土的完整与和平，尤其是临海地区的安全和稳定，各国往往不仅在本土配置雄厚的军事力量，而且不断重视临海区域的军事力量配置。很显然，沿海各国的军事力量配备、军事冲突等相关的军事环境也势必会影响到相应的海上通道安全状况。

1. 地区军事冲突

主要是指海上通道所经区域军事冲突情况，包括沿岸国家争夺权力发生军事冲突以及大国介入通道产生与沿岸国家的军事摩擦等情况。

2. 途经军事基地状况

世界战略大国不仅仅在本国领土范围内进行军事装备，也在全球关键水域设有军事基地。军事基地作为某一国军事力量的外延和补充，不可避免地会影响途经海上通道的安全状况。

（三）法律政策环境

为了规范、促进、管理和保护其港口、海峡等海运资源和市场，各国颁布制定了与本国国情相适应的相关法律和政策。海上通道涉及的相关沿海国家不同的法律和政策，无疑会影响到整个海上通道的安全畅通。

1. 港口国法律政策环境

港口作为海上通道重要的节点，港口国关于其港口及沿海海域的相关法律政策将会是决定海上通道能否通畅的重要因素之一。

2. 途经国法律政策环境

海上通道中航段所经由沿海国家的法律和政策也会一定程度上影响海上通道能否顺利便捷的通行，进一步影响整个海上通道的安全状况。

（四）其他安全环境

其他安全环境主要是指海上运输安全面临的非传统的突发危险因素，主要包括近年来出现的海盗情况和海上恐怖主义事件。

1. 海盗情况

海盗活动是指私人船舶的船员，为私人的目的，在公海或在其他国家管辖范围以外的地方，对另一船舶或者船舶上的人或财务，所从事的任何非法暴力、扣留行为或其他任何掠夺性行为。近年来亚丁湾、马六甲等海域海盗活动猖獗，海盗和全球其他有组织的犯罪活动，如毒品走私、人口贩卖、军火交易，甚至与海上恐怖主义同流合污，是影响和破坏国际海运安全的非传统安全威胁，危及国际海运安全和全人类的共同利益，受到国际社会的高度关注。

2. 海上恐怖主义情况

海上恐怖主义是"因政治目的"或"要挟政府"而策划实施包括劫持海上交通工具（货船、游轮、油轮等）、袭击海上运输的辅助设施（渡口、码头等）、自杀性的海上攻击等各种破坏行动。与陆上、空中恐怖主义一样，海上恐怖主义将会造成严重的社会安全影响，对于海上通道的安全影响十分严重。

（五）海上通道安全保障能力

我国作为世界上重要国际贸易大国，近九成的国际贸易货物都经由海上运输方式完成，海上通道的重要性显而易见。由于海上通道中的节点和航段涉及多个国家和地区，各国对通道涉及的管辖海域内的政治军事法律的管理，成为影响海上通道通畅、安全的决定性因素。作为通道的重要使用者，为维护海上通道的安全，我国需要从国家政府的层面上强化通道安全保障能力。

1. 外交协商能力

主要是指为了更好地使用海上通道、保障通道安全而与各相关国家建立的外交关系，及参与的各种安全保护机制，如多边安全合作机制、反恐与反海盗合作机制等。

2. 通道节点安全保障能力

是指对于整个通道中重要的节点所能提供的军事上的安全保障能力，包括节点距我国最近军事力量距离、我国与其他国家针对海上恐怖主义等通道安全威胁因素而建立的军事合作能力，如联合军演和技术合作等。

3. 不安全海域保障能力

主要是指我国对于易发生海盗、海上恐怖主义的不安全海域上的商船提供的军事上的护航保障能力。

第十三章

我国海上通道安全评价指标分析

在确定了我国海上通道安全评价指标及其综合评价指标体系之后,需结合我国海上通道面临的现实情况,判定每个评价指标的属性,以及相应的评判标准,从而能够科学、实际地搜集各类海上通道评价指标数据,评价海上通道安全。

第一节 我国海上通道关键节点评价指标分析

海峡、运河是海上通道的重要节点,其安全状况是影响我国海上通道安全的关键,因此需要进行综合的考虑与分析。

一、海峡、运河隶属国家数量

海峡、运河属于海上通道中重要的节点,海峡、运河的畅通甚至完全决定了整条通道的运行。我国海上通道主要涉及 20 个关键的海峡、运河,且各空间走向分类下的海运通道中相关海峡构成如表 13 - 1 所示。

表 13-1　　我国海上通道涉及战略海峡、运河信息

海峡名称	空间走向通道				
	美西通道	美东通道	欧洲通道	澳洲通道	美非通道
台湾海峡	√	√	√	√	√
朝鲜海峡	√				
大隅海峡	√				
津轻海峡	√				
宗谷海峡	√				
关门海峡	√				
巴拿马运河		√			
莫纳海峡		√			
向风海峡		√			
佛罗里达海峡		√			
马六甲海峡			√		√
龙目海峡			√	√	√
巽他海峡			√	√	√
霍尔木兹海峡			√		
苏伊士运河			√		
曼德海峡			√		
直布罗陀海峡			√		
英吉利海峡			√		
民都洛海峡				√	
望加锡海峡				√	

由于海峡、运河是两块陆地之间连接两个海或洋的较狭窄的水道,因此海峡、运河两岸陆地归属于哪个国家所有,也在一定程度上决定了该国家对于海峡、运河的管辖。海峡、运河隶属国家数量影响着海峡、运河的安全状况。以直布罗陀海峡为例,其位于西班牙最南部和非洲西北部之间,是连接地中海和大西洋的重要门户,是远东至欧洲通道的重要海峡,也是欧洲通道中的关键海峡。直布罗陀海峡战略地位十分重要,1704 年英国与西班牙的持续战争中占有了直布罗陀海峡之后,两国一直因直布罗陀海峡的所有权而争执不下。英国已在直布罗陀建立了军事基地,受其强大军事力量的威慑,目前西班牙和英国暂时处于共同扼守直布罗陀海峡的局面,但是西班牙收回直布罗陀海峡主权的决心一直并未改

变。可以看出，海峡、运河隶属国家的数量过多，将会引起海峡、运河的主权、管理权的纷争，从而给海峡、运河的安全带来负面影响。因此，海峡、运河隶属国家数量是一项逆向指标。目前我国海上通道所涉及的20个海峡、运河的隶属国家情况如表13-2所示。

表13-2　　　　　关键海峡、运河隶属国家情况

海峡、运河	隶属国家信息	数量	海峡、运河	隶属国家信息	数量
台湾海峡	中国	1	马六甲海峡	新加坡、马来西亚、印度尼西亚	3
朝鲜海峡	韩国、日本	2	龙目海峡	印度尼西亚	1
大隅海峡	日本	1	巽他海峡	印度尼西亚	1
津轻海峡	日本	1	霍尔木兹海峡	伊朗、阿曼	2
宗谷海峡	日本、俄罗斯	2	苏伊士运河	埃及	1
关门海峡	日本	1	曼德海峡	厄立特里亚、也门	2
巴拿马运河	巴拿马	1	直布罗陀海峡	英国、西班牙	2
莫纳海峡	多米尼加共和国、波多黎各	2	英吉利海峡	英国、法国	2
向风海峡	古巴、海地	2	民都洛海峡	菲律宾	1
佛罗里达海峡	美国、古巴	2	望加锡海峡	印度尼西亚	1

由表13-2可知，我国海上通道所涉及的海峡、运河多数为2个国家所属或邻近，尤其以马六甲海峡、直布罗陀海峡、霍尔木兹海峡最为敏感，这些海峡所涉及的国家对于相关海峡主权或者海域管辖权的争夺，将会很大程度上影响海峡、运河的畅通，进而影响相关海上通道的安全状况。

二、海峡、运河宽度/深度

海峡、运河的狭水道自然特征决定了其宽度与深度成为制约其通畅性的要素；并将影响其载体——船舶的类型。越宽、越深的海峡对于往来船只的天然限制越少，对于整个海上运输而言也越安全。

以马六甲海峡为例，其长度达到805公里，但是最窄处仅仅37公里，深度最浅处仅仅25米，作为全球近一半量的原油运输的咽喉要道，马六甲被誉为"海上十字路口"，但是由于其狭窄的航道，导致船舶通行时常发生事故造成海峡的暂时阻断，为了改善海峡通航环境，提高通行效率和提高海峡的安全通畅，

自 1981 年马六甲海峡实施了严格"船舶定线制"。

作为世界上最具有战略意义人工水道之一的巴拿马运河，其开通使得行驶于美国东西海岸之间的船只能够缩短航程约 15 000 公里。但是巴拿马运河水深 13 米至 15 米不等，河宽 152 米至 304 米，并且其船闸只有 304.8 米长，33.53 米宽，12.55 米深，只能允许巴拿马型船在几乎贴着墙壁的情况下通过，超巴拿马型船则必须绕走南美洲的合恩角。目前巴拿马运河的水深与宽度限制了一些大型船舶的通行，对整个航线及通道的畅通带来影响①。

目前我国海上通道所涉及的 20 个海峡、运河的最窄宽度与最浅水深情况如表 13-3 所示。

表 13-3　　　　　　关键海峡、运河宽度/深度

海峡、运河	宽度（公里）	深度（米）	最大船型	海峡、运河	宽度（公里）	深度（米）	最大船型
台湾海峡	130	40	无限制	马六甲海峡	37	25	20 万吨级
朝鲜海峡	180	80	无限制	龙目海峡	32	164	无限制
大隅海峡	28.2	117	无限制	巽他海峡	22	50	无限制
津轻海峡	18.5	78	无限制	霍尔木兹海峡	48.3	10.5	ULCC 油轮
宗谷海峡	43	50	无限制	苏伊士运河	0.195	22.5	15 万吨级
关门海峡	0.7	13	无限制	曼德海峡	26	30	无限制
巴拿马运河	0.152	15	6 万吨级	直布罗陀海峡	14	301	20 万吨级
莫纳海峡	105	60	无限制	英吉利海峡	32	35	无限制
向风海峡	80	290	无限制	民都洛海峡	80	450	无限制
佛罗里达海峡	80	500	无限制	望加锡海峡	130	50	无限制

可以看出，我国海上通道涉及的海峡、运河宽度及深度各不相同。20 个海峡、运河中，以两大运河（巴拿马运河与苏伊士运河）以及关门海峡、黑海海峡及直布罗陀海峡最为狭窄。其次为马六甲海峡及曼德海峡，由于其通航船舶十分密集，且狭水道密集，导致其状况也不容乐观。同时，两条运河以及关门海峡、霍尔木兹海峡的水深条件最为不利。霍尔木兹海峡虽然平均水深为 70 米，可以通行最大船型的油轮，但是其最浅处水深仅 10.5 米，很容易引发船舶搁浅触底事故，对于整个海峡的安全通畅以及过往船舶的通行安全的影响十分明显。

---

① URC：http：//www.acp.gob.pa/eng/（巴拿马运河管理局网站）。

三、海峡、运河船舶流量

世界资源的有限性与配置的不均衡性促进了全球经济贸易的发展，而国际贸易则派生海上运输需求，在现有的技术条件下形成了全球海上运输航线与货物空间流向。作为大货量经由的海峡、运河，其船舶流量相应地就会较为密集。海峡、运河内船舶流量较大则意味着船舶通行事故的高发性，以及事故发生之后对海峡、运河内部通畅的阻断，乃至对整个通道安全的阻碍。由此可以看出，海峡、运河船舶流量越大，对整个海峡的安全畅通影响也就越大。

针对我国海上通道涉及的 20 个海峡、运河，为了了解其船舶流量，以 www.marinetraffic.com 网站（动态船舶地图）上 12∶00 各海峡内通行的船舶数量①，作为海峡、运河船舶流量的数据来源。采用网站即时数据显示，搜集 20 个海峡、运河的即时船舶流量数据，如图 13-1 所示。

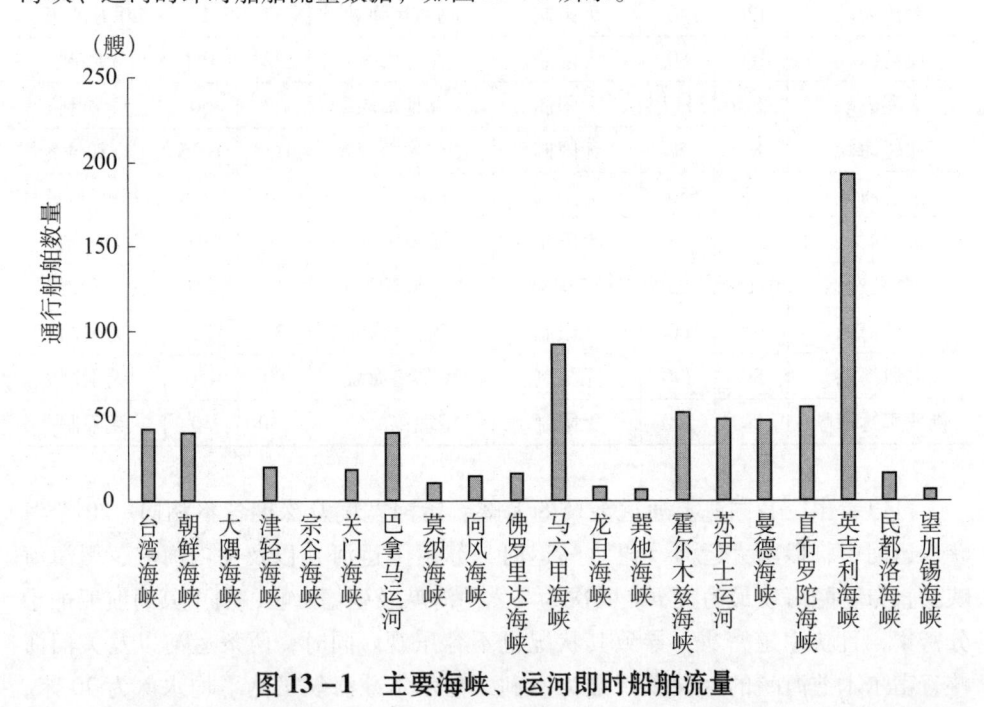

图 13-1　主要海峡、运河即时船舶流量

可以看出，英吉利海峡的即时船舶流量最大，达到了 192 艘次，且与其他海峡、运河的船舶流量差异很大；马六甲海峡、霍尔木兹海峡、直布罗陀海峡以及霍尔木兹海峡的船舶流量也普遍较大，平均船舶流量达到了 50 次左右，这 6 个

---

① URC：http：//www.marinetraffic.com（船舶动态数据）。

海峡也是世界上著名的繁忙海峡；此外，有些海峡虽然战略地位重要，但是即时船舶流量则较少，如津轻海峡，宗谷海峡以及巽他海峡等。

四、海峡、运河可替代性

海峡、运河作为沟通两个水域之间的狭水道，其最直接的作用是提高了两片水域之间的交通可达性，但是一旦该海峡、运河发生阻断，如果没有其他可替代的通道，则会导致这条海上通道的完全阻断。因此，如果海峡、运河存在可替代的其他海峡、运河以及陆路通道，则能够有效地提高其安全性。

以马六甲海峡为例，马六甲海峡是太平洋与印度洋沟通最便捷的要道，一旦其发生阻断，或者某些大型的船舶无法通过，则完全可以选择巽他海峡或者龙目海峡进行绕行，因此马六甲海峡存在 2 个替代的海峡，使得其相关通道的安全性有所提高。此外，对于中国需经马六甲海峡西行的海上原油运输航线而言，从缅甸采用输油管道运输至中国云南地区，从而绕过马六甲海峡的这一陆路通道也可视为马六甲海峡的替代性通道之一。需要注意的是，由于在实际海上运输中，巽他海峡与龙目海峡很少作为通行海峡，因此对其相关的海况了解比较少，对于航行安全来说存在一定威胁。马六甲海峡的可替代通道如图 13-2 所示。

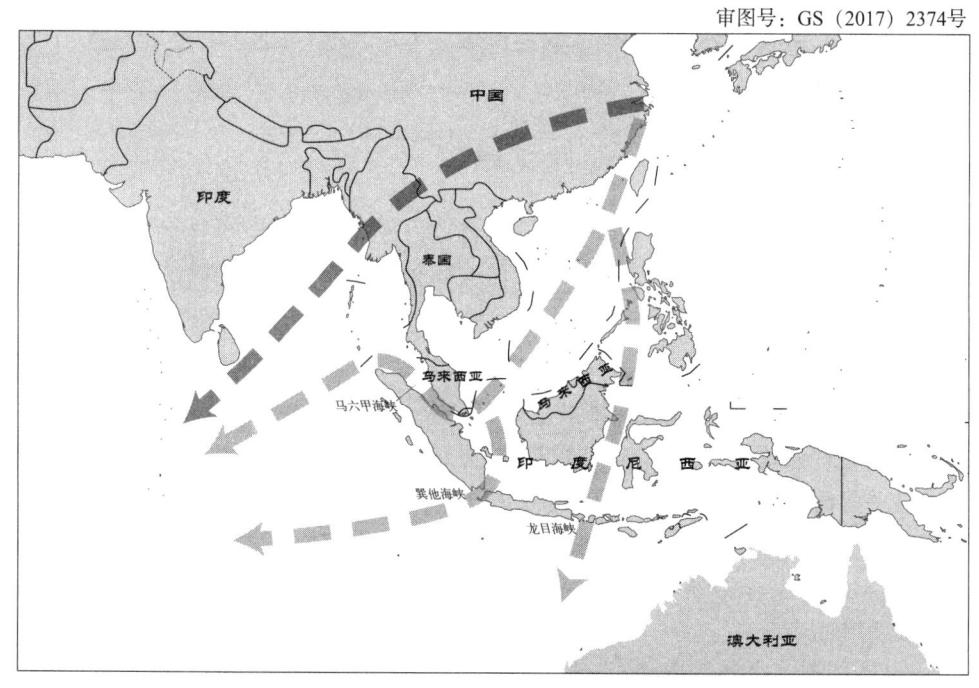

审图号：GS（2017）2374号

图 13-2 马六甲海峡替代通道示意

20个海峡、运河的可替代情况如图13-3所示。

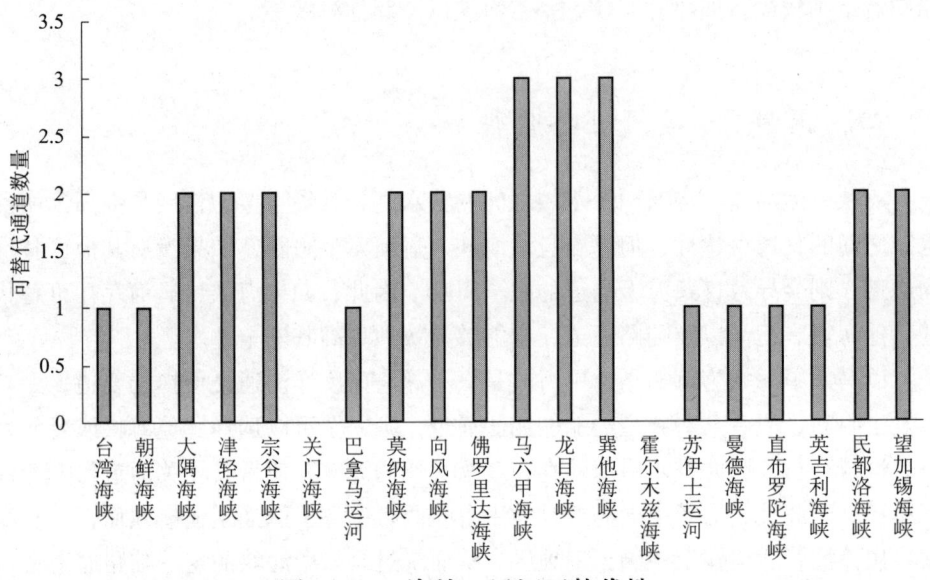

图13-3 海峡、运河可替代性

从图13-3中可以看出，我国海上通道所涉及的海峡、运河可替代性整体较低，其中1/3可替代的其他通道及运河仅有一个，另1/3的海峡、运河的可替代的海峡、运河存在2个，而可替代性最高的则为马六甲海峡等印度尼西亚的海峡也仅有3个，但是并不能实现完全的替代。

五、海峡、运河保障规范性

对于海峡、运河的安全畅通，除了其自身自然条件限制之外，如果有专门的管理机构进行管理或者维护，则能够有效地保障并提高海峡、运河的安全水平。

目前我国海上通道涉及的20个海峡、运河之中，除了巴拿马运河（Suez Canal Authority）与苏伊士运河（The Panama Canal Authority）设有专门的运河管理机构①②，负责运河运营管理与维护之外，一些交通流量密集海峡也设有相应的船舶交通管理系统（VTS中心）对于海峡、运河中通行的船舶给予安全保障。以日本的关门海峡为例，关门海峡十分狭窄且内部洋流湍急，过往船舶十分密集，为了通航船舶的安全，并保障海峡安全通畅，日本专门成立关门海峡的VTS管

---

① URC：http://www.suezcanal.gov.eg/（苏伊士运河管理局网站）。
② URC：http://www.acp.gob.pa/eng/（巴拿马运河管理局网站）。

中心来对其进行安全监控与保障。目前我国海上通道涉及的关键海峡、运河之中，设有船舶交通管理系统的有台湾海峡、关门海峡、马六甲海峡、巴拿马运河、苏伊士运河和直布罗陀海峡共6个。

除此之外，由于其他海峡涉及多国或者地区领土与领海，或海峡涉及水域较大，暂无专门的机构对海峡的日常通畅进行专门管理与保障。

六、海峡、运河相关法律政策

由于相关的管理机构无法全面保障海峡、运河的安全，因而还需要相关法律、政策、公约从立法的角度，给予海峡、运河的一系列的立法保障①。《联合国海洋法公约》已规范了全球的海洋划分秩序，世界上海峡、运河以此作为其主权的划分的法律依据。此外，为了保护本国对海峡、运河的所有权，以及保障海峡、运河的通畅，各相关国家也会颁布相应的国内立法及政策。

在《公约》之外，20个海峡、运河涉及的相关法律政策情况如表13-4所示。

表13-4　　　　　　海峡、运河相关法律政策信息

海峡、运河	相关法律政策	数量
台湾海峡	《领海和毗连区法》 《专属经济区和大陆架法》	2
巴拿马运河	《巴拿马管理局组织法》 《巴拿马运河管理局检查委员会规则》 《运河航行规则》	3
马六甲海峡	《关于马六甲海峡和新加坡海峡联合公报》 《亚洲打击海盗及武装抢劫船只的地区合作协定》 《中国与东盟关于非传统安全领域合作联合宣言》及谅解备忘录	3
龙目海峡	《五国防御条约》	1
巽他海峡	《五国防御条约》	1
霍尔木兹海峡	《蒙特勒公约》	1

---

① 盖凌：《联合国海洋法公约与我国海洋管理》，载《中国水运》2007年第7期，第246~248页。

续表

海峡、运河	相关法律政策	数量
苏伊士运河	《君士坦丁堡公约》 《苏伊士运河公司国有化法》 1975年第30号文件 《苏伊士运河航行规则》	4
直布罗陀海峡	《海峡非军事化规定》	1

从表13-4中可以看出，除了以《联合国海洋法公约》为基础之外，全球最为重要的海峡、运河均有专门的法律政策来保障其正常运营。以马六甲海峡为例，1971年，马来西亚、新加坡与印度尼西亚三国签订了《关于马六甲海峡和新加坡海峡联合公报》，宣布三国对马六甲海峡拥有主权，并反对海峡问题的"国际化"。为了应对马六甲海峡附近海域日益严重的海盗问题以及海上恐怖主义等非传统安全因素的威胁，中国与新加坡、马来西亚、印度尼西亚、泰国等国家于2002年陆续签署了《中国与东盟关于非传统安全领域合作联合宣言》及谅解备忘录，2006年在整个亚洲区域国家内部又共同签署了《亚洲打击海盗及武装抢劫船只的地区合作协定》，为打击马六甲海峡海盗及海上恐怖主义行为提供了有力的法律保障。

另外，一些属于欠发达国家/地区所属的海峡、运河、战略地位次要或者存在主权争议的海峡，海峡相关的立法与合约则较少。这一现状对于其应付未来非传统类因素及极端事件造成的海峡、运河阻断，是非常不利的。

七、海峡、运河相关组织机构

海峡、运河的安全保障不仅仅需要专门管理机构与相关法律政策进行保障，同时也需要与相关的组织机构协调，共同保障海峡、运河的安全。合理有效的组织机构越多，给予海峡、运河安全的保障也最为有效果。国际海事组织（IMO）是联合国负责海上航行安全和防止船舶造成海洋污染的一个专门机构，是一个促进各国政府和各国航运业界在改进海上安全，防止海洋污染与及海事技术合作的国际组织。在此国际性组织机构之上，为了对关键的海峡、运河进行更好地运营管理，各国家也有相关组织机构进行管理，具体情况如表13-5所示。

表 13 – 5　　　　　　　　　海峡、运河相关组织机构

海峡、运河	相关组织机构	数量
台湾海峡	海峡两岸关系协会（海协会） 海峡交流基金会（海基会）	2
朝鲜海峡	韩国国土海洋部 韩国海洋警察厅 海上保安厅 海上自卫队	4
大隅海峡	海上保安厅 海上自卫队	2
津轻海峡	海上保安厅 海上自卫队	2
宗谷海峡	海上保安厅 海上自卫队	2
关门海峡	海上保安厅 海上自卫队	2
巴拿马运河	巴拿马国家海空警卫队 巴拿马国家海事局	2
佛罗里达海峡	美国海岸警卫队 美国海关 联邦紧急事态管理局 运输安全管理局	4
马六甲海峡	新加坡海运与港口管理局（MPA） 新加坡移民局（ICA） 新加坡海岸警卫队（PCG） 马来西亚海上法令执行厅（MMEA） 马来西亚吉隆坡"海盗报告中心"（PRC） 马六甲海峡协会	6
龙目海峡	马来西亚皇家海军 马来西亚皇家警察 马来西亚海事执法局	3
巽他海峡	马来西亚皇家海军 马来西亚皇家警察 马来西亚海事执法局	3

续表

海峡、运河	相关组织机构	数量
苏伊士运河	埃及海军 埃及海岸警卫队	2
黑海海峡	土耳其海岸警卫队 土耳其海事局	2
英吉利海峡	英国海事与海岸警卫队管理局 海上事故调查局 英国皇家海军	3
民都洛海峡	菲律宾海岸警卫队	1
望加锡海峡	马来西亚皇家海军 马来西亚皇家警察 马来西亚海事执法局	3

由表 13-5 可以看出，如果海峡、运河战略位置十分重要，涉及多个国家，并且所属国家/地区经济较为发达，那么相关海峡、运河的相关组织机构就较为全面完善。以马六甲海峡为例，马六甲海峡是马来西亚、新加坡和印度尼西亚三国所有，且海峡为沟通太平洋与印度洋的咽喉要道，海峡所在水域经常发生海盗事件，因此引起相关国家的特别关注。不仅仅海峡所属国家的相关政府机构参与到马六甲海峡安全的维护与保障中，同时作为利益相关者的日本也以政府为后台，成立民间性质的"马六甲海峡协会"，旨在确保在马六甲海峡航行船舶的安全，并从事航海设施的建设和维护。此外，由于马六甲海峡涉及海域情况复杂，且牵涉多国利益，国际海事组织（IMO）对马六甲航道的安全与畅通，及马六甲航道维护机制的构建做出了卓越的贡献。在 2005 年、2006 年及 2007 年，分别在在印度尼西亚首都雅加达、马来西亚首都吉隆坡以及新加坡举行了"雅加达会议""吉隆坡会议"和"新加坡会议"。通过国际海事组织召开的三次会议，减轻了马六甲海峡沿岸国管理海峡的负担，提高了其维护海峡安全和打击海盗的积极性。

八、海峡、运河涉及国家数量

由于海峡、运河涉及广阔的水域，海况较为复杂；并且由于海峡的特殊位置，呈现出三种特征：一是有些海峡虽然属于一些国家国土范围，但是却属于国际航道；二是由于海峡涉及两面陆域和广阔水域，部分海峡并不属于某一国家/地区，而且是属于多国的领土范围；三是部分海峡由于较宽较深，属于国际航道，不属任何一个国家所有，周边国家仅为涉及国。考虑到海峡面临的这三种情况，总结分析 20 个海峡、运河涉及的国家/地区的现状，相关信息如表 13-6 所示。

表 13-6　　　　　　　　关键海峡、运河涉及国家

海峡、运河	涉及国家/地区	数量	海峡名称	涉及国家/地区	数量
台湾海峡	中国、中国台湾地区	2	马六甲海峡	新加坡、马来西亚、印度尼西亚	3
朝鲜海峡	日本、韩国	2	龙目海峡	印度尼西亚	1
大隅海峡	日本	1	巽他海峡	印度尼西亚	1
津轻海峡	日本	1	霍尔木兹海峡	伊朗、阿曼、阿联酋	3
宗谷海峡	俄罗斯、日本	2	苏伊士运河	埃及	1
关门海峡	日本	1	曼德海峡	也门、厄立特里亚	2
巴拿马运河	巴拿马	2	直布罗陀海峡	英国、西班牙	2
莫纳海峡	多米尼加共和国、波多黎各	2	英吉利海峡	英国、法国	2
向风海峡	古巴、海地	2	民都洛海峡	菲律宾	1
佛罗里达海峡	美国、古巴	2	望加锡海峡	印度尼西亚	1

第二节　我国海上通道内部评价指标分析

一、通道距离

海上通道的距离在一定程度上影响着其安全状况，距离越长，意味着通道所经国家与地区越多，不可预见与掌控的自然因素与外部环境因素也就越多，因此原则上通道距离越短，通道的安全状况也就越良好。

为了充分考虑我国每条通道的距离对于其安全的影响状况，这里根据我国海上通道空间走向的基础分类，分析各条通道最长距离情况。实际海上运输航线由于公司与货运需求的不稳定性，导致实际航线挂靠港口多个，且航线并不是十分固定，因此实际通道距离应以中国上海港至通道内最主要的目的港的距离为依据。

中国空间走向的五条海上通道之中，距离最长的为美非通道（11 031 海里），其次为美东通道（10 571 海里）和欧洲通道（10 827 海里），澳洲通道的距离最短，也达到了 4 555 海里。此外，在空间分类基础上形成的按货种分类的通道距离同样也可以得出。

二、港口数量

由于海上通道涉及的港口存在所属国家、地理位置、规模大小、腹地货源等各种差异，导致每个港口实际的安全状况也各有差异，而通道内港口数量越多，则面临的各种安全影响因素也就越多。

实际上由于公司、货运需求不稳定等原因，导致同一通道内航线的具体走向、挂靠港数目与顺序存在差异。对于由航线构成的通道而言，则无法采用具体的港口数目来作为衡量指标。因此，参考世界分区划分，并以世界港口分布为基础，结合"港口群"这一概念，将海上通道的港口数量以港口群数目为衡量指标。

目前世界的 230 个国家与地区，按照文化、宗教信仰、语言与地理位置的划分标准，主要划分为：东亚、东南亚、南亚、中亚、西亚、北非、撒哈拉以南非洲、欧洲西部、欧洲东部和北亚、北美、拉丁美洲、大洋洲、南极洲共 13 个区域。

"港口群"这一概念在 2004 年 7 月召开的地中海沿岸国家环海高速公路会议上首先提出。① 目前理论界将港口群主要定义为"港口群是指由地理位置相近、存在共同腹地的若干个功能或部分功能可以被相互替代的个体港口系统组成的港口群体大系统。"目前全球规模较大、比较完善的港口群主要如表 13 - 7 所示。

---

① 陈森、邵俊岗：《国外港口群竞争合作对我国的启示》，载《中国港口》2007 年第 4 期，第 47 ~ 49 页。

表 13 - 7 世界主要港口群信息

港口群	组合港/次港口群	主要港口构成
中国港口群	环渤海港口群	辽宁港口群、京津冀港口群、山东港口群
	珠三角港口群	深圳港、广州港、湛江港、东莞港、珠海港、惠州港等
	长三角港口群	上海港、宁波港、连云港港、舟山港、温州港、南京港、镇江港、南通港、苏州港等
	东南沿海港口群	厦门港、福州港、泉州港、漳州港等
	西南沿海港口群	防城港、钦州港、北海港、湛江港等
美国东西岸港口群	纽约/新泽西组合港	纽约港、新泽西港
	弗吉尼亚州港	纽波特纽斯港、诺福克港、朴茨茅港
	洛杉矶/长滩组合港	洛杉矶港、长滩港
	密西西比河流域港口群	新奥尔良港及密西西比河下流港口
地中海地区港口群		马赛港、热那亚港等港口
日本东京湾港口群		东京港、千叶港、川崎港、横滨港、木更津港、横须贺港等

基于现有港口群分类，考虑海上通道的空间走向及研究需要，将世界港口分为 14 个港口群，结合我国海上通道的空间走向，则可以归纳出相应通道的港口数量，具体如图 13-4 所示。

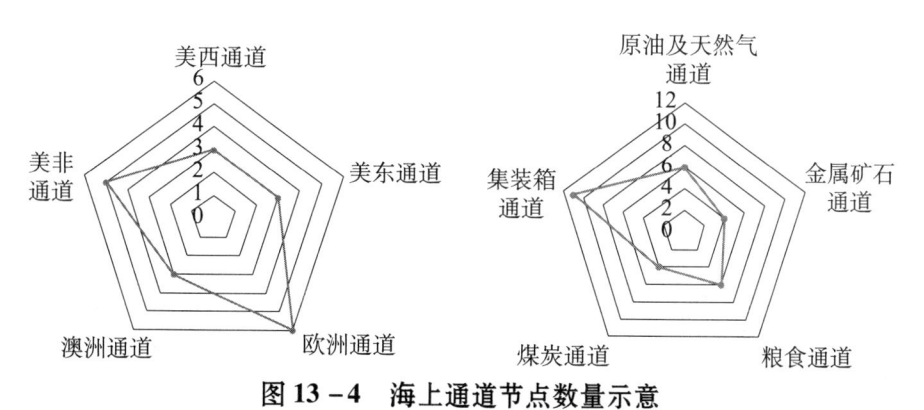

图 13-4 海上通道节点数量示意

可以看出，空间走向分类中，欧洲通道所涉及的港口群最多，其中包括中国港口群、东南亚港口群、中东港口群、黑海港口群、地中海港口群以及西北欧港口群共 6 个港口群,而港口群数量最少的则是美西通道、美东通道以及澳洲通道。

与此同时,按照货类流向分类之中,由于我国主要货种海上运输较为分散,因此涉及的港口群整体较多。由于我国集装箱运输基本涉及全球主要的集装箱港口,因此大多数港口群都会有所涉及。此外,虽然中国的原油及金属矿石进口国家较为单一,但是考虑到其沿途经过或挂靠的港口群,其整体挂靠港口数量也相对较多。

三、战略地位

战略地位主要表现在该条通道上所担负的对于国家战略能源物资的运输情况。战略能源物资(以原油为主)关乎一个国家经济是否正常运转,乃至国家政治、社会秩序与人民生活的稳定有序。一旦涉及国家战略能源物资运输的海上通道存在阻断,对一个国家而言是十分不利的。全球各国为了其战略物资通道的顺畅,往往会倾注大量的军事、政治、经济与科技手段给予最大能力的保障。因此,通道战略地位越高,其安全状况越不容乐观,越值得关注。为了考量海上通道的战略地位,以原油这一最重要的战略物资在各通道的运输结构作为评价标准,从而得出各通道的实际战略地位。

根据空间走向分类及货种分类的海上通道与石油通道的重合性,得出我国海上通道的战略地位如表 13-8 所示。

表 13-8　　　　　　　我国海上通道战略地位现状　　　　　　单位:%

基于空间走向分类	战略地位	基于货种分类	战略地位
美西通道	0	原油及天然气通道	100
美东通道	10	金属矿石通道	0
欧洲通道	53	粮食通道	0
澳洲通道	3	煤炭通道	10
美非通道	24	集装箱通道	76

可以看出,按照空间走向分类中,由于欧洲通道中的次通道——中东线属于我国主要石油进口地区,因此其战略地位最高,而美西通道与我国目前原油通道无相关重合航线,因此其战略地位最低,其他三条通道则与部分原油进口线重合,因此存在不同程度结构比例。

按着货类流向中,原油及天然气通道 100% 的处于重要战略地位,而金属矿石通道与粮食通道由于运输航线集中密集，与原油运输通道无交集，因此战略地位最低，集装箱运输航线密集完善，因此其与大部分原油进口通道重合，战略地位也较高。

四、洋流

洋流又称海流。对于海上运输而言，若海上通道属于顺洋流方向，则有利于航行船舶的行驶与节省时间、能源，但是也会使得船舶较难掌控，发生事故；若属于逆洋流和横穿洋流，则会影响整条通道的通行难易程度。根据世界表层主要洋流的分布情况。同时结合我国海上通道的空间走向图，得出我国海上通道主要历经的洋流情况如表13-9所示。

表13-9　　　　　　我国海上通道洋流情况

空间走向通道	历经洋流	数目	货类通道	历经洋流	数目
美西通道	千岛寒流、日本暖流、北太平洋暖流、加利福尼亚寒流、阿拉斯加暖流、秘鲁寒流	6	原油/天然气通道	千岛寒流、日本暖流、北赤道暖流、赤道逆流、季风洋流、加那利寒流、地中海暖流、几内亚暖流、厄加勒斯暖流、北赤道暖流、赤道逆流	11
美东通道	千岛寒流、日本暖流、北太平洋暖流、北赤道暖流、赤道逆流、墨西哥暖流、北大西洋暖流、拉布拉多寒流	8	金属矿石通道	千岛寒流、北赤道暖流、赤道逆流、南赤道暖流、西澳大利亚寒流、厄加勒斯暖流、西风漂流	7
欧洲通道	千岛寒流、日本暖流、北赤道暖流、赤道逆流、季风洋流、地中海暖流、北大西洋暖流	7	粮食通道	千岛寒流、日本暖流、北太平洋暖流、北赤道暖流、赤道逆流、墨西哥暖流、北大西洋暖流、拉布拉多寒流、南赤道暖流、巴西暖流、加利福尼亚寒流	11

续表

空间走向通道	历经洋流	数目	货类通道	历经洋流	数目
澳洲通道	千岛寒流、北赤道暖流、赤道逆流、南赤道暖流、东澳大利亚暖流、西澳大利亚寒流	6	煤炭通道	千岛寒流、日本暖流、北赤道暖流、赤道逆流	4
美非通道	千岛寒流、日本暖流、北赤道暖流、赤道逆流、南赤道暖流、厄加勒斯暖流、本格拉寒流、几内亚暖流、巴西暖流、加那利寒流、地中海暖流	11	集装箱通道	千岛寒流、日本暖流、北太平洋暖流、加利福尼亚寒流、阿拉斯加暖流、秘鲁寒流、北赤道暖流、赤道逆流、墨西哥暖流、北大西洋暖流、拉布拉多寒流、季风洋流、地中海暖流、北大西洋暖流、南赤道暖流、西澳大利亚寒流	16

由表 13-9 可知，目前我国按空间走向分类中的各通道，美非通道历经的洋流最多，达到 11 条。美非通道从太平洋西岸出发，一路西行横穿印度洋与大西洋直至拉丁美洲东岸，沿途经过三大洋的主要洋流区，因此洋流状况最为复杂。

货类流向通道分类下的各海上通道中，历经的洋流则存在较为明显的差异。其中，我国集装箱通道历经洋流数目最多，主要归因于我国集装箱运输航线分布广泛，与美西通道、美东通道、欧洲通道以及澳洲通道均存在很大程度的重合，因此历经洋流数目也最多；煤炭通道则由于主要分布在东亚及东南亚海域，因此所历经洋流数目最少。

五、风浪

大风浪是影响海上通道安全、威胁船舶航行安全的重要自然状况之一，影响的海区范围较广。虽然其从航线角度来说，可以采取绕行或者其他替代航线予以避免，但是对于整个海上通道而言，大风浪是无法避免与忽视的重要因素。因此，海上通道是否通过全球主要大风浪区，则成为影响其安全状况的主要威胁因素。通过与具有十年以上航海经历的船长访谈可知，全球主要存在六个最为著名的大风浪区[①]，主要包括中国近海、日本、北太平洋、墨西哥湾、欧洲以及南非共6个风浪区。

中国近海风浪区：中国近海冬夏季风交替显著，为季风气候区。夏季中国近海各水域在正常情况下较为平稳（除去台风极端天气）；冬季由于济州岛与台湾海峡附近高达40%~50%的大风频率，使得两海区的风浪情况最为严重。

日本风浪区：日本周围海域的波浪，是由于季风连吹、低压过境、台风袭击所引起，成年都会产生大风大浪。冬季由于欧亚大陆低压东移至日本海域后迅速增强，造成日本周边海域产生大风浪，尤其以关东以东的海域上；夏季整个海域较为平稳；秋季则恢复大风状况，主要集中在北海道以北海域。

北太平洋风浪区：北太平洋冬季为世界四大风浪区之一，由于阿留申低压强烈发展，大风浪分布很广，主要以千岛群岛至阿留申群岛之间大风浪频率最高，可以达到40%；夏季则因低气压活动频率最低，所以风浪最为平稳。

欧洲风浪区：地处北半球中、高纬区，灾害性天气多发，主要是由锋面气旋或气旋族所带来的狂风恶浪。冬春季欧洲锋面气旋或气旋族最为盛行，且强度大，频率高，受影响范围广；夏秋季欧洲水域锋面气旋或气旋族出现较少，风浪较小。

墨西哥湾风浪区：冬春季墨西哥湾大风浪主要源自于北大西洋的冰岛低气压的南下并在此区得到加强引起的大风浪；夏季则属于北大西洋热带风暴频繁爆发区域。

南非风浪区：南非水域是世界著名的风浪区。由于南非海域正处于西风带范围内，无陆地阻挡，风力强度胜过北半球的西风，为此称为咆哮西风带。好望角冬季以东南风向为主，风力经常达9~10级甚至于11级以上，涌浪可达10米以上，属于全球风浪最大的海区。此地属于海事事故频繁发生地点之一，但由于其处于全球主要航线必经节点之一，过往船只仍然较多。

根据我国海上通道分类，可以得出其所处风浪区域状况，如表13-10所示。空间走向的5条通道所经大风浪海区整体差异不大，其中以澳洲通道最为安全，仅需经过中国近海风浪区；货类分类下的各通道中，煤炭通道最为安全，仅经过近海风浪区，而集装箱通道经过的风浪区最多。

[①] 杨继钰、曹祥村：《台风浪特征分析及其对船舶安全影响》，载《航海技术》2008年第4期，第2~4页。

表 13 – 10　　　　　　　我国海上通道风浪情况表

空间走向通道	历经风浪区	数目	货类通道	历经风浪区	数目
美西通道	中国近海风浪区 日本风浪区 北太平洋风浪区	3	原油/天然气通道	中国近海风浪区 南非风浪区 墨西哥湾风浪区	3
美东通道	中国近海风浪区 日本风浪区 墨西哥湾风浪区	3	金属矿石通道	中国近海风浪区 南非风浪区	2
欧洲通道	中国近海风浪区 欧洲风浪区	2	粮食通道	中国近海风浪区 日本风浪区 墨西哥湾风浪区	3
澳洲通道	中国近海风浪区	1	煤炭通道	中国近海风浪区	1
美非通道	中国近海风浪区 南非风浪区	2	集装箱通道	中国近海风浪区 日本风浪区 北太平洋风浪区 墨西哥湾风浪区 欧洲风浪区	5

六、极端恶劣天气易发地区和海区

极端恶劣天气主要是指台风（飓风）、大雾与浮冰等天气状况，这类天气状况虽然较少发生，但是对于通道的安全畅通影响极大，极容易造成整条通道的阻断，这其中又以台风天气的影响最为严重与广泛。目前全球海上台风发生区域主要集中在北太平洋西部、北太平洋东部、北大西洋西部、孟加拉湾、阿拉伯海、南太平洋西部、南印度洋东部和南印度洋西部共 8 个海区，其中又以北太平洋西部台风发生最为密集。①

根据 8 个海区台风生成比例以及中国海上通道走向，可以获得各通道经过极端恶劣天气（以台风为代表）易发地区和海区的情况，如表 13 – 11 所示。可以看出，两种分类下，各通道历经的台风区比例都较高，达到 50% 以上。但这并

---

① 杨继钰、曹祥村：《台风浪特征分析及其对船舶安全影响》，载《航海技术》2008 年第 4 期，第 2 ~ 4 页。

不意味实际遭遇台风比例如此之高,而是表明一旦发生台风,则每条通道涉及相关海域的可能性。

表 13-11　　　　　我国海上通道台风情况表　　　　　单位:%

空间走向通道	历经台风区	比例	货类通道	历经台风区	比例
美西通道	北太平洋西部 北太平洋东部	52	原油/天然气通道	北太平洋西部 北太平洋东部 南印度洋东部 阿拉伯海 北大西洋西部	69
美东通道	北太平洋西部 北太平洋东部 北大西洋西部	63	金属矿石通道	北太平洋西部 南印度洋东部 南印度洋西部	49
欧洲通道	北太平洋西部 南印度洋东部 孟加拉湾 阿拉伯海	62	粮食通道	北太平洋西部 北太平洋东部 南太平洋西部 北大西洋西部	74
澳洲通道	北太平洋西部 南印度洋东部 南太平洋西部	50	煤炭通道	北太平洋西部	36
美非通道	北太平洋西部 南印度洋东部 南印度洋西部 北大西洋西部	60	集装箱通道	北太平洋西部 北太平洋东部 南太平洋西部 北大西洋西部 孟加拉湾 阿拉伯海 南印度洋东部	90

七、岛礁分布情况

海域内如果存在岛礁,尤其是暗礁,则会对船舶的通行带来潜在的威胁,造成船舶搁浅、碰撞甚至导致沉船的危险。因此,海上通道经过存在岛礁的海区越多,则潜在的危险也就越大。在一些群岛分布的海区内,由于岛礁的密集分布,形成了众多海上狭水道，对于通道的畅通、大型船舶的通行带来很大的不便与威胁。按照地理分布特征，及其与海上运输航线的关系，世界主要有九大相关群岛。

其中南海诸岛包括中国南沙、东沙、西沙及中沙群岛；日本诸岛包括日本本国诸岛及千岛群岛；大洋洲诸岛包括大堡礁、南太平洋诸岛；马来群岛主要包括东南亚菲律宾、马来西亚、印度尼西亚、文莱等国群岛；北欧诸岛包括大不列颠群岛、冰岛、法罗群岛、格陵兰岛和纽芬兰岛；西印度群岛包括墨西哥湾与加勒比海之间的诸岛。这些群岛由众多大小不一的岛屿、暗礁、浅滩与沙洲组成，同时也形成相关海区内复杂的通行航道与狭水道。结合我国海上通道的构成，得出我国海上通道主要经过岛礁情况，如表13–12所示。

表13–12　　　　　　　　我国海上通道历经岛礁情况

空间走向通道	历经群岛	数目	货类通道	历经群岛	数目
美西通道	日本诸岛 阿留申群岛	2	原油/天然气通道	南海诸岛 马来群岛 西印度群岛	3
美东通道	日本诸岛 夏威夷群岛 西印度群岛 百慕大群岛	4	金属矿石通道	南海诸岛 马来群岛	2
欧洲通道	南海诸岛 马来群岛 北欧诸岛	3	粮食通道	日本诸岛 阿留申群岛 夏威夷群岛 西印度群岛 百慕大群岛	5
澳洲通道	南海诸岛 马来群岛 大洋洲诸岛	3	煤炭通道	日本诸岛 南海诸岛 马来群岛	3
美非通道	南海诸岛 马来群岛	2	集装箱通道	南海诸岛 日本诸岛 阿留申群岛 夏威夷群岛 马来群岛 西印度群岛 北欧诸岛 大洋洲诸岛 百慕大群岛	9

由表 13-12 可知，目前空间走向分类下各通道经过的群岛海区整体差异不大，以美东通道经过的群岛海区最多；货类分类下的通道经过群岛海区的差异相对较大，其中以集装箱通道最高，这也与集装箱通道的分布最为全面有关，其次粮食通道涉及相关海区也较多，这与粮食通道沟通多个国家是密切相关的。

八、港口状况

港口属于海上通道中重要且特殊的节点，港区水域条件、港口基础设施建设以及港口发展保障政策情况，都关系到整个港口的运营效果，最终影响到整个海上通道能否安全通畅。港口状况的好坏的直接体现，是港口的货物吞吐能力，如果港口的基础设施完善，港口安全保障完备，其运营效率则应该也相对较高，能够获得更好的经营效果。此外，考虑到港口节点的复杂性，且港口内部各种属性对于整个海上通道安全评价属于更深一步的微观因素，无法也不适于更深入的研究。

鉴于数据的可获得性，对于空间走向下的各通道，以各海上通道所经过的港口中所包括的 20 大港口数目作为港口状况的评价值。2012 年全球港口货物吞吐量/集装箱吞吐量排名如表 13-13 所示。① 同时，考虑研究对象是中国海上通道，中国沿海港口则不予考虑。而对于按照货种分类的海上通道，则按照各自货种在对应目的国家港口的货物吞吐量为港口的主要评价值。空间分类中五类通道上包含的大型港口数量如图 13-5 所示。

表 13-13　　　　　　2012 年全球 20 大港口吞吐量排名

货物吞吐量排名	国家	港口	集装箱吞吐量排名	国家	港口
1	中国	宁波—舟山	1	中国	上海
2	中国	上海	2	新加坡	新加坡
3	新加坡	新加坡	3	中国	香港
4	中国	天津	4	中国	深圳
5	荷兰	鹿特丹	5	韩国	釜山
6	中国	广州	6	中国	宁波—舟山

---

① URC：http://www.port.org.cn/info/201303/162131.htm（中国港口吞吐量排名）。

续表

货物吞吐量排名	国家	港口	集装箱吞吐量排名	国家	港口
7	中国	苏州	7	中国	广州
8	中国	青岛	8	中国	青岛
9	中国	大连	9	阿联酋	迪拜
10	中国	唐山	10	中国	天津
11	韩国	釜山	11	荷兰	鹿特丹
12	中国	营口	12	马来西亚	巴生
13	中国	日照	13	中国台湾	高雄
14	中国	香港	14	德国	汉堡
15	中国	秦皇岛	15	比利时	安特卫普
16	澳大利亚	黑德兰	16	美国	洛杉矶
17	美国	南路易斯安那	17	中国	大连
18	韩国	光阳	18	马来西亚	丹戎帕拉斯
19	中国	深圳	19	中国	厦门
20	中国	烟台	20	印度尼西亚	丹戎不碌

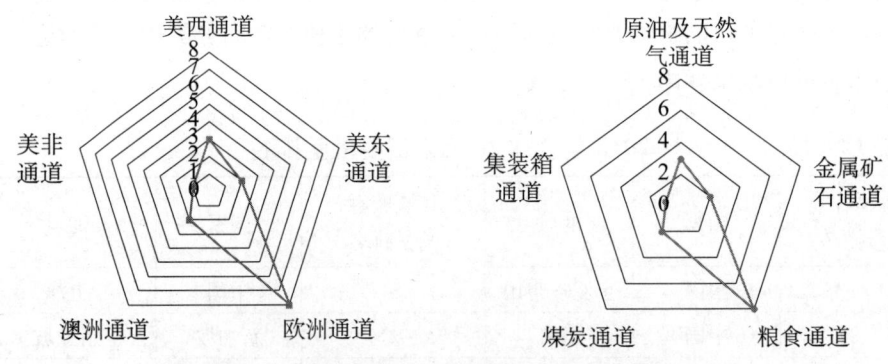

图 13-5 各通道包含大型港口数量（单位：个）

由图 13-5 可知，目前五类通道中，欧洲通道上大型港口数量最多，一方面欧洲通道经过的国家/地区最广泛，另一方面则是由于欧洲通道经过世界经济发达的中东地区与西北欧地区，发达的国家与地区有更好的经济实力来提供更好的港口状况，维护海上运输业的顺利发展。

美非通道上大型港口数量最少，主要原因在于通道沟通的主要是非洲与南美发展中国家，虽然我国与美非通道中部分国家/地区存在大宗物资的运输需求，例如，巴西的金属矿石以及西非和北非石油，但这些国家经济还未实现稳定快速发展，港口条件较差，港口状况限制了吞吐能力。

第三节 我国海上通道外部评价指标分析

一、途经国家数量

全球目前有 150 个临海的临海国与岛国，由于存在政治体制、经济文化等的差异，各国对其国家主权领域内的海区也实行不同的管理方式。海上通道经过相关国家的领海时，将会受到相关国家影响。国家数量越多，通道的安全畅通需要考虑的方面也越多。

以各条通道上典型航线涉及的主要国家数量作为通道途经国家数量，具体如表 13-14 所示。空间走向分类当中以欧洲通道所经国家/地区最多，这意味着该条通道的安全状况受到的影响也最大；涉及国家最少的通道是美西通道和澳洲通道，美西通道中连接的两国位于太平洋两侧，中间仅有朝鲜、日本两国；而澳洲通道则由于距离较近，属于近洋通道，因此涉及途经国家数量也最少。

按照货类分类的通道是在空间走向上的再组合，因此涉及的国家相对更多。集装箱通道主要由到北美洲与欧洲两个主要方向构成，途经国家数量最多，因此集装箱通道在实际海上运输之中遇到的问题也较多。

表 13-14 我国海上通道途经国家情况

空间走向通道	历经国家	数目	货类通道	历经国家	数目
美西通道	朝鲜、韩国、日本、加拿大、美国	5	原油/天然气通道（仅考虑中东线）	越南、马来西亚、新加坡、印度尼西亚、泰国、印度、阿曼、伊朗、伊拉克、科威特	10
美东通道	日本、墨西哥、巴拿马、危地马拉、尼加拉瓜、古巴、美国、加拿大	8	金属矿石通道（考虑巴西与澳洲线）	菲律宾、印度尼西亚、马来西亚、澳大利亚、越南、新加坡、马达加斯加、南非、巴西	9

续表

空间走向通道	历经国家	数目	货类通道	历经国家	数目
欧洲通道	越南、马来西亚、新加坡、印度尼西亚、泰国、印度、阿曼、伊朗、伊拉克、科威特、索马里、吉布提、厄立特里亚、埃及、利比亚、突尼斯、阿尔及利亚、西班牙、葡萄牙、英国、法国、比利时、荷兰、德国	24	粮食通道（考虑南美洲线）	朝鲜、韩国、日本、加拿大、美国、墨西哥、巴拿马、危地马拉、尼加拉瓜、古巴、委内瑞拉、巴西、阿根廷	13
澳洲通道	菲律宾、印度尼西亚、巴布亚新几内亚、澳大利亚、新西兰	5	煤炭通道	菲律宾、马来西亚、朝鲜	3
美非通道	越南、马来西亚、新加坡、印度尼西亚、泰国、印度、马达加斯加、南非、巴西	9	集装箱通道（考虑北美线与欧洲线）	越南、马来西亚、新加坡、印度尼西亚、泰国、印度、索马里、吉布提、厄立特里亚、埃及、利比亚、突尼斯、阿尔及利亚、西班牙、葡萄牙、英国、法国、比利时、荷兰、朝鲜、韩国、日本、加拿大、美国、墨西哥、巴拿马、危地马拉、尼加拉瓜、古巴	29

二、途经国家政治稳定程度

当今世界政治格局呈多极化发展,各方势力为了本国/地区利益,采用政治、军事、经济、外交、技术等多重手段,以实现保证国家稳定和安全发展。一个国家政局能否保持稳定,直接影响到本国经济发展以及海上运输活动的开展。以海上运输行业中投资咨询公司与保险行业的相关国家的评估结果为依据,来判别海上通道途经国家政治稳定程度,并采取同样方法对地区军事冲突、海盗情况以及海上恐怖主义情况进行判别。

澳大利亚著名海事咨询公司"FP Marine Risks"发布的关于货物运输风险报告中,[①] 给出了65个对于运输业来说存在安全危险的国家/地区的名单,具体地理分布信息如图13-6所示。由图中可以看出,不稳定的国家主要集中在非洲中部地区、南亚、中东以及东南亚地区。

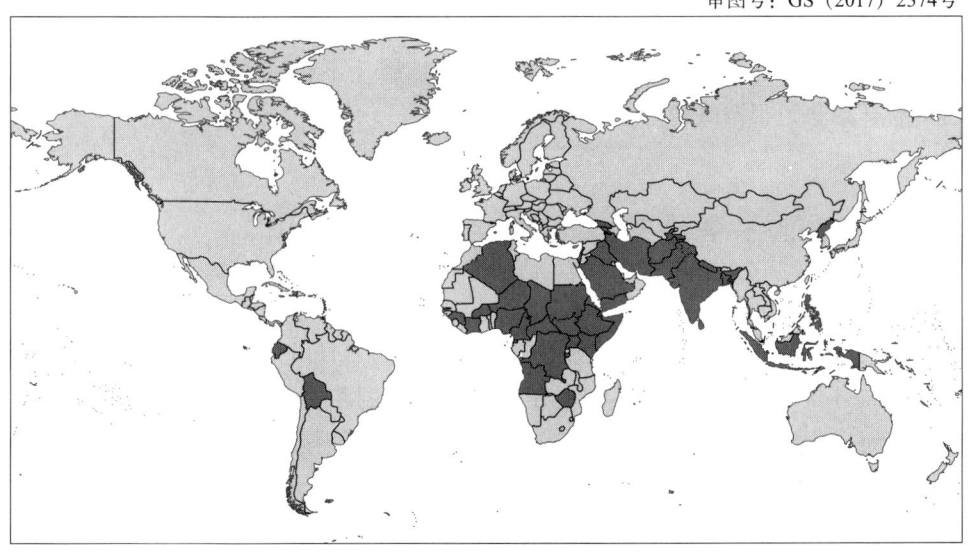

审图号:GS (2017) 2374号

图13-6 全球运输存在危险国家/地区分布示意

结合我国海上通道的分布,最终得出我国海上通道历经政治不稳定国家情况如图13-7所示。

可以看出,空间走向分类下的通道中,欧洲通道所历经的不稳定国家/地区

---

① URC:http://www.fp-marine.com/risk-management/war-risks-cargo(FP-marine 公司货运运输危险国家名单)。

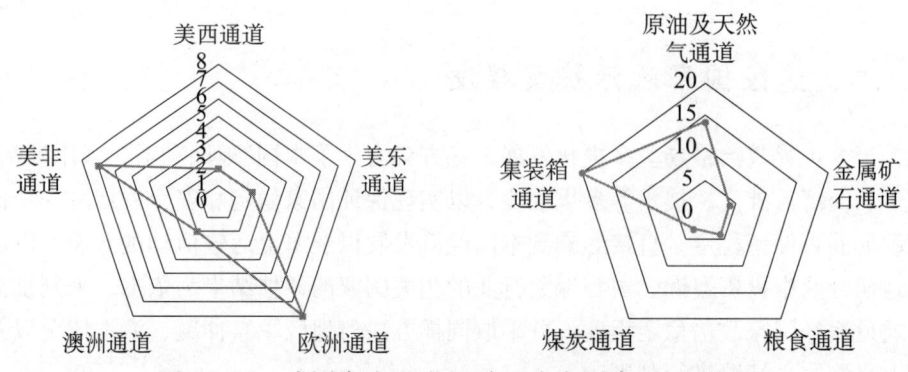

图 13 – 7　我国海上通道经过不稳定国家/地区情况

最多，原因在于该条通道内航线主要遍及东南亚地区、南亚地区、中东红海地区等不稳定国家/地区的密集地；其次，美非通道历经不稳定国家/地区也较多，原因在于美非通道目的地非洲存在大量不稳定的国家/地区。

而货种分类中，集装箱通道与原油通道经过的不稳定国家/地区情况最多，由于集装箱通道最为分散，因此涉及不稳定的国家/地区也最多，而由于我国原油进口源地（中东地区以及西非、北非地区）属于不稳定国家/地区的集中地，因此整体形势也很严峻。

三、地区军事冲突

地区军事冲突不仅仅对当地政治安定、经济发展带来严重影响，也会波及相关的海上运输业。根据劳氏市场协会定期发布的《Hull War, Piracy, Terrorism and Related Perils》报告，[①] 整理出存在军事冲突的相关国家/地区，如图 13 – 8 所示。可以看出，与政治不稳定国家/地区分布相似，存在军事冲突的国家/地区也主要集中在中东与非洲中西部地区。

根据图 13 – 8，可以得出我国海上通道历经存在军事冲突国家/地区的情况，如图 13 – 9 所示。在空间走向的分类之中，欧洲通道所历经存在军事冲突的国家/地区最多，主要集中在中东地区的伊拉克、伊朗等国内部及与其他国家之间，此外地中海沿岸的以色列与巴勒斯坦机构之间也长期存在军事紧张局面。按货种分类的海上通道之中，集装箱通道由于包含在至中东及地中海地区的航线，整体历经军事冲突国家/地区的情况也最为严重。

---

① Joint War Committee, *Hull War, Strikes, Terrorism and Related Perils*, 2010.

审图号：GS（2017）2374号

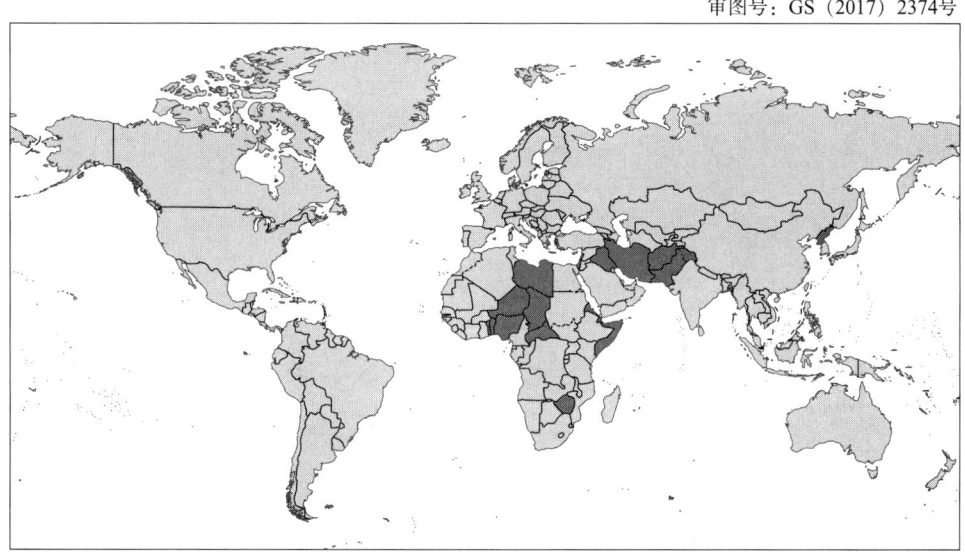

图 13-8　全球地区军事冲突国家/地区分布示意

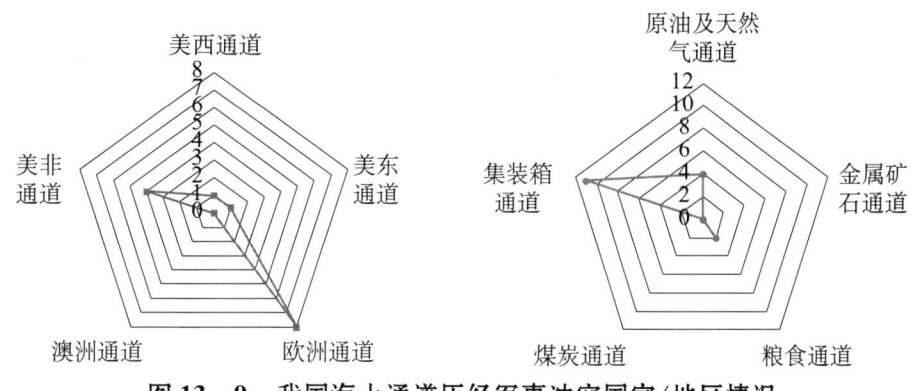

图 13-9　我国海上通道历经军事冲突国家/地区情况

四、海盗情况

海盗已经成为影响全球航运安全非传统因素中日趋严重与国际化的问题。由于亚丁湾地区海盗的猖獗，各大国均派出各国海军力量给予商船护航，而更多海上运输船舶被迫选择其他替代航线以降低经济损失与人身安全威胁。如图 13-10 所示，根据全球海事组织（IMO）发布的 2011 年全球海盗攻击事件（包括攻击成功与未遂）统计，① 全球近50%的海盗事件主要集中在亚丁湾及索马里地区海域，其次为东南亚马六甲海峡、西非及南美北岸地区。

审图号：GS（2017）2374号

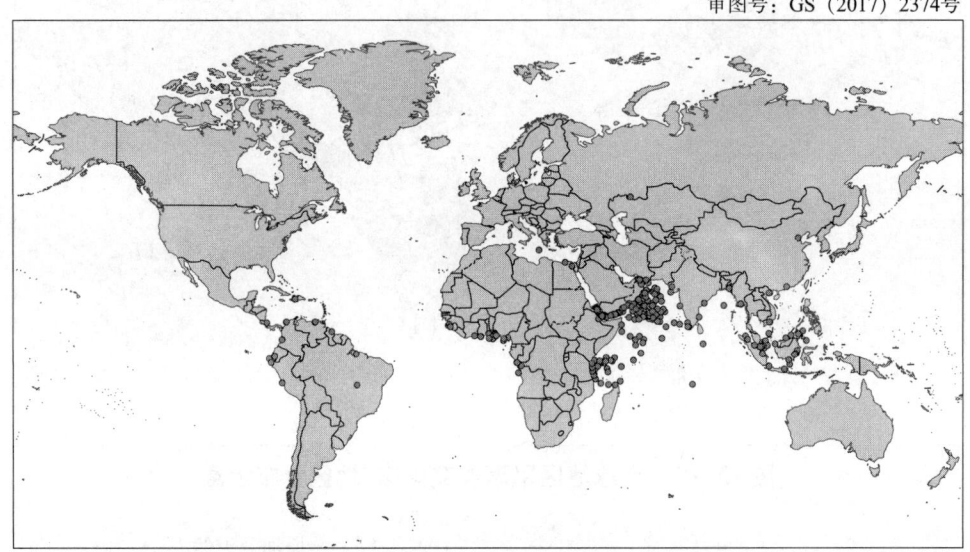

图13-10　2011年全球海盗事件分布

根据2011年海盗事件发生空间分布信息，得出我国海上通道历经海区发生海盗事件整体情况，② 如表13-15所示。可以看出，空间走向分类中，欧洲通道以及美非通道历经海盗事件次数最多，两者均需穿过马六甲海峡区域，前者还主要穿过亚丁湾海盗密集发生地区，后者则主要经由非洲东部莫桑比克海峡以及西非两个海盗事件越来越频繁的海区。③ 而货类流向分类之中，以原油/天然气通道以及集装箱通道历经的海盗事件最为密集，这也归因于两类通道需穿行马六甲海峡水域及亚丁湾海区两大海盗高发水域。

表13-15　我国海上通道历经海盗事件海区情况

空间走向通道	发生总起数	货类通道	发生总起数
美西通道	12	原油/天然气通道	246
美东通道	12	金属矿石通道	80
欧洲通道	324	粮食通道	24

① 《Reports on Acts of Piracy and Armed Robbery Against Ships》. *International Maritime Organization*（IMO）. 2011.
② 张家栋：《海盗问题及对策思考》，载《国际问题研究》2009年第2期，第51~55页。
③ 杨泽伟：《反恐与海上能源通道安全的维护》，载《华东政法学院学报》2007年第1期，第137~142页。

续表

空间走向通道	发生总起数	货类通道	发生总起数
澳洲通道	26	煤炭通道	18
美非通道	119	集装箱通道（北美与欧洲方向）	374

五、海上恐怖主义情况

海上恐怖主义与海盗已经成为海上运输两大非传统安全威胁影响因素，与海盗事件相比，虽然海上恐怖主义相对较少，但因其性质恶劣，危害程度与社会影响较大，因此各国对于反对海上恐怖主义，保护海上运输安全十分重视。① 为分析我国海上通道历经海上恐怖主义相关海区，以跟踪海上恐怖主义实时发展网站（http://www.maritimeterrorism.com）提供的报告为依据②，得出 2007 年以来全球海上恐怖主义发生的主要国家/地区，如图 13-11 所示。可以看出，海上恐怖主义主要集中在东南亚地区、西非的尼日利亚、几内亚等国家以及南亚斯里兰卡

审图号：GS（2017）2374号

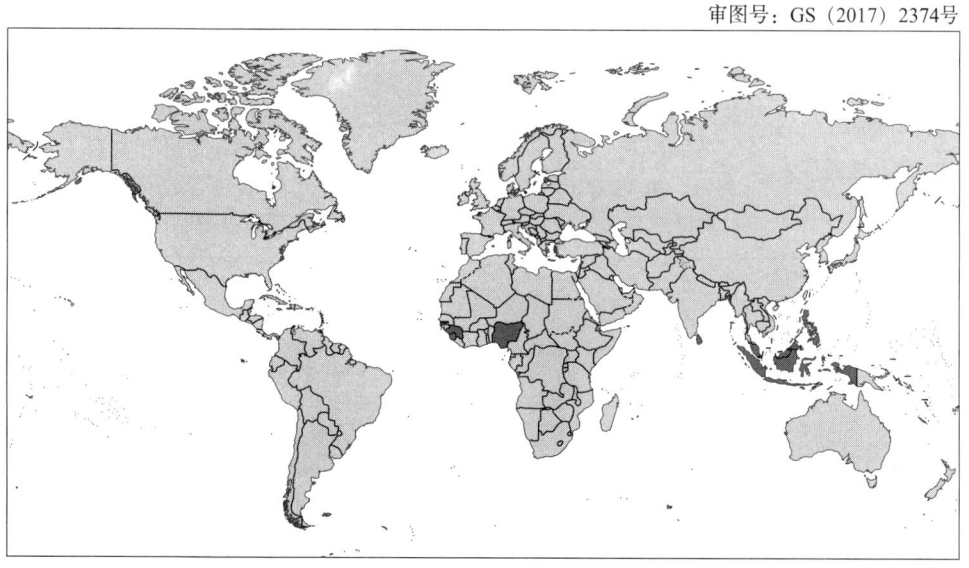

图 13-11　全球恐怖主义发生国家/地区分布示意

---

① 张湘兰、郑雷：《论海上恐怖主义对国际法的挑战与应对》，载《武汉大学学报（哲学社会科学版）》2009 年第 2 期，第 152~157 页。

② URC：http://www.maritimeterrorism.com（海上恐怖主义网站）。

的临海区域内。这其中又以斯里兰卡恐怖主义情况最为严重，该国的反政府武装泰米尔伊拉姆猛虎解放组织（猛虎组织）频频制造的海上暴力袭击事件。

根据图13-11所示，参考我国海上通道空间走向，得出我国海上通道历经海上恐怖主义海区的情况，如表13-16所示。可以看出，美非通道与集装箱通道涉及不安全海域情况最为严重。

表13-16　　我国海上通道历经海上恐怖主义海区情况

空间走向通道	历经国家	数目	货类通道	历经国家	数目
美西通道	无	0	原油/天然气通道	斯里兰卡、尼日利亚、几内亚、塞拉利昂	4
美东通道	无	0	金属矿石通道	斯里兰卡、菲律宾、印度尼西亚、马来西亚	4
欧洲通道	菲律宾、印度尼西亚、马来西亚、斯里兰卡	4	粮食通道	无	0
澳洲通道	菲律宾、印度尼西亚、马来西亚	3	煤炭通道	菲律宾、马来西亚	2
美非通道	菲律宾、印度尼西亚、马来西亚、尼日利亚、几内亚、塞拉利昂	6	集装箱通道	菲律宾、马来西亚、印度尼西亚、尼日利亚、几内亚、塞拉利昂	6

六、途经军事基地状况

为了保障本国在海外的利益，西方发达国家纷纷设立海外军事基地。虽然海上通道行驶的商船队不受军事战争影响，但由于我国海上通道历经的海区存在大量他国的军事基地，一旦存在局势紧张的情况，海上通道则很有可能因军事力量的介入被阻断。已经公开的军事基地[①]主要分布在美国本土领海区、西北欧临海以及日本沿海地区。结合我国海上通道空间走向，得出两类海上通道所历经军事

---

① 孙德刚、邓海鹏：《海外军事基地的理论解析》，载《国际论坛》2012年第6期，第21~27页。

基地情况，如图 13-12 所示。可以看出，我国两种分类下的各通道中，中国至北美及欧洲方向的通道经过的军事基地数目最多，可达 19 个。

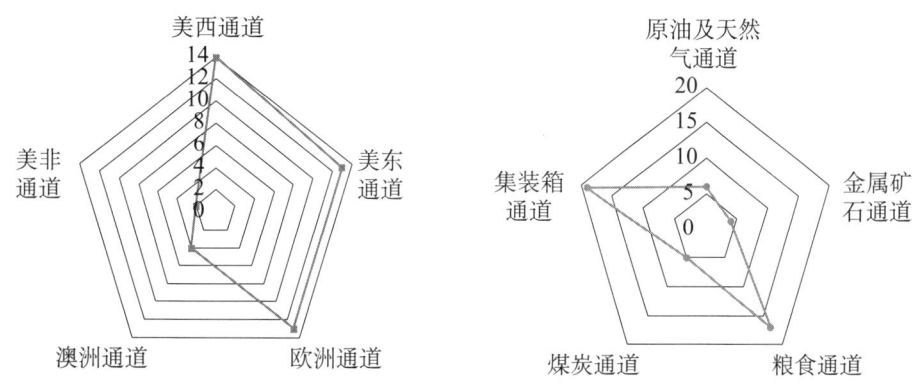

图 13-12　我国海上通道经过军事基地示意

七、港口国和途经国法律政策环境

由于历史、文化、信仰与经济原因，世界各国政治体系与政治法律体系存在差异，很难采取一个统一适度的方法来对各国的相关法律政策进行评价。目前全球存在两大法律体系，这两大法律体系由于其渊源、分类、编撰、诉讼程序与判别程式等方面存在差异，使得两个不同法系之间的法律纠纷的解决较为复杂。海上通道经历、挂靠众多国家/地区的港口，各港口所在国采用法系的不同在根本上决定了解决我国海上通道安全问题涉及法律的复杂性。因此以港口国 & 途经国采取的法系是否与中国法系相同作为"港口国法律政策情况"与"途经国法律政策情况"两个评价指标的取值依据。

根据我国海上通道所挂靠主要港口所在国家和所经过国家及其采用的法系，按照主要挂靠国法系所占比例，得出两种分类情况下中国海上通道的法律政策情况，分别如表 13-17 和表 13-18 所示。

以欧洲通道为例，由于最终挂靠港国家为西北欧地区，而西北欧地区除了英国采用英美法系之外，西北欧诸国均采用大陆法系，因此欧洲通道大陆法系占近九成。而对于沿途国法系，由于欧洲通道沿途经过东南亚地区港口群、中东港口群、地中海港口群以及黑海港口群，这几大港口群中东南亚港口群国家为英美法系，而中东港口群国家为混合法系，地中海港口群及黑海港口群所在国家均以大陆法系为主，因此大陆法系与英美法系各占五成。

表 13－17　　我国海上通道挂靠港口国法系情况

空间走向通道	挂靠港口国/地区	大陆法系	货类通道	挂靠港口国/地区	大陆法系
美西通道	北美美洲	0	原油/天然气通道	中东地区、北非、中美洲	0.5
美东通道	北美/中美洲	0.3	金属矿石通道	巴西、澳大利亚	0.5
欧洲通道	西北欧	0.9	粮食通道	北美地区	1
澳洲通道	澳洲	0	煤炭通道	东南亚地区	0
美非通道	南美东岸/非洲	1	集装箱通道	北美/欧洲方向	0.5

表 13－18　　我国海上通道途经港口国法系情况

空间走向通道	途经港口国/地区	大陆法系	货类通道	途经港口国/地区	大陆法系
美西通道	日韩	1	原油/天然气通道	东南亚、南亚	0
美东通道	中美洲/南美	1	金属矿石通道	东南亚、南亚、中东	0
欧洲通道	东南亚/南亚/中东/地中海	0.25	粮食通道	中美洲	1
澳洲通道	东南亚	0	煤炭通道	东南亚地区	0
美非通道	东南亚、南亚	0	集装箱通道	地中海/黑海/东南亚/非洲/南亚/中东	0.5

八、外交协商能力

一旦海上通道安全涉及两国利益，需要从国家层面上进行沟通解决。而两国处于如何的外交关系，对于能否在不伤害两国利益与关系的基础上顺利协商解决相关问题，进而保障我国海上通道安全，则是十分有必要的。我国属于非结盟的主要提倡国，主要寻求友好合作的方式来谋求与世界各国合作共同发展。我国与世界各国外交关系可以分为：全面战略合作伙伴关系、全面战略伙伴关系、战略合作伙伴关系、合作伙伴关系、友好关系、建交关系、无建交关系共 7 种外交关系，① 从而与相应国家具备外交协商能力。我国与世界沿海国外交关系如表 13-19 所示。

表 13-19　　　　　　　　我国外交关系信息表

外交关系	沿海国家	级别
全面战略合作伙伴关系	泰国、缅甸	1
全面战略伙伴关系	白俄罗斯、法国、西班牙、丹麦、希腊	2
战略伙伴关系	巴基斯坦、韩国、爱尔兰、阿拉伯联合酋长国、波兰、印度尼西亚、安哥拉、德国、巴西	3
友好合作伙伴关系	日本	4
建交关系	略	5
无外交关系	巴拿马、海地、厄瓜多尔、哥斯达黎加、洪都拉斯、危地马拉	6

对于空间走向分类通道，根据我国海上通道所经港口群情况，以及港口群内主要港口所属国家与我国外交等级，则可以确定各条通道各关键节点中与我国外交协商能力最高的等级，再以整条通道上最低关键节点的外交协商能力等级作为通道外交协商能力。对于货类流向通道，根据我国海上通道所经港口群情况，以及港口群内主要港口所属国家与我国的外交等级，从而能够确定各条通道各关键节点中与我国外交协商能力最高的等级，并以平均外交协商能力作为整条通道的整体外交协商能力，最终得到我国各通道的外交协商能力，如表 13-20 所示。

表 13-20　　　　　　　　我国海上通道外交协商能力

空间走向通道	外交协商能力等级	货类流向通道	外交协商能力等级
美西通道	3	原油/天然气通道	3
美东通道	6	金属矿石通道	5
欧洲通道	5	粮食通道	6
澳洲通道	5	煤炭通道	5
美非通道	3	集装箱通道	4

由表 13-20 可以看出，我国外交协商能力最低的为美东通道及粮食通道，

---

① URC：http://www.fmprc.gov.cn/mfa_chn/ziliao_611306/1179_611310/（中国外交部外交声明公报）。

原因在于中国与中美洲以巴拿马为首的国家并未建立外交关系,因此一旦该港口群及其附近海域产生威胁海上通道安全的外部环境因素,我国无法及时通过外交协商手段给予有效的保障。

九、通道节点安全保障能力

由于海上通道中大部分节点为国外港口与关键海峡、运河,对于这些节点的通畅给予保障是十分重要的。对于节点的保障能力,一方面需要靠国家自身的能力,另一方面主要依靠与节点国家的外交政策与关系。以通道所历经国家中与我国正式签订海运协定的国家占所经国家的比例,作为评估通道节点保障能力的指标值。①② 截至目前,我国已经与世界上 68 个国家和地区正式签订了海运协定,相关国家/地区的分布情况如图 13-13 所示。可以看出,与我国签订海运协定的国家主要分布在北美地区、欧洲与地中海沿岸国家/地区。

审图号:GS(2017)2374号

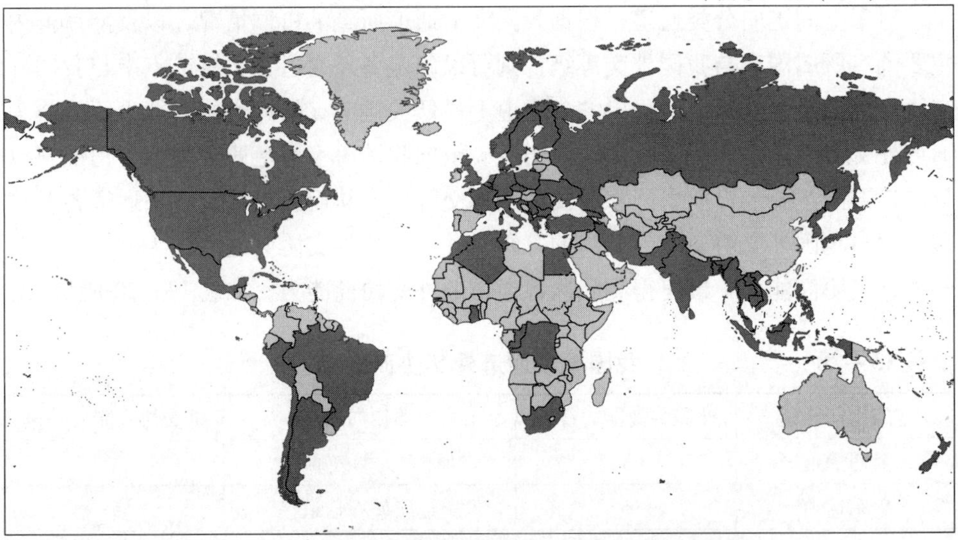

图 13-13　与我国正式签订海运协议书的国家分布

同时,结合我国海上通道空间走向情况,可得我国各海上通道节点保障能力的评价指标值如表 13-21 所示。由此可以看出澳洲通道以及美非通道上与我国签订海运协议国家的比例相对较低。澳洲通道虽然涉及国家/地区较少,但由于

---

① 陈如洋、许贵斌:《中华人民共和国海运协定集》,人民交通出版社 2003 年版。
② 王杰、赵鹿军、张晶晶:《中外双边海运协定若干问题》,载《水运管理》2005 年第 27 期,第 23~26 页。

我国与主要的海运贸易国家（澳大利亚）之间并未签订协议，将对我国对于该通道的保障能力产生影响。美非通道上，由于南美洲和非洲两地区的沿海国家多数为发展中国家，国家经济实力有限，部分国家经济政治处于动荡的状态，因此并未与我国签订海运协议，在很大程度上影响了我国该条通道的保障协商能力。而欧洲通道以及集装箱通道的保障能力最高，前者是由于我国与欧洲沿岸国家广泛签订了海运协议，后者是由于集装箱航线分布虽广，但集中于欧洲和北美方向与我国签订协议的国家较多。

表 13-21　　　　　　　　我国节点保障能力

空间走向通道	海运协议国家比例	货类流向通道	海运协议国家比例
美西通道	8/8	原油/天然气通道	1/5
美东通道	6/8	金属矿石通道	4/10
欧洲通道	16/23	粮食通道	5/13
澳洲通道	2/5	煤炭通道	2/3
美非通道	11/34	集装箱通道	13/29

十、不安全海域保障能力

根据劳氏市场协会的《Hull War, Strikes, Terrorism and Related Perils》报告中列出了经过评估得出的全球不安全的国家/地区，[①] 全球不安全地区中主要包括以下 5 个海域：①非洲的索马里附近海域，象牙海岸以及尼日利亚沿海海域；②印度尼西亚和马来西亚两国附近的海域；③中东地区的亚丁湾；④菲律宾的苏禄群岛及其附近海域；⑤南美洲的委内瑞拉及其附近海域。

由于海上通道中的诸多不安全海域远离本国领土，因此需从国家层面出发，谋求各种手段给予安全保障。

然而目前全球尚无一个统一有效的国际海上通道安全多边合作组织来对各国力量进行协调组织。针对海上通道上涉及的不安全海域，我国主要依靠参与多边合作组织和出动军事力量保障这两方面的措施。[②]

为保障我国沿海及近洋地区的不安全海域的安全，我国参加了包括东盟地区

[①] Joint War Committee.《Hull War, Strikes, Terrorism and Related Perils》, 2010.
[②] 张建军：《打击索马里海盗中的国际合作问题研究》，载《现代法学》2009 年第 4 期，第 138~144 页。

论坛（ARF）和亚太安全合作理事会（CSCAP）两大亚太多边安全合作组织，通过谋求多边合作来保障亚太区内通道的安全。

对于亚丁湾地区和索马里地区日益猖獗的海盗活动，为了保障经过该地区的我国海上通道的安全畅通，以及商船队的安全，我国海军舰队自 2008 年底开始了亚丁湾护航行动，改善了我国相关海上通道在该水域的安全畅通状况。

根据我国海上通道的分布及对不安全海域的保障能力，得出我国对于各通道涉及的不安全海域的保障程度，如表 13 - 22 所示。可以看出，由于我国目前海上通道保障能力仅限于亚太地区及亚丁湾区域，海上通道整体保障十分有限，急需进一步强化保障能力，进而能够从整体角度来保证海上通道的安全。

表 13 - 22　　　　　　　　不安全水域通道保障能力

空间走向通道	保障能力比例	货类流向通道	保障能力比例
美西通道	1	原油/天然气通道	2/5
美东通道	0/1	金属矿石通道	7/10
欧洲通道	1/3	粮食通道	3/5
澳洲通道	2/2	煤炭通道	1/1
美非通道	3/5	集装箱通道	3/5

第十四章

我国海上通道安全评价及建议

在分析了通道安全的主要影响因素以及具体评价指标取值特征之后,需要采用科学合理的评价方法对我国海上通道安全进行评价,从而明确我国海上通道的安全水平,识别出脆弱性通道,以给予其足够的安全保障政策。

第一节 我国海上通道安全评价

考虑到评价指标体系的层次性以及评价指标的属性,运用因子分析法对海上通道关键节点影响因素加以归纳,采用双因素法对我国空间走向海上通道以及分货种海上通道安全进行评价。

一、评价方法

(一) 因子分析法

因子分析 (Factor Analysis)[①] 的基本目的就是用少数几个因子去描述许多指

---

① 张文彤:《SPSS 统计分析高级教程》,高等教育出版社 2004 年版,第 123~134 页。

标或因素之间的联系，即将相关比较密切的几个变量归在同一类中，每一类变量就成为一个因子（之所以称其为因子，是因为它是不可观测的，即不是具体的变量），以较少的几个因子反映原资料的大部分信息。在实际问题研究中，为了全面、系统地分析问题，我们必须考虑众多影响因素。因为每个变量都在不同程度上反映了所研究问题的某些信息，并且指标之间彼此有一定的相关性，因而所得的统计数据反映的信息在一定程度上有重叠。因子分析法在主成分的基础上构筑若干意义较为明确的公因子，以它们为框架分解原变量，以此考察原变量间的联系与区别。

因子分析的核心问题有两个：一是如何构造因子变量；二是如何对因子变量进行命名解释。因此，因子分析的基本步骤和解决思路就是围绕这两个核心问题展开的。因子分析法的主要步骤如下：

第一步：原始指标数据的标准化。由于评价指标的量纲存在差异，并且指标的属性也有所不同，需要将所有评价指标进行标准化之后才能进行评价，因此一般需要将所有指标数据进行正向化与标准化处理。

第二步：确认待分析的原变量是否适合作因子分析。针对标准化之后的指标数据构造矩阵，求解相关指标数据之间的相关系数，并构造相关系数矩阵，同时根据 KMO 检验值以及巴特利特球形检验值来判断评价指标之间是否存在信息重叠并适用于因子分析。

第三步：构造因子变量：求出相关矩阵的特征值，并根据特征值求确定因子变量的方差贡献率，并根据阈值的设定确定因子变量的数量。

第四步：利用旋转方法使因子变量更具有可解释性：原始因子无法确定或其实际意义不是很明显，这时需将因子进行旋转以获得较为明显的实际含义。

第五步：计算因子变量得分：采用回归估计法，计算各因子得分，并将各因子作为三级指标返回至上层评价指标体系之中。

（二）双因素分析法

对于影响因素较多的项目来说，如何科学客观合理地进行全面评价是十分必要的，针对已经建立评价指标体系的项目，一般采用综合评价方法进行分析评价。综合评价方法主要思想是对所有影响（制约）因素进行评分，加总求和之后按照分值高低进行排序，由此产生优先级。这种方法简单易行，但是当某影响因素在 A 条件下处于优势（即打分结果较高），但在 B 条件下则处于相对劣势，从而导致项目评价结果丧失其指导实践的准确性。而这种情况就需要人为干预和调整评价的方法或者分值，才能投入实践应用。

对于项目的安全评价来说，由于其安全状况包含各方面的影响因素，且各因素的变化普遍具有随机性和模糊性,存在相互影响,相互关联的内在联系,这使得一般意义而言的安全评价结果具有较高的动态性、不确定性。

双因素评估模型,是从影响安全的各风险指标实际发生的概率和结果两个因素的角度半定量化地对安全评估进行研究。所谓风险的概率是指事件发生的概率,结果是指风险事件发生后所造成的损失。当某一风险事件出现的概率很大,且风险事件后果较为严重,则此风险因素对海上通道安全的威胁较大。反之则相反。双因素模型将概率和结果划分为 3 个等级,并给出了一个直观的双因素风险矩阵图,如图 14-1 所示。

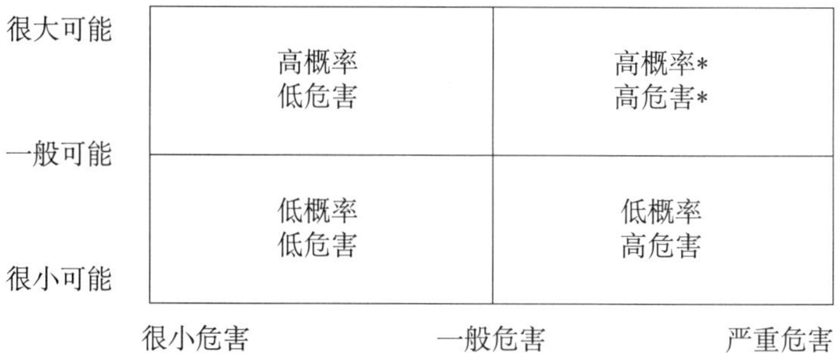

	很小危害	一般危害	严重危害
很大可能	高概率 低危害		高概率* 高危害*
一般可能			
很小可能	低概率 低危害		低概率 高危害

图 14-1 双因素评价结果矩阵

双因素法将安全评价中的因素逐渐聚类,最后形成两大类评价因素集合,高度概括了评价所涉及的所有因素,有利于整体把握每个评价集合的价值与风险因素,可以有效地指导实践(安全保障)。双因素法考虑因素全,综合性强,需要的参数代表性强,充分体现了两个评价集合的价值与风险的因素,并且可以有效地解决类似"综合指标评价法"等方法自身产生的结果缺陷。

二、数据收集

(一)问卷调查

为了客观合理地反映各个评价指标对于通道安全的重要性,依据双因素法原理,设计了海上通道安全评价调查问卷,具体见附录一,通过专家打分确定评价指标权重。于 2012 年 10 月 21 日向海运企业、政府机关人员、科研机构专家进行问卷调查,具体调查对象构成见附录二。共发放调查问卷 120 份,总共回收有效问卷 99 份,总回收率达到 82.5%。

(二) 评价指标赋值

对于下层指标体系的四级指标中 9 项具体指标及上层指标体系的三级指标中 19 项具体指标的赋值方法，根据指标的构成信息，搜集指标原始数据值，进行正向化与标准化处理①，处理结果作为各项具体评价指标值。上层指标中海峡、运河内部公因子及海峡、运河外部公因子由因子分析后获得的具体得分作为评价指标值。

三、海峡、运河综合状况评价

对空间走向分类海上通道所涉及的海峡、运河状况进行评价，将每条通道涉及的海峡、运河得分进行加权求和，作为整个通道的战略海峡、运河综合状况值，进而进行海上通道安全综合评价。

(一) 因子分析适用性检验

采用统计分析软件 SPSS15.0 进行因子分析，② 采用 KMO 和巴特利特球形检验验证 10 项评价指标是否适宜进行因子分析，检验结果如表 14-1 所示。

表 14-1　　　　　　　　　　因子分析检验结果

KMO 检验值		0.735
巴特利特球形检验	卡方检验值	104.967
	自由度	45
	显著性水平	0.000

由 KMO 检验值大于 0.5 可知，指标之间存在着较为明显的相关性，且巴特利特球形检验的显著性水平小于 0.05，意味着各指标之间存在着显著性差异，适宜采用降维技术进行分析处理。

(二) 构造因子变量

采用 SPSS 中的因子分析法，按照相关系数矩阵特征根大于 1 为标准，进行

---

① 标准化处理采用均值为 0、方差为 1 的处理方法。
② 张文彤：《SPSS 统计分析高级教程》，高等教育出版社 2004 年版，第 123~134 页。

因子变量提取,如表 14-2 所示,最终获得 4 个因子变量,累积方差贡献率达到 80% 以上,能够较好地表达所有指标中的信息。

表 14-2　　　　　　　　因子变量提取

指标	原始特征根			初始公因子提取			旋转公因子提取		
	特征根	方差贡献率	累积方差贡献率	特征根	方差贡献率	累积方差贡献率	特征根	方差贡献率	累积方差贡献率
1	2.617	29.078	29.078	2.617	29.078	29.078	1.957	21.748	21.748
2	2.077	23.074	52.152	2.077	23.074	52.152	1.796	19.957	41.705
3	1.444	16.048	68.200	1.444	16.048	68.200	1.755	19.497	61.203
4	1.083	12.030	80.230	1.083	12.030	80.230	1.712	19.027	80.230
5	0.745	8.278	88.507						
6	0.516	5.733	94.241						
7	0.292	3.244	97.485						
8	0.139	1.547	99.033						
9	0.087	0.967	100.000						

(三) 旋转因子解释矩阵

为了确定得出的 4 个因子代表了 9 个评价指标中的哪一方面的信息,需要对形成的因子解释矩阵进行旋转,从而使得因子与指标之间的相关性更加明确,更具备解释性。通过采用方差最大旋转的方法,获得了旋转因子解释矩阵,如表 14-3 所示。

表 14-3　　　　　　　　旋转因子解释矩阵

标准化评价指标	因子变量			
	1	2	3	4
隶属国家 (Zscore)	0.400	0.730	0.036	-0.255
宽度 (Zscore)	0.762	0.247	-0.068	0.528
深度 (Zscore)	0.535	-0.300	0.271	-0.175
流量 (Zscore)	-0.118	-0.522	-0.122	0.672
替代性 (Zscore)	0.725	-0.326	0.328	0.078
保障规范 (Zscore)	-0.784	0.188	0.471	0.100

续表

标准化评价指标	因子变量			
	1	2	3	4
法律政策（Zscore）	-0.435	0.244	0.676	0.391
组织机构（Zscore）	0.440	0.127	0.744	-0.363
相关国家（Zscore）	0.227	0.851	-0.102	0.367

根据旋转因子解释矩阵可以看出，第一因子主要与海峡、运河的宽度，深度，可替代性这三项评价指标的相关性高，可以看出第一主因子主要反映海峡、运河物理特征方面的影响，此外第一因子与海峡、运河是否有专门管理机构相关性也较高；第二因子主要与海峡、运河隶属国家数量，海峡、运河相关国家数量两个评价指标呈现较高的正相关性，表明第二因子主要反映海峡、运河国际合作程度；第三因子则主要与海峡、运河所属国家相关的法律政策，海峡、运河相关组织机构两个评价指标相关，主要反映海峡、运河所属国法律政策环境；第四因子则主要与海峡、运河的船舶交通流量这一指标相关性较强，表明这一因子反映了海峡、运河战略地位方面的影响。由此可知，第一因子和第四因子属于上层评价指标体系中的海峡、运河内部状况的三层指标，而其他两个因子则是上层评价指标体系中海峡、运河外部状况的三层指标。

四、我国海上通道安全综合评价

根据我国海上通道安全评价上层指标体系可知，海上通道安全主要与通道内部自然状况以及所处的外部环境状况两大方面影响因素相关，因此将我国海上通道安全评价指标体系由上而下归纳成四个层次，如图 14-2 所示。目标层为我国海上通道安全评价，准则层包含通道内部自然状况及通道外部环境两项因素、条件层包含 8 项条件，指标层包含 23 项制约参数，对海上通道 23 项参数从两个指标层分别进行数据搜集和评价。

（一）参数权重确定

首先，在确定制约参数的等级划分标准之后，根据建立的评估指标体系，将 23 项制约参数分为通道内部自然状况和通道外部环境两大类评价因素集。

通道内部自然状况：U = ｛通道距离、战略地位、港口数量、岛礁分布情况、港口状况、海峡和运河物理特征、海峡和运河战略地位、洋流、风浪、极端

```
目标层        准则层         条件层                    指标层

                          ┌─ 基本状况 ──┬─ 通道距离
                          │            ├─ 港口数量
                          │            └─ 战略地位
              ┌ 通道内部 ─┤
              │ 自然状况  ├─ 气象水文海况─┬─ 洋流
              │          │              ├─ 风浪
              │          │              └─ 极端恶劣天气易发地区和海区
              │          │
              │          └─ 通航环境 ──┬─ 岛礁分布情况
              │                        ├─ 港口状况
              │                        ├─ 海峡、运河物理特征
              │                        └─ 海峡、运河战略地位
海上
通道 ─────────┤
安全          │          ┌─ 政治环境 ──┬─ 途经国家数量
评价          │          │            ├─ 途经国家政治稳定程度
              │          │            └─ 海峡、运河国际合作程度
              │          │
              │          ├─ 军事环境 ──┬─ 地区军事冲突
              │          │            └─ 途经军事基地状况
              │ 通道外部 │
              └ 环境 ────┤─ 法律政策环境─┬─ 港口国法律政策环境
                         │              ├─ 途经国政策法律环境
                         │              └─ 海峡、运河所属国政策环境
                         │
                         ├─ 其他安全环境─┬─ 海盗情况
                         │              └─ 海上恐怖主义情况
                         │
                         └─ 海上通道安全─┬─ 外交协商能力
                            保障能力     ├─ 通道节点安全保障能力
                                         └─ 不安全海域保障能力
```

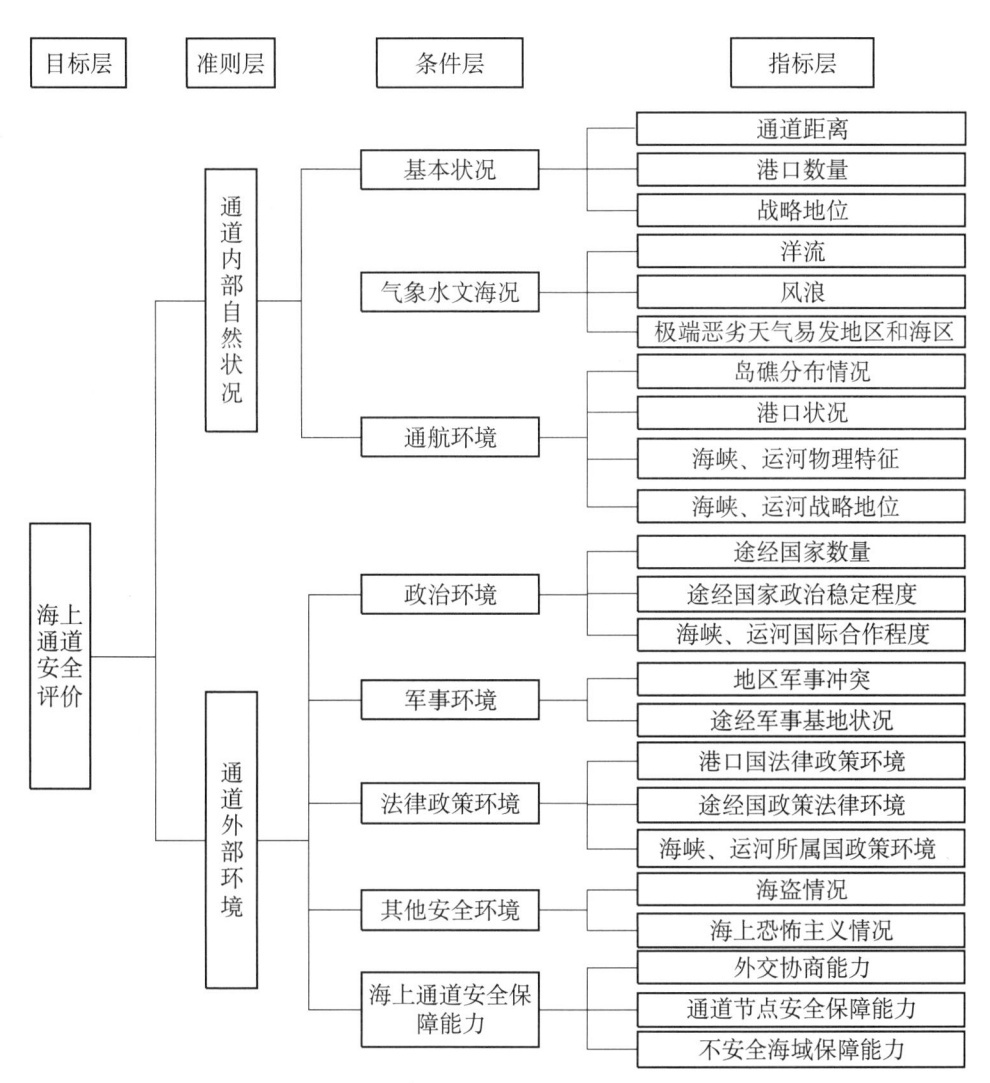

图 14 - 2　海上通道安全评价指标体系

恶劣天气易发地区和海区} = $\{u_1, u_2, u_3, u_4, u_5, u_6, u_7, u_8, u_9, u_{10}\}$。

通道外部环境：E = {途经国家数量、途经国家政治稳定程度、海峡和运河国际合作程度、地区军事冲突、途经军事基地状况、港口国法律政策环境、海峡和运河所属国法律政策环境、途经国法律政策环境、海盗情况、海上恐怖主义情况、外交协商能力、通道节点安全保障能力、不安全海域保障能力} = $\{e_1, e_2, e_3, e_4, e_5, e_6, e_7, e_8, e_9, e_{10}, e_{11}, e_{12}, e_{13}\}$。

其次，为了确定权重，向相关企业、部门及研究机构专家发放调查问卷（见附录一），进行评价指标权重打分。

(二) 双因素得分矩阵确定

判断打分标度如表 14-4 所示，针对收集的问卷数据，按照德尔菲法和层次分析法确定各评价参数权重，得出两大因素体系中各评价参数的权重值，具体如表 14-5 与表 14-6 所示。

将各评价因素集的判断矩阵和自身的权重矩阵相乘求和，得到双因素法下我国五大海上通道安全现状的得分矩阵，根据现状得分矩阵可以分析我国海上通道的安全状况。此外，根据我国五大货类各主要海上通道上的运量比例分布，可以获得我国各种货类海上通道安全现状的得分矩阵及其各货类海上通道安全状况。

表 14-4　　　　　　　判断矩阵打分标度及其含义

标度	含义		
1	U_i 与 U_j 同等重要	$U_{ij} = 1$	$U_{ji} = 1$
3	U_i 与 U_j 稍微重要	$U_{ij} = 2$	$U_{ji} = 1/2$
5	U_i 与 U_j 明显重要	$U_{ij} = 3$	$U_{ji} = 1/3$
7	U_i 与 U_j 非常重要	$U_{ij} = 4$	$U_{ji} = 1/4$
9	U_i 与 U_j 极端重要	$U_{ij} = 5$	$U_{ji} = 1/5$
如为相邻判断之间，则取相邻整数之间的值			

表 14-5　　　　　海上通道内部自然状况因素权重系数

参数	权重（W）	Lamda-max	CI	RI	CR
通道距离	0.0787				
战略地位	0.0883				
港口数量	0.0717				
洋流	0.0883				
风浪	0.0883	11.0110	0.0110	1.52	0.0072
极端恶劣天气易发地区和海区	0.1019				
岛礁分布情况	0.1041				
港口状况	0.1041				
海峡、运河物理特征	0.1172				
海峡、运河战略地位	0.1025				

表 14-6　　海上通道外部环境因素权重系数

参数	权重（W）	Lamda-max	CI	RI	CR
途经国家数量	0.051 3				
途经国家政治稳定程度	0.073 3				
海峡、运河国际合作程度	0.078 3				
地区军事冲突	0.080 6				
途经军事基地状况	0.062 3				
港口国法律政策环境	0.073 3				
海峡、运河所属国法律政策环境	0.081 4	14.020 3	0.020 3	1.58	0.013 1
途经国法律政策环境	0.065 9				
海盗情况	0.084 2				
海上恐怖主义情况	0.082 4				
外交协商能力	0.067 8				
通道节点安全保障能力	0.069 6				
不安全海域保障能力	0.076 9				

第二节　我国海上通道安全评价结果分析

一、我国海上通道安全影响因素重要性分析

根据国际海上通道安全的两类影响因素权重得分，可以得出影响通道内部自然状况及外部环境的主要因素。

（一）内部影响因素重要性分析

根据各影响因素的权重，对我国海上通道内部自然状况影响因素进行排序，如表 14-7 所示，"海峡、运河物理特征"的权重最高，此外"海峡、运河战略地位"的权重也较高，这也与部分学者以战略海峡作为海上通道进行研究是比较贴切的。

此外，"岛礁分布情况"和"港口状况"两个指标的权重次之，这表明海上

通道内部自然状况之中，这两项影响因素也是比较引人注意的；随后是气象水文海况中"极端恶劣天气易发地区和海区""洋流"以及"风浪"这三个因素的权重，意味着海上通道内部自然状况中的气象等因素也是影响通道安全畅通的重要因素；海上通道的基本状况的权重则最小，说明其对海上通道运输安全的影响相对较低。

表 14 – 7　　　　　　海上通道内部自然状况因素重要性

排序	参数	权重（W）
1	海峡、运河物理特征	0.1172
2	岛礁分布情况	0.104 1
2	港口状况	0.104 1
3	海峡、运河战略地位	0.102 5
4	极端恶劣天气易发地区和海区	0.101 9
5	战略地位	0.088 3
5	风浪	0.088 3
5	洋流	0.088 3
6	通道距离	0.078 7
7	港口数量	0.071 7

（二）外部影响因素重要性分析

我国海上通道外部环境影响因素重要性如表 14 – 8 所示。从表中结果可以看出，最大的威胁来自"海盗情况""海上恐怖主义情况"以及"地区军事冲突"。《商船公约》对商船运输实行保护政策，全球各国和地区常规政治军事方面因素对商船队的海运安全影响较小，但是极端的政治军事不安定状态（如地区军事冲突），以及非常态的不安全因素（如海上恐怖主义和海盗）则对国际海上通道的安全影响极大。

通道涉及的海峡、运河所处的国际环境也十分重要，特别是"海峡、运河所属国法律政策环境"这一影响因素。关键海峡、运河是否属于国际航道，其所属国/邻近国是否针对其安全畅通设有专门的行政管理机构以及完善的立法机构，对于海峡、运河保持畅通安全是十分重要的。

另外，相关国家和地区提供的保障和防范政策手段也较为重要，主要体现在"不安全海域保障能力""途经国家政治稳定程度"以及"港口国法律政策环境"等相关因素上。

表 14 - 8　　　　　　　海上通道外部环境因素重要性

排序	参数	权重（W）
1	海盗情况	0.084 2
2	海上恐怖主义情况	0.082 4
3	海峡、运河所属国法律政策环境	0.081 4
4	地区军事冲突	0.080 6
5	海峡、运河国际合作程度	0.078 3
6	不安全海域保障能力	0.076 9
7	途经国家政治稳定程度	0.073 3
7	港口国法律政策环境	0.073 3
8	通道节点安全保障能力	0.069 6
9	外交协商能力	0.067 8
10	途经国法律政策环境	0.065 9
11	途经军事基地状况	0.062 3
12	途经国家数量	0.051 3

最后，"途经国家数量""途经军事基地状况"两项影响因素的权重较低。由此可见，对于海上通道而言，外部环境中一些非常态的极端影响因素是保障国际海上通道安全畅通的重点，要求国家相关部门具备有效快速的应急和反应能力。

二、海峡运河安全状况综合评价结果

根据因子分析中各因子得分矩阵可以算出每个海峡四个因子的得分，再结合旋转方差贡献率中得出的各因子方差贡献率即各因子的权重，具体见表 14 - 2，可以计算出每个海峡、运河的综合安全水平得分，同时根据每个空间走向通道的构成，也可以计算得出各海上通道内海峡、运河的综合安全状况得分情况。具体结果如图 14 - 3 所示。

20 个海峡、运河当中，以佛罗里达海峡、望加锡海峡、向风海峡的综合安全水平最高。日韩地区 4 个海峡（宗谷海峡、大隅海峡、朝鲜海峡以及津轻海峡）的综合安全状况均较低，这在很大程度上影响了美西通道的整体安全水平；同时，涉及我国重要物资运输（石油及集装箱）的马六甲海峡、曼德海峡、直布罗陀海峡、苏伊士运河的综合状况十分堪忧，这几大海峡、运河的天然条件成为决定着欧洲通道以及美非通道是否畅通安全的关键,因此需要给予重要的考虑与关注。

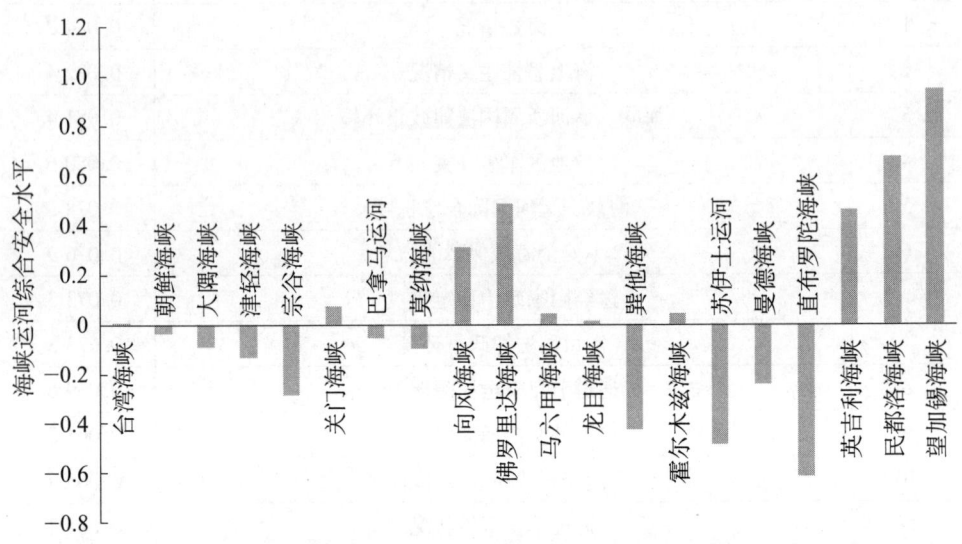

图 14-3 关键海峡、运河综合状况评价结果

三、空间走向海上通道安全状况分析

(一) 总体安全状况分析

1. 通道内部安全状况

我国海上通道内部安全的评价结果如表 14-9 所示,通道内部安全等级最高的为澳洲通道,得分为 0.404 7,以后依次为美西通道、欧洲通道、美非通道,最低为美东通道,得分为 -0.392 4。

表 14-9　　　　　　　　我国通道内部安全得分情况

排序	通道名称	得分
1	澳洲通道	0.404 7
2	美西通道	0.292 6
3	欧洲通道	-0.065 0
4	美非通道	-0.239 9
5	美东通道	-0.392 4

2. 通道外部安全状况

我国通道外部环境安全状况如表 14-10 所示，其中安全等级得分最高为澳洲通道，得分为 0.362 9，以后依次为美东通道、美西通道、美非通道，最低为欧洲通道，得分为 -0.473 9。

表 14-10　　　　　　　　我国通道外部安全得分情况

排序	通道名称	得分
1	澳洲通道	0.362 9
2	美东通道	0.323 6
3	美西通道	0.168 3
4	美非通道	-0.380 8
5	欧洲通道	-0.473 9

3. 通道安全状况分类

根据通道内、外部安全状况，可以将我国海上通道分为三种情况，如图 14-4 所示。

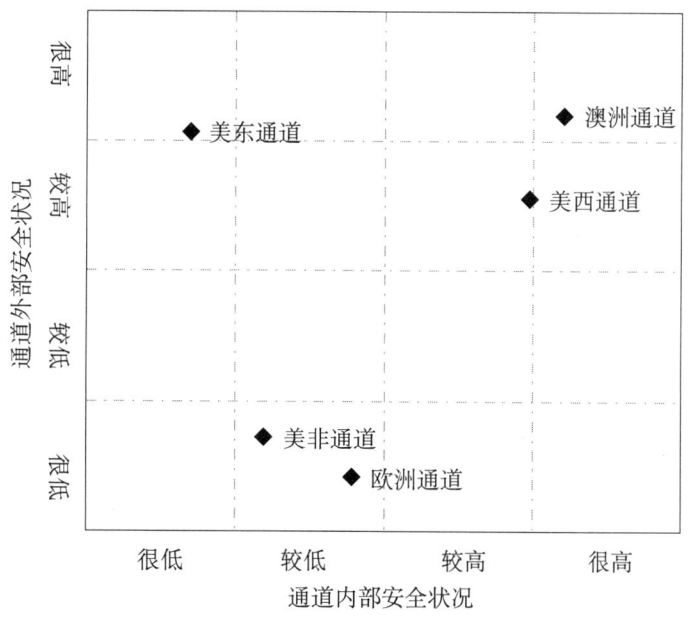

图 14-4　我国空间分类的海上通道安全状况分布

第一种情况是欧洲通道及美非通道。这两条通道内部自然状况安全等级水平和外部环境安全等级水平均处于较低水平。表明这两条通道不仅仅需要考虑来自通道本身自然条件的安全影响，同时也要保障通道面对的外部环境中的不安全因素的影响。

第二种情况是美东通道。这条通道内部安全等级明显不及通道外部环境安全等级高，这意味着这条通道的安全保障需要重点预防通道上自然状况的不利因素影响。

第三种情况是澳洲通道与美西通道。无论从通道内部自然状况还是外部环境等级来看，都处于较高的安全水平，相对而言最为安全。

（二）欧洲通道

欧洲通道主要由西北欧、南欧和中东三条次通道构成，无论是内部自然状况方面，还是通道外部环境方面，欧洲通道整体的安全等级都处于低水平。

1. 内部安全影响因素分析

欧洲通道内部不安全因素得分情况如表 14-11 所示。其中"海峡、运河物理特征"为最不安全因素，以后依次为"战略地位""极端恶劣天气易发地区和海区""通道距离"及"岛礁分布情况"等共 5 项，且大多影响因素的权重较高。

表 14-11　　　　　欧洲通道内部不安全因素得分情况

排序	通道内部自然状况指标	得分
1	海峡、运河物理特征	-0.150 7
2	战略地位	-0.142 8
3	极端恶劣天气易发地区和海区	-0.078 3
4	通道距离	-0.057 4
5	岛礁分布情况	-0.024 9

2. 外部安全影响因素分析

欧洲通道外部不安全因素得分情况如表 14-12 所示。通道外部环境状况中，除了"港口国法律政策环境""海峡、运河所属国法律政策环境""我国外交协商能力"及"通道节点安全保障能力"4 项影响因素得分较高之外，欧洲通道其他 9 项权重较高的影响因素得分都很低。

3. 主要不安全区域分析

欧洲通道地理走向如图 14-5 所示，该通道途经台湾海峡、马六甲海峡/巽他海峡、霍尔木兹海峡、曼德海峡、苏伊士运河、直布罗陀海峡、英吉利海峡在内 8 条全球关键性的海峡与运河，且通道横穿政治军事动荡、国家政治、法律环境复杂以及海上恐怖主义和海盗最为频繁的马六甲海峡、中东地区和北非地区三大敏感海域,由于这些水域涉及国家较多,远离本国,国家层面提供的安全保障能力也十分有限,导致整个欧洲通道安全状况最差。

表 14 – 12   欧洲通道外部不安全因素得分情况

排序	通道外部环境状况指标	得分
1	海盗情况	-0.142 0
2	地区军事冲突	-0.128 1
3	途经国家政治稳定程度	-0.090 5
4	途经国家数量	-0.089 4
5	不安全海域保障能力	-0.045 0
6	海上恐怖主义情况	-0.044 2
7	途经军事基地状况	-0.037 8
8	途经国法律政策环境	-0.025 7
9	海峡、运河国际合作程度	-0.025 3

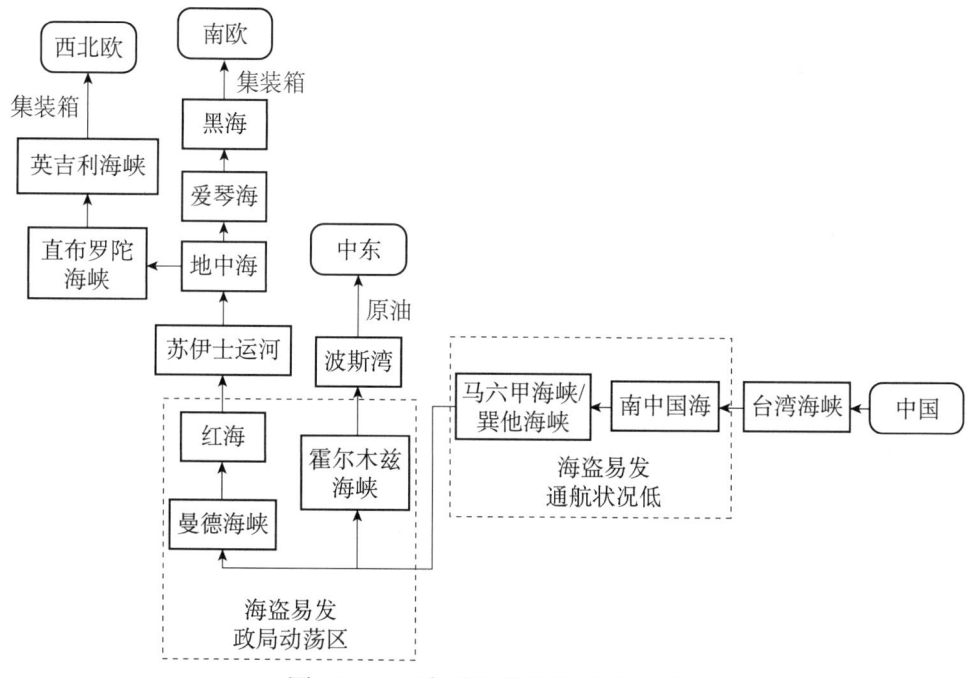

图 14 – 5   欧洲通道地理走向示意

(三) 美非通道

1. 内部安全影响因素分析

美非通道内部不安全因素得分情况如表 14-13 所示，美非通道的自然状况指标中，影响安全状况的因素主要集中在"洋流""港口状况""海峡、运河战略地位""通道距离""极端恶劣天气易发地区和海区"及"战略地位"等 6 项。

表 14-13　　　　美非通道内部不安全因素得分情况

排序	通道内部自然状况指标	得分
1	洋流	-0.1448
2	港口状况	-0.0825
3	海峡、运河战略地位	-0.0626
4	通道距离	-0.0625
5	极端恶劣天气易发地区和海区	-0.0443
6	战略地位	-0.0245

2. 外部安全影响因素分析

美非通道外部不安全因素得分情况如表 14-14 所示。"海峡、运河所属国法律政策环境""海上恐怖主义情况""通道节点安全保障能力""海峡、运河国际合作程度"等 8 项影响因素得分很低，但是相同因素得分则优于欧洲通道。

表 14-14　　　　美非通道外部不安全因素得分情况

排序	通道外部环境状况指标	得分
1	海峡、运河所属国法律政策环境	-0.1290
2	海上恐怖主义情况	-0.1074
3	通道节点安全保障能力	-0.0786
4	我国外交协商能力	-0.0708
5	途经国家政治稳定程度	-0.0679
6	途经国法律政策环境	-0.0578
7	地区军事冲突	-0.0296
8	海盗情况	-0.0129

3. 主要不安全区域分析

美非通道主要由非洲西岸线和拉美东岸线两条次通道构成，如图 14-6 所示。该通道整体安全状况较低的原因在于：物理环境中，美非通道主要目的港口为北非及巴西港口，因此"港口状况"较差，而且通道需要穿过南海、印度洋、大西洋到达拉美东岸和非洲西岸，横穿较多的洋流，且途经非洲好望角地区"风浪"比较严重；而外部环境方面则由于通道经过政治不稳定、法律环境复杂且海盗、海上恐怖主义易发的港口国及海峡运河（马六甲海峡、好望角地区以及西非地区），因此整个通道外部环境方面的安全水平整体较低。

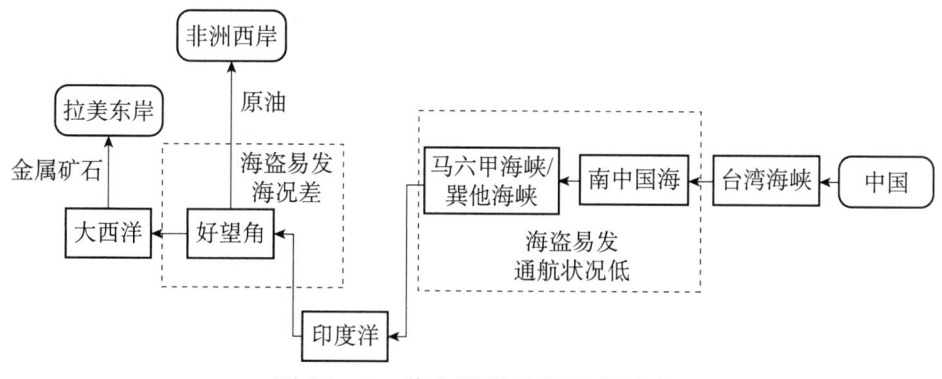

图 14-6 美非通道地理走向示意

（四）美东通道

1. 内部安全影响因素分析

如表 14-15 所示，美非通道的自然状况指标中影响安全状况的因素主要集中在表中所列 8 项，包括"岛礁分布情况""极端恶劣天气易发地区和海区""风浪""海峡、运河物理特征""通道距离""港口数量""港口状况""洋流"。

表 14-15　　美东通道内部不安全因素得分情况

排序	通道内部自然状况指标	得分
1	岛礁分布情况	-0.149 3
2	极端恶劣天气易发地区和海区	-0.095 4
3	风浪	-0.084 4
4	海峡、运河物理特征	-0.084 3
5	通道距离	-0.050 9

续表

排序	通道内部自然状况指标	得分
6	港口数量	-0.050 7
7	港口状况	-0.045 0
8	洋流	-0.017 0

2. 外部安全影响因素分析

美东通道外部环境中影响因素得分情况如表 14-16 所示，"不安全海域保障能力""途经军事基地状况"和"港口国法律政策环境"这 3 项影响因素的得分较低，是影响美东通道外部安全的主要因素。

表 14-16　　　　　美东通道不安全因素得分情况

排序	通道外部环境状况指标	得分
1	不安全海域保障能力	-0.104 2
2	途经军事基地状况	-0.037 8
3	港口国法律政策环境	-0.021 3

3. 主要不安全区域分析

美东通道主要由北美东岸、南美东岸以及南美西岸 3 条次通道构成，如图 14-7 所示，通道物理环境方面，由于横跨整个太平洋区域，整个通道在"洋流""极端恶劣天气易发地区和海区""岛礁分布情况"方面的安全状况较低；通道外部环境方面，由于美东通道中北美东岸主通道需要经过巴拿马运河，经由加勒比海地区至北美东海岸，因此巴拿马运河自身的通航限制，加勒比海各国纷杂的政治、法律环境和北美东岸极易发生的大雾等不利气象因素，则成为影响通道安全状况的重要因素。

（五）美西通道

1. 内部安全影响因素分析

美西通道内部不安全因素得分情况如表 14-17 所示，美西通道内部自然状况安全评价方面得分最低的因素共计 4 项，其中风浪因素居首位，以后依次为海峡、运河战略地位、港口数量和港口状况。

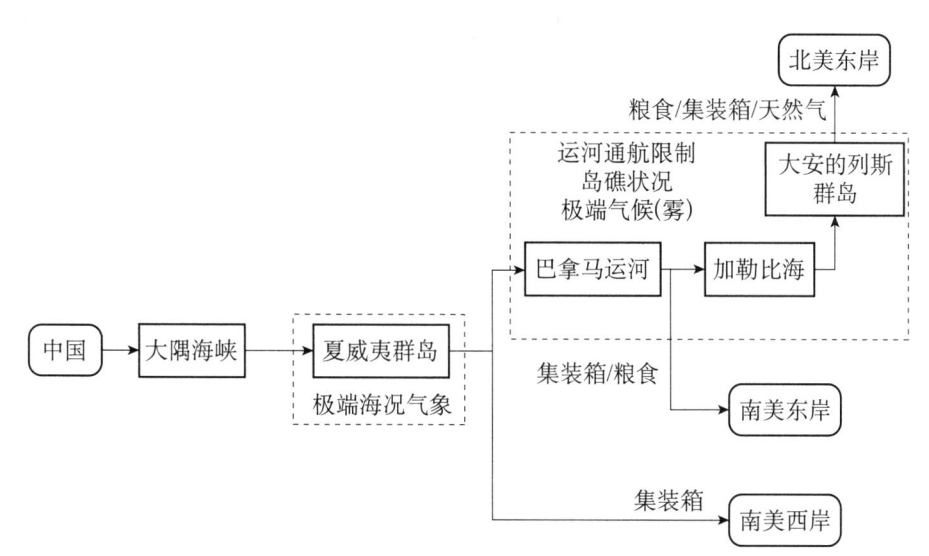

```
                                    北美东岸
                       粮食/集装箱/天然气↗
                    ┌─────────────────────┐
                    │  运河通航限制         │
                    │  岛礁状况    大安的列斯│
                    │  极端气候(雾)  群岛   │
                    │       ↓        ↑     │
                    │    巴拿马运河→加勒比海 │
  中国→大隅海峡→夏威夷群岛                  
              极端海况气象 → 集装箱/粮食 → 南美东岸
                          → 集装箱 → 南美西岸
```

图 14-7　美东通道地理走向示意

表 14-17　美西通道内部不安全因素得分情况

排名	通道内部自然状况指标	得分
1	风浪	-0.084 4
2	海峡、运河战略地位	-0.074 5
3	港口数量	-0.050 7
4	港口状况	-0.007 5

2. 外部安全影响因素分析

美西通道外部不安全因素得分情况如表 14-18 所示，美西通道外部环境状况方面共有 5 项不安全因素，与美东通道不安全影响因素大体一致，主要是关于通道相关国家政治、法律保障环境。

表 14-18　美西通道外部不安全因素得分情况

通道外部环境状况指标	得分
海峡、运河国际合作程度	-0.113 4
我国外交协商能力	-0.070 8
港口国法律政策环境	-0.066 8
途经军事基地状况	-0.058 7
海峡、运河所属国法律政策环境	-0.018 9

3. 主要不安全区域分析

美西通道与美东通道在通道走向上存在一定的重合，主要由北线和南线两条次通道构成，如图 14-8 所示。相比美东通道而言，美西通道整体安全状况较低，但是美西通道所面临的自然状况方面的安全问题则比美东通道较高，原因在于美西通道主要是穿越太平洋直达北美西海岸，除了极端的风浪区外，其他相关的自然状况则较少。但是，由于美西通道服务中美两国之间贸易，由于两国之间因贸易及政治经济微妙关系而带来的相应的影响较大（如我国外交协商能力、美国政治法律环境等因素），因此美西通道外部环境对于通道的安全性影响则更大。

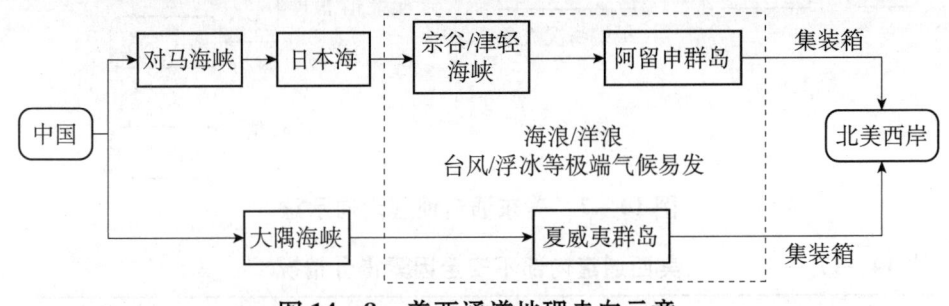

图 14-8 美西通道地理走向示意

（六）澳洲通道

1. 内部安全影响因素分析

澳洲通道内部不安全因素得分情况如表 14-19 所示，相比较而言最安全的澳洲通道，其安全因素得分最低的因素主要是"海峡、运河的战略地位""港口数量""港口状况"以及"岛礁分布情况"4 项因素。

表 14-19　　　　　澳洲通道内部不安全因素得分情况

排序	通道内部自然状况指标	得分
1	海峡、运河的战略地位	-0.074 0
2	港口数量	-0.050 7
3	港口状况	-0.045 0
4	岛礁分布情况	-0.024 9

2. 外部安全影响因素分析

澳洲通道外部环境也相对较为安全，仅"港口国法律政策环境""通道节点安全保障能力""途经国法律政策环境"以及"海上恐怖主义情况"4 项指标得分较低，如表 14-20 所示。

表 14-20　　　　　澳洲通道外部不安全因素得分情况

排名	通道外部环境状况指标	得分
1	港口国法律政策环境	-0.066 8
2	通道节点安全保障能力	-0.059 2
3	途经国法律政策环境	-0.057 9
4	海上恐怖主义情况	-0.012 6

3. 主要不安全区域分析

澳洲通道主要由澳西和澳东两条次通道构成，如图 14-9 所示，澳洲通道物理环境方面仍存在相应的不安全因素：由于中国至澳西通道经由菲律宾附近海域，属于台风频繁区，并且附近水域岛礁分布较多，狭水道为主，对通航状况影响较大；澳大利亚东部附近海域的大堡礁对船舶通航造成影响，需要强制引水。这些自然因素对整个澳洲通道的安全存在着影响。

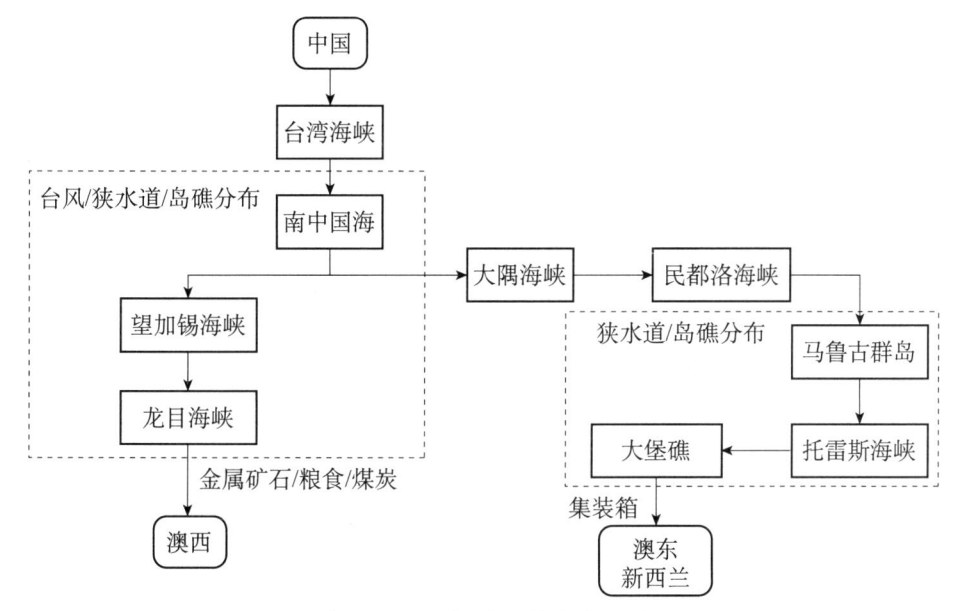

图 14-9　澳洲通道走向示意

四、分货类海上通道安全状况分析

根据双因素评价方法，参考我国海上通道空间分类与货种分类之间的关联标准（如表 11-1 所示），加权形成按货种的我国海上通道安全状况评价结果，并进行具体货类海上通道的安全状况分析。

(一) 总体安全状况分析

1. 通道内部安全状况

分货类海上通道内部安全等级评价结果如表 14-21 所示。我国五种货运通道之中，煤炭通道的自然状况安全等级水平最高，为 0.534 0，以后依次为金属矿石海上通道、粮食海上通道、集装箱海上通道，原油及天然气通道的自然状况安全等级水平最低，为 -0.523 3。

表 14-21　　　　分货类海上通道内部安全等级评价结果

排序	通道名称	得分
1	煤炭通道	0.534 0
2	金属矿石	0.221 0
3	粮食	0.181 0
4	集装箱	-0.412 8
5	原油及天然气	-0.523 3

2. 通道外部安全状况

分货类海上通道外部安全等级评价结果如表 14-22 所示。集装箱通道的外部环境状况安全等级水平最低，为 -0.568 5，煤炭通道的外部环境状况安全等级水平也是最高，为 0.511 1。

表 14-22　　　　分货类海上通道外部安全等级评价结果

排序	通道名称	得分
1	煤炭通道	0.511 1
2	金属矿石	0.230 2
3	粮食	0.170 07
4	原油及天然气	-0.342 8
5	集装箱	-0.568 5

3. 通道安全状况分类

从两类影响因素影响程度来看，我国按货种区分的 5 类通道安全水平主要可以分为三种情况，如图 14-10 所示。其中原油及天然气通道、集装箱通道属于整体安全水平较低，金属矿石通道与粮食通道属于安全等级较高，而煤炭通道安全等级处于高水平。此外，原油及天然气通道和集装箱通道的安全影响因素的得分存在不同的差异，需要给予不同的重点防范。

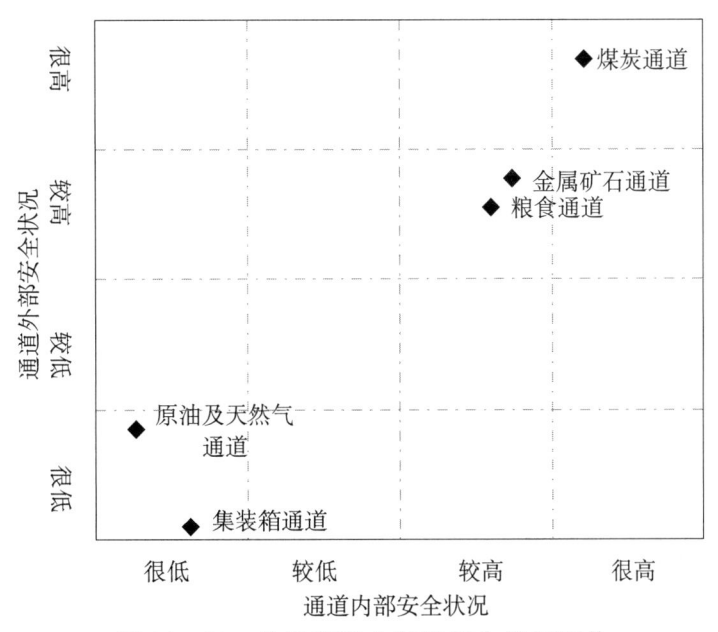

图 14-10　分货类海上通道安全等级评价

（二）原油及天然气通道

我国原油海上通道主要由欧洲通道（中东次通道）、北美通道（拉丁美洲北部）以及美非通道（西非、北非地区）三条次通道构成，在五种货类海上通道中，原油通道整体安全性很低，从具体得分来看，内部自然状况安全水平低于其外部环境状况的安全水平。主要不安全区域和主要安全威胁因素如图 14-11 所示。

其中中东次通道和北美通道（拉丁美洲北部）通航状况不佳、相关国家地区政局不稳定、海上恐怖主义及海盗等非传统安全影响事件频发等一系列因素，导致了通道外部环境安全水平低下，且整个原油及天然气通道的安全性最低。此外，由于中国原油的对外依存度较高，原油进口地区单一集中，并无其他货源替代地区或者海上通道来有效分散风险，导致了整个原油通道极其脆弱不稳定。

（三）粮食通道

我国粮食进口主要以北美东部（美国和加拿大）以及南美东部（巴西和阿根廷）为主，此外澳大利亚西部以及地中海地区也有少量的粮食进口，这决定了我国粮食通道主要以美东通道为主。通道上主要不安全区域及安全威胁因素如图

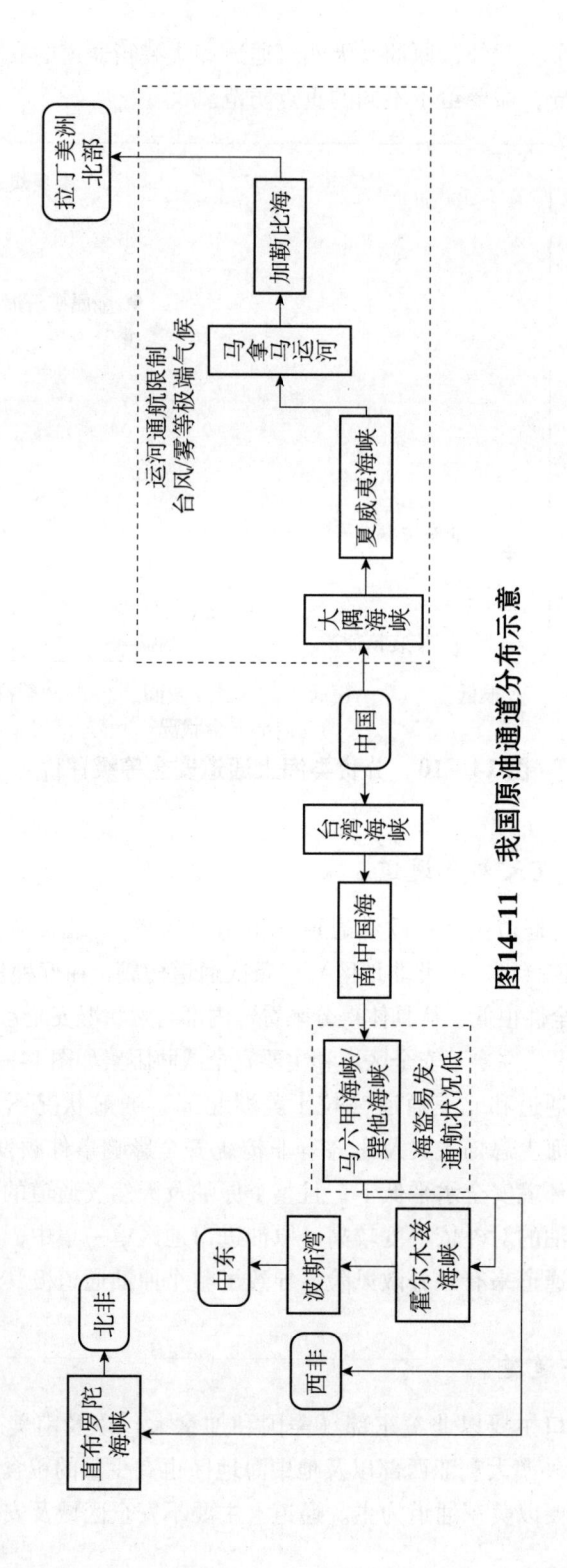

图14-11 我国原油通道分布示意

14-12 所示，由于粮食为低附加值的散货，在考虑运输成本的条件下，一般采用巴拿马型散货船横跨太平洋，经由巴拿马运河至美东及拉美东岸各国，因此通道外部自然状况，尤其是太平洋的气象海况以及巴拿马运河的通航状况，成为影响我国粮食通道安全的主要因素；另外，由于粮食通道主要以北美和南美国家为进口地，中国与该区国家之间的政治法律方面的摩擦也成为影响其通道安全的因素之一。

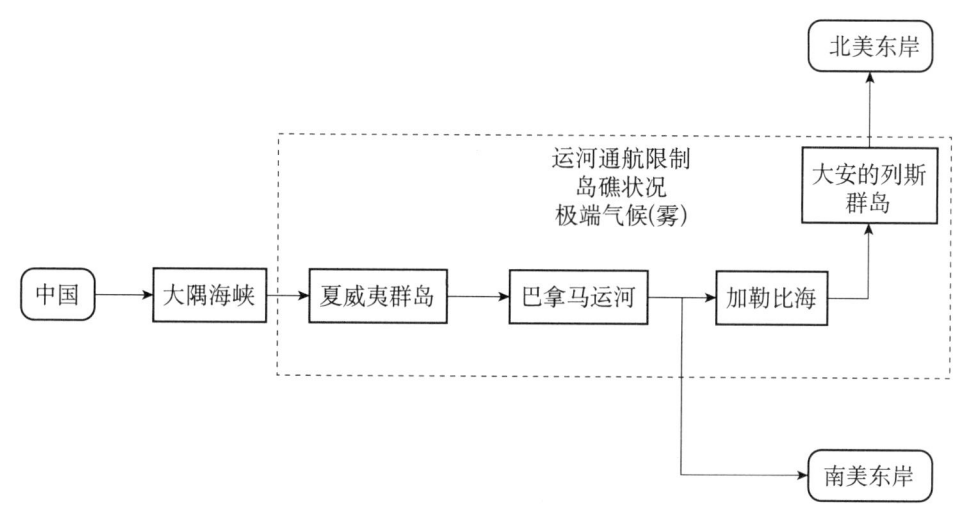

图 14-12　我国粮食通道分布示意

（四）集装箱通道

我国集装箱通道构成如图 14-13 所示，我国集装箱运输服务十分发达，来往于中国与全球主要地区，主要由欧洲通道（西北欧线、东欧线）、美西通道、美东通道、澳洲通道（澳西线）以及美非通道（西非线）构成，整个集装箱通道的安全状况相比较原油通道，则有效实现了分散。但是，由于我国集装箱货量主要集中在欧洲通道和美西通道，而两条通道较低的外部环境安全水平导致我国集装箱海上通道的整体安全水平也较低。主要的安全威胁地区和威胁因素如图中所示。

（五）金属矿石通道

我国金属矿石通道主要由澳洲通道（澳西线）和美非通道（至南美东岸）构成，其通道安全水平相对最高。不安全区域及主要安全威胁如图 14-14 所示。

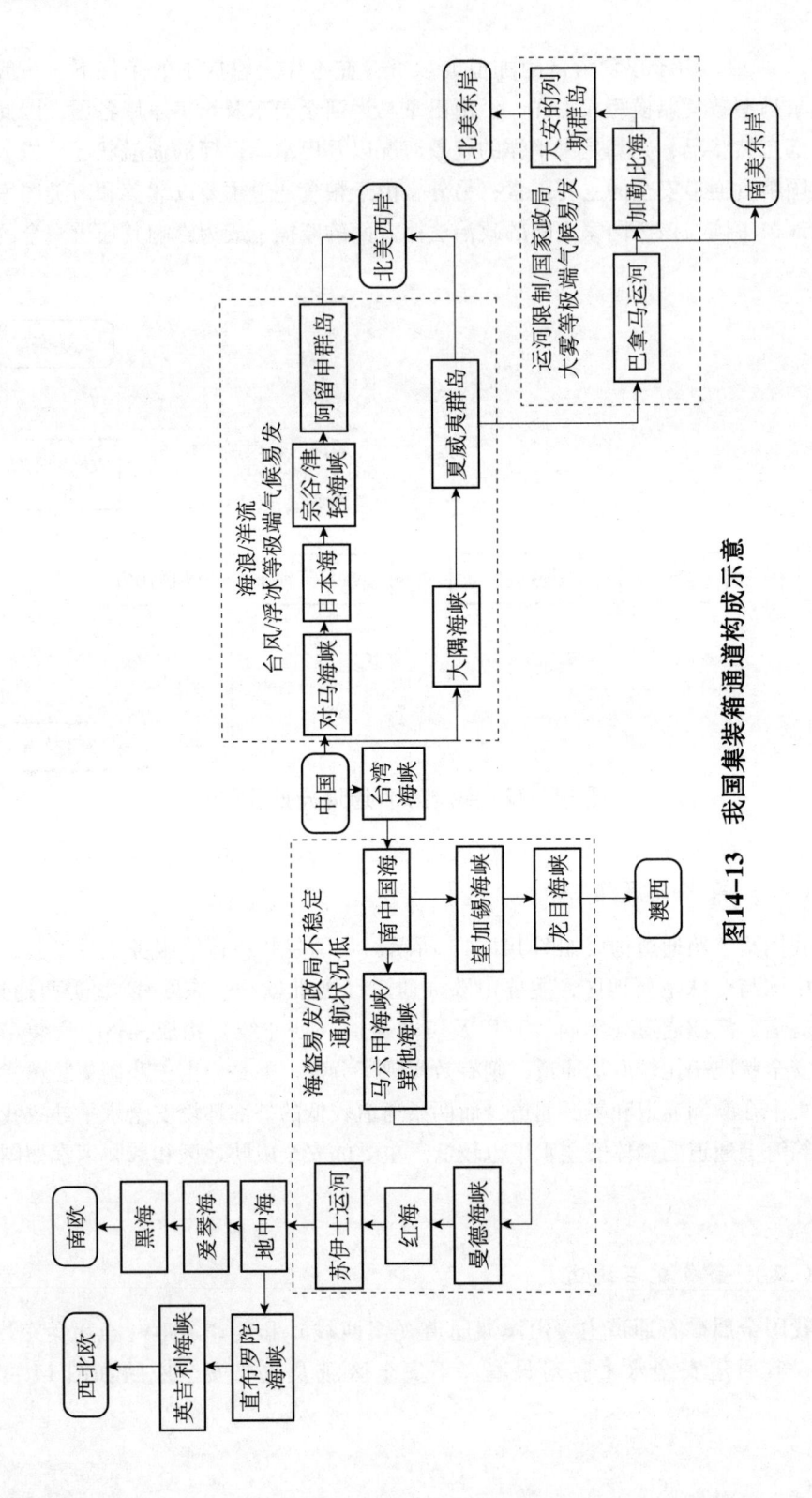

图14-13 我国集装箱通道构成示意

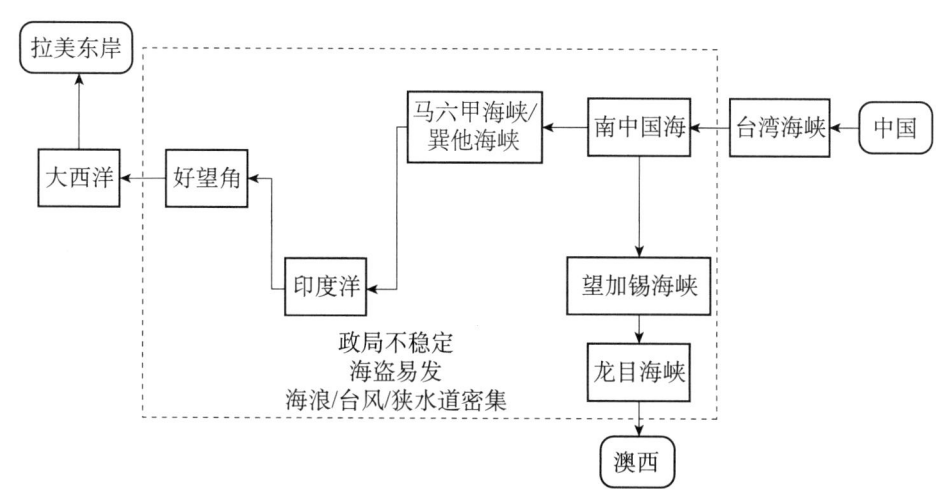

```
拉美东岸 ← 大西洋 ← 好望角 ← 马六甲海峡/巽他海峡 ← 南中国海 ← 台湾海峡 ← 中国
                        印度洋              望加锡海峡
         政局不稳定                          龙目海峡
         海盗易发                              ↓
         海浪/台风/狭水道密集                 澳西
```

图 14-14 金属矿石通道分布示意

一方面，影响这两条海上通道安全的主要因素来自于自然状况以及气象海况方面。澳西线主要经过台风易发的菲律宾附近海域，因此通道安全状况易受影响；美非通道则需要经由马六甲海峡/巽他海峡，并穿越好望角到达巴西东部地区，因此通道经过不同海区的天气自然状况的影响较大。但是由于目前我国金属矿石运输船型大型化，除极端天气外，其安全性较其他货类船舶运输而言，是比较高的。另一方面，由于金属矿石通道涉及政局不稳定，法律政策环境复杂的国家和地区较少，且绕开了影响通航状况的关键海峡、运河以及海上恐怖主义和海盗易发地区，有效提高了整个通道的外部环境的安全水平。

（六）煤炭通道

我国煤炭进口来源地以东南亚的印尼、越南、澳大利亚西部为主，此外，从朝鲜、南非也有少量进口，因此其煤炭通道主要包含澳洲通道（澳西线）以及美非通道（西非线）。由于主要煤炭通道集中在澳西线，因此煤炭通道整体安全水平较高，但考虑澳西线所经的菲律宾附近海域属于台风易发区，且海域内岛礁分布较多，狭水道密集，附近港口极易发生偷窃等小型海盗事件，对通道安全也会造成一定程度的影响。不安全区域及主要安全威胁如图 14-15 所示。

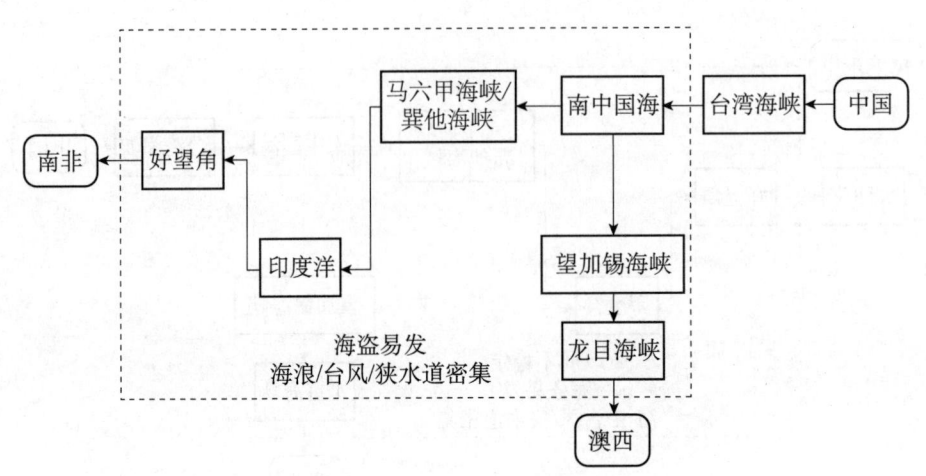

图 14-15　我国煤炭海上通道分布示意

第三节　我国脆弱性海上通道及其保障建议

海上通道涉及我国重要战略物资的运输安全，是保障我国经济快速稳定增长、促进社会生活稳定的重要基础与前提，也是决定我国能否建设海洋强国战略重要的基础条件之一。因此，如何针对我国海上通道的安全状况，提出相应的保障措施，特别是对于安全性最低的脆弱性海上通道给予有效的保障，对于保障我国海上运输业的发展，促进我国经济发展来说是十分重要的。结合我国海上通道安全评价结果，从保障我国海上通道整体以及脆弱性海上通道的角度提出相关建议。

一、脆弱性海上通道分析

要分析我国海上通道的安全水平，明确存在安全隐患的通道的安全等级，才能够有效地提出我国海上通道安全保障的相关对策。

（一）脆弱性海上通道界定

根据海上通道安全评价的综合评价结果，可以得出最终我国海上通道安全水平的整体状况（关键海峡、运河以及主要海上通道），如图 14-16 所示。可以看出，对于安全水平较低，处于危险等级的海峡、运河及通道而言，由于较差的内部自然状况以及动荡不平稳的外部社会政治因素，以及反应与保障机制的缺乏，导致部分海峡及海上通道处于不稳定的状态，无法为其利用主体（商船）提供一个安全畅通的运输环境。而这些不安全海峡及海上通道所体现的这些不足，恰恰符合近年来"全球变化及可持续性科学领域"所关注的脆弱性问题。

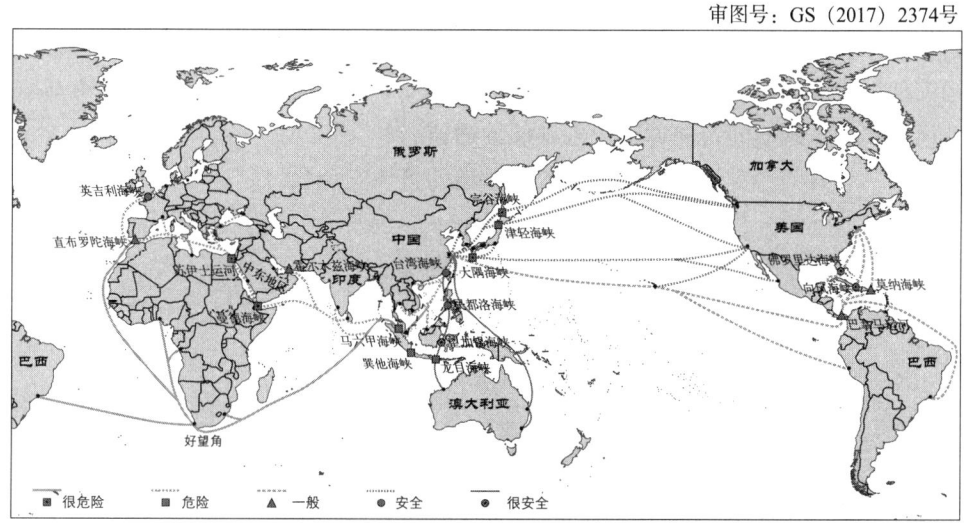

审图号：GS（2017）2374号

图14-16 我国海上通道安全评价等级示意

（二）海峡、运河评价结论

首先，对于海峡、运河而言，影响其安全状况的因素主要集中在其物理特性、国际合作程度、法律政策环境以及战略地位共四个主要方面。

其次，根据具体评价结果可知：第一，涉及我国重要物资进出口的海峡、运河（苏伊士运河、马六甲海峡、曼德海峡）安全状况水平较低，对于保障我国重要物资的海上通道安全十分不利；第二，作为我国某些海上通道重要出口的部分海峡（大隅海峡、津轻海峡）的安全水平也十分值得注意。

最后，根据海峡、运河评价结论以及脆弱性相关概念可以看出，对于我国海上运输而言，大隅海峡、马六甲海峡、苏伊士运河以及曼德海峡属于脆弱性的关键节点，需要给予重点的安全保障。

（三）海上通道安全状况评价结论

首先，海上通道内部自然因素权重系数表明，通道涉及的节点（海峡、运河、港口）的自然状况以及容易出现极端恶劣气候的海区对于通道的安全状况而言最为重要。而通道外部影响因素之中，非传统安全威胁的因素（海盗、海上恐怖主义以及军事冲突）以及海峡、运河的法律政治环境是影响海上通道安全的最重要的因素。

其次，由海上通道安全综合评价结果可以看出：

第一，空间走向分类中，五条海上通道的整体安全状况是：美非通道＜欧洲通道＜美东通道＜美西通道＜澳洲通道。美非通道与欧洲通道由于途经关键的脆弱性海峡、运河，极端气候发生海区，非传统安全威胁事件海区以及政治不稳定国家地区等海域，从而导致了整个通道的整体安全水平最低，因此美非通道与欧洲通道属于我国空间走向通道中的脆弱性通道。

第二，货物分类通道中，五条海上通道的整体安全状况是：集装箱通道＜原油及天然气通道＜粮食通道＜金属矿石通道＜煤炭通道。我国进口原油及天然气主要来自于中东地区、非洲地区以及拉丁美洲等国家，海上通道需要经过一些重要的脆弱性海峡、运河（马六甲海峡、直布罗陀海峡等），并且需穿过非传统安全威胁易发的海区（亚丁湾地区、东南亚海域等），导致了整个通道的安全状况最低。而集装箱通道则由于其海运航线基本遍及与我国有对外经济贸易往来的国家与地区，导致其整体安全状况水平低。而煤炭通道的安全状况最高，原因在于我国煤炭海运目的地主要是近洋区域内的马来西亚、朝鲜、越南等国家，通道面临的内外部威胁因素较少，且能够获得国家给予的最为完善的保障，因此安全状况最高。因此，根据货类可以看出集装箱通道与原油及天然气通道是我国海上运输中的脆弱性通道。

二、脆弱性海上通道安全保障建议

（一）改善途经国家关系，提高保障能力

由海上通道安全对我国经济影响的分析可知，脆弱性通道的安全状况，不仅仅影响到整个对外贸易运输情况，更会波及我国国民经济发展与社会的稳定，因此保障脆弱性通道的安全，具有十分重要的意义。

由评价结果可知，目前我国脆弱性通道主要为空间走向中的欧洲通道、美非通道以及货类通道中的原油及天然气通道、集装箱通道，结合评价结果，整理出脆弱性通道薄弱节点及相关国家如附表14所示。

可以看出，我国脆弱性通道的7个关键性节点遍布全球，途经13个国家，由于这些关键性节点涉及多方的海上运输利益，因此使得这些节点及途经国家的局势十分复杂，单靠一国能力是无法保障其处于安全的状态，这就需要我国同这

些关键节点相关国家/地区积极展开国际合作，建立合理的安全保障分工机制，共同保障脆弱性通道关键性节点的安全。

根据我国脆弱性通道关键节点 13 个途经国家的经济发展情况，及与我国的外经贸关系，可以将这些国家分为强外交关系、强经贸联系与远距离少联系三类国家（如附表 15 所示），并提出相应的海上通道安全保障合作与分工机制。

针对强外交关系的国家，考虑到我国与相关国家良好的外交关系，建议通过双方共同投资海上保障设施、成立双边海上通道安全保障领导机构与组建海上通道安全保障队伍等方式，共同保障涉及我国海上通道安全的合作伙伴式的国际合作机制。

针对强经贸关系的国家，虽然与这些国家外交关系一般，但是由于存在较大的经济贸易往来，因此我国应以谋求保障与扩大双方经济贸易往来为切入口，加强两国经济贸易以外的多方面合作，尤其是保障两国经济贸易顺利推进的海上运输安全保障任务的合作，从而加强与这些国家的联系，提高与他们的外交合作关系。

针对远距离少联系的国家，考虑他们大多为更加落后的发展中国家且与我国外交关系一般，建议由我国民间投资为主体，以基础设施援建，扩大经济贸易往来为主要手段，在通过援助相关国家的经济发展，改善与相关国家之间的关系，在此基础上提出就海上运输安全保障方面进行合作。

（二）制定专门预案，给予重点保障

脆弱性海上通道极大地影响我国海上运输乃至对外经济贸易的发展，因此在积极谋求相关国家的共同保障，提高通道的安全性的同时，也需要我国针对这些通道，给予专门的重点保障，共同提高通道的安全性。

首先，我国交通运输部应以《国家突发公共事件总体应急预案》为指导，积极推进《我国脆弱性海上通道安全应急预案》与《脆弱性通道应急反应指南》等指导性政策的制定与实施。与此同时，应尽快成立由国务院和交通运输部相关部门组成的最高行政领导机构，以各地的搜救局、海警局以及海事局为主的海上通道安全保障的组织体系。由于脆弱性海上通道一旦发生安全问题，将会直接引起重要的战略能源物资运输不畅，并对我国对外经济贸易产生直接重大的不利影响，已经成为危害我国经济发展与社会稳定的突发公共事件。因此，要及时有效地保障脆弱性通道的安全，则需要国家尽快出台专门性的通道安全保障法律、应急预案及保障指南，从而能够快速有效地组织协调专门力量，按照规范的政策文件开展快速有效的脆弱性海上通道安全保障工作。

其次，建议成立由交通运输部救助打捞局、海警局、海事局以及海军等专业救助混编的公务船队。由于我国脆弱性海上通道距离长，涉及众多敏感因素，单单依靠我国有限的海上保障力量是不够的。针对这类脆弱性通道，建议交通运输部抽调出拥有大马力、大吨位搜救装备与人员，组成一支混编船队，对其给予重点监控与保障。

（三）积极开拓脆弱性海峡/通道的替代方案

根据评价结果可知，海峡的物理特征是影响海峡安全的第一要素，因此关键海峡的安全状况也影响相关海上通道的安全状况。根据海上通道安全评价结果可知，我国海上通道之中，空间走向的欧洲通道、美非通道以及货类中的原油及天然气通道、集装箱通道涉及的以马六甲海峡为代表的海峡地理位置十分重要，且海峡周边海况复杂、可替代性较差，从而影响到这几条通道整体的安全状况。鉴于这几条通道面临的安全状况问题，应积极开拓与促成脆弱性通道的替代方案，提高相关通道的安全状况。

首先，考虑到马六甲海峡对我国两类四条脆弱性通道安全畅通的影响，建议我国外交部与交通运输部积极推进相关海上替代方案的探寻。我国应该积极推进并参与泰国的"克拉运河计划"的完成，进一步完善中缅输油管道以及租借巴基斯坦瓜达尔港后的交通基础设施建设，从而能够在避免过分依赖马六甲海峡的困局的同时，加强中国与中东、欧洲与非洲地区的经贸往来，更重要的是能够提高中国原油、天然气以及铁矿石等战略物资的运输通道的安全状况。

其次，考虑到苏伊士运河、直布罗陀海峡以及曼德海峡对于我国与中东、欧洲地区海上贸易通道的重要咽喉作用，建议我国在加强相应海运地区保障力量的同时，可考虑采用陆上的替代方案，来弥补这几条海上通道运输安全状况较低的缺陷。自20世纪90年代伊始，我国就形成了三条主要的欧亚大陆桥方案，这三条欧亚大陆桥则是我国与欧洲各国陆上联系的主要方式。但是由于各国铁路基础设施水平与标准的不一致，以及铁路运输能力的局限，导致欧亚大陆桥并未发挥其便捷的海铁联运通道的作用。因此，建议我国交通运输部在国家2013年提出的"丝绸之路经济带"发展规划下，加快完善作为海上运输通道替代与补充作用的欧亚大陆桥的相关基础设施，从而促进"丝绸之路经济带"发展的同时，完善我国欧洲通道陆上替代方案的建设。

最后，虽然美东通道安全水平较高，考虑到美国对于巴拿马运河的控制，导致我国铁矿石与粮食等物资的海上运输的不安全与不稳定因素，建议我国积极推进南美洲大陆桥替代方案的实施，化解巴拿马运河对于该条通道的限制。长期以来美国对于巴拿马运河的实际控制，使得美国对于跨越太平洋与大西洋的航运占垄断地位，这对于中国与美国东海岸、巴西等南美国家就集装箱、铁矿石与粮食等重要战略能源物资的海上运输而言，是一个十分不利的因素，也成为影响中国相关海上通道安全的重要因素（美东通道、铁矿石通道与粮食通道）。要打破美国实际控制的巴拿马运河对太平洋、大西洋航运的垄断地位，从而使中国在联通非洲、拉美、太平洋之间占据更加主动的地位，就需要寻找一种有效替代巴拿马运河的替代通道方案。而修建横跨巴西与秘鲁两国，沟通大西洋与太平洋的"两洋铁路"，无疑是最具备可行性的方案。

（四）鼓励投资经营海外港口，为海上军事力量提供可靠保障

我国脆弱性海上通道经过诸多相关国家/地区的海区以及关键的海峡、运河，各海区与海峡、运河自然条件、社会环境均不相同，针对我国主要脆弱性通道（欧洲、美非通道方向），考虑到修建海外军事基地的政治敏感性，建议我国应当以沿岸的发展中国家与地区为主要合作国家，通过租借、投资、入股以及技术转移等手段获得通道途经国家部分重要港口、岛屿的经营管理权，再逐步发展成为我国海上通道相关保护力量的停靠基地以及能源物资补给点，从而能够提供较为及时有力的保障。

20世纪初，我国民间相关企业就有收购/投资国外相关港口及码头的计划与动作，目前我国已经实际实施与签订投资意向的海外投资港口如附表16所示。可以看出，虽然这些港口部分为我国欧洲通道及美非通道的关键性节点，但主要是从投资者自身经济利益出发的，无法从整个国家海上通道安全的战略角度来进行合理港口投资建设。因此建议我国民建军用的海外港口投资应遵循以下两点。

第一，采用海外投资进行海外港口投资时应该以三种类型的节点投资为主要标准。首先，应以海上通道涉及关键海峡、运河、敏感水域的港口为重点。这些关键节点往往是我国海上通道安全威胁发生源，因此需要我国尽可能地采用民间投资的方式，将其逐步发展成为我国主要海上通道保障基地，从而能够迅速有效地提供保障。其次，应考虑投资我国主要贸易进口国家/地区的重要的进出口港。这些港口是我国海上通道的端点，也是影响海上通道安全及海上贸易的重要的节点，因此通过对这些存在大量进出口货物的港口进行投资控股，能够有力地保障相关港口及货物的海上安全。最后，以重要通道的替代港口为重点。我国海上通道安全的威胁主要来自于关键性海峡、运河及敏感海域，而开发出这些节点的替代性方案无疑是另一重要的保障手段。针对这些关键性节点进行投资建设，为未来开发新的替代性方案，提高通道的安全性，则是一个长期而更有效的手段。

第二，针对这些海外投资的节点应逐步实施民建军用的步骤，从而缓慢地过渡成为我国海上通道安全保障的海外重要基地。近期以新建、控股、参股的方式进行海外关键节点的投资，作为国内公司的纯商业经济行为；中期这些港口以纯

粹的商业形式为我国的海军船艇提供供给、小修等行为；远期实现新建港口与控股码头的军民共用。即平时仍然为码头运营商从事正常的港口运营，而一旦发生我国海上通道突发事件或发生战争时，这些港口将会成为军民合用，允许我国的海军船艇的长期停靠、大修以及人员物资的更换。

（五）构建以货主国家为主导的新型国际保障机制

作为全球第一大货物贸易国和第一大出口国，我国海上运输业也因为对外净出口贸易而迅速发展，我国已经成为全球最大的货主暨船东国家之一。但由于我国属于发展中国家，海上运输业的发展仍然十分有限，我国海上运输业务需要大部分依靠西方船东国家的船队来完成海上运输任务。日益增加的对外贸易量以及日益重要的海上通道安全则成为影响我国对外经济贸易发展的重要的影响因素。海上运输的重要性与海上通道安全保障的复杂性则要求我国对海上通道安全给予高度重视。因此，在常规的海上通道安全保障的国际合作机制下，建议我国从货主国家的角度出发，建立货主国家视角下的保障海上通道的国际联合机制。

由近年来全球主要国际贸易国家以及全球主要海运公司所属国家可以将全球主要海运相关国家分为货主国家与船东国家。其中货主国家主要是由进出口贸易量巨大、本国海上运输业不够发达的国家构成，主要是近年来经济发展迅速的发展中国家（中国、印度及巴西等）及部分西方发达国家（美国）；而船东国家则是由那些本身进出口贸易量较小，但由于自身属于典型的海运强国而提供强大海上运输业务的国家（如日本、法国以及新加坡等）。

两种不同定位的国家导致其对海上通道安全的认识以及重视程度不同。对于船东国家来说，海上通道的安全关乎本国的海上运输业的发展，一旦发生危险，也仅影响到本国某一行业经济发展的好坏。而对于货主国家而言，海上通道的安全不仅仅关系到本国海上运输业的发展，更牵涉到本国巨大的进出口贸易以及重要的战略物资运输保障问题，从而牵涉整个国家战略行业与国民经济能否健康正常运行下去，是关乎货主国家多种行业发展的重要问题。

我国是全球重要的货主暨船东国家，海上通道的安全畅通关乎我国国民经济以及战略行业的发展，需要给予极大的重视与保障。因此，建议我国从货主国家角度出发，在世界贸易组织（WTO）的组织框架下，积极联合我国脆弱性海上通道上相关的货主国家（印度、巴西、澳大利亚以及中东石油出口国等），构建保障货主国家海上运输通道安全的新型海上通道安全国际保障机制，依靠货主国家的力量共同保障主要海上通道的安全，维护全球经济贸易秩序。

第四篇

我国海上通道安全预警与应急研究

第十五章

海上通道安全预警与应急理论概述

本章重点回顾与总结了海上通道安全预警与应急的相关理论，探讨了应急与应急管理的关系，应急的概念与内容等理论，并在预警与应急理论基础上提出了海上通道安全预警与海上通道应急理论。

第一节 预警与应急理论和方法

预警和应急管理从军事领域逐渐进入经济和社会管理领域，其理论和方法也不断丰富和发展，形成了较为完整的预警与应急理论体系和方法。

一、预警理论和方法

（一）预警的定义及要素

预警在《辞海》上有警告的意思，事先警告、提醒人们注意和警惕。在相当长的时间内，预警主要是指军事领域的预警，指通过预警来提前发现、分析和判断敌人的进攻态势，并将其威胁程度报告给指挥部门，以采取及时的应对措施。如我国古代的烽火，就是一种快速的警情传播方式。再如第二次世界大战中，当监测到敌机空袭时，城市上空就会响起防空雷达，提醒人们躲进掩体，同时采用防空炮火等军事手段对抗袭击。在近现代，随着技术的发展，出现了预警飞机、预警雷达甚至预警卫星等。

而后随着社会的发展，预警这一传统军事领域的事物逐渐进入到社会经济领域，而预警的意义也发生了一定的变化。从经济学意义上讲，预警是指对经济系统未来的演化趋势进行预期性评价，以提前发现特定经济系统未来运行可能出现的问题及成因，为提前进行某项决策、实施某项防范措施或化解措施提供依据。[①]

因此，所谓预警就是预测到危险，从而给予警告，或者说预警就是指针对如灾害、危害或威胁等即将来临的警情的现状和未来进行测试，进行预先估计、推测和通报，预报不正常状态的时空范围和危害程度，并提出防范措施，使人们能提前采取应对措施避开危害和威胁，或把灾害、危害和威胁等可能带来的损失降低到最低限度。

预警的基本组成要素包括警义、警源、警兆和警度。这四个部分均与警情有直接的关联。警义是指需要戒备的事件或消息，警情是所需要戒备的突发性事件发生时的不同情况；警义是警情的含义，是预警的对象；警源是警情产生的根源，是预警对象在安全状况下潜伏的"病兆"；警兆是指警素发生异常变化导致警情形成之前出现的先兆，所谓警素是指构成警情的指标，因而，警兆也可以认为是在潜在警源出现异常形成警情的过程中所伴随着的警情的先兆现象；警度是指警情所处的状态，也就是说它所具有的严重程度。

（二）预警系统

预警系统是为了达到预测风险、发布警告的目的，对预警中各个基本要素进行准确判断与识别的一套完整系统。预警系统为预警过程的建立和实施提供了一个通用导则，包括确定预警范围、预警信息的收集、信息处理，预警准则确定以及预警信号的发布，为安全管理人员提供了系统化的管理工具。预警系统的功能模块主要实现预警的基本要素功能，即包括警义识别、警源查找、警兆分析、警度预报四个模块。

警义识别是预警的前提。明确警义就是要明确预警的对象，确立预警针对的具体问题。该模块是预警的前提与方向，主要结果是识别出预警针对的主要突发情况或事件。该部分往往通过分析现实中的实际情况并结合预警研究需要进而

---

① 彭靖里、周勇胜、邓艺、赵光洲：《基于竞争情报的危机预警体系构建及其应用研究》，载《情报理论与实践》2009 年第 6 期，第 47~50 页。

确定。

　　警源查找是预警的起点。警源既有系统内的警源，称之为内生警源；也有系统以外的。警源只有经过一定的量变和质变过程，才能导致警情的爆发。在这一过程中包含着警情的孕育、发展、扩大和爆发。寻找警源既是分析警兆的基础，也是排除警患的前提。不同警素的警源指标不同，即使同一警素，在不同的时空范围内，警源指标也不相同。因此，有必要针对具体警素设置警源指标。有了警义和警源，就可形成系统安全状况的描述性框架。该架构具有层次性、结构性和传递性等系统性特征。

　　警兆分析是预警的关键环节。一般不同的警素对应不同的警兆，相同的警素在特定的时空条件下也可表现出不同的警兆。警兆反映警素的变化状况，当警素异常变化接近和超越安全警戒点时，警兆就能反映这种变化，以提醒采取相应的安全措施，防止警情发生。确定警兆之后，需要进一步分析警兆与警素的数量关系，再进行警度预报。

　　警度预报是预警的核心。所谓警度是指警情所处的状态，也就是说它所具有的严重程度。预警研究的主要目标是预报警度，准确地预报警度要求系统地分析各种警素对系统的影响，建立科学的预警指标体系，更重要的是确定一个与预警指标体系相适应的合理尺度，作为系统安全程度衡量的标准。警度预报一般有两种方法：一是建立关于警素的普通模型，先做出预测，然后根据警限转化为警度；二是建立关于警素的警度模型，直接预测警素的警度。在预报警度中，一般要结合经验法、专家法等方法，以提高预警的可靠性。

　　在四个功能模块的基础上，可以通过建立预警子系统将业务功能相近的模块进行整合。建立预警信息监测系统来整合警义识别与警源查找模块；建立预警分级系统来整合警兆分析和警度预报模块（见图15-1）。

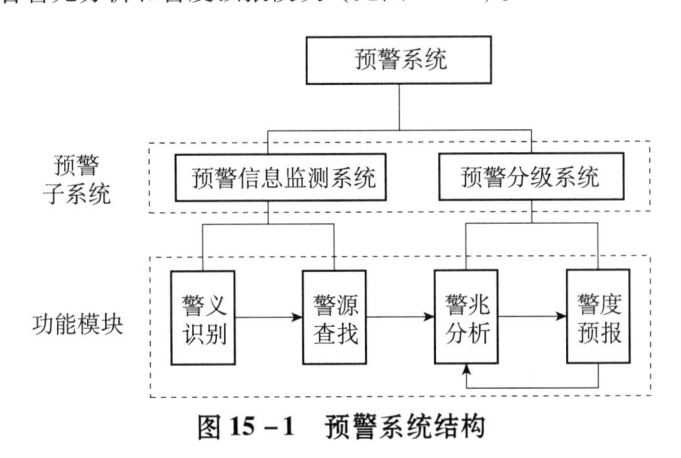

图15-1　预警系统结构

（三）预警方法

传统预警系统依据其机制可以分为：黑色预警系统、红色预警系统、黄色预警系统、绿色预警系统以及白色预警系统。其中绿色预警系统是依据警情的生长态势，特别是农作物生长的绿色程度预测农业的未来状况，而白色预警系统是在基本掌握警因的条件下用计量经济进行预测。① 因此，主要对其他三种预警方法进行详细介绍。

1. 黑色预警系统

黑色预警系统，即根据警情指标的时间序列变化规律不借助于警兆直接预警；这种预警方法不引入警兆等自变量，只考察警素指标的时间序列变化规律，即循环波动特性。例如，我国农业大体上存在 5 年左右的一个循环周期，工业的循环周期则大体上在 3 年左右。根据这种循环波动长度及递增或递减特点，就可使用时间序列模型对警素的走势进行预测。各种商业指数、预期合成指数、商业循环指数、经济扩散指数、经济波动图等可看做黑色预警方法的应用。②

2. 红色预警系统

红色预警系统，即根据警兆以及各种环境社会因素进行预警，其特点是重视定性分析，主要内容是对影响警素变动的有利因素与不利因素进行全面分析，然后进行不同时期的对比研究，最后结合预测者的直觉、经验及其他有关专家学者的估计进行预警。这种预警方法的效果从实际来看也是良好的。

3. 黄色预警系统

黄色预警方法，即依据警兆进行预警。这种预警方法是最常用的预警方法，也有人把它称之为灰色分析。它根据警兆的警级来预报警度，是一种由内因或外因到结果的分析。具体操作可进一步分为三种方式。

指标预警系统。即利用警兆中反映警级的指标进行预警。由于对应某一个警素往往有若干个警兆指标，因此就需要对警兆进行综合。综合形式有两种：一是扩散指标（Diffusion Index，DI），二是合成指标（Composite Index，CI）。扩散指标的思想产生于 20 世纪 30 年代后期的美国，其正式提出则在 20 世纪 50 年代。扩散指标是指全部警兆指标个数中处于上升的警兆指标所占的比重。当这一指标大于 0.5 时，表示警兆指标中有半数以上处于上升，因而预兆警素指标也将上升；如小于 0.5，表示半数以上警兆指标下降，预兆警素指标也将下降。合成指标是美国商务部于 20 世纪 60 年代针对扩散指标不能反映经济波动幅度，受随机

---

① 王思强：《能源预测预警理论与方法》，清华大学出版社 2010 年版，第 40 页。
② 王思强：《能源预测预警理论与方法》，清华大学出版社 2010 年版，第 42 页。

干扰较重等缺点而开发的。它的指导思想是编制警兆总指标,即对所有警兆指标的变动值进行标准化加权综合处理。合成指标也可称之为先行指标。根据警兆合成指标的升降就可以判断警素的升降。指标预警系统不仅可以独立作为预警系统使用,而且还可以为统计和模型预警系统提供变量选择基础。指标预警系统类似于西方的 CI—RD 景气指数预警法。

统计预警系统。这种预警方式是对警兆与警素之间的相关关系进行统计处理,然后根据警兆的警级预测警素的警度。首先对警兆与警素进行时差相关分析,确定其先导长度、先导强度,然后依据警兆变动情况,确定警兆的警级,结合警兆的重要性进行警级综合,最后预报警度。统计预警这种方法与扩散指标和合成指标相比较,两者重点有所不同。统计预警强调入选为警兆指标的统计显著性检验,其综合方法则不求规范;而指标预警对入选警兆指标的条件较为宽泛,其综合方法则比较程序化、规范化。

模型预警系统。即在指标预警或统计预警方式基础上对预警的进一步分析,其实质是建立以警兆为自变量的滞后模型进行回归预测。该类方法是通过建立数学模型来评价监测对象所处的状态,因而在监测点比较多、比较复杂时应用广泛,该类模型分为线性和非线性模型。主要经济变量之间有明确的数量对应关系时就可用线性模型预警,非线性预警模型则对处理复杂的非线性系统具有较大的优势,但如何对监测对象的复杂表现状况进行有效预警评价是目前在预警方法领域中的难点。①

从国内外预警研究的实践看,预警方法的科学使用需要注意以下几个问题。第一,警兆指标体系应随着不同时期进行调整,一般每 3～5 年局部调整一次。如美国过去的经济警兆指标中曾含有铁路货运量,日本过去的经济警兆指标中曾含有外贸入超量指标,现在皆删除了。第二,警限的确定应随条件变化而变化,警限应力求反映客观实际。第三,宏观预警要和区域预警、行业预警相结合;经济预警和自然预警相结合;软预警与硬预警(技术设备利用)相结合;国内预警与国际预警相结合;复杂预警与简单预警相结合;客观预警与主观预警(预期、情绪等)相结合;短期预警与长期预警相结合;专家预警与群众预警相结合。第四,预警方法必须以预警理论作为指导,没有逻辑上合理的理论性假设条件,任何预警方法及预警模型都不可能得到正确的预警结果。一定要克服把数学方法、国外方法、他人方法照搬过来的做法,防止片面追求方法的复杂性。在以黑、红、黄、绿、白五种颜色为代表的预警系统中,黄色预警系统是最基本的预

---

① 周荣喜、李守荣、杨敏、邱菀华:《基于 Delphi - AHP 和加权集值统计的高校突发事件预警评估》,载《运筹与管理》2013 年第 3 期,第 146～153 页。

警系统,它根据警兆的警级预报警情的警度,是一种由因到果的分析。

二、应急理论

(一)应急管理

首先需要对应急管理的相关理论进行讨论。应急管理是基于突发事件风险分析的全过程、全方位、一体化的应对过程,是一种非常态的管理,是政府、组织等应急管理主体为了应对突发事件而实施的一系列有计划、有组织的管理措施与因应策略,以预防突发事件的发生,控制突发事件的进程,最大限度地降低突发事件造成的危害。①

由应急管理的概念可知,应急管理具有以下特征:第一,不确定性。主要是由应急管理的对象即突发事件的不确定性而造成的,由于突发事件产生的原因、变化的方向、影响的因素以及后果等都难以预测,使得应急管理难以采取确定的措施,应急管理的行为、方式和方法要随着社会形势、突发事件的进展而不断变化。第二,时效性。突发性和危害性特征使得突发事件会在短时间内对社会造成严重危害,这就要求应急管理必须在有限的时间内做出迅速有效的应对措施,以控制突发事件的发展进程,维护社会公共利益。时效性是决定应急管理成效的关键性因素之一,应急反应的时间越短,突发事件可能造成的损害才会越小。第三,心理约束性。应急管理是一种逆境情境下的非常规管理,应急管理主体处于躁动、忧虑、不安、恐惧,甚至内心恐慌和心理挫折的高度紧张的心理状态。这种心理状态会影响决策者的认知、分析和判断能力,进而影响对突发事件的反应和控制。第四,综合性。应急管理涉及的内容通常是多专业、多领域和多层面的,单一的部门或组织往往难以胜任。要将不同领域的各种资源整合、协同起来,进行多部门、全方位的综合管理,必须建立综合的沟通协调机制,使得各部门、各组织能够快速反应、互相协作,共同进行突发事件的应急管理。②

应急管理是组织对于突发事件有计划、有组织的管理措施与因应策略,该管理措施与因应策略包含应急准备、处理与复原等过程。简单地说,应急管理就是应急预警、防范、化解和善后的全过程,其核心是在某种程度上控制突发事件的进程,把突发事件的危害降到最低限度。因此,突发事件的应急管理工作是一项系统工程,是一个由不同阶段和各种应对措施组成的管理过程,划分为减缓、预

---

① 孔令栋、马奔:《突发公共事件应急管理》,山东大学出版社2011年版,第6~7页。
② 陈安、陈宁、倪慧荟:《现代应急管理理论与方法》,科学出版社2009年版,第10页。

备、处理和恢复四个阶段。

减缓。有些突发事件是可以预防的，而有些突发事件是可以通过采取措施来减少损害的。减缓阶段就是通过采取各种防范措施来达到这一目的。这些措施包括制定安全规划，强化安全管理和制定安全技术标准、规范，进行风险评估等。

预备。突发事件是不可能完全避免的，预备阶段的任务就是在突发事件发生前进行一定的应对准备工作，以在那些虽然经过减灾的努力仍然无法避免的突发事件发生后降低其造成的损失。预备阶段的工作主要包括建设突发事件的预警系统、制定各类应急预案、组织应急演习和培训、落实物资保障等。

反应。应急反应是应急管理的核心阶段，是在突发事件发生后，采取各种应急措施以控制突发事件的影响范围或降低突发事件损害的全过程，其目标是维护社会稳定，将生命和财产的损失减少到最低限度。采取的措施包括启动应急预案、调配资源、工程抢险、搜寻营救、提供社会援助等。

恢复。恢复阶段是在突发事件解决后，为了恢复正常的状态和秩序所进行的各种善后工作。恢复阶段主要有两个任务：一是消除突发事件的残余影响，尽可能地弥补突发事件造成的损失，尽快恢复社会正常生活、生产秩序，重塑政府的公信力；二是对应急管理的效果进行评估，总结经验教训，改进应急管理工作，弥补突发事件暴露出的管理和体制上的漏洞及不足，防范类似突发事件的再次发生。

其中，反应与恢复阶段是应急管理中应对突发事件的最直接的阶段，从根本上决定了应急管理的成效。在各领域的应急管理过程中，相关部门通常会制定出各种具有针对性的应急方案，在突发事件出现时进行应急反应，通过实施应急方案来维护保障各领域的安全，并在突发事件发生后启动恢复方案。①

（二）应急的概念与内容

应急就是在突发事件发生后，采取各种应急措施以控制突发事件的影响范围或降低突发事件损害，并尽快使突发事件影响消失，恢复突发事件发生前的正常状态的全过程。

应急主要包含两方面任务：一方面，要进行"事中"的处置，最大限度地降低突发事件造成的损失，并根据处理方案迅速处理突发事件，在局面复杂、时间紧急、信息和资源极其有限的情况下，需要进行抢险救援、调配资源、安抚公众等等一系列的行动；另一方面，突发事件应急要进行"事后"的恢复，尽快消除突发事件带来的负面影响，使受影响主体尽快恢复正常状态与秩序，如图15-2所示。

要完成这两方面的主要任务就必须进行如下工作。

---

① 吴俊：《突发公共事件社会应急机制的构成框架》，载《统计与决策》2006年第7期，第54~57页。

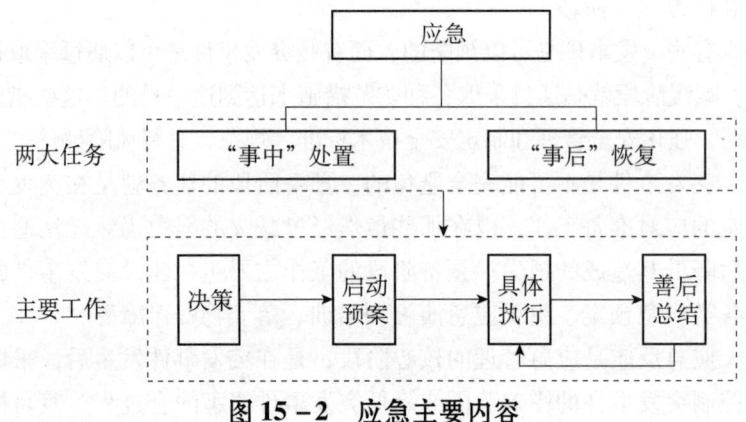

```
                        ┌──────────┐
                        │   应急   │
                        └────┬─────┘
              ┌──────────────┴──────────────┐
两大任务    "事中"处置                  "事后"恢复
              └──────────────┬──────────────┘
                             ▼
主要工作   决策 → 启动预案 → 具体执行 → 善后总结
```

图 15-2 应急主要内容

首先是决策。决策者要对突发事件产生的原因和可能造成的各种影响进行整理分析，预测突发事件未来的发展趋势，根据分析的结果，制定基础的策略。

其次是启动预案。根据对突发事件起因和影响程度的分析，相关部门要立刻启动相应的应急预案，根据应急预案的要求开展各种救援措施进行应急行动。

再其次是具体执行。按照决策和应急预案进行具体的应急工作，动用各种社会资源，开展应急工作，积极降低突发事件的影响，尽快修复遭受毁损的系统，确保社会的稳定和有序。在应对突发事件过程中根据突发事件的发展态势不断进行沟通协调，以随时调整应对策略，加强决策的科学有效性。

最后是善后总结。突发事件应急处置工作结束后，随即开始善后恢复工作，并对整个应急阶段的工作经验进行总结，以完善应急流程与应急预案的编制。

第二节 海上通道安全预警与应急理论

海上通道突发事件往往具有突发性、危险性的特点，一旦发生则危及海上通道安全，影响范围广泛，难以处理。基于预警与应急理论建立海上通道安全预警与应急理论，从而指导我国海上通道突发事件的管理工作。

一、海上通道安全预警理论

（一）海上通道安全预警的定义及要素

海上通道安全预警是指针对海上通道即将面临的如海上通道中断或海上航行

安全威胁等海上通道警情进行测试，运用逻辑推理和科学分析方法，预先估计和推测海上通道安全突发性威胁因素的发展趋势和危害程度，并发出确切的警示信息，使相关主体能提前了解事态发展的状态，提前采取相应措施避开危害和威胁，或提前制定应对措施把灾害、危害和威胁等可能带来的损失降低到最低限度。

海上通道安全预警的警义、警源、警兆和警度四要素的概念列示如下。

第一，海上通道安全预警的警义是海上通道各类可能的突发事件或突发状况，包括自然灾害突发事件、船舶事故突发事件以及通道关闭突发事件等。因此，海上通道安全预警的对象是各类风险威胁因素可能导致的不同海上通道安全突发事件或状况。

第二，海上通道安全预警的警源是海上通道突发事件产生的根源，即诱使海上通道突发事件发生的风险源，是海上通道中存在或潜伏的突发性威胁因素。由于海上通道在地理上跨越了不同的地域，在政治、军事、经济以及文化上涉及不同的主体，导致海上通道安全的警源错综复杂，其中一部分是来自于海上通道内部状况，另一部分来自于海上通道所经区域的外部政治军事环境。[①]

第三，海上通道安全预警的警兆是指海上通道突发事件形成之前出现的先兆，即已确定的警源在海上通道突发事件来临之前所处的状态。海上通道安全预警的警兆是对海上通道所处安全状态的实时反映，是反映海上通道风险源状况各个指标的数据集合。

第四，海上通道安全预警的警度是海上通道安全警情所处的状态及严重程度，根据即将出现的突发事件对海上通道安全，以及从事海上运输的相关主体的影响程度不同而划分不同的警度，并按照某种科学方法确定出划分不同警度的警限。

（二）海上通道安全预警系统

海上通道安全预警系统是为了达到预测海上通道风险、发布海上通道突发事件警告的目的，而对海上通道安全预警中预警范围的确定、预警信息的收集、预警信息的处理、预警准则的确定以及预警信号的发布等一系列预警环节进行的系统整合，为海上通道安全管理人员提供了系统化管理工具。海上通道安全预警系统划分为预警信息监测系统和预警分级系统两个子系统，包含警义识别、警源查找、警兆分析、警度预报四个功能模块。海上通道安全预警系统框架如图15-3

[①] Ji GuoXing. *SLOC security in the Asian Pacific*. Honolulu：Asian-Pacific Center for Security Studies，2000，p23.

所示。

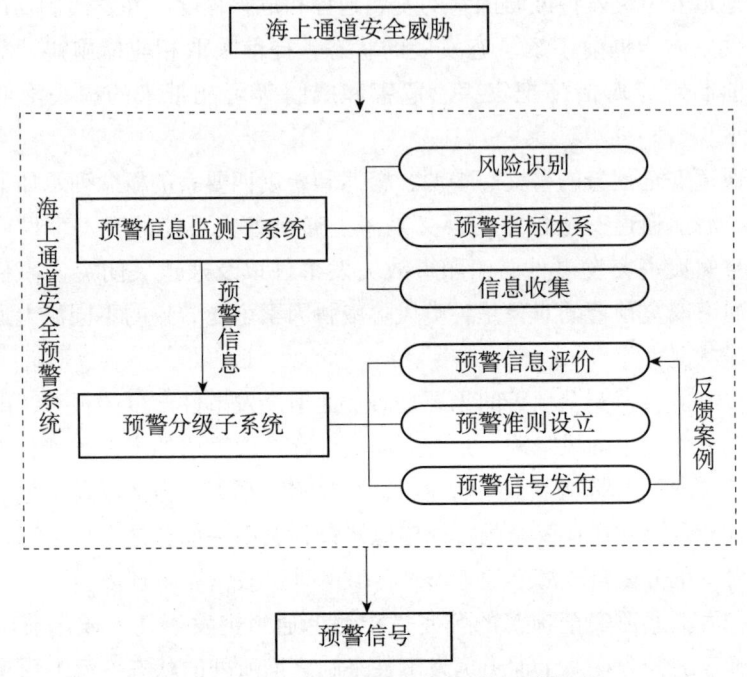

图 15-3　海上通道安全预警系统框架

海上通道安全预警系统的预警对象是海上通道的安全状况，即对威胁海上通道安全、导致海上通道重大突发事件的因素进行监测与预警。预警系统适用于发生在不同区域的各类海上通道突发事件的预警，包括由海上通道自身传统安全威胁因素造成的关键海峡、运河航行受阻，关键海域通行不正常等突发事件以及海盗、恐怖袭击等非传统安全威胁因素造成的突发事件。[①] 预警系统的功能属于事前预警范畴，是在对海上通道风险源情况进行实时监测的基础上，通过对各项指标的计算，对海上通道的具体情况发布即时的预警信号。

1. 预警信息监测子系统

海上通道安全预警信息监测系统是整体系统的输入系统，对于预警系统而言，在突发事件发生前就能够预见到突发事件的发生是第一位的，表现在信息上就是对于导致突发事件发生的各类基础信息的收集。能否实现对风险源信息的识别与准确收集，将影响预警活动的最终结果。

预警信息监测系统的主要功能包含三个方面：一是风险源的识别，即对海上

---

① 段廷志、张晓峰：《东亚地缘战略环境与中国海上安全》，载《当代亚太》2004 年第 4 期，第 3~9 页。

通道运输活动的全过程进行分析，以及对海上通道周围的自然、政治、军事环境进行彻底地了解，并通过对历史重大海上通道突发事件的成因分析，以确定威胁海上通道安全、导致海上通道突发事件的风险源；二是预警指标体系，即在已识别的风险源基础上找出其中能够反映风险信息的具体指标，并建立海上通道安全预警指标体系；三是信息收集，通过采用科学合理的指标体系和广泛标准的收集渠道对监测对象的状态进行监视，并收集信息，最终将指标体系内的各项指标监测值传递给预警分级系统进行预警分级评价。

2. 预警分级子系统

预警分级系统是海上通道安全预警系统的核心。在该系统内，一是对已收集的预警信息按照科学的评价方法进行信息的评价，得到预警信息所反映的综合预警评价值；二是通过对历史突发事件案例的分析，结合科学的评价方法，确立预警准则，对得到的预警信息评价结果进行预警分级，最终确立明确的预警等级；三是将预警等级传递至预警信号发布环节，最终对外发布海上通道安全预警信号。

海上通道安全预警信号的发布是信息输出环节，根据事先设定的合理的预警信号发布规则来决定在不同预警等级下，是否应当发出警报、发出何种程度的警报以及以怎样的形式发布警报。在警报发布之后将此次预警过程中所涉及运用的数据、模型以及预警的结果输入系统数据库，作为历史案例，以进一步完善案例库的内容与预警准则的设立。

（三）海上通道安全预警的意义

海上通道在国家综合运输体系中占有重要地位，在国民经济建设中发挥重要作用，海上通道的安全是国家开展贸易和对外交流的前提，关系国家经济安全与社会稳定。而海上通道突发事件往往具有发生突然、影响范围广的特点，因此，通过海上通道安全预警，可以建立海上通道风险信息收集渠道，收集各种海上通道风险信息，科学分析和判断风险性质，来及时发布预警信号，帮助政府部门与航运企业对某一时期内的各种形式的突发性海上通道安全威胁因素形成充分的预先估计，提前做好预防准备，选择一个最佳应对方案，防止风险发生，或最大限度地减少风险所造成的损失。

1. 海上通道安全预警是事前控制的重要手段

海上通道安全预警是海上通道突发事件来临前，采取措施以预防和减少海上通道突发事件发生的重要手段，是在事件发生前控制海上通道风险的重要方法。目前，大多数海上通道突发事件都是在事件发生后进行应急处置，而缺乏事前控制以达到避免突发事件发生，或减少突发事件损失的目的。海上通道安全预警将对突发事件的处理重心前移，更注重事前的处理，在观测到突发事件存在潜在风险而尚未发生时及时通知相关主体采取相应的措施。

2. 海上通道安全预警是应对安全威胁的有效方式

海上通道安全预警是监控海上通道安全风险源实时情况，应对各类海上通道安全威胁的有效方式。对风险源的识别判断和对风险源的监测是海上通道安全预警的重要组成部分，通过海上通道安全预警系统收集到的风险源实时数据，可以及时掌握风险源的情况，了解海上通道目前所处的风险状态，是应对安全威胁，控制风险的重要途径。

3. 海上通道安全预警是突发事件应急的重要前提

海上通道突发事件往往具有不可控性，因此事件的发生在一定程度上不可避免。一旦突发事件发生，需要立即进行应急，而海上通道安全预警将改变应急的被动局面，提高相关主体应急的主动性。各相关单位与主体根据预警所提供的信息，可以在突发事件发生前就进入应急准备状态，调拨应急设备与应急人员，根据所发布的预警等级启动相应的应急程序，提前布置需要投入的预警力量，可以提高应急的效率和效果。

4. 海上通道安全预警是整合国家与企业资源的重要途径

目前，针对海上通道安全预警，国家和企业层面都投入了一定的资源。企业方面，航运企业从事海上通道上的运输行为，是海上通道风险的直接承担者，同时，对于海上通道风险源的实时信息，是信息的首要收集者与反馈者。国家方面，国家需要从国家战略角度看待海上通道突发事件，要保障航运企业的运输安全，更要保障国家重要战略物资的运输通畅。因此，海上通道安全预警提供了一个双方资源共享的平台，可通过海上通道预警将国家与企业的相关资源进行整合，并建立国家主导的预警体系。

二、海上通道安全应急理论

（一）海上通道安全应急的概念与内容

根据应急管理理论及应急的概念，并结合海上通道的概念，海上通道安全应急是指在海上通道重要节点关闭、海上自然灾害等海上通道突发事件发生后，相关应急主体立即根据有关法律法规的规定，按照应急预案要求采取各种应急措施以控制海上通道突发事件的影响范围或降低突发事件造成的损害，并尽快使突发事件影响消失，使海上通道恢复突发事件发生前的正常状态的全过程。

海上通道安全应急包括三方面主要环节：应急准备、应急处置与善后，如图

15-4 所示。

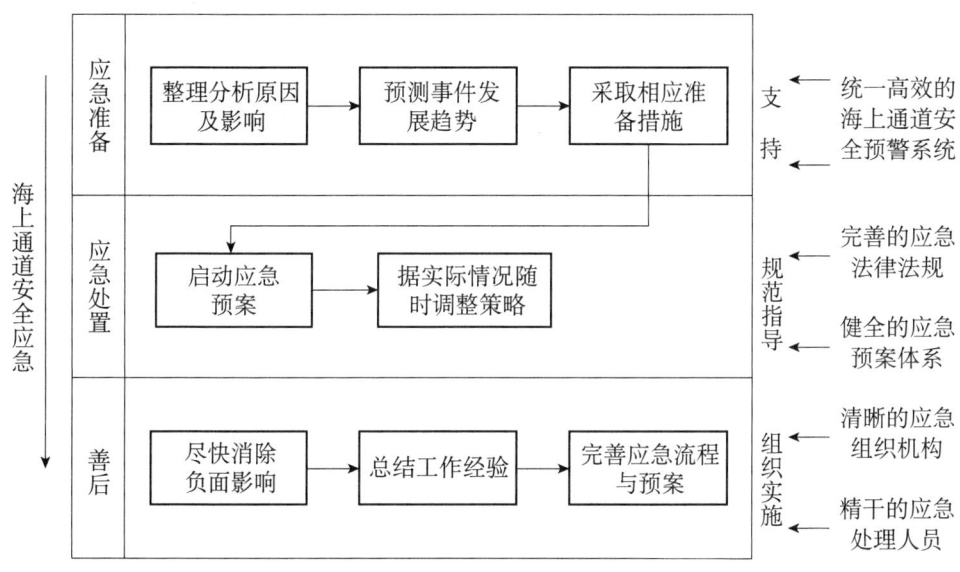

图 15-4 海上通道安全应急

应急准备：对海上通道突发事件产生的原因和可能造成的各种影响进行整理分析，预测突发事件未来的发展趋势，根据分析的结果，采取相应的准备措施，提前调拨应急力量与人员前往可能或已发生突发事件地点。该环节的重点在于对突发事件产生原因和可能造成影响的分析预测，这决定了该组织何种规模的应急准备活动。

应急处置：根据对海上通道突发事件起因和影响程度的分析，相关部门要立刻启动相应的应急预案，并按照应急预案的要求实施各种救援措施进行应急处置。根据不同突发事件的情况，决策启动相应的事先编制的应急预案，动用应急力量和各种社会资源开展应急工作，迅速处理各类不同的海上通道突发事件，积极降低海上通道突发事件的影响，进行船舶以及人员抢险救助，尽快恢复遭受影响的海上通道的通航。在应对海上通道突发事件过程中根据突发事件的发展态势不断进行沟通协调，以随时调整应对策略，加强应急决策的科学有效性。该环节的重点在于应急预案的实施，海上通道突发事件由于其国际特殊性，往往在我国管辖水域范围之外，因此应急预案实施的难度较大。同时，前期应急预案的编制情况将对预案的实施效果产生重大影响。

善后：尽快消除海上通道突发事件带来的负面影响，包括安抚相关人员、打捞沉没船舶、清理海上通道通行障碍物，使海上通道通航尽快恢复正常状态与秩序。另一个主要工作是在突发事件应急处置工作结束后，需要对整个应急阶段的工作经验进行总结，以完善应急流程与应急预案的编制。该环节的重点在于对应急阶段工作的总结与改进，尤其是对突发事件情况下海上备用通道的评估。

从海上通道安全应急的概念和主要环节来看，海上通道安全应急需要多方面的支持。在应急准备环节，海上通道安全应急需要统一高效的海上通道安全应急信息平台，即海上通道安全预警系统的支持；在应急处置环节，需要完善的应急法律法规以及健全的应急预案体系来规范与指导应急工作，还需要清晰的应急组织机构与精干实用的专业应急人员来组织实施具体的应急工作。

（二）海上通道安全应急的意义

海上通道对于国家的经济及战略重要性毋庸置疑，维护海上通道安全也是保障我国经济持续发展的重要前提。海上通道安全影响因素常常具有难预见性、突发性和危险性的特点，难以从源头完全遏制此类突发事件的发生。因此，当突发事件发生时，必须依靠完善的应急工作来迅速恢复海上通道的正常状态和保障海上通道的安全。

1. 海上通道安全应急是降低突发事件损失的重要手段

海上通道安全应急是在海上通道突发事件发生时采取措施，来减少海上通道突发事件损失和影响程度的重要手段。海上通道突发事件的发生往往伴随船舶事故、人员伤亡以及经济损失，随着事件地不断发生，往往会造成一些次生灾害和更多方面的影响，因此第一时间的应急可以有效阻止突发事件的影响蔓延，并及时展开对船舶的和人员的救援工作，并在第一时间通知到发生事故的海上通道上的其他单位，全面降低突发事件造成的损失。

2. 海上通道安全应急是迅速恢复海上通道通航的重要途径

海上通道突发事件往往具有不可控性，因此事件的发生在一定程度上不可避免。一旦突发事件发生，将对海上通道的通航产生重大影响，从而影响海上通道上进行的运输行为，而应急是清除通航影响因素，快速恢复通航的重要途径。如果现有通道的通航能力难以在短期内恢复，或者受其他因素影响将导致通道暂时关闭，那么就需要立即启用备用通道，并通知到相关单位。

3. 海上通道安全应急是国家与企业应急资源整合的重要平台

当海上通道突发事件发生时，企业往往是主要的受波及方，也是首先进行应急的一方。企业出于安全生产和事故处理的角度，提前制定了一系列预案以解决其船舶在航行途中遇到的突发事件。但是，海上通道突发事件中一大部分并非企业的行为所能解决，必须依靠国家力量进行应急。因此，海上通道安全应急是将国家与企业的应急能力与应急资源相结合，并由国家主导进行的高效的突发事件应对措施。

三、海上通道安全预警与应急系统框架

总的来看，海上通道安全预警与应急构成了海上通道突发事件从"事前"的监控管理，到"事中"的应急处置，再到"事后"善后恢复一系列全过程，是对海上通道突发事件的系统管理过程。综合海上通道安全预警与应急的理论内容，提出海上通道安全预警与应急系统的设计框架，如图15-5所示。

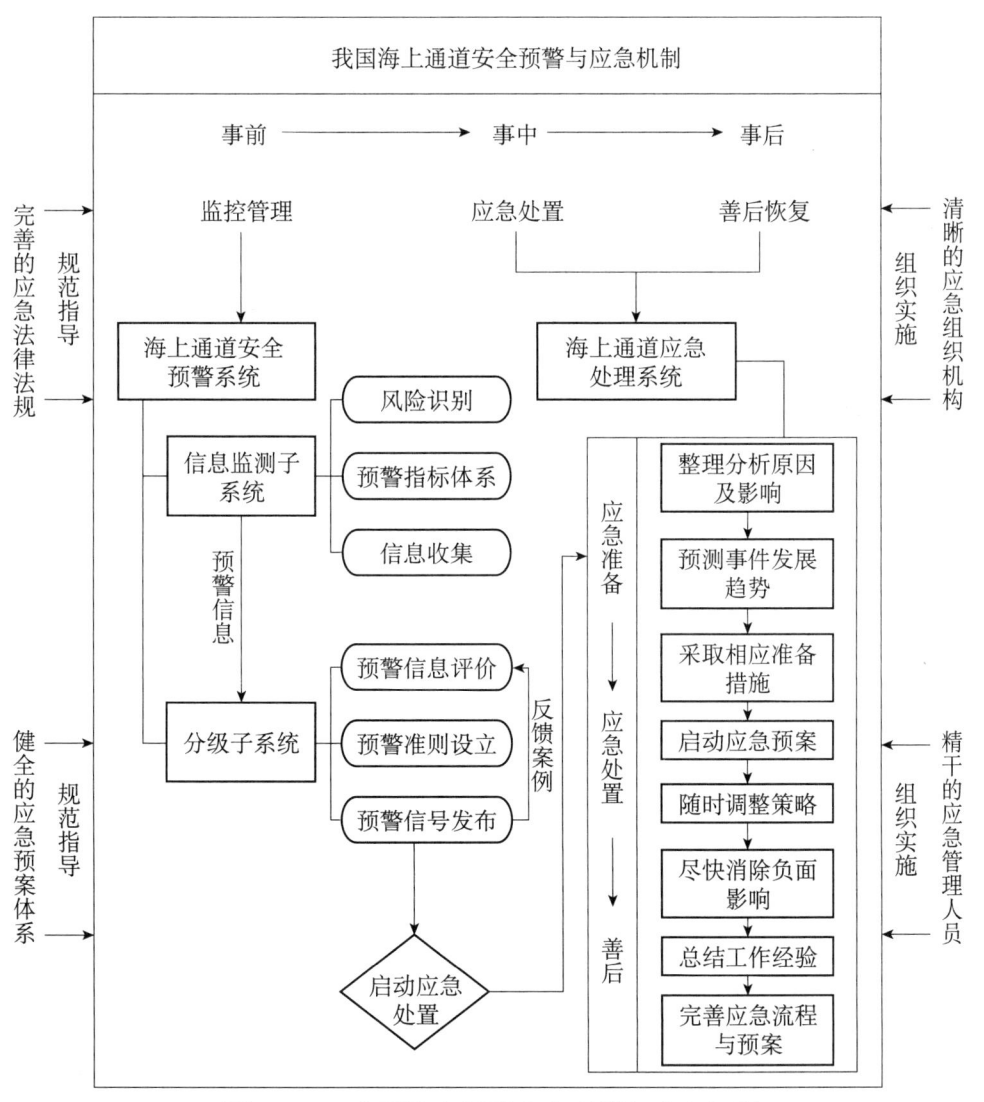

图 15-5 我国海上通道安全预警与应急机制

海上通道安全预警与应急系统是应对海上通道威胁,处理海上通道可能出现的突发事件的高效系统,能够有效调动企业层面与国家层面的各类应急资源。海上通道安全预警与应急系统包含海上通道安全预警系统与海上通道突发事件应急系统两个组成部分,分别实现突发事件发生前的监控管理功能以及突发事件发生过程中与结束后的应急处置、善后恢复功能。

　　预警是突发事件发生前的事前管理,主要是对海上通道风险源因素进行监测,根据风险源因素的变动情况,给出突发事件可能发生以及可能造成影响的等级预测。包括信息监测子系统与分级子系统。信息监测子系统将监测收集的预警信息传导至分级子系统进行信息处理,从而实现预警信息的评价分级,最终向相关方发布预警信号。

　　应急是突发事件发生时的事中处置以及事后的善后恢复,主要是根据预警系统提供的突发事件的相关数据和启动应急措施的阈值来判断是否启动相应的应急处置,之后采取及时有效的得力措施,将危机事态控制在最小范围内,并努力减少其破坏性,尽快使海上通道恢复正常。主要包括应急准备、应急处置与善后三个部分,集中分析事件原因、影响,采取应急准备措施,完成应急预案启动决策,并安排善后工作。

　　关于系统架构中预警与应急系统的设计实现部分将在第十七章与第十八章进行详细介绍。此外,海上通道安全预警与应急系统的运转还需要外部环境的支持,这就需要完善的应急法律法规以及健全详细的应急预案体系来规范指导,还需要清晰的应急组织机构与精干实用的专业人员来组织实施具体的工作。

第十六章

我国海上通道安全预警与应急现状

本章从我国海上通道安全预警与应急的具体工作现状分析入手,为之后对我国海上通道预警与应急机制的构建奠定了现实基础。详细介绍与分析了我国现有的预警与应急法律法规现状,预警和应急机构现状与现有的预警和应急流程现状。在现状总结的基础上,对我国现有海上通道预警与应急现状进行了评价,提出了现存的主要问题。

第一节 我国海上通道安全预警与应急法律及预案现状

目前,我国涉及海上通道安全预警与应急的法律主要包含两个部分:一是国内立法,根据法律效力和颁布机关的不同,分为法律、中央军委国务院法规及文件和部委规章及文件三类;二是我国加入的国际公约。预案方面则包括国家层面的各类预案与企业根据生产经营需要制定的相关预案。

一、国内法律

我国现有的涉及应急状态下海上通道安全的法律法规,根据法律效力不同,可以分为法律、国务院与中央军委法规以及部门规章三类,主要涉及突发事件应急处置、海上交通安全、港口安全等方面。

（一）法律层面

在法律层面，我国已通过并实施的涉及应急状态下海上通道安全保障的立法包括《突发事件应对法》《海上交通安全法》《港口法》与《国防动员法》等，如表16-1所示。

《突发事件应对法》是我国应对突发事件的指导性法律，涵盖了突发事件预防、监测、预警、应急处置与事后恢复等各个方面，与应急状态相关性高，对各类海上通道突发事件指导作用强，是应急状态下海上通道安全保障的法律基础，因此适用性强。

《海上交通安全法》规定了海上交通安全保障和海难救助的具体内容，与应急状态的相关性较高，对涉及船舶和人命安全的海上通道突发事件应急指导作用强，具有较强的适用性。

《国防动员法》强调应建立健全与突发事件应急机制相衔接的国防动员体系，与应急状态相关性较高，同时规定了民用资源征用与补偿的具体办法，对海上通道突发事件应急时民用运力动员，民用资源征用与补偿指导作用强，具有较强的适用性。

《国防法》关于维护国家海洋权益的相关规定是特殊情况下保障海上通道安全的法律依据，与应急具有相关性，但缺乏对突发事件的指导作用，具有一般的适用性。

《港口法》涉及港口行政管理部门应急救援体系建设，对发生在我国港口的海上通道突发事件应急指导作用强，但该法大部分内容为常态下的法律保障，与应急状态相关性不高，具有一般的适用性。

《领海及毗连区法》和《海洋环境保护法》等其他法律也分别在领海范围内的交通管制和海洋环境污染事件处理等方面涉及海上通道安全应急，但缺乏对突发事件的指导作用，适用性较差。

表16-1　　我国海上通道安全应急相关的法律适用性

类别	具体文件	生效时间	适用内容	适用性
法律	《突发事件应对法》	2007年11月	指导突发事件处理的重要法律基础	强
	《海上交通安全法》	1984年1月	海难救助的法律依据	较强
	《国防动员法》	2010年7月	特殊时期民用运力动员的参考法律	较强
	《国防法》	1997年3月	特殊时期维护国家海洋权益法律依据	一般
	《港口法》	2004年1月	港口的突发事件应急法律依据	一般
	《领海及毗连区法》	1992年2月	涉及领海范围内的交通管制	较差
	《海洋环境保护法》	2000年4月	涉及海洋环境的污染处理	较差

（二）国务院、中央军委法规层面

在法律的基础上，国务院、中央军委制定了一系列涉及应急状态下海上通道安全保障的法规，包括《民用运力国防动员条例》《国防交通条例》《军队参加抢险救灾条例》等，如表16-2所示。[①]

《民用运力国防动员条例》规定了国家为满足军事行动的需要，平时特殊情况下，对民用运力的组织、调用和补偿，与应急状态相关性高，对处置海上通道重大突发事件时应急力量调用的指导作用强，因此适用性较强。

《国防交通条例》具体规定了特殊时期民用运力的动员和组织调用，与应急状态相关性高，但缺乏对海上通道突发事件的指导作用，因此适用性一般。

《海上交通事故调查处理条例》与《防治船舶污染海洋环境管理条例》分别对涉及海上交通事故和海上船舶污染事故的海上通道突发事件的应急处置，具有一定的指导作用，但多为常态下的规定，与应急状态相关性较差，因此适用性一般。

《军队参加抢险救灾条例》仅提及军队可参与海上搜救工作，并未就细节做出详细说明，对应急状态下海上通道安全保障适用性较差。

表16-2　　　我国海上通道安全应急相关的国务院、
中央军委法规及文件适用性

类别	具体文件	实施日期	颁布单位	适用内容	适用性
国务院、中央军委法规	《民用运力国防动员条例》	2005年8月（2011.1修订）	国务院中央军委	民用运力组织和调用的依据	较强
	《国防交通条例》	1995年1月（2011.1修订）	国务院中央军委	民用运力组织和调用的依据	一般
	《海上交通事故调查处理条例》	2005年8月	国务院	对海上交通事故处理	一般
	《防治船舶污染海洋环境管理条例》	2010年3月	国务院	对船舶造成海洋环境污染的处理	一般
	《军队参加抢险救灾条例》	2005年7月	国务院中央军委	军队参与海上搜救	较差

[①] 王杰、吕靖、朱乐群：《应急状态下我国海上通道安全法律保障》，载《中国航海》2014年第2期，第74~77页。

(三) 部门规章及文件层面

在法律和行政法规的基础上,我国行政主管部门颁布了涉及应急状态下海上通道安全保障的部门规章及文件,其中包括《交通运输突发事件应急管理规定》《船舶污染海洋环境应急防备和应急处置管理规定》等,如表16-3所示。

《交通运输突发事件应急管理规定》是交通运输突发事件应急管理的重要文件,是我国海上通道突发事件应急的重要参考依据,与应急状态相关性高,对各类海上通道突发事件指导作用强,因此适用性强。

《船舶污染海洋环境应急防备和应急处置管理规定》规定了我国管辖海域内,船舶及其有关作业活动污染海洋环境的应急防备和应急处置,与应急状态相关性高,对与船舶污染海洋环境有关的突发事件指导作用强,因此适用性较强。

《国际船舶保安规则》与《港口设施保安规则》分别涉及海上保安与港口保安突发事件的应急,是海上保安与港口保安突发事件应急处置的依据,但多为常态下规定,与应急状态相关性较差,具有一般的适用性。

《国家海洋局海上应急监视组织实施办法》涉及我国管辖海域内海洋环境污染的应急监视,但对海上通道环境污染突发事件应急指导作用有限;环境保护部《突发环境事件信息报告办法》涉及海上船舶、港口突发污染事件的信息处理,但重点不是针对海上通道环境突发事件;《航运公司安全与防污染管理规定》涉及船舶突发事件应急;《海上船舶污染事故调查处理规定》与《船舶及其有关作业活动污染海洋环境防治管理规定》涉及海上船舶污染事故和海洋环境污染的处理,但主要内容仍为常态下的规定。因此上述部委规章及文件对应急状态下海上通道安全保障适用性较差。

表16-3 我国海上通道安全应急相关的部委规章及文件适用性

类别	具体文件	颁布单位	适用内容	适用性
部门规章及有关文件	《交通运输突发事件应急管理规定》	交通运输部	指导应急组织领导,监测预警与应急处置	强
	《船舶污染海洋环境应急防备和应急处置管理规定》	交通运输部	涉及船舶造成海洋环境污染的通道安全突发事件的应急依据	较强
	《国际船舶保安规则》	交通运输部	海上保安突发事件报警和处置依据	一般
	《港口设施保安规则》	交通运输部	港口保安突发事件处置依据	一般

续表

类别	具体文件	颁布单位	适用内容	适用性
部门规章及有关文件	《国家海洋局海上应急监视组织实施办法》	国家海洋局	预警及信息来源参考	较差
	《突发环境事件信息报告办法》	环境保护部	涉及海上船舶、港口突发污染事件信息处理	较差
	《航运公司安全与防污染管理规定》	交通运输部	涉及船舶突发事件应急	较差
	《海上船舶污染事故调查处理规定》	交通运输部	涉及船舶造成海洋环境污染的应急处置	较差
	《船舶及其有关作业活动污染海洋环境防治管理规定》	交通运输部	涉及海洋环境污染的应急处置	较差

二、国际公约

国际公约为海上通道突发事件的应急处置和跨国行动提供了法律依据和国际合作的基础。针对应急状态下海上通道安全保障，我国已加入部分国际公约。这些公约包括《国际救助公约》《国际海上搜寻救助公约》《公海公约》《联合国海洋法公约》等，如表16-4所示。

《国际救助公约》与《国际海上搜寻救助公约》涉及海上搜寻救助，规定了各缔约国的权利与义务，与应急状态相关性强，是海上通道安全应急中与搜救相关的突发事件国际合作的法律基础，具有较强的适用性。

《国际海上人命安全公约》是应对海盗袭击等海上通道突发事件，所展开的国际合作法律框架的重要组成部分；《公海公约》与《联合国海洋法公约》均对海盗行为做出了详细的规定，赋予各国应对海盗行为时相应的权利和义务；《制止危及海上航行安全非法行为公约》对犯罪进行了详细的界定，将危害海上航行安全解释为严重的国际犯罪。以上四个公约对由非传统安全威胁导致的海上通道突发事件的应急具有极强的指导作用，但公约主要内容为常态下的规定，因此适用性一般。

《国际船舶和港口设施保安规则》涉及港口与船舶的保安与应急，是海上保安与港口保安突发事件应急处置国际合作的基础，具有很强的指导作用，但与应急状态相关性不强，因此适用性一般。

表 16-4　我国海上通道安全应急相关的国际公约适用性

类别	具体文件	适用内容	适用性
国际公约	《国际救助公约》	应急搜救与国际合作	较强
	《国际海上搜寻救助公约》	应急搜救与国际合作	较强
	《国际海上人命安全公约》	涉及海上安保突发事件应急	一般
	《公海公约》	涉及海上安保突发事件应急	一般
	《联合国海洋法公约》	涉及海上安保突发事件应急	一般
	《制止危及海上航行安全非法行为公约》	应急与国际合作	一般
	《国际船舶和港口设施保安规则》	涉及港口与船舶的保安与应急	一般

三、相关预案

(一) 国家层面海上通道安全预警与应急相关预案

目前，我国已建立较为完善的国家突发公共事件应急预案体系，其中涉及我国海上通道安全的有《国家突发公共事件总体应急预案》，国家专项应急预案《国家海上搜救应急预案》以及由交通运输部编制的国务院部门应急预案《水路交通突发事件应急预案》。

1. 《国家突发公共事件总体应急预案》

《国家突发公共事件总体应急预案》是我国的国家总体应急预案，该预案的编制目的是提高政府保障公共安全和处置突发公共事件的能力，最大限度地预防和减少突发公共事件及其造成的损害，保障公众的生命财产安全，维护国家安全和社会稳定，促进经济社会全面、协调、可持续发展。

《国家突发公共事件总体应急预案》中对突发公共事件进行了明确的定义，指突然发生，造成或者可能造成重大人员伤亡、财产损失、生态环境破坏和严重社会危害，危及公共安全的紧急事件。根据突发公共事件的发生过程、性质和机理，将突发公共事件主要分为自然灾害、事故灾难、公共卫生事件和社会安全事件四大类。按照其性质、严重程度、可控性和影响范围等因素，分为Ⅰ级（特别重大）、Ⅱ级（重大）、Ⅲ级（较大）和Ⅳ级（一般）四个等级。

从海上通道安全的内涵来看，涉及突发公共安全事件中的自然灾害、事故灾难与社会安全事件。海上通道突发事件可对突发公共安全事件的定义进行借鉴。《国家突发公共事件总体应急预案》中关于运行机制、应急保障的相关规定同样对我国海上通道安全应急提供了重要的指导。

2. 《水路交通突发事件应急预案》

《水路交通突发事件应急预案》适用于我国境内港口和航道发生的、涉及跨省级行政区划或超出事发地省级交通主管部门处置能力的水路交通突发事件，或由国务院责成的、需要由交通运输部负责处置的特别重大（Ⅰ级）水路交通突发事件的应急处置工作，以及需要由交通运输部提供水路交通运输保障的其他紧急事件。其中，海上人命救助和船舶污染突发事件适用《国家海上搜救应急预案》。

《水路交通突发事件应急预案》的领导机构设在交通运输部，成立水路交通突发事件应急工作领导小组，由交通运输部部长任领导小组组长，分管部领导任副组长，相关业务司局主要领导为成员。

从《水路交通突发事件应急预案》适用的范围来看，其适用于我国境内港口航道发生的水路交通突发事件。由于海上通道安全问题具有很强的国际性，因此该预案不具备很好的适用性，但是对于我国境内的通道安全问题可以起到指导应急的作用。《水路交通突发事件应急预案》中关于应急组织机构的设立和突发事件等级分类的办法对海上通道安全的预警与应急有一定的借鉴意义。

3. 《国家海上搜救应急预案》

《国家海上搜救应急预案》的适用范围是我国管辖水域和承担的海上搜救责任区内海上通道突发事件的应急反应行动，或发生在我国管辖水域和搜救责任区外，涉及中国籍船舶、船员遇险或可能对我国造成重大影响或损害的海上通道突发事件的应急反应行动。其中海上通道突发事件是指船舶、设施在海上发生火灾、爆炸、碰撞、搁浅、沉没、油类物质或危险化学品泄漏以及民用航空器海上遇险造成或可能造成人员伤亡、财产损失的事件。

《国家海上搜救应急预案》的应急领导机构是国家海上搜救部际联席会议，研究、议定海上搜救重要事宜，指导全国海上搜救应急反应工作。在交通运输部设立中国海上搜救中心，作为国家海上搜救的指挥工作机构，负责国家海上搜救部际联席会议的日常工作，并承担海上搜救运行管理机构的工作。部际联席会议成员单位根据各自职责，结合海上搜救应急反应行动实际情况，发挥相应作用，承担海上搜救应急反应、抢险救灾、支持保障、善后处理等应急工作。

首先，从适用范围来看，部分导致海上通道安全威胁的突发事件并不包括在《国家海上搜救应急预案》中，因此《国家海上搜救应急预案》不能应用于全部海上通道安全应急工作中；其次，从应急领导机构来看，由于海上搜救应急工作同海上安全应急工作具有一定的相似性，应急工作的领导机构，开展方式在一定程度上类似，因此《国家海上搜救应急预案》中关于搜救应急组织指挥体系及职责任务的规定具有极其重要的参考价值;最后,由于《国家海上搜救应急预案》所面对的适用对象以及应急的设备人员要求、处理办法等与海上通道安全应急的一部分内容相同,因此该预案是现行预案中对我国海上通道安全预警与应急借鉴意义最大的。

(二)企业层面海上通道安全预警与应急相关预案

当前,企业层面针对海上通道安全应急预案体系结构相对完善,较为充分地考虑到企业内部各类生产运营活动中潜在的风险和突发事件类型,能够为企业当前的经营生产活动提供有力的保障和支持。预案体系分为船舶运输与自然灾害两类,并对每一类事件进行具体细分并制定专项应急预案,如表16-5所示。

表16-5　　　航运企业海上通道突发事件应急专项预案

预案种类	预案名称
船舶运输	《海损事件专项应急预案》
	《船舶机损事件专项应急预案》
	《船舶油污事件专项应急预案》
	《船舶载运危险化学品专项应急预案》
	《航运保卫专项应急预案》
自然灾害	《防抗自然灾害专项应急预案》

关于船舶运输和自然灾害的专项应急预案更是详尽,六项预案将船舶在海上行驶及运营过程中所能发生的各类威胁因素都考虑在内,如表16-6所示,不仅包括船舶驾驶过程中碰撞、搁浅、触礁、触损、浪损、火灾和爆炸、风灾、自沉等九大威胁要素,同时涵盖恐怖袭击事件、海盗袭击事件、涉外刑事案件、涉外突发事件等非传统威胁。

表16-6　　　　　　海上通道安全威胁因素

预案名称	威胁因素
《海损事件专项应急预案》	船舶碰撞、搁浅、触礁、触损、浪损、火灾和爆炸、风灾、自沉及其他事件
《船舶机损事件专项应急预案》	船舶机械设备故障
《船舶油污事件专项应急预案》	船舶碰撞、触损、触礁、搁浅,或者船体结构缺陷,或船舶燃油系统缺陷,或人为操作失误

续表

预案名称	威胁因素
《船舶载运危险化学品专项应急预案》	危险化学品本身易燃易爆等货物特性
《航运保卫专项应急预案》	恐怖袭击事件、海盗袭击事件、涉外刑事案件、涉外突发事件等
《防抗自然灾害专项应急预案》	热带气旋、寒潮、温带气旋、海啸、地震、沙暴、低温、高温、雷电、冰雹、龙卷风等自然灾害

第二节 我国海上通道安全预警与应急组织现状

目前,我国海上通道安全预警与应急工作分为宏观与微观两个层面。宏观层面是国家层面,国家是海上通道安全预警与应急的重要主体,承担着海上通道预警与应急的主要任务,国家相关部门、机构与国家应急有关机制共同构成了国家海上通道安全预警与应急组织体系;微观层面是企业层面,从事海上运输的航运企业针对生产经营中的风险,具有一套完整的应急组织机构。

一、我国海上通道安全预警与应急统筹管理体系

依托国家应急管理工作的组织体系,我国正逐步形成和完善海上通道安全预警与应急管理,尤其是处理重大海上突发事件的统筹管理体系。

(一)国家应急管理工作组织体系

国家应急管理工作组织体系分为领导机构、办事机构、工作机构、地方机构和专家组五个主要部分。

领导机构:国务院是突发公共事件应急管理工作的最高行政领导机构。在国务院总理领导下,通过国务院常务会议和国家相关突发公共事件应急指挥机构,负责突发公共事件的应急管理工作。必要时,派出国务院工作组指导有关工作。

办事机构:国务院应急管理办公室属于国务院办公厅,是国家应急管理工作组织体系的办事机构,履行值守应急、信息汇总和综合协调职责,发挥运转枢纽作用。

工作机构：国务院有关部门依据有关法律、行政法规和各自职责，负责相关类别突发公共事件的应急管理工作。具体负责相关类别的突发公共事件专项和部门应急预案的起草与实施，贯彻落实国务院有关决定事项。

地方机构：地方各级人民政府是本行政区域突发公共事件应急管理工作的行政领导机构，负责本行政区域各类突发公共事件的应对工作。

专家组：国务院和各应急管理机构建立各类专业人才库，可以根据实际需要聘请有关专家组成专家组，为应急管理提供决策建议，必要时参加突发公共事件的应急处置工作。

（二）国家海洋委员会

此次重组国家海洋局的方案中提出要设立高层次议事协调机构国家海洋委员会来负责统筹协调海洋重大事项，并规定国家海洋委员会的具体工作由国家海洋局承担。① 国家海洋委员会的具体设立情况和职责构成尚未出台，但国家海洋委员会将为我国海上通道安全预警与应急组织体系的完善与发展提供一个重要契机，在国家海洋委员会的框架下建立海上通道安全预警与应急机制，不仅将获得国家层面的支持，而且海上通道重大突发事件应急和处理可以通过国家海洋委员会的统筹协调框架来得到实施。

（三）海上搜救、溢油部际联席会议制度

部际联席会议是为了协商办理涉及国务院多个部门职责的事项，由国务院批准建立，各成员单位按照共同商定的工作制度来及时沟通情况，协调不同意见，以推动某项任务顺利落实的工作机制。它是行政机构最高层次的联席会议制度。

目前，针对海上通道安全应急，我国分别于2005年建立了国家海上搜救部际联席会议制度，于2012年建立了国家重大海上溢油应急处置部际联席会议制度。由交通运输部牵头，涵盖了国务院应急办、外交部、国家发改委、公安部、农业部、卫生部、海关总署、民航总局、安全监管总局、气象局、海洋局、总参谋部、海军、空军、武警部队、民政部、信息产业部、中石油、中石化、中海油、中远集团和中国海运集团等26个联席会议成员单位。

国家海上搜救部际联席会议是为切实加强对全国海上搜救和船舶污染事故应急反应工作的组织领导，协调、整合各方力量，形成政府统一领导、部门各司其职、快速反应、团结协作、防救结合的工作格局，提高海上通道突发事件应急反

---

① 吕靖、朱乐群、李晶：《新机构改革背景下的我国近洋通道安全保障探析》，载《中国软科学》2013年第12期，第18～23页。

应能力,最大限度地减少人员伤亡、财产损失和环境污染而建立的。其主要职责是:在国务院领导下,统筹研究全国海上搜救和船舶污染应急反应工作,提出有关政策建议;讨论解决海上搜救工作和船舶污染处理中的重大问题;组织协调重大海上搜救和船舶污染应急反应行动;指导、监督有关省、自治区、直辖市海上搜救应急反应工作;研究确定联席会议成员单位在搜救活动中的职责。中国海上搜救中心是联席会议的办事机构,负责联席会议的日常工作。联席会议设联络员工作组,由联席会议成员单位的有关司局负责同志担任联络员。中国海上搜救中心负责召集联络员工作组会议。

国家重大海上溢油应急处置部际联席会议制度是为建立统一指挥、反应灵敏、协调有序、运转高效的海上应急管理机制,有效整合各方力量,切实提高重大海上溢油应急处置能力,全力维护我国海洋环境安全、清洁而建立的。主要职能是:在国务院领导下,研究解决国家重大海上溢油应急处置工作中的重大问题,提出有关政策建议;研究、审议国家重大海上溢油应急处置预案;研究国家重大海上溢油应急能力建设规划;组织、协调、指挥重大海上溢油应急行动;研究评估重大海上溢油事故处置情况;指导、监督沿海地方人民政府、相关企业海上溢油应急处置工作。办事机构同样设置在中国海上搜救中心。

二、海上通道安全预警与应急相关政府部门

我国海上通道安全预警与应急相关机构错综复杂、涉及部门众多。应急部门主要涉及中央军委总参作战部、公安部边防管理局、交通运输部海事局、救助打捞局、农业部渔业局、国土资源部国家海洋局、海关总署以及沿海地方各级人民政府等。①

2013 年 3 月全国人大通过的《国务院机构改革和职能转变方案》中提出重新组建国家海洋局的具体方案,对我国海上通道安全预警与应急相关机构进行了大幅度地调整。将现国家海洋局及其中国海监、公安部边防海警、农业部中国渔政、海关总署海上缉私警察的队伍和职责整合,重新组建国家海洋局,由国土资源部管理。主要职责是拟订海洋发展规划、实施海上维权执法、监督管理海域使用、海洋环境保护等。国家海洋局以中国海警局名义开展海上维权执法,接受公安部业务指导。此次机构改革之后,我国海上通道安全预警与应急机构如图 16-1 所示。

---

① 王杰、陈卓:《我国海上执法力量资源整合研究》,载《中国软科学》2014 年第 6 期,第 25~33 页。

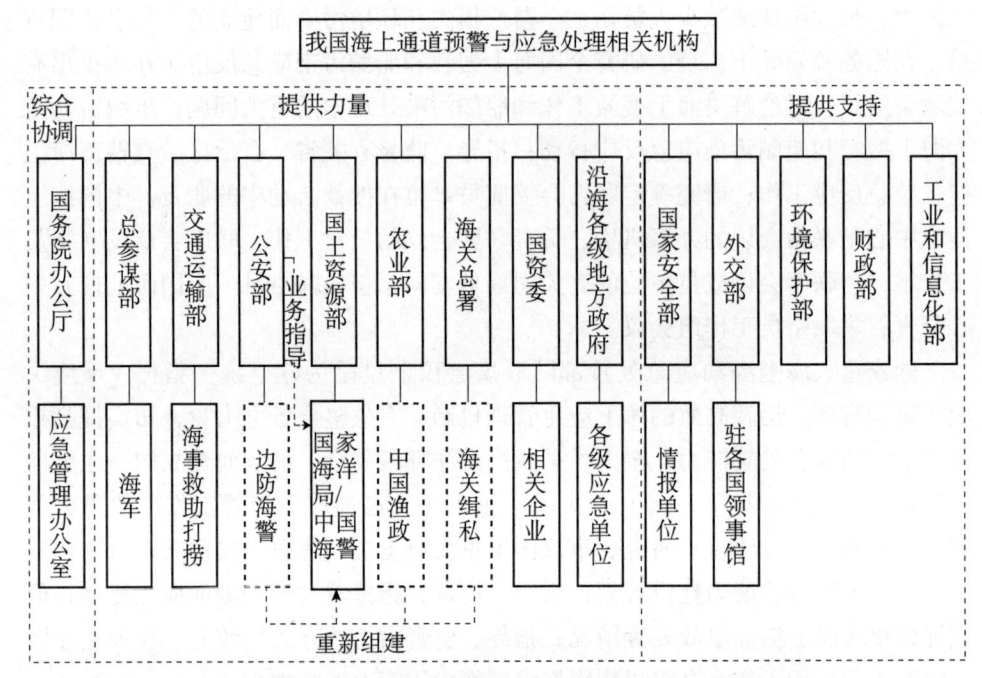

图 16-1　我国海上通道安全预警与应急机构

```
                    我国海上通道预警与应急处理相关机构
  ┌─────────┬──────────────────提供力量──────────────────┬──────────────提供支持──────────────┐
  综合                                                                                        
  协调                                                                                        
  │          │      │      │      │      │      │      │      │      │      │      │      │
国务院     总参   交通   公安   国土   农业   海关   国资   沿海各  国家   外交   环境   财政   工业和
办公厅     谋部   运输   部    资源   部    总署   委    级地方  安全   部    保护   部    信息化
                  部   「业务 部                         政府    部          部          部
                        指导」
                  │      │      │      │      │      │      │      │      │
应急      海军   海事   边防   国家   中国   海关   相关   各级   情报   驻各国
管理            救助   海警   海洋   渔政   缉私   企业   应急   单位   领事馆
办公室          打捞          局/中国              单位
                              海警
                        └──重新组建──┘
```

众多部门在海上通道安全预警与应急中承担各自的职责并发挥相应的作用，提供应急力量的各个部门基本情况如表 16-7 所示。

表 16-7　　我国海上通道安全预警与应急力量与职责

机构		主要职能
海军		确保非常时期海上通道畅通、突发事件应急救援
交通运输部海事局		海上安全监督、防止船舶污染、航海保障管理
交通运输部救助打捞局		人命救助、沉船沉物打捞、港口及航道清障、溢油应急清除
沿海地方各级人民政府		负责各行政区域内应急工作
海警	公安部边防管理局	海上治安管理、渔船民管理、打击违法犯罪
	国土资源部国家海洋局	巡航监视查处侵犯海洋权益、损害海洋环境与资源、扰乱海上秩序等违法违规行为
	农业部渔政局	处理涉外渔业事件、监督管理海外渔业生产、水域港航安全秩序的监督管理
	海关总署走私犯罪侦查局	查缉走私

（一）海军——中国人民解放军海军

中国人民解放军海军是我国海上通道突发事件应急的重要力量，是应对海上通道外部安全威胁的重要主体，我国海军基本情况如图 16-2 所示。中国海军在未来的战略任务大致涵盖了三个层次：近海防御（黄水）、保护领海和领土完整与权益（绿水）和确保中国海上生命线的畅通（蓝水）。长久以来，海军在海上通道突发事件的应急中，尤其是海上自然灾害的救助中发挥了重要的作用。从近期海军亚丁湾护航行动来看，海军在我国海上通道突发事件应急，尤其是应对我国领海之外的海上通道安全威胁中占据着独一无二的重要地位。

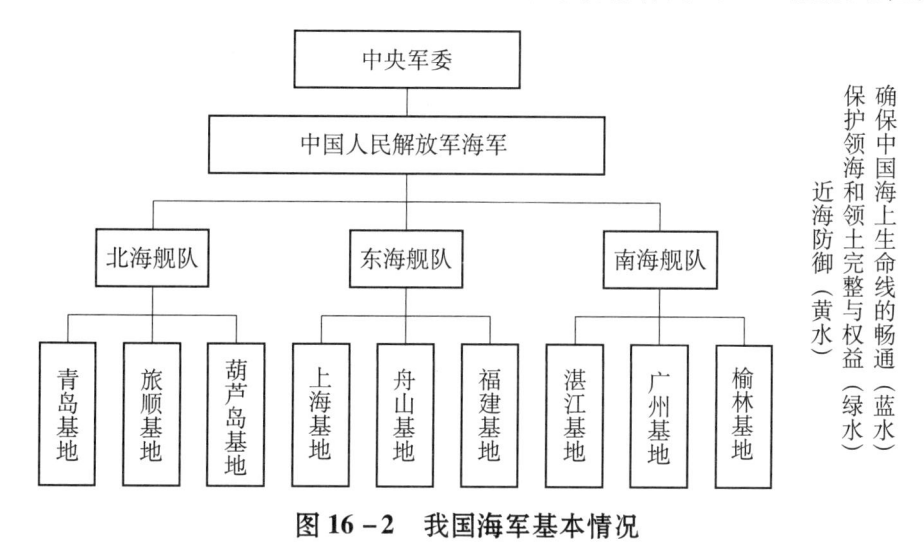

图 16-2 我国海军基本情况

中国海军下辖三个舰队，分别是北海舰队、东海舰队和南海舰队。每支舰队下辖水警区、舰艇支队、舰艇大队等。北海舰队是中国海军唯一拥有核动力弹道导弹潜艇的队伍，司令部设于山东青岛，下辖青岛基地（辖威海、胶南水警区）、旅顺基地（辖大连、营口水警区）、葫芦岛基地（辖秦皇岛、天津水警区），其中葫芦岛基地为核潜艇母港。东海舰队负责防卫中国东海水域的安全，司令部设在浙江宁波，下辖上海基地（辖连云港、吴淞水警区）、舟山基地（辖定海、温州水警区）、福建基地（辖宁德、厦门水警区）。南海舰队负责防卫南海水域，特别是南海诸岛的安全，司令部设在广东湛江，下辖湛江基地（辖湛江、北海水警区）、广州基地（辖黄埔、汕头水警区）、榆林基地（辖海口、西沙水警区）。

(二) 海警——公安部边防管理局

中国公安边防海警部队的主要任务是打击包括海盗和海上恐怖主义在内的海上犯罪，主要负责维护海上通道治安安全，是应对海上通道安保突发事件的主要力量之一。与其他部门的海上安全突发事件应急力量相比，海警是我国唯一的海上武装突发事件应急力量。我国海警基本情况如图16-3所示。

```
              国务院
                │
              公安部
                │
          公安部边防管理局
                │
        中国公安边防海警部队
                │
  ┌─────────────────────────────┐
  │ 福建、广东、山东、浙江、海南、广西、│
  │ 河北、江苏、天津、上海等20个海警支队 │
  └─────────────────────────────┘
```

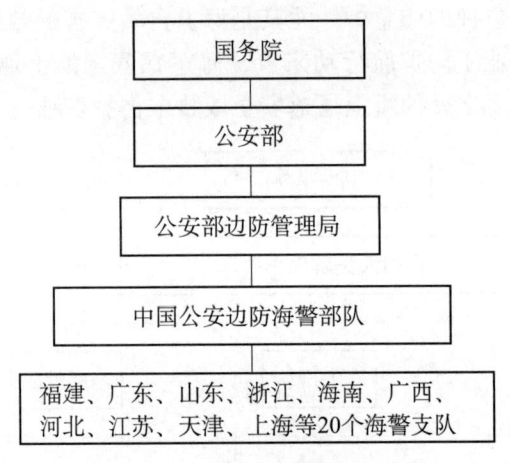

图16-3 我国海警基本情况

1982年，海军为了维护海上治安问题，抽调一部分人组建海上公安巡逻队，于1988年更名为海警，归公安边防领导。公安边防海警直属于公安部边防局，主要负责近海海上治安管理及渔船民管理，打击各种违法犯罪，处理在海上发生的刑事案件。编制列入中国人民武装警察边防部队序列，是由公安部领导管理的现役部队。鉴于公安边防海警部队所担负的任务，并在中国海上执法体系中所占的地位和能力也是首屈一指，故也被称为中国的"海岸警卫队"，在对外交流中常常扮演协调和牵头的角色。海警部队目前最大的编制是隶属各边防总队的正团级支队，全国共有20个海警支队，分别为：福建边防总队海警一支队（福建福州）、二支队（福建泉州）、三支队（福建厦门）；广东边防总队海警一支队（广东广州）、二支队（广东汕头）、三支队（广东湛江）；辽宁边防总队海警一支队（辽宁大连）、二支队（辽宁丹东）；山东边防总队海警一支队（山东威海）、二支队（山东青岛）；浙江边防总队海警一支队（浙江台州）、二支队（浙江宁波）；海南边防总队海警一支队（海南海口）、二支队（海南三亚）；广西边防总队海警一支队（广西北海）、二支队（广西防城港）；河北边防总队海警支队（河北秦皇岛）；江苏边防总队海警支队（江苏太仓）；天津边防总队海警支队；上海边防总队海警支队。

(三) 海事——交通运输部海事局

海事局在我国海上通道突发事件应急中主要负责应对海上通道内如海上船舶事故、海上船舶污染等突发事件，是我国领海范围内应对海上通道突发事件，组织、协调和指导海上搜寻救助的重要部门。中华人民共和国海事局基本情况如图16-4所示。

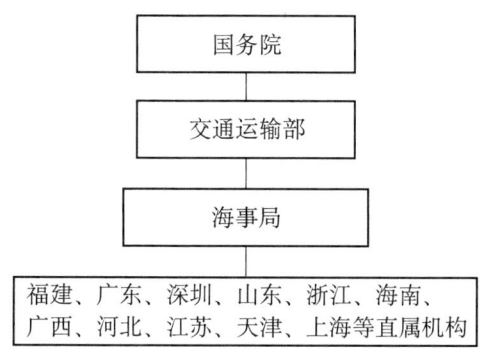

```
        国务院
          │
       交通运输部
          │
        海事局
          │
福建、广东、深圳、山东、浙江、海南、
广西、河北、江苏、天津、上海等直属机构
```

图 16-4　中华人民共和国海事局基本情况

1998年，随着对外贸易不断增多，原国家港务监督局和船舶检验局合并，组建交通运输部海事局，主要负责商船及航道管理。海事局为交通运输部直属机构，实行垂直管理体制，根据法律、法规的授权，海事局负责我国海上安全监督和防止船舶污染、船舶及海上设施检验、航海保障管理和行政执法，并履行交通运输部安全生产等管理职能。单从人数上看，海事局两倍于公安边防海警，达到两万人，从担负的任务和职责来看，海事局也确实是仅次于公安边防海警的重要海上保障力量。目前海事局下设的直属海事机构包括：天津海事局、河北海事局、辽宁海事局、黑龙江海事局、山东海事局、江苏海事局、上海海事局、浙江海事局、广东海事局、深圳海事局、福建海事局、广西海事局、长江海事局、海南海事局。

(四) 救助打捞——交通运输部救助打捞局

交通运输部救助打捞局主要负责我国水域内海上通道突发事件的应急反应，是我国海上通道突发事件应急的专业力量。交通运输部救助打捞局是我国唯一一支国家级海上专业救助打捞力量，承担着中国水域发生的海上事故的应急反应、人命救助、船舶和财产救助、沉船沉物打捞、海上消防、清除溢油污染及为海上运输和海上资源开发提供安全保障等多项使命。我国救助打捞局基本情况如图16-5所示。

```
                    ┌─────────┐
                    │ 国务院  │
                    └────┬────┘
                         │
                    ┌─────────┐
                    │交通运输部│
                    └────┬────┘
                         │
                    ┌─────────┐
                    │救助打捞局│
                    └────┬────┘
         ┌───────────────┼───────────────┐
   ┌──────────┐    ┌──────────┐    ┌──────────────┐
   │北海救助局│    │烟台打捞局│    │北海第一救助飞行队│
   │东海救助局│    │上海打捞局│    │东海第一救助飞行队│
   │南海救助局│    │广州打捞局│    │东海第二救助飞行队│
   └──────────┘    └──────────┘    │南海第一救助飞行队│
                                    └──────────────┘
```

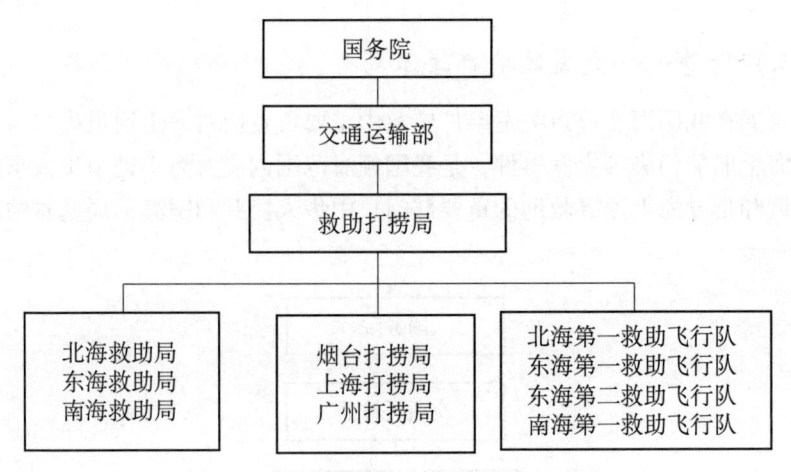

图 16－5　我国救助打捞局基本情况

交通运输部救助打捞局负责航行在我国沿海水域的国内外船舶、海上设施和遇险的国内外航空器及其他方面的人命救助和海上消防工作。负责船舶和海上设施财产救助、沉船沉物打捞、港口及航道清障、沉船存油和难船溢油的应急清除；提供水上、水下工程作业服务；承担国家指定的特殊的政治、军事、救灾等抢险救助、打捞任务。负责救助打捞系统交通战备组织协调工作；履行有关国际公约和双边海运协定等国际义务。负责统一部署救助船舶、直升机（飞机）等救助值班待命力量；承担实施有关救助指挥调度和协调工作。负责管理与海（水）上救助和打捞有关的涉外事宜；组织开展对外业务合作与技术交流。交通运输部救助打捞局下设北海救助局、东海救助局、南海救助局、烟台打捞局、上海打捞局、广州打捞局、北海第一救助飞行队、东海第一救助飞行队、东海第二救助飞行队、南海第一救助飞行队。

（五）渔政——农业部渔业局、渔政指挥中心

我国的渔政部门主要负责涉及渔船的海上通道突发事件处理。1988年，农业部为了管理海洋渔业，成立了渔业局。农业部渔政指挥中心成立于2000年5月17日，是直属农业部的正局级机构，加挂"中国渔政指挥中心"牌子。农业部下设直属单位黄渤海、东海、南海渔政局，我国渔政基本情况如图16－6所示。

（六）海监——国土资源部国家海洋局

我国海监的主要任务在于对我国管辖海域的巡航监视，保障我国管辖海域内海上通道的通行。随着近年来我国海监力量的不断发展与壮大，海监将成为我国

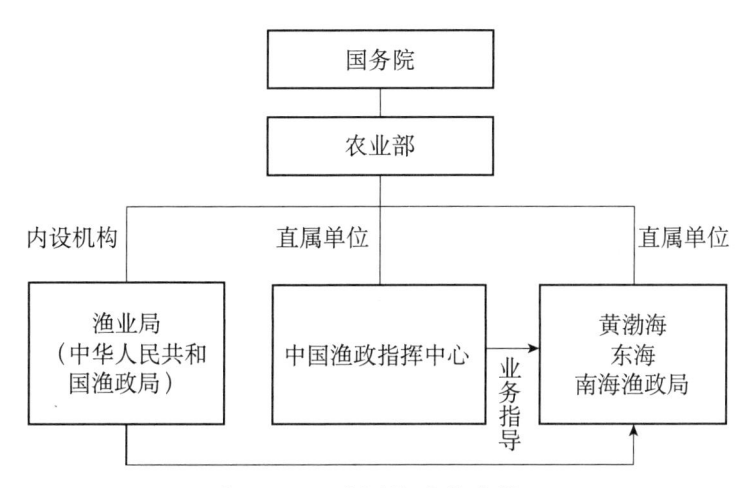

```
                        ┌─────────┐
                        │  国务院  │
                        └────┬────┘
                             │
                        ┌────┴────┐
                        │  农业部  │
                        └────┬────┘
         内设机构          直属单位           直属单位
    ┌────────┐      ┌──────────────┐      ┌──────────┐
    │ 渔业局  │      │中国渔政指挥中心│      │ 黄渤海   │
    │(中华人民│      │              │─业务─▶│ 东海     │
    │共和国渔 │      │              │ 指导  │ 南海渔政局│
    │ 政局)  │      └──────────────┘      └──────────┘
    └────────┘
```

图 16-6　我国渔政基本情况

海上通道安全保障的又一支柱力量。我国海监基本情况如图 16-7 所示。

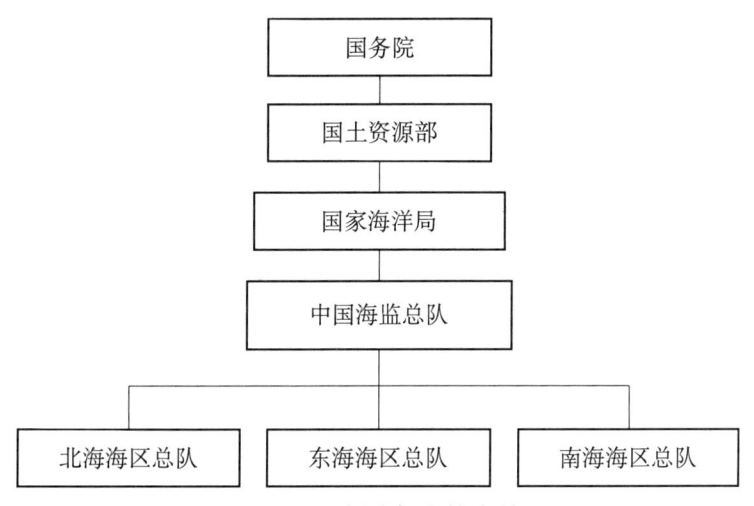

```
              ┌─────────┐
              │  国务院  │
              └────┬────┘
              ┌────┴──────┐
              │ 国土资源部 │
              └────┬──────┘
              ┌────┴──────┐
              │ 国家海洋局 │
              └────┬──────┘
              ┌────┴──────┐
              │中国海监总队│
              └────┬──────┘
       ┌───────────┼───────────┐
  ┌────┴────┐ ┌────┴────┐ ┌────┴────┐
  │北海海区 │ │东海海区 │ │南海海区 │
  │  总队   │ │  总队   │ │  总队   │
  └─────────┘ └─────────┘ └─────────┘
```

图 16-7　我国海监基本情况

中国海监总队成立于 1998 年，主要职能是依照有关法律和规定，对管辖海域（包括海岸带）实施巡航监视，查处侵犯海洋权益、违法使用海域、损害海洋环境与资源、破坏海上设施、扰乱海上秩序等违法违规行为，并根据委托或授权进行其他海上执法工作。中国海监总队下设北海、东海及南海 3 支海区总队，是国家海洋局领导下、中央与地方相结合的行政执法队伍，由国家、省、市、县四级海监机构共同组成。其领导机构国家队伍由中国海监北海海区总队、中国海监东海海区总队、中国海监南海海区总队 3 个海区总队，及其所属的 9 个海监支队、3 个航空支队、3 个维权支队组成；地方队伍由 11 个省（自治区、直辖市）

总队，52 个地、市级海监支队，189 个县、市级海监大队组成；另外还包括 7 个国家级海洋自然保护区支队和 1 个自然保护大队。队伍总人数逾 7 000 人。由于担负巡视中国各专属经济区的职责，海监总队的规模较渔政和海关缉私部门要大，但小于海事局。

（七）海关缉私——海关总署走私犯罪侦查局

海关缉私的主要职责在于打击走私和口岸管理，在我国海上通道安全保障中发挥的作用较小。根据有关法律，我国海关主要承担 4 项基本任务：监管进出境运输工具、货物、物品；征收关税和其他税费；查缉走私；编制海关统计，以及办理其他海关业务，主要履行通关监管、税收征管、加工贸易和保税监管、海关统计、海关稽查、打击走私、口岸管理等 7 项职责。1999 年，海关总署走私犯罪侦查局成立，打击走私是海关总署下属缉私部门的重要职责。

三、企业层面海上通道安全预警与应急组织机构

应对生产经营活动中可能出现的各项风险是企业安全生产的重点，因此航运企业针对突发事件应急设置了完善的内部组织机构。以国内某航运企业为例，针对海上运输过程中可能发生的突发事件，设计的具体应急组织体系如图 16-8 所示。领导核心是总公司应急领导小组，并在总公司调度室设立应急指挥办公室；海事应急处置工作小组与应急处置专家小组提供专业性的应急处置方案与建议；总公司机关各职能部门，包括运输部、安全技术监督部、人力资源部、党组工作部、财务部、集团工会、监督部、战略发展部、研发中心等职能部门在体系中起到支持配合作用；在事故前方由直属、代管单位应急领导小组和工作小组分别负责联系调度和现场指挥。

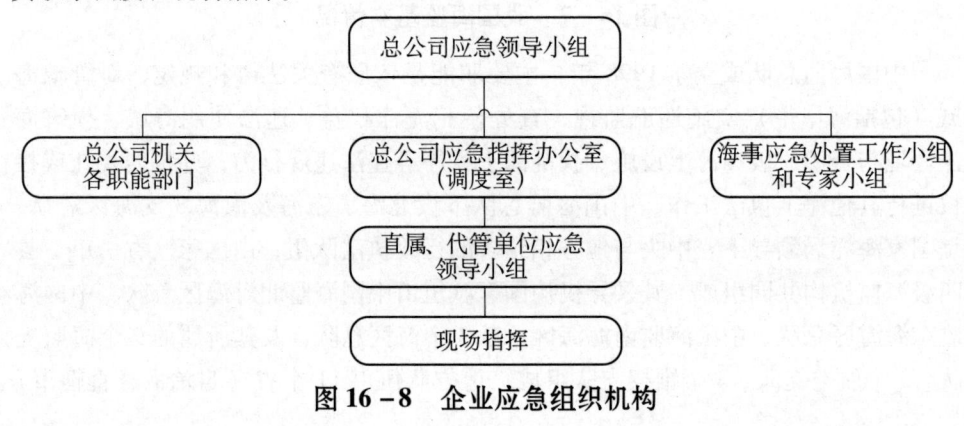

图 16-8　企业应急组织机构

其中海事应急处置工作小组安排安全技术监督部总经理作为组长，安排安全技术监督部副总经理、相关部门负责人作为副组长，组员大致包括运输调度室经理、商务室经理、安全技术监督部总船长、安全技术监督部总轮机长、安全技术监督部海务室经理、机务管理室经理、航运保卫室经理、劳动和陆上安全管理室经理、综合管理室经理、人力资源部船员管理室经理、党工部宣传室经理，或由应急领导小组组长临时指定部门、室的负责人。

第三节　我国海上通道安全预警与应急流程现状

我国在国家层面和航运企业层面构建的应对海上通道安全威胁的预警与应急预案，明确了应对海上通道安全威胁的预警和应急流程。

一、国家层面预警与应急流程分析：以《海上搜救应急预案》为例

根据《海上搜救应急预案》，海上搜救应急流程分为险情报警、险情响应、险情处置和险情善后四个阶段，如图16-9所示。

（一）险情报警阶段

在接到海上遇险信息后，海上搜救机构通过直接或间接的途径对海上遇险信息进行核实与分析。

（二）险情响应阶段

核实信息之后进入险情响应阶段。若发生海上通道突发事件，且事发地在本责任区，按规定启动本级预案；若事发地不在本责任区的，接警的海上搜救机构应立即直接向所在责任区海上搜救机构通报，并同时向上级搜救机构报告；中国海上搜救中心直接接到的海上通道突发事件报警，要立即通知搜救责任区的省级海上搜救机构和相关部门；若海上通道突发事件发生在香港特别行政区水域、澳门特别行政区水域和中国台湾、金门、澎湖、马祖岛屿附近水域的，可由有关省级搜救机构按照已有搜救联络协议进行通报，无联络协议的，由中国海上搜救中心予以联络。若海上通道突发事件发生地不在我国海上搜救责任区的，中国海上

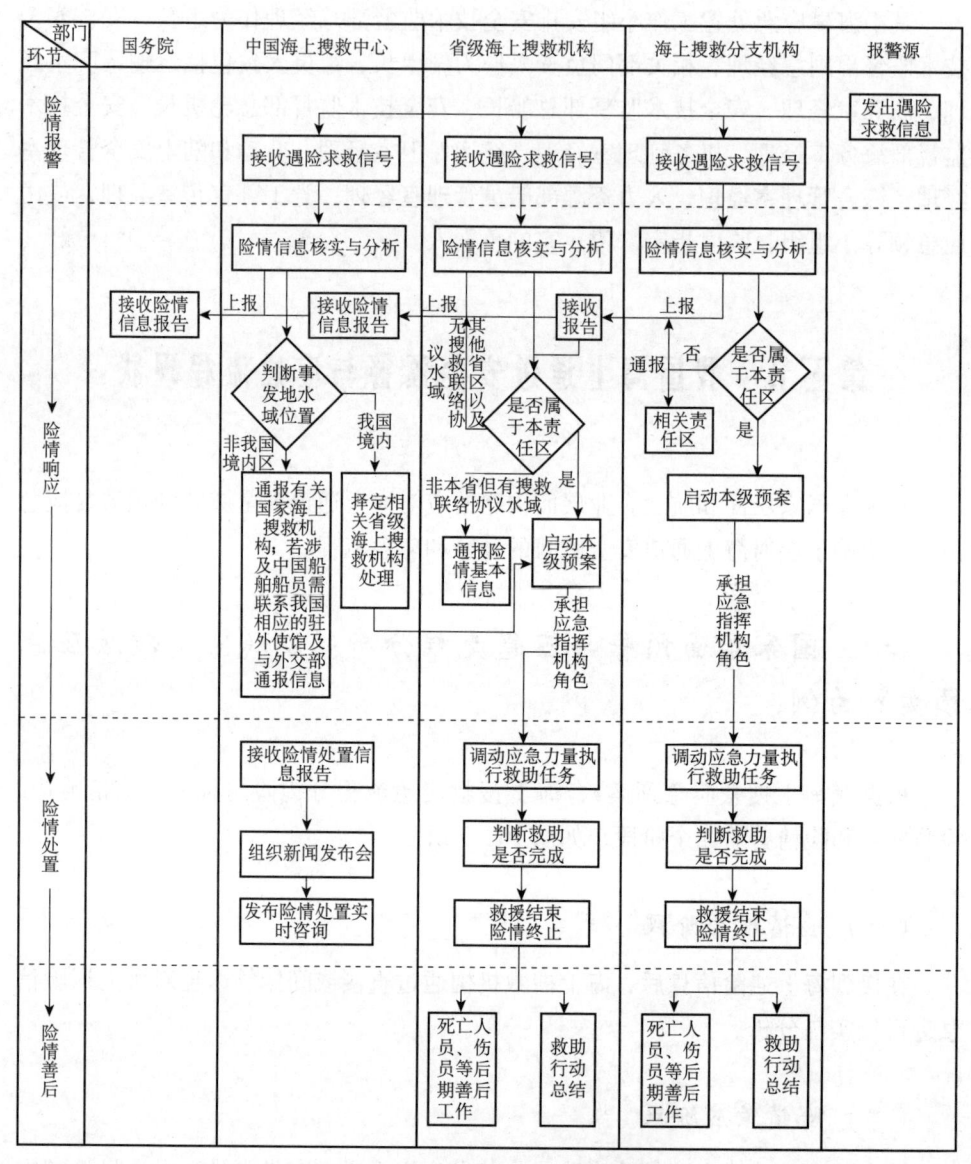

图 16-9　海上搜救应急流程

搜救中心应通报有关国家的海上搜救机构。有中国籍船舶、船员遇险的,中国海上搜救中心除按上述相关要求报告外,还应及时与有关国家的海上搜救机构或我驻外使领馆联系,通报信息,协助救助,掌握救助进展情况,并与外交部互通信息。涉及海上保安事件,按海上保安事件处置程序处理和通报;涉及船舶造成污染的,按有关船舶油污应急反应程序处理和通报。

（三）险情处置阶段

最初接到海上通道突发事件信息的海上搜救机构自动承担应急指挥机构的职责，并启动预案反应，直至海上通道突发事件应急反应工作已明确移交给责任区海上搜救机构，或上一级海上搜救机构指定新的应急指挥机构时为止。应急指挥机构按规定程序向上一级搜救机构请示、报告和做出搜救决策。实施应急行动时，应急指挥机构可指定现场指挥。在险情确认后，承担应急指挥的机构立即进入应急救援行动状态：按照险情的级别通知有关人员进入指挥位置；在已掌握情况基础上，确定救助区域，明确实施救助工作任务与具体救助措施；根据已制定的应急预案，调动应急力量执行救助任务；通过船舶报告系统调动事发附近水域船舶前往实施救助；建立应急通信机制；指定现场指挥；动用航空器实施救助的，及时通报空管机构；事故救助现场需实施海上交通管制的，及时由责任区海事管理机构发布航行通（警）告并组织实施管制行动；根据救助情况，及时调整救助措施。

（四）险情善后阶段

判断救助已经终止则进入善后阶段，主要包括善后处置与搜救经验总结。善后处置工作包括：伤员的处置，即当地医疗卫生部门负责获救伤病人员的救治；获救人员的处置，即当地政府民政部门或获救人员所在单位负责获救人员的安置，港澳台或外籍人员，由当地政府港澳台办或外事办负责安置，外籍人员由公安部门或外交部门负责遣返；死亡人员的处置，即当地政府民政部门或死亡人员所在单位负责死亡人员的处置，港澳台或外籍死亡人员，由当地政府港澳台办或外事办负责处置。搜救效果和应急经验总结包括：按照分级调查的原则进行海上搜救效果的调查工作，和按照国家有关规定进行海上交通事故的调查处理工作。应急经验总结要按照分级总结的原则，由海上搜救机构负责，通常海上搜救分支机构负责一般和较大应急工作的总结；省级海上搜救机构负责重大应急工作的总结；中国海上搜救中心负责特大应急工作的总结。

二、企业层面预警与应急流程分析：以某航运企业为例

航运企业结合自身特点，针对海上船舶突发事件设置的海上应急处置流程，主要分为三个阶段，即不明阶段、警戒阶段和遇险阶段，如图16-10所示。

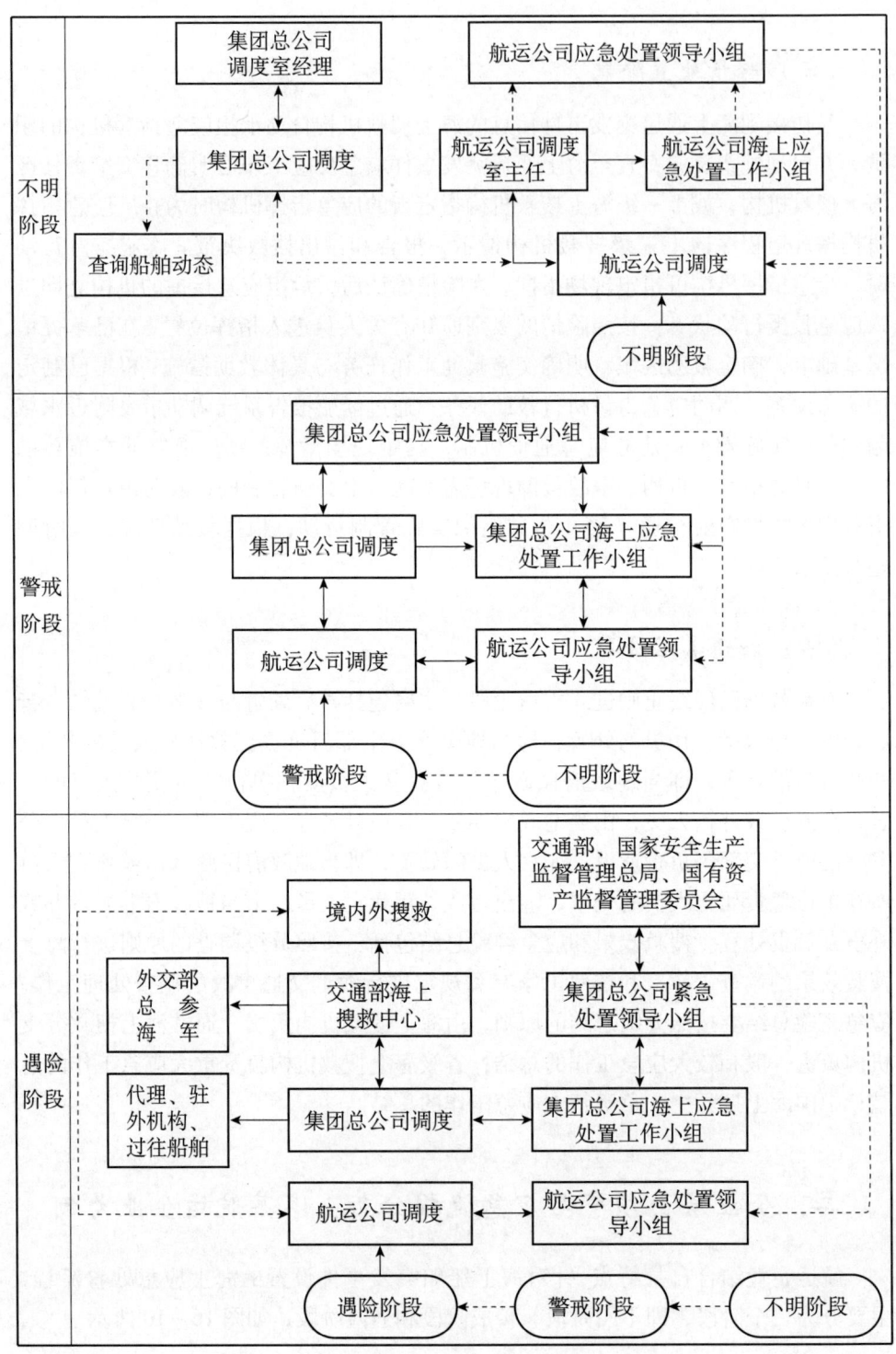

图 16-10 航运企业海上应急处置程序流程

（一）不明阶段

在不明阶段中，航运公司调度发现突发事件，向航运公司调度室主任进行上报，并在航运公司调度室主任、航运公司应急处置工作小组和航运公司领导小组各层级间进行逐级上报，与此同时，航运公司调度也需将情况上报集团总公司调度，集团总公司调度在实时查询船舶动态的同时上报集团总公司调度室经理。

（二）警戒阶段

在警戒阶段，所涉及的组织机构包括三个层次，最高层为集团总公司应急处置领导小组，第二层为集团总公司调度和集团总公司海上应急处置工作小组，第三层为事发船舶所属的航运公司调度和航运公司应急处置领导小组，各层级之间和各层级内部，甚至跨层级之间，需要保持及时准确的沟通，调度室经理随时了解事发现场的状况，及时向集团调度和航运公司应急领导小组汇报，而后两者向集团应急处置工作小组汇报，集团调度和应急工作小组继续向领导小组汇报情况，由最高层制定决策，逐级向下分配任务，保证良好的双向沟通，最终在突发事件发生后，明确事件的类别、性质和严重程度。

（三）遇险阶段

在遇险阶段，需要国家相关部门的参与协助，集团领导小组需要将有关情况及相关决策上报交通运输部、国家安全生产监督管理总局、国有资产监督管理委员会进行批示，集团总公司调度则需要与交通运输部海上搜救中心保持密切联系，同时向代理、驻外机构、过往船舶进行求助，交通运输部海上搜救中心进行境内外搜救的同时，需要外交部、总参、海军的相关协助。另外，集团紧急处置领导小组可以直接对航运公司应急领导小组进行任务指派，而航运公司调度也参与到境内外搜救过程中。

第四节　我国海上通道安全预警与应急存在的问题分析

我国在海上通道安全威胁的预警与应急管理体系已经初步形成，但是在法律制度、组织机构以及应急流程等方面还存在着一定的问题，尚需进一步加以完善。

一、机构方面

（一）海上通道安全应急机构进一步统一

此次机构改革，将之前的五家机构进行了大幅精简，国家海洋局与交通运输部海事局将成为海上通道安全预警与应急的主要机构，机构的合并使得主体进一步明确与统一，各主体的职责划分进一步清晰。海事与海警将成为海上通道安全预警与应急的重要主体，可以联合处置各类海上通道突发事件。

（二）海上通道应急力量进一步集中

中国海警局结合了之前海监、海警、渔政和缉私警察力量，将原本分散的力量统一在了一起，形成合力。力量的集中使得原有各家机构的码头、舰艇船舶、通信和监控系统进一步整合，淘汰吨位较小的船舶和技术水平落后的装备。力量整合后，国家下一步的资源投入方向将更为清晰，可以更有效率地更新符合我国海上通道安全应急需要的大型船舶和先进装备，大幅提升我国应对通道安全突发事件的能力。

（三）机构设置仍需进一步整合

此次机构改革虽然取得了重大的突破，但仍遗留一些问题，例如新成立的海警局受国土资源部和公安部的双重领导。同时，在海上通道突发事件应急上海事与海警仍存在一定的职能重叠，两个机构的职责仍存在一定的交叉。因此，仍需要进一步整合，避免双重领导与职责交叉。

（四）仍然缺乏统一应急机制

海上通道突发事件应急往往涉及面广，影响范围大，实施难度高，需要国内多个部门的共同参与通力完成。我国海上通道应急六大主要力量分别隶属于中央军委与国务院，涉及四个国务院组成部门和一个国务院直属机构，应急机构众多且分属部门不同，目前仅有针对海上搜救和海上重大溢油突发事件的部际联席会议机制，长期以来一直缺乏一个统一的机制协调各机构之间的工作。海上通道突发事件应急问题往往需要各个部门与机构之间相互配合，例如渔船与货船相撞造成的海上交通事故需要海事部门与渔政部门的共同处理，油轮的溢油事件也需要海事部门与海洋局的配合，而应对其他威胁因素，例如中南海海盗活动等，就需要海事部门同海警部门的配合。各机构分别从自身职责的角度开展突发事件应急，各机构之间协调配合困难，缺乏一个统一的机制负责指挥和协调各机构之间的联合行动。

（五）缺乏统一的海上通道安全预警机制

目前，我国仍缺乏统一的海上通道安全预警机制，并且尚未明确由哪个机构承担海上通道安全预警职能。现有部门中，交通运输部海事局与海上搜救中心负责发布相关航行通告以及防海盗袭击通告，但均未形成完善的预警机制。

（六）企业层面机构设置过于独立缺乏与国家联系

目前，企业层面针对海上通道突发事件所设计的应急组织机构充分调动了企业内部由上至下的应急资源与应急能力，能够较好地应对突发事件，但缺乏从预警到应急处置环节每一步与国家相关部门之间的联系，未能设置专门的机构负责与国家相关部门之间的沟通协调，没有能够达到充分利用国家预警与应急资源的目的。

二、法律法规方面

（一）法律体系缺乏完整性

目前，应急状态下海上通道安全法律保障体系尚不成熟，从我国已实施的法律来看，虽然颁布了《港口法》《海上交通安全法》等法律，但缺乏涉及海上运输活动各个主体的相关法律，例如对海上运输活动进行统一规定的《航运法》《船舶法》与《船员法》。就军事法规方面而言，其缺乏军队参与海上通道突发事件应急的相关法规。这一系列法律法规的缺失，导致我国应急状态下海上通道安全保障法律体系不完整，难以在海上通道突发事件应急的各个方面提供有利的法律保障。

（二）行政法规与法律不具备配套性

目前，我国涉及应急状态下海上通道安全保障的法律共有七部，而行政法规只有五部。在现有法规中，虽然有根据《国防动员法》编制的《民用运力国防动员条例》，根据《国防法》编制的《国防交通条例》与《军队参加抢险救灾条例》，但尚无根据《突发事件应对法》编制的、与应急状态下海上通道安全保障相关的法规。由此不难看出，我国缺乏与现有法律相配套且可操作性强的行政法规是一个不争的事实。同时，由于海上通道突发事件的应急所涉及的主体多，处置的复杂性和技术性都很强，亦导致了在应急处置中，虽有不配套的法律法规条文可依，但实际指导和保护作用却不大。

（三）法律法规制定缺少针对性

现有涉及应急状态下海上通道安全的法律法规适用范围过于广泛，缺少针对性。例如《突发事件应对法》，其适用范围涵盖了自然灾害、事故灾难、公共卫生事件和社会安全事件等所有突发事件，十分广泛。然而，由传统安全威胁和非传统安全威胁相互交织所引起的各种海上通道突发事件种类众多，同时，不同种类的突发事件又各具其特殊性，相应的应急也具有其独特要求。在对某一假想突发事件进行情景描述的实践中，仅凭现有的、颇具原则性语句的法律法规，很难为海上通道安全应急提供有效的法律保障。

（四）法律法规适用欠缺全面性

现有法律法规适用的海上通道突发事件多为船舶交通事故、船舶污染海洋环境等技术性较强的突发事件，缺乏应对非传统安全威胁因素造成的突发事件的法律法规。如《海上交通安全法》和《海上交通事故调查处理条例》主要针对海上交通事故突发事件的应急；《海洋环境保护法》和《防治船舶污染海洋环境管理条例》主要针对船舶造成海上环境污染突发事件的应急。但是，当前形势下海上通道突发事件往往来自于大量的非传统安全威胁因素，现有法律法规往往在此类突发事件应急上不具适用性。[1]

（五）法律法规修订存在滞后性

国内法律中，除《突发事件应对法》《国防动员法》和《港口法》外，其他法律制定的时间均在十年以上，尤其是《海上交通安全法》，没有随着海上安全形势和海上运输活动的不断变化来进行相应的修订。同时，在此期间国际公约进行了不断的修改和补充，国内法律法规未能根据国际公约的新内容进行相应的修改，在具体应用时缺乏及时性和准确性。

---

[1] 秦晓：《中国能源安全战略中的能源运输问题》，载《中国能源》2004年第7期，第4~7页。

（六）国际公约衔接缺乏紧密性

我国加入了一系列国际公约，然而由于国内立法资源紧张、立法周期长等问题，现有国内法与国际公约的对应关系依然不够紧密，例如与海上通道安全应急关系密切的《制止危及海上航行安全非法行为公约》的相关内容就未能在国内法中体现。由于一些国际公约缺乏在国内的适用性，使得我国不能很好地利用已加入的国际公约，通过国际间合作对海上通道突发事件进行更高效的应急处置。

（七）国家层面应急预案体系不完整

从国家层面现有预案体系来看，远远不能满足海上通道突发事件的应急要求。我国现有应急预案体系不完整，国家专项应急预案、国务院部门应急预案中还有许多应急预案尚待发布，如《国家涉外突发事件应急预案》《重大气象灾害预警应急预案》《风暴潮、海啸、海冰灾害应急预案》《危险化学品事故灾难应急预案》《海洋石油天然气作业事故灾难应急预案》等海上通道应急所需的预案体系还需进一步完善。

（八）国家层面现有预案缺乏操作性

国家层面现有预案不仅存在着适用范围难以覆盖海上通道各类突发事件的问题，还存在着现有预案的应急组织体系不够健全，无法整合各类应急资源；缺乏对实际情况复杂性的考虑，难以用于实际突发事件应急；临时指挥机构因职责不清而只能依靠领导高位协调；应急处置结束后难以科学、客观总结经验教训等一系列问题，欠缺实际操作性。

（九）企业层面现有应急预案不全面

在航运企业应急预案体系中，虽然针对水上运输事件和自然灾害事件制定了共六项专项应急预案，但现有应急预案针对的威胁因素主要包括船舶航行过程中可能发生的碰撞、搁浅、触礁、触损、火灾和爆炸等突发事件，和各类自然灾害及海盗恐怖袭击等风险因素，缺乏对通道外部环境中的政治安全因素和军事安全因素的考虑，如途经国家的政治不稳定因素和地区冲突因素等。这些因素极有可能导致关键海峡运河节点的阻断，或某些关键海域的非正常通行状况，对企业的生产经营产生极大的影响，且往往此类突发事件难以仅依靠企业力量单独解决，需要借助国家力量的帮助。因而，企业层面现有应急预案的突发事件覆盖范围仍需扩大。

三、流程方面

(一) 国家层面预警机制仍需进一步完善

在现有预案中，预警与预防机制缺乏对预警信息监测部门的具体规定，缺乏预警信息发布的流程；同时，没有给出预警分级标准。现有《国家海上搜救应急预案》中，提出了海上通道突发事件险情分级的主要影响因素是海上通道突发事件的特点，及突发事件对人命安全、海洋环境的危害程度和事态发展趋势，但未能具体给出各个影响因素的分级标准，例如未能定量给出各级海上通道突发事件的评定标准。需要在海上通道安全风险分析的基础上，建立包含预警信息监控以及与预警分级的完善的预警机制。

(二) 国家层面现有预案应急处置机构层级过多

在现有预案中，海上搜救分支机构获悉险情后对险情信息的分析与核实，需要按照一定程序呈报到上一级各省级海上搜救机构，各省级海上搜救机构再上报给中国海上搜救中心，最后由海上搜救中心上报国务院，并通报国务院有关部门。现有情况下，国家有关部门需要经由三级部门逐级上报才能获悉突发事件信息。逐级信息上报与逐级请示不利于在重大突发事件发生的第一时间国家相关部门掌握突发事件情况，并迅速采取措施控制。

(三) 海上搜救分支机构权责不对等

现有预案中规定最初接到海上通道突发事件信息的海上搜救机构自动承担应急指挥机构的职责，开展相应的应急救援行动，并且规定任何海上通道突发事件，搜救责任区内最低一级海上搜救机构应首先进行响应。从现有规定来看，海上搜救分支机构承担了海上通道突发事件应急处置的大部分职责，但在海上搜救分支机构之上还有各省级海上搜救机构，和海上搜救中心，应急指挥机构在做出搜救决策时，需要按规定程序向上一级搜救机构请示、报告，应急力量与资源的调配权力属于上级机构，但突发事件的应急处置却主要由各搜救分支机构承担。

(四) 企业层面缺乏同国家有关部门在预警阶段的配合

从当前预案来看，目前仅在遇险阶段，航运企业才通过总公司与海上搜救中心和国家相关主管部门进行汇报和寻求相关部门支持。企业往往缺乏关于海上通道安全足够的信息，且不具备足够的能力应对海上通道突发事件。因此，企业需要在预警阶段就同国家相关部门进行配合，获取国家海上通道安全预警信息，并在突发事件发生前进行有效的应急准备，以及在突发事件发生后能够迅速向国家应急机构汇报，寻求国家应急力量的介入与支持。

第十七章

我国海上通道安全预警系统设计

我国海上通道安全预警系统是为解决我国海上通道安全预警相关组织机构在运行预警流程时遇到的相关技术问题,为相关机构实时提供技术支持而设计的。海上通道安全预警系统是一套能够实时监控海上通道各类风险因素状态,及时预测风险等级并发布预警信号的系统,以达到预测海上通道风险、发布海上通道突发事件警告的目的。该系统是对海上通道安全预警中预警范围的确定、预警信息的收集、预警信息的处理、预警准则的确定以及预警信号的发布等一系列预警环节进行系统整合,为海上通道安全管理人员提供系统化管理工具;是在应对不断变化的海上通道安全状况时,能够有序、高效地掌握海上通道突发信息,自动做出适当反应,及时启动预警,以最终保障我国海上通道与海洋安全。

第一节 预警信息监测子系统

海上通道安全预警信息监测子系统是海上通道安全预警与应急系统的输入系统,该子系统旨在实现对突发事件风险源信息的识别与准确收集。

一、系统概述

预警信息监测系统的主要功能包含三个方面:一是风险源的识别,即对海上通道运输活动的全过程进行分析以及对海上通道周围的自然、政治、军事环境进行彻底地了解，以我国各类型海上通道安全的相关数据资料为基础，确定威胁海上通道安全、导致海上通道突发事件的风险源，与潜在风险存在机制；二是预警指标体系的建立，即在已识别的风险源基础上，找出其中能够反映风险信息的具体指标，以明确风险的决定因素，设计针对各个风险源状态的具体指标，并建立海上通道安全预警指标体系；三是信息收集，即详细定位海上通道安全的监测对象，整合与创建海上通道安全信息收集渠道，通过采用科学合理的指标体系，以及广泛标准的收集渠道对监测对象的状态进行监视并收集信息，最终将指标体系内的各项指标监测值传递给预警分级系统进行预警分级评价。我国海上通道安全预警信息监测系统如图 17-1 所示。

通过海上通道安全预警信息监测系统的设计，可以有效整合现有国家和企业层面的信息监测资源，建立从信息收集到信息传递的共享平台，优化信息监测的渠道与效率。

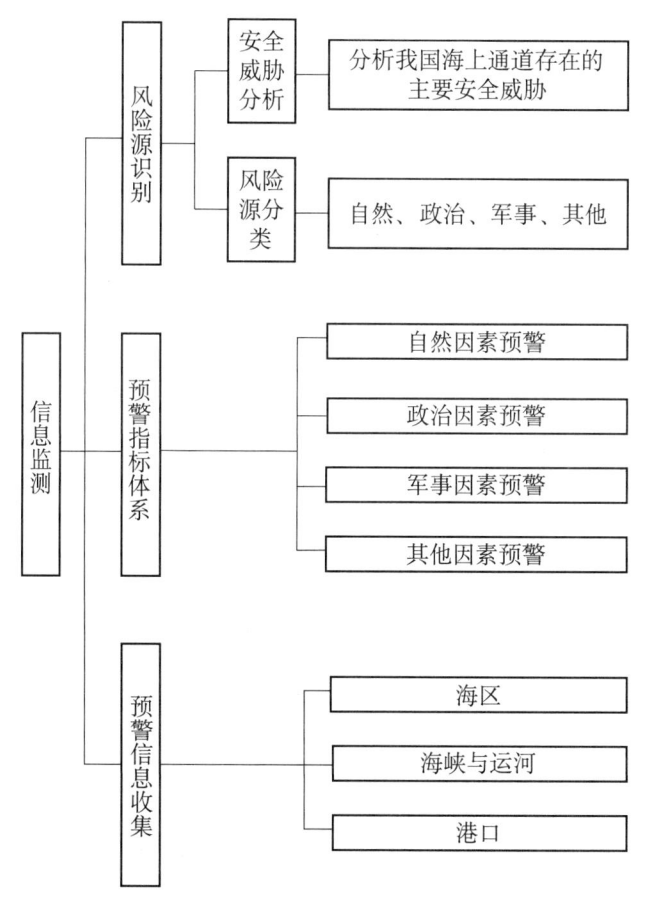

图 17-1　我国海上通道安全预警信息监测系统

二、我国海上通道安全风险源识别

风险源是指各种突发事件发生的根源,即导致突发事件发生的不安全因素,或称事故致因因素。对于海上通道突发事件来说,风险源就是可能导致突发事件的因素,由于人们的认识能力有限,有时不能完全认识系统中的风险源,对于已经认识的风险源,限于资金、技术人员等因素,想要完全控制也是不可能的。因此海上通道安全风险源识别是预警信息监测的前提与重点,决定了预警信息监测系统的对象。能否正确识别风险源将影响预警信息监测与收集的方向是否正确。通过对历史海上通道突发事件的发生原因与演化机理进行分析,可以准确地识别与确定威胁海上通道安全的风险源。

(一)海上通道历史突发事件分析

由于海上通道是客观存在的、具有实际形态的"海上道路",是指由某一海洋区域上的长距离、大运量、走向基本相同、对国家或区域经济具有重要影响的多条海上航线构成的具有一定宽度的海上航行区域,是海上节点和海上航段、航线的点、线、面的组合。因此,结合海上通道的内涵,从历史各类突发事件对海上通道的影响角度来看,主要可以根据历史事件对海上通道通过能力的影响,和对海上通道航行安全的影响,海上通道历史突发事件可分为海上通道运输受阻或中断突发事件以及海上通道通航安全突发事件两大类。

1. 海上通道航行受阻或中断突发事件

海上通道是海上运输活动的"道路",在海上通道上的航行通过是其需要实现的最主要的功能。然而,海上通道所包含的航行区域、或其重要节点上发生的一系列突发事件将会导致海上通道的航行通过受阻或中断。例如船舶的不规范行驶、碰撞、遇险等情况都会造成海上通道的短暂中断,一旦中断,则要选择绕行数千海里的替代通道,有的甚至无替代通道。除此之外,海上军事活动也会造成海上通道的封闭,重要的海峡通道同时都具有强烈的政治含义,一旦地区热点问题升温,将产生海上通道航行受阻或中断的突发事件。选取1967年至今海上通道航行受阻或中断的典型突发事件,具体事件分析如下。

(1)苏伊士运河停航8年事件。事件描述:1967年第三次中东战争,以色列侵略埃及并占领埃及西奈半岛,并在运河东岸建立"巴列夫防线",使运河遭到严重破坏,因而运河再度封闭。直到1973年第四次中东战争,埃及收复西纳半岛,于1974年开始运河清理工作。至1975年恢复通航,苏伊士运河被迫停航8年。

（2）苏伊士运河关闭 8 小时事件。事件描述：2003 年 2 月，埃及当地时间 8 日上午，中国香港一艘名为"奥尔卡·金·多尔"的货轮正在由红海经苏伊士运河向北航行，前往地中海，当航行至运河中段伊斯梅利亚市以南 10 公里处时，突然遭遇特大沙暴，货轮失去控制，向右侧转了 90 度，搁浅在苏伊士运河上，堵住了整条航道。当时正与奥卡尔·金·多尔号货轮相向或同向航行的，至少有 7 艘船只被迫停航，滞留在运河上。

（3）苏伊士运河停航 6 小时事件。事件描述：2010 年 5 月 27 日，埃及部分地区遭遇大范围大风沙尘天气，导致苏伊士运河和红海一些港口短暂关闭。苏伊士运河停航 6 个小时，38 艘过往船只被延误。

（4）巴拿马运河关闭事件。事件描述：1989 年 12 月 20 日，美军发动代号"正义事业行动"，突然入侵巴拿马，巴拿马运河被迫关闭。这是 75 年来巴拿马运河第一次关闭。

（5）巴拿马运河暂停通航事件。事件描述：2010 年 12 月 8 日，连日暴雨导致与巴拿马运河相连的阿拉胡埃拉湖、查格雷斯河和加通湖达到历史最高水位，洪水迫使阿拉胡埃拉水坝开闸泄洪，大量洪水通过查格雷斯河到达巴拿马运河。由于担心水流湍急不利行船，出于对通航船只的安全考虑，巴拿马运河管理局作出运河暂停通航的决定，停运时间 17 小时。

（6）霍尔木兹海峡封锁事件。事件描述：1987 年，伊朗在波斯湾布设了 100 余枚老式水雷，对霍尔木兹海峡进行封锁，使 24 万平方公里的海域成为"最危险水域"，船员们称其为"死亡走廊"。

（7）美西港口罢工事件。事件描述：2002 年 9 月 27 日至 10 月 9 日，美国西海岸 29 座主要港口的一万多码头工人同时罢工，引发了 30 年来历时最长的封港事件。事件以布什总统根据劳资关系法案启动紧急措施，联邦法院下令强制工人复工，劳资双方通过谈判达成新的协议而解决。

（8）美国洛杉矶和长滩港口罢工事件。事件描述：2012 年 11 月 27 日，美国加利福尼亚州洛杉矶和长滩港口雇员举行罢工。罢工自洛杉矶港的一个码头开始，后来扩大到上述两个港口 14 个码头中的 10 个。这是 2002 年以来洛杉矶港发生的最大规模罢工。罢工由代表 800 名文职人员的国际海岸和仓库工会发起，抗议对象是洛杉矶/长滩港口雇主协会。1 万名码头工人和其他工会组织成员拒绝跨越罢工文职人员所设的纠察线去上班，造成全美最繁忙的货运港口近乎瘫痪。洛杉矶—长滩两个港口的 14 个集装箱码头中的 10 个被关闭。罢工致使每天经济损失高达 10 亿美元。

（9）利比亚港口关闭事件。事件描述：2011 年 2 月 23 日，卡扎菲拒绝辞职，利比亚包括扎维耶、的黎波里（Tripoli）、班加西（Benghazi）、米苏拉塔

(Misurata)在内的全部港口均已关闭,所有的汽油和柴油进口均已宣布遭遇不可抗力。

(10)香港集装箱码头罢工事件。事件描述:香港码头工人针对和黄集团旗下香港国际货柜码头爆发了历时一个月的罢工,罢工者最终接受了9.8%的加薪幅度。

(11)马赛港口关闭事件。事件描述:2010年10月15日,由于反对法国即将实施的退休制度改革和港口改革法案,法国马赛港口工人罢工,导致港口关闭,油轮运输受阻。

(12)中美洲港口关闭事件。事件描述:中美洲及加勒比地区9个国家暂时关闭13个港口,以打击假冒伪劣商品贩卖和非法走私。参与此次行动的中美洲及加勒比地区9个国家分别为巴拿马、墨西哥、哥斯达黎加、牙买加、危地马拉、萨尔瓦多、洪都拉斯、尼加拉瓜和多米尼加共和国。

(13)利比亚锡德尔(Es Sider)港口关闭事件。事件描述:2013年7月5日,利比亚国内爆发大规模油田抗议活动,使锡德尔港口暂停油轮装船。锡德尔港口通常每天装船出口300 000桶原油,占利比亚2012年原油日均出口量120万桶的1/4。

(14)以色列海法港关闭事件。事件描述:2006年黎巴嫩战争即黎以冲突爆发。以色列的第一大港,也是东地中海航线主要停靠点之一的海法港,由于遭受黎巴嫩真主党游击队的火箭袭击,以色列交通部7月18日宣布关闭海法港直至另行通知,部分商船转移至南部的阿什杜德港(Ashdod)停靠。同时,由于以色列海军封锁了黎巴嫩水域,一些集装箱船舶被困于黎巴嫩水域。其中包括地中海航运的一艘1388标箱的集装箱船米亚·萨默号(Mia Summer)。与此同时,该公司的一些船舶也不得不改变航线和航期。其他被困船舶包括歌诗达集装箱公司(Costa Container Lines)的卡拉·巴拿马号(Cala Panama)、森川航运(Seatrans Shipping)的高摩伦号(Kormoran)等。

2. 海上通道航行安全突发事件

海上通道的航行安全是海上通道承担海上运输的重要保障,但是,海上通道上的海上运输行为存在一定的风险,大量因素导致航行安全受到威胁。例如海上极端的恶劣天气带来船舶的搁浅、沉没;海上军事冲突使通过船舶遭受攻击;尤其是近期以来兴起的海盗活动以及针对船舶及港口的海上恐怖主义活动等,都为海上通道的航行安全带来了极大的威胁。选取1986年至今的海上通道航行安全典型突发事件进行事件成因分析,具体描述如下:

(1)埃里卡号油轮沉没事件。事件描述:1999年12月12日,马耳他籍油轮埃里卡号在法国西北部海域遭遇风暴,船舶断裂沉没,泄漏1万多吨重油,沿海 400 公里区域受到污染。

（2）刻赤海峡多国船舶失事事件。事件描述：2007 年 11 月 11 日，风暴天气导致俄罗斯、乌克兰和格鲁吉亚等国的 12 艘船只在刻赤海峡及附近海域失事或遇险，3 人在海难中死亡、20 人失踪。在海难中，俄籍伏尔加石油 139 号油轮解体并造成 3 000 多吨燃油泄漏，另有 3 艘装载硫黄的船舶沉没。

（3）"爱琴海"号漏油事件。事件描述：1992 年 12 月希腊油轮爱琴海号在西班牙西北部拉科鲁尼亚港附近触礁搁浅，后在狂风巨浪冲击下断为两截，至少 6 万多吨原油泄漏，污染加利西亚沿岸 200 公里区域。

（4）海通 7 号（HAI TONG 7）轮沉没事件。事件描述：2007 年 7 月 11 号，一艘巴拿马籍货船海通 7 号轮在西太平洋关岛西北方向 372 海里处遭遇大风浪，船体进水，于北京时间 7 月 11 日 11 时许沉没，船上 22 名中国籍船员全部落水。

（5）玛丽娅·玛格丽特号（Marida Marguerite）油轮遭海盗劫持事件。事件描述：2010 年 5 月 8 日，德国玛丽娅·玛格丽特号油轮在阿曼南部 120 海里处遭劫持，该船原计划从印度港口驶往比利时的安特卫普。索马里海盗在收到 550 万美元后将该油轮释放。

（6）法国远洋帆船庞洛号（Le Ponant）被海盗劫持事件。事件描述：2008 年 4 月 4 日，法国一艘豪华远洋帆船庞洛号在索马里海域遭海盗劫持，船上 30 名船员沦为人质。

（7）法伊尼号（MV Faina）军火船遭海盗劫持事件。事件描述：2008 年 9 月 25 日，乌克兰法伊尼号军火船载有 33 辆 T-72 坦克、火箭发射器和小型武器，计划前往肯尼亚港口，结果遭受索马里海盗劫持，最终被迫于 2009 年 2 月 4 日支付 320 万美元的赎金。

（8）邦加·麦拉提·杜瓦号（Bunga Melati Dua）遭海盗劫持事件。事件描述：2008 年 8 月 19 日，马来西亚国际航运公司（MISC）油轮邦加·麦拉提·杜瓦号在亚丁湾被海盗劫持。

（9）天狼星号油轮遭海盗劫持事件。事件描述：2008 年 11 月 15 日上午 10 点，索马里海盗在距非洲东海岸超过 450 英里的海面上击败了护卫军舰，从而劫持了沙特阿拉伯货物价值高达 1 亿美元的超级油轮天狼星号，同时被劫持的还有轮船上的 25 名工作人员。天狼星号是 VLCC，也是索马里海盗首次劫持如此巨大的船舶。2009 年 1 月 9 日，在空投大约 300 万美元赎金后，油轮及船员获释。

（10）德新海号遭海盗劫持事件。事件描述：2009 年 10 月 19 日，中国籍散货轮德新海轮装载煤炭，由南非开往印度，在印度洋（塞舌尔岛东北 320 海里、摩加迪沙东偏南 980 海里）被海盗劫持。

（11）林堡号油轮遭受恐怖袭击事件。事件描述：2002年10月6日，法国籍油轮林堡号在也门外海遭受恐怖袭击，发生爆炸，船身被炸出一个大洞。

（12）科威特港口船舶遭袭击事件。事件描述：1986年，两伊战争期间，28艘进出科威特港口的船只遭到袭击。

通过对海上通道航行受阻或中断，及海上通道航行安全两大类突发事件历史案例的分析发现，在选取的26件历史案例中，事件原因为自然灾害的突发事件7件、由于政治原因导致的突发事件7件、由于军事战争导致的突发事件4件以及海盗与海上恐怖主义导致的突发事件8件。

（二）海上通道安全风险源分类

依据海上通道历史突发事件的形成原因，导致海上通道突发事件的主要风险源可以概括为四大类：自然风险（如大雾、台风、风暴潮、冰冻、寒潮等）、政治风险（如国家政局动荡、抗议活动、工人罢工）、军事风险（如局部战争、地区武装冲突等）以及其他风险（海上非传统安全威胁范畴内的海盗与海上恐怖主义袭击），如图17-2所示。

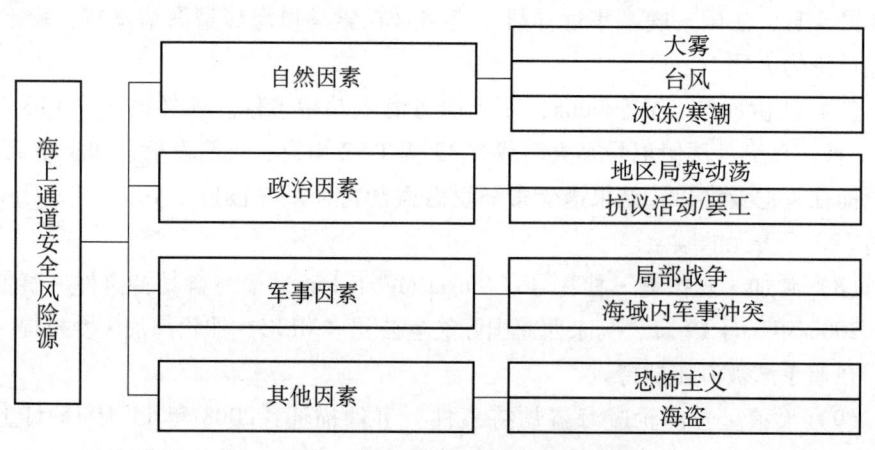

图17-2 海上通道安全风险源分类

三、我国海上通道安全预警指标体系

（一）指标选取原则

为实现海上通道安全预警，首先要构建科学合理的指标体系。在构造海上通道安全预警指标体系时，必须遵循科学客观原则、系统全面原则、连续稳定原则。

科学客观原则。这一原则包含两个要求：首先是客观。构建海上通道安全预警指标体系必须采取严谨的态度，应当以事实为依据，让事实和数据说话；应当用统一的、标准化的衡量尺度进行取舍，注意排除指标选样过程中个人主观因素的影响。在指标体系建构过程中，对模型计算结果可能出现的偏差进行分析估计时，要尽可能消除主观因素的干扰，尊重客观计算结果。其次是科学，科学性主要体现在理论与实际结合和采用科学方法等方面。指标体系构建过程和结果应符合实证性和逻辑性。指标科学与否取决于是否经过系统的经验观察和正确的逻辑推理。生成指标所依据的事实应当是全面的、具有内在逻辑联系的，而不应当是个别或偶然的。结果必须来自对客观实际的观察，进行科学的抽象，而且要经得起实践的检验。

系统全面原则。海上通道安全预警指标体系应该是一个多维的整体系统。在设置指标体系和选取个体指标时，要考虑各类指标在整个体系中的合理构成，达到指标既能突出重点，又能保持相对的均衡统一，实现系统的最优化。海上通道风险源因具有多因性和多维性的特点，预警指标体系虽不能包罗万象，但必须包括海上通道风险源的各个主要方面，这样才能使预警是全面而有效的。任何单一的指标都不可能全面反映海上通道的综合风险情况，因此必须综合多种指标来全面衡量海上通道风险情况。

连续稳定原则。信度是指预警指标的一致性或稳定性程度。如果系统全面是对指标体系空间上完整性的要求，那么连续稳定就是对指标体系在时间上完整性的要求。保持指标的相对稳定可以有以下两个作用：首先，比较参考作用。实时的预警指标信息在当前时间点看难以体现具体情况的严重性，需与其过去的指标结果加以比较，才能显示出风险的高低。其次，预测警示作用。积累了足够数量的时间序列指标数据后对其进行线性排序，可以得到某些风险因素的变化规律，对其进行分析就可以得到具有一定信度的趋势预测。所以在构建指标体系时应尽量选取可以按照时间排序的矢量指标。

（二）指标体系分项设计

根据各个风险源的具体情况，选取一系列相关的指标对其变化状态进行准确的衡量。各个指标在选取时主要考虑能反映海上通道风险源动态变化情况的指标，而对反映其常态情况下的指标则不予考虑。在海上通道安全评价指标的基础上，补充能够有效监测实时状态的指标。

1. 自然因素

自然因素指标是对海上通道天气海况等风险源因素进行监控的指标,在对历史案例的分析中,由自然因素风险源导致的突发事件绝大部分是如暴风雨、沙尘暴等极端恶劣天气。因此,针对自然因素的风险源,选取能够描述海上通道自然状态变化的海上风力情况、风浪状况、海上能见度情况和突发恶劣天气预警状况作为指标,① 如表 17-1 所示。

表 17-1   自然因素指标

一级指标	二级指标	指标计算方法
自然因素	海上风力	定量指标（级）
	风浪	定量指标（波浪高度米）
	能见度	定量指标（千米）
	突发恶劣天气预警状况（台风/冰冻/寒潮/大雾/沙尘）	定性指标（无①、一般②、较重③、严重④、特别严重⑤）

其中海上风力、风浪、能见度均为定量指标,数据来自于气象中心发布的海区天气预报,风力以级为单位,风浪以波浪高度米为单位,能见度以千米为单位。突发恶劣天气预警状况为定性指标,以气象中心发布的气象灾害预警为基础,蓝色、黄色、橙色和红色预警信号依次代表:一般②、较重③、严重④和特别严重⑤,无预警则为①。

2. 政治因素

政治因素指标是指通道所经过的区域,或所处的关键节点上由于国家政治不稳定,爆发例如罢工、游行示威等突发性政治活动,从而对通道造成的风险,或途经国家出于国家安全考虑,控制自由通航权,及与邻国之间重叠的海上要求所造成的针对我国通行船舶的特殊政治活动所带来的风险。② 原安全评价指标体系中描述政治因素的动态指标有"途经国家政治稳定程度",在此基础上添加国内舆论状况指标,③ 如表 17-2 所示。

---

① Mokhzani Zubir, Mohd Nizam Basiron. *The Straits of Malacca*: *The Rise of China*, *America's Intentions and the Dilemma of the Littoral States*. Kuala Lumpur: Maritime Institute of Malaysia, 2005, p120.

② Roach, A., *Initiatives to enhance maritime security at sea*. Marine Policy, 2004, p41-66.

③ 李兵:《海上战略安全透视》,载《人民论坛》2010 年第 1 期,第 36~37 页。

表17-2　　　　　　　　　　政治因素指标

一级指标	二级指标	指标计算方法
政治因素	途经国国内舆论状况	定性指标（无①、一般②、较广泛③、广泛④、特别广泛⑤）
	途经国家政治稳定程度	定性指标（稳定①、较稳定②、不稳定③、较不稳定④、特别不稳定⑤）

一般情况下，重大的政治事件发生前，所在国政府通常会通过舆论为即将采取的行动造势，因此跟踪途经国国内舆论情况可以很好地预测即将发生的政治事件，该项指标为定性指标，根据影响海上通道事件的舆论程度分为：无①、一般②、较广泛③、广泛④和特别广泛⑤。另外，途经国家政治稳定程度指标可以较好地预测途经国是否可能发生政权更替等政治动荡局面，该指标同样为定性指标，根据政治稳定程度分为：稳定①、较稳定②、不稳定③、较不稳定④和特别不稳定⑤。

3. 军事因素

军事因素指标是指通道所经过区域，或所处在的关键节点上由于爆发局部战争或大规模武装冲突，或通道所经过海域实施军事封锁等原因给海上通道造成的风险。① 安全评价指标中的动态指标是地区军事冲突，由于军事冲突爆发前期，参战国会进行大量军事演习，并且会受到国际舆论的普遍关注，因此根据是否会爆发军事冲突，选取该区域军事演习次数、国际舆论状况以及战争风险程度作为军事因素指标，如表17-3所示。

表17-3　　　　　　　　　　军事因素指标

一级指标	二级指标	指标计算方法
军事因素	军事演习次数	定量指标（半年内演习总次数）
	国际舆论状况	定性指标（无①、一般②、较广泛③、广泛④、特别广泛⑤）
	战争风险程度	定量指标（1或0）

军事演习次数为定量指标，采取近半年来该区域内军事演习的总次数作为衡量；国际舆论状况为定性指标，根据影响海上通道安全战争事件的舆论讨论程度

---

① 赵旭、高建宾、林玮：《基于投影寻踪的海上能源运输通道安全评价》，载《交通运输系统工程与信息》2011年第11期，第31~37页。

分为：无①、一般②、较广泛③、广泛④和特别广泛⑤。战争风险程度为 0 或 1 指标，根据该区域是否属于劳氏市场协会（Lloyd's Market Association）近期公布的战争区域名单，是则为 1，否则为 0。

4. 其他因素

其他因素指标是指由于非传统安全威胁因素所导致的海上通道安全威胁，根据对历史事件的分析，主要包括海盗与海上恐怖主义袭击两方面因素。根据安全评价指标体系，选取海盗情况和海上恐怖主义情况作为其他因素指标，① 如表 17 - 4 所示。

表 17 - 4　　　　　　　　其他因素指标

一级指标	二级指标	指标计算方法
其他因素	海盗情况	定量指标（一个月内海盗袭击次数）
	海上恐怖主义情况	定量指标（1 或 0）

海盗情况为定量指标，根据近一个月来该区域的海盗活动总次数为衡量。海上恐怖主义情况为 0 或 1 指标，根据该区域是否属于劳氏市场协会（Lloyd's Market Association）公布的恐怖主义区域名单，是则为 1，否则为 0。

根据海上通道安全风险源识别的结果，制定出我国海上通道突发事件预警指标体系，如表 17 - 5 所示。

表 17 - 5　　　　　我国海上通道突发事件预警指标体系

一级指标	二级指标	指标解释
自然因素	海上风力	定量指标（级）
	风浪	定量指标（波浪高度米）
	能见度	定量指标（千米）
	突发恶劣天气预警状况（台风/冰冻/寒潮/大雾/沙尘）	定性指标（无①、一般②、较重③、严重④、特别严重⑤）
政治因素	途经国国内舆论状况	定性指标（无①、一般②、较广泛③、广泛④、特别广泛⑤）
	途经国家政治稳定程度	定性指标（稳定①、较稳定②、不稳定③、较不稳定④、特别不稳定⑤）

---

① 杨泽伟：《反恐与海上能源通道安全的维护》，载《华东政法学院学报》2007 年第 1 期，第 137 ~ 142 页。

续表

一级指标	二级指标	指标解释
军事因素	军事演习次数	定量指标（半年内演习总次数）
	国际舆论状况	定性指标（无①、一般②、较广泛③、广泛④、特别广泛⑤）
	战争风险程度	定量指标（1或0）
其他因素	海盗情况	定量指标（一个月内海盗袭击次数）
	海上恐怖主义情况	定量指标（1或0）

四、我国海上通道安全预警信息收集

（一）预警信息搜集对象

我国海上通道安全预警信息搜集的对象是对我国具有重要意义的海上通道。根据海上通道的定义及组成，可以将我国重要的海上通道划分为海区与节点两大部分。海区为我国不同海上通道所经过的实际海区，节点则包括港口、运河、海峡等重要海上通道节点。而这两大部分也是海上通道安全预警信息搜集的主要对象。

1. 海区

按照目前我国主要海上贸易航线的标准航线走向，我国海上通道可以分为美西通道、美东通道、欧洲通道、澳洲通道以及美非通道共5条海上通道。

海区方面，我国主要的5条海上通道共经过包括日本海东北部、日本海西南部、朝鲜海峡、日本以南洋面、琉球群岛以东洋面、小笠原群岛以西洋面、菲律宾东北洋面、北马里亚纳群岛以西洋面、菲律宾东南洋面、关岛以西洋面、菲律宾西南洋面、印度尼西亚东北海域、印度尼西亚东南海域、爪哇岛以南海域、爪哇岛以北海域、苏门答腊以南洋面、马六甲海峡、新加坡以东海域、越南以南海域、泰国湾、安达曼海等21个远海海区，以及其他远洋海区。这些海区的海洋气象信息是我国海上通道预警信息搜集的重要对象。

2. 海峡与运河

海峡方面，我国主要5条海上通道通过的重要海峡包括：台湾海峡、马六甲海峡、望加锡海峡、巽他海峡、民都洛海峡、曼德海峡、直布罗陀海峡、霍尔木兹海峡、津轻海峡、朝鲜海峡、宗谷海峡，主要风险威胁情况见附录五。海峡途经国家与地区包括：中国台湾、新加坡、马来西亚、印度尼西亚、菲律宾、也门、厄立特里亚、西班牙、摩洛哥、伊朗、沙特阿拉伯、日本、韩国、俄罗斯，如表17-6所示。

表17-6　　　　　　　我国主要海上通道海峡节点情况

海峡名称	隶属通道	途经国家和地区
台湾海峡	美西通道 澳洲通道 欧洲通道 美非通道	中国台湾
马六甲海峡	欧洲通道 美非通道	新加坡、马来西亚、印度尼西亚
望加锡海峡	澳洲通道	印度尼西亚
巽他海峡	欧洲通道 美非通道	印度尼西亚
民都洛海峡	澳洲通道	菲律宾
曼德海峡	欧洲通道	也门、厄立特里亚
直布罗陀海峡	欧洲通道 美非通道	西班牙、摩洛哥
霍尔木兹海峡	欧洲通道	伊朗、沙特阿拉伯
津轻海峡	美西通道	日本
朝鲜海峡	美西通道	日本、韩国
宗谷海峡	美西通道	日本、俄罗斯

运河方面，通过的重要运河包括：苏伊士运河、巴拿马运河。运河途经国家包括：埃及、巴拿马。

针对重要海峡与运河及其所处区域的国家，全面收集自然、军事、政治和其他四个方面因素的预警信息。

3. 港口

我国海上通道按照运输货种可以分成：原油海上通道、铁矿石海上通道、粮食海上通道、煤炭海上通道与集装箱海上通道五类，我国主要原油、铁矿石、粮食、煤炭进口来源国如图17-3所示。根据2012年的统计数据，我国进口原油约50%来自中东，24%来自非洲，13%来自欧洲/原苏联，10%来自西半球，3%来自亚太。其中前十大原油来源国分别是沙特阿拉伯、安哥拉、俄罗斯、伊朗、阿曼、伊拉克、委内瑞拉、哈萨克斯坦、科威特、阿联酋，进口量占到了我国石油进口量的90%以上。进口的石油大部分依靠海上运输，是预警信息监控的重点对象。我国铁矿石进口来源一直较为集中，主要是澳大利亚、巴西、印度和南非等国家。2012年，我国进口澳大利亚、巴西、南非和印度铁矿石量合计5.3亿吨，占到总进口量的80%。这四个国家及其出口港口是预警信息监控的重

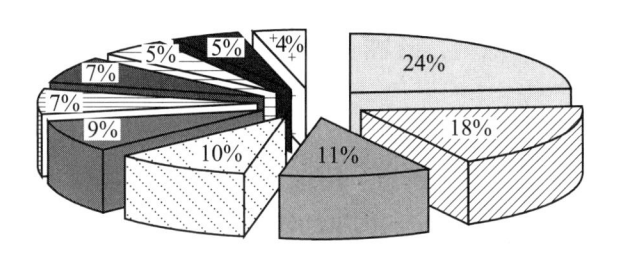

我国主要原油进口国

- 沙特阿拉伯 24%
- 安哥拉 18%
- 俄罗斯 11%
- 伊朗 10%
- 阿曼 9%
- 伊拉克 7%
- 委内瑞拉 7%
- 哈萨克斯坦 5%
- 科威特 5%
- 阿联酋 4%

我国主要铁矿石进口国

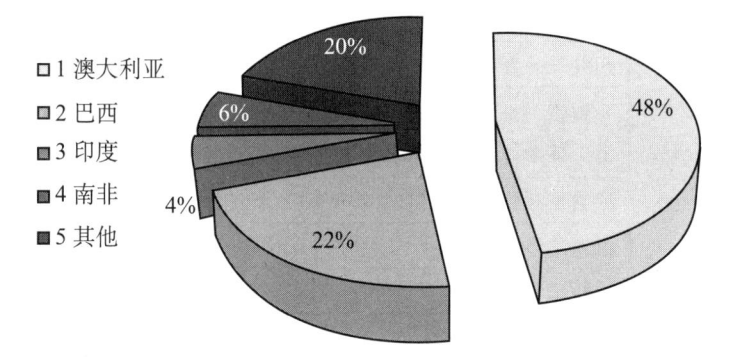

- 1 澳大利亚 48%
- 2 巴西 22%
- 3 印度 20%
- 4 南非 6%
- 5 其他 4%

我国主要煤炭进口国

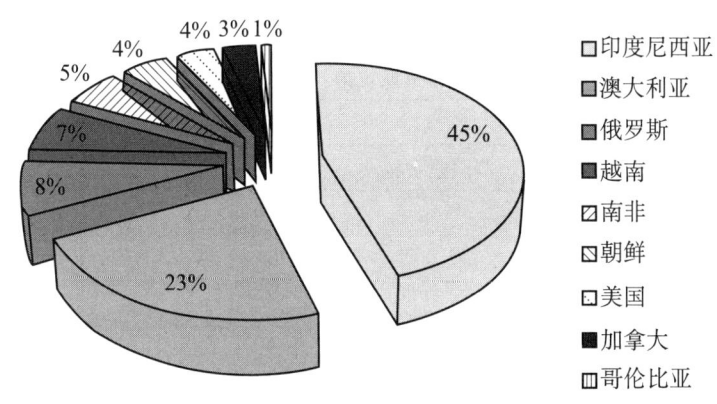

- 印度尼西亚 45%
- 澳大利亚 23%
- 俄罗斯 8%
- 越南 7%
- 南非 5%
- 朝鲜 4%
- 美国 4%
- 加拿大 3%
- 哥伦比亚 1%

图 17-3　我国主要货物进口国

点对象。粮食进口方面，根据2012年统计数据，我国粮食进口主要来源于美国、加拿大、澳大利亚、巴西和阿根廷。煤炭进口方面，根据2012年统计数据，主要来源国是：印度尼西亚、澳大利亚、俄罗斯、越南、南非、朝鲜、美国、加拿大、哥伦比亚等。集装箱出口方面，2012年我国主要出口地区为亚洲、北美洲、欧洲、拉丁美洲、大洋洲。进口方面，2012年我国从45个国家和地区进口集装箱，其中亚洲是最大的进口货源地，欧洲进口排在第二位，进口数量占比19.6%；北美洲进口排在第三位。

按照所属国家对涉及我国重要物资运输的港口进行分类，可以得到我国海上通道预警信息主要监测港口如表17-7所示。针对上述港口主要需要进行自然、政治方面预警信息的收集，对于一些特定的国家的港口，还需进行军事和其他方面预警信息的收集。

表17-7　　　　　我国海上通道预警信息主要监测港口

序号	国家和地区	港口名称	所属通道
1	美国	纽约——新泽西港、长滩港	集装箱
		长滩港、旧金山港、洛杉矶港、新泽西港、新奥尔良港、休斯敦港	粮食
		弗吉尼亚州诺福克港	煤炭
2	加拿大	温哥华港	集装箱
		温哥华港	粮食
		鲁帕特王子港	煤炭
3	巴西	桑托斯港	粮食
		图巴朗港	铁矿石
		萨尔瓦多港	原油
4	澳大利亚	弗里曼特尔港、布里斯班港	粮食
		黑德兰港	铁矿石
5	阿根廷	圣马丁港、罗萨里奥港	粮食
		纽卡斯尔港	煤炭
6	朝鲜	南浦港	煤炭
		玻利瓦尔港	煤炭
7	南非	理查兹贝港	煤炭
		萨尔达尼亚港	铁矿石
8	墨西哥	墨西哥城港	集装箱

续表

序号	国家和地区	港口名称	所属通道
9	阿尔及利亚	贝贾亚港、阿尔泽港	原油
10	阿联酋	迪拜港、达斯岛港、泽尔库岛港	原油
11	阿曼	苏哈尔港、法赫尔港	原油
12	安哥拉	卡宾达港、古宗巴港、吉拉索尔港、马隆格港、达利亚港、帕斯弗洛尔港	原油
13	比利时	安特卫普港	集装箱
14	赤道几内亚	马拉博港	原油
15	丹麦	哥本哈根港	集装箱
16	德国	汉堡港	集装箱
17	俄罗斯	东方港	煤炭
18	刚果	杰诺港	原油
19	哥伦比亚	巴兰基利亚港	原油
20	韩国	釜山港	集装箱
21	荷兰	鹿特丹港	集装箱
22	卡塔尔	乌姆赛义德港	原油
23	科威特	科威特港、艾哈迈迪港	原油
24	利比亚	班加西港	原油
25	马来西亚	巴生港	集装箱
26	日本	神户港	集装箱
27	沙特阿拉伯	达曼港、拉斯坦努拉港、朱阿马码头	原油
28	苏丹	苏丹港	原油
29	中国台湾	高雄港	集装箱
30	泰国	林查班港	集装箱
31	委内瑞拉	阿穆艾湾港	原油
32	中国香港	香港港	集装箱
33	新加坡	新加坡港	集装箱
34	也门	亚丁港	原油
35	伊拉克	法奥港、阿马亚湾港、巴克尔港	原油
36	伊朗	哈尔克岛港、阿萨鲁耶港、锡里岛港、阿巴丹港、阿巴斯港	原油
37	印度	霍尔迪亚港	铁矿石

续表

序号	国家和地区	港口名称	所属通道
38	印度尼西亚	德鲁克巴优尔港	煤炭
39	英国	费利克斯托斯港	集装箱
40	越南	锦普港	煤炭

（二）预警信息来源

从目前情况来看，预警监测信息主要通过国内外航运企业、国家相关行政部门以及其他相关机构等途经来收集。主要预警信息来源如图 17－4 所示。

```
                海上通道安全预警信息来源
                         │
        ┌────────────────┼────────────────┐
     航运企业         政府有关部门      其他有关机构
        │                │                │
   ┌────┴────┐      气象              ┌────┴────┐
  国内     国际     海洋              国内外    研究
  航运     航运     交通              媒体      咨询
  企业     企业     运输                        机构
                    外交
                    海军
```

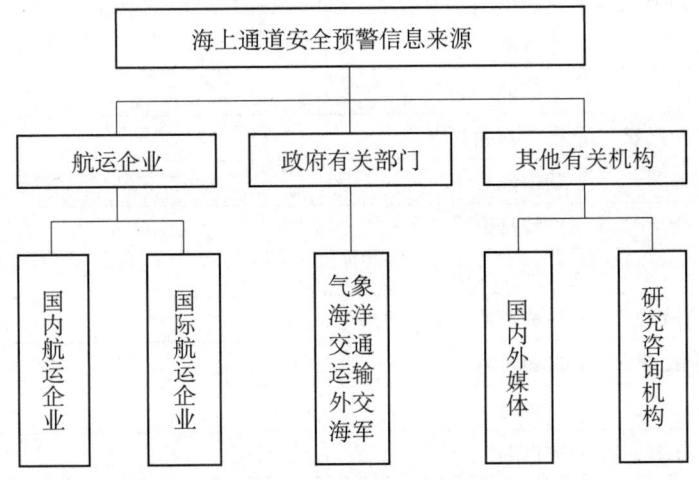

图 17－4　海上通道安全预警信息来源

航运企业。国内外航运公司是海上通道风险源的第一监控方，也是直接受影响方，因此可通过国内各航运单位对海上通道安全预警的风险源信息进行实时的监控与收集，并与国际航运企业紧密合作，共享监测信息，最终将收集来的信息进行统一的汇总。国内主要航运企业包括：中国远洋海运集团、中外运长航、招商轮船。

相关政府部门。主要包括国内的气象部门、海洋部门、交通运输部门、外交部门以及海军等针对海上通道风险源发布的专业实测和预报信息。通过气象与海洋部门，可以收集重要海区的气象信息，与气象预警情况；通过外交部门尤其是我国驻外使馆、领事馆，可收集所在国家的政治、军事方面的相关预警信息；通过海军一方面可以获悉重要海区的气象信息，更主要的在于获得通道所经区域与所经国家的军事预警信息，以及关于海盗与海上恐怖主义活动的预警信息。将不同的部门发布的信息进行收集和汇总,可以作为海上通道安全预警的重要信息来源。

其他有关机构。其他有关机构包括国际主要媒体和相关研究咨询机构。媒体与咨询机构发布的新闻消息或提供的有关分析报告是对突发事件风险源情况判断的重要信息源。媒体来源主要是国际主要通讯社,如美联社、路透社、法国新闻社、国际文传电讯社、道琼斯金融通讯社、彭博新闻社、德新社、日本共同通讯社以及通道所经国家的国内主流媒体,如表17-8所示。相关咨询机构包括劳氏市场协会战争风险评估委员会及其他航运咨询机构。

表17-8　　我国海上通道经过国家和地区主流媒体

序号	国家	最有影响力的媒体及报纸
1	阿尔及利亚	法语日报
2	阿根廷	奥莱报、美洲通讯社
3	阿联酋	联合报、迪拜周刊
4	阿曼	阿曼时报、阿曼日报、祖国报
5	安哥拉	数字新闻网、安哥拉日报
6	澳大利亚	澳大利亚人报、世纪报、澳大利亚广播公司
7	巴西	巴西利亚邮报、Record、Rocco
8	比利时	自由比利时报、比利时国家通讯社
9	朝鲜	朝鲜日报、朝鲜中央通讯社
10	赤道几内亚	赤几期刊、黑檀木报
11	丹麦	日德兰邮报、贝林时报、政治报、丹麦广播公司
12	德国	图片报、德国通讯社、德国电视一台
13	俄罗斯	俄罗斯报、莫斯科共青团报、俄通社—塔斯社
14	刚果	潜力报、数字网
15	哥伦比亚	向导、新边疆、经济综合、哥伦比亚广播公司
16	韩国	东亚日报、中央日报
17	荷兰	电讯报、每日汇报
18	加拿大	多伦多星报、环球邮报
19	卡塔尔	多哈月刊、阿拉伯人日报
20	科威特	科威特时报、阿拉伯时报
21	利比亚	新黎明报、绿色进军周报、民众国周报
22	马来西亚	马来西亚国家通讯社马来使者报、每日新闻、祖国报

续表

序号	国家	最有影响力的媒体及报纸
23	美国	今日美国、华尔街日报、纽约时报、洛杉矶时报、华盛顿邮报
24	墨西哥	国民报、至上报、至上晚报、墨西哥太阳报
25	南非	星期日时报、每日太阳报、报道报、索韦托人报、城市报
26	日本	读卖新闻、朝日新闻、NHK
27	沙特阿拉伯	利雅得报、中东报、半岛报、国家报
28	苏丹	今日新闻报、消息报、舆论报
29	中国台湾	苹果日报、联合报、"中央日报"
30	泰国	经理报、泰叻报、民意报
31	委内瑞拉	国民报、宇宙报、最新消息报
32	中国香港	无线电视、亚洲电视、有线电视
33	新加坡	联合早报、联合晚报、新明日报
34	也门	革命报、共和国报、十月十四日报、九月二十六日报
35	伊拉克	晨报、伊拉克国家电视台
36	伊朗	世界报、消息报、伊斯兰共和国报、虔诚者报
37	印度	印度时报、马拉雅拉娱乐报、古吉拉特新闻
38	印度尼西亚	罗盘报、专业之声报、印尼媒体报、共和国日报
39	英国	独立报、太阳报、每日快报、卫报
40	越南	人民报、人民军队报、大团结报、西贡解放报

第二节 预警分级子系统

预警分级子系统通过对预警信息监测系统收集到的预警信息进行分析评价，从而对风险源所处状况及可能发生的突发事件的危害程度做出恰当估计。该子系统可以为应急处置工作提供判别依据，也是构建预警机制的基础。

一、系统概述

预警分级主要包含三个部分：一是预警信息评价，即将各方面复杂的预警信息通过科学合理的数学方法转化为单一的预警结果；二是设立预警准则，即根据历史重大突发事件的影响结果和广泛征求专家意见来确立评估风险的尺度，设立预警级别，以及决定各个级别的临界点及预警阈值，以对预警信息评价产生的预警结果做出准确的分级；三是预警信号发布，即将预警分级结果通过预警信号发布的方式向社会及相关单位发布，进行预警结果的输出，如图17-5所示。

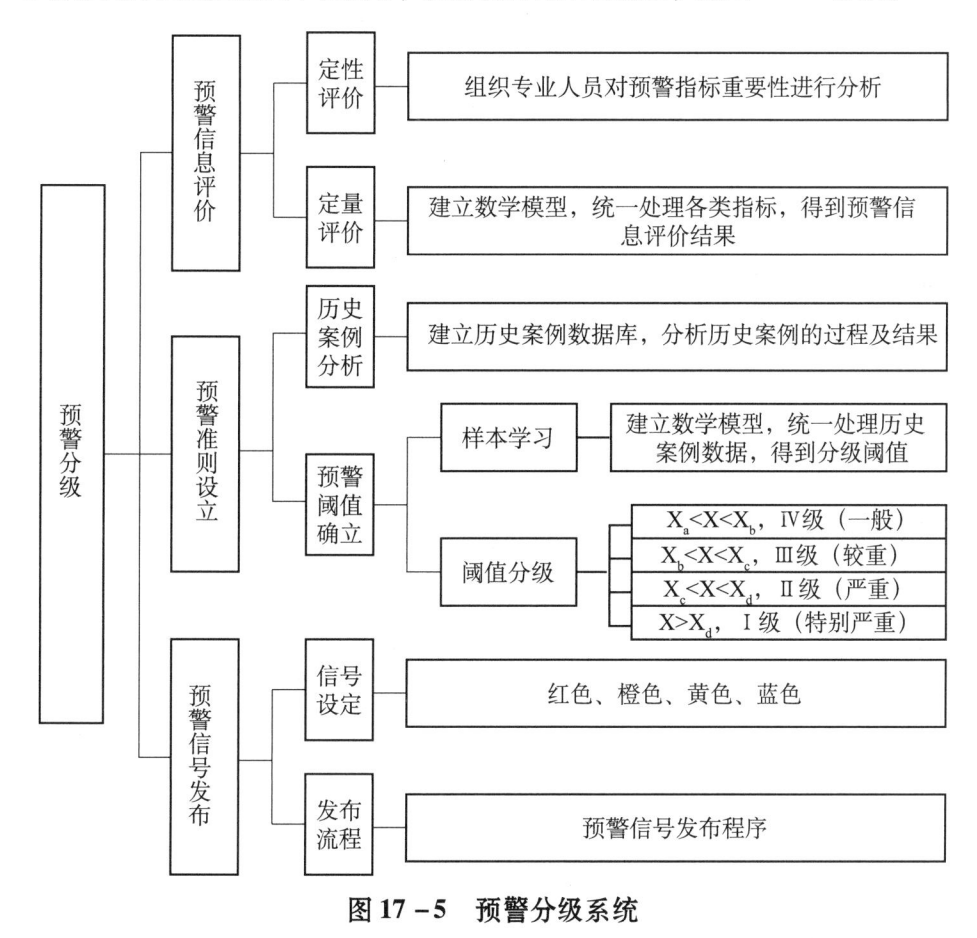

图 17-5　预警分级系统

二、预警信息评价模型

海上通道预警信息评价采取定量与定性相结合的方式，需要针对预警信息监测系统收集的信息进行数据统计分析，也需要许多有实际经验的工作人员凭借实际经验对不同指标的重要性情况进行判断。定量分析方面，根据一定的数学模型将各类指标进行统一处理，进而转化为一个指标，并同以往突发事件进行对比。

定性分析方面，需要组织各方面的专业人员对指标重要性进行分析，确定重要性顺序。而突变级数法（catastrophe progression method，CPM）正是在突变理论基础上发展起来的一种综合评价方法。该方法考虑了各评价指标的相对重要性，定性和定量相结合，从而减少了主观性，又不失科学性、合理性，计算过程简单，计算结果准确。因此，结合海上通道预警信息评价的特点，采用突变级数评价法进行预警信息评价（附录四）。①

根据海上通道安全预警信息收集指标体系，结合突变级数法的要求，可以建立相应的预警变量②（如图17-6所示）。

```
                    预警信息评价W
    ┌───────────┬───────────┬───────────┬───────────┐
   自然因素W1    政治因素W2    军事因素W3    其他因素W4
  ┌─┬─┬─┬─┐    ┌───┬───┐   ┌───┬───┬───┐  ┌───┬───┐
 突 海 海 能   途 途   军 国 战   海 恐
 发 上 浪 见   经 经   事 际 争   盗 怖
 恶 风 W13 度  国 国   演 舆 风   情 主
 劣 力    W14 内 政   习 论 险   况 义
 天 W12       舆 治   次 状 程   W41 情
 气           论 稳   数 况 度       况
 状           状 定   W31 W32 W33    W42
 况           况 程
 W11          W21 W22
```

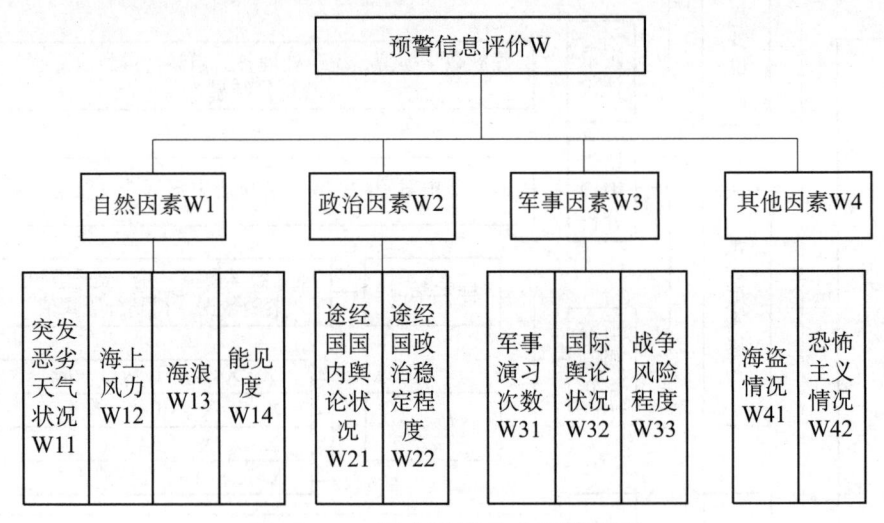

图17-6 海上通道安全预警变量

结合突变模型的特点与预警变量的设计情况，W——W1W2W3W4级变量包含四项指标，故采用蝴蝶突变模型；W1——W11W12W13W14级变量包含四项指标，采用蝴蝶突变模型；W2——W21W22级变量包含两项指标，采用尖点突变模型；W3——W31W32W33级变量包含三项指标，采用燕尾突变模型；W4——W41W42级变量包含两项指标，采用尖点突变模型。③

采用专家打分法对各个预警变量的重要性进行排序。共发放并收回了45份调查问卷，受访者中航运企业工作15年以上的船长15人，航运企业从事管理工

---

① 范珉、刘晓君：《基于突变理论的公共场所集群事件预警分级》，载《中国安全科学学报》2010年第2期，第171~175页。
② 孟浩、王艳慧：《基于突变评价法的研究型大学知识创新综合评价》，载《运筹与管理》2008年第3期，第80~87页。
③ 朱顺泉：《基于突变级数法的上市公司绩效综合评价研究》，载《系统工程理论与实践》2002年第2期，第90~117页。

作 10 年以上的管理人员 23 人，港口企业从事管理工作 20 年以上的管理人员 2 人，高校教授 5 人。根据反馈问卷的结果，在一级预警指标中，指标重要性排序依次为其他因素 W4 > 军事因素 W3 > 自然因素 W1 > 政治因素 W2。在自然因素中，重要性排序为突发恶劣天气状况 W11 > 海上风力 W12 > 风浪 W13 > 能见度 W14；在政治因素中，重要性排序为途经国国内舆论状况 W21 > 途经国家政治稳定程度 W22；军事因素中，重要性排序为战争风险程度 W31 > 军事演习次数 W32 > 国际舆论状况 W33；其他因素中，重要性排序为海盗活动 W41 > 海上恐怖主义风险程度 W42。根据各个指标不同的重要性，对应突变模型中的分歧点方程也相应不同。根据已设定的预警变量与各预警变量的相对重要性情况，按照突变技术评价法，可得各个预警变量的突变模型分歧点方程。

三、预警准则设立

（一）预警准则确立方法

预警准则是指一种判断标准和原则，用来决定在不同预警信息评价结果下该状况应属于的预警层级。海上通道安全预警准则采取指标预警的方式，即根据预警信息评价结果的数值大小的变动划分不同的预警层级。设预警信息评价结果值为 X，其初等危险区域为 [X_a，X_b]，中等危险区域为 [X_b，X_c]，高等危险区域为 [X_c，X_d]，则基本预警准则为：当 $X_a < X < X_b$ 时，处于 Ⅳ 级（一般）；当或 $X_b < X < X_c$ 时，处于 Ⅲ 级（较重）；当 $X_c < X < X_d$ 时，处于 Ⅱ 级（严重）；当 $X > X_d$ 时，处于 Ⅰ 级（特别严重）。因此，预警准则设立的关键在于对各级预警的临界值，即预警阈值做出准确的设定。

海上通道安全预警阈值的确立采用的方法是突变论方法，即通过突变级数模型对历史案例的学习，以最终确定预警阈值。突变论方法确定阈值的原理是在分析预警指标变化的内在规律的基础上，建立起数学模型，并运用几何上的拓扑学、奇点、微分方程定性理论和稳定性数学理论，来研究预警指标发生非连续突变的临界点即预警阈值。

（二）样本数据来源

选取 29 项海上通道历史突发事件作为样本案例，并按照不同的风险源情况，对突发事件进行归类，如表 17-9 所示。

表17-9　　　　　　　　　　海上通道突发事件历史案例

风险源	时间	事件
自然	1992-12-3	希腊油轮爱琴海号在西班牙西北部拉科鲁尼亚港附近触礁搁浅后断为两截，至少6万多吨原油泄漏，污染加利西亚沿岸200公里区域
	1999-12-12	马耳他籍油轮埃里卡号在法国西北部海域遭遇风暴，船舶断裂沉没，泄漏1万多吨重油，沿海400公里区域受到污染
	2003-02-08	香港奥尔卡·金·多尔号货轮在由南向北途经埃及苏伊士运河时，遭遇沙尘暴，横卧在河道上，造成整条运河被堵8小时
	2007-07-11	巴拿马籍货船海通7号轮在西太平洋关岛西北方向372海里处遭遇大风浪，船体进水
	2007-11-11	12艘俄罗斯、乌克兰和格鲁吉亚等国船只在刻赤海峡及附近海域失事或遇险。俄籍伏尔加石油139号油轮解体，造成3 000多吨燃油泄漏
	2008-01-03	保加利亚货轮在亚速海靠近刻赤海峡的海域沉没，船上11名船员中1人获救，4人死亡，其余下落不明
	2010-05-27	埃及部分地区遭遇大范围大风沙尘天气，导致苏伊士运河和红海一些港口短暂关闭。苏伊士运河停航6个小时，38艘过往船只被延误
	2010-12-08	连日暴雨导致巴拿马运河暂停通航17个小时
政治	2002-09-27	9月27日至10月9日，美国西海岸29座主要港口一万多码头工人同时罢工，引发了30年来历时最长的封港事件
	2010-10-15	法国马赛港口工人罢工导致港口关闭，油轮运输受阻
	2011	中美洲及加勒比地区9个国家暂时关闭13个港口，以打击假冒伪劣商品贩卖和非法走私
	2011-02-23	卡扎菲拒绝辞职，利比亚关闭包括扎维耶、的黎波里、班加西、米苏拉塔在内的全部港口
	2013-3-29	香港码头工人针对和黄集团旗下香港国际货柜码头爆发了历时一个月的罢工
	2013-07-05	利比亚国内抗议活动导致国内最大油港锡德尔港关闭

续表

风险源	时间	事件
军事	1967	以色列侵略埃及并占领埃及西奈半岛，苏伊士运河被迫停航8年
	1986	两伊战争期间，28艘进出科威特港口的船只遭到袭击
	1987	两伊战争期间，伊朗封锁霍尔木兹海峡
	1989-12-20	由于美军突然入侵巴拿马，巴拿马运河被迫关闭
	1990-08	伊拉克入侵科威特，科威特港口关闭近一年
	2003	第二次海湾战争即美伊战争影响波斯湾航线、霍尔木兹海峡
	2006-07-18	黎以冲突，由于遭受黎巴嫩真主党游击队的火箭袭击，以色列交通部7月18日宣布关闭以色列的第一大港海法港直至另行通知
其他（海盗与海上恐怖主义袭击）	2002-10-06	法国籍油轮林堡号在也门外海遭受恐怖袭击，发生爆炸
	2008-04-04	法国一艘豪华远洋帆船庞洛号在索马里海域遭海盗劫持，船上30名船员沦为人质
	2008-08-19	邦加·麦拉提·杜瓦号油轮在亚丁湾被海盗劫持
	2008-09-25	乌克兰法伊尼号（MV Faina）军火船遭受索马里海盗劫持，最终被迫于2009年2月4日支付320万美元的赎金
	2008-11-15	沙特阿拉伯天狼星号（MV Sirius Star）油轮在肯尼亚近海被海盗劫持。2009年1月9日，在空投大约300万美元赎金后，油轮及船员获释
	2009-10-19	中国籍散货轮德新海轮在印度洋（塞舌尔岛东北320海里、摩加迪沙东偏南980海里）被海盗劫持
	2010-05-08	玛丽娅·玛格丽特号油轮在阿曼南部120海里处遭劫持，该船原计划从印度港口驶往比利时的安特卫普

(三) 样本案例预警级别划分

在将样本案例的各个预警变量值带入突变模型计算之前，需要事先划定各个样本案例的等级，由于样本事件已经发生，因此可以根据样本事件产生的影响来对样本事件进行级别划分，共分为四级：Ⅰ级特别严重、Ⅱ级严重、Ⅲ级较重、Ⅳ级一般，分别用红色、橙色、黄色、蓝色来表示，如表17-10所示。

表 17-10　　　　　　　　海上通道突发事件分级表

级别	级别描述	颜色标示	发生可能性较大的事件情形
Ⅰ级	特别严重	红色	(1) 国家重要战略物资的主要进口海上通道上，由于军事力量威胁或封锁而完全无法通行，以及重要海峡运河港口节点的关闭、瘫痪或遭受毁灭性打击； (2) 提高了从事海上运输的航运业的风险和带来航运业的巨大损失，而且波及至经济的其他行业，影响其他行业重要原料物资的供给，由此严重影响国家战略通道安全与经济安全
Ⅱ级	严重	橙色	(1) 重要战略物资的次要进口海上通道上，由于军事力量威胁或封锁而完全无法通行以及重要海峡运河港口节点的关闭、瘫痪或遭受毁灭性打击； (2) 提高了从事海上运输的航运业的风险和带来航运业的一定损失，带来一定的市场紧张，但对其他行业影响较小，对国家战略通道安全与经济安全产生一定影响
Ⅲ级	较重	黄色	(1) 船舶遭受海盗的袭击与劫持、船舶遭受恐怖主义袭击、突发恶劣天气造成船舶的重大事故（船舶触礁搁浅、船舶沉没）； (2) 带来从事海上运输的航运业的巨大损失，但不会对国内其他行业产生重大影响； (3) 带来较严重的人员伤亡与经济损失
Ⅳ级	一般	蓝色	(1) 船舶在通道海域内发生的较轻事故，包括航道交通秩序混乱，航道拥堵使得航道通过能力下降，影响航道通行；由于天气原因引起的航道暂时性封闭，包括由于海域天气异常、海洋地形改变、浓雾、风浪等多种自然因素使得航道通过能力下降，影响航道通行，以及压港绕航等； (2) 提高了在该通道上从事海上运输的风险，并造成一定程度内的时间延误与成本增加，但均属于合同所规定的不可抗力或航运企业预期可承受范围内

1. Ⅰ级特别严重

该类突发事件发生在国家重要战略物资的主要进口海上通道上，该类突发事件的发生往往导致通道的中断，并难以在短期内恢复事前状态，不仅提高了从事海上运输的航运业的风险和带来航运业的巨大损失，而且波及至经济的其他行业，影响其他行业重要原料物资的供给，由此严重影响国家战略通道安全与经济安全。该类突发事件主要包括海上通道由于军事力量威胁或封锁而完全无法通行，以及海上通道重要节点海峡运河港口的关闭、瘫痪或遭受毁灭性打击。

2. Ⅱ级严重

该类突发事件发生在重要战略物资的次要进口海上通道上,或其他重要物资的进出口海上通道上,该类突发事件的发生往往导致通道的中断,并难以在短期内恢复事前状态,提高了从事海上运输的航运业的风险和带来航运业的一定损失,带来一定的市场紧张,但对其他行业影响较小,对国家战略通道安全与经济安全产生一定影响。该类突发事件包括海上通道一般节点的海峡运河港口的封锁、关闭、瘫痪或遭受毁灭性打击。

3. Ⅲ级较重

该类突发事件的发生带来从事海上运输的航运业的巨大损失,但不会对其他行业产生重大影响。该类突发事件主要包括船舶遭受海盗的袭击与劫持、船舶遭受恐怖主义袭击、突发恶劣天气造成船舶的重大事故(船舶触礁搁浅、船舶沉没)。该类突发事件通常会带来较严重的人员伤亡与经济损失。

4. Ⅳ级一般

该类突发事件提高了在该通道上从事海上运输的风险,并造成一定程度内的时间延误与成本增加,但均属于合同所规定的不可抗力或航运企业预期可承受范围内。该类突发事件主要包括船舶在通道海域内发生的较轻事故,包括航道交通秩序混乱,航道拥堵使得航道通过能力下降,影响航道通行。由于天气原因引起的航道暂时性封闭,包括由于海域天气异常、海洋地形改变、浓雾、风浪等多种自然因素使得航道通过能力下降,影响航道通行,以及压港绕航等突发事件。该类突发事件属于航运经营实践中可预见和可控制的风险,属于航运企业业务经营可承受范围内。

根据以上级别划分规则,选取历史事件中具有代表性的12个案例作为学习样本,对所选取的12个历史案例进行划分,如表17-11所示。

表17-11　　　　　　　　历史案例评价样本

案例	时间	事件描述	事件等级
1	1967	以色列侵略埃及并占领埃及西奈半岛,苏伊士运河被迫停航8年	Ⅰ级
2	1989-12-20	由于美军突然入侵巴拿马,巴拿马运河被迫关闭	Ⅰ级
3	1990-08	伊拉克入侵科威特,科威特港口关闭近一年	Ⅱ级
4	2002-09-27	2002年9月27日至10月9日,美国西海岸29座主要港口一万多码头工人同时罢工,引发了三十年来历时最长的封港事件	Ⅳ级

续表

案例	时间	事件描述	事件等级
5	2002-10-06	法国籍油轮林堡号在也门外海遭受恐怖袭击,发生爆炸	Ⅲ级
6	2003	第二次海湾战争即美伊战争影响波斯湾航线、霍尔木兹海峡	Ⅰ级
7	2007-07-11	巴拿马籍货船海通7号轮在西太平洋关岛西北方向372海里处遭遇大风浪,船体进水	Ⅲ级
8	2008-08-19	邦加·麦拉提·杜瓦号油轮在亚丁湾被海盗劫持	Ⅲ级
9	2010-05-27	埃及部分地区遭遇大范围大风沙尘天气,导致苏伊士运河和红海一些港口短暂关闭。苏伊士运河停航6个小时,38艘过往船只被延误	Ⅳ级
10	2010-12-08	连日暴雨导致巴拿马运河暂停通航17个小时	Ⅳ级
11	2011-02-23	卡扎菲拒绝辞职,利比亚关闭包括扎维耶、的黎波里、班加西、米苏拉塔在内的全部港口	Ⅱ级
12	2013-07-05	利比亚国内抗议活动导致国内最大油港锡德尔港关闭	Ⅱ级

(四) 预警阈值计算

由于评价指标具有不同的量纲,导致指标之间缺乏公度性,运用极差变换法对评价指标进行无量纲化处理,得到初始模糊隶属函数值。其中评价指标按其作用不同,可以分为正向指标和逆向指标。正向指标是指数值越大越好的评价指标,逆向指标则是指其数值越小越好的评价指标。对于正向指标:

$$y = \frac{x - \min x}{\max x - \min x}$$

式中, y 为指标标准值, x 为评价指标值,当 x 为最小值时, $y=0$;当 x 为最大值时, $y=1$,对于逆向指标,则为:

$$y = \frac{\max x - x}{\max x - \min x}$$

按照上述公式对样本数据进行归一化处理,并带入相应突变级数模型进行计算,计算出突变学习样本的分歧点集。

最终根据互补原则,计算出所选样本案例的评价结果如表17-12所示。由于海上通道安全Ⅰ级、Ⅱ级预警级别的划分主要考虑的是不同发生地区对我国重要战略物资海上通道的影响,因此在预警信息评价结果上较为接近,归为一类。

在预警信息评价结果的基础上再结合实际情况，根据预警级别划分准则进一步划分预警事件级别。运用突变级数法得到的预警分级结果级数分布图如图 17-7 所示。

表 17-12　　　　　案例样本预警信息评价结果

案例	事件等级	预警信息评价结果
1	Ⅰ级	0.96
2	Ⅰ级	0.87
3	Ⅱ级	0.93
4	Ⅳ级	0.30
5	Ⅲ级	0.71
6	Ⅰ级	0.94
7	Ⅲ级	0.33
8	Ⅲ级	0.80
9	Ⅳ级	0.32
10	Ⅳ级	0.31
11	Ⅱ级	0.83
12	Ⅱ级	0.83

四、预警信号发布

根据预警分级结果，海上通道突发事件预警信号总体上分为四级（Ⅳ级、Ⅲ级、Ⅱ级、Ⅰ级），按照突发事件可能造成的危害程度、紧急程度和发展势态，依次为蓝色预警、黄色预警、橙色预警和红色预警，分别代表一般、较重、严重和特别严重。

预警信号的发布（含变更）、解除实行分级签发制。黄色、蓝色预警信号由日常管理机构或者其授权人员签发，橙色、红色预警信号由领导机构或者其授权人员签发。

预警信号的发布用语应当遵循"重点突出、简明扼要、通俗易懂"原则，准确描述发布时间、突发事件种类、预警信号等级、实况和发展趋势、影响范围等，影响区域应当尽可能明确具体、表述清楚。具体用语如下。

预警信号发布用语（含变更）：今天（或××月××日）××时××分（统

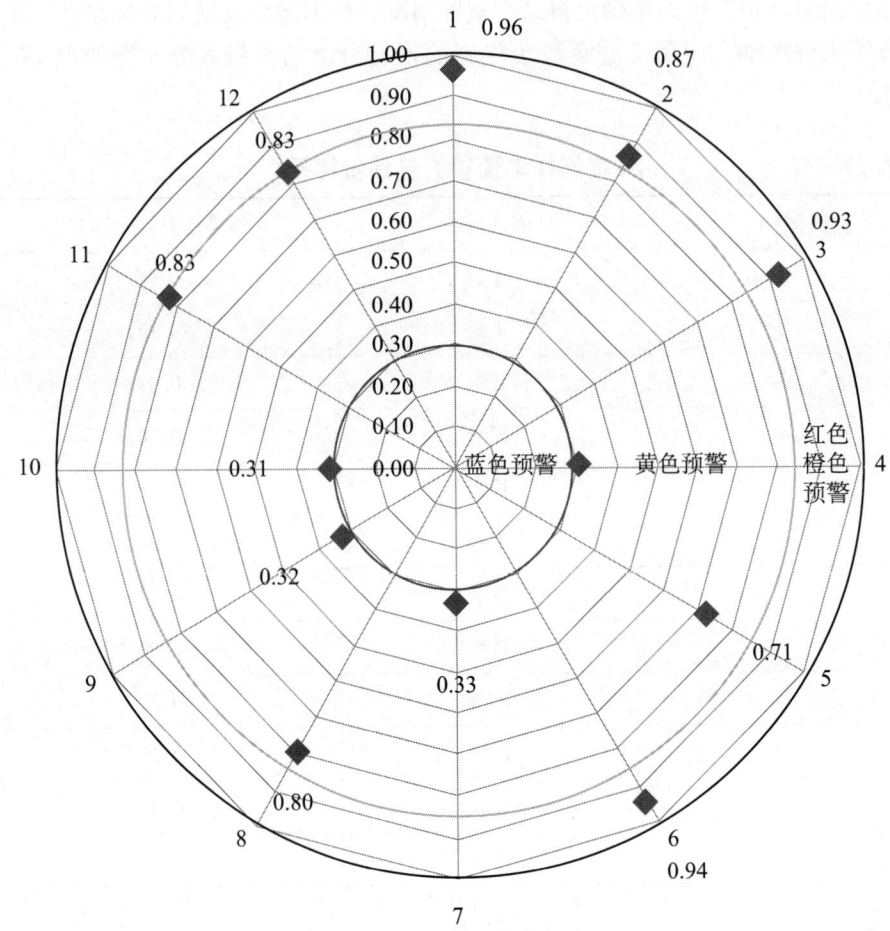

图 17-7 预警级数分布

一用北京时间，下同）发布××预警信号；预计未来××区域将受（或出现）××影响，将出现××（突发事件现象描述）。请有关单位和人员做好防范准备（具体防范措施略）；

预警信号确认用语：今天（或××月××日）××时××分继续发布××预警信号；预计未来××区域仍将出现××（突发事件描述）。请有关单位和人员做好防范准备（具体防范措施略）；

预警信号解除用语：今天（或××月××日）××时××分解除××预警信号。

预警信号发布（含变更）、解除信息应当进行登记，登记内容包括编号、信号类别、发布时间、制作人、制作时间、签发人、签发时间、发布途径、接收人、接收单位等。

预警等级确定后由预警管理机构及时发布预警信号，并确保国家有关部门

（外交部、国家发改委、公安部、农业部、卫生部、海关总署、安全监管总局、气象局、海洋局、总参谋部、信息产业部等），相关应急反应力量和从事国际海上运输的航运企业接收到预警信号，进入应急准备阶段，当突发事件得到妥善处置，对海上通道安全影响改变时需要终止预警信号。

第十八章

我国海上通道突发事件应急系统设计

我国海上通道突发事件应急系统包括突发事件前期应急力量准备、突发事件分级方法及各级突发事件应急方案等方面内容,用以支持相关主体运行应急程序时能够及时解决相关问题。通过我国海上通道突发事件应急系统的设计,可以实现对用于突发事件应急的应急力量的提前布局,对可能的突发事件级别进行分析与设定,并预先设计各个可能发生级别下突发事件的解决方案。

第一节 我国海上通道应急信息获取与评价

应急信息获取与评价是对海上通道突发事件产生的原因和可能造成的各种影响进行整理分析,预测突发事件未来的发展趋势,根据分析的结果,采取相应的应急措施,调拨应急力量前往已发生突发事件的地点。应急信息获取与评价的核心在于分析突发事件产生原因和可能造成的影响,并根据突发事件可能造成的影响对突发事件的等级进行划分。

应急信息获取与评价主要包括两个方面的内容,一是突发事件信息的获取,即在突发事件发生的第一时间,通过一定的信息来源和信息报告途径,获知海上通道突发事件事态发展的具体信息;二是突发事件的评价,即对已经发生的突发事件根据事件发生的地点,预计可能产生的影响及危害程度,对事件进行等级评价。

一、我国海上通道突发事件信息获取

我国海上通道突发事件信息获取一方面来自已有的预警信息监测子系统提供的信息，另一方面来自于突发事件涉及各方的突发事件报警。

报警信息来源主要包括船舶及其所有人、经营人、承运人或代理人，目击者或知情者，国内其他接获报警的部门，我国情报部门，驻外机构，国际组织，船舶报告系统（China Ship Reporting System，CHISREP），船舶交通管理系统（Vessel Traffic Service，VTS）等。信息的内容主要包括突发事件的发生时间、地点（位置坐标），大致的遇险状况（船舶或遇险者信息，污染物品名、数量，污染范围，污染危害程度，受到的保安威胁），事发直接原因、已采取的措施和救助请求，气象、海况信息等。信息报告途径是指突发事件发生后，突发事件信息来源相关方采取的向有关机构报告突发事件具体信息的渠道，主要包括海上通信无线电话（Marine Radio Communication，MRC）、海事卫星系统（International Maritime Satellite System，INMARSAT）、海岸电台（Coast Radio Station，CRS）、卫星地面站（Ground Earth Station，GES）、各种应急示位标（EPIRB、ELT、PLB）以及公众通信网。

二、我国海上通道突发事件评价

突发事件评价是指在确认突发事件信息后，对其危害程度、影响范围、发展趋势进行全方面评估，初步确定突发事件类型、级别和应急区域的过程。通过对历史突发事件的分析发现，海上通道突发事件带来的损失主要包括船舶的损失（船舶的破损、沉没、被攻击、被劫持）、人员伤亡（人员失踪、死亡、受伤、被劫持）、航运经营损失（船期的延误、等待产生的费用、绕航产生的费用）等。然而，海上通道不仅仅是海上货物运输航线的集合，更是国家政治、经济、社会、环境对外延伸的重要方面，是国家从事对外贸易与对外交流、保障物资供给的国家重要战略通道，海上通道突发事件的发生将对国家的经济、政治稳定与国家安全产生重要影响。[1] 因此对我国海上通道突发事件的分级需要从微观层面航运业的损失，以及宏观层面对国家战略通道的影响两个层面去衡量。根据海上通道自身具有的特点，并结合海上通道预警分级标准，将突发事件分为四级，分

---

[1] 吴慧、张丹：《当前我国海洋安全形势及建议》，载《国际关系学院学报》2010 年第 5 期，第 48～52 页。

别为Ⅰ级特别严重、Ⅱ级严重、Ⅲ级较重、Ⅳ级一般，分别用红色、橙色、黄色、蓝色来表示（见表18-1）。

表18-1　　　　　　　　　突发事件分级

级别	级别描述	颜色标示	发生可能性较大的事件情形
Ⅰ级	特别严重	红色	（1）我国重要战略物资的主要进口海上通道上，由于军事力量威胁或封锁而完全无法通行以及重要海峡运河港口节点的关闭、瘫痪或遭受毁灭性打击 （2）提高了从事海上运输的航运业的风险和带来航运业的巨大损失，而且波及至我国经济的其他行业，影响其他行业重要原料物资的供给，由此严重影响国家战略通道安全与经济安全 （3）重要节点包括以下海峡、运河与港口。海峡：台湾海峡、马六甲海峡、巽他海峡、直布罗陀海峡、霍尔木兹海峡、望加锡海峡、民都洛海峡。运河：苏伊士运河与巴拿马运河。港口：沙特阿拉伯的达曼港、拉斯坦努拉港、朱buy马码头；安哥拉的卡宾达港、古宗巴港、吉拉索尔港、马隆格港、达利亚港、帕斯弗洛尔港；伊朗的哈尔克岛港、阿萨鲁耶港、锡里岛港、阿巴丹港、阿巴斯港；阿曼的苏哈尔港、法赫尔港；伊拉克的法奥港、阿马亚湾港、巴克尔港和委内瑞拉的阿穆艾湾港；澳大利亚的黑德兰港、丹皮尔港和巴西的图巴朗港；印度尼西亚的德鲁克巴优尔港；澳大利亚的纽卡斯尔港；俄罗斯的东方港；越南的锦普港以及南非的理查兹贝港
Ⅱ级	严重	橙色	（1）我国重要战略物资的次要进口海上通道上，由于军事力量威胁或封锁而完全无法通行以及重要海峡港口节点的关闭、瘫痪或遭受毁灭性打击 （2）提高了航运业的风险，给航运业带来一定损失，会引起国内市场紧张，但对我国其他行业影响较小，对国家战略通道安全与经济安全产生一定影响 （3）重要节点包括以下海峡、运河与港口。海峡：曼德海峡、津轻海峡、朝鲜海峡、宗谷海峡。港口：科威特的科威特港、艾哈迈迪港、阿联酋的迪拜港、达斯岛港、泽尔库岛港；利比亚的班加西港；巴西的萨尔瓦多港；刚果的杰诺港；也门的亚丁港；哥伦比亚的巴兰基利亚港、阿尔及利亚的贝贾亚港、阿尔泽港；苏丹的苏丹港；赤道几内亚的马拉博港；卡塔尔的乌姆赛义德港；印度的霍尔迪亚港与南非的萨尔达尼亚港；朝鲜的南浦港；美国的弗吉尼亚州诺福克港；加拿大的鲁帕特王子港和哥伦比亚的玻利瓦尔港

续表

级别	级别描述	颜色标示	发生可能性较大的事件情形
Ⅲ级	较重	黄色	（1）船舶遭受海盗的袭击与劫持、船舶遭受恐怖主义袭击、突发恶劣天气造成船舶的重大事故（船舶触礁搁浅、船舶沉没） （2）带来从事海上运输的航运业的巨大损失，但不会对国内其他行业产生重大影响 （3）带来较严重的人员伤亡与经济损失
Ⅳ级	一般	蓝色	（1）船舶在通道海域内发生的较轻事故，包括航道交通秩序混乱，航道拥堵使得航道通过能力下降，影响航道通行。由于天气原因引起的航道暂时性封闭，包括由于海域天气异常、海洋地形改变、浓雾、风浪等多种自然因素使得航道通过能力下降，影响航道通行，以及压港绕航等 （2）提高了航运业风险，并造成一定程度内的时间延误与成本增加，但均属于合同所规定的不可抗力或航运企业预期可承受范围内

（一）Ⅰ级特别严重

该类突发事件发生在我国重要战略物资（主要是我国对外依存度较高的石油、铁矿石和煤炭）的主要进口海上通道上，该类突发事件的发生往往导致通道的中断难以在短期内恢复事前状态，不仅提高了从事海上运输的航运业的风险和带来航运业的巨大损失，而且波及至我国经济的其他行业，影响其他行业重要原料物资的供给，由此严重影响国家战略通道安全与经济安全。该类突发事件主要包括海上通道由于军事力量威胁或封锁而完全无法通行以及海上通道重要节点海峡运河港口的关闭、瘫痪或遭受毁灭性打击。该类突发事件发生的重要通道节点包括：

海峡：根据我国重要战略物资进口所经过的海峡整理，包括台湾海峡、马六甲海峡、巽他海峡、直布罗陀海峡、霍尔木兹海峡、望加锡海峡、民都洛海峡。

运河：苏伊士运河与巴拿马运河。

港口：占我国年石油进口量5%以上的国家的重要油港包括：沙特阿拉伯的达曼港、拉斯坦努拉港、朱阿马码头；安哥拉的卡宾达港、古宗巴港（Kizomba）、吉拉索尔港（Girassol Terminal）、马隆格港（Malongo）、达利亚港（Dalia）、帕斯弗洛尔港（Pazflor）；伊朗的哈尔克岛港、阿萨鲁耶港、锡里岛港、阿巴丹港、阿巴斯港；阿曼的苏哈尔港、法赫尔港；伊拉克的法奥港、阿马亚湾港、巴克尔港和委内瑞拉的阿穆艾湾港，上述港口的关闭与瘫痪将至少使得我国动用近 20 天的原油储备量，而我国目前的原油储备量大致可维持 50 天左右；占我国铁矿石进口量 5% 以上的国家的重要铁矿石港口包括：澳大利亚的黑德兰港、丹皮尔港和巴西的图巴朗港；占我国煤炭进口量 5% 以上的国家重要的煤炭港口包括：印度尼西亚的德鲁克巴优尔港、澳大利亚的纽卡斯尔港、俄罗斯的东方港、越南的锦普港以及南非的理查兹贝港。

（二）Ⅱ级严重

该类突发事件发生在我国重要战略物资（主要是我国对外依存度较高的石油、铁矿石和煤炭）的次要进口海上通道上，该类突发事件的发生往往导致通道的中断，难以在短期内恢复事前状态，提高了航运业的风险，给航运业带来一定损失，会引起国内市场紧张，但对我国其他行业影响较小，对国家战略通道安全与经济安全产生一定影响。该类突发事件包括海上通道一般节点由于军事力量威胁或封锁而完全无法通行以及重要海峡港口节点的关闭、瘫痪或遭受毁灭性打击。该类突发事件发生的通道节点包括：

海峡：曼德海峡、津轻海峡、朝鲜海峡、宗谷海峡。

港口：占我国年石油进口量 5% 以下的国家的重要油港：科威特的科威特港、艾哈迈迪港；阿联酋的迪拜港、达斯岛港、泽尔库岛港（Zirku Island）；利比亚的班加西港；巴西的萨尔瓦多港；刚果的杰诺港；也门的亚丁港；哥伦比亚的巴兰基利亚港；阿尔及利亚的贝贾亚港、阿尔泽港；苏丹的苏丹港；赤道几内亚的马拉博港；卡塔尔的乌姆赛义德港；占我国铁矿石进口量 5% 以下的国家的铁矿石港口包括：印度的霍尔迪亚港与南非的萨尔达尼亚港；占我国煤炭进口量 5% 以下的国家重要的煤炭港口包括：朝鲜的南浦港、美国的弗吉尼亚州诺福克港、加拿大的鲁帕特王子港和哥伦比亚的玻利瓦尔港。

（三）Ⅲ级较重

该类突发事件的发生带来航运业的巨大损失，但不会对国内其他行业产生重大影响。该类突发事件主要包括船舶遭受海盗的袭击与劫持、船舶遭受恐怖主义袭击、突发恶劣天气造成船舶的重大事故（船舶触礁搁浅、船舶沉没）。该类突发事件通常会带来较严重的人员伤亡与经济损失。

（四）Ⅳ级一般

该类突发事件提高了在该通道上从事海上运输的风险，并造成一定程度内的时间延误与成本增加，但均属于合同所规定的不可抗力或航运企业预期可承受范围内。该类突发事件主要包括船舶在通道海域内发生的较轻事故，包括航道交通秩序混乱，航道拥堵使得航道通过能力下降，影响航道通行。由于天气原因引起的航道暂时性封闭，包括由于海域天气异常、海洋地形改变、浓雾、风浪等多种自然因素使得航道通过能力下降，影响航道通行，以及压港绕航等突发事件。该类突发事件属于航运经营实践中可预见和可控制的风险，在航运企业业务经营安排可承受范围内。

第二节 我国海上通道应急方案设计

当海上通道突发事件发生后，应急指挥机构需要在第一时间制定应急方案，做到突发事件处理的有序进行。由于不同突发事件造成的影响程度不同，需要动员的应急力量也不同，应急方案的设计需要结合突发事件的等级。因此，结合海上通道突发事件分级的结果，预先设计各个突发事件等级下可行的应急方案，为突发事件应急提供参考。应急方案的实施需要参考应急程序的设计。

一、Ⅰ、Ⅱ级突发事件应急方案

我国海上通道Ⅰ、Ⅱ级突发事件主要是指我国重要战略物资的进口海上通道由于军事力量威胁或封锁而完全无法通行，以及海上通道重要节点海峡、运河、港口的关闭、瘫痪或遭受毁灭性打击等突发事件。Ⅰ、Ⅱ级的划分是根据突发事件发生地点是否位于我国重要战略物资的主要进口通道，但具体事件本身差异性不大，因此应急方案相同。该类突发事件的应急涉及国家最高层面的不同部门与力量，具体应急方案如图18-1所示，该方案力求尽快恢复原有海上通道的通行，主要考虑实施以下措施：外交部负责直接与相关政治势力直接谈判，解除海上通道封锁，或通过联合国等其他国际组织对封锁事件进行协商，向相关政治势力施压使其尽快解除对我国海上通道的封锁，恢复我国海上通道的通行；军事措施由军委总参谋部负责，一方面可以考虑与其他国家联合派遣军事力量，对通道的封锁采取联合军事行动，解除海上封锁，或在联合国框架下采取联合国授权的军事行动，另一方面派遣海军对我国商船进行军事护航；交通运输部负责协助总参谋部协调军事护航工作，同时向各航运单位发布关于海上通道封锁的航行警告。

如果短期内海上通道封锁难以解除，那么则考虑是否存在替代通道，若存在替代通道，则考虑实施以下措施：交通运输部负责综合论证替代通道方案，掌握替代通道的各项基本数据,并指导相关航运单位使用替代通道;国资委下属的各大航运公司在交通运输部的统一指导下变更航线,使用替代通道。

若不存在替代通道,则我国重要战略物资的进口将受到严重影响,考虑采取以下措施:发改委负责启用国家战略物资储备,限制国内战略资源消耗,重点保障战略产业部门生产和人民基本生活需要;商务部指导资源进口单位使用替代战略资源供应地,或加强国内外替代战略资源的开采和进口。

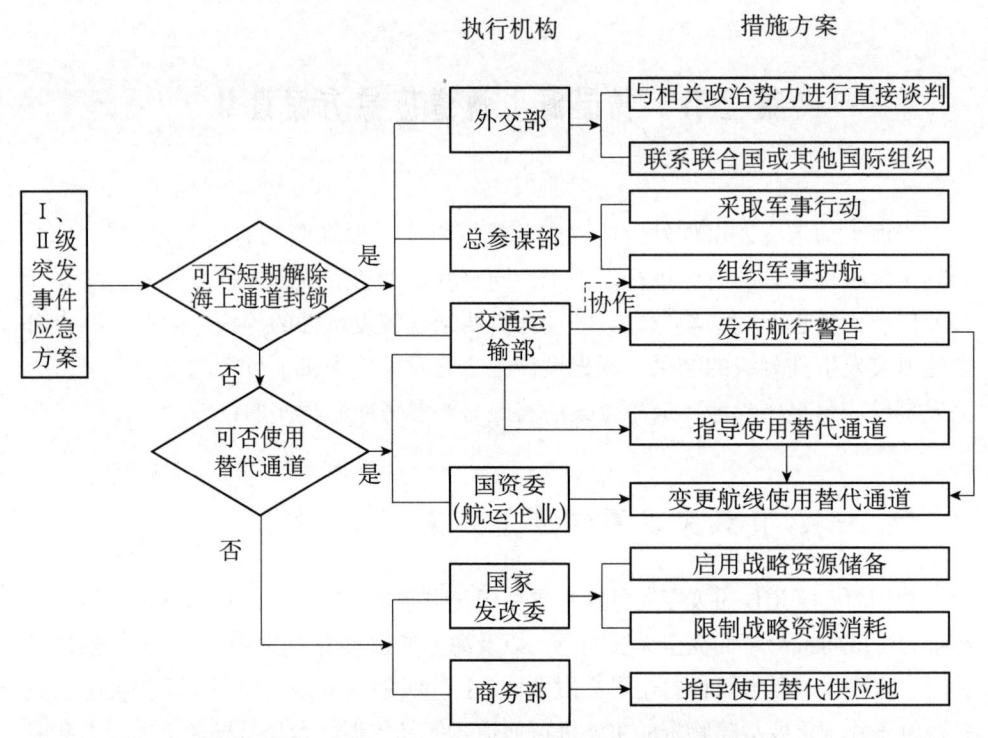

图 18-1　Ⅰ级、Ⅱ级海上通道突发事件应急方案

二、Ⅲ级突发事件应急方案

我国海上通道Ⅲ级突发事件主要是指船舶遭受海盗的袭击与劫持、船舶遭受恐怖主义袭击、突发恶劣天气造成船舶的重大事故,如船舶触礁搁浅、船舶沉没等,该类突发事件往往会带来较严重的人员伤亡与经济损失。该类突发事件的应急需要以国家层面的不同部门与力量为主导,具体应急方案如图 18-2 所示。

若Ⅲ级海上通道突发事件发生在我国管辖水域外,则考虑实施以下措施:在处理海上重大事故应急时,外交部负责联系与协调国外应急机构,请求事发地周边的相关国家应急机构对遇险船舶实施应急救援;交通运输部负责调动与协调事发地附近的我国船舶前往救援。应对海盗与恐怖主义袭击突发事件时，当出现船舶被劫持情况时，外交部负责联系与协调周边军事力量前往救援，并准备与海盗或恐怖主义组织进行相关的谈判；总参谋部负责调动我国附近军事力量前往解救，并组织针对海上活动区域的海军护航；交通运输部负责指导航运企业使用替代通道，规避海盗风险。

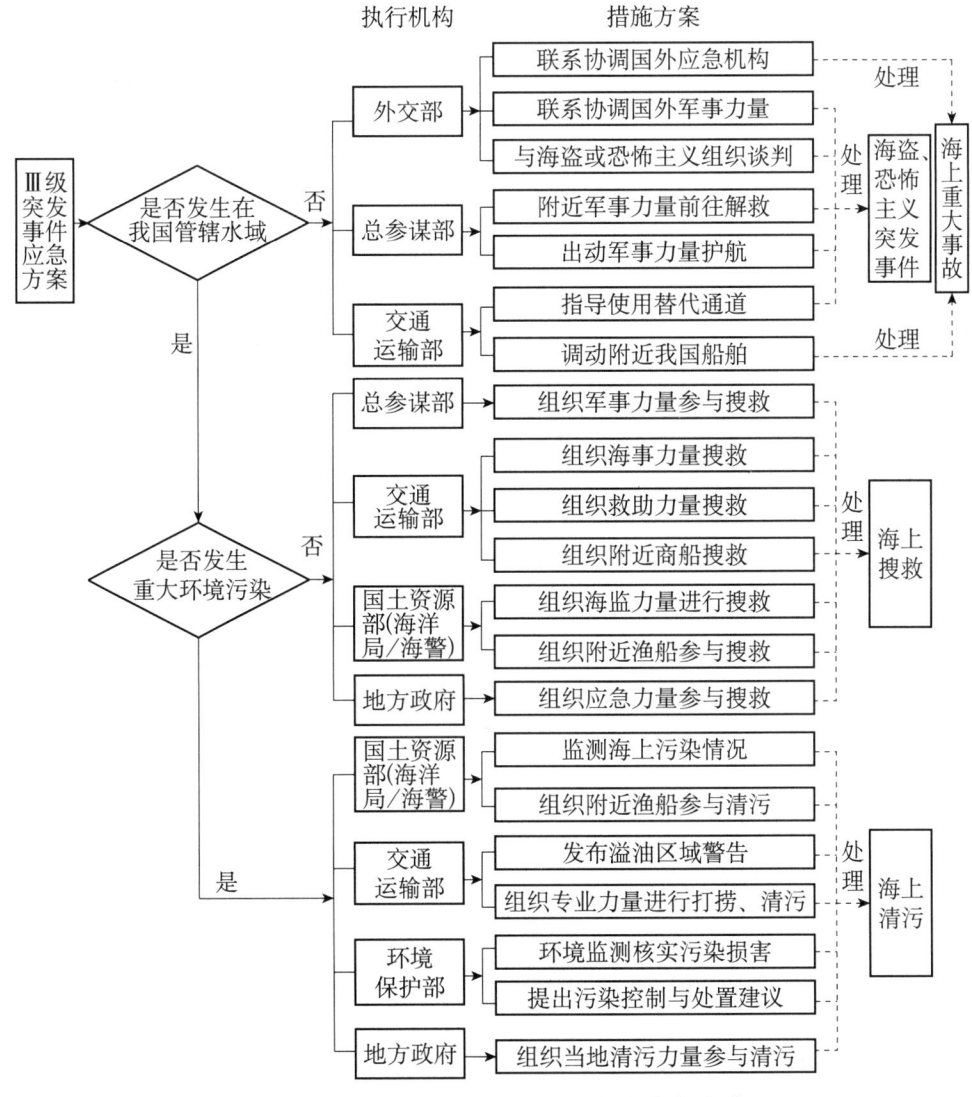

图 18-2　Ⅲ级海上通道突发事件应急方案

若Ⅲ级海上通道突发事件发生在我国管辖水域内，且未发生环境污染事故，则考虑实施以下措施：总参谋部负责组织军队舰船、飞机、人员以及救生器材参与搜救；交通运输部负责组织海事系统力量以及救助打捞力量和附近商船参加搜救行动，进行沉船沉物打捞、港口及航道清障以及发布航行警告信息等；国土资源部国家海洋局（中国海警）负责组织海监船舶、渔政执法船舶和社会渔船参与海上搜救；事发地地方政府组织当地应急力量参与搜救。如发生环境污染事故，则考虑采取以下措施：国土资源部国家海洋局通过海监执法船监视巡航等监测海上污染情况，并组织附近渔船参与清污；交通运输部负责发布溢油区域警告和进行溢油的应急清除；环境保护部负责事发地和周边地域的环境监测工作，提出污染控制与处置建议，协助核实污染损害情况；当地政府负责协调当地的专业吸油船和清污船参与清污行动。

三、Ⅳ级突发事件应急方案

我国海上通道Ⅳ级突发事件主要是指船舶在通道海域内发生的较轻事故，包括航道交通秩序混乱，航道拥堵使得航道通过能力下降，影响航道通行。由于天气原因引起的航道暂时性封闭，包括由于海域天气异常、海洋地形改变、浓雾、风浪等多种自然因素使得航道通过能力下降，影响航道通行，以及压港绕航等突发事件。

该类突发事件的应急以企业自身的应急部门为主导，当企业难以独立处理时，需要国家有关部门力量的支持，具体应急方案如图18-3所示。

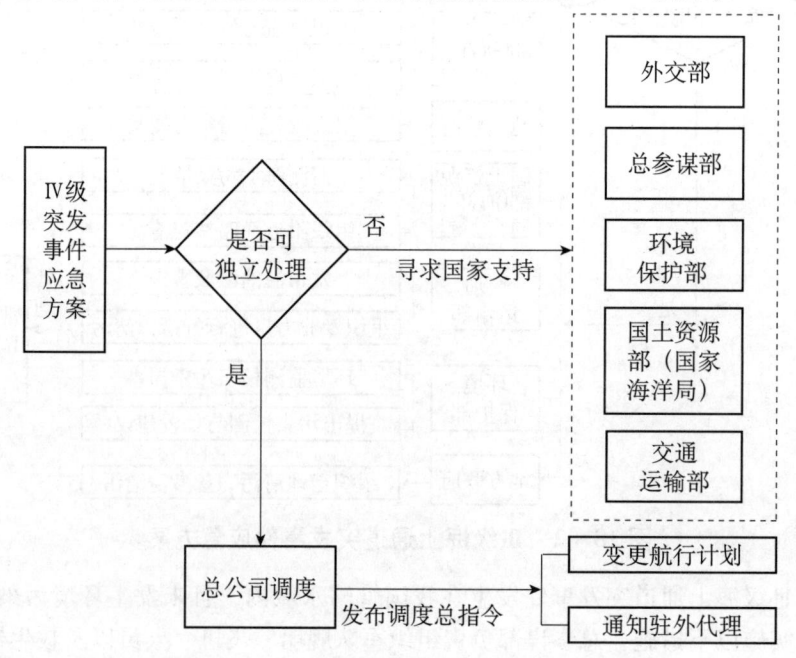

图18-3　Ⅳ级海上通道突发事件应急方案

以上分级应急可行方案的设计是具有理论支撑与实践优势的。理论方面,分级响应一直是突发事件应急响应中的重要理念与做法,已成为突发事件应急研究中的共识,包括《国家突发公共事件总体应急预案》在内的各级预案,也都采用对事件分级并依照事件级别进行应急。实践方面,可行方案设计与我国实际情况紧密结合,充分考虑了我国现有的海上通道安全保障部门的机构设置与职能分工,依据各部门职责进行了应急工作的分工,结合应急流程设计,该方案在实际中具有很强的可操作性。此外,方案涵盖了不同等级下的主要突发事件,如Ⅲ级突发事件下就包括,海盗及恐怖主义袭击突发事件、重大船舶及人员遇险突发事件以及海洋环境污染突发事件等主要突发事件类型,使得该方案在覆盖范围广的同时不失具体针对性。

第三节 我国海上通道应急站点布局研究

海上通道突发事件应急站点是指配置了一定应急资源,具备一定的应急辐射能力,对所覆盖水域内发生的海上通道突发事件能够第一时间派出应急救援力量,并能够在随后的应急过程中给予相关应急主体充分支持的地理据点。由于海上通道突发事件发生突然,临时组建人员与调配物资往往无法应对事态的紧急性;应急还需要各方人员与物资的统一协调与调配,因此有必要逐步建立覆盖重点海域的海上通道突发事件应急站点体系。

一、应急站点布局的目标与原则

应急站点布局的目标不同于一般意义上的选址布局问题的目标,应急站点布局问题具有弱经济性,通常不把成本作为第一目标,而是把水域覆盖率、快速响应、对突发事件防范的效果等非经济指标作为主要目标。主要包括:实现基本覆盖并实施统一管理,从整个水域出发对应急站点布局进行规划;对风险较高水域实现多重覆盖,提高覆盖可靠性;实现海上通道突发事件快速响应,每个应急站点都有自己的覆盖范围,覆盖范围的界定需满足海上通道突发事件对应急响应时间的要求;综合考虑现有站点布局情况以及可以在应急状态下调用的资源分布情况,减少应急资源投入和避免重复建设问题;合理防范水域风险,充分发挥应急资源的效用。

为了更好地实现目标,在应急站点布局规划时应充分考虑建设地点的实际情况，遵循以下原则。

（一）全面覆盖、突出重点

根据水域风险分布情况，按照全面覆盖、重点加强的原则进行应急站点的布局规划。在建设资源充足的条件下，需实现全面覆盖水域的应急站点布局网络，并加强对事故多发区、船舶交通密集区、敏感资源区的预防和救助，实现对以上区域的多重覆盖目标。如果用于应急站点建设的资源有限，无法实现对水域的完全覆盖，可以考虑以现有资源实现对水域的最大覆盖目标。

（二）快速响应、优化配置

突发事件一旦发生，会带来人员伤亡、财产损失、环境污染等问题。为了尽快对突发事件进行控制，需要在第一时间做出反应，避免事态的扩大，尽可能降低其可能造成的损失。在建设布局上，应从区域整体出发进行应急站点合理布局，避免重复建设，发挥现有应急资源的最大效用；还要充分考虑相邻区域的应急站点布局情况，以及社会资源、国际合作资源的分布情况，优化资源配置。

（三）保证公平、兼顾效率

根据突发事故的发生概率和危害大小，突发事件可分为4类：发生概率大，危害大；发生概率大，危害小；发生概率小，危害大；发生概率小，危害小。对于发生概率小、危害小的突发事件通常予以忽略，但从社会的公平性角度看，突发事件发生概率小的区域同样需要应急物资储备来防范突发事件，尤其发生概率小，危害大的突发事件，一旦发生就可能带来巨大损失，不容忽视。同时从提高资源的利用率角度看，对于发生概率大、危害大的突发事件，需要重点对待，这样可以提高应急物资储备的效率。

（四）整合资源、加强合作

在进行应急站点布局规划时，应利用一切可以利用的资源。在合理使用现有应急资源的同时，充分利用社会资源和国际资源。将不同地区、行业、部门的应急资源统一规划、配备和管理，实现信息共享、人员共用，充分发挥各方面的优势，对突发事件进行合理防范，优化资源配置。在国家海上救援体系内，整合专业力量与政府公务力量（包括公安、民航、海关、农业、海洋等系统）、军队武警力量和社会力量，以及交通部门内部海事与救捞等各种资源，迅速、有序、高效地组织实施海上应急行动。在国际应急救援体系内，加强与其他国家的合作，整合国内外应急资源,共同维护海上通道的安全。

(五) 立足当前、着眼长远

应急站点的布局首先要立足当前,加强薄弱环节建设,量力而行,分步推进,保障我国海上通道安全,使我国具备较强应对海上通道突发事件的能力。在进行应急站点布局时,各个站点的应急能力应留有余量,以满足长远发展需要。同时应急站点的建设不能一蹴而就,应是一个长期任务,以满足未来对于应急资源的需求。

二、应急站点布局的影响因素

应急站点的选址问题受到多种因素的影响,对其进行全面分析可以增加最终选址方案的科学合理性。各个影响因素归类总结如下。

(一) 应急站点自身条件

进行应急站点布局规划时首先要考虑各个站点的条件,主要包括当地基础设施条件、自然条件以及其他影响因素。

第一,基础设施条件直接影响应急站点的建设与运行状况、应急物资的补给效率,以及临时调用物资时的集结效率,主要包括当地交通、通信、水电供给是否便利。

第二,应急站点要实施应急救援行动的前提是自身要具有一定可靠性,当地自然条件直接影响应急站点的可靠性,主要包括大风极端天气、大雾极端天气、雨雪极端天气等影响,以及是否容易受到台风、泥石流等其他自然灾害的影响。

第三,其他影响因素,主要包括应急站点是否存在一定盲区、应急站点是否涉及军事禁区,以及应急站点建设涉及拆迁问题是否容易解决等。应急站点自身条件评价指标体系如图18-4所示。

(二) 管辖水域自然条件

自然条件的影响是海上应急站点选址问题的最大特点。海上通道突发事件一旦发生,需要调用救助船舶将应急物资运送到事故发生地,影响应急救援速度的因素不仅有应急站点与突发事件发生地的距离、救助船舶本身的条件,还要考虑海上风、水流对救援行动的影响。管辖水域自然条件主要包括:①气象,主要有气候类型、气温、降水、风况、雾况等;②水文,主要有洋流、流域集雨面积、

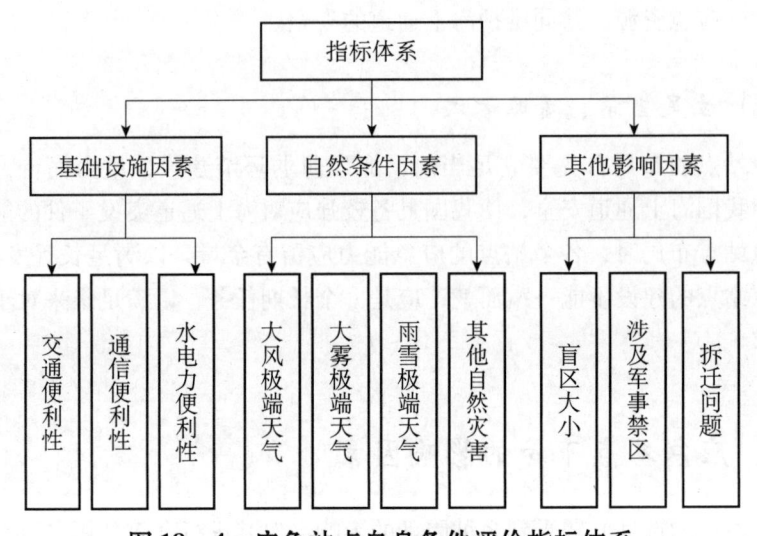

```
                    ┌─────────────┐
                    │  指标体系    │
                    └──────┬──────┘
        ┌──────────────────┼──────────────────┐
   ┌────┴─────┐      ┌─────┴─────┐      ┌─────┴─────┐
   │基础设施因素│      │自然条件因素│      │其他影响因素│
   └────┬─────┘      └─────┬─────┘      └─────┬─────┘
```

图 18-4　应急站点自身条件评价指标体系

基础设施因素：交通便利性、通信便利性、水电力便利性
自然条件因素：大风极端天气、大雾极端天气、雨雪极端天气、其他自然灾害
其他影响因素：盲区大小、涉及军事禁区、拆迁问题

水域浪高与潮差等；③地震，主要有地震史、强度与烈度区划等；④雷暴，主要有雷暴集中发生期、平均雷暴日天数、平均雷暴时数等；⑤大雾，主要有大雾集中发生期、平均大雾日天数、平均大雾时数等；⑥台风，主要有台风集中发生期、平均台风天数等。

（三）管辖水域通航状况

水域通航状况主要包括通航环境和通航情况两部分。通航环境主要包括：①港口，主要有港口位置、装卸特点、年吞吐量及变化趋势等；②主要航道和航路，主要有航道特点、通过能力、主要航路走向及与交叉航路关系等；③锚地，主要有锚地数量、分布特点、抛泊能力、航路关系等；④助导航设施，主要有助导航设施数量、种类、覆盖范围等；⑤桥梁及碍航物。主要有桥梁及碍航物数量、分布等。通航情况主要包括：①船舶交通量，主要有存量、变化率、船舶类型及吨位分布等；②船舶交通事故，主要有事故数量、事故性质、事故地点与分布、事故原因等。

（四）水域风险分布情况

传统上对水域风险的分析是将所要研究的水域作为一个整体进行评估，实际上不同水域的风险影响因素并不相同，导致不同水域突发事件发生的概率以及其可能造成的损害程度并不相同。因此，不同水域的突发事件风险值是不同的。通过对水域风险进行划分，了解水域的风险分布特点，可以知道在哪些水域容易发生什么样的突发事件或者海上交通事故，有助于明确应急物资需求的分布特点，为应急站点的选址决策提供依据。前面提到的水域自然条件和水域通航状况是在对水域进行风险划分时考虑的重要因素，通过运用风险的网格化划分方法，确定水域风险分布情况，进而可以知道在哪些地方可能发生何种的突发事件，明确海上应急需求情况，为应急站点选址布局提供决策依据。

（五）其他物资分布情况

尽管安全应急资源建设具有弱经济性，但仍然无法实现应急物资的绝对够用，一旦发生重大突发事件，应急站点的物资和设备很可能出现不足，这时就需要从社会上集结应急力量参与救援；如果海上通道突发事件发生在我国主权以外，还需要从其他国家调用应急资源参加救援，在选址时要充分考虑这些可供临时调用的应急力量的分布情况，弥补应急站点自身储备力量的不足，提高站点布局的合理性，更好地应对各种突发事件。

（六）国家对应急救援的要求

我国对应急响应时间、覆盖范围等指标有明确的要求。这些要求与应急站点的选址布局密切相关。国家规划的标准越高，表明其应急能力越强，相应地包括应急站点在内的应急系统也就更加完善和合理。

三、应急站点布局模型及算法

（一）应急站点选址常用模型

关于选址问题，有很多常用的模型，但由于海上通道突发事件发生的时间和地点都具有很大的不确定性，事前无法预知，因此覆盖思想更适合于我国海上通道安全应急站点的选址布局问题。

1. 最大覆盖模型

如果投入的资源有限，不能实现对管辖水域的完全覆盖，可以选用最大覆盖模型来进行应急站点的布局规划。最大覆盖模型由丘奇等（Church et al.）在1979年提出。其思想是在有限的资源下实现对区域的最大覆盖，应用在我国海上通道安全应急站点选址问题中，即在站点建设数量、建设资金有限条件下实现对水域的最大覆盖。

首先将水域划分若干个单元，$i=1,2,\cdots,I$ 表示水域单元的编号；$j=1$，

$2, \cdots, J$ 表示应急站点候选点编号；r_j 表示应急站点 j 的覆盖半径，取决于救助船舶、响应时间以及海上自然条件等因素；d_{ij} 表示水域单元 i 与应急站点 j 的距离，$d_{ij} \leq r_j$ 时，水域单元 i 能被应急站点 j 覆盖；x_i 为 0~1 变量，若水域单元 i 能被应急站点覆盖，$x_i = 1$，否则 $x_i = 0$；$N_i = \{j \mid d_{ij} \leq r_j\}$ 表示能够覆盖水域单元 i 的应急站点的集合；y 为 0~1 变量，若应急站点候选点 j 被选中，则 $y_j = 1$，否则 $y_j = 0$；w_i 为水域单元 i 的风险，根据风险的大小来确定该水域单元是否为重点水域；C_j 为 j 应急站点的建设固定成本；p 表示应急站点最大建设数量；M 表示最大建设费用。

最大覆盖模型目标函数为：

$$\max Z = \sum_{i=1}^{I} w_i x_i \quad (18.1)$$

约束条件：

$$\sum_{j \in N_i} x_i - y_j \geq 0 \quad (18.2)$$

$$\sum_{j=1}^{J} y_j \leq p \quad (18.3)$$

$$\sum_{j=1}^{J} y_j C_j \leq M \quad (18.4)$$

$$x_i = \begin{cases} 1 & if \sum_{j \in N_i} y_i \geq 1 \\ 0 & else \end{cases} \quad (18.5)$$

$$x_i, y_i \in \{0, 1\} \quad (18.6)$$

目标函数（18.1）表达的是在有限资源下使被覆盖的水域风险之和最大；约束条件（18.2）表示选定的应急站点至少覆盖一个水域单元，确保应急站点合理利用；约束条件（18.3）表示建立的应急站点数量约束；约束条件（18.4）表示应急站点建设的费用约束；约束条件（18.5）表示 x_i 的计算方法。

2. 集合覆盖模型

如果应急资源比较充足，可以实现对水域的完全覆盖时，可选用集合覆盖模型进行应急站点的布局规划。集合覆盖模型也称为全面覆盖模型，由 Toregas 等在 1971 年最早提出，模型的思想是投入最小的资源来实现对区域的完全覆盖，应用在海上通道安全应急站点选址问题中，即建设最少的应急站点来实现对水域的完全覆盖。

首先将水域划分若干个单元，$i = 1, 2, \cdots, I$ 表示水域单元的编号；$j = 1, 2, \cdots, J$ 表示应急站点候选点编号；r_j 表示应急站点 j 的覆盖半径，取决于救助船舶、响应时间以及海上自然条件等因素；d_{ij} 表示水域单元 i 与应急站点 j 的距离，$d_{ij} \leq r_j$ 时，水域单元 i 能被应急站点 j 覆盖；$N_i = \{j \mid d_{ij} \leq r_j\}$ 表示能够覆盖

水域单元 i 的应急站点的集合；y 为 0~1 变量，若应急站点候选点 j 被选中，则 $y_j = 1$，否则 $y_j = 0$；C_j 为 j 应急站点的建设固定成本。

集合覆盖模型的目标函数如下：

$$\min Z = \sum_{j=1}^{J} y_j C_j \qquad (18.7)$$

约束条件：

$$\sum_{j \in N_i} y_j \geq 1 \qquad (18.8)$$

$$y_j \in \{0, 1\} \qquad (18.9)$$

式（18.7）表示建设成本最小；约束条件（18.8）表示所有水域单元至少被覆盖一次，即水域的全面覆盖。

3. 备用覆盖模型

如果应急资源比较充足，可以实现对水域的完全覆盖时，为了实现对资源的高效利用，需要对风险值比较高的水域实现多重覆盖，可以选用备用覆盖模型来进行应急站点的布局规划。备用覆盖模型由霍根等（Hogan et al.）于 1986 年最早提出，是对最大覆盖模型的一个重要扩展，就是有一些点要被多个服务设施同时覆盖两次及以上。将备用覆盖模型应用到我国海上通道安全应急站点选址问题中，即在实现对所管辖水域全面覆盖的同时，风险较高的水域单元要同时被两个以上应急站点所覆盖。

首先将水域划分若干个单元，$i = 1, 2, \cdots, I$ 表示水域单元的编号；$j = 1, 2, \cdots, J$ 表示应急站点候选点编号；r_j 表示应急站点 j 的覆盖半径，取决于救助船舶、响应时间以及海上自然条件等因素；d_{ij} 表示水域单元 i 与应急站点 j 的距离，$d_{ij} \leq r_j$ 时，水域单元 i 能被应急站点 j 覆盖；$N_i = \{j \mid d_{ij} \leq r_j\}$ 表示能够覆盖水域单元 i 的应急站点的集合；y 为 0~1 变量，若应急站点候选点 j 被选中，则 $y_j = 1$，否则 $y_j = 0$；w_i 为水域单元 i 的风险，根据风险的大小来确定该水域单元是否为重点水域；w 为风险的一个阈值，如果 $w_i \geq w$，则水域单元 i 需要被覆盖两次以上；C_j 为 j 应急站点的建设固定成本。

备用覆盖模型的目标函数为：

$$\min Z = \sum_{j=1}^{J} y_j C_j \qquad (18.10)$$

需要满足以下约束条件：

$$\sum_{j \in N_i} y_j \geq 1 \qquad (18.11)$$

$$\sum_{j \in N_i, w_i \geq w} y_j \geq 2 \qquad (18.12)$$

$$y_j \in \{0, 1\} \qquad (18.13)$$

式（18.10）表示应急站点的建设成本最小；约束条件（18.11）表示所有水域单元至少被覆盖一次，即水域的全面覆盖；约束条件（18.12）表示风险超过阈值的水域单元至少被覆盖两次。

前面介绍的 3 种覆盖模型在海上通道安全应急站点布局规划中具有一定的通用性，在应用时，可以结合具体问题考虑更多的因素以及约束条件，在其基础上进行适当变形。

4. 其他选址模型

选址问题由来已久，且变形很多，其他选址模型主要包括：中心选址模型、中值选址模型以及考虑了效用的竞争性选址模型等，这些选址模型的共同特点都是假设需求点已知，但是在海上通道安全应急站点布局中，需求点的位置和发生时间具有很大不确定性，因此上述选址模型不太适用，在此不做详细介绍。

（二）基站选址常用算法

解决前面介绍的覆盖选址模型，需要运用各种各样的算法，主要包括分支定界法、拉格朗日松弛算法、贪婪算法、模拟退火算法以及遗传算法。

1. 分支定界法

分支定界法（branch and bound）是一种求解整数规划问题的最常用算法。这种方法不但可以求解纯整数规划，还可以求解混合整数规划问题。主要步骤如下。

第 1 步：放宽或取消原问题的某些约束条件，如求整数解的条件。如果这时求出的最优解是原问题的可行解，那么这个解就是原问题的最优解，计算结束。否则这个解的目标函数值是原问题的最优解的上界。

第 2 步：将放宽了某些约束条件的替代问题分成若干子问题，要求各子问题的解集合的并集要包含原问题的所有可行解，然后对每个子问题求最优解。这些子问题的最优解中的最优者若是原问题的可行解，则它就是原问题的最优解，计算结束。否则它的目标函数值就是原问题的一个新的上界。另外，各子问题的最优解中，若有原问题的可行解的，选这些可行解的最大目标函数值，它就是原问题的最优解的一个下界。

第 3 步：对最优解的目标函数值已小于这个下界的子问题，其可行解中必无原问题的最优解，可以放弃。对最优解（不是原问题的可行解）的目标函数值大于这个下界的子问题，都先保留下来，进入第 4 步。

第 4 步：在保留下来的所有子问题中，选出最优解的目标函数值最大的一个，重复第 1 步和第 2 步。如果已经找到该子问题的最优可行解，那么其目标函数值与前面保留的其他问题在内的所有子问题的可行解中目标函数值最大者，将它作为新的下界，重复第 3 步，直到求出最优解。

分支定界法可以用来求解选址问题，国内外很多文献都有应用。运用分支定界法能够找到选址问题的最优解。但分支定界法计算量比较大，不便于快速求解。对于规模比较大的选址问题，很多学者针对具体问题研究各种启发式算法进行求解，分支定界法则可以用来检验各种启发式算法的计算结果的准确性。

2. 拉格朗日松弛算法

拉格朗日松弛算法和线性松弛法、对偶规划松弛法、代理松弛法一样，是一种常用的基于规划论的松弛方法。拉格朗日松弛算法的基本思想是吸收原问题中的比较困难的约束条件到目标函数中，并使得原目标函数仍保持线性，由此使得问题较原问题容易求解。基本的覆盖问题，包括基本的最大覆盖问题和集合覆盖问题都是 NP—困难问题，在现有的约束条件下很难求得最优解。但是在原问题中减少一些约束后，求解问题的难度就大大地减少了，达到在多项式时间内求得减少约束问题的最优解。随着问题中复杂约束条件增多、问题规模的扩大，会使拉格朗日松弛算法在精度上和时间消耗上有一些问题。

3. 贪婪算法

贪婪算法有两种基本思路，一种是贪婪相加，另一种是贪婪减少。在选址问题中，在现有的解集中不论增加一个对目标值影响最大的选址点，还是去除一个对目标值影响最小的选址点，都可以在多项式时间内完成，这是选址问题中应用贪婪算法的基础。贪婪算法在选址问题中有很重要的地位，在多种规模、类型的选址问题中都可以得到较好质量的解，尤其在集合覆盖问题中，往往可以得到多种算法中最好质量的解。

4. 模拟退火算法

模拟退火算法的思想最早由梅特罗波利斯（Metropolis）在 1953 年提出，柯克帕特里克（Kirkpatrick）在 1983 年成功地将模拟退火算法应用到组合优化问题中。模拟退火算法是局部搜索算法的扩展，从理论上讲它是一个全局最优算法。模拟退火算法主要包括三个函数分别是新状态产生函数、新状态接受函数、退温函数；两个准则分别是抽样稳定准则和退火结束准则。这三个函数两个准则及初始温度是直接影响算法优化结果的主要因素。模拟退火算法的实验性能具有质量高、初值鲁棒性强、通用易实现的优点。但是，为找到最优解，模拟退火算法通常要求较高的初温、较慢的降温速率、较低的终止温度以及各温度下足够多次的抽样，因而模拟退火算法往往耗用时间较长，这也是模拟退火算法最大的缺点。

5. 遗传算法

约翰·霍兰德（John Holland）教授在 1975 年首次提出遗传算法，遗传算法是模拟遗传选择和自然淘汰的生物进化过程的启发式算法，是一种新的全局优化搜索算法，因其简单通用、鲁棒性强、适于并行处理，已广泛应用于计算机科学、优化调度、运输问题、选址等领域。遗传算法在选址问题的应用很广泛，并取得了较好的效果。遗传算法主要是借用生物进化中的"适者生存"的规律，即最适合自然环境的群体往往产生了更好的后代群体。遗传算法包括选择、交叉和变异三个基本操作。根据具体选址问题的特点，这些基本操作又有许多不同的方法。

四、我国海上通道应急站点布局规划

从我国目前情况来看，自1989年建立海上搜救中心以来，沿海各省、市、自治区均建立了海上搜救中心。据《国家水上交通安全监管和救助系统布局规划》，我国水上交通安全监管和救助设施建设初具规模，初步建成遇险与安全通信系统；在全国沿海主要港口、水道建立了24个船舶交通管理系统；拥有20米级及以上各类船舶489艘（海船265艘、内河船224艘）、码头（基地）219个、救助飞机4架、救助机场1个；在北方海区设立了两个小型溢油应急中心，配备了少量的溢油控制清除设备。我国沿海及内河通道安全应急站点布局基本完成，能够实现对管辖水域的完全覆盖。但对于我国近海、近洋海区、远洋海区的通道安全应急站点布局规划问题，还需要进一步解决。

（一）近海应急站点布局规划

我国近海区域包括了渤海、黄海、东海、台湾海峡、台湾以东洋面、巴士海峡、北部湾、琼州海峡和南海。由于近海区域范围较大，尤其是南海管辖海域面积较大，面临一定的海上应急压力，为此，除在沿海地区建立海上搜救中心之外，也要在不同近海海域的沿岸或者海岛上建立应急站点，逐步建成覆盖近海海域的应急站点网络以有效缓解海上应急压力。

（二）近洋海区应急站点布局规划

近洋海区包括了日本海东北部、日本海西南部、朝鲜海峡、日本以南洋面、琉球群岛以东洋面、小笠原群岛以西洋面、菲律宾东北洋面、北马里亚纳群岛以西洋面、菲律宾东南洋面、关岛以西洋面、菲律宾西南洋面、印度尼西亚东北海域、印度尼西亚东南海域、爪哇岛以南海域、爪哇岛以北海域、苏门答腊以南洋面、马六甲海峡、新加坡以东海域、越南以南海域、泰国湾和安达曼海。近洋海区紧邻我国管辖海域,是我国海上应急能力向外辐射的重要区域,也是我国下一步应急站点布局的重点区域。结合我国海上通道预警信息搜集的区域范围,考虑到我国目前海上通道主要包括的美西通道、美东通道、欧洲通道、澳洲通道以及美非通道这 5 条海上通道的具体情况,可以考虑在我国主要的海上通道途经的近洋海区建立应急站点。

(三) 远洋海区应急站点布局规划

远洋海区方面,我国海上通道突发事件应急力量的发展目前还不能满足我国远洋海区的需求,但可以通过鼓励相关企业在我国重要远洋海域途经国家设立办事处或海外代理机构的方式予以短期内的弥补,该模式在此次我国参与南太平洋海域搜寻失联飞机行动中得到了很好的验证。根据我国主要海上通道途经远洋海域的情况,需要考虑的国家包括:美国、加拿大、巴西、澳大利亚、阿根廷、南非、墨西哥、阿尔及利亚、阿联酋、阿曼、安哥拉、比利时、赤道几内亚、丹麦、德国、刚果、哥伦比亚、荷兰、卡塔尔、科威特、利比亚、沙特阿拉伯、苏丹、委内瑞拉、也门、伊拉克、伊朗、印度、英国。

第十九章

我国海上通道安全预警与应急组织体系及程序设计

我国海上通道安全预警与应急工作的顺利实施需要一系列保障环节,本章设计了包含领导机构、办事机构、应急指挥机构、执行机构以及专家咨询机构在内的我国海上通道安全预警与应急的组织体系,在此基础上,设计了我国海上通道安全预警与应急的程序,进而提出完善我国海上通道预警及应急工作的对策建议。

第一节 我国海上通道安全预警与应急组织体系

构建我国海上通道安全预警与应急组织体系,是为了将国家各有关部门以及国内相关企业的海上通道的预警与应急机构整合在统一的预警与应急组织体系下,实现统一决策、统一部署和统一行动。在突发事件来临前给出准确的预警,并在突发事件发生时,各相关各层级应急主体能有序、高效地掌握海上通道突发事件信息,自动做出适当反应,及时启动相应处理方案并组织应急反应行动,控制突发事件扩展、救助遇险人员、最大限度地减少人员伤亡和财产损失,并尽快使突发事件影响消失,使海上通道恢复突发事件发生前的正常状态,以最终保障我国海上通道的安全与畅通。

一、设计原则

海上通道安全预警与应急组织体系及流程适用于海上通道运输受阻或中断突发事件,以及海上通道通航安全突发事件等各类海上通道突发事件,包括海上通道各类自然灾害、船舶重大交通事故,以及海盗、恐怖袭击事件,还包括由于海上通道自身传统安全威胁因素造成的关键海峡、运河航行受阻,关键海域通行不正常等突发事件。按照以下原则进行设计。

(一)平战结合、预防为主、科学应对

高度重视海上通道突发事件应急处置工作,提高应急科技水平,增强预警预防和应急处置能力,坚持预防与应急相结合,常态与非常态相结合,提高防范意识,做好预案演练、宣传和培训工作,做好有效应对海上通道突发事件的各项保障工作。

(二)集中领导、现场指挥、联动配合

政府对海上通道安全应急反应工作实行统一领导,形成高效应急反应机制,及时、有效地组织社会资源,形成合力、条块结合、上下联动,充分发挥现场工作机构的效用。

(三)职责明确、部门合作、军地协同

明确应急管理机构职责,建立统一指挥、分工明确、反应灵敏、协调有序、运转高效的应急工作机制和响应程序,实现应急管理工作的制度化、规范化。加强中央、地方政府与军队的密切协作,形成优势互补、军地协同的海上通道安全应急反应联动处置机制。依照海上通道安全应急组织体系框架,形成专业力量与社会力量相结合、多部门参加、多学科技术支持、全社会参与的应对海上通道突发事件机制。

二、我国海上通道安全预警与应急组织体系及职责

组织体系的构建是海上通道安全预警与应急流程的基础,健全的组织体系可以保证在应急情况发生时能够信息通畅、指挥有序、权责分明、调度合理。目前,我国涉及海上通道安全应急的部门众多,且缺乏统一的机制。我国海上通道安全预警与应急组织体系的设计应充分体现国家统一领导,各个主体分级负责的原则,由领导机构、办事机构、应急指挥机构、应急执行机构、专家咨询机构与

应急反应力量等组成，如图 19-1 所示。

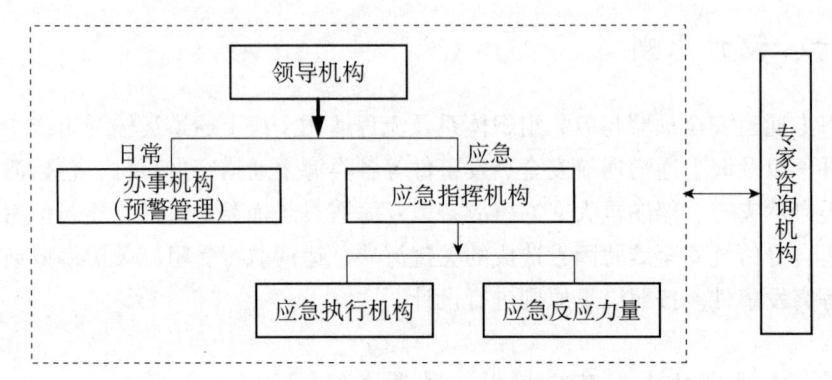

图 19-1 我国海上通道安全预警与应急组织体系

（一）领导机构

根据国家应急管理工作组织体系，我国海上通道突发事件应急的最高领导机构是国务院，建议建立国家重大海上通道突发事件应急领导小组作为领导机构。

国家重大海上通道突发事件应急领导小组负责研究、议定海上通道安全应急重大事宜，审定重大海上通道突发事件的应急预案及其相关政策、规划；指导和部署全国海上通道安全应急处置工作；负责决定启动和终止特别重大和重大突发事件预警状态和应急响应行动。

（二）办事机构（预警管理机构）

根据我国现有应急管理机构设置的安排，以及我国海上通道突发事件应急工作的实际情况，国务院应急管理办公室承担国家重大海上通道突发事件应急领导小组办公室职责，负责海上通道安全的预警管理与应急管理工作。

国家重大海上通道突发事件应急领导小组办公室主要负责预警系统的建立和维护，搜集、分析、核实和处理海上通道突发事件的信息，并初步判定事件等级，及时向国家重大海上通道突发事件应急领导小组提出启动预警及应急反应的建议；负责与国务院相关应急机构和各组成单位应急管理机构的联系，沟通交流信息；负责收集、汇总海上通道突发事件信息，及应急救援工作有关情况，并做总结分析；负责组织制定、修订海上通道突发事件应急预案，及有关规章制度；负责组织海上通道突发事件应急培训和演练；负责督导国家应急物资设备和应急队伍建设与管理。

（三）应急指挥机构

应急指挥机构在海上通道应急组织体系中发挥上传下达的作用，需要在领导机构和执行机构之间进行沟通协调和资源调配，结合各机构部门的职能进行统一管理和指挥。考虑到海上通道突发事件应急需要调动军队、政府各个层面的力量，需要军委、国务院各部委和各级地方政府的共同参与，因此，建议建立国家重大海上通道突发事件应急指挥中心为指挥机构，承担重大与特别重大海上通道突发事件应急指挥工作，并由国务院应急管理办公室承担国家重大海上通道突发事件应急指挥中心的职责。

国家重大海上通道突发事件应急指挥中心负责指挥协调特别重大和重大海上通道突发事件的应急处置工作；负责向应急领导机构进行及时上报，并依据批示向下传达各类指示，合理安排工作；负责协调各相关协作机构，指导针对突发事件的应急处置行动；负责协调应急资源、应急人员的调度指挥。当突发事件由国务院统一指挥时，应按照国务院的指令，执行相应的应急行动，根据国务院要求，或根据应急处置需要，参与企业开展的海上通道突发事件应急处置工作。

（四）应急执行机构

应急执行机构是指应急中调动海上应急反应力量的政府部门或其他机构。在海上通道应急反应中，应急执行机构根据指挥机构的指示，开展应急调度、协作和保障工作，并下辖应急力量。由于海上通道突发事件影响程度、处理难度不同，需要的应急主体也相应不同，因此应急执行机构的设计要能体现分级负责的原则。我国海上通道应急执行机构分为两个层级，分别为国家级执行机构和企业级执行机构，各级执行机构在指挥机构的指挥下分级行动，如图19-2所示。

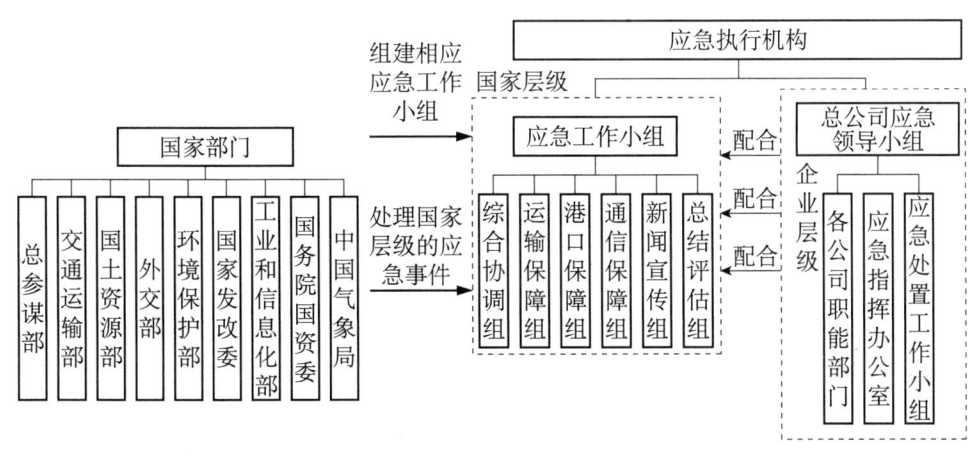

图 19-2 执行机构

国家层级执行机构是在指挥机构的统一指挥下，相关国家部门组建应急工作组，负责在应急情况发生后，立即到达现场，并按照应急指挥机构指令承担现场的协调指挥工作和应急处置工作。工作组主要包括综合协调组、运输保障组、港口保障组、通信保障组、新闻宣传组、总结评估组等，分别由相应部门抽派有关人员组成。根据海上通道突发事件应对工作的需要，启动相应的应急工作组。综合协调组主要负责保持与各应急工作组的信息沟通及工作协调，根据应急指挥中心的指令，负责与各应急协作部门的沟通联系，收集、分析和汇总应急工作情况；运输保障组负责组织、协调重点物资和应急物资的运输工作，负责水路和公路的运输保障；港口保障组主要负责应急运输的港口生产组织和协调，负责通航保障和港口生产安全保障；通信保障组负责应急处置过程中的通信保障工作；新闻宣传组负责召开新闻发布会，及时、准确地发布权威信息，正确引导社会舆论，最大限度地避免和消除突发事件造成的衍生影响；总结评估组负责跟踪应急处置，对应急处置方案、措施及效果等进行评估，提出改进建议。对应急工作的经验与教训进行总结，并向应急指挥中心提交评估报告。应急结束后，对预案体系、组织体系及运行机制等进行系统性评估，提出完善应急预案的意见和建议。

企业层级执行机构是在企业应急组织机构基础上，由指挥机构统一指挥，配合国家层面执行机构进行应急工作，以及在企业内部由总公司应急领导小组统一领导，负责与企业相关的一般突发事件的处理。由各公司职能部门、应急指挥办公室（总调度室）以及应急处置工作小组构成。总公司应急领导小组作为内部最高领导机构，负责向国家层级领导机构汇报突发事件情况，并按照指示，指挥部署企业应急工作。应急指挥办公室（总调度室）负责向海上搜救中心及时反映突发事件情况，并根据海上搜救中心指示安排工作，并与国家层级执行机构进行信息的共享与配合。

（五）应急反应力量

海上通道突发事件应急反应力量是在海上通道突发事件发生时，由应急指挥机构统一调配参与应急行动的应急队伍，以及调用部署的应急物资、资金及装备。应急反应力量是突发事件来临时承担应急行动的专业力量和应急方案的执行主体，决定了我国海上通道突发事件应急的能力与覆盖范围。从构成上看，我国海上通道突发事件应急反应力量主要包括参与应急行动的应急队伍与应急行动中需要使用的资金、舰船、专业设施等应急物资。

应急队伍的提前组建是开展应急行动的基础，只有这样才能在突发事件发生后，各应急主体迅速调动人员参与应急行动。参考世界海洋强国的海上通道突发事件应急经验，我国应建立由国家应急队伍、企业应急队伍以及社会应急队伍三方共同组成的海上通道突发事件应急队伍。国家应急队伍是指包括军队应急队伍以及政府部门所属公务应急队伍,即海警、海上救助打捞、海事以及各级地方政府应急队伍。这部分应急队伍所属主体层级属于国家相关部门,是应急队伍的中坚力量,近年来得到了重点发展,在我国发生的海上通道突发事件应急处置过程中发挥了重要作用;企业应急队伍主要是指与海上通道相关的港口、航运企业内部建立的用于突发事件处理的专业应急人员,企业各级分公司的相关人员,以及企业设于海外的办事处人员与雇用的海外代理。企业应急队伍大多由主管企业生产安全的内部人员组成,具备处理突发事件的经验和专业能力,尤其航运企业拥有大量的海外办事处和海外代理机构,可以在外交渠道尚未建立的情况下为我国管辖海域外的国家应急队伍提供相当有力的支持。

社会应急队伍主要是指专业的救援、清污公司以及有关社会团体。目前我国社会应急队伍的建设仍处于起步阶段,但社会应急队伍在世界海洋强国中已形成趋势,具有很强的专业性,可以有效地处理海上沉船打捞、海上清污等专业技术要求较高的突发事件,该应急队伍的兴起可以减轻国家应急队伍在面临沉船打捞、海上清污等应急时的一部分应急压力。应急队伍的提前组建是开展应急行动的基础,只有这样才能在突发事件发生后,海军、海警、海上救助打捞、海事、各级地方政府应急人员以及企业、社会团体迅速进行应急响应,根据应急指挥机构发布的命令迅速到达现场,立即开展应急工作。三方组成的应急队伍可以充分调动各方力量,发挥各方优势,高效、专业地完成应急任务。

应急物资主要包括应急行动所需要的食品、药品、能源等物资。应急物资需要在突发事件发生时,第一时间配备给应急队伍的相关人员,因此,应急物资需要提前选择合适的储备量与地点进行前期储备,以能够应对突发事件发生时的物资需要。应急物资需要国家前期投入,建设一定的应急物资储备库,按照科学合理的储备量进行物资的储备与及时更换。

应急资金是由国家财政专项配发,用于海上通道突发事件应急力量建设和突发事件应急行动的专款资金,包括专项应急资金与日常维护资金。应急资金的配给可以有效解决参与应急各方主体资金来向不明确,缺乏专项资金发展的困境。

应急设备应包括应急队伍配备的各种舰船飞机等运输设备、通信、安全防护、搜救、医疗急救设备等。应急设备主要来自于两部分:一是日常建设的应急队伍自身配备;二是在突发情况下利用社会力量征集与调用的各类设备。应急设备的建设需要国家长期大量的投入,我国目前可投入应急的舰船主要来自于海军的相关搜救舰船,海事、海警部门的海巡、海警船舶,以及国有航运企业的相关商船。

(六) 专家咨询机构

建立我国海上通道安全专家组作为专家咨询机构,成员包括航运、海事、军事、国际关系、环保、石油化工、海洋工程、海洋地质、气象、安全管理等行业专家、专业技术人员，如图19-3所示。专家咨询机构应在应急的各个阶段，如应急决策的制定、应急方案的设计以及应急的技术支持等方面提供技术咨询。其主要职责包括：开展海上通道突发事件应急处置技术研究和咨询服务工作，为应急决策提供咨询和建议；预测海上通道突发事件的发生和发展趋势，对各类突发事件的救灾方案、处置办法、灾害损失和恢复重建方案等进行研究、评估，并提出相关建议；为评估海上通道安全，分析突发事件对国家交通安全、环境和社会的影响，确定应急等级提供决策依据；为评估海上通道通过能力和海上通道运行状况，提供替代航线选择提供相关技术咨询。

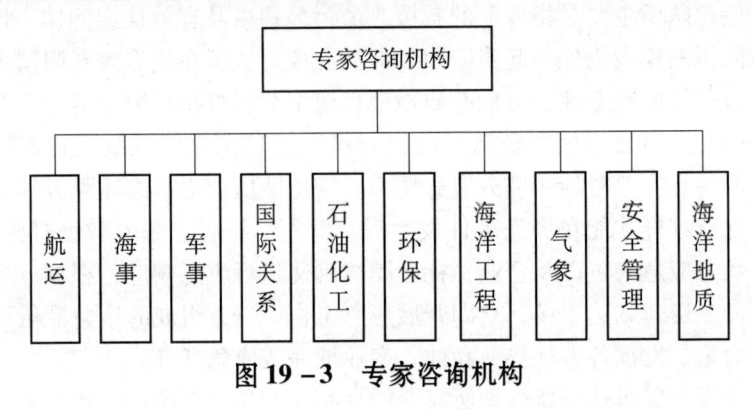

图19-3　专家咨询机构

第二节　我国海上通道安全预警与应急程序

我国海上通道安全预警与应急程序的设计是在已建立的组织体系基础上，相关主体保持对海上通道安全状况实时情况的监测，并在突发事件来临之前发布预警信号，当突发事件发生时，按照一定的程序，调用特定的力量对海上通道突发事件进行应急处置。海上通道安全预警与应急程序主要包括预警与应急两大环节。

一、预警程序

预警环节是预警管理机构根据信息监测环节收集到的预警信息进行分析评价，对风险源所处的状况和未来可能发生的突发事件的危害程度做出恰当的估计，然后进行预警信号的发布，需要预警系统的支持，如图19-4所示。

海上通道安全黄色、蓝色预警信号由预警管理机构直接发布。海上通道安全橙色、红色预警信号发布按下列程序启动。

第一，预警管理机构根据相关信息评定预警级别并提出海上通道安全预警状态启动建议。

第二，领导机构决定是否启动海上通道安全预警，如同意启动，则正式签发预警启动文件，各应急反应工作组进入待命状态。

当海上通道安全威胁风险改变时进入预警终止程序。橙色、红色预警信号降级或撤销情况下，采取如下预警终止程序。

第一，预警管理机构根据预警监测追踪信息，确认预警风险已不满足橙色、红色预警信号预警启动标准，需降级或撤销时，向领导机构提出橙色、红色预警信号终止建议。

第二，领导机构在同意终止后，正式签发终止文件，明确提出预警后续处理意见。

预警信号发布后，若灾害状况维持同一预警标准并且长时间持续，每天只需确认一次预警信号，不需连续多次发布预警信号。应急过程结束后，应当及时收集预警信号发布（含变更）、确认、解除的效果和存在的问题。

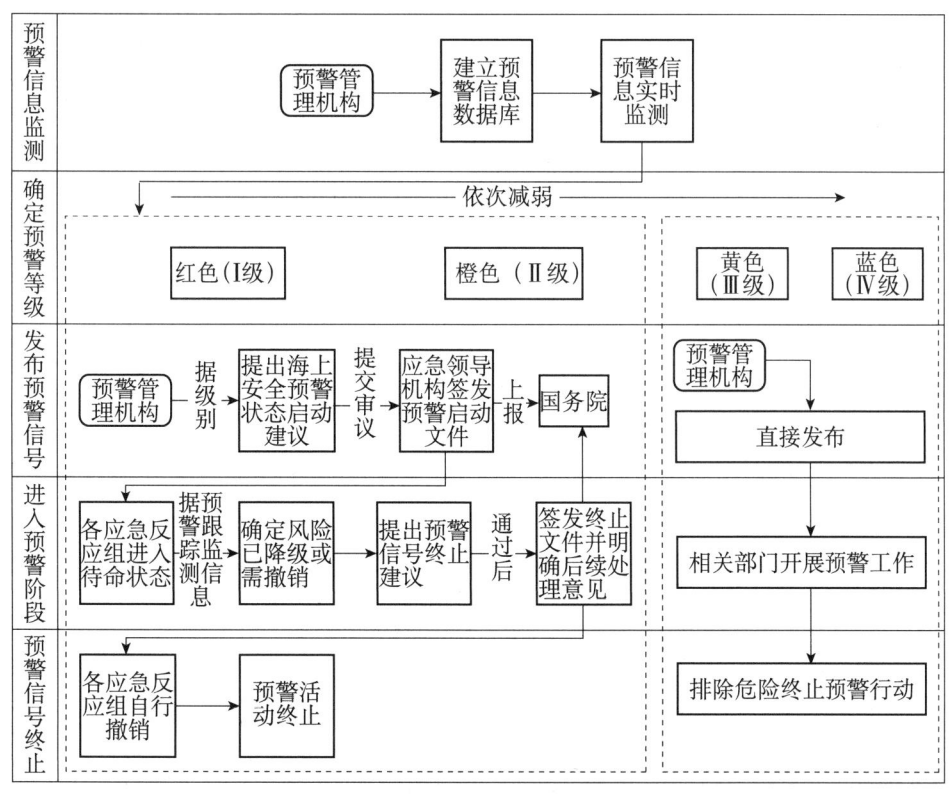

图 19-4 我国海上通道安全预警程序

二、应急程序

(一) 分级响应

应急响应是在突发事件发生后,各应急主体针对突发事件的级别,根据突发事件的发展,做好下一步应急处置工作人力、物力准备的过程。包括应急机构的形成、应急队伍的组建与应急资源的调配与征集。在突发事件发生后的第一时间,根据突发事件的级别,应迅速成立突发事件应急的相应临时应急机构,确定应急工作的最高领导、成立应急指挥机构,并将各部门工作人员调配到位。[①]

分级响应是指当海上通道突发事件发生后,根据突发事件级别不同,分别确定不同层级的领导、指挥与执行机构,进行相应的应急准备与启动应急反应行动。海上通道突发事件的级别将决定应急响应的不同,如表19-1所示。

表 19-1　　　　　　　海上通道突发事件应急响应表

预警信号	应急响应	应急领导机构	应急执行机构
红色	Ⅰ级应急响应	国家重大海上通道突发事件应急领导小组	国家层级、企业层级
橙色	Ⅱ级应急响应	国家重大海上通道突发事件应急领导小组	国家层级、企业层级
黄色	Ⅲ级应急响应	国家重大海上通道突发事件应急领导小组	国家层级、企业层级
蓝色	Ⅳ级应急响应	总公司应急领导小组	企业层级

海上通道Ⅰ级、Ⅱ级突发事件按下列程序响应:

第一,办事机构根据海上通道突发事件级别提出海上通道安全应急响应启动建议;

第二,国家重大海上通道突发事件应急领导小组决定是否启动应急响应,如同意启动,则正式签发应急响应启动文件,报送国务院,国务院领导组确立此次突发事件最高负责人,并宣布启动应急响应,并向社会公布应急响应文件;

第三,应急响应宣布后,国务院应急办公室安排成立海上通道突发事件应急

[①] 赵旭、马秋平、林玮:《我国海上能源运输安全保障系统分析》,载《中国海洋大学学报(社会科学版)》2013年第3期,第28~33页。

指挥中心,担任应急指挥职责,相关部门立即成立应急工作组,进行应急力量动员,开始组建应急队伍,征集应急物资,做好应急准备。

海上通道Ⅲ级突发事件按下列程序响应:

第一,办事机构根据突发事件级别提出海上通道安全应急响应启动建议;

第二,国家重大海上通道突发事件应急领导小组决定是否启动应急响应,如同意启动,则正式签发应急响应启动文件,并宣布启动应急响应;

第三,应急响应宣布后,国务院应急办公室安排成立突发事件应急指挥中心,担任应急指挥职责,相关部门立即成立应急工作组,进行应急力量动员,开始组建应急队伍、征集应急物资,做好应急准备。

海上通道Ⅳ级突发事件按下列程序响应:

第一,总公司领导小组为应急领导机构,总公司调度为应急指挥机构;

第二,总公司调度根据突发事件级别提出海上通道安全应急响应启动建议;

第三,总公司应急领导小组决定是否启动应急响应,如同意启动,则正式签发应急响应启动文件,同时报送上级主管部门,并召集集团相关部门宣布启动应急响应;

第四,应急响应宣布后,总公司调度成立应急指挥中心,担任应急指挥职责,海上应急处置工作小组立即成立现场工作机构,赶赴现场指挥并配合应急处置工作。

(二) 分级处置

分级处置环节是在不同级别的应急响应启动后,应急指挥机构组织、协调和指挥应急执行机构确立应急事件解决方案,并按照方案部署调动应急队伍和应急资源展开应急处置行动的过程。

1. Ⅰ级、Ⅱ级海上通道突发事件应急处置

Ⅰ级、Ⅱ级海上通道突发事件是关于我国重要战略物资的主要海上通道受严重影响甚至关闭的事件,影响范围广,严重威胁国家经济安全,因此需要国家从最高层次展开应急处置,Ⅰ级、Ⅱ级应急处置参与应急工作的主体包括:国家重大海上通道突发事件应急领导小组及其办事机构、指挥机构、专家咨询机构、各级应急执行机构、应急反应力量。Ⅰ级、Ⅱ级海上通道突发事件应急处置程序如图19-5所示。

第一,办事机构在最短时间内设计出突发事件解决方案初稿。专家咨询机构对方案的内容进行指导,协助商定解决方案。办事机构将解决方案上报国家重大海上通道安全部际联席会议审议。

第二,领导机构听取指挥机构汇报并最终批准上报的突发事件解决方案。

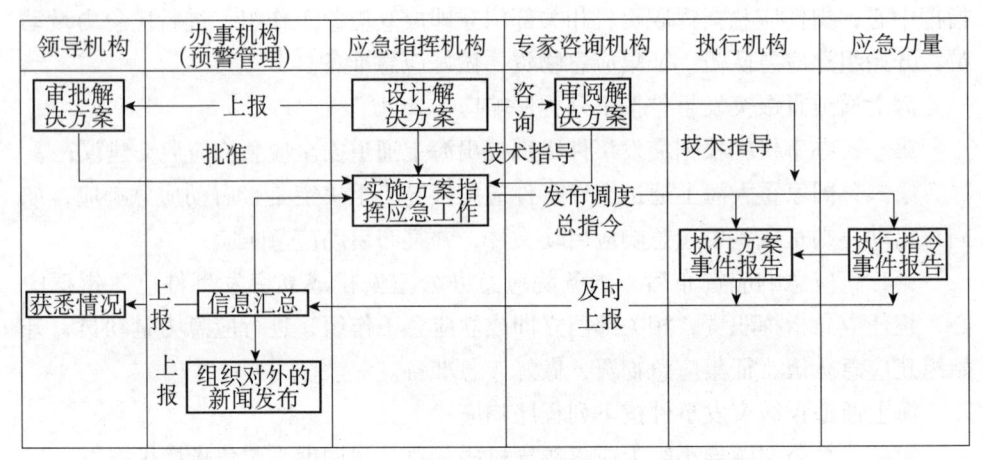

图 19-5 Ⅰ级、Ⅱ级海上通道突发事件应急处置程序

第三，解决方案批准后，按照解决方案内容，办事机构指导、协调突发事件的应对工作，发布总调度指令，调配应急反应队伍、物资和设备。

第四，各级应急执行机构在应急指挥中心的统一指挥下，立即成立工作组，开始启动应急预案，部门工作人员调配到位，开始工作。相关机构派出有关人员和队伍赶赴事发现场。

第五，在应急指挥中心的统一协调、指导下，各个工作组按照各自的预案和处置规程，相互协同，密切配合，共同实施紧急处置行动。并根据突发事件特点、类别，应急物资的分布等，采取果断措施，精心组织解决方案的落实。

第六，各应急工作组及时收集、掌握相关信息，并及时将事件最新动态和处置情况上报海上搜救中心。中国海上搜救中心收集、掌握相关信息，及时向部际联席会议上报最新事态，并对外进行新闻发布。

对应急处置程序中涉及的应急资源调配，信息采集与处理，以及新闻发布的具体办法做如下规定。

(1) 应急资源调配。

指挥中心对应急物资、设备和器械有应急调配权，可以启用各级人民政府储备的应急救援物资。在必要时可以向单位和个人征用应急救援所需设备、设施、场地、交通工具和其他物资，要求事发地人民政府提供人力、物力、财力或者技术支援，要求生产、供应生活必需品和应急救援物资的企业组织生产、保证供给。

港口和航道的抢险、消防、救援、重建恢复等工作所需的设备、物资等在交通运输部管辖范围内，或者属于地方政府机构的，由指挥中心统一调度；属于军队和武警系统的，由指挥中心协调调用。

Ⅰ级、Ⅱ级应急响应启动后,指挥中心根据突发事件的特征和影响程度与范围,向相关省级交通主管部门、应急救援机构发出应急资源征用命令。相关省级交通主管部门、应急救援机构应按照交通运输部资源征用的要求,负责组织和征用相关应急资源,并在交通运输部征用命令下达后24小时内,征调相关应急人员、装备和物资,并到指定地点集结待命。

(2) 信息采集与信息处理。

到达现场的工作组负责海上通道突发事件现场信息的采集。信息报告的主要方式是网络、电话、传真及其他通信手段,需要重点采集的信息包括:事件现场位置、事件性质、事件发生原因、时间、影响范围及发展态势;事故港口和航道的名称、设施及装卸储运情况和联系方式;事件造成的破坏、损失、人员伤亡等情况;到达现场进行处置的单位、人员及组织情况;已经采取的措施、效果,已发出的援助要求和已开展救援活动的时间、设备、联系人等;现场环境情况及近期动态预报,包括风向风力、涌浪大小、冰情、能见度、潮汐、水流流速和流向等。

各部门应当将进展信息随时上报指挥中心办事机构,形成每日情况简报或报表上报。办事机构将及时将进展信息汇总,上报国家重大海上通道突发事件应急领导小组,并及时通报给新闻宣传小组。初报可用网络或电话报告,主要内容包括:事件的类型、发生时间、地点、影响范围、事件的影响、初步预计恢复时间等初步情况。续报可通过网络或书面报告,在初报的基础上报告有关确切数据,如事件发生的原因、过程、进展情况及采取的应急措施等基本情况。处理结果报告可采用网络或书面报告,在初报和续报的基础上,报告处理事件的措施、过程和结果、事件潜在或间接的危害、国际影响、处理后的遗留问题,参加处理工作的有关部门和工作内容等详细情况。

(3) 新闻发布。

办事机构根据国务院关于新闻发布的规定和责任范围,确定新闻发布的内容和渠道,统一、准确、及时发布海上通道突发事件事态发展和应急处置工作的信息,具体由新闻宣传组负责。

新闻发布主要方式包括:新闻发布会、新闻通气会、记者招待会、媒体共同采访或独家专访、发布新闻通稿等。对于是否接受国外记者及港、澳、台记者采访,应由相关部门同国务院新闻办协商决定。

2. Ⅲ级海上通道突发事件应急处置

Ⅲ级海上通道突发事件是航运企业在生产经营中发生的重大安全突发事件,给航运企业带来巨大经济损失,超出航运企业自身处理能力范畴,需要国家应急能力介入,因此需要国家相关部门和企业共同展开应急处置。因此,参与应急工作的主体包括：国家重大海上通道突发事件应急领导小组及办事机构、指挥机构、专家咨询机构、各级应急执行机构、应急反应力量。

Ⅲ级海上通道突发事件应急处置程序如图19-6所示。

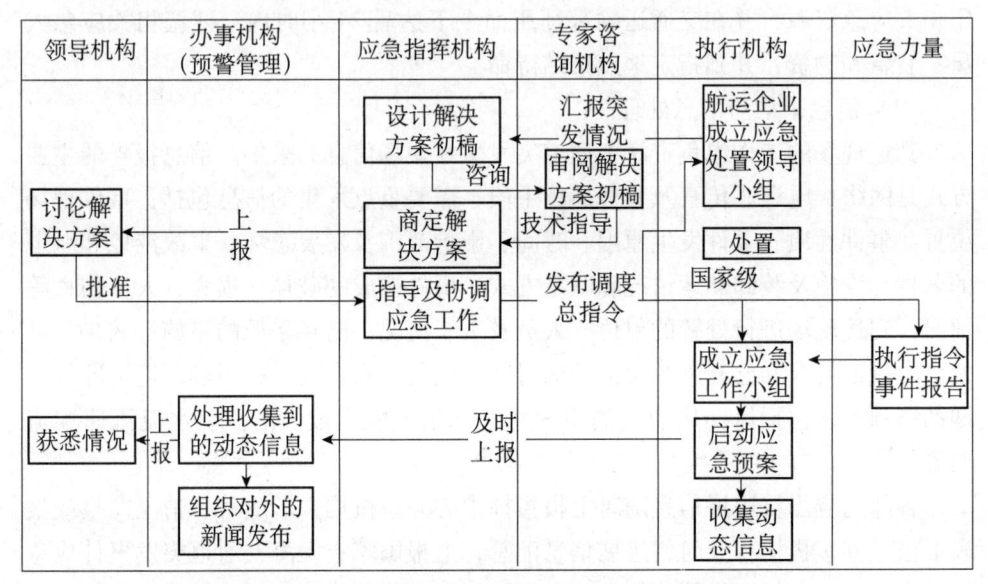

图19-6　Ⅲ级海上通道突发事件应急处置程序

第一，航运企业在第一时间成立应急处置领导小组，并向指挥中心办事机构汇报突发事件情况。

第二，指挥机构在最短时间内设计出突发事件解决方案初稿。专家咨询机构对方案的内容进行指导，协助商定解决方案。指挥中心将解决方案上报国家重大海上通道安全部际联席会议审议。

第三，国家重大海上通道突发事件应急领导小组统筹事件相关部门意见，讨论并批准指挥机构提交的解决方案。

第四，解决方案批准后，按照解决方案内容，指挥中心指导、协调突发事件的应对工作，发布总调度指令，调配应急反应队伍、物资和设备。

第五，国家级应急执行机构在应急指挥中心的统一指挥下，立即成立工作组，开始启动应急预案，部门工作人员调配到位，开始工作。相关机构派出有关人员和队伍赶赴事发现场。

第六，在应急指挥中心的统一协调、指导下企业与国家层级工作组按照各自的预案和处置规程，相互协同，密切配合，共同实施紧急处置行动。并根据突发事件特点、类别、应急物资的分布等，采取果断措施，精心组织解决方案的落实。

第七，各应急工作组及时收集、掌握相关信息，并及时将事件最新动态和处置情况上报办事机构。办事机构收集、掌握相关信息，及时向国家重大海上通道突发事件应急领导小组上报最新事态，并对外进行新闻发布。

应急处置程序中涉及的应急资源调配、信息采集与处理以及新闻发布的具体办法同Ⅰ级、Ⅱ级海上通道突发事件处理的要求。

3. Ⅳ级海上通道突发事件应急处置

Ⅳ级海上通道突发事件是航运企业在生产经营中发生的安全突发事件，属于航运企业可预见的经营风险与事故。航运企业自身有能力进行处理，但需要国家相关部门的支持与相关应急力量的配合。Ⅳ级应急处置环节参与应急工作的主体包括：指挥机构、专家咨询机构、应急反应力量，企业级应急执行机构包括总公司应急处置领导小组、总公司海上应急处置工作小组、总公司各职能部门、各航运单位。Ⅳ级海上通道突发事件应急处置流程如图19-7所示。

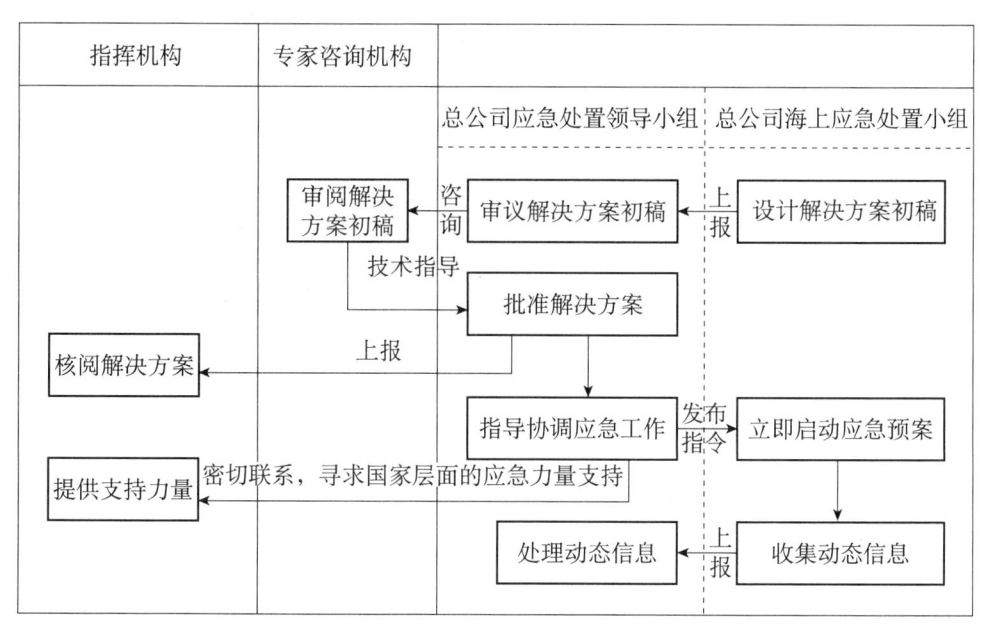

图19-7　Ⅳ级海上通道突发事件应急处置程序

第一，总公司海上应急处置工作小组在最短时间内设计出突发事件解决方案初稿，并将解决方案上报总公司应急处置领导小组审议。

第二，总公司应急处置领导小组对方案进行审议，咨询专家咨询机构意见，最终批准由应急处置小组上报的突发事件解决方案，并将有关情况决策上报国家应急指挥中心。

第三，方案确立后，按照方案部署，总公司调度指导、协调突发事件的应对工作，发布总调度指令，负责联系代理、驻外机构以及过往船舶，调配企业内部应急力量，并与国家应急指挥中心保持密切联系，寻求国家层面应急力量的支持。

第四，总公司海上应急处置工作小组在应急指挥中心（总公司调度）的统一指挥下，立即启动应急预案，部门工作人员调配到位，开始工作，派出有关人员和队伍赶赴事发现场。并根据突发事件特点、类别、应急物资的分布等，采取果断措施，精心组织解决方案的落实。

第五，海上应急处置工作小组与各航运单位及时收集、掌握相关信息，并及时将事件最新动态和处置情况上报总公司调度。总公司调度收集、掌握相关信息，及时向总公司应急处置领导小组上报最新事态。

（三）应急终止

应急终止环节是应急事件解决或预警情况解除后，各应急主体相应终止应急行动的过程。

1. Ⅰ级、Ⅱ级应急终止

应急终止环节参与应急工作的主体包括：国家重大海上通道突发事件应急领导小组及办事机构、应急指挥中心、各级应急执行机构、应急反应力量。应急终止程序如下。

第一，指挥中心根据各方面上报的突发事件进展信息，汇总分析后确认终止时机，向国家重大海上通道突发事件应急领导小组提出应急响应状态终止建议。

第二，国家重大海上通道突发事件应急领导小组决定是否终止应急响应状态，如同意终止，签发应急响应终止文件，提出应急响应终止后续处理意见。

第三，国家重大海上通道突发事件应急领导小组向各级应急执行机构以及应急反应力量发布应急响应结束命令，并布置应急响应终止后将采取的各项措施。最终向社会宣布应急响应终止。

2. Ⅲ级应急终止

应急终止环节参与应急工作的主体包括：国家重大海上通道突发事件应急领导小组及工作机构、各级应急执行机构、应急反应力量。应急终止程序如下。

第一，指挥中心根据各方面上报的突发事件进展信息，汇总分析后确认终止时机，向国家重大海上通道突发事件应急领导小组提出应急响应状态终止建议。

第二，国家重大海上通道突发事件应急领导小组决定是否终止应急响应状态，如同意终止，应签发应急响应终止文件，提出应急响应终止后续处理意见。

第三，国家重大海上通道突发事件应急领导小组向各级应急执行机构以及应急反应力量发布应急响应结束命令，并布置应急响应终止后将采取的各项措施。

3. Ⅳ级应急终止

应急终止环节参与应急工作的主体包括：总公司应急处置领导小组、总公司海上应急处置工作小组、总公司各职能部门、各航运单位。应急终止程序如下。

第一，总公司海上应急处置工作小组根据掌握的事件信息，认为事件现场得以控制、环境符合有关标准，导致次生、衍生事件隐患已消除后确认终止时机，向总公司应急处置领导小组提出应急响应状态终止建议。

第二，总公司应急处置领导小组向上级领导部门汇报得到批示后决定是否终止应急响应状态，如同意终止，应由总公司应急处置领导小组组长宣布应急终止，签发应急响应终止文件，提出应急响应终止后续处理意见，并向上级相关部门报送应急响应终止文件。

第三，应急响应状态终止后，现场应急处置工作结束，应急救援队伍撤离现场。突发事件直属、代管单位应急处置终止。

（四）善后处理与评估

办事机构具体负责 I 级、II 级、III 级突发事件应急处置的调查与评估工作。应急处置结束后，由办事机构组织对突发事件造成的损失进行评估，负责编写突发事件调查报告与总结，对应急经验教训加以总结，提出预案改进建议，并在应急结束后的 30 个工作日内提出总结报告。调查评估的过程应包括对整个预警与应急过程进行系统的分析，上报总结评估材料，包括突发事件情况、采取的应急处置措施、存在的主要问题、下一步工作安排等。

专家咨询机构与现场工作组承担调查与评估的具体工作。参加应急救援工作的单位、部门必须写出应急过程和总结报告，总结经验教训，标明救援消耗、设备损害情况，并将应急过程的录像资料与文字资料于应急结束后的 10 个工作日内上报办事机构。现场工作组调查突发事件对海上通道的遗留影响，并根据专家咨询机构的需要收集相关的数据。专家咨询机构根据现场工作组的调查数据对整个突发事件进行评估，包括对航线通过能力、航线通过安全性的再评估。

第三节　完善我国海上通道安全预警与应急工作的对策建议

海上通道安全预警与应急是保障海上通道安全、应对海上通道突发事件的重要手段。然而我国海上通道安全预警与应急工作基础仍然比较薄弱，机制尚不完善，预防和处置海上通道突发事件的能力仍有待提高。针对长期以来存在的问题，从国家战略层面、国家执行部门以及企业操作层面三个维度，针对不同主体提出以下对策建议，以进一步完善我国海上通道安全预警与应急工作。

一、针对国家战略层级的对策建议

（一）设立高层次海上通道突发事件预警与应急管理的统一机构

海上通道突发事件除具有突发性外，更具有综合性、国际性、连续性、复杂性的特点，其涉及面宽，影响重大。专门性常设管理机构的缺失会使各单位之间缺乏经常性沟通渠道，难以在短时间内有效整合各方力量联合行动，必将会对我国海上通道安全产生一定程度的制约。因此，为切实加强我国海上通道突发事件预警与应急反应工作水平，协调、整合各方力量，形成统一领导、各部门分工明确、快速反应、防救结合的工作格局，应组建海上通道突发事件预警与应急管理的统一机构，来统筹我国海上通道的预警与应急反应工作。

1. **短期：设立国家海上通道预警与应急领导小组**

考虑到我国目前海上通道预警与应急的机构现状，现阶段建议在现有国务院应急管理办公室机构基础上，设立国家海上通道预警与应急领导小组，将其常设办公室设在国务院应急办，作为其下属机构，负责我国重大海上通道突发事件的预警与应急管理工作，及时修订我国海上通道突发事件应急预案体系，指导我国海上通道突发事件应急队伍建设，并协调应急资源日常调配，负责组织相关部门单位讨论解决应急工作中的重大问题，并主持应急事件结束后的相关评估。

2. **长期：设立国家海上通道安全委员会**

长期来看，由于我国目前缺乏高层次的海上通道统筹协调与议事机构，为了全面统筹海上通道安全保障工作，需要借鉴美国设立"国家海洋委员会"（National Ocean Council）与日本设立"综合海洋政策本部"的做法，设立高层次的国家海上通道安全委员会，作为最高的统筹与议事协调机构。届时应将海上通道预警与应急管理机构设置在国家海上通道安全委员会框架下，以实现高层次统一领导。

（二）完善海上通道突发事件应急相关法律法规

从我国的现状来看，存在国家层面法律法规及预案体系不完整、不针对、不配套的情况，而法律法规是我国各部门开展应急管理工作的重要依据。因此，我国立法机构应在借鉴先进国家立法经验和结合国情基础上，尽快建设和完善应急状态下海上通道安全法律保障体系，为确保我国的海上通道安全，建设海洋强国提供更加行之有效的法律依据。

1. 加快规范海上运输活动各主体的应急行为

我国应在今后的立法实践中加快弥补我国在海上运输活动各主体参与海上通道突发事件应急方面的立法不足。一是考虑对现有法律进行修订，增加适用于海上运输活动的内容，例如对《海上交通安全法》和《港口法》进行修订。二是对海上运输活动的各个方面分别立法，增强法律的技术性和可操作性，考虑将《航运法》《船舶法》《船员法》等纳入立法计划，并在有关应急处置的章节中，对海上运输活动主体的权利与义务进一步加以规范，从而有效地保障海上运输活动安全。三是充分考虑到海上通道突发事件应急的各个方面，针对海上通道突发事件应急主体，制定其参与应急的保障性法律与具体实施办法。

2. 完善已有法律的各项配套法规

在《港口法》《海上交通安全法》《突发事件应对法》的基础上，结合海上通道突发事件应急处置的特点，分别建立《港口安全突发事件应对条例》《海上交通安全突发事件应对条例》等行政法规；在《国防法》《国防动员法》的基础上，建立《军队参与海上通道安全应急条例》等军事法规。

3. 尽快补充应对海上通道安全新形势的法律法规

为了适应海上通道安全的新形势，我国应尽快出台法律法规，以应对海盗和海上恐怖主义袭击等非传统安全威胁引起的突发事件。应尽快出台《海盗应急防备和应急处置管理规定》《海上恐怖主义应急防备与应急处置管理规定》等可用于突发事件应急的具体规定，并通过国际间合作，寻求打击海盗及海上恐怖主义的有效法律武器，确保在我国法律中，海盗及海上恐怖主义将受到应有的惩治。

（三）统筹整合海上通道突发事件应急资源

2013年国务院机构改革后，我国海上通道突发事件应急资源整合调整为三个主要方面，分别归属海军、海事救助打捞以及中国海警。从我国海上力量建设情况来看，此次资源整合对我国海上应急资源发展具有重要意义。此次调整之后，为了应对海上应急的实际需要，我国还需进一步统筹整合海上通道突发事件应急资源。

1. 短期：建立军警民联合应急模式

针对我国现行海上通道突发事件应急仍存在的力量分散的问题，建议建立海上通道突发事件联合应急机制，即将现行的海上应急队伍，海警、海事与海军联合成立海上通道应急联合指挥部（短期内由前文建议成立的国家海上通道预警与应急领导小组进行领导），统一负责海上通道突发事件应急指挥工作，充分发挥各方资源的作用，使各个海上应急队伍之间相互支持，从而强化对海上通道突发事件的管控能力，达到维护海上通道安全的目的。考虑到现有机构设置情况，在发展的同时需要兼顾统一性，强调资源标准统一，包括船舰设备类型在设计与建造时就兼顾通用性，进行岸基共建共享，人员资质审核标准逐步统一，为未来接受统一调度、统一指挥奠定基础。

2. 长期：统一整合公务应急资源

海上通道突发事件应急的综合性与任务的交叉性决定最有效的通道突发事件应急是建立统一的海上通道突发事件应急队伍。具体做法就是通过对我国现行的海上应急公务队伍进行整合，建立海上统一应急队伍，由未来可能成立的国家海上通道安全委员会统一领导，对海上通道突发事件采取统一行动，以提高我国海上通道全方位的保障和应急能力。在海上统一应急队伍的主导力量与机构名称问题上，借鉴美国海岸警卫队模式，考虑将海上应急资源整合发展成为授衔标准与海军统一，武器装备与海军部分重合，战时能够立即成为海军扩充力量的准军事力量，逐步建成中国的"海岸警卫队"，以便在我国海上通道突发事件应急中扮演越来越重要的角色。

（四）重点发展远洋军事应急力量

我国海上通道途经范围广，且大部分不属于我国管辖海域，为了应对国际海上通道突发事件，尤其是涉及我国经济安全与国家利益的通道被封锁、关闭等特别重大与重大突发事件，需要我国的远洋军事力量承担应急的主要工作，因此需要重点发展我国远洋军事应急力量。

一方面是重点提升远洋军事力量应急投送能力。一是进一步发展海军远洋应急舰船，海军应在现有基础上进一步发展远洋综合补给船、多功能舰艇，从而提升海军的远洋应急续航能力与应急辐射范围。二是加强远洋力量投送平台建设，谋划布局海外补给基地，以进一步提高我国海军在印度洋与太平洋的力量投送能力。

另一方面是加强海军对远洋突发事件应急作战的训练。可组织由新型驱护舰、远洋综合补给舰和舰载直升机混合编成的远洋作战编队编组训练，突出远程预警及综合控制、远海拦截、远洋护航等重点内容训练。通过远洋训练组织带动有关部队进行反恐怖、反海盗、岛礁破袭等对抗性实兵训练，提高远洋机动作战、远洋合作与应对非传统安全威胁能力。

二、针对国家各相关部门的对策建议

（一）交通运输部门

交通运输部作为我国主管交通运输的重要部门，其下的中国海上搜救中心、海事局、救助打捞局以及水运局是主管我国海上运输、海上通道突发事件应急的主要机构。为了全面完善我国海上通道安全预警与应急工作，针对上述部门提出以下建议。

1. 建立我国关键海域预警监控平台

建立国家各部门、企业和研究机构三方共建、共享的预警信息平台，开展对各类海上通道突发事件风险源的监控工作，全面掌握我国关键海上通道区域内的各类风险隐患情况，我国主要海上通道包括美西通道、美东通道、欧洲通道、澳洲通道以及美非通道五条海上通道，因此需要重点覆盖我国主要海上通道的关键节点包括台湾海峡、马六甲海峡、望加锡海峡、巽他海峡、民都洛海峡、曼德海峡、直布罗陀海峡、霍尔木兹海峡、苏伊士运河与巴拿马运河。还需要负责落实综合防范和处置措施，实行动态管理和监控，有效整合现有国家和企业层面的信息监测资源，建立从信息收集到信息传递的共享平台，优化信息监测的渠道与效率，在突发事件来临前给出准确的预警，指导相关单位采取相应的预防措施。

2. 重点提升应急力量辐射范围

纵观我国海上应急资源的发展，公务应急方面长期以来一直缺乏能够执行远洋应急任务的大型舰船，随着近年来"海巡01"轮等大型远洋船舶投入使用，该情况得到了一定的改善，但仍缺乏大批能够执行远洋巡航救助任务的船舶。目前我国应急力量覆盖仅能实现距岸50海里内重要海域应急到达时间不超过150分钟，使得我国海上通道突发事件应急辐射范围远远不能满足实际需要。下一步工作的重点是发展远洋应急能力，提升应急力量覆盖范围，以满足我国海上通道突发事件应急的需要。首先应在由交通运输部编制的《中国航运发展报告》与《中国海事工作发展纲要》中着重突出海上通道安全应急力量发展的相关内容，树立发展目标。其次，在沿海重点海域，尤其是台湾海峡、南海等水域配置固定翼飞机、千吨级及60米级多功能巡视船，以及与之配套的综合应急保障基地，进一步提升执行远距离、高海况应急任务的能力，从而提升应急力量的辐射范围。

（二）海军

随着我国经济逐步融入世界经济体系，海外利益已经成为我国国家利益的重要组成部分，海外能源资源以及海上战略通道问题日益凸显。开展海上护航、应急救援等海外行动成为海军维护国家利益和履行国际义务的重要方式，海军作为海上通道突发事件应急的重要力量，应注重以下几个方面的发展。

1. 积极参与国际海上通道安全合作

我国海军应积极参与国际海上安全对话与合作，在《联合国宪章》《联合国海洋法公约》以及其他公认的国际关系准则下谋求合作，应对海上传统安全威胁和非传统安全威胁,维护海上安全。我国海军需要建立与有关国家和组织互通共享情报信息的常态化机制,通过海军联合演习,定期互访等方式积极参与到国际合作中去,应积极参与联合国索马里海盗问题联络小组会议、"信息共享与防止冲突"护航合作国际会议等海上通道安全领域内的国际合作。

2. 注重军地配合、军民配合

海军应结合日常战备为我国海上运输等活动提供安全保障,并为海上通道的安全预警与替代通道勘测提供技术支持。通过分别与海警、海事等执法部门建立协调配合机制,建立并完善军警民联防机制,来共同应对海上通道突发事件的应急任务,协同有关部门开展海洋测绘与海道测量,建设海洋气象监测、卫星导航、无线电导航及助航标志系统,及时发布气象和船舶航行等相关信息。

(三) 其他有关部门

针对其他与海上通道安全预警与应急相关部门,分别提出以下对策建议。

1. 外交部

外交部门应通过我国的驻外机构、驻外使领馆,逐步建立涵盖我国主要战略通道的风险与预警信息搜集站点。充分发挥驻外机构对当地情况熟悉的优势,建立起一套覆盖台湾海峡、马六甲海峡、望加锡海峡、巽他海峡、民都洛海峡、曼德海峡、直布罗陀海峡、霍尔木兹海峡、苏伊士运河、巴拿马运河等重要通道节点的信息搜集体系,并及时将收集的风险信息通过信息流转的程序反馈至预警管理部门。此外,还应在共识基础上稳步推动预防性外交进程,争取与一些友好国家签订在突发情况下访问这些国家的港口和进行舰艇补给、维护的协议。

2. 国家海洋局/中国海警局

由于目前发布海洋预报与海洋灾害警报的相关工作是由国家海洋局承担,因此国家海洋局需要同海上通道预警管理机构及时建立信息沟通共享渠道,将有关海洋灾害信息及时交由预警管理机构处理,确保有关海洋灾害的相关预警信息在第一时间得到发布。另外,目前我国海上应急力量中的重要组成部分海警力量由国家海洋局/中国海警局统一指挥,因此在海上通道突发事件应急时需要建立海警与海事及海军的沟通与联合指挥机制。

三、针对我国航运相关企业的对策建议

(一) 海外投资带动应急站点建设

从我国目前的情况来看,由于我国尚未部署海外应急站点,突发事件发生时

应急力量往往难以在第一时间到达突发事件所在区域，同时，应急力量在海外的应急行动补给也主要依靠国内航运公司的海外分支或代理机构提供。因此我国航运相关企业应积极通过海外投资港口，增设分支代理机构来辐射海上通道重要战略节点，实现海外应急站点功能。对苏伊士运河节点的控制可通过进一步巩固扩大对希腊比雷埃夫斯港的投资来实现，而对阿拉伯海及印度洋区域的控制，则需要在现有对巴基斯坦的瓜达尔港、斯里兰卡南部的汉班托塔港、孟加拉国的吉大港和缅甸的实兑港的投资的基础上，继续在印度洋区域寻求在马来西亚西部、印度尼西亚西部（如巴东港）、伊朗南部、阿曼东部区域投资港口与交通基础设施建设，以在突破对我国的岛链封锁，提高远洋补给能力的同时带动应急站点建设。

（二）开展海上通道预警信息搜集

航运公司是海上通道风险源的第一监控方，也是直接受影响方，对海上通道的实时具体情况十分了解，因此国内各航运单位可以开展海上通道安全预警风险源信息的实时监控与搜集，将搜集的信息向海上通道预警信息平台进行统一汇总，在预警阶段就同国家相关部门进行配合。并在突发事件发生后需要迅速将相关信息向国家应急机构汇报，保障预警信息的及时准确。

（三）积极配合国家应急工作

航运企业控制的船舶数量大，各航运相关企业往往是海上通道突发事件的第一发现方，同时在突发事件发生时往往距离出事海域最近的也是航运企业控制的船舶，可以在事发当时立即前往突发区域。因此航运企业是突发事件应急的重要力量。国内各航运相关企业需要在企业应急预案的基础上，建立有序、高效的应急流程，在突发事件来临时相关各层级应急主体能有序、高效地掌握海上通道突发信息，在第一时间与国家相关部门沟通，接受有关部门调度，积极配合国家有关部门开展应急工作，来控制突发事件蔓延、救助遇险人员、最大限度地减少人员伤亡和财产损失。

第五篇

我国海上通道安全
保障机制研究

第二十章

我国海上通道安全保障机制发展状况

本章重点回顾了我国海上通道安全保障机制的历史发展与现状,基于海上通道安全保障理论,从保障机构、保障制度和保障资源三个侧面研究了我国各个时期海上通道安全保障机制的发展状况。

第一节 我国海上通道安全保障机制历史沿革

海上通道是开展海上运输、进行对外经济文化交流的载体,海上通道安全保障是伴随着海上运输需求的不断增加而逐步提出的。因此,我国海上通道安全保障工作的开展是与我国经济和对外贸易的发展息息相关的。

一、发展阶段划分

纵观中华人民共和国成立以来我国经济与对外贸易的发展历程,实施改革开放是具有里程碑性质的重大事件,而加入世界贸易组织则是改革开放方针路线的延伸,是改革的新里程碑,利于我国参与经济全球化的进程,是我国在经济上全面进入世界经济主流的重要举措,也是我国对外经济关系的重要转折点与我国外贸运输蓬勃发展的重要起点。依据我国经济与对外贸易发展的这两个重大节点,可以大致将我国经济与对外贸易的发展的历史沿革划分为三个时期，分别为中华人民共和国成立至改革开放前（1949~1978年）、改革开放至加入世界贸易组织（1978~2001年）与加入世界贸易组织后（2001~2012年）。

根据我国经济与对外贸易发展的重要时期来对我国海上通道安全保障机制发展历史沿革进行划分，各个阶段主要特点及重要事件情况如表20-1所示。

表20-1　我国海上通道安全保障机制发展历史沿革

时期	特点	重大事件	主要机构	法律法规与国际公约
改革开放前（1949~1978年）	近岸沿海保障	1. 1949年4月23日海军成立 2. 1953年港务监督局设立 3. 1961年中国远洋运输公司成立 4. 1963年"跃进号"沉没 5. 1964年国家海洋局成立 6. 1967年第一条国际班轮航线开通 7. 1973年成立海上安全指挥部	海军 港务监督局 国家海洋局	《中华人民共和国政府关于领海的声明》 《外国籍非军用船舶通过琼州海峡管理规则》
从改革开放到加入WTO（1978~2001年）	海上通道突发事件应急体系形成	1. 1978年实施改革开放 2. 1978年成立交通部海难救助打捞局 3. 1978年中美航线开通 4. 1988年组建公安边防海警 5. 1989年建立"中国海上搜救中心" 6. 1997年中国海运（集团）成立 7. 1998年组建海事局	海军 海上安全监督局（1998年后为海事局） 公安部边防管理局 国家海洋局	《领海及毗连区法》 《海上交通安全法》 《联合国海洋法公约》 《国际海上搜寻救助公约》 《1988年制止危及海上航行安全非法行为公约》 《1989年国际救助公约》
入世以来（2002~2012年）	远洋通道安全保障探索	1. 2002年加入WTO 2. 2005年建立海上搜救部际联席会议制度 3. 2008年开始亚丁湾护航	海军 中华人民共和国海事局 公安部边防管理局 国家海洋局	《港口法》 《突发事件应对法》

二、改革开放前：近岸沿海保障发展

（一）历史背景

1949年，中华人民共和国刚刚成立，我国面临着巨大的国内国际安全压力与严峻的海上战略环境，当时最大的战略任务就是维护国家的主权独立和领土领海完整，并巩固新生的国家政权。由于中华人民共和国刚刚成立不久即爆发了朝鲜战争，我国的战略注意力和资源不得不主要集中于朝鲜战争，失去了第一时间发展海上力量的重要时机。抗美援朝战争之后，我国在海洋方向面临封锁，美海军协防台湾海峡，控制着制海权，至20世纪60年代越战期间，我国周边海域主要被美国舰队控制，以便提供美军的越战海空战斗支援和保障其海上运输通道。因此，从中华人民共和国成立起到改革开放前，我国海上力量的发展面临着十分险恶的外部条件，海上力量覆盖范围仅限于近岸沿海区域。①

与此同时，该时期内我国实行对外贸易的管制，并采用对外贸易保护政策，对外贸易的主要国际市场是苏联和东欧社会主义国家，加之西方国家对新中国的封锁、遏制，我国当时的对外贸易并不发达，海运需求主要集中在国内沿海贸易。

（二）保障机构

该时期内，我国海上通道安全保障工作刚刚起步，保障体系建设方面主要成立了海军、港务监督局与国家海洋局作为保障实施机构。

1949年4月23日，华东军区海军领导机构在白马庙乡成立，张爱萍任司令员兼政委，人民海军从此诞生。1950年4月14日，海军领导机关在北京成立，这是中央军事委员会领导和指挥的海军部队最高领导机关，肖劲光任司令员，刘道生任副政委兼政治部主任。后相继组建了东海舰队、南海舰队和北海舰队，形成了我国海军的基本格局。海军成立之初就肩负起了我国领海主权维护与海上通道安全保障的任务。

除了刚刚成立的海军外，近岸沿海保障工作主要由沿岸设立的港务监督局承担。1949年中华人民共和国成立以后，中央人民政府在交通部海运总局设立航政室，负责海上交通安全监督管理。1953年经政务院批准，在交通部下设中华人民共和国港务监督局，同时在沿海港口设立港务监督机构，以"中华人民共和国港务监督"的名称对外统一行使海上交通安全监督管理职能，同时承担海上遇险搜救职能，是我国这一时期内主要承担海上通道安全保障的主要部门。

在这一时期内，国家海洋局也正式成立。1964年，国家科学技术委员会正式向中共中央书记处提交了成立国家海洋局的报告，中共中央于2月就进行了批复："同意在国务院下成立直属的海洋局，由海军代管。"当年7月22日，经过第二届全国人民代表大会常务委员会第124次会议的批准，决定成立国家海洋局，并改为直属国务院领导，既负责国家海洋经济事务，又协助海防建设。

---

① 彭克慧：《略论新中国海洋战略的历史演进》，载《社会科学论坛》2012年第10期，第232~236页。

1973年，为使在我国沿海遇险的人员、船舶得到及时救助，国务院、中央军委下发《关于成立海上安全指挥部的通知》，要求在国务院、中央军委领导下，由交通部、总参、海军、空军、原外贸部、农林部、国家海洋局、气象局成立"全国海上安全指挥部"，作为国务院、中央军委的非常设机构，其职责为负责全国海域的海难救助和船舶防台、防止船舶污染海域、防冻破冰工作，办事机构设在交通部。同时，沿海省、自治区、直辖市成立了相应的海上安全指挥机构。

（三）保障制度

保障制度设计方面，由于这一时期我国各项工作均处于起步阶段，主要针对我国领海主权进行了制度建设。1958年我国政府对外发表了《中华人民共和国政府关于领海的声明》，对我国领海及领海主权进行了声明，这也是我国涉海的第一部具有法律效力的文件。接着在1964年，根据1958年的领海声明，国务院颁布了《外国籍非军用船舶通过琼州海峡管理规则》，规定琼州海峡是中国的内海，一切外国籍军用船舶不得通过，一切外国籍非军用船舶如需通过，必须申请并获得批准。为了方便对琼州海峡进行管理，设立了"中华人民共和国琼州海峡管理处"。

（四）保障资源

该时期内，我国海军力量处于起步阶段。1949年11月建立了第一支护卫舰部队，1954年3月建立了第一支驱逐舰部队。成立之初的舰船主要来自国民党海军中起义的部分小型舰艇，以及从苏联购买的火炮驱逐舰，力量十分薄弱。1963年5月1日，我国第一艘万吨远洋货轮"跃进"号在韩国济州岛附近的公海海域触礁沉没，该事件的救援处理凸显了我国海军只有小吨位的舰艇，没有远海作战、作业的军舰等保障资源匮乏问题。

同一时期的公务保障力量则受舰船力量的制约显得更为薄弱，仅有少量小吨位船舶，主要依靠海军力量进行保障。"跃进"号事件与我国没有近海精确的导航系统等保障资源的缺失也存在一定的关系。

该时期内国有运力处于起步发展阶段。中华人民共和国成立初期，我国海轮吨位所占世界比重不到0.3%，随着1961年"中国远洋运输公司"在北京宣告成立，第一艘悬挂中华人民共和国国旗的"光华"号客轮执行了前往印度尼西亚雅加达港接运受难华侨回国的任务，国有航运企业控制运力成为重要的应急力量。1967年5月，中远广州分公司"敦煌"轮从黄埔港起航，开往西欧，标志着新中国第一条国际班轮航线的开通。截至1978年我国远洋运输船队为769艘、

1 140万载重吨。

总体来看，该时期内是我国海上通道安全保障的起步阶段，在该时期内，我国海上通道安全保障的主要实施机构海军、港务监督局和海洋局相继成立，起步发展。同时，由于当时我国面临的国际环境与我国海上运输的实际需要，该时期海上通道保障的主要范围与重点是近岸沿海区域。

三、从改革开放到加入WTO：海上通道突发事件应急体系形成

（一）历史背景

20世纪70年代中后期是我国海洋战略环境发生历史性变化的重要时期。在南海和北部湾，美军从越南的撤退使该海区出现制海权的"真空"局面。随着中美关系开始缓和，美军逐渐退出台湾海峡，大陆与台湾之间的海上冲突逐步停息。种种历史赋予的条件为我国发展海上力量提供了重大机遇。在该时期内，我国确立了"近海防御"的海洋战略，并在1992年，党的十四大报告首次将"维护国家海洋权益"作为人民军队的使命要求并上升为国家意志，提出军队建设"更好地肩负起保卫国家领土、领空、领海主权和海洋权益，维护祖国统一和安全"的历史使命。

1978年，党的十一届三中全会明确指出了对外贸易在中国经济发展中的战略地位和指导思想，我国的对外贸易政策随之发生变化。另外20世纪70年代后期，我国与欧美国家国际关系开始趋于缓和，我国对外贸易开始迅速发展，此时，我国的海上运输需求逐渐由国内沿海运输向国际远洋运输发展。对外经济交流的蓬勃发展带来我国对外贸易的逐年增长，逐步成为我国经济发展的重要支柱，进出口总额由1978年的206.4亿美元增加到2001年的5 096.5亿美元，对外贸易在世界贸易中的位次由1978年的第32位上升到2001年的第6位。海上通道作为承接对外贸易的主要载体，关系到我国对外贸易和远洋运输事业的安全快速发展，对这一时期的海上通道安全保障工作提出了极大的挑战。

（二）保障体系

该时期是我国海上通道安全保障体系建设的重要时期。我国海上通道安全保障体系不断发展，不断完善，奠定了我国海上搜救中心、海事局、救助打捞局、边防海警等海上通道安全保障实施机构的基础。

1978年4月成立交通部海难救助打捞局，下设烟台、上海、广州救捞局，奠

定了救助打捞的新局面。

1982年，海军为了维护海上治安问题，抽调一部分人组建海上公安巡逻队，于1988年更名为海警，归公安边防领导，主要负责近海海上治安管理及渔船民管理，打击各种违法犯罪，管辖在海上发生的刑事案件，编制列入中国人民武装警察边防部队序列。

1985年，国务院作出了改革水上交通安全监督管理体制的决定。按照政企分开的原则，建立了中央和地方分工负责的水上安全监督管理体制，组建了14个海上安全监督局。1989年，实施了以政企分开为核心的港口管理体制改革，中央直属和地方港监机构从港务局中独立出来，管理体制和模式有了较大的突破，在交通部成立了安监局、船检局，沿海港口成立海上安全监督局。1998年，经国务院批准，中华人民共和国港务监督局（交通部安全监督局）与中华人民共和国船舶检验局（交通部船舶检验局）合并组建中华人民共和国海事局（交通部海事局），为交通部直属机构，将我国沿海海域（包括岛屿）和港口、对外开放水域和重要跨省通航内河干线和港口，划为中央管理水域，由交通部设置直属海事管理机构实施垂直管理。

1989年，为与国际海上搜救工作接轨，根据《1979年国际海上搜寻救助公约》要求，国务院、中央军委联合发文，在交通部建立"中国海上搜救中心"，作为交通部的非常设机构，负责全国海上搜救工作的统一组织和协调，日常工作由原交通部安全监督局（现交通运输部海事局）承担。并要求国务院有关部门和军队要配合"中国海上搜救中心"做好海上搜救工作。沿海各省、自治区、直辖市的海上安全指挥部亦相应更名为海上搜救中心，有关省市的搜救中心还成立了若干个分中心，使我国初步形成了较完善的海上应急机构和网络。

（三）保障制度

该时期也是我国法制建设的重要时期。我国加快了涉海法律的立法进程，相继颁布并实施了一系列与海洋主权与海上通道突发事件应急相关的法律法规，并积极加入国际公约。

该阶段的主要贡献是关于我国海洋主权相关法律的制定，逐步形成了我国的海洋法律体系。1992年2月《领海及毗连区法》正式生效，规定我国领海主权和对毗连区的管制权；1996年5月加入《联合国海洋法公约》；1998年6月《专属经济区与大陆架法》生效；《海洋环境保护法》2000年4月生效为维护海洋权益，保护海洋环境奠定了法律基础。

同时，我国加入了一系列针对海上航行与运输安全的国际公约。1980年加入《1972国际海上避碰规则公约》与《1974国际海上人命安全公约》；1985年加入《1979年国际海上搜寻救助公约》，郑重承诺保证在我国沿海及内河通航水域生产作业人员的安全；1991年加入《1988年制止危及海上航行安全非法行为公约》；1996年加入了《1989年国际救助公约》。通过参与一系列国际公约，我国海上通道安全保障制度逐步与国际接轨，开始广泛参与国际合作，在国际合作框架下解决安全保障问题，并带动了相关国内立法的进程。

此外，1984年1月我国《海上交通安全法》生效，为我国海上交通管理，保障船舶、设施和人命财产的安全给予了法律保障。

（四）保障资源

该时期内，我国海上通道保障资源得到了空前发展。海军方面，我国从海军的实际战斗力出发，提出了"近海防御"的海洋战略思想，将海上活动范围由近岸延伸至近海。20世纪80年代以后，海军的战略核潜艇服役，并成功地进行了潜地导弹的发射实验，使中国成为世界上第五个拥有海基战略核反击能力的国家。90年代后期，第三代导弹驱逐舰的实验舰"167"号进入现役，这种新型驱逐舰吨位更大、综合作战能力更强、航程更远，具备了进行远海作战的能力。

与此同时，我国公务保障力量也逐步承接海军退役舰船，开始发展壮大，逐步发展形成了由海事执法巡逻船、公安边防海警巡逻船、海监船、海关缉私艇与渔政船共同组成的保障力量。

该段时期内我国远洋运输事业发展迅速，开辟了大量远洋航线，远洋运力规模不断扩大。1978年9月26日，中远"柳林海"轮的首航开辟首条中美航线；1997年7月中国海运（集团）总公司于上海成立。至1999年，我国已经形成6 000多万载重吨的船队规模，其中中国籍船舶4 000万载重吨，由中国船东控制在境外登记的方便旗船2015万载重吨。其中，从事国际海运的船舶达2400多艘，规模达到3 600多万载重吨，占世界船队总载重吨5.3%，排名世界第五，其中在中国境内登记注册的国际海运船舶（不包括中国香港）总计1 888艘、1 680万载重吨，由中国船东控制的在境外登记注册的方便旗船540艘、约2 000万载重吨，中国籍船比例为总运力的46%。按承运货种统计，中国油船占世界油船总载重吨的1.9%，散货船占世界散货船总载重吨的8.4%，集装箱船占世界集装箱船总载重吨的5.8%，杂货船占世界杂货船总载重吨的8.5%。

总体来看，该段时期是我国海上通道安全保障快速发展时期，我国海上通道安全保障工作亦取得了长足的进步，初步奠定了海上通道安全保障各项工作的基础，逐步形成了我国海上通道安全保障体系，并在制度建设方面取得重大进展。该段时期内由于我国的国际关系逐步趋于缓和，改革开放带来经济与对外贸易的蓬勃发展使得海上运输日益重要，对海上通道安全保障的要求日益提升，我国在该时期内逐步形成了覆盖近洋的海上通道突发事件应急体系,大幅提升了保障海上通道安全的能力。但是,随着对外贸易依存度不断提升,尤其是远洋运输已成为我国重要战略物资进口的主要途径;同时,海洋战略地位的日益突出,对我国远洋海上通道的保障提出了新的要求。

四、入世以来:远洋通道安全保障探索

(一) 历史背景

加入世界贸易组织以来,在经济全球化和"海洋世纪"的双重影响下,各国利益范围迅速扩大,安全视野不断拓展。海洋安全作为国家安全不可分割的重要组成部分,地位和作用有了空前提高。这一时期我国与周边国家领海争端不断加剧,对我国近洋通道的安全构成了潜在的威胁,同时,随着海上非传统安全威胁因素的不断加剧,海盗、海上恐怖主义等非传统安全威胁成为新时期的新威胁因素。[1]

截至2010年,我国加入世界贸易组织的所有承诺全部履行完毕,我国扩大了在工业、农业、服务业等领域的对外开放,加快推进贸易自由化和贸易投资便利化,使得我国俨然已成为世界贸易大国。海上通道安全已成为关系我国政治经济安全的重要因素,对我国海上通道安全保障提出了更高的要求。

(二) 保障体系

在此情况下,我国在推出海洋强国战略的同时,对海上通道安全保障体系进行进一步完善,成立制度性协调会议与统筹协调议事机构,并对已有保障执行机构进行进一步整合。

2005年,为加强我国海上通道突发事件应急工作的能力,增进国务院各相关部委和军队在海上搜救工作上的协调配合,国务院批复同意建立由交通部牵头的国家海上搜救部际联席会议制度。联席会议由13个部门和单位组成,指导全国海上搜救和船舶污染应急反应工作,明确中国海上搜救中心作为国家海上搜救部际联席会议制度的办事机构,负责组织、协调、指挥重大海上搜救和船舶污染事故应急处置行动,指导地方搜救工作。撤销中国海上搜救中心办公室,成立中国海上搜救中心总值班室,承担中国海上搜救中心的各项工作。此后,我国沿海

---

[1] 吴慧、张丹:《当前我国海洋安全形势及建议》,载《国际关系学院学报》2010年第5期,第48~52页。

及长江干线先后成立了由省、自治区、直辖市人民政府领导牵头的海上搜救中心，形成了沿海 11 个省、自治区、直辖市水域完整覆盖的应急网络。以上机构业务上接受中国海上搜救中心指导，日常工作由直属海事机构负责，保持 24 小时值守，随时处置海上突发险情。在已有国家海上搜救部际联席会议制度基础上，于 2012 年 12 月建立国家重大海上溢油应急处置部际联席会议制度，进一步加强了海上通道突发事件的应急保障。

（三）保障制度

该时期内我国保障制度建设主要包括针对海洋主权与海洋使用的有关立法，以及出台适用于应对海上突发事件的国内法。

海洋主权与海洋使用的国内立法包括：2002 年 1 月正式生效的《海域使用管理法》，是加强海域使用管理，维护国家海域所有权和海域使用权人的合法权益的重要法律；2010 年 3 月生效的《海岛保护法》，是我国在保护海岛及其周边海域生态系统，合理开发利用海岛自然资源，维护国家海洋权益方面的重要法律。

应对海上通道突发事件的国内立法包括：2004 年 1 月生效的《港口法》，为港口安全生产与突发事件应急处理提供了法律依据；2007 年 11 月出台的《突发事件应对法》，为指导我国公共突发事件应急处理提供了重要法律基础。

（四）保障资源

海军力量方面，早于 2010 年公布的《国防白皮书》中，对海军的远洋通道保障做出了部署，海军按照近海防御的战略要求，注重提高综合作战力量现代化水平，增强战略威慑与反击能力，发展远海合作与应对非传统安全威胁能力。同时为了应对非传统安全威胁对我国远洋运输的影响，我国于 2008 年 12 月起派出海军护航编队对过往亚丁湾的船舶进行护航，至 2012 年 12 月，共派出 13 批 34 艘次舰艇、28 架次直升机、910 名特战队员，完成 632 批 4 984 艘中外船舶护航任务，其中中国大陆 1 510 艘、香港地区 940 艘、台湾地区 74 艘、澳门地区 1 艘，营救遭海盗登船袭击的中国船舶 2 艘，解救被海盗追击的中国船舶 22 艘，并积极参与索马里海盗问题联络小组会议，以及"信息共享与防止冲突"护航国际会议等国际机制。这是我国海军首次长时间、大规模的参与国际海上通道安全保障工作，也是我国海军在海上安全保障国际合作中迈出的重要一步。

公务保障力量方面，同一时期，海事力量也得到了长足发展，截至 2011 年，全国直属海事系统船舶保有量 1 117 艘，其中海事执法巡逻船 1 028 艘，海事执法巡逻船中沿海巡逻船 551 艘，以 3 艘千吨级巡视船为骨干，以 1 100 余艘 60

米、45 米、30 米级及以下级巡逻船艇为主体的海事船艇编队，使海事监管范围延伸至专属经济区。2012 年 7 月，大型巡航救助船"海巡 01"下水，该船续航能力达 10 000 海里，大大提升了海事部门履行职责的能力，确保我国海上运输生命线畅通。

国有运力方面，截至 2011 年，我国拥有远洋运输船舶 2 494 艘，6 703.86 万载重吨位居世界第四。我国的远洋船队已航行于世界 100 多个国家的 600 多个港口之间，航线遍布世界各个经济区。

第二节 我国海上通道安全保障机制现状

新时期我国经济发展和对外贸易都跨上了一个新台阶，对海上通道的依赖日益增强，对海上通道安全保障机制构建需求更为紧迫，我国在海上通道安全保障制度、保障体系和保障资源建设上不断加强。

一、新时期对海上通道安全保障的需求

2013 年，我国对外贸易额达到 4.16 万亿美元，成为首个对外贸易总额超过 4 万亿的国家，一举成为世界第一货物贸易大国，2014 年，我国对外贸易额进一步增长，达到 4.3 万亿美元。对于我国而言，我国已然形成了一个海运—对外贸易—外向型经济—整体经济与社会发展的有机链条，对海上运输的依赖日益增强，海上通道日益成为我国对外开展经济、政治交流的重要生命线，关系国家发展全局，海上通道安全保障已成为我国新时期国家战略的重要组成。

（一）海洋强国战略

2012 年，党的十八大报告中指出要适应国家发展战略和安全战略的新要求，高度关注海洋安全，并强调要坚决维护国家海洋权益，建设海洋强国。2013 年 7 月 30 日习近平总书记在主持中共中央政治局就建设海洋强国研究进行第八次集体学习时指出，建设海洋强国对于推动经济持续健康发展，维护国家主权、安全、发展利益等，具有重大的意义。至此，我国具有真正国家战略意义的海洋战略正式提出，充分体现了对海洋安全这一领域的高度重视，也标志着海上通道安全保障问题已经上升到我国建设海洋强国的国家战略层面。

(二)"一带一路"倡议

2013年9月和10月,国家主席习近平在出访中亚和东南亚国家期间,先后提出共建"丝绸之路经济带"和"21世纪海上丝绸之路"的重大倡议,得到国际社会高度关注。"21世纪海上丝绸之路"建设,就是通过海上互联互通、港口城市合作以及海洋经济合作等途径,把中国和沿线国家的临海港口城市串联起来,让丝绸之路沿线各国经济发展与中国经济相连,在传承古代海上丝绸之路和平友好、互利共赢价值理念的基础上,将继续以海洋为载体,进一步串联、拓展和寻求中国与沿线国家之间的利益交汇点,激发各方的发展活力和潜在动力,构建更广阔领域的互利共赢关系。

要保证海上丝绸之路建设顺利进行,保障沿线海上通道安全是首要前提。海上丝绸之路的重点建设方向将从中国沿海港口向南,过南海,经马六甲、龙目和巽他等海峡,沿印度洋北部,至波斯湾、红海、亚丁湾等海域,即以东盟及其成员国为依托,辐射带动周边及南亚地区,并延伸至中东、东非和欧洲。海上丝绸之路途经东南亚和北印度洋两大地缘政治区域,覆盖了我国主要的近洋及远洋海上通道,通道周边地缘安全局势复杂,面临海上自然灾害、沿线国家战略干扰、沿线地区冲突及海盗活动等安全威胁,这就对我国海上通道安全保障工作,尤其是近洋通道安全保障工作提出了新时期的特殊需求。

二、新时期保障机制发展现状

(一)保障体系

海上通道安全保障体系是指海上通道安全保障工作开展的组织机构,由实施各项日常与应急保障工作的保障实施机构,以及在开展具体保障工作时统筹协调各不同机构之间工作的议事协调机构与制度性协调会议组成。从现有情况来看,保障实施机构较为健全但缺乏统一的议事协调机构,我国海上通道安全保障体系尚未完善。

1. 保障实施机构

目前,我国海上通道安全保障工作主要依靠分散的行业管理机构来实施。根据我国现有国家机构组成,以及结合我国海上通道相关工作开展的实际情况,我国海上通道安全保障的实施机构主要包括国务院和中央军委的相关组成部门。具体包括外交部驻外机构、环境保护部、国家安全部、交通运输部海上搜救中心、海事局、救助打捞局、水运局、工业和信息化部、财政部、国土资源部国家海洋局/中国海警（2013 年国务院机构改革与职能转变方案中，将原国家海洋局及其中国海监、公安部边防海警、农业部中国渔政、海关总署海上缉私警察的队伍和职责整合，重新组建国家海洋局，以中国海警局名义开展海上维权执法）、沿海地方各级人民政府以及军委总参谋部、海军等。其中随着我国近年来近洋公务保障力量的发展壮大和海军远海保障战略的实施，交通运输部、中国海警以及海军成为海上通道安全保障的主要实施机构，如图 20-1 所示。

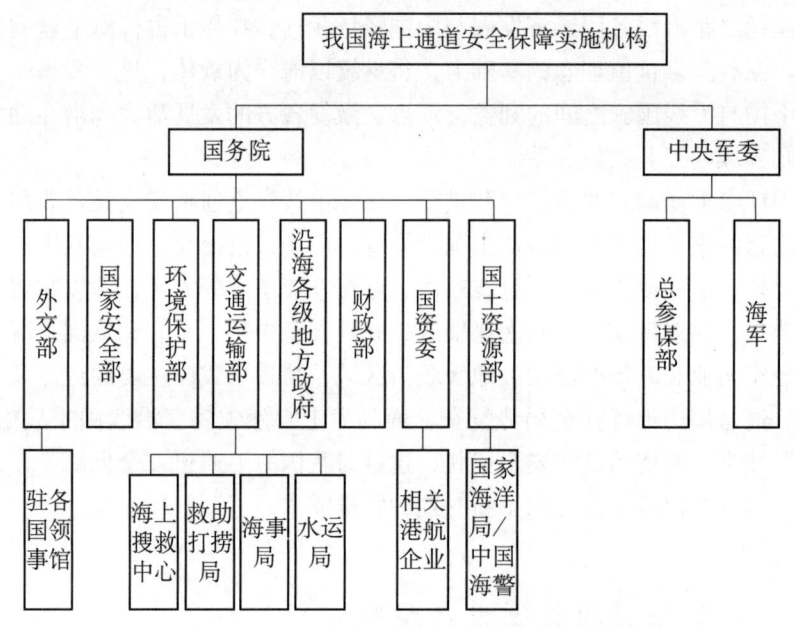

```
                    我国海上通道安全保障实施机构
                              |
              ┌───────────────┴───────────────┐
           国务院                          中央军委
             |                                |
  ┌──┬──┬──┬──┬──┬──┬──┐              ┌─────┴─────┐
 外 国 环 交 沿 财 国 国             总参谋部    海军
 交 家 境 通 海 政 资 土
 部 安 保 运 各 部 委 资
    全 护 输 级      源
    部 部 部 地      部
             方
             政
             府
  |      ┌──┬──┼──┐     ┌──┐   ┌──┐
 驻各   海 救 海 水    相关    国家
 国领   上 助 事 运    港航    海洋局/
 事馆   搜 打 局 局    企业    中国海警
        救 捞
        中 局
        心
```

图 20-1 我国海上通道安全保障实施机构

各部门在海上通道安全保障中承担各自的职责与发挥相应的作用，各机构具体职能情况如表 20-2 所示。

表 20-2　　我国海上通道安全保障实施机构与职责

保障实施机构	主要职能
总参谋部	协调指挥军队参与保障与应急工作
海军	近洋、远海通道安全保障突发事件应急救援
外交部	国际合作保障
国家安全部	海上通道安全信息搜集
环境保护部	海洋环境污染突发事件应急
沿海各级地方政府	各行政区域内海上通道突发事件应急
财政部	保障资金配发

续表

保障实施机构		主要职能
国资委		协调国有航运企业
交通运输部	海上搜救中心	组织、协调、指挥海上突发事件应急处置工作、防抗海盗
	海事局	水上安全监督、防止船舶污染、航海保障管理
	救助打捞局	人命救助、沉船沉物打捞、港口及航道清障、溢油应急清除
	水运局	组织协调国家重点物资运输组织、实施港口应急处置工作
国土资源部 国家海洋局/ 中国海警		巡航监视水域、港航安全秩序的监督管理、管护海上边界、维护国家海上安全、负责海上重要目标的安全警卫、处置海上突发事件

2. 统筹与议事协调机构

海上通道安全保障涉及机构众多，需要国家高层次机构从中统筹协调各机构之间协同开展工作。从目前情况来看，尚未明确建立统一的海上通道安全保障统筹与协调机制来进行各有关机构间的协调工作。对我国现阶段与海上通道安全保障相关的统筹与协调机构总结如下。

（1）国家安全委员会。十八届三中全会后，我国正式成立中央国家安全委员会作为中共中央关于国家安全工作的决策和议事协调机构，由中央政治局、中央政治局常务委员会负责，统筹协调涉及国家安全、外交的重大事项和重要工作。该委员会是我国国家安全领域最高决策与议事协调机构，是我国海上通道安全保障事务的最高战略统筹机构。

（2）国家海洋委员会。2013年重组国家海洋局的方案中提出要设立由中央各涉海部门组成的高层次议事协调机构国家海洋委员会来负责统筹协调海洋重大事项，并规定国家海洋委员会的具体工作由国家海洋局承担。这是我国在海洋领域拟建立的最高层次议事协调机构。

（3）国务院应急管理办公室。国务院应急管理办公室隶属于国务院办公厅，是国家应急管理工作组织体系的办事机构，履行值守应急、信息汇总和综合协调职责，发挥运转枢纽作用，是我国海上通道突发事件应急的最高协调机构。

3. 制度性协调会议

目前，我国仅针对海上搜救与溢油两项具体突发事件的应急工作，建立了协调各部门间工作的国家海上搜救部际联席会议制度，以及国家重大海上溢油应急处置部际联席会议制度。

部际联席会议，是为了协商办理涉及国务院多个部门职责的事项，由国务院批准建立，各成员单位按照共同商定的工作制度，及时沟通情况，协调不同意见，以推动某项任务顺利落实的工作机制。它是行政机构最高层次的联席会议制度。

我国于2005年建立了由交通运输部牵头的国家海上搜救部际联席会议制度，于2012年建立了国家重大海上溢油应急处置部际联席会议制度，涵盖了国务院应急办、外交部、国家发改委、公安部、农业部、卫生部、海关总署、民航总局、安全监管总局、气象局、海洋局、总参谋部、海军、空军、武警部队、民政部、工业和信息化部、中石油、中石化、中海油、中远集团和中国海运集团等26个联席会议成员单位。

国家海上搜救部际联席会议是为切实加强对全国海上搜救和船舶污染事故应急反应工作的组织领导，协调、整合各方力量，形成政府统一领导、部门各司其职、快速反应、团结协作、防救结合的工作格局，提高海上通道突发事件应急反应能力，最大限度地减少人员伤亡、财产损失和环境污染而建立的。其主要职责是在国务院领导下，统筹研究全国海上搜救和船舶污染应急反应工作，提出有关政策建议；讨论解决海上搜救工作和船舶污染处理中的重大问题；组织协调重大海上搜救和船舶污染应急反应行动；指导、监督有关省、自治区、直辖市海上搜救应急反应工作；研究确定联席会议成员单位在搜救活动中的职责。中国海上搜救中心是联席会议的办事机构，负责联席会议的日常工作。

国家重大海上溢油应急处置部际联席会议制度是为建立统一指挥、反应灵敏、协调有序、运转高效的海上应急管理机制，有效整合各方力量，切实提高重大海上溢油应急处置能力，全力维护我国海洋环境安全、清洁而建立的。主要职能是：在国务院领导下，研究解决国家重大海上溢油应急处置工作中的重大问题，提出有关政策建议；研究、审议国家重大海上溢油应急处置预案；研究国家重大海上溢油应急能力建设规划；组织、协调、指挥重大海上溢油应急行动；研究评估重大海上溢油事故处置情况；指导、监督沿海地方人民政府、相关企业海上溢油应急处置工作。办事机构同样设置在中国海上搜救中心。

这两项部际联席会议制度是由国务院批准建立的，用于协商办理突发事件应急时涉及国务院多个部门职责的事项。在部际联席会议制度下，各成员单位按照共同商定的工作制度，及时沟通情况，协调不同意见。这是我国处理海上通道突发事件应急的最高工作制度。

（二）保障制度

海上通道安全保障制度是指海上通道安全保障各执行部门在进行海上通道安全保障工作时所依据的各项法律、法规、参与的国际公约、预案等制度性文件，是各执行部门合法、合规开展工作的重要基础，主要包括国家颁布的有关法律、各执行部门根据其业务负责内容编制的行政法规文件、我国参与的国际公约，以及在应对具体突发事件时的各项应急预案。

1. 国内法律

法律方面，主要包括我国已颁布实施的相关涉海法律，以及适用于海上通道突发事件应急的相关应急法律，如表20-3所示。

目前我国已颁布并实施的涉海法律包括《中华人民共和国海上交通安全法》《中华人民共和国领海及毗连区法》《中华人民共和国专属经济区与大陆架法》《中华人民共和国海洋环境保护法》《中华人民共和国海域使用管理法》《中华人民共和国港口法》《中华人民共和国海岛保护法》。

针对突发事件应急方面，我国已颁布并实施的涉海法律包括《中华人民共和国国防法》《中华人民共和国突发事件应对法》《中华人民共和国国防动员法》。

表20-3　　　　　　我国海上通道安全保障相关法律

类别	法律名称	生效时间	涉及主要内容
日常保障	《海上交通安全法》	1984年1月	海上交通管理，保障船舶、设施和人命财产的安全
	《领海及毗连区法》	1992年2月	领海主权和对毗连区的管制权
	《专属经济区与大陆架法》	1998年6月	保障我国对专属经济区和大陆架行使主权权利和管辖权，维护国家海洋权益
	《海洋环境保护法》	2000年4月	涉及海洋环境的污染处理
	《海域使用管理法》	2002年1月	加强海域使用管理，维护国家海域所有权和海域使用权人的合法权益
	《港口法》	2004年1月	港口突发事件应急处理法律依据
	《海岛保护法》	2010年3月	保护海岛及其周边海域生态系统，合理开发利用海岛自然资源，维护国家海洋权益
应急	《国防法》	1997年3月	特殊时期维护国家海洋权益法律依据
	《突发事件应对法》	2007年11月	指导突发事件处理的重要法律基础
	《国防动员法》	2010年7月	特殊时期民用运力动员的参考法律

2. 国内法规及文件

法规文件是国务院、中央军委及有关部门为了配合相关法律的使用，针对法律适用的具体方面而制定的，主要包含两个层次，一是国务院、中央军委颁布的行政法规，二是交通运输部、国家海洋局等出台的相关规定，如表20-4所示。

适用于日常保障的法规文件包括由国务院制定颁布的《国际海运条例》

《防治海洋工程建设项目污染损害海洋环境管理条例》《海洋倾废管理条例》以及交通运输部颁布的《航运公司安全与防污染管理规定》《船舶及其有关作业活动污染海洋环境防治管理规定》《国际船舶保安规则》《港口设施保安规则》。

适用于突发事件应急应对的包括国务院与中央军委颁布的《国防交通条例》《军队参加抢险救灾条例》《民用运力国防动员条例》,国务院颁布的《防治船舶污染海洋环境管理条例》,交通运输部颁布的《交通运输突发事件应急管理规定》《船舶污染海洋环境应急防备和应急处置管理规定》《海上船舶污染事故调查处理规定》以及国家海洋局颁布的《国家海洋局海上应急监视组织实施办法》和环境保护部颁布的《突发环境事件信息报告办法》。

表20-4　　　　我国海上通道安全保障相关法规文件

类别	文件名称	颁布单位	涉及主要内容
日常保障	《国际海运条例》	国务院	规范国际海上运输活动,保护公平竞争,维护国际海上运输市场秩序
	《防治海洋工程建设项目污染损害海洋环境管理条例》	国务院	防治和减轻海洋工程污染
	《海洋倾废管理条例》	国务院	严格控制向海洋倾倒废弃物,防止对海洋环境的污染损害
	《航运公司安全与防污染管理规定》	交通运输部	商船航行安全
	《船舶及其有关作业活动污染海洋环境防治管理规定》	交通运输部	防治船舶及有关作业活动污染海洋环境
	《国际船舶保安规则》	交通运输部	海上航行与船舶安全
	《港口设施保安规则》	交通运输部	港口安全
应急	《国防交通条例》	国务院 中央军委	民用运力组织和调用的依据
	《军队参加抢险救灾条例》	国务院 中央军委	军队参与海上搜救
	《民用运力国防动员条例》	国务院 中央军委	民用运力组织和调用的依据
	《防治船舶污染海洋环境管理条例》	国务院	船舶污染事故的应急处置

续表

类别	文件名称	颁布单位	涉及主要内容
应急	《交通运输突发事件应急管理规定》	交通运输部	指导应急组织领导,监测预警与应急处置
	《船舶污染海洋环境应急防备和应急处置管理规定》	交通运输部	涉及船舶造成海洋环境污染的通道安全突发事件的应急处理
	《海上船舶污染事故调查处理规定》	交通运输部	涉及船舶造成海洋环境污染的应急处理
	《国家海洋局海上应急监视组织实施办法》	国家海洋局	预警及信息来源参考
	《突发环境事件信息报告办法》	环境保护部	涉及海上船舶、港口突发污染事件信息处理

3. 国际法与公约

国际法与公约为海上通道突发事件的应急处置和跨国行动提供了法律依据和国际合作的基础。目前,我国已加入涉及在海洋主权、海上航行安全以及海上通道突发事件应急联合处理方面的主要公约,适用于日常保障的包括《联合国海洋法公约》《全球贸易安全与便利标准框架》《便利国际海上运输公约》《公海公约》《国际船舶和港口设施保安规则》《制止危及海上航行安全非法行为公约》,适用于国际海域突发事件应急的包括《国际海上人命安全公约》《联合国打击跨国有组织犯罪公约》《国际海上搜寻救助公约》与《国际救助公约》,如表20-5所示。

《国际救助公约》与《国际海上搜寻救助公约》涉及海上搜寻救助,规定了各缔约国的权利与义务,是海上通道安全应急中与搜救相关的突发事件国际合作的法律基础;《国际海上人命安全公约》是应对海盗袭击等海上通道突发事件,所展开的国际合作法律框架的重要组成部分;《公海公约》与《联合国海洋法公约》均对海盗行为做出了详细的规定,赋予各国应对海盗行为时相应的权利和义务;《制止危及海上航行安全非法行为公约》对犯罪进行了详细的界定,将危害海上航行安全解释为严重的国际犯罪;《国际船舶和港口设施保安规则》涉及港口与船舶的保安与应急,是海上保安与港口保安突发事件应急处置国际合作的基础。

表20-5　　我国海上通道安全保障相关国际法与公约

类别	公约名称	涉及主要内容
日常保障	《联合国海洋法公约》	领海主权
	《全球贸易安全与便利标准框架》	保障海上贸易
	《便利国际海上运输公约》	保障海上运输
	《公海公约》	公海权利
	《国际船舶和港口设施保安规则》	港口与船舶的安全
	《国际海上人命安全公约》	海上航行安全
	《制止危及海上航行安全非法行为公约》	海上航行安全、海盗应对
	《国际海道测量组织公约》	航道测绘、海图制作
应急	《国际海上搜寻救助公约》	应急搜救与国际合作
	《国际救助公约》	应急搜救与国际合作
	《联合国打击跨国有组织犯罪公约》	打击海盗

4. 应急预案

目前，我国已建立较为完善的国家突发公共事件应急预案体系，其中涉及我国海上通道安全的有《国家突发公共事件总体应急预案》，国家专项应急预案《国家海上搜救应急预案》以及由交通运输部编制的国务院部门应急预案《水路交通突发事件应急预案》，如表20-6所示。

表20-6　　我国海上通道安全应急保障相关预案

类别	预案名称	颁布单位	主要内容
预案	《国家突发公共事件总体应急预案》	国务院	处置突发公共事件
	《国家海上搜救应急预案》	交通运输部	海上搜救
	《水路交通突发事件应急预案》	交通运输部	水路突发事件应急
	《风暴潮、海浪、海啸和海冰灾害应急预案》	国家海洋局	海上自然灾害应急
	《赤潮灾害应急预案》	国家海洋局	赤潮灾害应急
	《海洋石油勘探开发溢油事故应急预案》	国家海洋局	海上石油溢油应急

（三）保障资源

海上通道安全保障资源是指在进行海上通道安全保障时，由各保障实施机构统一调配参与保障的保障队伍，以及需要使用的保障装备。

1. 保障队伍

根据现有保障实施机构的具体情况，保障队伍主要包括海军、交通运输部下属的海事救助打捞队伍，国土资源部下属的国家海洋局即中国海警，以及国资委主管的各航运企业。

(1) 海军。

中国人民解放军海军是我国海上通道安全保障与突发事件应急处理的重要力量，是应对海上通道外部安全威胁的重要主体。海军队伍主要包括下属的北海舰队、东海舰队和南海舰队，如图20-2所示。

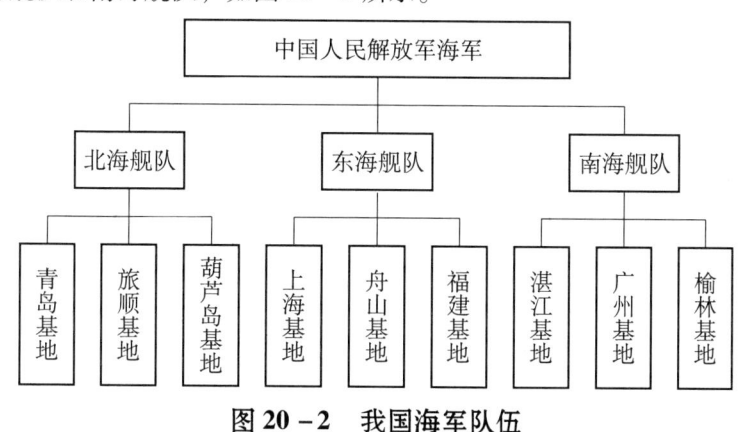

图20-2 我国海军队伍

(2) 海事救助打捞队伍。

我国海事救助打捞队伍主要由交通运输部下属的海事局与救助打捞局两个执行机构各地队伍共同组成，如图20-3所示。目前海事局下设直属海事机构包括：天津海事局、河北海事局、辽宁海事局、黑龙江海事局、山东海事局、江苏海事局、上海海事局、浙江海事局、广东海事局、深圳海事局、福建海事局、广西海事局、长江海事局、海南海事局。交通运输部救助打捞局下设：北海救助局、东海救助局、南海救助局、烟台打捞局、上海打捞局、广州打捞局。北海第一救助飞行队、东海第一救助飞行队、东海第二救助飞行队、南海第一救助飞行队。

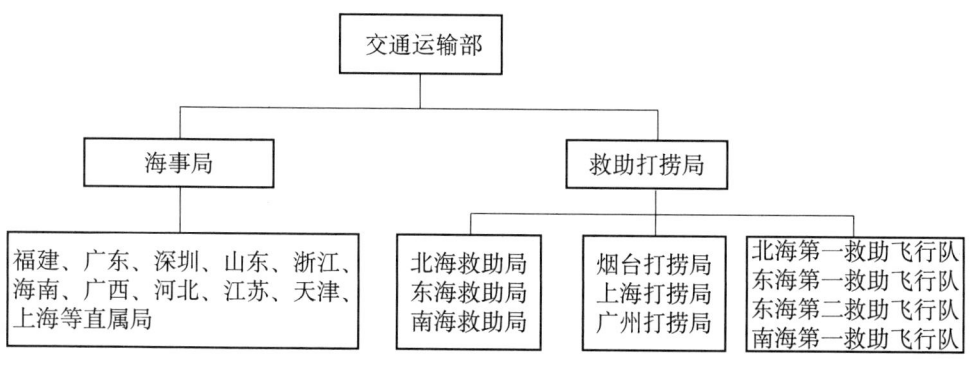

图20-3 我国海事救助打捞队伍

(3) 中国海警。

国务院机构改革后，海警队伍由原中国海监、边防海警及海关缉私队伍合并而成，国家海洋局内成立海警司，统一管理各方队伍，如图 20-4 所示。

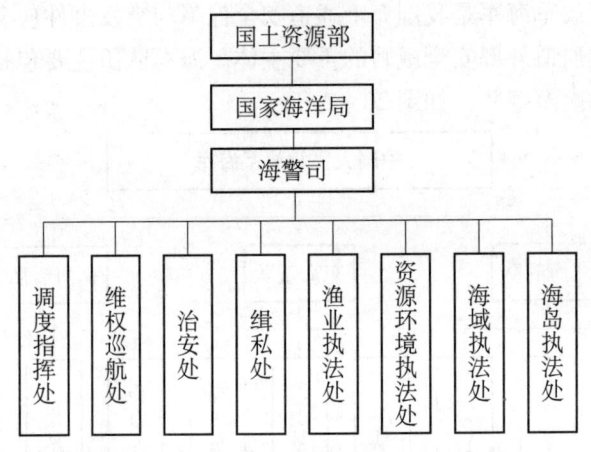

图 20-4　海警司内部部分机构设置

原边防海警部队最大的编制是隶属各边防总队的正团级支队，全国共有 20 个海警支队，分别为：福建边防总队海警一支队（福建福州）、二支队（福建泉州）、三支队（福建厦门）；广东边防总队海警一支队（广东广州）、二支队（广东汕头）、三支队（广东湛江）；辽宁边防总队海警一支队（辽宁大连）、二支队（辽宁丹东）；山东边防总队海警一支队（山东威海）、二支队（山东青岛）；浙江边防总队海警一支队（浙江台州）、二支队（浙江宁波）；海南边防总队海警一支队（海南海口）、二支队（海南三亚）；广西边防总队海警一支队（广西北海）、二支队（广西防城港）；河北边防总队海警支队（河北秦皇岛）；江苏边防总队海警支队（江苏太仓）；天津边防总队海警支队；上海边防总队海警支队。

原海监总队下设北海、东海及南海 3 支海区总队，是国家海洋局领导下、中央与地方相结合的行政执法队伍，由国家、省、市、县四级海监机构共同组成。其领导机构中，国家队伍由中国海监北海海区总队、中国海监东海海区总队、中国海监南海海区总队 3 个海区总队及其所属的 9 个海监支队、3 个航空支队、3 个维权支队组成；地方队伍由 11 个省（自治区、直辖市）总队、52 个地、市级海监支队，189 个县、市级海监大队组成；另外还包括 7 个国家级海洋自然保护区支队和 1 个自然保护大队，如图 20-5 所示。

(4) 国有航运企业。

国资委直属的航运企业包括主营航运业务的中国远洋运输（集团）总公司、中国海运（集团）总公司，以及涉及航运业务的中国外运长航集团有限公司、招商局集团有限公司。

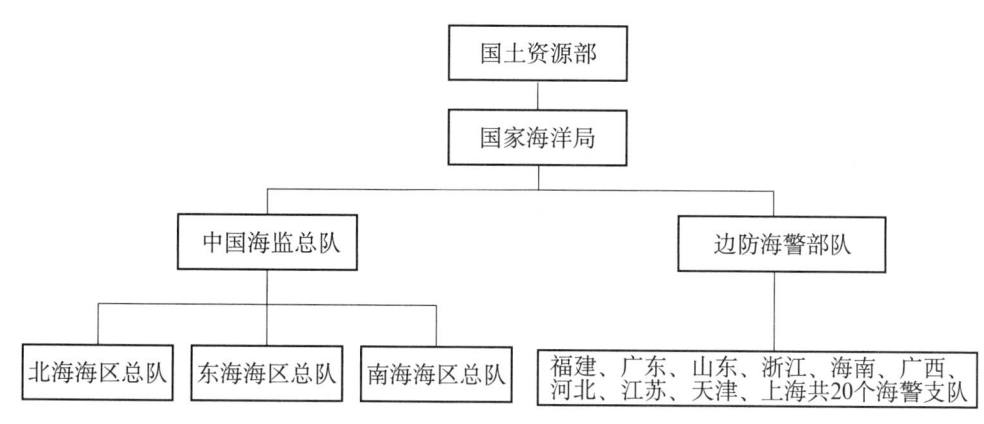

```
                    国土资源部
                        │
                    国家海洋局
                    ┌────┴────┐
                中国海监总队    边防海警部队
              ┌─────┼─────┐         │
         北海海区总队 东海海区总队 南海海区总队   福建、广东、山东、浙江、海南、广西、
                                    河北、江苏、天津、上海共20个海警支队
```

图 20-5　我国海警队伍构成

2. 保障装备

保障装备是指各保障队伍配备的运输设备、通信、安全防护、搜救设备等。由于海上通道安全保障工作主要针对海洋，因此各种舰船飞机等运输装备的配备是确保开展保障工作实施的重点。我国目前可用于海上通道安全保障的舰船主要来自于海军的相关舰船，海事、海警部门的海巡、海监船舶，以及国有航运企业的相关商船，如表 20-7 所示。

表 20-7　　　　　　　　我国海上通道安全保障舰船情况

所属部门	舰船种类	构成举例
海军	驱逐舰、护卫舰、潜艇、国防动员船、破冰船、远洋综合补给船、远洋打捞救生船、海洋拖船	绵阳舰、井冈山舰、海口舰、昆仑山舰、千岛湖舰、世昌号、永兴岛号等
国家海洋局/中国海警局	海警船、科考船	海警3411、雪龙号科考船
海事救助打捞	救助船、打捞船、海巡船	南海救115、南海救101、海巡31船、海巡01船
国资委航运企业	商船	中远泰顺海轮、青岛、新南沙、新宁洋、中海韶华、英华等

海军方面，根据 2010 年公布的《国防白皮书》，海军现有 23.5 万人，下辖北海、东海和南海 3 个舰队，舰队下辖舰队航空兵、基地、支队、水警区、航空兵师和陆战旅等部队。远洋打捞救生船等适用于海上通道安全保障的舰船力量不断发展，包括国防动员船"世昌号"和综合实验船 970 号，大型远洋综合补给船

北运575（太仓号），远洋打捞救生船北救121（长兴岛号），东运615（丰仓号）、东救302（崇明岛号）补给船、远洋综合补给船南运953（南仓号），远洋打捞救生船南救506（横沙岛号）。

　　海事救助打捞方面，海事巡逻船共包含大型巡航救助船以及100米级巡逻船、80米级巡逻船、60米级巡逻船、40米级巡逻船、30米级巡逻船、20米级巡逻船、15米级巡逻艇、10米级巡逻艇8个系列，其中，用于沿海的海上巡逻船包含全部8个系列船型共551艘。我国救助打捞目前拥有206艘船舶，其中专业救助船81艘，打捞船125艘和20架救助航空器。

第二十一章

我国海上通道安全保障机制评价

在全面了解我国海上通道安全保障现有机制的基础上,对比发达国家的海上通道安全保障机制的特点,对我国海上通道安全保障机制进行分析,可以明确我国海上通道安全保障机制的现状与存在的问题。

第一节 国外海上通道安全保障机制

根据对典型国家海上通道安全保障状况的研究,可以总结出发达国家与发展中国家海上通道安全保障机制的特点,洋为中用,供我国在海上通道安全保障机制建设工作中进行参考和借鉴。

一、发达国家海上通道安全保障机制特点

发达国家海上通道安全保障机制的特征,主要体现在如下方面。

(一) 强调军民结合的海上通道安全保障制度

在海上通道安全保障中,发达国家注重建立军民结合的海上通道安全保障机制。在海军方面,完善的海上通道安全保障机制主要依赖具有绝对优势的海上保障

力量;加强海上力量建设、注重远洋和近洋的保障能力建设,是发达国家海上通道安全保障的一大特征。如美国拥有全球最强的海上军事力量,其通过海军保障全球远洋通道,而海岸警卫队保障近洋海上通道的安全。在民间保障方面,注重民间力量的参与、构建民间保障平台,是海上通道安全保障体系的重要内容。如美国通过《商船法》、安全船队计划等,建立民间保障的体制,使其成为海军的重要辅助力量;日本通过建立强大的油轮商船队,保障国内石油战略能源的运输,保障国家经济安全;澳大利亚在海上搜救中也会临时租用私人或用于商业的飞机。

(二) 强调自身利益的多边国际合作机制

随着和平发展成为世界的主题,各国海洋战略由单一战略发展为注重协作。在国际合作方面,由强调正式联盟框架下的合作转向在正式联盟和非正式组织双重框架下的合作,寻求与更多的国家合作。然而,发达国家在海上通道安全保障方面的合作主要体现在以其利益为导向的国际合作。如美国提出"地区海上安全倡议"等,与英、法、意等联手应对突发的海上危机或冲突,旨在推行以美国为主导的国际合作机制。而对其不利的国际合作,美国则不会参与,如美国未签署《联合国海洋法公约》。日本则注重区域能源通道的安全合作,通过与能源通道附近国家(如马来西亚、印尼、新加坡等)签订《打击国际恐怖主义合作联合宣言》等,扩大海上防卫范围,保障能源运输安全。澳大利亚通过与东南亚国家签订《联合安全宣言和战略伙伴关系协定》等,达成一定程度上的结盟或者是地区联防的形式来保障其海上通道安全。

(三) 注重海上通道安全保障体系的高层次协调性

各国海上通道安全保障体系大都呈现多元化特征,但均注重各机构间的协调性。目前,无论其采取何种管理体制和执法模式,发达海洋管理国家基本都建立了高层次的海上通道安全管理协调机构,以保障其海上通道安全保障等涉海管理事权和执法活动的有效实施。如欧盟十分注重海上通道安全保障机构的协调性,通过欧盟首脑会议、欧洲海事安全局等进行各机构的协调,并引入"特定多数表决"的协调机制,从而实现欧盟内部的统一行动。而美国的海洋政策委员会、日本的海洋政策本部均是国家级的高层次决策、协调机构。实践证明,建立多层面尤其是高层次的海上通道安全管理协调机制是保障海上通道安全的有效方法。

二、发展中国家海上通道安全保障机制特点

不同于发达国家,发展中国家由于国家实力相对较弱,控制海洋的能力与控

制海洋的目标始终存在差异,其海上通道安全保障机制的特征主要表现为以下两个方面。

(一) 加大投入建设海上力量和资源

海上通道安全关乎国家经济和政治安全,但发展中海洋国家军事实力有限,为维护海上通道的安全,实现海洋保障目标,发展中国家加大海军经费投入,大力发展海上力量和资源,使其成为海上通道安全保障机制的坚实力量。以俄罗斯为例,无论是冷战时期与美国争夺海洋霸权,还是在冷战后保卫国家安全和海洋权益,海军建设一直是其发展重点,并不惜大力投入资金,进行更新和增加海军装备,提升海军远洋保障能力,同时以弹道导弹核潜艇为主的海军兵力,始终是国家海上力量发展的重点。同样,为保障印度洋的海上安全,印度也加大海军的资金投入,重点发展战略核潜艇和航空母舰,建立可靠的海基核威慑能力,努力打造一支具备相当威慑力的现代海军力量。

(二) 注重加强与区域内外国家的国际合作

发展中国家实力相对较弱,注重保障近洋海上通道的安全,从而重视与区域内外海洋国家的合作。如印度主要是重视加强区域内与印度洋沿岸国家的国际合作,如印度尼西亚、马来西亚、南非、斯里兰卡、马尔代夫等国。俄罗斯主要重视与中国、印度在防范海上恐怖分子、海上军事演习等有关海上安全方面的国际合作,欲借此实现其恢复强国的海洋战略。而马来西亚不仅与马六甲海峡沿岸国家保持合作,进行联合巡逻,也注重与区域外国家的合作,与英国、澳大利亚、新西兰、新加坡签署《五国防御条约》,共同保障海上安全。

三、国外海上通道安全保障机制发展趋势

通过对发达海洋国家和发展中海洋国家海上通道安全保障机制及其特点的分析,可以看出国外海上通道安全保障机制主要具有如下的发展趋势。

(一) 经济一体化不断深化国际合作机制

随着全球经济一体化的发展,对外贸易涉及了全球几乎所有国家,90%以上的对外贸易通过海运完成,各大洲间已形成了相互依存度较高的全球海上运输网络,因而,经济一体化的发展不断深化海上通道安全保障机制中的国际合作保障机制,共同保障海上通道安全。在广度上,经济一体化使得全球性通道更加广

泛，国际合作保障机制的范围也更注重全球性，各国通过参与国际组织的相关国际公约等建立国际合作机制，如以联合国为代表的国际组织已经推动签订了一些相关合作协议，如《消除国际恐怖主义措施宣言》等，以共同应对海上恐怖主义，并通过《国际海洋法公约》以保障各国海洋权益；以国际海事组织为代表的国际组织推动制定《国际船舶和港口设施保安规则》，以保障海上通道的重要节点。在深度上，注重签订海上通道安全保障的战略协议，以重点保障全球海上通道的关键海域或海峡，如美国、英国、法国、意大利等国在地中海区域进行反恐联合军演，以保障北美—欧洲通道的安全。而印度尼西亚、新加坡、马来西亚、泰国等在马六甲海峡进行联合巡逻，保障该区域通道安全。

（二）全球通道的安全性要求机制的高效运行

随着全球海洋经济的发展，海上通道的安全与畅通要求保障机制必须高效运行，不仅确保在平时各相关机构各司其职，共同保障海上通道安全，而且确保在紧急时刻，各相关机构能够快速反应，形成合力，有效应对海上通道不安全事件，恢复海上通道的畅通。因而，内部协调与决策的高层化确保海上通道安全保障机制的统一领导，是提高保障机制效率的重要途径。各国家通过成立高层次海上通道安全保障事务统一协调机制和高层次的决策机构，整合有关部门力量形成合力，以便快速有力地应对海上通道不安全事件，有效解决与海上邻国之间的海洋利益争端，积极有效地维护国家海洋权益。如美国的海洋政策委员会由联邦各部和职能部门的首长以及相关副手组成，主要职责是确定美国包含海上通道安全等涉海事务的路线、方针、政策，直接对总统负责，以报告的形式向总统提出相关建议和咨询。日本的综合海洋政策本部由总理大臣担任本部长，成员包括了所有部会省长、聘任内阁官房，以及与海洋事务相关省厅的官员组成事务局，主要负责审议包含海上通道安全保障在内的海洋相关政策。俄罗斯的海洋委员会以联邦副总理为主席，成员包括各部的高级官员、研究机构和民间组织等涉海单位的主管领导。这些高层次的海上通道安全保障协调和决策机构，能从整体上根本解决各海上通道安全管理部门之间的工作协调，从而提高管理效率。

（三）长效保障促进一体化保障制度的建立

由于管理制度与法律具有强制力、稳定性和长效性，因而，各国都注重通过完善管理制度的方式进一步加强海上通道安全保障，从而为海上通道安全保障机制的运行提供法律与制度依据。构建完善的海上通道安全管理制度体系，促进一体化保障制度是各国海上通道安全保障机制的发展趋势。在国内层面，应具有基本的法律法规框架，在国际层面，注重相关国际法与国内法的接轨。一是确定国家海上通道安全管理的基本法律法规框架,并在该框架下,不断完善管理制度体系。如日本在《海洋基本法》的框架下,不断完善各涉海法律法规。二是注重国际法律法规以及公约转化为国内管理制度。如日本在《国际海洋法公约》的框架下,制定《专属经济区和大陆架法》《海上保安厅法》等法律法规。而俄罗斯也在《联合国海洋法公约》等国际公约的基础上,形成了《俄联邦内陆水域、领海及毗连水域法》《俄联邦专属经济区法》以及各涉海部门的相关行政法规等。

(四) 海洋安全复杂性强调保障机制的力量和资源建设

进入21世纪,海上安全环境日益复杂,海上走私、海上恐怖主义、重大海上船舶、飞机事故等非传统安全威胁日益突出,对海上通道安全保障机制的建立提出了新的要求和挑战,而完善的海上通道安全保障机制需要强大的海上保障力量来实施各项决策,同时在此过程中,需要调用各种资源,加强海上力量和保障资源的建设为海上通道安全保障机制的顺畅运行提供坚实的基础,因而,建设海上通道安全保障力量和资源是保障机制发展的重要趋势。如美国经过多年的发展,已拥有最为强大的海上军事力量,通过海军力量和资源部署于不同大洋和全球多个军事基地,保障全球远洋通道,而海岸警卫队的力量和资源主要部署于美国所管辖海域,进行海上执法,进而保障近洋海上通道的安全;而作为发展中大国,俄罗斯向来注重海上力量的建设,由于所管辖海域相隔较远,其重点强调远程保障力量;由于印度海上力量用于保障印度洋的战略目标能力不足,其正在加快海上力量的建设,不仅加大经费投入,提升海上安全保障装备,而且加快海军基地建设,以实现海军的快速反应。

(五) 民间资源参与不断完善保障机制

无论一国采取何种保障机制来保障国家海上通道安全,始终都离不开一个重要的基础要素,那就是民用保障资源,注重民间力量的参与。构建军民结合的保障机制,是海上通道安全保障机制的重要内容。鉴于此,鼓励更多的民用资源参与海上通道安全保障是确保海上通道安全保障机制顺畅运行的重要手段,也是海上通道安全保障机制发展的一大趋势。参与海上通道安全保障的民间资源主要包括商船队和私人或商业飞机等。商船队不仅可以在战时成为国家海军的辅助船队,为军用资源提供补给运输,如美国的安全船队;而且可以通过运输贸易一体化制度,建立能源运输通道上的立体化保障机制,如日本的油轮商船队。私人飞机则可以成为国家搜救的重要补给力量,如澳大利亚的搜救资源弹性调用机制,可临时租用私人或用于商业的飞机。

第二节 我国与国外海上通道安全保障机制对比分析

为了能够全面评价我国海上通道安全保障机制，促进我国海上通道安全保障机制的完善，通过分析以美日英为代表的发达国家海上通道安全保障机制，分析保障范围、保障队伍、保障装备、保障组织机构及保障政策文件等五个方面的状况，从而对比总结出我国海上通道安全保障机制相应的问题与不足。

一、保障范围

美国和日本海上通道安全保障政策文件中，均明确提出了沿岸海域海上通道安全保障范围，而我国至今却并未明确表明自身海上通道安全保障的范围（责任区）。

（一）美国

美国海上通道安全保障主要包括沿岸海区保障与远程海域保障两个方面。沿岸海区保障方面，作为美国海上通道安全保障的主要力量，美国海岸警卫队明确提出了其海上保障范围为以海岸线外 200 海里以内的海域，并且重点是距海岸线 25 海里以内的海域。[1] 对于远程海域保障，由于美国海岸线覆盖了大西洋与太平洋，美国将管辖海域的保障区域（主要为搜救责任区）分为太平洋区和大西洋区，分别管辖包括西部各州、阿拉斯加和夏威夷在内的 740 万平方英里区域，以及墨西哥湾和加勒比海在内的 426 万平方英里通航水域，主要由美国海军提供两大保障区域的安全保障。

（二）日本

日本将其管辖的沿岸海域分为 11 个管区，每个管区由专门机构进行管理，从而实现了管辖海域的全覆盖。而对于远程海区的安全保障，日本在 1983 年出版的《防务白皮书》中就第一次明确指出"日本周围数百海里、海上航线 1 000 海里左右的海域为日本防御的地理范围"，并将海上航线 1 000 海里以内作为日

---

[1] 美国海岸警卫队官网：http://www.uscg.mil/.

本远程海上救助范围。①

(三) 中国

虽然我国是一个海洋大国，但是我国并未像美国和日本一样提出明确的沿岸海区和远程海区的保障范围，而仅根据相关统计得出我国海上事故多发生在距离海岸线 60～180 海里以内的海区，从而将我国海岸线以外 180 海里以内作为我国海上通道安全重点保障范围。②

可以看出，与发达国家相比，我国海上通道安全保障机制并未明确划定出保障范围，仅是将海上安全的事件频繁发生的重点海区或航道作为重点保障的区域。

二、保障队伍

与美国、日本以专业准军事化保障力量为主，联合海军及民间保障力量的保障队伍结构相比，我国海上通道安全保障队伍存在保障执行力不强，队伍众多，民间力量联合不充分等问题。

(一) 美国

美国海上通道安全保障力量是以美国海岸警卫队为主，辅以美国海军，并且联合民间等多方队伍给予保障。其中，美国海岸警卫队的主要职责是负责海上救助与日常巡逻及防卫，虽然其战时归美国海军领导，但是是美国实施海上搜救、应急反应的主要力量，因此美国海岸警卫队的队伍也必须具备相应的规模。目前美国海岸警卫队司令部设在华盛顿，分设太平洋、大西洋两个司令部，共有 4 万多名现役人员，8 000 名预备役人员。③ 美国海军则是美国远程海上保障的主要力量，能够保障全球范围内美国海上通道的安全。截至 2013 年，美国海军具有 50 万现役和预备役士兵，分别属于舰艇部队、舰队航空兵、海上勤务部队和岸基部队四个兵种。④ 在民间保障队伍方面，美国依据《商船法》的立法规定，建立由 100 条船组成的"国家海运安全船队"，并定期向这支民间保障队伍实施财政拨

---

① 张瑶华：《日本在中国南海问题上扮演的角色》，载《国际问题研究》2011 年第 3 期，第 51～57 页。
② 徐雯梅：《我国海上搜救现状及建议》，载《水运管理》2009 年第 8 期，第 35～38 页。
③ 美国海岸警卫队官网：http://www.uscg.mil。
④ 美国海军官网：http://www.navy.mil/navydata/nav_legacy.asp?id=146。

款建设,充分发动民间力量参与到海上运输通道安全的维护当中。

(二) 日本

日本海上安全保障队伍以具有专业执法性质的日本海上保安厅为主,并辅以日本海上自卫队以及民间的水难救济会,构成多方力量的保障队伍。其中,日本海上保安厅与美国的海岸警卫队具有同样的准军事组织性质,设有 11 个管区与 65 个海上保安部,在编人员约 13 000 人①,其整体队伍规模仅次于美国,且兵力远高于一些小国的海军力量,被称为日本的"第二海军"。而日本海上自卫队是日本的海上军事武装力量协助保障日本远程海域通道安全,其拥有兵力 4.3 万人左右。② 日本水难救济会是日本最主要的民间海上安全保障队伍,其在全国设有 700 多处救难所,拥有 5.8 万多救助人员,以志愿者方式从事海难救助活动。③

(三) 英国

相比美日规模较大的专业海上警卫队,英国的海上通道安全保障队伍主要是由海岸警卫队协调组织多方力量对管辖海区进行保障,依赖英国皇家海军对关乎国家贸易运输的重要远程海区给予重点保障。英国海岸警卫队(女王海岸警卫队)仅隶属于英国海洋与海岸警卫局,虽然其职责之一是负责海上搜救安全以及应急反应救援,但是更多的是发挥协调平台的作用,联合包括海岸警卫队,农林水产部、国防部(海军、空军、气象局)和英国救生艇协会在内的多方力量共同实施沿海海区海上安全保障工作,因此其在编人员仅 1100 人。④ 作为英国全球范围内海上通道安全保障的力量,英国皇家海军拥有 3.4 万人的规模,并在全球范围内拥有 9 个主要的海外军事基地,以这些海外军事基地为据点,为关乎英国贸易的海上主要航线提供安全保障。⑤

(四) 中国

与西方发达国家不同,我国海上通道安全保障力量涉及队伍较多,主要包括救捞局、海警局、海事局、海军以及国有航运企业等,共同完成我国海上通道安全保障工作。其中救捞局是中国保障海上通道安全的主要力量,主要分为救助队

---

① 日本海上保安厅官网:http://www.kaiho.mlit.go.jp/.
② 日本海上自卫队官网:http://www.mod.go.jp/msdf/.
③ 日本水难救济会官网:http://www.mrj.or.jp/index.html.
④ 《对比中英两国海上搜救管理》,载《中国海事》2007 年第 3 期,第 52~53 页。
⑤ 英国皇家海军官网:http://www.royalnavy.mod.uk/.

伍、打捞队伍与飞行队伍，拥有专业的救助人员近万人，其中专业技术人员、潜水员和船员占80%以上，是我国海上安全保障最为专业与有效的队伍。[①][②] 海警局是2013年由分别属于国家海洋局、农业部、交通部、公安部和海关总署的海监、渔政、海事、边防海警和海关缉私等5支海上执法队伍整合重组形成的一支专门从事我国海上执法任务的队伍，目前海警局确定编制人员为1.6万余人[③]，但这些人员大部分源自于整合前各相关部门原有的人员，因此人员配置在专业性上存在不统一，且素质不一的问题。我国海事局提供包括"搜寻救助"在内的11项公共服务，并且其地方机构与搜救中心实际属于"联署办公"，这也意味着地方海事机构也是我国保障海上安全的重要组成队伍。这三支队伍是我国主要进行沿岸海区安全保障任务的专业队伍。

目前，我国海军主要有服役士兵23.5万人，分属潜艇部队、水面舰艇部队、航空兵、陆战队、岸防部队等兵种[④]，他们主要根据地方专业队伍的海上通道保障任务需求而提供协助，是协助我国海上搜救打捞工作的重要保障。

三、保障装备

与日本美国为海上通道安全保障队伍配备先进完善的搜救与应急预警装备相比，我国海上通道安全保障装备无论是在数量上，还是在种类上均相差甚远。装备配置的不足制约着我国海上通道安全保障工作的完成。

（一）美国

在海上通道搜救装备方面，美国主要保障队伍的搜救装备配置十分先进与完善。其中美国海岸警卫队配置有大量的空中与海上搜救设备。空中搜救装备方面，由于美国海岸警卫队设立了41个基地与191个救助站，并要求空中搜救力量必须在两个小时内到达突发事件现场，按此规定美国海岸警卫队配备68架固定翼飞机及136架直升机。[⑤][⑥] 与此同时，为了实现海岸以外200海里以内的海上保障目标与任务，美国海岸警卫队也配备了完善的海上巡逻舰艇，包括106艘

---

① 交通运输部中国海上搜救中心官网：http://www.mot.gov.cn/zizhan/siju/soujiuzhongxin/.
② 交通运输部救助打捞局官网：http://www.moc.gov.cn/zizhan/zhishuJG/jiulaoju/.
③ 国家海洋局海警司官网：http://www.soa.gov.cn/bmzz/jgbmzz2/hjs/.
④ 中国海军网：http://navy.81.cn/.
⑤ 美国海岸警卫队官网：http://www.uscg.mil.
⑥ 陈军民、杨银奇：《浅谈美国海上搜救体系和装备对我国的借鉴意义》，载《经营管理者》2008年第11期，第231~232页。

千吨以上的常规主力巡逻艇以及 19 艘与 12 艘中程及远程巡逻舰,极大地提高了美国对于远程海上通道安全保障的能力。与此同时,作为全球军事实力最强的海军队伍,美国海军具备精良的海上军事装备。依靠这些装备,美国构建了太平洋和大西洋两大舰队,并拥有 10 个航母战斗群和 10 个舰载机联队。① 美国海军凭借这些海上力量,同时以美国在全球海外 140 多个军事基地为支点,能够快速有效地为管辖区内任何一个海区通道提供海上保障。

应急装备方面,美国一向重视应急管理体系的建设与完善,特别是在"9·11"事件之后,美国在全国坚持推行以标准化应急指挥系统(ICS)为主的全国事故管理系统(NIMS),并在各地政府建立了应急运行中心(EOC)。② EOC 作为应急管理主要的机构,美国政府利用最新的科技手段,不断完善其信息系统硬件和软件配置,实现信息资源实时更新和共享,保证了应急组织成员单位的快速反应。同时,EOC 还被美国国家政府赋予可进入国家一些信息系统的权限(如国家地理信息系统、城市资源信息系统等),及时获取必要信息,为应急处置和决策提供了极为必要的数据支持。

(二) 日本

日本是一个灾难频发的海洋国家,对于海上运输安全的保障也十分重视。作为全球海上安全保障力量仅次于美国的国家,其相关救助与应急的装备也十分先进与完善。

日本海上保安厅是日本专业的救助保障力量,拥有 514 艘搜救船艇,巡航、搜救的固定翼飞机 27 架,直升机 46 架③,保安厅管理的 13 个航空基地均匀分布在日本的大小岛屿上,确保了空中力量对搜救海域的完整覆盖。同时,日本海上自卫队也不断推动自身装备的舰艇向大型化、导弹化、远洋化发展,并注重加强海上巡逻装备的建设。

在应急管理方面,日本除了依托众多国内科研院所对应急预警等多方面课题进行研究,并将成果应用于实践之外,还加大对应急预警中应急通信设备的投资,建立了全球闻名的应急通信系统(全民危机警报系统)。④ 该系统能够在包括海上通道安全重大突发事件发生时,直接向社会所有民众及企业发出预警信息。此外,日本各地政府的紧急防灾对策本部指挥中心均配备相关辖区的网络监控系统,便于实时监控管辖海区内突发事件的发生与预警。

---

① 美国海军官网:http://www.navy.mil/navydata/nav_legacy.asp?id=146.
② 张哲、张守月:《美国海上搜救体系解析》,载《中国应急救援》2011 年第 7 期,第 45~48 页.
③ 日本海上保安厅官网:http://www.kaiho.mlit.go.jp/.
④ 王宁:《日本海上应急搜救体系》,载《中国应急救援》2008 年第 11 期,第 18~20 页.

(三) 中国

与西方发达国家相比，中国的海上保障队伍的主要装备则显得十分落后与不足。

海上搜救保障方面，作为中国专业的搜救力量，一方面，我国救捞局在沿海仅设立 20 个救助基地、7 个航空救助基地，各基地平均间隔 1 000 多公里，且目前仅拥有各类救助船艇 206 艘，包括 52 艘救助船以及 13 艘救助快艇，各基地管辖救助半径过大，海上待命搜救力量远不能有效覆盖沿海水域。[①] 另一方面，搜救局的空中搜救力量包括 1 艘固定翼飞机与 17 架直升机，救助直升机飞行半径仅能重点保障海难多发地区。我国海警局是经由几支队伍整合而成，通过整合与新建，目前海警局拥有 135 艘执法公务船，虽然初步具备了中远程巡视执法的能力，但是由于海警局处于初步组建阶段，仍然缺乏相应的空中执法装备以及相应的执法军事装备，从而限制了其对于我国海上通道安全的有效保障。

海上应急预警方面，目前我国仅建立了由交通部牵头的国家海上搜救部际联席会议制度来指导全国海上搜救和船舶污染应急反应工作。[②] 其中，海上搜救中心是国家海上搜救部际联席会议制度的办事机构，负责组织、协调、指挥重大海上搜救和船舶污染事故应急处置行动，指导地方搜救工作。但是目前我国各地搜救中心与海事局共同成立地方应急搜救指挥中心，属于"一套人马，两个机构"的机构形式，因此搜救中心的装备配置均来自于地方海事局，十分不利于海上通道安全保障工作的及时有效开展。

四、保障组织机构

与美国立体式保障组织机构、英国扁平化的保障组织机构不同，中国海上通道保障组织机构缺乏明确的功能定位与必要的协调组织功能，导致搜救与应急管理工作无法得到快速有效的实施。

(一) 美国

以美国为代表的西方发达国家建立了系统完善、职能明确的搜救组织机构与应急管理机构，能够确保海上通道安全保障任务得到有力的执行与实施。

为了及时有效地保障海上通道安全，美国建立了一系列有效的搜集组织机

---

① 交通运输部救助打捞局官网：http://www.crs.gov.cn/jiulaozb_jlj/beihaijz_jzcb/.
② 交通运输部中国海上搜救中心官网：http://www.mot.gov.cn/zizhan/siju/soujiuzhongxin/.

构。美国负责组织海上通道安全保障（搜救与应急任务）的最高行政机构是国家搜救委员会，由国土安全部、运输部、国防部、商务部、联邦通信委员会、国家航空航天局以及内务部等七个联邦政府机构组成，并由国土安全部下属的美国海岸警卫队担任主席。[①] 在确定海上事故发生地区后，最高指导机构责令相应的责任区成立责任区协调中心，并派专门的搜救任务协调员，通过调动美国空军与美国海岸警卫队对各自管辖水域内的各种海上保障资源与力量进行组织协调，并最终完成海上通道安全保障的预警、反应、搜救等具体活动。可以看出，以美国海岸警卫队为主要力量的一系列组织机构能够快速有效地实施海上搜救活动。

而在应急预警方面，美国应急预防响应局为国土安全部的分支机构之一，在各州以及各州管辖的地方政府均设有相应的应急管理办公室，同时每一层次设立相应的应急运行调控中心[②]，不同层次中心履行着监控潜在各类灾害和恐怖袭击等信息，保持与政府相关部门及社会各界的联系畅通，汇总及分析各类相关信息，下达紧急事务处置指令，并及时反馈应对过程中的各类情况等。

（二）英国

与美国这种分级机构体系不同的是，英国的海上通道安全保障组织机构体系遵循的是扁平化的组织机构设置。

在海上搜救保障方面，英国海上搜寻和救助协调中心不按行政区设置，而按照地理位置设置，地方政府一般不干预搜救工作。[③] 从接警、响应、指挥到搜救终止都由海上搜寻和救助协调中心统一协调，英国海上搜寻和救助协调中心值班人员被授权处置相应的搜救行动，各搜救组织、志愿人员均能主动配合，按程序展开搜救行动。英国搜救组织结构中各参与单位配合默契，各自都被认为是搜救链中不可缺少的环节。虽然皇家海岸警卫队（海上搜寻和救助协调中心）、皇家救生艇协会和英国海军都是独立运行的机构，但在搜救中的协作性、自律性非常好。通过定期召开各种会议，相互交流情况并达成各种共识。

在应急预警方面，英国在扁平化的组织机构模式下秉承着有分有合的机构设置与管理特征。在分的方面，英国政府注意明确界定政府职能，使各层级各方面不越位、不缺位。一方面，英国应急管理首先强调地方为主，发挥地方的主导性

[①] 张哲、张守月：《美国海上搜救体系解析》，载《中国应急救援》2011年第7期，第45~48页。
[②] 邓春涛、相阳：《美国民防与应急救援体系分析》，载《中国人民防空》2009年第3期，第65~67页。
[③] 《对比中英两国海上搜救管理》，载《中国海事》2007年第3期，第52~53页。

作用①，只有当地方无力独自解决问题并寻求帮助时，中央才会提供相应的帮助；另一方面，各地方处置部门对于不同程度的应急突发事件的管理的上下级之间权责十分明确。在合的方面，英国政府特别关注合作机制，认为有效的合作是应急管理的关键。首先，在中央层面，中央政府对于紧急状况事件按照严重程度划分为三级，依据不同级别启动不同层面的力量机构合作。其次，在地方层面，建立以警区为主多部门协调配合的综合应急管理机制，跨越地方机构不同隶属的问题，快速有效地实施应急预警工作。

（三）中国

我国海上通道保障组织机构是由交通运输部为主体，构建的一系列搜救应急组织机构。中国的搜救应急领导机构为部际联席会议，只是一个部标协调议事制度，救助指挥程序没有规范化，不能承担日常协调、组织海上搜救行动的任务。海上搜救中心只是交通运输部的内设机构，负责组织、协调全国的海上搜救行动，在海上搜救中只能起到协调作用，关键时刻没有直接指挥救助船的权利。虽然由各级搜救中心全面负责，但在组织搜救过程中经常受各级政府干预，搜救指挥关系比较复杂，无法形成统一的搜救指挥体系。尤其是遇到重大、特大海上险情时，搜救中心难以按程序组织搜救行动，在一定程度上增加了搜救指挥层次，降低了搜救效率。

五、保障政策文件

为了保障海上通道安全保障机制的运行，美日等发达国家均出台了专门性的海洋法律，并陆续制定大量的法律法规及预案，形成了一整套的海上搜救保障应急管理的法律体系与框架。而我国目前虽也出台实施了一些法律法规，但缺乏专门性立法文件，仍未形成完善的体系与框架。

（一）美国

美国海上通道安全保障政策文件主要是针对搜救与突发事件应急而制定或实施的一系列法律法规和预案，并通过不断的修正与完善，形成一整套完善的法律体系或预案框架。特别是在"9·11"事件之后，美国针对海上通道突发事件应

---

① 广东省人民政府应急管理办公室. 英国应急管理体系简介, 2011-10-02, [URL: http://www.gdemo.gov.cn/yjyj/tszs/201110/t20111002_150167.htm].

急反应与搜救,出台制定了一系列的法律法规。① 其典型的立法与法规体系如表 21-1 所示。

表 21-1　　　　　　美国海上通道安全保障政策文件

类别	时间	名称	主要职能
法律	1936 年	《商船法》	明确了海上运输的性质、职能作用以及在国防事业与国民经济当中的地位,规范了美国商船军事应用的基础建设
	2001 年	《2001 年港口和海上安全法》	提出港口安全计划的宏观要求,由美国海岸警卫队与海事管理署承担,且港口安全计划由《2002 年海上运输安全法》得以具体规定并落实
	2002 年	《2002 年国土安全法案》	成立国土安全部,统一承担起海上通道安全保障的统筹管理职能
	2002 年	《2002 年海上运输安全法》	制定了许多美国航运安全保障的制度措施
	2002 年	《海上运输反恐法案》	美国第一部专门规定防范海上恐怖主义威胁的法律,针对海上恐怖主义等犯罪行为,该法明确提出了一系列的规则框架和指导原则
规则体系	2005 年后	能源通道安全的规则体系	《美国能源政策法案》(2005 年)、《先进能源计划》(2006 年 2 月)、《美国能源部战略计划》(2006 年 10 月)等法律规定
	2002 年后	集装箱通道安全的规则体系	以《2002 年海上运输安全法》为核心
	2002 年后	海上通道突发事件应急法规体系	《国家紧急状态法》《反恐怖主义行政草案》《救援计划法案》《国土安全法案》《国际紧急状态经济权力法》《紧急事件管理与救援法案》《紧急机构信息法案》《联邦储备条例》《国家防御授权法案》《紧急状态医疗服务法案》《紧急计划与公民知情权法案》《战时特别封锁法》

---

① 游志斌、魏晓欣:《美国应急管理体系的特点及启示》,载《中国应急管理》2011 年第 12 期,第 46~51 页。

续表

类别	时间	名称	主要职能
框架/预案	2002年后	国家应急预案体系	包括总体5项总体战略：《全国准备目标》《国土安全国家战略》《打击恐怖主义国家战略》《安全虚拟空间国家战略》《重要基础设施和关键资产保护国家战略》，5个框架：《全国预防框架》《全国保护框架》《全国减除框架》《全国响应框架》《全国恢复框架》以及相应5个《跨部门行动预案》

美国非常重视海上通道安全保障，自1936年就颁布了《商船法》，明确了海上运输对于国民经济发展的重要性，并首次提出了建立安全船队的建设与管理规定。"9·11"事件之后，美国十分重视非传统威胁事件对自身国家安全的影响，针对保护海上运输的安全，陆续出台并完善了《2002年国土安全法案》等一系列专门法律。到21世纪初，美国已经形成了针对能源物资与集装箱海上运输安全的一系列的法规体系。

另外，考虑到火灾、飓风等自然灾害以及海上溢油等人为突发事件的频繁发生，美国自2002年制定全国应急反应预案以来，不断修改和完善本国的应急体系，至2012年，美国已经形成较为完善的国家应急体系：在5项总体战略规划下，形成了5项应急框架替代了最初的应急预案，并按规定也形成5项跨部门行动预案，来保证能够综合多部门的力量与资源有效地对突发事件实现快速反应。

在不断完善本身的海上通道应急管理政策文件体系的同时，美国还积极与其他西方发达国家和组织加强应急救援的国际合作，并大力倡导国际规则的制定，以加强对其海外利益的有效保护，塑造良好的国际形象，扩大在国际事务中的发言权和主导权。

（二）日本

日本是一个能源严重依赖海外进口的国家，是典型的岛国，各种突发事故频繁发生，因此日本十分重视海上通道运输及应急管理的政策文件的制定。日本主要的海上通道安全保障的相关法律、合约及预案等①如表21-2所示。

---

① 王宁：《日本海上应急搜救体系》，载《中国应急救援》2008年第6期，第18~20页。

表21-2　　　　　　日本海上通道安全保障政策文件

类别	时间	名称	主要职能
法律	2001年	《反恐怖特别措施法案》	自卫队可以为美军等提供补给、运输、医疗、通信等志愿服务，同时还可以提供搜救和帮助活动
	2001年	《自卫队法修正案》	自卫队可以进行治安出动也可以担负对驻日美军设施和自卫队设施的警卫
	2001年	《海上保安厅法修正案》	可以对可疑船只进行警告射击，甚至向船舶发动攻击
	2007年	《海洋基本法》	旨在促进海洋资源开发利用、确保海上交通安全的海洋基本政策
应急管理法律体系	基本:《灾害救助法》《灾害对策基本法》;具体:《河川法》《海岸法》《防沙法》《防灾对策基本条例》等地方性法规、各级政府制订具体的防灾计划（预案）、防灾基本计划、防灾业务计划和地域防灾计划		以《灾害对策基本法》作为抗灾、防灾的根本大法，并针对具体的应急事件，从中央政府到各级政府机构均设立完善严格的计划

针对海上运输安全威胁，尤其是来自于海上恐怖主义及其他军事行动方面，日本于2001年陆续颁布了《反恐怖特别措施法案》《自卫队法修正案》以及《海上保安厅法修正案》，并陆续进行修正。这三个法案除了不断扩大日本自卫队的权利之外，还进一步明确了日本海上保安厅在战时对于保障海上通道安全的职责。随着海上通道安全对日本能源经济的重要性不断凸显，日本于2007年颁布并实施了《海洋基本法》，确立了旨在促进海洋资源开发利用、确保海上交通安全的海洋基本政策。

在海上通道突发事件的应急管理方面，由于日本是一个岛国，面临地震等自然灾害较多，因此日本制定了一整套完善的应急管理法律体系。日本以《灾害对策基本法》为最高级别的应急管理法律，此外还针对具体的突发事件制定了具体的应急法律，同时从自上而下的各级政府机构角度出发，制定各种级别的应急预案，能够快速有效地组织全国相关资源与机构快速响应，进行突发事件的处理。

此外，为了能够提高本国的重大国际突发事件的应急救援能力，根据日本与驻日美军签署的《美日安保条约》的合作框架，日本一旦遇到国际性海上通道突发事件，美国可以通过"朋友作战"的协定，给予日本从物资到装备、人员的各方面的救援与协助。

（三）中国

虽然我国出台实施了大量的海上通道安全保障相关的法律、法规与预案，但是至今尚未出台针对海洋的专门性法律，仅由一系列的涉海法律与规则条例构成。

针对海上通道安全保障，在遵循国际相关公约的规定下，我国在海洋权益方面出台了关于海洋的相关法律，形成了我国的海洋法系①，包括 8 项涉海法律，3 项突发事件应急相关法律；同时，为了配合相关法律的使用，也相应出台了一系列的规则，包括 7 项涉海安全保障规则与 9 项应急对应条例。但是，这些涉海政策文件缺乏针对性，且不少规则出台部门不同，存在着矛盾不一致的情况。

此外，为了应对突发事件，我国也形成了较为规范的国家突发公共事件应急预案体系，交通运输部与海洋局专门出台了 5 项涉海的突发事件应急预案②③，其中包括专门针对海上通道突发事件应急与搜救的《国家海上搜救应急预案》。但是，与美日相比，海上通道突发事件预案尚未形成一整套完善科学的应急框架，无法实现快速有效地的调动一切力量来进行突发事件的预警与救助。针对国际性海上通道突发事件的合作性应急救援，我国目前尚未出台具体的合作框架、协议乃至预案。目前中国与其他国家仅仅以某些具体突发事件而举行一些联合演习与培训活动，缺乏一系列完善的国际应急合作的指导性政策文件。

第三节　我国海上通道安全保障机制现存问题

通过与典型国家的海上通道保障机制的五个方面的对比，总结得出我国海上通道安全保障还存在问题。

一、保障力量相对落后，保障程度不足

美国的海岸警卫队和日本的海上保安厅作为两国海上通道安全保障的专业力

---

① 国家海洋局官网：http://www.soa.gov.cn/zwgk/fwjgwywj/shfl/.
② 国家海洋局官网：http://www.soa.gov.cn/zwgk/yjgl/hyyjya/.
③ 谭黎娟、王宪辉：《我国海上应急搜救体系建设的思考》，载《中国水运》2009 年第 10 期，第 30~31 页。

量,是全世界规模最大和现代化装备最为先进的保障力量。这两支力量不仅规模大,而且人员均接受过专业机构培训。此外,两支力量均配备了十分先进的保障装备,不仅海上与空中搜救巡逻装备种类齐全,数量众多,且更具备了空中与海上中远程搜救装备,从而构成了立体的中远程海上通道保障力量。

与这些国家相比,我国海上通道保障任务涉及多方力量(搜救局、海警局、海事局等局级机构),人员素质不一,且装备十分匮乏与落后。以海上搜救力量为例,我国海上搜救力量还不具备正规专业的队伍,且搜救装备十分落后,尤其以具备中远程搜集力量的固定翼飞机与巡逻船最为匮乏。

海上通道安全保障机制中保障力量的不足以及技术水平的差距,导致我国海上通道安全保障力量对于沿海、近洋及远洋海上通道的安全保障能力与西方发达国家相比差距十分明显。

二、最高领导机构缺失,运行效率较低

无论是美国的分级机构体系,还是英国的扁平化机构体系,西方发达国家的海上通道保障机制中均存在一个最高的领导机构来指挥保障力量,保证各方力量能够充分组织与协调,并且最高领导机构的核心要员一般是来自于主要保障力量,从而能够有效且有力地调动保障力量,实施海上通道安全保障任务(搜救与应急)。

然而目前我国海上通道安全保障还缺少一个最高领导机构,在海上通道突发事件发生时,仅仅是由部际协调会议进行磋商与协调相关救援保障力量进行抢救。与此同时,作为各责任区负责指挥、组织、协调的各地方搜救中心,由于其仅具有协调机构性质,并无直接指挥掌控的保障力量,因此往往无法有效地调动各方保障力量实施保障行动。

因此,保障机制中最高领导机构的缺失,导致我国整个保障机制中的保障资源无法由统一机构调配,进而按照相关法律、预案,进行快速有效的保障活动。

三、法律预案不成体系,运行效果欠佳

由于海上通道安全涉及国家经济的发展,美国与日本相当重视其安全保障,不断地制定与修正相关的法律、法规与预案,并在修正过程当中,逐步形成就海上运输安全保障具体任务(海上搜救或海上通道突发事件应急)的一整套法律体系或预案体系,使得海上通道安全保障力量与机构能够遵循这些体系有条不紊地执行保障任务。

与这些国家相比，我国海上通道安全保障的法律预案还停留在立法专业性不足，法律与预案具体性、针对性不够的阶段。此外，针对海上通道安全保障，我国尚未形成完善的法律预案体系来指导相关的力量与机构来按部就班地实施保障活动。

第二十二章

我国海上通道安全保障机制构建

本章提出了我国海上通道安全保障机制一体化构建的方案，具体解决了我国海上通道安全保障综合管理体系设计和安全保障部门职能设计两个机制建设的基本问题，在此基础上研究了日常与紧急两种情况下海上通道安全保障机制的运行机理。

第一节 我国海上通道安全保障机制概述

构建海上通道安全保障机制是全面、有序、高效地开展海上通道安全保障工作的重要手段。通过机制构建，协调保障部门之间在垂直和水平上纵横交错关系，将各部门的运行权责在制度层面予以确立，明确各保障部门如何处理具体的保障事项，以及相互间如何进行协调合作，在具体保障工作开展时，能够依靠完善的机制体系与流程来快速得到最佳应对方案决策，既明确国内海上通道安全保障任务的分配与开展，也明确国际协调与国际合作的具体实施，从而实现海上通道安全保障的目标，有效地完成海上通道安全保障具体任务。因此，构建起一套完整的海上通道安全保障机制，能有效确保我国海上通道的长期安全，也将进一步促进海上通道安全保障工作的全面开展，是海洋强国战略在海上通道安全保障方面的具体落实。

一、构建海上通道安全保障机制的重要性

（一）推进国家顶层战略的重要支撑

海运是当今世界上最重要的跨国运输方式，海上通道是实现海上运输的重要载体。海上通道是我国开展对外经贸交流的重要生命线，海上通道的安全关系到国家经济的平稳健康发展与社会的长期稳定。国家"十二五"规划明确将"保障海上通道安全，维护我国海洋权益"纳入国家安全和发展战略的统筹之中，十八大报告也明确提出"坚决维护国家海洋权益，建设海洋强国"的目标，"21世纪海上丝绸之路"战略更是强调了海上通道的安全与稳定。因此，海上通道安全保障已成为实施海洋强国战略与建设"21世纪海上丝绸之路"的重要组成部分。构建起一套有序高效完整的海上通道安全保障机制，是海洋强国战略实施的重要手段，也是推进"21世纪海上丝绸之路"战略实施的必然要求。

（二）应对海上通道脆弱性的重要途径

从地理位置看，我国处于一个非常复杂的地缘政治环境。我国是世界上主要的濒海大国，地处太平洋西岸，除了渤海是我国的内海外，黄海、东海和南海都是太平洋边缘海，这些边缘海又被第一岛链包围，实际处于半封闭状态，且在通向大洋的战略通道上阻隔着许多政治制度与意识形态不同的国家和地区，由于历史遗留问题，我国需要同8个海上邻国进行海洋划界，但由于存在复杂的岛屿主权和海洋划界争端，海洋边界迟迟无法划定。与此同时，世界主要海洋大国对海上通道争夺日益加剧。一方面，美国、日本、俄罗斯、印度等国采用政治、经济、军事、外交等各种手段加紧对重要海峡进行渗透与战略控制。如美国海军在印度洋航道建有迪戈加西亚基地，取得了新加坡海、空军基地部分使用权，并在继续扩建马六甲沿岸军事设施；印度加快安达曼—尼科巴群岛基地建设，在岛上成立了第四海军司令部，并在马六甲海峡西北入口处建立基地；日本以反海盗为名，通过与海峡沿海国举行军事性质的演练等方式加紧对马六甲海峡的渗透。另一方面，海峡沿岸国不断加强国内立法，强化对海峡及各自邻接海域的管控，还利用其地缘优势，将海峡用作其进行国际关系斗争的武器。单面向海、岛屿众多，海上邻国相近，历史和现实、主权和权益问题相互交织，世界各国对海上通道控制权的争夺，共同构成了我国海上通道安全的脆弱性，因此，亟须建立完整的安全保障机制来确保我国海上通道的长期安全。

（三）实现保障工作统一部署的重要手段

总体来看，现有的海上通道安全保障工作呈现分散化管理的特点。我国在全国范围内尚未设立统一的专职海上通道安全保障的行政管理机构，也尚未设立高级别的海上通道统筹与议事协调机构，来负责协调各涉及职能部门之间的关系，而是将海上通道安全保障工作的各项职能分配到各行业相应主管部门分头负责，各政府部门间仅设有海上搜救与溢油部际联席会议来负责协调涉及的各职能部门之间的关系，安全保障队伍也尚未实现统一管理。然而，进入新世纪以来，世界主要海洋强国纷纷进行政策调整和机构改革，向一体化的体系模式转型。以美国为例，美国新成立的海洋政策委员会既是高级别的海洋事务决策机构，又是涉海政策实施与反馈的部门之间组织协调的机构。这就需要我国下一步围绕海上通道安全保障尽快建立起一套一体化的保障机制。

二、我国海上通道安全保障机制的目标

我国海上通道安全保障机制构建要实现"一套体系、两个实现，三项完善"的系列目标。建立起能够根据海上通道安全威胁因素的变化与海上通道突发事件的不同情况，应对海上通道各类安全威胁的自适应一体化体系，对内实现我国海上通道安全保障各方面工作的集中管理与有序开展，对外实现国际协调与国际合作的高效运行，完善保障机构构建、保障法律法规制度建设与保障队伍及装备发展三项工作，最终实现保障我国重要海上通道的畅通与安全，提高我国预防和处置海上通道突发事件的能力，最大限度地减少海上通道突发事件造成的危害，促进经济社会全面、协调、可持续发展，维护国家海洋权益与海洋安全，建设海洋强国的重大战略目标。

一套体系具体是指建立一套自适应体系，涵盖国内海上通道安全保障各个部门，能够在海上通道的日常与应急状况下，分别根据安全威胁的情况不同与突发事件的种类不同来自发协调、调动相关保障部门应对通道安全事件，并及时展开行动。

两个实现具体是指海上通道安全保障机制统筹机构与调动资源要能实现从国内与国际两个层面共同开展。一方面，对于国内而言，实现集中管理我国海上通道安全保障诸项事宜，确保国内机构有序开展安全保障工作；另一方面，由于海上通道安全事务涉外性极强，需要广泛的国际协作与磋商，因此海上通道安全保障机制要能实现与相关国际组织与地区的高效协调合作，确保日常各项国际合作保障工作的顺利开展，以及在紧急状态下能够在第一时间与国际社会、相关组织及国家取得联系，合作处理突发状况。

三项完善是从海上通道安全保障机制三个重要构成要素的角度出发，将保障

机制构建工作进行分解，对进一步构建与完善保障机制提出的具体三方面目标。一是要完善保障机构的构建，通过设立新的机构，以及整合现有机构，建立一套由高层议事协调机构与实施各项日常与应急保障工作的保障实施机构共同构成的海上通道安全保障体系；二是完善保障法律法规制度建设，通过加快有关立法进程，修订已有法律法规等方式使得海上通道安全保障工作的实施具备坚实的法律基础；三是完善保障队伍与装备发展，建成标准统一、指挥统一的保障队伍并配备能够覆盖我国海上通道安全保障要求范围的相应装备。

三、我国海上通道安全保障机制构建的主要内容

海上通道安全保障机制的构建主要包含静态的体系构建与动态的功能实现机理，体现为海上通道安全保障体系构建与职能设计、海上通道安全保障机制运行机理描述两个主要内容。

我国海上通道安全保障机制的体系构建与职能设计是在我国现有海上通道安全保障机制基础上，根据海上通道安全保障工作开展的需要，充分体现海上通道安全保障各方面工作的集中管理与有序开展，以及国际协调与国际合作的高效运行功能。从我国海上通道安全保障体系的现状来看，目前实行的保障体系属于分散化模式，此类保障体系模式的主要弊端是缺乏最高层次的决策与总协调机构，在海上通道安全保障的部际关系的协调方面缺乏主动性和整合性。因此，借鉴当今主要国家的做法，建立包含高层次海上通道事务协调和决策机构，以及专业化管理职能机构一体化的综合管理体系符合我国现有的情况与未来发展。

海上通道安全保障机制的运行是一个综合的、动态的过程，整个机制的运行体现了保障体系中各保障部门间如何处理具体的保障事项与相互间如何进行协调合作。海上通道安全保障机制运行机理正是为了实现海上通道安全保障的目标，有效地完成海上通道安全保障具体任务，协调保障部门之间在垂直和水平上纵横交错关系，将各部门的运行权责在制度层面予以确立，明确各部门在这个综合的动态保障过程中所实施的相应措施，既包括对内明确国内海上通道安全保障工作的分配与开展，也包括对外明确国际协调与国际合作的具体措施。

第二节　我国海上通道安全保障体系与职能设计

海上通道安全保障工作涉及面广，且涉及的主体广泛，既包括国内的军队、相

关政府部门、港航企业等主体,又包括通道沿岸各个国家、地区组织以及国际相关机构,海上通道安全保障成为了一项需要调动国内各个领域相关部门及资源,需要协调复杂国际关系、开展国际合作的复杂工作。海上通道安全保障机构及其职能设计是海上通道安全保障机制构建的重要内容,是机制发挥作用的组织保障。

一、海上通道安全保障体系设计

海上通道安全保障综合管理体系主要分为三个层级,最高层级是高级别(国家级)的统筹与议事协调机构,作为综合管理体系的领导层与决策层;中间层级是专业化职能管理机构,作为具体措施的执行层;基础层级是集中统一的保障实施队伍,作为措施执行所依靠的资源层。

最高层级体系设计方面,提出两套可供选择方案。方案一是短期内结合与依托现有部际联席会议的模式,由国务院直接领导部际联席会议,在部际联席会议会议框架内协商解决海上通道安全保障事务,部际联席会议的会议成员为现有搜救与溢油应急部际联席会议成员,如图22-1所示。该方案适宜短期内通过现有制度性协调会议发挥统筹与议事协调功能,但由于缺乏专设的统一部门,存在部际联席会议领导力度不够、难以有效协调等问题。

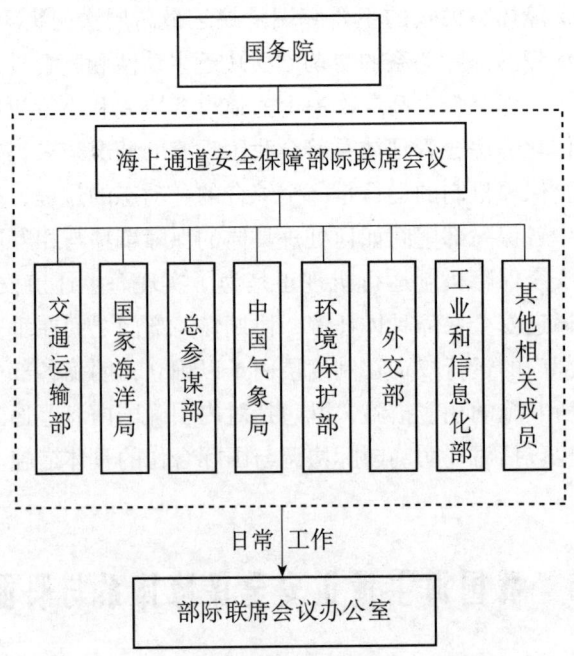

图22-1 海上通道安全保障部际联席会议

方案二是从长期角度出发，结合美国日本等国海上通道保障机构设置经验，综合参照我国国家海洋委员会的设立模式，考虑在国家安全委员会统筹管理下建立国家海上通道安全委员会，作为最高的统筹与议事协调机构，如图22-2所示。国家海上通道安全委员会主任由国务院指定副总理兼任，副主任由国务院和中央军委领导兼任其成员包括交通运输部、外交部、国务院应急办、国家安全部、安全监管总局、财政部、国资委、环境保护部、国家发改委、中国气象局、国家海洋局等国家机关和中国人民解放军总参谋部、海军、空军的有关负责人，其中交通运输部、外交部、海军、国家海洋局和国资委为核心成员。同时考虑到区别于海洋发展，海上通道承担了更多的运输责任，交通运输部在其中承担更多的行政职权，国家海上通道安全委员会的具体工作由交通运输部承担。该方案在短期内由于组织程序、机构编制设置等问题存在一定的实施难度，但该机构的设立可以有效发挥统筹与协调功能，且有利于推动海上通道安全工作的全面开展。

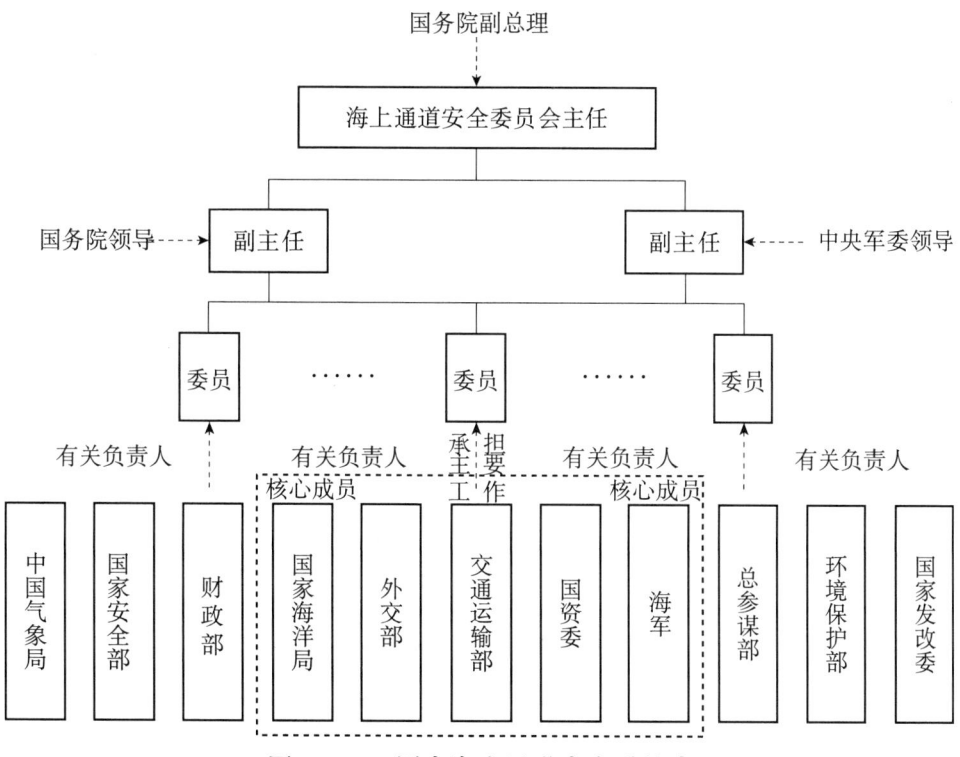

图 22-2 国家海上通道安全委员会

中间层级为专业化职能管理机构。按照海上通道安全保障的具体职能内容，可划分为外交国际合作保障、军事安全保障、海事安全保障和港航管理保障四个方面。中间层级的设计就是对海上通道安全保障的四项职能明确专业化的管理机构。其中外交国际合作保障职能由主管外交工作的外交部主要承担，军事安全保障职能由海军主要承担，海事安全保障方面，由交通运输部主要承担，港航管理保障由交通运输部及国资委共同承担，如图22-3所示。

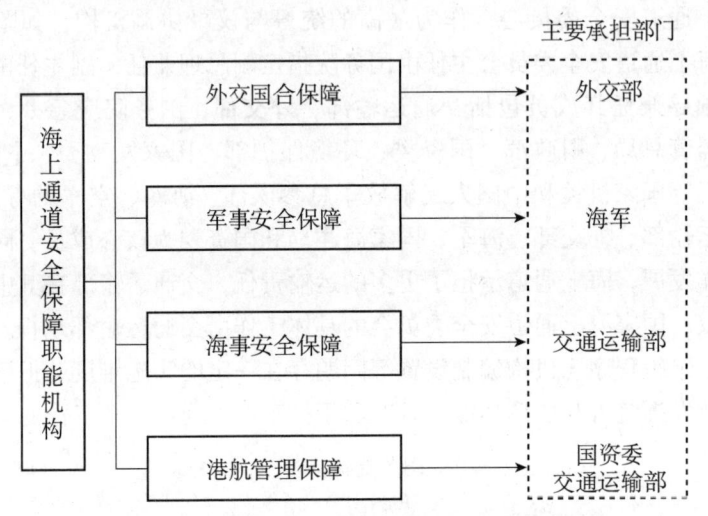

图 22-3　我国海上通道安全保障职能机构

基础层级为统一的保障实施队伍，主要构成包括中国人民解放军海军、交通运输部下属的海事救助打捞队伍、国家海洋局下属的中国海警组成的公务队伍、国资委下属的国有运力，如图22-4所示。针对公务队伍的统一问题，提出两套可供选择方案：

方案一是短期内并不要求各队伍隶属机构的统一，而是强调建成队伍标准的统一，包括船舰设备类型在设计与建造时就兼顾通用性、岸基共建共享、人员资质审核标准统一、编制统一、并接受统一调度、统一指挥的保障实施队伍。

方案二从长期角度出发，实现真正意义上的资源整合，将海警、海事、救助打捞局等合并成立"海事警备队"，统一除海军以外的所有队伍，并由承担海事安全保障的交通运输部统一调配。

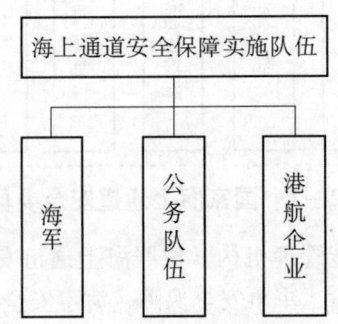

图 22-4　海上通道安全保障实施队伍

考虑到我国海上通道安全保障工作的长期开展，在最高层级体系设计方面采取统筹与议事协调机构设置的方案，在基础层级保障队伍设计方面采取成立"海事警备队"的方案，最终得到我国海上通道安全保障综合管理体系如图22-5所示。

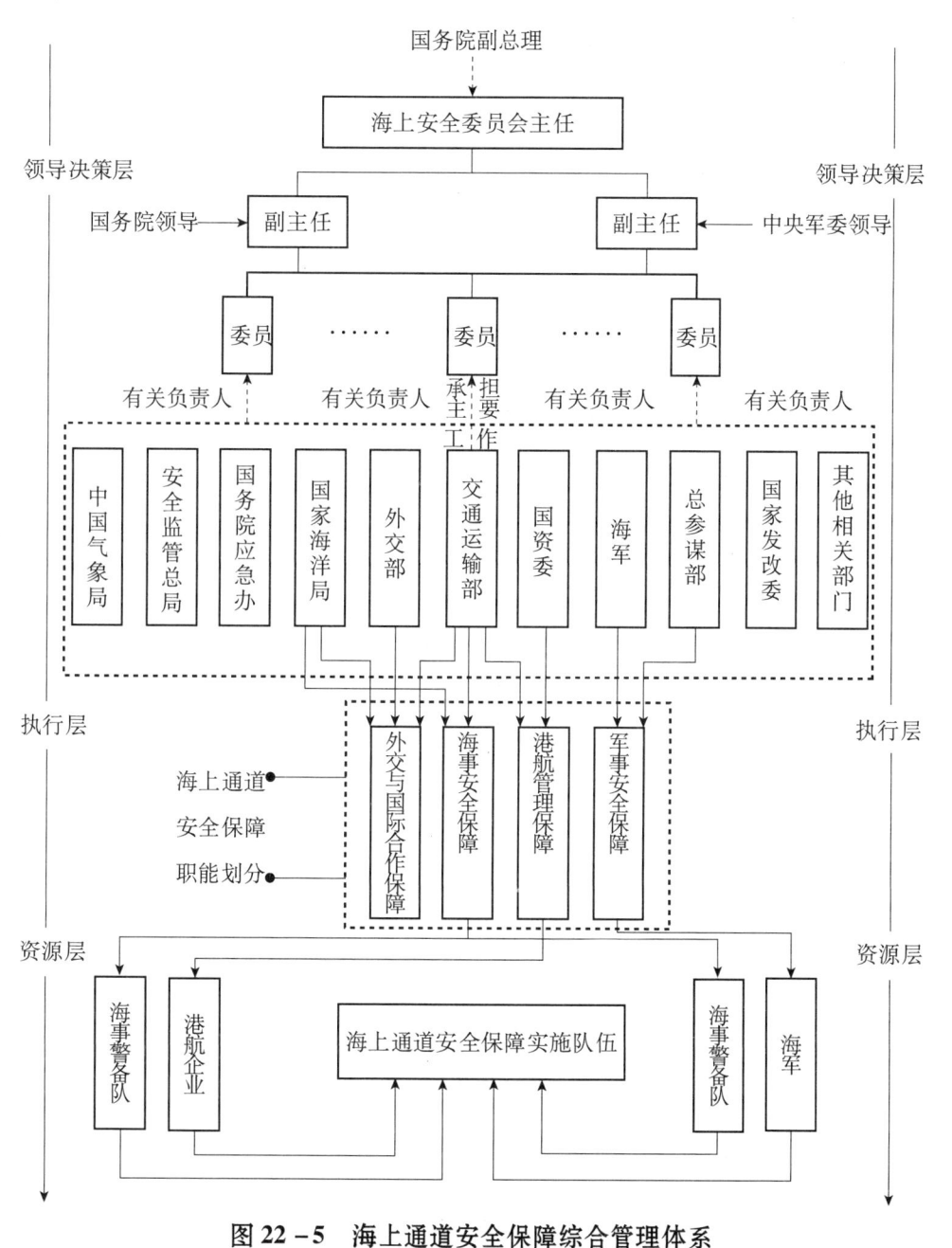

图 22-5　海上通道安全保障综合管理体系

二、海上通道安全保障部门职能设计

中间层级的专业化职能管理机构是海上通道安全保障工作开展与机制运行的重要执行部门，结合各部门现有职能分工情况，对各部门在具体保障事务履行过程中的主要职责与工作进行前期设计，作为各个部门间分工与协作的依据，如表22-1所示。

表22-1　　　　　　　　海上通道安全保障各部门职能

保障职能	承担部门		具体职能工作（日常、应急）
外交与国际合作	外交部（主要）	条约法律司	1. 海上通道安全保障法律问题解决和国际法发展动向跟踪 2. 我国对外缔结双边、多边条约 3. 协调履行国际条约
		边界与海洋事务司	1. 拟订海洋边界相关外交政策，指导协调海洋对外工作 2. 海洋划界、共同开发等相关外交谈判工作
		涉外安全事务司	1. 涉及国家安全问题的海上通道涉外事宜 2. 协调处理海上通道国际反恐等安全事务 3. 指导驻外外交机构有关安全方面业务
		各地区司	1. 规划我国与主管地区、国家的双边关系 2. 办理与主管地区、国家的相关的海上通道外交事务与对外交涉 3. 指导协调涉及主管地区、国家的具体政策和交往合作 4. 指导驻外外交机构有关业务
		驻外机构（使领馆、使团）	1. 协助各地区司办理所驻地区的海上通道相关外交事务 2. 负责突发情况下与所驻国、机构的紧急联络、协调
	交通运输部	国际合作司	1. 负责拟订水路国际合作交流政策和相关事务，承担有关外事工作 2. 负责组织有关国际公约的履约和协定的执行工作 3. 统筹协调交通运输国际合作与交流有关事项

续表

保障职能	承担部门		具体职能工作（日常、应急）
外交与国际合作	国家海洋局	国际合作司	1. 组织开展海洋领域的国际交流与合作 2. 参与涉外海洋事务谈判与磋商 3. 组织履行相关国际海洋公约、条约和协定
	国防部	外事部门	1. 组织开展军事领域的对外交流与合作 2. 协调对外军事合作的有关事项 3. 深化与现有海上通道主要节点或附近国家的军事交流
军事安全	海军（主要）		1. 商船队护航 2. 海外保障基地布局与积极运作 3. 近洋、远海通道安全保障突发事件应急救援
	总参谋部		1. 指挥军队参与保障工作
海事安全	交通运输部（主要）	海事局	1. 海上通道勘探 2. 海上交通安全秩序监督、海域港航安全秩序的监督管理 3. 海上交通事故、船舶及海上设施污染事故应急处置
		救助打捞局	1. 突发情况下人命救助 2. 突发情况沉船沉物打捞、港口及航道清障以及溢油应急清除
		海上搜救中心	1. 海上风险监控与预警信息搜集 2. 风险信息与预警信号发布 3. 突发情况下组织、协调、指挥海上应急处置
	国土资源部	国家海洋局（中国海警局）	1. 指挥调度海警队伍开展海上维权执法活动 2. 管护海上边界 3. 参与海上应急救援，协同处置海上通道突发事件
港航管理	国资委		1. 鼓励企业在重要海上通道节点或附近国进行港口投资，保证对国家各类船舶的补给及停靠需求，并加大对此类港口企业政策及资金上扶持力度 2. 鼓励航运企业增设海外代理机构

续表

保障职能	承担部门		具体职能工作（日常、应急）
港航管理	交通运输部	海事局	1. 海上航行安全指导与规范 2. 应急状况下，组织实施港口应急处置工作
		水运局	1. 水路运输市场监管 2. 应急情况下组织协调国家重点物资运输

外交与国际合作保障职能主要由外交部负责承担，交通运输部国际合作司、国家海洋局国际合作司与国防部配合承担其相应主管领域内的国际合作工作。现有外交部组织构成中承担主要工作的司局包括：条约法律司、边界与海洋事务司、涉外安全事务司、各地区司（亚洲司、西亚北非司、非洲司、欧亚司、欧洲司、北美大洋洲司、拉丁美洲和加勒比司）和有关驻外机构。驻外机构包括驻通道沿岸国使馆、总领馆，及驻有关国际机构团、处（包括常驻联合国代表团、驻欧盟使团、驻东盟使团、常驻联合国日内瓦办事处和瑞士其他国际组织代表团、常驻维也纳联合国和其他国际组织代表团、常驻国际海底管理局代表处等）。其中根据各司局现有机构职能；条约法律司主要负责海上通道安全保障中的法律问题解决和国际法发展动向跟踪，承办我国对外缔结双边、多边条约的有关事项与协调履行国际条约事宜；边界与海洋事务司拟订海洋边界相关外交政策，指导协调海洋对外工作，承担海洋划界、共同开发等相关外交谈判工作；涉外安全事务司研究涉及国家安全问题的海上通道涉外事宜，协调处理海上通道国际反恐等安全事务，指导驻外外交机构有关安全方面业务；各地区司规划我国与主管地区、国家的双边关系，办理与主管地区、国家的相关的海上通道外交事务与对外交涉，指导协调涉及主管地区、国家的具体政策和交往合作，指导驻外外交机构有关业务；驻外机构承担外交部赋予的各项任务，协助各地区司办理所驻地区的相关外交事务，负责突发情况下与所驻国、机构的紧急联络、协调；交通运输部国际合作司主要负责海上运输国际合作交流与国际公约的履约、协定的执行；国家海洋局国际合作司负责海洋事务谈判磋商与国际交流合作以及组织履行相关国际海洋公约、条约和协定；国防部则负责深化与现有海上通道主要节点或附近国家的军事交流以及参与重要区域军事合作。

军事安全保障职能主要由军委总参谋部负责承担，海军配合承担相应的工作。总参谋部负责指挥各军种参与保障工作；海军还需负责派遣舰船进行商船队护航，进行海外保障基地的布局与建设与在突发事件情况下派遣力量进行应急救援。

海事安全保障职能主要由交通运输部负责承担。其中根据各司局现有机构职能，海事局主要负责海上通道勘探、海上交通安全秩序监督、海上交通事故、船舶及海上设施污染事故应急处置。救助打捞局主要负责突发情况下人命救助、突发情况沉船沉物打捞、港口及航道清障以及溢油应急清除。海上搜救中心主要负责海上风险监控与预警信息搜集、风险信息与预警信号发布、突发情况下组织、协调、指挥海上应急处置；国家海洋局（中国海警局）主要负责我国海域港航安全秩序的监督管理、管护海上边界、协同处置海上通道突发事件。

港航管理保障职能主要由国资委和交通运输部共同负责承担。其中根据各司局现有机构职能，国资委负责鼓励国有港航企业在重要海上通道节点或附近国进行港口投资，保证对国家各类船舶的补给及停靠需求，并加大对此类港口企业政策及资金上扶持力度，鼓励航运企业增设海外代理机构。交通运输部海事局负责海上航行安全指导与规范以及应急状况下，组织实施港口应急处置工作。水运局负责水路运输市场的监管与组织协调国家重点物资运输。

第三节 我国海上通道安全保障机制运行机理

海上通道安全保障工作不仅包含日常状况下通道安全状况的监控评价与安全维护，及提高措施的决策与实施，还包括突发状况下的应急处置与通道的善后与恢复工作，海上通道安全保障机制通过一系列制度安排，保障日常和紧急状态下的海上通道安全。

一、保障机制内容

根据保障机制实施的对象——海上通道的安全状况不同，可分为日常状况与突发事件应急状况两种情况来对保障机制的运行机理进行构建，如图22-6所示，通过组织架构的设计、信息的传递，使得日常机制与应急机制被紧密地联结在一起，形成一个有机的整体，进而共同发挥保障海上通道安全的作用。

二、日常保障机制运行机理

日常保障机制适用于通常情况下海上通道安全的维护，日常保障机制的功能

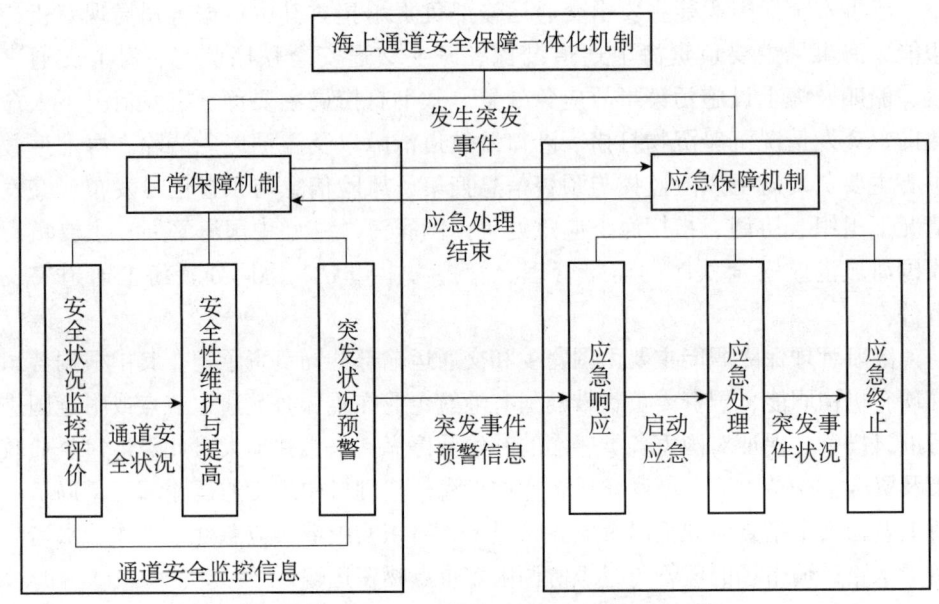

图 22-6　海上通道安全保障一体化机制

主要通过以下三个子机制来实现，分别是安全状况监控评价机制、安全性维护提升机制以及突发状况预警机制，其中突发状况预警机制是联结日常保障机制与应急保障机制的转换机制。

（一）安全状况监控评价机制运行机理

安全状况监控评价机制主要实现收集海上通道安全评价信息，评价海上通道安全状况的作用，并鉴定海上通道安全薄弱环节。该机制运行机理如下：

首先由海事安全主管部门负责草拟安全监控体系的构建方案，提出信息搜集的内容、范围，需要提供信息来源的协作部门及信息报送制度等，并向海上通道安全委员会提交审议。

其次，海上通道安全委员会审议通过方案，并根据方案内容进行各职能部门的职责分配，其中海事安全职能部门负责安全监控体系的整体维护，是安全监控体系的总负责；其他三个职能部门主要负责提供相关的安全状况信息，其中外交与国际合作职能部门负责协调部署各驻外机构进行有关信息的收集，并负责提供相应情报；军事安全职能部门负责提供海上军事相关的情报；港航管理职能部门负责安排港航企业驻各地机构收集当地信息并统一提供给海事安全职能部门。各保障实施队伍收到来自职能管理机构下达的情报搜集任务，展开情报搜集工作，其中海军负责海上军事情报搜集，公务队伍负责海上气象交通情报搜集，企业的海外机构负责搜集当地情报，并将搜集情报统一汇总至安全监控体系。

最后，安全监控体系实时获取信息并进行通道安全状况的评价，获取通道薄弱环节，并将通道安全状况与脆弱环节进行通报，并向国家海上通道安全委员会进行汇报。国家海上通道安全委员会获悉后，进入下一步工作安排。

（二）安全性维护提升机制运行机理

安全性维护提升机制是日常保障工作开展的重要机制，主要实现部署各个机构职能工作，全面开展海上通道安全保障工作的作用。由于海上通道安全事务涉外性强，并且我国海上通道遍布全球，涉及多国地缘政治利益，加上近年来恐怖主义、海盗袭击等非传统海上通道安全影响因素愈发严重，仅仅依靠我国的单一力量，难以消除这些因素的威胁，需要与多个国家进行沟通协调。因此，安全性维护提升机制从国内和国际两个角度分别开展通道日常维护工作。

首先，根据安全状况监控评价机制得出的安全状况，国家海上通道安全委员会遵照国家安全委员会的战略部署，商议安全维护与提高的方案，并根据形成的方案内容部署各相应职能机构工作，全面开展国内与国际的保障工作。

根据国家海上通道安全委员会方案部署，外交与国际合作职能部门主要负责国际协调与合作工作，如图22-7所示。实现日常状况下围绕海上通道安全的国际有关组织及机构保障，国际公约、法律保障，沿岸国外交保障与国际联合行动保障四方面开展国际协调与合作工作。（1）国际组织及机构保障主要是通过全球范围内的国际组织发挥积极作用。一是通过联合国、国际海事组织等现有国际组织发挥作用；二是通过加入或主导创建国际组织、机制发挥作用，主要工作由外交部驻外机构承担。（2）国际法、国际公约保障一方面是需要加入有利于我国海上通道安全维护的有关国际公约和承认有关国际法，另一方面是要在相关公约与国际法的制定、修订中发挥积极作用，占有一定话语权。主要工作由边界与海洋事务司、条约法律司、交通运输部国际合作司与国家海洋局国际合作司共同承担。（3）沿岸国外交保障主要从以下两方面开展，一是与通道重要沿岸国签订双边与多边协定，提升外交关系等级，增强政治互信；二是积极加入通道沿岸地区组织，积极参与通道沿岸地区合作机制，积极运作有利于通道安全维护的地区安全合作机制建立（有关地区组织与合作机制情况见附表17），主要工作由外交部各地区司及驻外机构承担。（4）国际联合行动保障通过组织海上联合护航，打击海盗与恐怖主义及参加海上搜救，溢油处理联合演习实现，主要由外交部涉外安全事务司、国防部军事外交机构，交通运输部国际合作司、国家海洋局国际合作司负责。

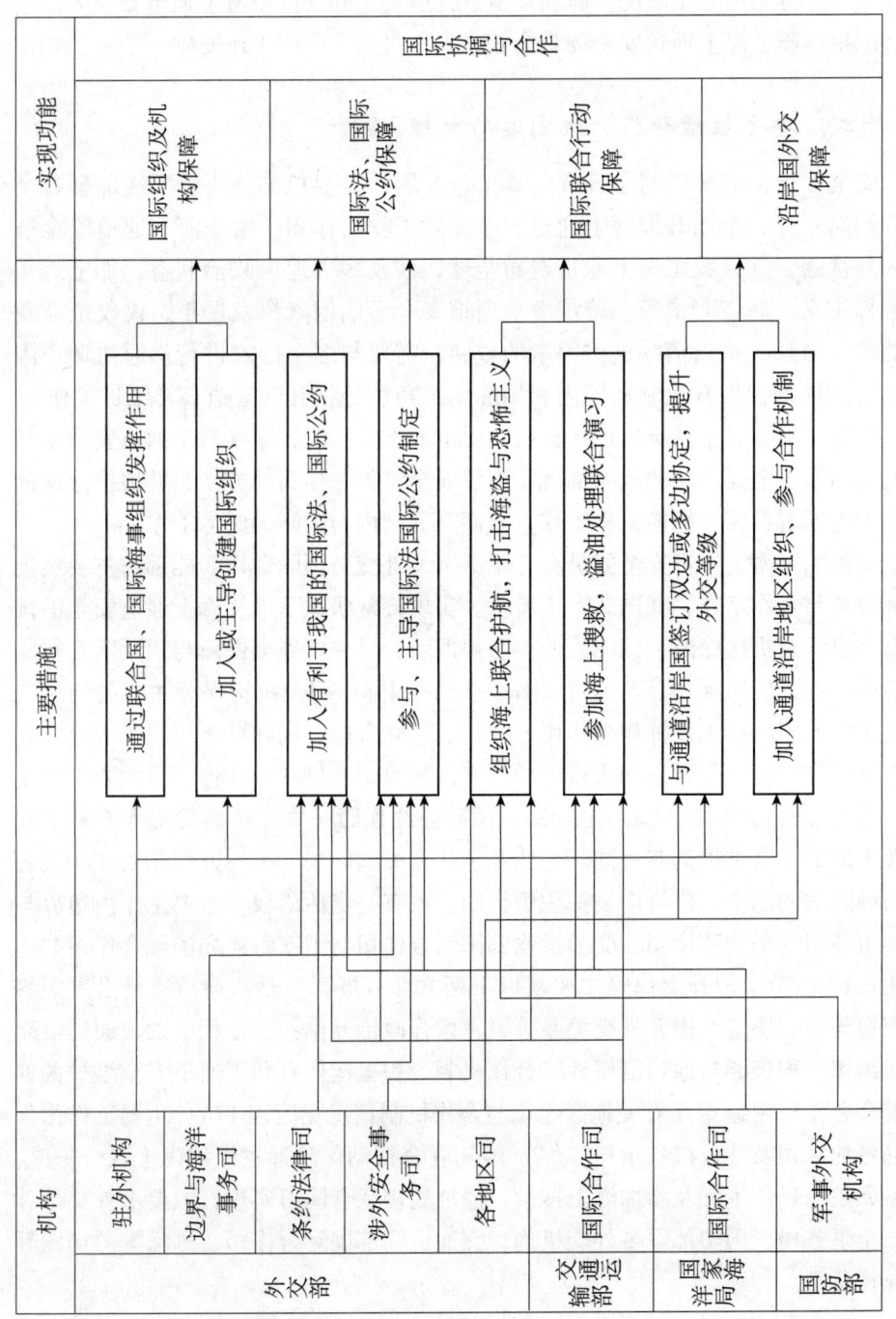

图22-7 海上通道安全性维护提升的国际协调与合作措施

根据国家海上通道安全委员会方案部署，国内各项工作开展主要由军事安全职能部门、海事安全职能部门与港航管理职能部门负责。军事安全职能部门负责运用军事力量进行我国远洋通道的安全保障工作，主要包括派遣海军舰船进行远洋通道安全维护，参与海上军事交流合作，以及布局海军海外保障基地以提高远洋保障辐射能力；海事安全职能部门进行通航安全的维系与替代通道的航行论证工作，具体负责我国海上边界的管护工作，我国海上通道航行安全秩序的监督与管理，以及做好海上替代通道的论证工作；港航管理职能部门负责港航企业安全与安全维护工作，具体包括监督港航企业安全生产，组建安全船队来保障重点物资运输，鼓励港航企业进行海外投资建设，引导国内资本尤其是港航企业进入通道沿岸国家市场，以弥补海外保障站点的匮乏。各保障实施队伍根据保障职能部门下达的任务开展相应行动，其中海军派出护航编队进行商船护航并参与联合军演，公务力量进行海域巡航与海上通道勘探，港航企业进行重要节点港口的投资与海外代理机构的建设，并向海军与公务力量的执勤船舶提供补给。

（三）突发状况预警机制运行机理

突发状况预警机制主要实现海上通道安全动态风险源信息的收集与处理，并根据可能发生的风险等级及时发布预警信号，该机制是连接日常保障机制与应急保障机制的转换机制，在突发状况预警机制中，各部门的具体职能分工与运作流程如下：

首先，国家海上通道安全委员会指定海事安全职能部门成立预警管理机构。其次，在安全状况监控体系的信息源基础之上，预警管理机构进行动态风险源信息的收集，并准确评估各方提供的信息，得到实时预警值，在超出预警阈值的情况下，确定预警信号等级并及时向相关主体发布预警信号，向海上通道安全委员会上报预警等级。预警信号发布后，外交与国际合作职能部门负责多渠道关注预警区域的状况；军事安全职能部门负责核实预警区域状况；海事安全职能部门进行预警防护工作；港航管理职能部门负责安排航运企业避让绕行预警区域。

综合以上描述，日常保障机制运行机理如图22-8所示。

三、应急保障机制运行机理

应急保障机制适用于突发事件应急情况下海上通道安全的维护与突发事件处理，包括平时状态下的突发事件处理与战争状态下的军事行动，是平战结合的应急保障机制。应急保障机制的功能主要通过以下三个子机制来实现，分别是应急

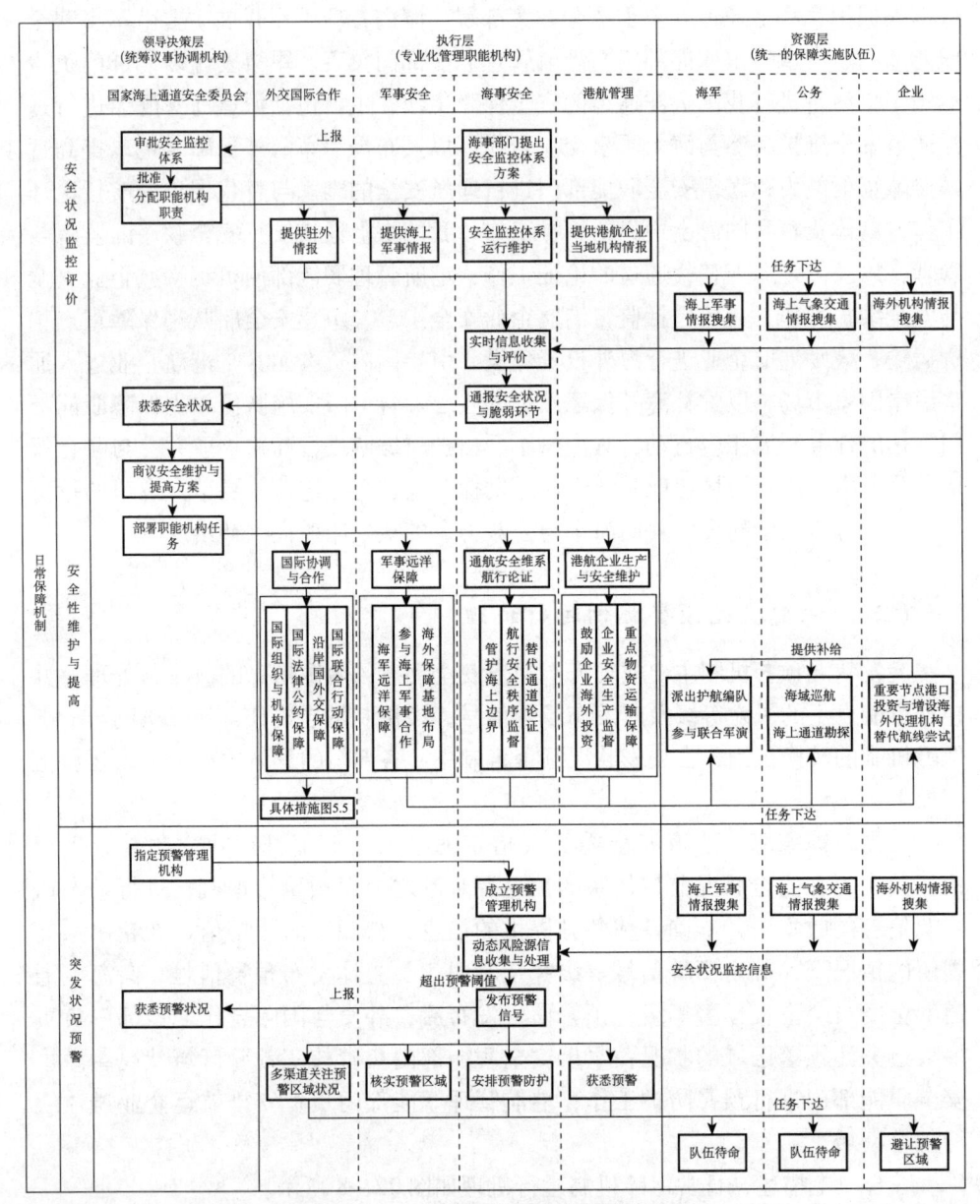

图 22-8 日常保障机制运行机理

响应机制、应急处理机制与应急终止机制,其中应急响应机制承接了日常保障机制中的突发状况预警功能,起到了两个机制在突发事件实际发生时的转换作用。

(一) 应急响应机制运行机理

应急响应机制是各有关保障部门和保障实施队伍在获悉突发事件发生情况

后，立即进入突发事件应急工作状态的过渡机制。应急响应机制中，各部门的具体职能分工与运作流程如下：

首先，当突发事件发生后，获悉突发事件报警的有关方在第一时间内向海事安全职能部门上报突发事件状况，海事安全职能部门在获悉突发事件发生后第一时间全面搜集突发事件信息，并组织有关方对事态发展进行评估，并向国家海上通道安全委员会提交应急响应等级建议。其次，海上通道安全委员会审议应急响应启动建议，若属于涉及国家安全的重大事件，则需由相关领导人进一步向中央安全委员会报告，批准后随即成立由相关方责任人共同组成的应急指挥中心，并将指挥中心办公室设于海事安全职能机构中（如中国海上搜救中心）。最后，各职能机构根据应急指挥中心要求相继成立外交应急工作组、海军应急工作组及企业应急工作组，并向各所属力量下达应急响应任务，各方应急队伍做好应急准备，向事发地点调动应急资源。

（二）应急处理机制运行机理

应急处理机制是应急保障机制的核心机制，实现突发事件的应急处置方案设计与应急处置行动执行作用。与安全性维护提升机制相同，应急处理机制也从国内和国际两个角度分别开展应急处置工作。

首先，由位于海事安全职能管理机构内的应急指挥中心办公室设计应急处置的初步方案，并提交应急指挥中心（国家海上通道安全委员会）讨论。在方案批准后，应急指挥中心开始部署各个职能机构的具体工作，并对应急队伍进行统一指挥。

其次，根据应急指挥中心部署，外交与国际合作职能部门负责突发事件应急的国际协调与争端解决。如图 22-9 所示，突发事件发生区域的外交部使领馆负责在第一时间联络事发地国政府应急机构，外交部驻外机构负责联络相关国际及地区组织来协调国际应急资源参与应急处置，开展国际应急合作；在必要情况

机构		主要措施	实现功能	
外交部	驻外机构	事发地国政府应急机构联络	协调国际应急资源	应急联络协商
		相关国际及地区组织联络		
	各地区司	开展谈判	处理海上通道争端	

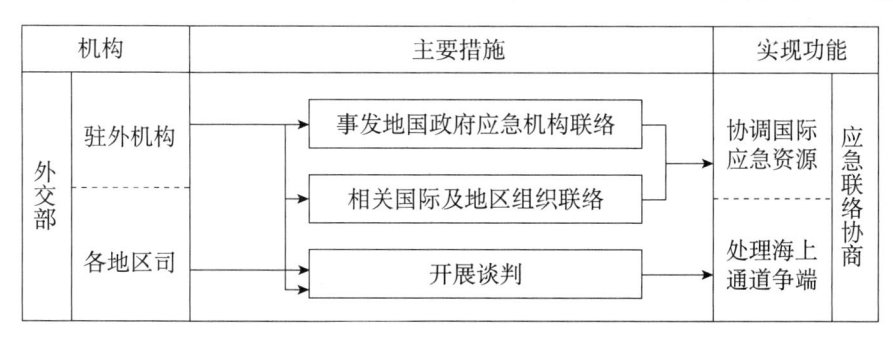

图 22-9 海上通道应急处理的国际联络与协调

下，由突发事件发生区域所属外交部地区司指导，进行海上通道外交争端处理，由驻地机构同相关方进行谈判工作。

国内应急调动层面，军事安全职能部门负责采取必要的军事行动，包括派遣舰船组织军事护航行动，或组织海军力量进行军事搜救，以及在战时进行军事打击；海事安全职能部门在第一时间发布航行警告，并指导相关方使用替代通道，并由应急指挥中心办公室承担信息汇总的职能；港航管理职能部门负责协调由于通道突发事件造成的有关重要战略物资的运输问题，并配合组织海外机构与组织商船参与搜救。在应急指挥中心的统一指挥下，海军采取进行军事打击、派出舰艇陪同通过危险水域、派遣部队登船营救与派遣舰船搜救等行动，公务力量中的海事力量、救助力量与海警力量分别根据命令前往进行处理，港航企业进行变更航线计划、接受调度组织重点物资的运输，并安排驻外机构资源前往事发地进行应急处理。

最后，在处置工作的进展中，所有参与应急的行动队伍需要提供事件处理报告，并由应急指挥中心办公室统一进行汇总后对应急处理进展情况上报应急指挥中心。指挥中心在获悉应急处理情况后商讨应急方案的实施效果，进行下一步的调整安排。

（三）应急终止机制运行机理

应急终止机制是突发事件已得到妥善处理后，而采取应急行动终止，进行总结评估与善后处理，是保障机制从应急状态转回日常保障状态的连接机制。应急终止机制中，各部门的具体职能分工与运作流程如下：

首先，海事安全职能机构（应急指挥中心办公室）在应急信息汇总分析的基础上，评估事态发展状况，认为突发事件已基本得到控制，应急处理已基本完成，随即向应急指挥中心提出应急终止的建议。接下来应急指挥中心（国家海上通道安全委员会）审议终止建议，批准后向各职能部门与应急队伍发布应急终止命令，并部署善后处理工作。在获悉应急终止后，外交国际合作与军事安全部门转入日常机制，海事安全部门开展通道通行能力的评估，并配合港航管理职能部门展开经济损失评估。各应急队伍在获悉应急终止后，展开善后处理，完成该次应急处置的调查评估并将评估报告统一汇总至海事安全职能机构（应急指挥中心办公室），指挥中心办公室对应急行动进行总评估，并上报国家海上通道安全委员会。

综合以上描述，应急处理机制运行机理如图22-10所示。

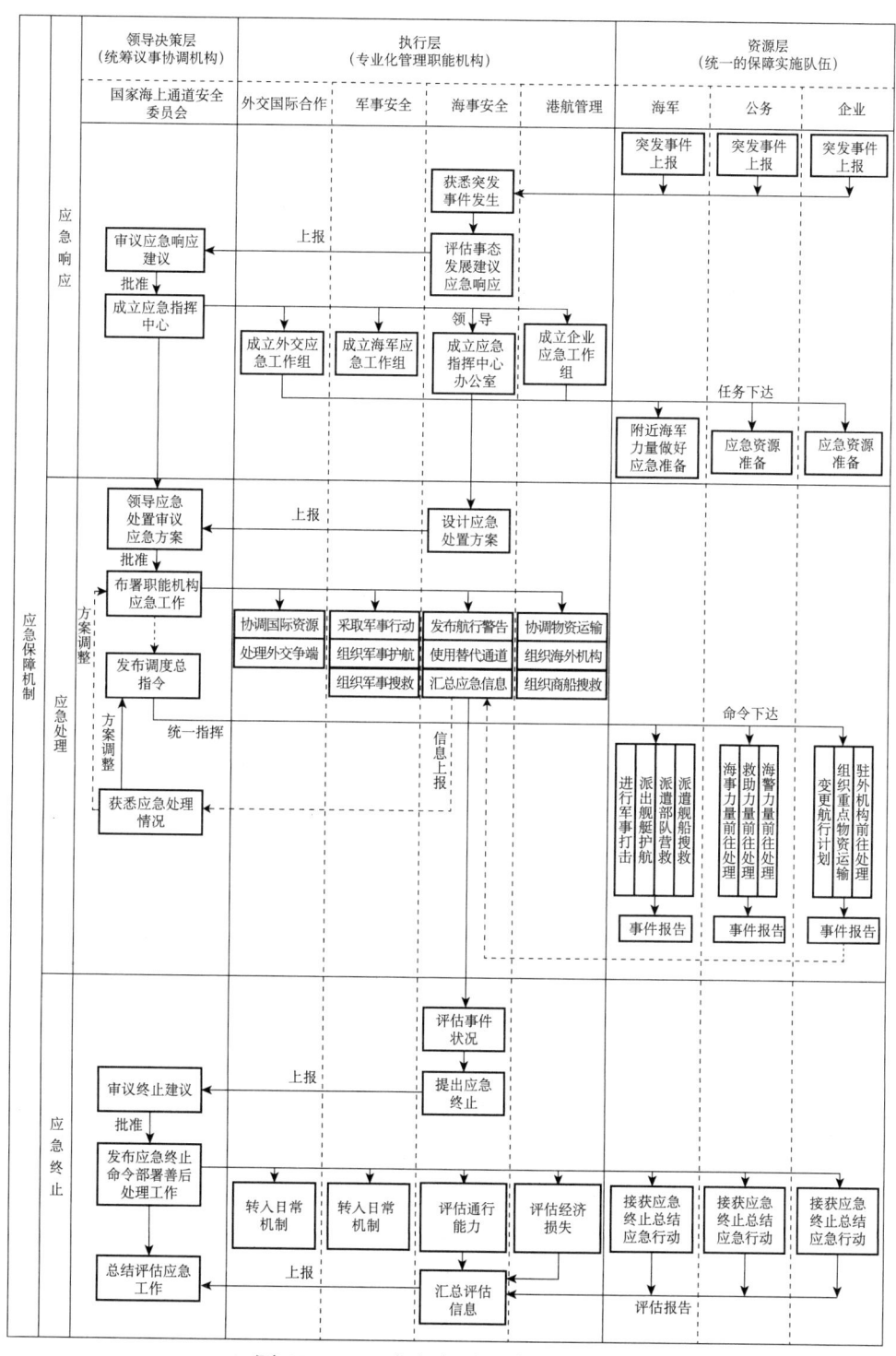

图 22-10　应急保障机制运行机理

第四节 构建与完善我国海上通道安全保障机制的建议

海上通道安全保障机制的构建与完善,是我国全面开展海上通道安全保障工作,逐步落实海洋强国战略,并最终保障我国海上通道长期安全的重要途径,因此,为了尽快实现"一套体系、两个实现,三项完善"的机制构建目标,特提出以下建议。

一、建立高层次决策机构以确保机制统一领导

海上通道安全保障机制的构建与运行涉及我国多个部门的职能分工与资源整合,因此当务之急是设立高层次的领导机构来统一领导、部署机制的构建工作,以及在机制构建完成后,统一领导机制运行。

(一)统一部署机制构建工作

海上通道安全保障事务涉及面广,工作复杂的特性决定了高层次的领导机构可以集中高效地处理机制构建过程中产生的分歧与矛盾,抓住重点和难点工作推动机制构建进程。因此,短期内可通过成立部际联席会议临时领导小组作为过渡性机构来承担部署机制构建的相应工作。长期来看,机制构建的工作职责应移交至海上通道安全委员会,由其具体负责机制构建过程中的综合管理体系搭建,职能部门分工的规划与调整,从而确保能够建立起一套一体化的保障管理体系。

(二)统一领导机制运转

另一方面,高层次的协调决策机构也是机制建立后能够顺畅运行的重要组织保障。通过设立海上通道安全委员会作为高层级的协调决策机构,既可以全方面组织国家海上通道安全保障的日常工作,又可以针对海上通道突发事件在第一时间作出最高层级的决策与指示。具体可以通过设立定期召开的海上通道安全会议,来调查、审议海上通道安全方面的相关政策及规划、调整海上通道安全政策资源的分配方针,评价重要研究开发活动及制定国家海上通道战略政策。突发情况下召开紧急会议,成立应急指挥中心来统一指挥全国海上通道应急工作。

二、健全海洋法律法规体系以提供机制运行法律基础

完善的法律法规是体系架构内各要素间进行协调，是机制实现自发与自适应功能的制度保障。保障机制的自发、顺畅运行需要法律、法规等各项制度性文件提供运行的依据。通过逐步完善海上安全保障法律，海上运输安全制度等一系列重要制度规定来构建完善的海洋法律法规体系。

（一）出台海洋基本法

结合我国现有的法律法规现状，我国在海上通道安全保障方面的立法是针对具体领域或方面的专门性法律，缺乏具有统领各个方面的基本海洋法。根据日本的立法经验，其海洋基本法的出台为其设立海上通道安全保障机构，开展海上通道保障工作提供了充足的法律基础，因此应将保障海上通道安全与海上运输安全写入海洋基本法，为强化海上通道安全保障管理机构设置，形成高层协调和集中管理，加强国家对海上通道的有效控制，以及未来设置国际海上运输网络据点等，提供坚实法律基础。

（二）补充航海相关法

目前我国的法律体系中，仍缺乏规范海上运输活动各个方面的立法，例如调整海上运输关系，调整商船、船员关系的《航运法》《船舶法》《船员法》等，今后应将上述法律纳入立法计划，对海上运输活动主体的权利与义务进一步加以规范，从而有效地保护海上运输活动，为海上通道安全保障机制的运行提供具有操作性的法律规范。

（三）完善应急相关法

我国应急立法起步较晚，应逐步完善海上通道应急相关法律，使得海上通道突发事件接受应急法律调整。现有的《突发事件应对法》存在对具有复杂涉外性的海上通道突发事件调整适用性较为一般的问题，另一方面突发情况下的海上通道突发事件应急工作的开展需要调用国家的行政及军事资源，就需要从立法层面给予充分的法律支持。因此，可以通过修订现有的《国防动员法》或在《突发事件应对法》中增设有关内容，实现对海上通道突发事件的应急处理具有实际指导作用。

三、尽快完善部门运行细则以确保机制顺畅运行

海上通道安全保障机制的顺畅运行需要对机制内各个部门的工作程序、规章进行进一步的规范与设计,主要包括日常工作中各部门的工作流程及应对突发事件的相关预案。

(一) 规范日常运作流程

日常情况下,为确保机制自发顺畅运行,需要根据各个职能部门的职责设计,找出各部门在机制中对应负责的工作,并审视内部现有的工作流程,对已形成流程规范的工作进行评价并进一步优化,对未形成规范的工作进行标准流程的设计工作,逐步对职能机构内现有的工作流程进行补充完善,从而为机制顺畅运行提供保障。需要进一步优化与完善的流程具体包括,在现有信息流转基础上,针对海上通道安全信息,建立海上通道安全监控各部门的信息搜集与报送流程,建立海外保障力量海外补给的联络流程,以及建立预警管理机构的预警流程。

(二) 构建完善预案体系

预案的设立结合了立法内容和应急处置工作实践,在内容上较为完整的概括了应急处置中的各个方面问题,是行使海上通道突发事件应急处置职能的具体方案。我国在应对突发事件的过程中形成了一系列的应对程序,并将其形成了突发事件应急预案,其中最有代表性的就是由国务院发布的《国家海上搜救应急预案》,以及由交通运输部发布的《水路交通突发事件应急预案》。因此,应加强针对各类突发事件的预案制定工作,形成完善预案体系,以确保突发事件来临时各部门能够按照既定安排迅速展开应急行动。

四、加快建设远洋保障资源以提供机制实施的坚实力量

在海上通道安全保障机制框架内,各项决策的实施都需要各方面保障资源来提供力量,需要保障实施队伍安排一定的人员,并组织调用一定的装备设施,来对各项决策进行执行。结合我国保障资源的现状与我国保障机制的构建设想,保障资源,尤其是远洋保障资源可能会成为我国海上通道安全保障机制构建的一大瓶颈,因此应加快建设远洋保障资源。

（一）提高海军远海投送能力

海军是我国海上通道安全保障，尤其是远洋通道安全保障的中坚力量。海军应在现有基础上进一步发展远洋综合补给船，多功能舰艇，加强远海力量投送平台建设，谋划布局海外补给基地，进一步提升海军在太平洋、印度洋区域远程投送能力及补给能力。与此同时拓展远海训练，提高远海机动作战、远海合作与应对非传统安全威胁的能力。这样才能在远洋通道安全保障中履行海军应尽的职责。

（二）发展远洋公务力量提升辐射范围

另一方面，应注重远洋公务力量的发展，进一步提升我国应急力量的辐射范围，注重我国远程保障队伍的建设，加大对远程装备（尤其是远程巡逻机与救助艇）、专业队伍的投资与建设，提高我国的立体保障能力以满足我国海上通道突发事件的应急需要。具体落实沿海重点建设海巡飞机、千吨级及60米级多功能巡视船，提升执行远距离、高海况应急任务的能力；进一步完善与应急舰船相配套的综合应急保障基地的布局和功能，实现公务力量岸基共享，为更好地执行任务提供支持。

附录一

调查问卷

《保障我国海上通道安全研究》
——关于"海上通道安全评估"调查问卷

尊敬的先生/女士

您好!

首先感谢您在百忙之中抽空填写此问卷。我们是《保障我国海上通道安全研究》课题组,该课题需要调查各影响因素在海上通道安全评价体系中的重要程度,这需要借助您的专业知识和经验来完成,请抽出几分钟的时间回答问卷中的问题,希望能获得您的协助,请您不吝赐教。

本问卷为匿名性质,您的宝贵意见将仅供研究分析之用,对于问卷内容将绝对保密,敬请您放心作答。您的每一份意见对我们来说都非常宝贵,再次对您给予的热心帮助致以最诚挚的谢意。

敬祝

身体健康,工作顺利!

《保障我国海上通道安全研究》课题组

一、填写人基本资料

请在您认为适当的□中打"√";如果该问卷为电子版,请将□涂成■。

(一)所属单位	□ 政府机关 □ 航运企业 □ 研究所或高校 □ 港口企业 □ 其他
(二)担任职务	1. 政府机关 　□ 局级以上　□ 处级　□ 处级以下 2. 航运企业 　□ 船长　□ 高层管理人员　□ 其他管理人员 3. 研究所或高校 　□ 教授(研究员)　□ 副教授(副研究员)　□ 讲师 4. 港口企业 　□ 高层管理人员　□ 其他管理人员 5. 其他部门 　□ 管理人员　□ 技术人员　□ 其他人员
(三)从事相关工作时间	□ 20年以上　□ 15年以上　□ 10年以上 □ 5年以上　□ 未满5年
(四)联系电话	

二、海上通道安全评估

本问卷将影响海上通道安全各项指标的重要程度分为"不关心、不重要、一般、重要、非常重要"五个等级。请对下表所列各项指标在"重要性调查"一栏中钩选您认为最适当的答案,如果问卷为电子版,请将□涂成■;如果您认为问卷中遗漏了更重要的因素,请在空白行补充填写,并打分。指标的具体说明见附件。

海上通道安全影响因素评价表

	评价指标	重要性调查				
	请您针对下列指标：①在整个指标体系中的重要性在适当的□中打"√"；如果问卷为电子版，请将□改成■；	不关心	不重要	一般重要	重要	非常重要
通道物理状况	通道距离	□	□	□	□	□
	通道战略地位	□	□	□	□	□
	海上洋流状况（横穿主要洋流数量）	□	□	□	□	□
	海浪状况	□	□	□	□	□
	暗礁状况（经过海域暗礁分布情况）	□	□	□	□	□
	易发极端恶劣天气海域&海区情况（台风/冰冻/寒潮/大雾）	□	□	□	□	□
	通道内的港口数量	□	□	□	□	□
	港口进出限制（航道水深、航道助航设施与安全通航高度）	□	□	□	□	□
	港口拥挤程度	□	□	□	□	□
	途经海峡与运河数量	□	□	□	□	□
	途经海峡与运河通航限制（宽度和水深）	□	□	□	□	□
	海峡与运河拥堵程度	□	□	□	□	□
	如果有遗漏的指标，请您给予补充					
	指标：	□	□	□	□	□
	指标：	□	□	□	□	□
	指标：	□	□	□	□	□
	指标：	□	□	□	□	□
	指标：	□	□	□	□	□
	指标：	□	□	□	□	□
	指标：	□	□	□	□	□
	指标：	□	□	□	□	□
	指标：	□	□	□	□	□

续表

	评价指标	重要性调查				
	请您针对下列指标：①在整个指标体系中的重要性在适当的□中打"√"；如果问卷为电子版，请将□改成■；	不关心	不重要	一般重要	重要	非常重要
通道外部环境	通道沿岸国家数量	□	□	□	□	□
	通道沿岸国家政治稳定程度	□	□	□	□	□
	通道沿岸地区军事冲突	□	□	□	□	□
	通道沿岸军事基地状况	□	□	□	□	□
	挂靠港口国政策、法律环境	□	□	□	□	□
	通过海峡及运河所在国政策法律环境	□	□	□	□	□
	沿岸国政策、法律环境（对沿海港口相关法律）	□	□	□	□	□
	国际多边合作机制状况（我国未参与的多边合作）	□	□	□	□	□
	海盗情况（海盗攻击及挟持）	□	□	□	□	□
	恐怖主义情况（沿岸国家发生恐怖事件）	□	□	□	□	□
	如果有遗漏的指标，请您给予补充					
	指标：	□	□	□	□	□
	指标：	□	□	□	□	□
	指标：	□	□	□	□	□
	指标：	□	□	□	□	□
	指标：	□	□	□	□	□
	指标：	□	□	□	□	□
	指标：	□	□	□	□	□
	指标：	□	□	□	□	□
	指标：	□	□	□	□	□

续表

	评价指标	重要性调查				
	请您针对下列指标：①在整个指标体系中的重要性在适当的□中打"√"；如果问卷为电子版，请将□改成■；	不关心	不重要	一般重要	重要	非常重要
我国通道保障能力	短期供给保障能力（战略物资储备情况）	□	□	□	□	□
	可替代货源地	□	□	□	□	□
	可替代通道情况（其他备选的通道）	□	□	□	□	□
	船队控制力（我国籍船舶数量）	□	□	□	□	□
	我国对通道节点安全保障能力（节点距我国军事基地距离，我国与其合作机制）	□	□	□	□	□
	我国对不安全海域安全保障能力（海军护航能力）	□	□	□	□	□
	我国对我国外交协商能力（与港口国的外交级别）	□	□	□	□	□
	我国加入国际合作机制情况（参加多边安全机制等）	□	□	□	□	□
	航运企业对海上通道安全的制度保障	□	□	□	□	□
	航运企业对海上通道安全的技术保障	□	□	□	□	□
	如果有遗漏的指标，请您给予补充					
	指标：	□	□	□	□	□
	指标：	□	□	□	□	□
	指标：	□	□	□	□	□
	指标：	□	□	□	□	□

三、若您有任何宝贵意见或批评请不吝赐教

非常感谢您的协助与支持！

附件 海上通道安全评价因素说明

通道距离：通道两端港口间的距离；

通道战略地位：所运货物是否属于或包含危险品、是否是战略物资、是否具有高价值；

洋流：横穿全球主要洋流情况；

海浪：经过海域波浪高度分布；

冰冻：经过海域冰冻情况；

易发极端恶劣天气海域 & 海区情况：通道经过台风、寒潮、大雾海域；

暗礁：海上通道暗礁浅滩分布情况；

通道内的港口数量：通道内可以挂靠的港口数量；

港口进出限制：同一区域内港口中最大吃水深度、航道助航设施与安全通航高度；

港口拥挤程度：同一区域内港口中港口平均繁忙程度；

途经海峡与运河数量：所经过海峡和运河数；

途经海峡与运河通航限制：海峡与运河中最低吃水限制；

运河与海峡拥堵程度：全球海峡及运河繁忙程度；

沿岸国家数量：通道沿线国家的数量；

沿岸国家政治稳定程度：通道沿线国家政局是否稳定；

沿岸地区军事冲突：国家军事冲突情况；

沿岸军事基地状况：通道沿岸国家军事基地状况；

港口国政策法律环境：通道涉及港口国家关于港口、通道政策法律环境；

海峡及运河所在国政策法律环境：通道通过的海峡及运河的相关政策法律环境；

沿岸国政策法律环境：通道途经国家对沿海区域政策法律环境；

国际合作机制状况：我国未参加的多边安全合作机制情况、争端解决机制情况、危机预警与处理机制、海上军事安全磋商机制；

海盗情况：相关水域海盗攻击挟持事件；

恐怖主义情况：全球相关地区的恐怖事件；

短期供给保障能力：我国战略物资储备水平；

可替代货源地：我国其他可替代货源地数量；

可替代通道情况：当现有通道关闭，其他替代通道数量；

船队控制力：五星红旗船舶吨位占国有船队比例；

通道节点安全保障能力：节点距我国最近军事力量距离，我国与其他国家针对恐怖主义等通道安全威胁因素而建立的军事合作能力，包括联合军演和技术合作；

不安全海域安全保障能力：不安全海域护航能力，我国与其他国家针对海盗等通道安全威胁因素而建立的军事合作能力，包括联合护航等；

港口/运河政治影响能力：与港口/运河所在国的外交级别；

我国加入的国际合作机制情况：我国加入的多边安全合作机制、反恐与反海盗合作机制情况；

航运企业对海上通道安全的制度保障：航运企业对通道安全具有完善的保障制度；

航运企业对海上通道安全的技术保障：航运企业对通道安全具有较高的技术保障能力。

附录二

调查对象相关信息

一、调查对象职业构成

被调查对象职业构成如附图2-1所示,可以看出,本次调查对象主要来自于与海上通道安全相关的航运公司、货主公司与港口企业(69%)、政府机关(18%)、科研机构(11%)及海军(2%)三类职业,其中以直接利益相关的企业人员最多。

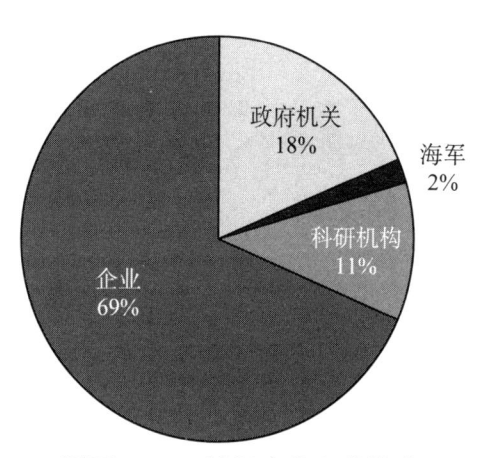

附图2-1 被调查者职业构成

(一)企业分类

如附图2-2(a)所示,与海上通道安全存在直接利益关系的企业调查对象,主要是以来自于航运企业(28%)、货主企业(28%)与港口企业(13%)三类航运企业的管理人员为主。

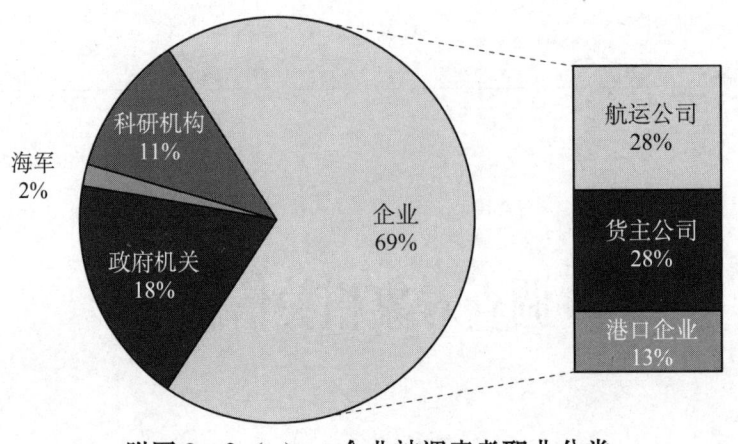

附图 2-2（a）　企业被调查者职业分类

（二）政府机关分类

海上通道安全不仅仅与航运类企业存在直接经济利益，也关乎我国整体的政治经济利益，因此对海上通道安全涉及相关职能的政府机关的管理人员也进行了问卷调查（附图 2-2（b）），主要包括交通运输部海事局（9%）、地方海事局（6%）管理人员，以及与海上通道安全相关的海洋局等其他部门的机关人员（3%）。

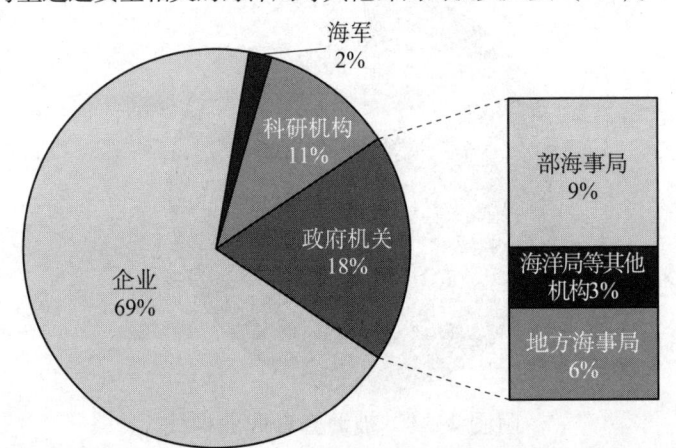

附图 2-2（b）　政府机关被调查者职业分类

（三）科研机构分类

为了能够保障海上通道安全评价的科学性与合理性，同时也邀请海上运输安全研究领域内的高校科研教师（主要来自于大连海事大学、上海海事大学以及武汉理工大学等航运类院校），研究所（主要以交通规划研究院等研究机构为主）

的高级研究员为调查对象进行调查，相应的职业分类如附图 2-2（c）所示。

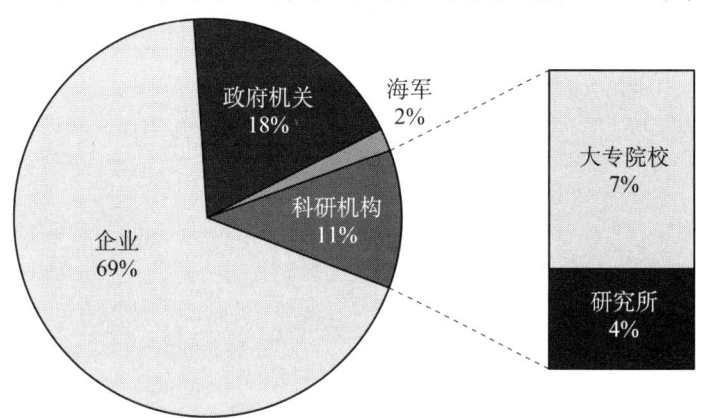

附图 2-2（c）　科研机构被调查者职业分类

（四）海军分类

同时，为了能够考虑到军事角度下通道安全的评价，邀请了海军大连舰艇学院的相关研究人员（2%）参与调查。

二、调查对象工作时间构成

被调查者的从事相关职业的时间构成则如附图 2-3 所示。可以看出，本次被调查对象中近四成人具备相关职业的工作时间超过 20 年，75% 的被调查者在本职工作岗位上工作时间达到了 10 年以上，这表明这些被调查者对于海运行业的知识与经验是十分丰富与成熟的，因此能够对于海上通道安全评价指标的权重给予较为全面与合理的打分判定。

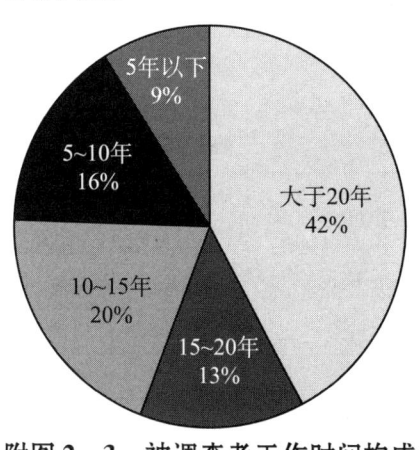

附图 2-3　被调查者工作时间构成

附录三

附 表

附表3-1　　　　美西通道标准航线信息

基本海运航线	具体海运航线	具体航线走向
北美西海岸线	美西一线（AAC）	高雄港—厦门港—香港港—盐田港—台湾海峡—朝鲜海峡（对马海峡）—津轻海峡—乌尼马克海峡—洛杉矶—奥克兰港—高雄港
	美西二线（AAC）	青岛港—连云港港—上海港—宁波港—釜山港—朝鲜海峡（对马海峡）—津轻海峡—洛杉矶港—奥克兰港—青岛港
	美西三线（AAN）	连云港港—青岛港—天津港—大连港—釜山港—朝鲜海峡（对马海峡）—津轻海峡—长海岸港—奥克兰港—连云港港
	美西四线（ANW1）	南沙港—香港港—盐田港—台湾海峡—上海港—宁波港—釜山港—朝鲜海峡（对马海峡）—津轻海峡—西雅图港—温哥华港—南沙港
	美西五线（ANW2）	新加坡港—香港港—蛇口港—台湾海峡—上海港—釜山港—朝鲜海峡（对马海峡）—津轻海峡—西雅图港—温哥华港—新加坡港
日本线	关西线	中国诸港—朝鲜海峡（对马海峡）—门司港（关门海峡）—大阪港—神户港
	关东线	中国诸港—大隅海峡—东京港—横滨港
韩国线	仁川线	中国诸港—仁川港
	釜山线	中国诸港—朝鲜海峡—釜山港

附表 3-2　　　　　　　　　美东通道标准航线信息

标准海运航线	具体海运航线	具体航线走向
北美东海岸线	美东一线（AAE1）	上海港—厦门港—盐田港—香港港—夏威夷群岛—拉萨罗卡德钠斯港（墨）—巴拿马运河—向风海峡—纽约港—诺福克港—萨凡纳港—迈阿密港—佛罗里达海峡—向风海峡—巴拿马运河—拉萨罗卡德钠斯港—上海港
	美东二线（AAE2）	香港港—赤湾港—高雄港—宁波港—上海港—青岛港—釜山港—恩塞纳达港—曼萨尼约港（墨）—巴拿马运河—曼萨尼略港（巴）—卡塔赫纳港—金斯敦港—考塞多港—卡贝略港—西班牙港
	美东三线（AAE3）	哈利法克斯港（加拿大）—纽约港—萨凡纳港—金斯敦港—向风海峡—巴拿马港—巴拿马运河—深圳港—香港港—宁波港—上海港—釜山港—巴拿马运河—巴拿马港—金斯敦港—向风海峡—萨凡纳港—哈利法克斯港
	美东四线（ANW1）	釜山港—青岛港—上海港—宁波港—巴拿马运河—莫纳海峡—查尔斯顿港—纽约港—釜山港
南美线	南美二线（ACSA）	香港港—赤湾港—宁波港—上海港—釜山港—曼萨尼约港（墨）—圣何塞港（美）—阿卡加地港（墨）—科林托港（尼加拉瓜）—布韦那文图拉港（哥）—卡亚俄港（秘鲁）—圣安东尼奥港—圣文森特港（圣文森特和格林纳丁斯）—卡亚俄港—布韦那文图拉港—圣何塞港—曼萨尼约港—香港港
	南美三线（ACSA2）	蛇口港—宁波港—上海港—釜山港—曼萨尼约港—布韦那文图拉港—瓜亚基尔港（厄瓜多尔）—卡亚俄港—伊基克港（智利）—瓦尔帕莱索港（智利）—圣维森特港—曼萨尼约港—釜山港—蛇口港

附表 3-3　　欧洲通道标准海运航线信息

标准海运航线	具体海运航线	具体航线走向
欧洲线	欧洲一线（AEX1）	上海港—宁波港—盐田港—台湾海峡—马六甲海峡—曼德海峡—苏伊士运河—突尼斯海峡—直布罗陀海峡—英吉利海峡—弗利克斯托港—汉堡港—鹿特丹港—英吉利海峡—直布罗陀海峡—突尼斯海峡—苏伊士运河—曼德海峡—马六甲海峡—台湾海峡—香港港—上海港
	欧洲二线（AEX2）	青岛港—上海港—宁波港—厦门港—盐田港—台湾海峡—丹戎帕拉帕斯港—马六甲海峡—巴生港—曼德海峡—苏伊士运河—突尼斯海峡—直布罗陀海峡—英吉利海峡—汉堡港—鹿特丹港—安特卫普港—英吉利海峡—直布罗陀海峡—突尼斯海峡—苏伊士运河—曼德海峡—马六甲海峡—丹戎帕拉帕斯港—台湾海峡—青岛港
	欧洲三线（AEX3）	大连港—天津港—上海港—厦门港—香港港—盐田港—台湾海峡—马六甲海峡—巴生港—曼德海峡苏伊士运河—突尼斯海峡—直布罗陀海峡—英吉利海峡—南安普顿港—汉堡港—鹿特丹港—泽布吕赫港—勒阿弗尔港—英吉利海峡—直布罗陀海峡—突尼斯海峡—马耳他港—苏伊士运河—曼德海峡—马六甲海峡—台湾海峡—盐田港—大连港
	欧洲四线（AEX4）	青岛港—宁波港—赤湾港—南沙港—盐田港—台湾海峡—马六甲海峡—巴生港—曼德海峡—苏伊士港—苏伊士运河—突尼斯海峡—直布罗陀海峡—英吉利海峡—勒阿弗尔港—泽布吕赫港—汉堡港—鹿特丹港—泽布吕赫港—南安普顿港—英吉利海峡—直布罗陀海峡—突尼斯海峡—苏伊士运河—苏伊士港—曼德海峡—巴生港—马六甲海峡—台湾海峡—赤湾港—青岛港
	欧洲五线（AEX5）	光阳港—釜山港—宁波港—上海港—厦门港—香港港—盐田港—台湾海峡—马六甲海峡—曼德海峡—苏伊士运河—突尼斯海峡—直布罗陀海峡—阿尔黑西拉斯港—英吉利海峡—费利克斯托港—汉堡港—英吉利海峡—直布罗陀海峡—突尼斯海峡—苏伊士运河—曼德海峡—马六甲海峡—新加坡港—台湾海峡—光阳港

续表

标准海运航线	具体海运航线	具体航线走向
欧洲线	欧洲六线（AEX6）	青岛港—釜山港—上海港—厦门港—盐田港—台湾海峡—马六甲海峡—巴生港—曼德海峡—吉达港—苏伊士运河——突尼斯海峡—直布罗陀海峡—阿尔黑西拉斯港—英吉利海峡—勒阿弗尔港—鹿特丹港—汉堡港—安特卫普港—英吉利海峡—直布罗陀海峡—突尼斯海峡—苏伊士运河—曼德海峡—巴生港—马六甲海峡—台湾海峡—青岛港
	欧洲七线（AEX7）	上海港—宁波港—蛇口港—香港港—盐田港—台湾海峡—马六甲海峡—巴生港—曼德海峡—苏伊士运河—突尼斯海峡—直布罗陀海峡—英吉利海峡—勒阿费尔港—鹿特丹港—汉堡港—泽布吕赫港—英吉利海峡—直布罗陀海峡—突尼斯海峡—苏伊士运河—曼德海峡—巴生港—马六甲海峡—台湾海峡—上海港
	欧洲八线（AEX8）	青岛港—釜山港—上海港—厦门港—盐田港—台湾海峡—马六甲海峡—巴生港—曼德海峡—吉达港—苏伊士运河—突尼斯海峡—直布罗陀海峡—阿尔黑西拉斯港—英吉利海峡—勒阿弗尔港—鹿特丹港—汉堡港—安特卫普港—英吉利海峡—直布罗陀海峡—突尼斯海峡—苏伊士运河—曼德海峡—巴生港—马六甲海峡—台湾海峡—青岛港
	欧洲九线（AEX9）	上海港—宁波港—蛇口港—香港港—盐田港—台湾海峡—马六甲海峡—巴生港—曼德海峡—苏伊士运河—突尼斯海峡—直布罗陀海峡—英吉利海峡—勒阿费尔港—鹿特丹港—汉堡港—泽布吕赫港—英吉利海峡—直布罗陀海峡—突尼斯海峡—苏伊士运河—曼德海峡—巴生港—马六甲海峡—台湾海峡—上海港
	欧洲十线（AEX10）	高雄港—宁波港—上海港—台北港—香港港—盐田港—台湾海峡—丹戎帕拉帕斯港—马六甲海峡—科伦坡港—曼德海峡—苏伊士运河—比雷埃夫斯港—突尼斯海峡—直布罗陀海峡—英吉利海峡—鹿特丹港—汉堡港—泰晤士港—英吉利海峡—直布罗陀海峡—突尼斯海峡—比雷埃夫斯港—吉达港—苏伊士运河—曼德海峡—科伦坡港—马六甲海峡—丹戎帕拉帕斯港—台湾海峡—高雄港

续表

标准海运航线	具体海运航线	具体航线走向
欧洲线	欧洲十一线（AEX11）	上海港—宁波港—香港港—南沙港—台湾海峡—马六甲海峡—曼德海峡—苏伊士运河—突尼斯海峡—直布罗陀海峡—英吉利海峡—汉堡港—费利克斯托港—英吉利海峡—直布罗陀海峡—突尼斯海峡—苏伊士运河—曼德海峡—马六甲海峡—新加坡港—台湾海峡—盐田港—上海港
	欧洲十二线（AEX12）	上海港—厦门港—高雄港—盐田港—台湾海峡—新加坡港—马六甲海峡—曼德海峡—苏伊士运河—突尼斯海峡—直布罗陀海峡—英吉利海峡—鹿特丹港—汉堡港—费利克斯托港—安特卫普港—英吉利海峡—直布罗陀海峡—突尼斯海峡—苏伊士运河—曼德海峡—马六甲海峡—新加坡港—台湾海峡—蛇口港—香港港—上海港—厦门港—高雄港—盐田港
地中海线	地中海一线（AMX1）	青岛港—上海港—宁波港—蛇口港—台湾海峡—马六甲海峡—巴生港—曼德海峡—苏伊士运河—塞德港港—拉斯佩齐亚港—热那亚港—巴塞罗那港—福斯港—瓦伦西亚港—塞德港港—苏伊士运河—吉达港—豪尔法坎港—曼德海峡—巴生港
	地中海二线（AMX2）	釜山港—上海港—宁波港—大铲湾港—台湾海峡—马六甲海峡—巴生港—曼德海峡—苏伊士运河—海法港—阿什杜德港—马达斯港—黑海海峡—诺维西斯克港—康斯坦查港—黑海海峡—马达斯港—海法港—苏伊士运河—曼德海峡—科伦坡港—巴生港
	地中海五线（AMX5）	洋山港—宁波港—香港港—蛇口港—台湾海峡—新加坡港—马六甲海峡—曼德海峡—苏伊士港—苏伊士运河—比雷埃夫斯—那不勒斯—热那亚港—巴塞罗那港—巴伦西亚港—比雷埃夫斯港—苏伊士运河—苏伊士港—曼德海峡—马六甲海峡—新加坡港—台湾海峡—香港—洋山港
东南亚线	菲律宾线（CPX）	上海港—宁波港—台湾海峡—马尼拉南港
	泰国线（CVX）	上海港—宁波港—台湾海峡—胡志明市港—林查班港

附表 3-4　　　　　　　欧洲次通道基本海运航线信息

基本海运航线	具体海运航线	具体航线走向
中东线	AMA 航线	天津港—大连港—釜山港—上海港—宁波港—蛇口港—台湾海峡—马六甲海峡—巴生港—霍尔木兹海峡—杰贝勒阿里港—达曼港—豪尔法坎港—霍尔木兹海峡—巴生港—马六甲海峡—台湾海峡—南沙港—天津港
	AMK 航线	光阳港—釜山港—宁波港—基隆港—盐田港—香港港—台湾海峡—新加坡港—马六甲海峡—巴生港—霍尔木兹海峡—杰贝阿里港—阿巴斯港—霍尔木兹海峡—卡拉奇港—马六甲海峡—新加坡港—台湾海峡—香港港—光阳港
	红海一线（RES1）	上海港—宁波港—高雄港—蛇口港—台湾海峡—新加坡港—马六甲海峡—曼德海峡—吉达港—索科纳港—亚喀巴港—曼德海峡—马六甲海峡—新加坡港—台湾海峡—上海港
	波斯湾线（AMS）	上海港—宁波港—香港港—蛇口港—台湾海峡—新加坡港—马六甲海峡—霍尔木兹海峡—杰贝阿里港—达曼港—霍尔木兹海峡—巴生港—马六甲海峡—新加坡港—台湾海峡—香港港—上海港

附表 3-5　　　　　　　美非通道标准航线信息

标准海运航线	具体海运航线	具体航线走向
非洲航线	非洲线（WAX）	上海—宁波—厦门—蛇口—台湾海峡—马六甲海峡—巴生—德班—特马—洛美—科托努—廷卡—德班—巴生—马六甲海峡—台湾海峡—上海
	北非航线	中国沿海诸港—台湾海峡—南海—马六甲海峡—印度洋—好望角—大西洋—直布罗陀海峡—锡德尔港
南美东岸线	南美东岸航线	中国沿海诸港—台湾海峡—南海—马六甲海峡—印度洋—好望角—大西洋—桑托斯港

附表3-6　　　　　澳洲通道标准航线信息

标准海运航线	具体海运航线	具体航线走向
澳洲东海岸线	澳洲一线（AUS1）	高雄港—香港港—上海港—蛇口港—香港港—民都洛海峡—马鲁古海峡—托雷斯海峡—悉尼港—墨尔本港—布里斯班港—托雷斯海峡—马鲁古海峡—民都洛海峡—高雄港
	澳洲二线（AAE2）	横滨港—大阪港—釜山港—上海港—宁波港—香港港—高雄港—民都洛海峡—马鲁古海峡—托雷斯海峡—墨尔本港—悉尼港—布里斯班港—托雷斯海峡—马鲁古海峡—民都洛海峡—横滨港
澳洲西北岸线	澳洲西海岸航线	中国沿海诸港—台湾海峡—民都洛海峡—望加锡海峡—龙目海峡—黑德兰港

附表3-7　　　　　我国主要近洋航线信息

通道	航线	主要挂靠港口
远东近洋通道	中国—朝鲜/韩国航线	清津、仁川和釜山
	中国—日本航线	神户、大阪、东京、横滨、千叶、四日和门司等
	中国—俄罗斯远东地区航线	纳霍德卡、东方港、海参崴、苏维埃港
中东近洋通道	中国—越南航线	胡志明市、海防等
	中国—香港地区航线	
	中国—新加坡/马来西亚航线	新加坡、巴生港、槟城、马六甲等
	中国—泰国/柬埔寨航线	曼谷、宋卡各磅逊等
	中国—印度尼西亚航线	雅加达、苏腊巴亚、三宝垄等
	中国—北加里曼丹航线	文莱、米里、古晋等
	中国—孟加拉湾航线	仰光、吉大港、加尔各答、马德拉斯等
	中国—斯里兰卡航线	科伦坡等
	中国—阿拉伯海/波斯湾航线	孟买、卡拉奇、阿巴斯、迪拜、哈尔克岛、科威特、多哈、巴士拉等
澳洲近洋通道	中国—菲律宾航线	马尼拉、宿务
	中国—澳新航线	悉尼、墨尔本、阿德雷德、布里斯班、奥克兰、惠灵顿、苏瓦、威力曼特尔等

附表3-8　　　　　　　　　我国主要远洋航线信息

通道	航线	主要挂靠港口
美西远洋通道	中国—南、北美西海岸航线	温哥华、西雅图、旧金山、洛杉矶、马萨特兰、卡亚俄、瓦尔帕莱索
美东远洋通道	中国—加勒比、北美东岸航线	科隆、坦皮科、维拉克鲁斯、休斯敦、新奥尔良、纽约、巴尔的摩、哈利法克斯、魁北克、蒙特利尔、多伦多
欧洲远洋通道	中国—红海航线	马尼拉、宿务
	中国—地中海航线	悉尼、墨尔本、阿德雷德、布里斯班、奥克兰、惠灵顿、苏瓦、威力曼特尔等
	中国—西欧航线	里斯本、勒阿弗尔、敦刻尔克、伦敦、利物浦、鹿特丹、阿姆斯特丹、安特卫普、不来梅、汉堡等
	中国—北欧航线	哥本哈根、奥斯陆、斯德哥尔摩、哥德堡、赫尔辛基、圣彼得堡、里加、塔林、格坦斯克等
美非远洋通道	中国—东非航线	摩加迪沙、蒙巴萨、达累斯萨拉姆、马普托、路易港等
	中国—西非航线	罗安达、马塔迪、黑角、杜阿拉、拉各斯、科纳克里、达喀尔、达尔贝达等
	中国—南美东岸航线	圣多斯、里约热内卢、蒙得维的亚、布宜诺斯艾利斯等

附表3-9　　　　　　　原油及天然气海上通道主要航线信息

通道	航线	航线走向
西向海上通道	中国—东南亚地区	中国沿海港口（上海）—台湾海峡—南海—东南亚地区（印度尼西亚、马来西亚与文莱等国家）
	中国—波斯湾地区	中国沿海港口（上海）—台湾海峡—南海—马六甲海峡/巽他海峡/龙目海峡—霍尔木兹海峡—波斯湾地区（科威特、沙特、伊拉克、伊朗等国家）
	中国—西非/北非地区	中国沿海港口（上海）—台湾海峡—南海—马六甲海峡/巽他海峡/龙目海峡—好望角—西非地区（安哥拉）—直布罗陀海峡—地中海—北非地区（利比亚、埃及等国家）
东向海上通道	中国—拉丁美洲	中国沿海港口（上海）—夏威夷群岛—巴拿马运河—加勒比海—委内瑞拉/巴西等国家

附表 3-10　　　金属矿石海上通道主要航线信息

通道	航线	航线走向
西向海上通道	中国—印度线	中国沿海港口（上海）—台湾海峡—南海—马六甲海峡—印度洋—印度（新芒格洛尔港）
西向海上通道	中国—南非线	中国沿海港口（上海）—台湾海峡—南海—马六甲海峡—印度洋—好望角—南非（开普度港）
西向海上通道	中国—巴西线	中国沿海港口（上海）—台湾海峡—南海—马六甲海峡—好望角—大西洋—巴西（桑托斯港）
南向海上通道	中国—澳大利亚线	中国沿海港口（上海）—台湾海峡—南海—民都洛海峡—望加锡海峡—龙目海峡—澳大利亚（黑德兰港）

附表 3-11　　　粮食海上通道主要航线信息

通道	航线	航线走向
东向海上通道	中国—北美西海岸线	中国沿海港口（上海）—大隅海峡/朝鲜海峡—阿留申群岛/夏威夷群岛—北美西海岸各港（长滩/旧金山/洛杉矶/温哥华）
东南海上通道	中国—北美/拉美东海岸线	中国沿海港口（上海）—大隅海峡—夏威夷群岛—巴拿马运河；佛罗里达海峡/向风海峡/莫纳海峡—北美东海岸各港（新泽西、新奥尔良）或—拉美东海岸各港
东南海上通道	中国—南美西海岸线	中国沿海港口（上海）—大隅海峡—夏威夷群岛—拉美西海岸各港
南向海上通道	中国—澳大利亚线	中国沿海港口（上海）—台湾海峡—南海—民都洛海峡；望加锡海峡—龙目海峡—澳大利亚西海岸各港或经所罗门海—珊瑚海—澳大利亚东海岸各港

附表 3–12　煤炭海上通道主要航线信息

通道	航线	航线走向
煤炭海上通道	中国—印度尼西亚线	中国沿海港口（上海）—台湾海峡—南海—印度尼西亚各港（德鲁克巴尤尔港）
	中国—澳大利亚线	中国沿海港口（上海）—台湾海峡—南海—所罗门海—珊瑚海—澳大利亚西海岸各港（纽卡斯尔港）
	中国—俄罗斯线	中国沿海港口（上海）—朝鲜海峡—日本海—俄罗斯远东各港（东方港）
	中国—朝鲜线	中国沿海港口（上海）—朝鲜沿海港口（南浦港）
	中国—越南线	中国沿海港口（上海）—台湾海峡—琼州海峡—越南沿海各港（锦普港）

附表 3–13　集装箱海上通道主要航线信息

通道	航线	航线走向
东向海上通道	中国—北美西海岸线	中国沿海港口（上海）—朝鲜海峡—津轻海峡/宗谷海峡—阿留申群岛—北美西海岸；中国沿海港口（上海）—大隅海峡—夏威夷群岛—北美西海岸
	中国—北美东海岸线	中国沿海港口（上海）—夏威夷群岛—巴拿马运河—佛罗里达海峡/向风海峡/莫纳海峡—北美东海岸各港口
	中国—南美线	中国沿海港口（上海）—夏威夷群岛—巴拿马运河—南美东海岸各港口
	中国—日韩线	中国沿海港口（上海）—朝鲜海峡—韩国（釜山）；中国沿海港口（上海）—大隅海峡—日本（东京/横滨）；中国沿海港口（上海）—关门海峡—日本（门司/神户/大阪）
南向海上通道	中国—澳新线	中国沿海各港口（上海）—台湾海峡—南海—所罗门海—珊瑚海—澳大利亚西海岸各港口/新西兰各港口

续表

通道	航线	航线走向
西向海上通道	中国—中东线	中国沿海各港口（上海）—台湾海峡—南海—马六甲海峡：①霍尔木兹海峡—波斯湾各国港口；②亚丁湾—红海沿岸各国港口
	中国—地中海线	中国沿海各港口（上海）—台湾海峡—南海—马六甲海峡—亚丁湾—红海—苏伊士运河—地中海沿岸各国主要港口
	中国—欧洲线	中国沿海各港口（上海）—台湾海峡—南海—马六甲海峡—亚丁湾—红海—苏伊士运河—地中海—直布罗陀海峡—英吉利海峡—欧洲沿海各国港口

附表 3-14　　　　　　脆弱性通道薄弱节点信息

序号	薄弱节点	威胁因素	相关通道	途经国家
1	南海	海权问题 资源问题	欧洲通道 美非通道 原油及天然气通道 集装箱通道	中国 马来西亚 越南 菲律宾
2	马六甲海峡	通航条件差 地理位置重要	欧洲通道 美非通道 原油及天然气通道 集装箱通道	新加坡 马来西亚 印度尼西亚
3	曼德海峡	通航条件差 政局不稳 地理位置重要	原油及天然气通道 集装箱通道	厄立特里亚 也门 吉布提
4	苏伊士运河	通航条件差 政局不稳 地理位置重要	欧洲通道 集装箱通道	埃及
5	直布罗陀海峡	通航条件差 政局不稳 地理位置重要	欧洲通道 集装箱通道	西班牙 英国
6	亚丁湾海区	海盗问题 政局不稳	集装箱通道 美非通道	索马里 也门
7	巴拿马运河	通航条件差 地理位置重要	集装箱通道	巴拿马

附表3-15　　　　　　我国与相关国家外交经贸关系

序号	国家类型	国家	国家类型	外交级别	双边贸易额（万美元）①	贸易伙伴级别
1	强外交关系	印度尼西亚	发展中	战略伙伴关系	6623408	第五贸易伙伴
		西班牙	发达	全面战略伙伴关系	2457096	第八贸易伙伴
2	强经贸关系	马来西亚	发展中	一般外交关系	9483205	第一贸易伙伴
		越南	发展中	一般外交关系	5043940	第一贸易伙伴
		菲律宾	发展中	一般外交关系	3637546	第三贸易伙伴
		新加坡	发展中	一般外交关系	6927265	第一贸易伙伴
		埃及	发展中	一般外交关系	954473	第一贸易伙伴
		英国	发达	一般外交关系	6310224	欧盟外第二大贸易伙伴
3	远距离少联系	吉布提	发展中	一般外交关系	90240	/
		厄立特里亚	发展中	一般外交关系	5479	/
		也门	发展中	一般外交关系	555916	/
		索马里	发展中	一般外交关系	10421	/
		巴拿马	发展中	未建交	1535904	/

附表3-16　　　　　　中国海外投资港口情况

序号	港口名称	国家	投资年度	投资类型	控制水域	所处通道
1	边亭金星港	越南	2008年	海港建设	南海	欧洲通道
2	克里米亚深水港	乌克兰	2013年	海港建设	黑海	欧洲通道
3	比雷埃夫斯港	希腊	2009年	经营权	地中海	欧洲通道
4	科伦坡	斯里兰卡	2011年	码头控股	印度洋	欧洲/美非通道
5	巴加莫约港	坦桑尼亚	2013年	海港建设	东非海域	美非通道
6	吉布提港	吉布提	2013年	港口控股	亚丁湾海区	欧洲/美非通道
7	瓜达尔港	巴基斯坦	2012年	经营权	马六甲海区	欧洲/美非通道
8	罗津港	朝鲜	2010年	租借码头	日本海	美西/美东通道
9	安特卫普港	比利时	2010年	码头持股	西欧	欧洲通道
10	塞得港	埃及	2001年后	码头持股	苏伊士运河	欧洲通道

① 数据来自于2012年《中国贸易外经统计年鉴》。

附表3-17　世界范围内主要地区组织与合作机制

地区	地区主要组织与合作机制
亚洲	东南亚国家联盟（ASEAN）、中国与东盟领导人会议（10+1）、东盟与中日韩领导人会议（10+3）、东亚峰会（EAS）、中日韩合作东盟地区论坛（ARF）、亚洲合作对话（ACD）、南亚区域合作联盟（SAARC）
西亚北非	萨赫勒—撒哈拉国家共同体、阿拉伯马格里布联盟、阿拉伯石油输出国组织、海湾阿拉伯国家合作委员会、中国—阿拉伯国家合作论坛、阿拉伯国家联盟、阿拉伯议会联盟、伊斯兰合作组织
非洲	中部非洲经济与货币共同体、中部非洲国家经济共同体、西非国家经济共同体、南部非洲发展共同体、环印度洋联盟、非洲联盟东非共同体、东部和南部非洲共同市场、中非合作论坛
欧亚	上海合作组织、亚洲相互协作与信任措施会议
北美大洋洲	太平洋岛国论坛、太平洋共同体
拉丁美洲和加勒比	美洲国家组织、里约集团、南美国家联盟南方共同市场、安第斯共同体、美洲玻利瓦尔联盟加勒比共同体、加勒比国家联盟、拉丁美洲经济体系、拉丁美洲一体化协会、伊比利亚美洲首脑会议东亚-拉美合作论坛、拉丁美洲议会拉美和加勒比国家共同体、太平洋联盟

附录四

模型介绍

一、投入产出模型

（一）方法介绍

在传统的投入产出模型中，假设国民经济是由一系列相互关联的产业部门所组成，且每一部门只生产一种产品。在静态平衡下，i 部门的总产出等于 i 部门投入到包括 i 部门在内的到所有部门的产品与满足额外需求的产品总和。i 部门产品的一部分被投入到 j 部门所使用，这部分的投入量同 j 部门的总产出量是成正比的。因此，如果 z_{ij} 表示 i 部门消耗 j 部门的产品价值，那么 $z_{ij} = a_{ij}x_j$，其中，x_j 表示 j 部门的产出，a_{ij} 被称为直接消耗系数或技术系数。这种平衡条件方程如下，其中 x_i 为 i 部门产出，c_i 为 i 部门额外需求。

$$x_i = \sum_{j=1}^{n} z_{ij} + c_i \tag{4.1}$$

利用正比性得到下列平衡式，其中，x 是部门产出 x_i 中的矢量，c 部门的最终需求 c_i 中的矢量，A 是直接消耗系数 a_{ij} 中一个 $n \times n$ 的矩阵。

$$x_i = \sum_{j=1}^{n} a_{ij}x_j + c_i \Leftrightarrow x = Ax + c \tag{4.2}$$

故障投入产出模型在传统投入产出模型的基础上，通过引入以下两个变量，以量化故障对相互联系的部门产生的经济影响：

1. 生产故障率

q_i 表示 i 部门的故障率，即系统无法执行其预期功能的比率。在测量产业部门的故障的损失量时，q_i 用来衡量 i 部门的产品损失量在其原定产品生产量的比率。一个系统的故障率大小在 [0, 1]，$q_i = 0$ 表示部门 i 可正常生产运作；$q_i = 1$ 表示 i 部门完全无法生产。

$$q_i = \frac{x_i - \tilde{x}_i}{x_i} = \frac{\Delta x_i}{x_I} \quad (4.3)$$

其中，x_i 表示 i 部门计划产出量，$\tilde{x}_i$ 表示 i 部门实际产出量，Δx_i 表示 i 部门的损失量。

2. 需求损失率

c_i^* 表示 i 部门需求损失，即由于突发事件导致部门最终需求的该变量。对于经济系统来说，它是衡量 i 部门最终消费改变量在计划产出水平的比率。需求损失是由于突发事件的发生而导致生产部门无法满足最终消费者的需求。

$$c_i^* = \frac{c_i - \tilde{c}_i}{x_i} = \frac{\Delta c_i}{x_i} \quad (4.4)$$

结合上述两个标准 q_i 和 c_i^*，则可以得到经典的故障投入产出模型：

$$diag(x)^{-1}\Delta x = [diag(x)^{-1}Adiag(x)]diag(x)^{-1}\Delta x + diag(x)^{-1}\Delta c \Leftrightarrow q = A^*q + c^*$$

其中，A^* 表示需求依赖矩阵，$A^* = diag(x)^{-1}Adiag(x) \Leftrightarrow a_{ij}^* = a_{ij}\frac{x_j}{x_i}$，$diag(x)$ 是部门产出 x 的对角线矩阵。

（二）模型构建

1. 基本变量介绍

为研究方便，假设整个中国经济系统为 r，马六甲海峡为 s，分析 s 出现故障后，对 r 地区可能产生的经济损失。现分别从进口与出口两个角度进行研究。

从出口角度来讲，地区 r 出口到其他地区的 i 商品的价值属于 r 地区对 i 商品的最终消费，c_i 代表了 r 地区的最终消费价值，$(c_i)_c$ 代表被 r 地区内部直接消费的部分价值与不经过 s 出口的价值，$(c_i)_{ex}$ 代表经 s 出口部分的价值。因此，出口导致的损失值为 $\Delta(c_i)_c$，即经 s 出口的 i 商品价值。

$$c_i = (c_i)_c + (c_i)_{ex} \quad (4.5)$$

从进口角度来讲，从其他地区进口到 r 地区的商品 i，为 r 地区的总产出和最终消费做出了一定贡献。D_i 表示 r 地区经 s 进口的商品 i 总价值，$(x_i)_{im}$ 表示经 s 进口商品用于中间消费提供给商品 i 的产值，$(c_i)_{im}$ 表示经 s 进口商品 i 用于最终消费的总量，$(x_i)_{re}$ 表示从其他渠道获得的商品 i 提供的产值，$(c_i)_{re}$ 表示从其他渠道获得的 i 产品的最终消费。

$$D_i = (x_i)_{im} + (c_i)_{im} \quad (4.6)$$

$$x_i = (x_i)_{re} + (x_i)_{im} \quad (4.7)$$

$$c_i = (c_i)_{re} + (c_i)_{im} \quad (4.8)$$

当 s 因各种因素影响无法正常通行时，导致原来应由 s 通道进出口的货物都无法正常运达目的地。假设，当 s 通道被影响时，本应经过此通道的船舶都暂时停运，不考虑绕航从其他通道运送的情况。

对于 r 地区来说，进口 i 产品的总损失包括中间投入品 i 产品的产出及 i 产品作为最终消费的产出：

$$\Delta D_i = (\Delta x_i)_{im} + (\Delta c_i)_{im} \tag{4.9}$$

其中，ΔD_i 表示 r 地区由于进口 i 商品受阻导致的损失量，$(\Delta x_i)_{im}$ 表示由于进口受阻导致用于中间消费提供给 i 商品的损失量，$(\Delta c_i)_{im}$ 表示由于进口商品 i 受阻导致的对商品 i 最终消费的损失量。

2. 模型构建过程

在马六甲海峡突发事件对我国产业部门的经济影响模型的具体构建过程中，选取需求损失率、生产故障率和经济损失值三个经济指标，评估突发事件产生的经济影响，各指标具体阐述如下：

（1）需求损失率

i 部门的需求损失率主要是由经过马六甲海峡出口的且作为最终消费品的 i 货物的损失所造成的。需要说明的是为了方便运算，忽略了由于进口货物中作为最终消费品的减少所造成的经济损失。

$$c_i^* = \frac{(\Delta c_i)_{ex}}{x_i} \tag{4.10}$$

其中，$(\Delta c_i)_{im}$ 表示通过马六甲海峡进口到中国且作为最终消耗品的货物价值，也就是因突发事件所造成的最终消耗损失值。

在中国对外贸易且通过马六甲海峡运输的货物中共有 m 种，$m \in \{1, 2, \cdots, n\}$，因此，海峡突发事件仅会对这 m 种货物对应的产业部门产生需求损失率，而其他部门不会受到直接影响。因此，突发事件所产生的我国不同产业部门需求损失率如下：

$$c_i^* = \begin{cases} \dfrac{(\Delta c_i)_{ex}}{x_i}, & i \in \{1, 2, \cdots, m\} \\ 0, & i \notin \{1, 2, \cdots, m\} \end{cases} \tag{4.11}$$

（2）生产故障率

对整个中国经济来说，马六甲海峡突发事件所造成的 i 部门生产故障率主要是由两部分所造成的，一是由于 i 部门最终消费的减少，即 $(q_i)_d$；一是由于 i 部门中间投入的较少，即 $(q_i)_{in}$。

$$q_i = \begin{cases} (q_i)_{in} + (q_i)_d, & i \in \{1, 2, \cdots, m\} \\ 0, & i \notin \{1, 2, \cdots, m\} \end{cases} \tag{4.12}$$

假设在中国整个经济系统里,任何部门的最终产出与中间投入是成正比的,也就是说,当其他部门对 i 部门的中间投入减少时,会导致 i 部门最终产出相应降低,而降低比例则是以其他部门中间投入减少的比例中的最大值。因此,中间投入所造成的产业部门生产故障率如下:

$$(q_i)_{in} = \max\left\{\frac{(\Delta z_k)_{im}}{\sum_{j=1}^{n} x_{kj}} \times \frac{x_{ki}}{x_k}, k = 1, 2, \cdots, n\right\} \quad (4.13)$$

其中,$(\Delta z_k)_{im}$ 表示经海峡进口,并投入到其他部门用于中间消费的 k 部门产品的总损失值。

在计算最终消费减少所造成的生产故障率时,根据上述公式的计算结果作为输入,得到:

$$(q_i)_d = (E - A^*)^{-1} c^* \quad (4.14)$$

最终,就可以计算出因马六甲海峡突发事件所造成我国整个经济系统中所有产业部门的生产故障率。

(3) 经济损失值

马六甲海峡突发事件对国内 i 部门所造成的经济损失值 ξx_i,是衡量部门损失程度的一个重要指标。该经济损失值主要包括两个部分,一是最终消费减少所造成的直接经济损失值 Δo_i;一是由于最终消费与中间投入减少所造成的间接经济损失值 ξx_i。

$$\xi x_i = \delta x_i + \Delta o_i \quad (4.15)$$

其中,间接经济损失值 δx_i 是由 i 部门的生产故障率与计划最终产出计算得到:

$$\delta x = [diag(q)][x] \Leftrightarrow \{\delta x_i = q_i x_i\}, i = 1, 2, \cdots, n \quad (4.16)$$

二、突变级数模型

突变理论是法国数学家托姆(Thom)于 1972 年建立起来的以奇点理论、稳定性理论等数学理论为基础的用于研究不连续变化现象的理论。从数学的角度考虑一个系统是否稳定,常常要求出某函数的极值,即求函数的导数为零的点,该点就是最简单的奇点,或称临界点。设函数为 $F_{uv}(x)$,其中 u, v 为参数,求函数 $F_{uv}(x)$ 的临界点就是求微分方程的解,当给定 u, v 时:

$$\frac{dF_{uv}(x)}{dx} = 0 \quad (4.17)$$

显然,这样的函数在几何上可以确定一个三维欧式空间,即 (u, v, x) 中的一个曲面,即临界点的集合,称为临界曲面。突变理论中,研究系统稳定与不稳定

就是研究函数 $F_{uv}(x)$ 的极小值变化问题，称为位势函数，简称势函数。假定一个系统的动力学系统可以由一个光滑的势函数导出，按照突变理论分类定理，自然界和社会现象中大量不连续现象，可由某些特定的几何形状来表示。概括起来只有7种性质的基本类型，分别是折叠突变、尖点突变、燕尾突变、蝴蝶突变、双曲脐点突变、椭圆突变和抛物脐点突变。各自对应不同的势函数①，如附表4-1所示。

附表4-1　　　　　　　　七种基本突变类型

突变类型	状态变量数目	控制参数数目	突变核	余维数	势函数
折叠	1	1	x^3	1	$V(x) = x^3 + ux$
尖点	1	2	x^4	2	$V(x) = x^4 + ux^2 + vx$
燕尾	1	3	x^5	3	$V(x) = x^5 + ux^3 + vx^2 + wx$
蝴蝶	1	4	x^6	4	$V(x) = x^6 + tx^4 + ux^3 + vx^2 + wx$
双曲脐点	2	3	$x^3 - x^2 y$	3	$V(x,y) = x^3 + y^3 + wxy + ux + vy$
椭圆脐点	2	3	$x^3 + y^3$	3	$V(x,y) = x^3 - xy^2 + w(x^2 + y^2) + ux + vy$
抛物脐点	2	4	$x^2 y + y^4$	4	$V(x,y) = y^4 - x^2 y + wx^2 + ty^2 + ux + vy$

突变理论中，势函数中一的变量有两类，一类是状态变量，它表示系统的行为状态；另一类是控制变量。把控制变量看作系统内部矛盾的诸方面，它们斗争统一的结果就是状态变量，根据它们对状态变量作用的不同，可把它们分为矛盾的主、次方面。突变级数的特点是，它是计算矛盾的一种方法，它可以把系统内诸矛盾方面（诸控制变量）不同的质态化为（归一为）同一个质态（化为状态变量表示的质态）。由于我们所处的时空是四维的，因此四维控制空间是很重要的。而且目前应用最多的是七种初等突变。因此，在突变级数评价法中，所建立的递阶层次结构中每一层次的元素最多不要超过四个。三种主要突变模型的系统图和分歧点集方程与归一公式见附表4-2。在评价决策问题上，通常把 x 取为评价决策变量（"肯定""否定""取""舍"等），取为目标（准则、要求），而 u 取为主要目标要求，因为它是矛盾主要方面，是它引起评价决策中的质变。把 v、w、t 取为次要目标，因为它是矛盾的次要方面，其中 u、v、w、t 对于状态变量 x 的作用依次递减②，如附表4-2所示。

---

① Peter Y. P. Mohamed A. *A stochastic catastrophe model using two-fluid model parameters to investigate traffic safety on urban arterials*，Accident Analysis and Prevention，2011，P1113~1132.

② 陈晓红、杨立：《基于突变级数法的障碍诊断模型及其在中小企业中的应用》，载《系统工程理论与实践》2013年第6期，第1480~1485页。

附表 4-2　　　主要突变模型分歧点方程与归一公式

突变类型	系统图	分歧点方程	归一公式
尖点突变	X / U V	$U = -6X^2$ $V = 8X^3$	$X_u = \sqrt{\lvert u \rvert}$ $X_v = \sqrt[3]{\lvert v \rvert}$
燕尾突变	X / U V W	$U = -6X^2$ $V = 8X^3$ $W = -3X^4$	$X_u = \sqrt{u}$ $X_v = \sqrt[3]{\lvert v \rvert}$ $X_w = \sqrt[4]{\lvert w \rvert}$
蝴蝶突变	X / U V W T	$U = -10X^2$ $V = 20X^3$ $W = -15X^4$ $T = 4X^5$	$X_u = \sqrt{u}$ $X_v = \sqrt[3]{\lvert v \rvert}$ $X_w = \sqrt[4]{\lvert w \rvert}$ $X_t = \sqrt[5]{\lvert t \rvert}$

最后，利用归一公式对同一控制对象各个控制变量计算出的 x 值采用"互补"与"非互补"原则，求取系统的总突变隶属函数值。"互补"原则是指一个系统各控制变量（如 u，v，w 和 t）之间可以互相弥补其不足，以相应的 x 达到较高的平均值。"非互补"原则是指一个系统的控制变量之间不可互相弥补其不足，因而，按归一公式求得系统状态变量 x 的值时，要从各控制变量相对应的值中取最小的一个作为整个系统的 x 值。同理，经过逐层递阶运算，即可得到总突变隶属函数值。[①]

[①] 孟凡生：《我国能源消费影响因素评价研究-基于突变级数法和改进熵值法的分析》，载《系统工程》2012 年第 8 期，第 10~15 页。

附录五

我国海上通道重要节点威胁因素

1. 台湾海峡

台湾海峡是我国台湾岛与福建海岸之间的海峡，属东海海区，南通南海，是东北亚各国与东南亚、印度洋沿岸各国间的海上往来的重要通道。台湾海峡属我国管辖海域，根据《联合国海洋法公约》的规定，台湾海峡经过的外国船舰，必须实行无害通过。目前，台湾海峡面临的安全威胁主要为每年夏季的热带风暴和台风，每年平均5~6次，中心通过平均2次。除此之外两岸关系以及台海局势也是台湾海峡的安全威胁来源。

2. 马六甲海峡

马六甲海峡是连接太平洋与印度洋的战略交通要道，是货物贸易的大动脉。我国石油进口海上运输中，除从南美进口以外，从中东和非洲进口的石油几乎都要经过马六甲海峡。此外，中国进口巴西、澳大利亚的铁矿石、煤等大宗矿产品也要经过马六甲海峡。据测算，每天通过马六甲海峡的船只近6成是中国船只。可见，马六甲海峡的安全问题，对我国能否从海上运输进口石油和铁矿石问题至关重要。目前，马六甲海峡面临的安全威胁主要包括：

海盗：由于马六甲海峡处于三国交界，国际间合作困难，导致马六甲海峡是世界上海盗活动最多的海域之一，日益猖獗的犯罪活动使这里变成了最危险的海峡。

海上恐怖主义：由于马六甲海峡宽度最窄处只有37公里，而其深度只有25米。很多专家担心若恐怖分子将船只弄沉在这些地区，将会对世界经济造成巨大损失。

印度尼西亚造成的烟雾：由于印度尼西亚常发生森林大火，有些印尼人又有烧森林进行火耕的传统，结果马六甲海峡常出现烟雾，影响了航行安全。有时候可见度只剩下200米。

此外，马六甲海峡自古以来就是各国的必争之地，目前由沿岸三国共管，但是美国、日本、印度的军事力量均在海峡附近游弋，目前的平衡局面如果被打破，由某国或某个国家集团控制甚至占领马六甲海峡，则我国主要战略物资运输将受到严重影响。

3. 望加锡海峡

望加锡海峡是亚洲和欧洲间的重要洲际海上航道，是从我国南海、菲律宾到澳大利亚的重要航线，也是东南亚区际航线的捷径。它与龙目海峡相连，成为连接太平洋西部和印度洋东北部的战略通道。目前望加锡海峡面临的安全威胁主要包括：

海盗：望加锡海峡地形复杂，近年来该海峡包括海峡前方的爪哇海海域已成为国际海盗活动猖獗的地区之一，过往商船遭遇抢劫、船员遭遇伤害的事件时有发生。

军事干预：望加锡海峡是美国、俄罗斯和日本等国的海军往来于太平洋和印度洋的重要通道，一旦他国海军对望加锡海峡实施军事干预，将严重影响海峡安全。

4. 巽他海峡

巽他海峡（Sunda Strait）位于苏门答腊岛和爪哇岛之间，沟通爪哇海与印度洋的航道，也是北太平洋国家通往东非、西非或绕道好望角到欧洲航线上的航道之一。目前巽他海峡面临的主要安全威胁是军事干预。巽他海峡水深，峡底多为泥、沙、石、贝质，非常适于潜艇的水下航行，但由于航道狭长，最窄处仅有3.3公里，战时也极易遭到封锁。美国海军对巽他海峡的使用日益增多，它已经成为美海军第7舰队往来于太平洋和印度洋之间的重要海上航道之一。

5. 民都洛海峡

民都洛海峡是菲律宾的海峡，连接南海和苏禄海，分隔民都洛和布桑加岛，最狭处宽约80公里，该海峡是大型船只来往印度洋和太平洋的其中一条航道。属于用于国际航行的海峡，由沿岸国菲律宾管辖监督。民都洛海峡安全威胁主要来自我国与沿岸菲律宾的关系。

6. 曼德海峡

曼德海峡是连接红海、亚丁湾和阿拉伯海的咽喉要冲，是经过苏伊士运河的欧洲、美国与亚洲东向主干航线的必经通道，是国际上的主要石油通道。如果曼德海峡被封闭，从地中海沿岸和红海沿岸出口的油轮只能沿着非洲的西海岸，一直航行到南端好望角，然后北上，从而大幅度增加运输时间、运输距离和运输成本。目前曼德海峡面临的安全威胁主要包括：

海盗：海峡及其亚丁湾区域海盗猖獗，海盗袭击构成最大的威胁。海盗活动仍构成了我国原油进口的巨大威胁。

地区冲突：也门、厄立特里亚曾在大哈尼什群岛主权上面有过冲突，至今仍有一定影响，导致曼德海峡的政治一定程度上有不稳定成分。

7. 直布罗陀海峡

直布罗陀海峡是地中海沿岸国家通往大西洋的唯一通道，它是西欧、北欧各国船舶，经地中海、苏伊士运河南下印度洋的咽喉要道，被称为地中海的"生命线"。虽然就目前而言，直布罗陀海峡对我国海上石油运输的影响并不很大，但是随着近年来我国在非洲进口石油的比例逐年扩大，在北非进口的石油也可能逐年上升，在路线选择方面，我国石油运输就可能选择从直布罗陀海峡出发，绕过好望角至我国各港口，因此未来直布罗陀海峡的安全问题也可能对我国的石油运输起到一定的作用。目前，直布罗陀海峡由西班牙和英国南北扼守，尚处于和平状态，但一旦冲突发生而平衡被打破，也会对海上运输安全造成不小的影响。

8. 霍尔木兹海峡

波斯湾是世界石油储量最大、出口最多的地区。霍尔木兹海峡是波斯湾通往印度洋的唯一出口，是盛产石油的波斯湾门户，沿岸产油国包括伊拉克、伊朗、科威特、卡塔尔、阿拉伯联合酋长国、巴林和沙特阿拉伯等。霍尔木兹海峡的安全对我国乃至世界石油市场的稳定至关重要。霍尔木兹海峡安全的威胁主要是伊朗核问题可能引发的战争，如果战端一开，霍尔木兹海峡通航必然受到影响，甚至可能会被关闭。如果霍尔木兹海峡通道被切断，就等于关闭了海湾"世界油库"的"阀门"，必将造成石油市场的剧烈动荡，对我国原油运输及经济社会发展产生严重冲击。

9. 苏伊士运河

苏伊士运河是连接红海、苏伊士湾和地中海的重要通道，是扼守北大西洋、印度洋和西太平洋之间海上航行的著名国际航道。地中海沿岸的北非和中东地区石油运输需通过苏伊士运河，素有中东"输油管"之称，具有重要的国际经济意义和战略价值。目前苏伊士运河面临的主要安全威胁包括：

地区武装冲突：鉴于目前阿拉伯和以色列的矛盾并未能从根本上得到缓和，阿以冲突的风险一直存在，其背后又始终隐藏着大国争夺的阴影，因此苏伊士运河仍存在未来某个时期内各国的争抢的可能性，届时我国通过苏伊士运河的石油运输将受到严重影响。

自然灾害：苏伊士运河所处区域发生的沙尘天气经常影响运河通行，带来安全隐患。

10. 巴拿马运河

巴拿马运河地处美洲巴拿马共和国的中部，是沟通太平洋和大西洋的重要航运要道,被称为世界"水桥",是我国从中南美进口石油、铁矿石等重要战略资源的重要通道。随着中国与南美经贸往来的密切,经巴拿马运河的海上通道承担的战略资源进口额度将会进一步提升。巴拿马运河的管理权问题将影响着巴拿马运河的正常运营,同时对我国原油及铁矿石运输通道的安全产生重大影响。

11. 日本列岛诸水道

日本列岛诸水道位于日本九州岛大隅半岛和大隅诸岛之间,连接太平洋和东海,是我国拉美太平洋航线石油进口运输的重要通道。目前,大隅海峡是美国太平洋舰队的核心第7舰队的常用通道,日本也在海峡的东口北侧设立航天发射中心,是日本列岛的重要海上通道。尽管日本政府出于保障美军战舰随时利用日本海域而不被政治化的特殊考虑,规定日本列岛诸海峡水道中的宗谷、津轻等五个重要海峡的领海范围限定在3海里(而不是法律所允许的12海里),但是一旦日本出于某种考虑重新将海峡划入日本内海范围,甚至在特殊情况下关闭海峡,则我国拉美太平洋海上石油运输只能选择绕道行驶,且很难通过第一岛链,必定会给我国的石油进口造成较大的影响。①

附表5-1　　　　　我国海上通道重要节点安全威胁因素

序号	节点名称	威胁因素
1	台湾海峡	热带风暴台风、台海局势
2	马六甲海峡	海盗、海上恐怖主义、烟雾、地区局势
3	望加锡海峡	海盗、军事干预
4	巽他海峡	军事干预
5	民都洛海峡	中菲关系
6	曼德海峡	海盗、地区局势
7	直布罗陀海峡	地区局势
8	霍尔木兹海峡	地区局势(伊朗)
9	苏伊士运河	地区局势、沙尘
10	巴拿马运河	地区局势
11	日本列岛诸水道	军事干预

---

① 郑中义、张俊桢、董文峰:《我国海上战略通道数量及分布》,载《中国航海》2012年第6期,第55~59页。

参 考 文 献

[1] Mark Zacher, Richard Mathew. Liberal International Theory: Common Threads, Divergent Strands. in Charles Kegley (ed.). Controversies in International Relations Theory. St. Martin's, 1995.

[2] Shicun Wu, Keyuan Zou. Securing the Safety of Navigation in East Asia. Woodhead Publishing Limited, 2013.

[3] R. William Johnstone. Protecting Transportation-Implementing Security Policies and Programs. Elsevier Inc, 2015.

[4] Sam J. Tangredi. Globalization and Maritime Power, National Defense University Press, 2002.

[5] C. Fred Bergsten, Nicholas Lardy, Bates Gillm and Derek Mitcheel, China: The Balance Sheet-What the World Needs to Know Now about the Emerging Superpower, New York: Public Affairs, 2006.

[6] James D. Watkins. The Maritime Strategy. U. S. Naval Institute, 1986.

[7] US Navy and US Coast Guard. A Cooperative Strategy for the 21st Century Sea Power, October 2007. [URC: http://www.Navy.mil/maritime/maritime strategy.Pdf. accessed on January 2, 2013]

[8] Mokhzani Zubir, Mohd Nizam Basiron. The Straits of Malacca: The Rise of China, America's Intentions and the Dilemma of the Littoral States. Maritime Institute of Malaysia, 2005, 120.

[9] Brian Cloughley. No need for war in south China sea, International Defiance Review, June, 1995, 25.

[10] B. A. Hamza, Mohd. Nizam Basiron. The Strait of Mallaca: Some Funding Proposals, MIMA Paper, Maritime Institute of Malaysia, 67.

[11] Raman. Sea-lane security: India, China & Japan should get together. South Asia Analysis Group, 2010, 1 (14), 3602.

[12] Barrett Bingley. Security Interests of the Influencing States: The Complexity of Malacca Straits. The Indonesian Quarterly, 2004, 32 (4), 372.

[13] Ian James Storey. Indonesia's China Policy in New Order and Beyond: Problems and Prospect, Contemporary Southeast Asia, 2000, 22 (1).

[14] John F Bradford. The Growing Prospects for Maritime Security Cooperation in Southeast Asia, Naval War College, Summer 2005, 58 (3), 63.

[15] Vijay Sakhuja. India Ocean and the safety of sealines of communication. Strategic Analysis, 2001, 25 (5), 689~702.

[16] David N. Griffiths. Worldwide Piracy: Compiling the Facts. Maritime Affairs, 1998, 16.

[17] Mark J. Valencia. Northeast Asia: Transnational Navigational Issues and Possible Cooperative Responses. In IGCC Policy, 33.

[18] Nazira Abdul Rahman. Multilateralism in the Straits of Malacca and Singapore. Marine Policy, 2014, 44, 232~238.

[19] Joshua Ho. Combating piracy and armed robbery in Asia: The ReCAAP Information Sharing Centre (ISC). Marine Policy, 2009, 33 (2), 432~434.

[20] Nong Hong, Adolf K. Y. Ng. The international legal instruments in addressing piracy and maritime terrorism: A critical review. Research in Transportation Economics, 2010, 27 (1), 51~60.

[21] Basil Germond. The geopolitical dimension of maritime security. Marine Policy, 2015, 54, 137~142.

[22] Paola Papa. US and EU strategies for maritime transport security: A comparative perspective. Transport Policy, 2013, 28, 75~85.

[23] Ifesinachi Okafor-Yarwood. The Guinea-Bissau-Senegal maritime boundarydispute. Marine Policy, 2015, 61, 284~290.

[24] Tsuneo Akaha. Muddling through successfully: Japan's post-war ocean policy and future prospects. Marine Policy, 1995, 19 (3), 171~183.

[25] Rusli MHBM. Protecting Vital Sea Lines of Communication: a Study of the Proposed Designation of the Straits of Malacca and Singapore as a Particularly Sensitive Sea Area. Ocean & Coastal Management, 2012, 57 (1), 79~94.

[26] Sakhuja V. Indian Ocean and the Safety of Sea Lines of Communication. Strategic Analysis, 2001, 25 (5), 689~702.

[27] Khalid N. Sea Lines Under Strain: the Way Forward in Managing Sea Lines of Communication. Iup Journal of International Relations, 2012, 6 (12).

[28] Cozens P. Some Reflections on the Security of Sea Lines of Communication. Australian Journal of Maritime & Ocean Affairs, 2012, 4 (2), 37~43.

[29] Barnes P, Oloruntoba R. Assurance of Security in Maritime Supply Chains: Conceptual Issues of Vulnerability and Crisis Management. Journal of International Management, 2005, 11 (4), 519~540.

[30] Roach JA. Initiatives to Enhance Maritime Security at Sea. Marine Policy, 2004, 28 (1), 41~66.

[31] Peter Y. P. Mohamed A. A stochastic catastrophe model using two-fluid model parameters to investigate traffic safety on urban arterials, Accident Analysis and Prevention, 2011, 1113~1132.

[32] Ji GuoXing. SLOC security in the Asian Pacific. Honolulu: Asian-Pacific Center for Security Studies, 2000, 23.

[33] Sureesh Mehta, Freedom to Use the Seas: India's Maritime Military Strategy. 2007.

[34] The National Strategy for Maritime Security of the United States. http://www.state.gov/documents/organization/255380.pdf, 2005.

[35] France-UK summit – Joint press conference given by Nicolas Sarkozy, President of the Republic, and David Cameron, Prime Minister of the United Kingdom of Great Britain and Northern Ireland0, London, November 2, 2010, http://www.ambafrance-uk.org/France-UK-summit-Declaration-on.html.

[36] Joint War Committee, Hull War, Strikes, Terrorism and Related Perils, 2010.

[37] Reports On Acts Of Piracy And Armed Robbery Against Ships. International Maritime Organization (IMO). 2011.

[38] http://www.cetin.net.cn/cetin2/servlet/cetin/action/HtmlDocumentAction?baseid=1&docno=144675.

[39] http://wenku.baidu.com/link?url=CglFww4hwOqIqznsf8IqCxElc-aLeFn-PcULiayxYtn33oPVGE3j5qmFBJMISCYONmzw9h2XyJaWuoKlWAQfFrUJ7fLCcoOvO_Y3nnt49xhG.

[40] http://bbs1.people.com.cn/post/7/1/2/128963670.html.

[41] http://www.dhs.gov/xlibrary/assets/HSPD13_MaritimeSecurityStrstegy.pdf. The National Strategyfor Maritime Security of the United States: ii.

[42] http://news.enorth.com.cn/system/2008/12/18/003833041.shtml.

[43] http://www.maritimeterrorism.com. (海上恐怖主义情况网站)

[44] http://www.iochina.org.cn/Download/xgxz.html（中国投入产出学会网站）

[45] http://www.acp.gob.pa/eng/.（巴拿马运河管理局网站）

[46] http://www.marinetraffic.com.（船舶动态数据）

[47] http://www.suezcanal.gov.eg/.（苏伊士运河管理局网站）

[48] http://www.port.org.cn/info/201303/162131.htm.（中国港口吞吐量排名）

[49] http://www.fp-marine.com/risk-management/war-risks-cargo.（FP-marine公司货物运输危险国家名单）

[50] http://www.fmprc.gov.cn/mfa_chn/ziliao_611306/1179_611310/（中国外交部外交声明公报）

[51] [美] 艾尔弗雷德·塞耶·马汉著，萧伟中、梅然译：《海权论》，中国言实出版社1997年版。

[52] [美] 威廉森默里、麦格雷戈诺克斯、阿尔文伯恩斯坦编，时殷弘等译：《缔造战略：统治者、国家与战争》，世界知识出版社2004年版。

[53] [日] 星野昭吉著，刘小林、梁云祥译：《全球化时代的世界政治——世界政治的行为主体与结构》，社会科学文献出版社2004年版。

[54] [美] 约瑟夫·奈著，马娟娟译：《软实力》，中信出版社2013年版。

[55] [美] 艾·塞·马汉著，安常荣、成忠勤译：《海权对历史的影响（1660~1783）》，解放军出版社1998年版。

[56] [美] 杰拉尔德·J·曼贡著，张继先译：《美国的海洋政策》，海洋出版社1982年版。

[57] [美] 尼古拉斯·斯皮克曼著，刘愈之译：《和平地理学》，商务印书馆1965年版。

[58] 张玉坤、张慧编著：《戍海固边——海上安全环境与海洋权益维护》，海潮出版社2004年版。

[59] 勒怀鹏、刘政、李卫东：《世界海洋军事地理》，国防大学出版社2001年版。

[60] 陈建安：《军事地理学》，解放军出版社1988年版。

[61] 中国现代国际关系研究院课题组：《海上通道安全与国际合作》，时事出版社2005年版。

[62] 何忠龙、任兴平、冯永利、罗宪芬、刘景洪：《中国海岸警卫队组建研究》，海洋出版社2007年版。

[63] 张文木：《中国新世纪安全战略》，山东人民出版社2000年版。

[64] 张文木:《世界地缘政治中的中国国家安全利益分析》,山东人民出版社 2004 年版。

[65] 张文木:《全球视野中的中国国家安全战略(上卷)》,山东人民出版社 2008 年版。

[66] 张文木:《论中国海权》,海洋出版社 2009 年版。

[67] 张炜、冯梁:《国家海上安全》,海潮出版社 2008 年版。

[68] 史春林、姜秀敏:《国际海上咽喉要道及其安全保障研究》,时事出版社 2015 年版。

[69] 梅里亚姆·韦伯斯特公司:《韦氏高阶英语词典》,中国大百科全书出版社 2009 年版。

[70] 陆卓明:《世界经济地理结构》,中国物价出版社 1995 年版。

[71] 张国伍:《交通运输系统分析》,西南交通大学出版社 1991 年版。

[72] 蔡庆麟、张秀芝、刘艳琴:《运输布局学》,人民交通出版社 1994 年版。

[73] 梁芳:《海上战略通道论》,时事出版社 2011 年版。

[74] 联合国第三次海洋法会议《联合国海洋法公约》,海洋出版社 1983 年版。

[75] 张召忠:《走向深蓝》,广东经济出版社 2011 年版。

[76] 傅梦孜:《海上安全与国家安全》,时事出版社 2005 年版。

[77] 冯梁等:《中国的和平发展与海上安全环境》,世界知识出版社 2010 年版。

[78] K. M. 潘尼迦:《印度和印度洋——略论海权对印度历史的影响》,世界知识出版社 1965 年版。

[79] 张跃发、刘养洁:《民族国家与世界经济:1500~1900》,时事出版社 1999 年版。

[80] 莱曼:《制海权:建设 600 艘舰艇的海军》,海军军事学术研究所 1991 年版。

[81] 刘善继等:《当代外国军事思想》,解放军出版社 1993 年版。

[82] 陈如洋、许贵斌:《中华人民共和国海运协定集》,人民交通出版社 2003 年版。

[83] 张文彤:《SPSS 统计分析高级教程》,高等教育出版社 2004 年版。

[84] 交通运输部:《中华人民共和国海船船员适任考试、评估和发证规则》,载《国务院公报》2012 年第 16 号,中华人民共和国中央人民政府网站。

[85] 尤盛东:《世界经济贸易地理》,北京师范大学出版社 2010 年版。

[86] 徐一帆：《中国贸易外经统计年鉴》，中国统计出版社 2008～2012 年版。

[87] 王思强：《能源预测预警理论与方法》，清华大学出版社 2010 版。

[88] 孔令栋、马奔：《突发公共事件应急管理》，山东大学出版社 2011 版。

[89] 陈安、陈宁、倪慧荟：《现代应急管理理论与方法》，科学出版社 2009 版。

[90] 张晓慧：《软实力论》，载《国际资料信息》，2004 年第 3 期。

[91] 于溪滨：《软实力理论的内涵、产生背景及运用》，载《当代世界》，2006 年第 9 期。

[92] 秦亚青：《现代国际关系理论的沿革》，载《教学与研究》，2004 年第 7 期。

[93] 罗文：《对当代西方国际关系理论的理解》，载《才智》，2014 年第 35 期。

[94] 门洪华：《关于世界秩序蓝图的思考》，载《世界经济与政治》，2004 年第 7 期。

[95] 冯梁、张春：《中国海上通道安全及其面临的挑战》，载《国际问题论坛》，2007 年第 48 期。

[96] 冯梁：《关于应对美军进驻马六甲海峡的战略思考》，载《东南亚之窗》，2006 年第 1 期。

[97] 冯梁、方秀玉：《韩国海洋安全政策：历史和现实》，载《世界经济与政治论坛》，2012 年第 1 期。

[98] 杜婕、仇昊、胡海喜：《海上通道安全：基于利益相关性的战略分析与思考》，载《南昌大学学报：人文社会科学版》，2014 年第 3 期。

[99] 王历荣：《海上战略通道对中国经济安全的影响及对策》，载《海派经济学》，2015 年第 1 期。

[100] 王历荣：《全球化背景下的海上通道与中国经济安全》，载《广东海洋大学学报》，2012 年第 5 期。

[101] 王历荣：《论中国海上通道安全》，载《徐州工程学院院报（社会科学版）》，2009 年第 5 期。

[102] 王历荣：《印度洋与中国海上通道安全战略》，载《南亚研究》，2009 年第 3 期。

[103] 郑中义、张俊桢、董文峰：《我国海上战略通道数量及分布》，载《中国航海》，2012 年第 2 期，第 55～59 页。

[104] 杜正艾：《切实维护海上通道安全》http://theory.people.com.cn/

GB/136458/8629886.html.

[105] 张明生：《阿拉伯世界重要海上通道探析》，载《江淮论坛》，2014年第1期。

[106] 黄鹏志：《关于"马六甲困境"的三种成因分析》，载《学理论》，2014年第33期。

[107] 张杰：《浅述海峡战略通道的安全》，载《理论界》，2009年第2期。

[108] 李尚伟：《我国远洋运输通道安全浅探》，载《中国水运》，2011年第10期。

[109] 何剑彤：《我国海上战略通道安全影响因素的ISM分析》，载《上海海事大学学报》，2012年第4期。

[110] 汪海：《从北部湾到中南半岛和印度洋——构建中国联系东盟和避开"马六甲困局"的战略通道》，载《世界经济与政治》，2007年第9期。

[111] 张赫名、孙晓光：《论21世纪初期东亚地缘环境与中国海洋战略应对》，《产业与科技论坛》，2014年第2期。

[112] 周云亨、余家豪：《海上能源通道安全与中国海权发展》，载《太平洋学报》2014年第3期。

[113] 殷卫滨：《困局与出路：海盗问题与中国海上战略通道安全》，载《南京政治学院学报》，2009年第2期。

[114] 何奇松：《北约海洋战略及其对中国海洋安全的影响》，载《国际安全研究》，2014年第4期。

[115] 董建平：《美国重返亚太对我国海上通道安全的影响》，载《黑河学刊》，2013年第5期。

[116] 杨晓杰：《对新形势下确保我国海洋安全的几点思考》，载《探求》，2014年第3期。

[117] 邵国余：《全球海上安全和海盗状况》，载《中国海事》，2009年第2期。

[118] 王湘林：《索马里海盗对我国海上安全的影响》，载《国际关系学院学报》，2009年第5期。

[119] 王倩、张钗园：《浅析非传统威胁对海上通道安全的影响》，载《公安海警学院学报》，2009年第5期。

[120] 刘璐、包不弱等：《解读"马六甲困局"——试论中国石油运输安全战略》，《经纪人学报》，2015第3期。

[121] 杨理智、张韧、白成祖、葛珊珊、黎鑫、王爱娟：《基于贝叶斯网络的我国海上能源通道海盗袭击风险分析与实验评估》，载《指挥控制与仿真》，

2014 年第 4 期。

［122］杨理智、张韧：《基于云模型的我国海上能源战略通道安全风险评估》，载《军事运筹与系统工程》，2014 年第 3 期。

［123］李振福、颜章龙：《基于盲数理论的我国海上战略通道安全风险评价》，载《武汉理工大学学报（交通科学与工程版）》，2014 年第 2 期。

［124］贾大山、孙峻岩、罗洪波：《中国石油海运通道安全评价与对策》，载《大连海事大学学报》，2006 年第 2 期。

［125］周炜：《建立国家战略储备石油海上运输绿色安全通道的分析》，载《中国水运》，2007 年第 9 期。

［126］李远星、刘兴：《海上战略通道安全面临的威胁及对策》，载《国防》，2014 年第 3 期。

［127］史春林、史凯册：《中国加强海上通道安全保障国际合作研究》，载《中国水运》，2015 年第 2 期。

［128］史春林、史凯册：《国际海上通道安全保障特点与中国战略对策》，载《中国水运》，2014 年第 4 期。

［129］史春林、史凯册：《马六甲海峡安全问题与中国战略对策》，载《新东方》，2014 年第 2 期。

［130］史春林、李秀英：《美国岛链封锁及其对我国海上安全的影响》，载《世界地理研究》，2013 年第 6 期。

［131］杜德斌、马亚华、范斐、恽才兴：《中国海上通道安全及保障思路研究》，载《世界地理研究》，2015 年第 6 期。

［132］刘华、刘帅：《积极运用法律武器维护国家海洋权益》，载《军队政工理论研究》，2013 年第 12 期。

［133］龚迎春：《日本与多边海上安全机制的构建》，载《当代亚太》，2006 年第 7 期。

［134］李丽娜：《海盗治理与南海海上安全保障机制》，载《河南省政法管理干部学院学报》，2009 年第 1 期。

［135］张湘兰、张芷凡：《全球治理维度下的海上能源通道安全合作机制》，载《江西社会科学》，2011 年第 9 期。

［136］赵旭等：《我国海上能源运输通道安全保障机制构建》，载《中国软科学》，2013 年第 2 期。

［137］吕建华等：《完善我国海洋环境突发事件应急联动机制的对策建议》，载《行政与法》，2010 年第 9 期。

［138］蔡鹏鸿：《试析南海地区海上安全合作机制》，载《现代国际关系》，

2006 年第 6 期。

［139］高井晋：《OPK 研究の绍介》，载《SECURITARIAN》，1998 年 6 月，http：// www. bk. dfma. or. jp/ ~ sec/1998/06/opk. htm.

［140］赵伊娜：《21 世纪海上力量合作战略》，载《外国海军文集》，2008 年第 6 期。

［141］邹立刚：《保障我国海上通道安全研究》，载《法治研究》，2012 年第 1 期。

［142］陈迎春：《论海外利益与中国的地缘经济空间》，载《发展研究》，2013 年第 3 期。

［143］杨泽伟：《〈联合国海洋法公约〉的主要缺陷及其完善》，载《法学评论》，2012 年第 5 期。

［144］李兵：《论海上战略通道的地位与作用》，载《当代世界与社会主义》2010 年第 2 期。

［145］李兵：《日本海上战略通道思想与政策探析》，载《日本学刊》，2006 第 1 期。

［146］李兵：《俄罗斯海上战略通道思想与政策探析》，载《东北亚论坛》，2006 年第 1 期。

［147］李兵：《海上战略通道博弈——兼论加强海上战略通道安全的国际合作》，载《太平洋学报》，2010 年第 3 期。

［148］李兵：《海上战略安全透视》，载《人民论坛》，2010 年第 1 期。

［149］刘中民：《海权发展的历史动力及其对大国兴衰的影响》，载《太平洋学报》2008 年 5 月。

［150］季晓丹、王维：《美国海洋安全战略：历史演变及发展特点》，载《世界经济与政治论坛》，2011 年第 2 期。

［151］季晓丹、王维《美国海洋安全战略特点》，载《理论参考》，2012 年第 4 期。

［152］胡杰：《海权危机背景下的英国海洋战略理论》，载《中国海洋大学学报：社会科学版》，2012 年第 4 期。

［153］张玉兰：《美国新海洋政策对中国的借鉴意义》，载《学理论》，2012 年第 5 期。

［154］迎南：《中国面临"岛屿锁链"威胁》，载《世界航空航天博览》，2005 年第 7 期 B 版。

［155］陈鹏：《美国海岸警卫队对中国海警发展的借鉴意义》，载《公安海警学院学报》，2013 年第 2 期。

[156] 张威、王小瑜:《美国交通运输安全委员会》,载《现代职业安全》,2004 第 5 期。

[157] 张威:《印度海洋战略析论》,载《东南亚南亚研究》,2009 年第 4 期。

[158] 高俊奎、付永宏、吴素彬:《美国情报体制发展趋势研究》,载《情报杂志》,2010 年第 2 期。

[159] 潘镜芙:《国外航空母舰的发展和展望》,载《自然杂志》,2007 年第 6 期。

[160] 倪国江、文艳:《美国海洋科技发展的推进因素及对我国的启示》,载《海洋开发与管理》,2009 年第 6 期。

[161] 许林、丰勇军:《美国海上安全体系的保障平台构建及对我国的启示》,载《港口经济》,2010 年第 3 期。

[162] 岳恒:《试析英国历史上的"航海条例"》,载《黑龙江教育学院学报》,2012 第 9 期。

[163] 谌焕义、陈向阳:《论战后初期英国独立核威慑政策的形成》,载《广西师范大学学报:哲学社会科学版》,2008 年第 2 期。

[164] 吴克勤:《英国海洋信息系统的开发》,载《海洋信息》,2001 年第 2 期。

[165] 秦庭荣、陈伟炯、郝育国等:《综合安全评价(FSA)方法》,载《中国安全科学学报》,2005 年第 4 期。

[166] 修斌:《透视日本海洋战略:历史考察与现实应对》,载《南开日本研究》,2013 年第 2 期。

[167] 郑励:《印度的海洋战略及印美在印度洋的合作与矛盾》,载《东南亚南亚研究》,2005 年第 1 期。

[168] 张景全:《日本海权观及海洋战略初探》,载《当代亚太》,2005 年第 5 期。

[169] 陶亮:《印度的印度洋战略与中印关系发展》,载《南亚研究》,2006 年第 2 期。

[170] 马嫛:《试析印度的海洋战略》,载《太平洋学报》,2010 年第 6 期。

[171] 陈良武:《俄罗斯海洋安全战略探析》,载《世界经济与政治论坛》,2011 年第 2 期。

[172] 宋德星、白俊:《新时期印度海洋安全战略探析》,载《世界经济与政治论坛》,2011 年第 4 期。

[173] 宋德星、白俊:《论印度的海洋战略传统与现代海洋安全思想》,载

《世界经济与政治论坛》，2013年第1期。

[174] 龚晓辉：《马来西亚海洋安全政策分析》，载《世界经济与政治论坛》，2011年第3期。

[175] 夏立平、苏平：《美国海洋管理制度研究——兼析奥巴马政府的海洋政策》，载《美国研究》，2011年第4期。

[176] 张义钧：《欧盟海洋战略框架指令评析》，载《海洋信息》，2011年第4期。

[177] 郭锐、凌胜利：《韩国海洋安全战略演变的路径探析》，载《太平洋学报》，2011年第8期。

[178] 郭锐：《韩国海洋安全战略调整及现实影响》，载《同济大学学报：社会科学版》，2012年第6期。

[179] 高兰：《日本海洋战略的发展及其国际影响》，载《外交评论》，2012年第6期。

[180] 束必铨：《韩国海洋战略实施及其对我国海洋权益的影响》，载《太平洋学报》，2012年第6期。

[181] 肖鹏：《简评美国对海上战略通道的控制及影响》，载《军事史林》，2012年第9期。

[182] 邢建芬、吕海良、周玲：《韩国海上执法力量浅析》，载《海洋开发与管理》，2012年第3期。

[183] 李格琴：《英国应急安全管理体制机制评析》，载《国际安全研究》，2013年第2期。

[184] 李秀石：《试析日本在太平洋和印度洋的战略扩张——从"反海盗"到"保卫"两洋海上通道》，载《国际观察》，2014年第2期。

[185] 杨昌明、陈龙桂：《区域矿产资源优度及其评价指标体系》，载《地质科技情报》，1990年第9期。

[186] 范柏乃：《我国地方政府信用缺失成因的实证调查》，载《理论观察》，2004年第6期。

[187] 王杰、赵鹿军、张晶晶：《中外双边海运协定若干问题》，载《水运管理》，2005年第27期。

[188] 盖凌：《联合国海洋法公约与我国海洋管理》，载《中国水运》，2007年第7期。

[189] 陈淼、邵俊岗：《国外港口群竞争合作对我国的启示》，载《中国港口》，2007年第4期。

[190] 杨泽伟：《反恐与海上能源通道安全的维护》，载《华东政法学院学

报》，2007 年第 1 期。

［191］杨继钰、曹祥村：《台风浪特征分析及其对船舶安全影响》，载《航海技术》，2008 年第 4 期。

［192］张家栋：《海盗问题及对策思考》，载《国际问题研究》，2009 年第 2 期。

［193］张建军：《打击索马里海盗中的国际合作问题研究》，载《现代法学》，2009 年第 4 期。

［194］张湘兰、郑雷：《论海上恐怖主义对国际法的挑战与应对》，载《武汉大学学报（哲学社会科学版）》，2009 年第 2 期。

［195］鲍君忠、李建民、刘正江：《海上事故人为因素量化分析模型》，载《大连海事大学学报》，2010 年第 2 期。

［196］孙佳斌：《中日东海问题实质及海域划界问题研究》，载《世界地理研究》，2010 年第 3 期。

［197］孙德刚、邓海鹏：《海外军事基地的理论解析》，载《国际论坛》，2012 年第 6 期。

［198］仇华飞、方雅静：《中国周边外交中的软实力战略》，载《国际观察》，2015 第 3 期。

［199］张洁：《海上通道安全与中国战略支点的构建——兼谈 21 世纪海上丝绸之路建设的安全考量》，载《国际安全研究》，2015 年第 2 期。

［200］赵旭、马秋平、林玮：《我国海上能源运输安全保障系统分析》，载《中国海洋大学学报（社会科学版）》，2013 年第 3 期。

［201］范秋芳：《基于 BP 神经网络的中国石油安全预警研究》，载《运筹与管理》，2007 年第 5 期。

［202］王洪德、潘科：《基于 BP 神经网络的民航机场安全预警研究》，载《安全与环境学报》，2008 年第 4 期。

［203］季学伟、翁文国、倪顺江等：《突发公共事件预警分级模型》，载《清华大学学报（自然科学版）》，2008 年第 8 期。

［204］袁晓芳、李红霞、田水承：《突变理论在工业事故预警中的应用》，载《西安科技大学学报》，2011 年第 4 期。

［205］彭靖里、周勇胜、邓艺、赵光洲：《基于竞争情报的危机预警体系构建及其应用研究》，载《情报理论与实践》，2009 年第 6 期。

［206］周荣喜、李守荣、杨敏、邱菀华：《基于 Delphi-AHP 和加权集值统计的高校突发事件预警评估》，载《运筹与管理》，2013 年第 3 期。

［207］吴俊：《突发公共事件社会应急机制的构成框架》，载《统计与决

策》，2006年第7期。

[208] 段廷志、张晓峰：《东亚地缘战略环境与中国海上安全》，载《当代亚太》，2004年第4期。

[209] 王杰、吕靖、朱乐群：《应急状态下我国海上通道安全法律保障》，载《中国航海》，2014年第2期。

[210] 吕靖、朱乐群、李晶：《新机构改革背景下的我国近洋通道安全保障探析》，载《中国软科学》，2013年第12期。

[211] 王杰、陈卓：《我国海上执法力量资源整合研究》，载《中国软科学》，2014年第6期。

[212] 秦晓：《中国能源安全战略中的能源运输问题》，载《中国能源》，2004年第7期。

[213] 赵旭、高建宾、林玮：《基于投影寻踪的海上能源运输通道安全评价》，载《交通运输系统工程与信息》，2011年第11期。

[214] 范珉、刘晓君：《基于突变理论的公共场所集群事件预警分级》，载《中国安全科学学报》，2010年第2期。

[215] 孟浩、王艳慧：《基于突变评价法的研究型大学知识创新综合评价》，载《运筹与管理》，2008年第3期。

[216] 朱顺泉：《基于突变级数法的上市公司绩效综合评价研究》，载《系统工程理论与实践》，2002年第2期。

[217] 吴慧、张丹：《当前我国海洋安全形势及建议》，载《国际关系学院学报》，2010年第5期。

[218] 彭克慧：《略论新中国海洋战略的历史演进》，载《社会科学论坛》，2012年第10期。

[219] 张哲、张守月：《美国海上搜救体系解析》，载《中国应急救援》，2011年第7期。

[220] 张瑶华：《日本在中国南海问题上扮演的角色》，载《国际问题研究》，2011年第3期。

[221] 徐雯梅：《我国海上搜救现状及建议》，载《水运管理》2009年第8期。

[222]《对比中英两国海上搜救管理》，载《中国海事》，2007年第3期。

[223] 陈军民、杨银奇：《浅谈美国海上搜救体系和装备对我国的借鉴意义》，载《经营管理者》，2008年第11期。

[224] 王宁：《日本海上应急搜救体系》，载《中国应急救援》，2008年第11期。

[225] 邓春涛、相阳：《美国民防与应急救援体系分析》，载《中国人民防空》，2009 年第 3 期。

[226] 游志斌、魏晓欣：《美国应急管理体系的特点及启示》，载《中国应急管理》，2011 年第 12 期。

[227] 谭黎娟、王宪辉：《我国海上应急搜救体系建设的思考》，载《中国水运》，2009 年第 10 期。

[228] 陈晓红、杨立：《基于突变级数法的障碍诊断模型及其在中小企业中的应用》，载《系统工程理论与实践》，2013 年第 6 期。

[229] 孟凡生：《我国能源消费影响因素评价研究——基于突变级数法和改进熵值法的分析》，载《系统工程》，2012 年第 8 期。

[230] 李琳：《约瑟夫·奈"软实力"理论及其对中国的启示》，大连理工大学硕士学位论文论文，2014。

[231] 高云：《俄罗斯海洋战略研究》，武汉大学博士学位论文，2013。

[232] 季超：《国家利益拓展背景下的海上通道安全研究》，苏州大学硕士学位论文，2014。

[233] 迟晨：《我国周边海域海洋争端分析》，中国海洋大学硕士学位论文，2012。

[234] 毛顺成：《中国海上通道安全问题研究》，中国海洋大学硕士学位论文，2013。

[235] 左立平：《战场胜负的决定因素——八大海峡群卡住海上咽喉》，载《人民网》，2004 年 06 月 16 日，http：//www.people.com.cn/GB/junshi/1078/2586566.html。

[236] 宋立炜、孙晔飞：《印度洋会成为"印度之洋"吗》，载《中国青年报》2011 年 06 月 03 日 10 版，http：//zqb.cyol.com/html/2011-06/03/nw.D110000zgqnb_20110603_3-10.htm。

[237] 中华人民共和国商务部信息，http：//www.mofcom.gov.cn/article/i/jyjl/k/201303/20130300065048.shtml。

[238] 美国海岸警卫队官网：http：//www.uscg.mil/。

[239] 日本海上保安厅官网：http：//www.kaiho.mlit.go.jp/。

[240] 日本海上自卫队官网：http：//www.mod.go.jp/msdf/。

[241] 日本水难救济会官网：http：//www.mrj.or.jp/index.html。

[242] 英国皇家海军官网：http：//www.royalnavy.mod.uk/。

[243] 交通运输部中国海上搜救中心官网：http：//www.mot.gov.cn/zizhan/siju/soujiuzhongxin/。

［244］ 交通运输部救助打捞局官网：http：//www. moc. gov. cn/zizhan/zhishuJG/jiulaoju/.

［245］ 国家海洋局官网：http：//www. soa. gov. cn/zwgk/fwjgwywj/shfl/.

［246］ 国家海洋局海警司官网：http：//www. soa. gov. cn/bmzz/jgbmzz2/hjs/.

［247］ 中国海军网：http：//navy. 81. cn/.

［248］ 美国海军官网：http：//www. navy. mil/navydata/nav_legacy. asp？id = 146.

［249］ 广东省人民政府应急管理办公室. 英国应急管理体系简介，2011 - 10 - 02，http：//www. gdemo. gov. cn/yjyj/tszs/201110/t20111002_150167. htm.

后　记

　　2011年教育部哲学社会科学研究重大课题攻关项目《保障我国海上通道安全研究》进行公开招标，以吕靖教授为首席专家的课题组一举中标。历经四载寒暑，课题组圆满完成了项目的研究工作，并顺利通过教育部评审结题。共形成总研究报告一项，子报告五项，出版会议论文集一部，发表相关论文69篇。研究过程中先后向交通运输部、中华人民共和国海事局等我国政府主管部门及中国远洋运输集团公司、中国租船公司等大型国企提供相关咨询报告五份，形成全国人大代表提案一项。本书即在研究成果认真梳理和完善的基础上形成。

　　在书稿即将付梓之际，感谢中国人民解放军国防大学杨毅少将、清华大学傅廷中教授、复旦大学吴心伯教授、中华人民共和国海事局曹德胜教授级高工、交通部水运科学研究院史世武教授级高工，对项目研究架构与方向提出的宝贵建议；感谢交通运输部国际合作司杨赞司长、中国远洋运输集团公司研发中心汪洋经理在项目研究中提出的宝贵建议；感谢大连海事大学王祖温校长对项目研究的关心与关怀；感谢大连海事大学科技处李肇坤副处长为项目研究所给予的支持与帮助；也感谢课题中期及结题匿名评审专家对本课题研究提出的宝贵意见。

　　本书是课题组所有成员共同研究成果，课题组成员包括王杰、李晶、朱玉柱、郭萍、常征、蒋永雷、宫晓婷、朱乐群、戚超英、梁晶、王旺、曾庆成、艾云飞、张丽丽、王爽、肖青、贾晓惠、高天航等。在书稿形成过程中，吕靖、王杰、李晶对书稿进行了全面认真的修改和完善。大连海事大学运输经济研究所的研究生于述南、张力今、田若凡、毕成成、贾长月、蒋美芝、李宝德、李青卓、杨曼婧、李思颖、陶红、赵冰然、杜旭丰、仇冬娇、王长青、徐旭、卢虎、张宝龙、陈威、张聆晔、范雪莹等在资料收集和书稿校对过程中做了大量工作。

教育部哲学社会科学研究重大课题攻关项目成果出版列表

序号	书　名	首席专家
1	《马克思主义基础理论若干重大问题研究》	陈先达
2	《马克思主义理论学科体系建构与建设研究》	张雷声
3	《马克思主义整体性研究》	逄锦聚
4	《改革开放以来马克思主义在中国的发展》	顾钰民
5	《新时期　新探索　新征程——当代资本主义国家共产党的理论与实践研究》	聂运麟
6	《坚持马克思主义在意识形态领域指导地位研究》	陈先达
7	《当代资本主义新变化的批判性解读》	唐正东
8	《当代中国人精神生活研究》	童世骏
9	《弘扬与培育民族精神研究》	杨叔子
10	《当代科学哲学的发展趋势》	郭贵春
11	《服务型政府建设规律研究》	朱光磊
12	《地方政府改革与深化行政管理体制改革研究》	沈荣华
13	《面向知识表示与推理的自然语言逻辑》	鞠实儿
14	《当代宗教冲突与对话研究》	张志刚
15	《马克思主义文艺理论中国化研究》	朱立元
16	《历史题材文学创作重大问题研究》	童庆炳
17	《现代中西高校公共艺术教育比较研究》	曾繁仁
18	《西方文论中国化与中国文论建设》	王一川
19	《中华民族音乐文化的国际传播与推广》	王耀华
20	《楚地出土戰國簡册〔十四種〕》	陈　伟
21	《近代中国的知识与制度转型》	桑　兵
22	《中国抗战在世界反法西斯战争中的历史地位》	胡德坤
23	《近代以来日本对华认识及其行动选择研究》	杨栋梁
24	《京津冀都市圈的崛起与中国经济发展》	周立群
25	《金融市场全球化下的中国监管体系研究》	曹凤岐
26	《中国市场经济发展研究》	刘　伟
27	《全球经济调整中的中国经济增长与宏观调控体系研究》	黄　达
28	《中国特大都市圈与世界制造业中心研究》	李廉水

序号	书　名	首席专家
29	《中国产业竞争力研究》	赵彦云
30	《东北老工业基地资源型城市发展可持续产业问题研究》	宋冬林
31	《转型时期消费需求升级与产业发展研究》	臧旭恒
32	《中国金融国际化中的风险防范与金融安全研究》	刘锡良
33	《全球新型金融危机与中国的外汇储备战略》	陈雨露
34	《全球金融危机与新常态下的中国产业发展》	段文斌
35	《中国民营经济制度创新与发展》	李维安
36	《中国现代服务经济理论与发展战略研究》	陈　宪
37	《中国转型期的社会风险及公共危机管理研究》	丁烈云
38	《人文社会科学研究成果评价体系研究》	刘大椿
39	《中国工业化、城镇化进程中的农村土地问题研究》	曲福田
40	《中国农村社区建设研究》	项继权
41	《东北老工业基地改造与振兴研究》	程　伟
42	《全面建设小康社会进程中的我国就业发展战略研究》	曾湘泉
43	《自主创新战略与国际竞争力研究》	吴贵生
44	《转轨经济中的反行政性垄断与促进竞争政策研究》	于良春
45	《面向公共服务的电子政务管理体系研究》	孙宝文
46	《产权理论比较与中国产权制度变革》	黄少安
47	《中国企业集团成长与重组研究》	蓝海林
48	《我国资源、环境、人口与经济承载能力研究》	邱　东
49	《"病有所医"——目标、路径与战略选择》	高建民
50	《税收对国民收入分配调控作用研究》	郭庆旺
51	《多党合作与中国共产党执政能力建设研究》	周淑真
52	《规范收入分配秩序研究》	杨灿明
53	《中国社会转型中的政府治理模式研究》	娄成武
54	《中国加入区域经济一体化研究》	黄卫平
55	《金融体制改革和货币问题研究》	王广谦
56	《人民币均衡汇率问题研究》	姜波克
57	《我国土地制度与社会经济协调发展研究》	黄祖辉
58	《南水北调工程与中部地区经济社会可持续发展研究》	杨云彦
59	《产业集聚与区域经济协调发展研究》	王　珺

序号	书　名	首席专家
60	《我国货币政策体系与传导机制研究》	刘　伟
61	《我国民法典体系问题研究》	王利明
62	《中国司法制度的基础理论问题研究》	陈光中
63	《多元化纠纷解决机制与和谐社会的构建》	范　愉
64	《中国和平发展的重大前沿国际法律问题研究》	曾令良
65	《中国法制现代化的理论与实践》	徐显明
66	《农村土地问题立法研究》	陈小君
67	《知识产权制度变革与发展研究》	吴汉东
68	《中国能源安全若干法律与政策问题研究》	黄　进
69	《城乡统筹视角下我国城乡双向商贸流通体系研究》	任保平
70	《产权强度、土地流转与农民权益保护》	罗必良
71	《我国建设用地总量控制与差别化管理政策研究》	欧名豪
72	《矿产资源有偿使用制度与生态补偿机制》	李国平
73	《巨灾风险管理制度创新研究》	卓　志
74	《国有资产法律保护机制研究》	李曙光
75	《中国与全球油气资源重点区域合作研究》	王　震
76	《可持续发展的中国新型农村社会养老保险制度研究》	邓大松
77	《农民工权益保护理论与实践研究》	刘林平
78	《大学生就业创业教育研究》	杨晓慧
79	《新能源与可再生能源法律与政策研究》	李艳芳
80	《中国海外投资的风险防范与管控体系研究》	陈菲琼
81	《生活质量的指标构建与现状评价》	周长城
82	《中国公民人文素质研究》	石亚军
83	《城市化进程中的重大社会问题及其对策研究》	李　强
84	《中国农村与农民问题前沿研究》	徐　勇
85	《西部开发中的人口流动与族际交往研究》	马　戎
86	《现代农业发展战略研究》	周应恒
87	《综合交通运输体系研究——认知与建构》	荣朝和
88	《中国独生子女问题研究》	风笑天
89	《我国粮食安全保障体系研究》	胡小平
90	《我国食品安全风险防控研究》	王　硕

序号	书名	首席专家
91	《城市新移民问题及其对策研究》	周大鸣
92	《新农村建设与城镇化推进中农村教育布局调整研究》	史宁中
93	《农村公共产品供给与农村和谐社会建设》	王国华
94	《中国大城市户籍制度改革研究》	彭希哲
95	《国家惠农政策的成效评价与完善研究》	邓大才
96	《以民主促进和谐——和谐社会构建中的基层民主政治建设研究》	徐 勇
97	《城市文化与国家治理——当代中国城市建设理论内涵与发展模式建构》	皇甫晓涛
98	《中国边疆治理研究》	周 平
99	《边疆多民族地区构建社会主义和谐社会研究》	张先亮
100	《新疆民族文化、民族心理与社会长治久安》	高静文
101	《中国大众媒介的传播效果与公信力研究》	喻国明
102	《媒介素养：理念、认知、参与》	陆 晔
103	《创新型国家的知识信息服务体系研究》	胡昌平
104	《数字信息资源规划、管理与利用研究》	马费成
105	《新闻传媒发展与建构和谐社会关系研究》	罗以澄
106	《数字传播技术与媒体产业发展研究》	黄升民
107	《互联网等新媒体对社会舆论影响与利用研究》	谢新洲
108	《网络舆论监测与安全研究》	黄永林
109	《中国文化产业发展战略论》	胡惠林
110	《20世纪中国古代文化经典在域外的传播与影响研究》	张西平
111	《国际传播的理论、现状和发展趋势研究》	吴 飞
112	《教育投入、资源配置与人力资本收益》	闵维方
113	《创新人才与教育创新研究》	林崇德
114	《中国农村教育发展指标体系研究》	袁桂林
115	《高校思想政治理论课程建设研究》	顾海良
116	《网络思想政治教育研究》	张再兴
117	《高校招生考试制度改革研究》	刘海峰
118	《基础教育改革与中国教育学理论重建研究》	叶 澜
119	《我国研究生教育结构调整问题研究》	袁本涛 王传毅
120	《公共财政框架下公共教育财政制度研究》	王善迈

序号	书 名	首席专家
121	《农民工子女问题研究》	袁振国
122	《当代大学生诚信制度建设及加强大学生思想政治工作研究》	黄蓉生
123	《从失衡走向平衡：素质教育课程评价体系研究》	钟启泉 崔允漷
124	《构建城乡一体化的教育体制机制研究》	李 玲
125	《高校思想政治理论课教育教学质量监测体系研究》	张耀灿
126	《处境不利儿童的心理发展现状与教育对策研究》	申继亮
127	《学习过程与机制研究》	莫 雷
128	《青少年心理健康素质调查研究》	沈德立
129	《灾后中小学生心理疏导研究》	林崇德
130	《民族地区教育优先发展研究》	张诗亚
131	《WTO主要成员贸易政策体系与对策研究》	张汉林
132	《中国和平发展的国际环境分析》	叶自成
133	《冷战时期美国重大外交政策案例研究》	沈志华
134	《新时期中非合作关系研究》	刘鸿武
135	《我国的地缘政治及其战略研究》	倪世雄
136	《中国海洋发展战略研究》	徐祥民
137	《深化医药卫生体制改革研究》	孟庆跃
138	《华侨华人在中国软实力建设中的作用研究》	黄 平
139	《我国地方法制建设理论与实践研究》	葛洪义
140	《城市化理论重构与城市化战略研究》	张鸿雁
141	《境外宗教渗透论》	段德智
142	《中部崛起过程中的新型工业化研究》	陈晓红
143	《农村社会保障制度研究》	赵 曼
144	《中国艺术学学科体系建设研究》	黄会林
145	《人工耳蜗术后儿童康复教育的原理与方法》	黄昭鸣
146	《我国少数民族音乐资源的保护与开发研究》	樊祖荫
147	《中国道德文化的传统理念与现代践行研究》	李建华
148	《低碳经济转型下的中国排放权交易体系》	齐绍洲
149	《中国东北亚战略与政策研究》	刘清才
150	《促进经济发展方式转变的地方财税体制改革研究》	钟晓敏
151	《中国—东盟区域经济一体化》	范祚军

序号	书名	首席专家
152	《非传统安全合作与中俄关系》	冯绍雷
153	《外资并购与我国产业安全研究》	李善民
154	《近代汉字术语的生成演变与中西日文化互动研究》	冯天瑜
155	《新时期加强社会组织建设研究》	李友梅
156	《民办学校分类管理政策研究》	周海涛
157	《我国城市住房制度改革研究》	高 波
158	《新媒体环境下的危机传播及舆论引导研究》	喻国明
159	《法治国家建设中的司法判例制度研究》	何家弘
160	《中国女性高层次人才发展规律及发展对策研究》	佟 新
161	《国际金融中心法制环境研究》	周仲飞
162	《居民收入占国民收入比重统计指标体系研究》	刘 扬
163	《中国历史边疆治理研究》	程妮娜
164	《姓别视角下的中国文学与文化》	乔以钢
165	《我国公共财政风险评估及其防范对策研究》	吴俊培
166	《中国历代民歌史论》	陈书录
167	《大学生村官成长成才机制研究》	马抗美
168	《完善学校突发事件应急管理机制研究》	马怀德
169	《秦简牍整理与研究》	陈 伟
170	《出土简帛与古史再建》	李学勤
171	《民间借贷与非法集资风险防范的法律机制研究》	岳彩申
172	《新时期社会治安防控体系建设研究》	宫志刚
173	《加快发展我国生产服务业研究》	李江帆
174	《基本公共服务均等化研究》	张贤明
175	《保障我国海上通道安全研究》	吕 靖
……		